# Forum Geschichte 11

### Bayern

**Forum Geschichte 11 – Bayern**

Das Lehrwerk wurde erarbeitet von:
Dagmar Bäuml-Stosiek, München; Rudolf Berg M. A., München; Klaus Eilert, Rheine;
Prof. Dr. Ute Frevert, Berlin; Prof. Dr. Ernst Hinrichs, Oldenburg; Dr. Wolfgang Jäger, Berlin;
Robert Rauh, Berlin; Ulrike Weiß, Berlin; Ursula Winberger, Ingolstadt;
unter Mitarbeit der Verlagsredaktion

Didaktische Beratung:
Rudolf Berg M. A., München; Michael Erber, Ingolstadt; Dr. Stefan Illig, München;
Rainer Maas, Würzburg; Prof. Dr. Susanne Popp, Augsburg

Redaktion: Dr. Christine Keitz, Britta Köppen, Ulrike Weiß

Karten und Grafik: Klaus Becker, Frankfurt/M.; Dr. Volkhard Binder, Berlin;
Skip G. Langkafel, Berlin
Bildassistenz: Dagmar Schmidt
Umschlaggestaltung: Klein & Halm Grafikdesign, Berlin
(Titelmotiv: Unterzeichnung des Versailler Friedensvertrages 1919, Schulwandbild von
1960, Westfälisches Schulmuseum; akg-images).
Layoutkonzept: werkstatt für gebrauchsgrafik, Berlin
Technische Umsetzung: Uwe Rogal, Berlin

www.cornelsen.de

Die Links zu externen Webseiten Dritter, die in diesem Lehrwerk angegeben sind,
wurden vor Drucklegung sorgfältig auf ihre Aktualität geprüft. Der Verlag
übernimmt keine Gewähr für die Aktualität und den Inhalt dieser Seiten oder solcher,
die mit ihnen verlinkt sind.

1. Auflage, 4. Druck 2010

Alle Drucke dieser Auflage sind inhaltlich unverändert
und können im Unterricht nebeneinander verwendet werden.

© 2009 Cornelsen Verlag, Berlin

Das Werk und seine Teile sind urheberrechtlich geschützt.
Jede Nutzung in anderen als den gesetzlich zugelassenen Fällen bedarf
der vorherigen schriftlichen Einwilligung des Verlages.
Hinweis zu den §§ 46, 52a UrhG: Weder das Werk noch seine Teile dürfen ohne eine
solche Einwilligung eingescannt und in ein Netzwerk eingestellt oder sonst öffentlich
zugänglich gemacht werden.
Dies gilt auch für Intranets von Schulen und sonstigen Bildungseinrichtungen.

Druck: CS-Druck CornelsenStürtz, Berlin

ISBN 978-3-464-64838-4

 Inhalt gedruckt auf säurefreiem Papier aus nachhaltiger Forstwirtschaft.

Lernen und arbeiten mit *Forum Geschichte Bayern 11* .................. 6

## Ständegesellschaft und Industriegesellschaft – ein historischer Vergleich .................. 8

## Kapitel 1:
## Leben in der Ständegesellschaft des 15. bis 18. Jahrhunderts ......... 12

    Auftaktseiten .................. 12
    Grundwissen .................. 14
1.1  Menschen in der frühneuzeitlichen Ständegesellschaft: Entwicklungen und Biografien .................. 16
1.2  Muster politisch-sozialer Ordnung auf dem Lande: Grundherrschaft, Leibeigenschaft, Genossenschaft .................. 22
1.3  Muster politisch-sozialer Ordnung in der Stadt: das Beispiel Augsburg .... 27
    Methodenseite: Malereien als historische Quellen .................. 32
1.4  Vorindustrielle Arbeitswelten: Subsistenzwirtschaft, Zünfte, Verlagswesen und Manufakturen in Bayern .................. 34
    Methodenseite: Schriftliche Quellen interpretieren .................. 40
1.5  Familiengemeinschaften und Geschlechterrollen in der Ständegesellschaft .................. 42
1.6  Soziale Sicherheit in der Ständegesellschaft? Beispiele dörflicher und städtischer Fürsorge .................. 47
1.7  Normierung und Kontrolle der Alltagswelt durch kirchliche und weltliche Obrigkeiten .................. 53
1.8  Alltägliche Bedrohungen in der Ständegesellschaft: Seuchen, Kriege und Hungersnöte .................. 59
1.9  Grundlinien der Bevölkerungsentwicklung vom 15. bis 18. Jahrhundert .... 63
    Zusammenfassung .................. 66

## Kapitel 2:
## Leben in der entstehenden Industriegesellschaft des 19. Jahrhunderts .................. 68

    Auftaktseiten .................. 68
    Grundwissen .................. 70
2.1  Menschen in der Industriegesellschaft: Entwicklungen und Biografien .... 72
    Methodenseite: Geschichtskarten interpretieren .................. 78
2.2  Industrielle Arbeits- und Lebenswelten .................. 80
2.3  Aufbruch in die Industriegesellschaft – Bedingungen des Wandels .................. 87
2.4  Liberalisierung durch staatliche Reformen: das Beispiel Preußen .................. 91
2.5  Industriegesellschaft in Bayern .................. 95
2.6  Die „Soziale Frage": praktische Ansätze zu ihrer Lösung im Überblick .... 101
    Methodenseite: Interpretation von Statistiken .................. 108
2.7  Familiengemeinschaften und Geschlechterrollen .................. 110
2.8  Der Beginn der Frauenbewegung .................. 114
2.9  Rückgang der äußeren Bedrohungen in der Industriegesellschaft? .................. 118
2.10  Grundlinien der Bevölkerungsentwicklung bis zum Ende des „langen" 19. Jahrhunderts .................. 123
    Zusammenfassung .................. 126

## Essay 11.1: „Alles bewegt sich auf eine Uniform zu" – Gesellschaftlicher Wandel in globaler Perspektive
*Von Christopher A. Bayly* .................. 128

# Inhalt

## Demokratie und Diktatur – Herausforderungen in der deutschen Geschichte des 20. Jahrhunderts ... 132

### Kapitel 3:
### Die Weimarer Republik: Demokratie ohne Demokraten? ... 136

- Auftaktseiten ... 136
- Grundwissen ... 138
- 3.1 „Versailles" als Diffamierungsparole ... 140
- 3.2 Die Weimarer Reichsverfassung ... 144
- 3.3 „Weimarer Koalition" ohne Chance? – Die Rolle der Parteien ... 148
- 3.4 Die gespaltene Arbeiterbewegung ... 153
- 3.5 „Republik ohne Republikaner" – die Rolle der Bevölkerung ... 156
- Methodenseite: Interpretation von Wahlplakaten ... 160
- 3.6 Die Weltwirtschaftskrise und ihre Folgen ... 162
- 3.7 Der Übergang zur Diktatur ... 166
- 3.8 Warum scheiterte die Weimarer Republik? – Die Forschungsdiskussion ... 170
- Zusammenfassung ... 174

### Kapitel 4:
### Die Zeit des Nationalsozialismus: Die Deutschen und der Holocaust. ... 176

- Auftaktseiten ... 176
- Grundwissen ... 178
- 4.1 Jüdisches Leben in Deutschland vor 1933 ... 180
- 4.2 „Volksgemeinschafts"-Ideologie und Antisemitismus in der NS-Zeit ... 184
- 4.3 Führerkult, Propaganda und inszenierte Lebenswelten im NS-Staat ... 190
- 4.4 Jüdisches Leben 1933 bis 1935: Diskriminierung und Ausgrenzung ... 196
- 4.5 NS-Judenpolitik 1936 bis 1939: von der Entrechtung zur Vertreibung ... 202
- 4.6 Der Völkermord an den Juden im Zweiten Weltkrieg (1939–1945) ... 208
- Methodenseite: Politische Reden als Text- und Tondokumente ... 214
- 4.7 Weitere Opfer des NS-Rassismus ... 216
- 4.8 Die Deutschen und der Holocaust: Ursachenforschung – Kontroversen ... 222
- Zusammenfassung ... 228

### Kapitel 5:
### Die frühe Bundesrepublik Deutschland: Erfolg der Demokratie durch Wohlstand? ... 230

- Auftaktseiten ... 230
- Grundwissen ... 232
- 5.1 Der Kalte Krieg und die Westbindung der Bundesrepublik ... 234
- 5.2 Lehren aus Weimar und der NS-Zeit: das Grundgesetz der Bundesrepublik ... 242
- 5.3 Die Auseinandersetzung mit der NS-Vergangenheit in der Bundesrepublik ... 248
- 5.4 Antikommunismus in der frühen Bundesrepublik Deutschland ... 255
- Methodenseite: Karikaturen analysieren ... 258
- 5.5 „Wirtschaftswunder" und politische Stabilität in der frühen Bundesrepublik ... 260
- 5.6 Gesellschaftlicher Wandel in der frühen Bundesrepublik Deutschland ... 268
- Zusammenfassung ... 274

## Kapitel 6:
## Die Deutsche Demokratische Republik – eine deutsche Alternative? ... 276

Auftaktseiten ... 276
Grundwissen ... 278
6.1 Demokratie im „Arbeiter- und Bauernstaat": Anspruch und Wirklichkeit ... 280
Methodenseite: Fotografien als historische Quellen ... 290
6.2 Deutschlandpolitische Grundhaltungen in Ost und West – ein Überblick ... 292
6.3 Die sozial-liberale Deutschland- und Ostpolitik und ihre Folgen für die DDR (1969–1990) ... 297
6.4 Niedergang und Krise der DDR – eine Folge wirtschaftlicher Unzufriedenheit? ... 302
6.5 Die friedliche Revolution in der DDR: Wege und Ziele ... 307
6.6 Die Vereinigung der beiden deutschen Staaten: „Beitritt" oder neue Verfassung? ... 312
6.7 Die Auseinandersetzung mit der DDR-Vergangenheit: Erinnerungen und Debatten ... 316
Zusammenfassung ... 322

## Essay 11.2:
## „Fünf Deutschland und ein Leben"
*Von Fritz Stern* ... 324

## Abiturtraining

Methodenseite: Tipps zur Vorbereitung auf die Abiturthemen ... 326
Methodenseite: Anforderungsbereiche und Operatoren in der Abiturprüfung ... 328
Methodenseite: Checkliste zur Abfassung einer Abiturklausur ... 330
Methodenseite: Probeklausur mit Lösungsvorschlägen ... 331

## Seminare mit dem Leitfach Geschichte

Methodenseite: Wissenschaftspropädeutisches Arbeiten in der Oberstufe ... 336
Methodenseite: Projekt-Arbeit in der Oberstufe ... 344
Methodenseite: Recherchieren im Internet ... 346

## Serviceanhang

Begriffslexikon ... 348
Personenlexikon ... 357
Literaturhinweise ... 360
Lösungen zur Methodenseite „Geschichtskarten interpretieren" (S. 78 f.) ... 363
Register ... 364
Bildquellen ... 368

Vorwort

# Lernen und arbeiten mit *Forum Geschichte Bayern 11*

Das vorliegende Lehrwerk ist für den Geschichtsunterricht in der Jahrgangsstufe 11 konzipiert und deckt alle inhaltlichen Anforderungen des bayerischen Lehrplans ab. Im Zentrum des Halbjahres 11.1 steht ein Vergleich der vormodernen Ständegesellschaft mit der Industriegesellschaft des 19. Jahrhunderts. In 11.2 wird die Geschichte Deutschlands zwischen Demokratie und Diktatur von der Weimarer Republik bis zur Gegenwart behandelt.

*Forum Geschichte Bayern 11* will auch methodisch auf alle Anforderungen der Oberstufe vorbereiten. Es bietet daher in jedem Kapitel **Grundwissenseinheiten**, **Methodenseiten** und **Zusammenfassungen**. Darüber hinaus stehen im Anhang ein ausführliches **Abiturtraining** inklusive Probeklausur (S. 326–335) sowie umfangreiche Hilfen für **Seminare** (S. 336–345) zur Verfügung. Der Aufbau des Buches bzw. der Kapitel umfasst folgende Elemente:

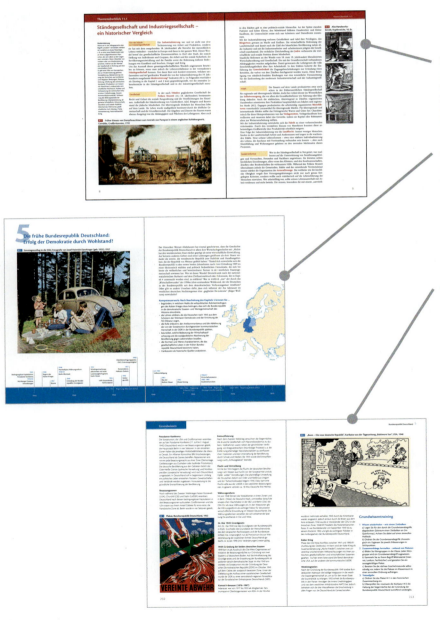

**Themenüberblicke** (rote Kolumne) führen in die historischen Zusammenhänge und Strukturen der Halbjahresthemen ein.

**Auftaktseiten** mit Bildern und Kurztext, Zeitstrahl und Orientierungskarte dienen als Einstieg in ein Kapitel. Die Kompetenzanforderungen auf dieser Seite bilden die Lehrplaninhalte ab.

**Grundwissen** (blauer Reiter): In diesem Element finden sich alle für das jeweilige Oberstufenthema relevanten Daten und Begriffe aus der Sekundarstufe I (mit Übungen).

Vorwort

**Themeneinheiten** bilden den „Kern" jedes Kapitels. Sie umfassen die Darstellungen (mit Arbeitshilfen in der Marginalspalte: Daten, Personen, thematische Zeittafeln, Internettipps, Lesetipps) und die Materialien. Die Arbeitsaufträge folgen den „Einheitliche Anforderungen an die Abiturprüfung" (EPA) und umfassen darüber hinaus Angebote für Gruppenarbeiten, Präsentationen und die Fächerverbindung mit Sozialkunde.

**Methodenseiten** (gelber Fond) mit Übungen unterstützen das Fachmethodentraining.

**Zusammenfassungen** (blauer Reiter): Die vier Elemente dieser Doppelseite ermöglichen eine kompakte Wiederholung der Kapitelinhalte.

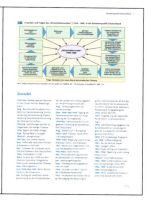

**Essays** (graue Kolumne) vertiefen das Verständnis für die Zusammenhänge der Halbjahresthemen und eröffnen neue Perspektiven.

7

## Themenüberblick 11.1

# Ständegesellschaft und Industriegesellschaft – ein historischer Vergleich

**Modernisierung**
Wenn wir in der Alltagssprache den Begriff „modern" verwenden, denken wir zunächst an etwas Neuartiges, z. B. an eine neue Kleidermode oder an einen aufgeschlossenen Menschen, der sein Leben an der Gegenwart orientiert. Wenn Historiker von „modern" oder von „Modernisierung" sprechen, meinen sie den Wandel der Gesellschaft in Richtung auf eine entwickeltere Stufe. Es gibt eine Fülle von Kennzeichen, die zur Modernisierung gehören: Verstädterung, Säkularisierung (Lösung der Menschen aus kirchlichen und religiösen Bindungen), Rationalisierung, Erhöhung des technischen Standards (Produktion von Gütern mit Maschinen), andauerndes wirtschaftliches Wachstum, Ausbau und Verbesserung der technischen Infrastruktur (Verkehrswege, Massenkommunikationsmittel), Verbesserung des Bildungsstandes der Bevölkerung (Alphabetisierung, allgemeine Schulpflicht, Wissenschaft), räumliche und soziale Mobilität (Wechsel des Wohnortes, gesellschaftlicher Auf-/Abstieg), Parlamentarisierung und Nationalstaatsbildung.

**Von der Stände- zur Industriegesellschaft**

Die **Industrialisierung** war und ist nicht nur eine Technisierung von Arbeit und Produktion, sondern sie hat seit dem ausgehenden 18. Jahrhundert alle Bereiche des menschlichen Lebens verändert – zunächst in Europa und dann in der ganzen Welt. Dieser Wandel betraf das gesellschaftliche Zusammenleben in Dorf oder Stadt, die soziale Stellung von Individuum und Gruppen, die Arbeit und die soziale Sicherheit, die Bevölkerungsentwicklung und die Familie sowie die Bedeutung äußerer Bedrohungen wie Krankheit und Seuchen, Hunger und Krieg.

Um das Ausmaß dieses gesamtgesellschaftlichen Wandels angemessen beurteilen zu können, muss man jedoch die Lebensverhältnisse in der vormodernen **Ständegesellschaft** kennen. Erst dann lässt sich konkret ermessen, welchen umfassenden und tief greifenden Wandel die von der Industrialisierung des 19. Jahrhunderts ausgehende **Modernisierung*** bedeutete (M 1). Im Folgenden wird daher als Einstieg in die Kapitel 1 und 2 kurz gegenübergestellt, wie die zentralen Lebensbereiche in der Ständegesellschaft und in der Industriegesellschaft aussahen.

**Gesellschaft**

In der nach **Ständen** gegliederten Gesellschaft der **Frühen Neuzeit** (16.–18. Jahrhundert) bestimmten Recht und Geburt die soziale Rangordnung und die Verpflichtungen des Einzelnen. Außerhalb der Ständeordnung von Geistlichkeit, Adel, Bürgern und Bauern stand die jüdische Minderheit. Die überwiegende Mehrheit der Menschen lebte auf dem Lande. Ihr Leben wurde maßgeblich bestimmt durch die dörfliche Gemeinschaft und die Grundherrschaft. Die Abgaben und Dienste der Bauern waren ebenso festgelegt wie die Abhängigkeit und Pflichten der Leibeigenen. Aber auch

**M 1** Früher Einsatz von Dampfmaschinen zum Antrieb von Pumpen in einem englischen Kohlebergwerk, Gemälde, Großbritannien, 1792

in den Städten gab es eine politisch-soziale Hierarchie. An der Spitze standen Patrizier und hoher Klerus, den Mittelstand bildeten Handwerker und kleine Kaufleute, die Unterschicht setzte sich aus Arbeitern und Dienstboten zusammen.
Mit der Industrialisierung verloren Geistlichkeit und Adel ihre Privilegien, das **Bürgertum** gewann an Macht und Einfluss. Die wirtschaftliche Bedeutung der Landwirtschaft und damit auch die Zahl der bäuerlichen Bevölkerung nahm ab, die Industrie und mit ihr Industriearbeiter und -arbeiterinnen prägten die Gesellschaft zunehmend. Die rechtliche Gleichstellung der **Juden** verbesserte die wirtschaftliche und soziale Position dieser Minderheit.
Staatliche Reformen an der Wende vom 18. zum 19. Jahrhundert liberalisierten Wirtschaftsordnung und Gesellschaft. Die mit der Grundherrschaft verbundenen Abhängigkeiten wurden aufgehoben. Damit gewannen die Leibeigenen die volle Entscheidungsfreiheit über ihre Arbeitskraft. In den Städten lockerte die Einführung der **Gewerbefreiheit** die Zugangsbeschränkungen zur Gründung eines Betriebes, die vorher von den Zünften durchgesetzt worden waren. Diese Beseitigung von ständisch-feudalen Bindungen war eine wesentliche Voraussetzung für die Entfesselung der modernen Industriewirtschaft und der Industriegesellschaft.

**M 2** Alte Handwerksberufe, Kupferstiche, 16. Jh.

### Arbeit

Die Bauern auf dem Lande produzierten zwar auch schon in der frühneuzeitlichen Ständegesellschaft für regionale und überregionale Märkte, doch ihre Arbeit diente im Wesentlichen der **Selbstversorgung**, die vor allem die Grundbedürfnisse wie Nahrung oder Kleidung abdeckte. Auch die städtischen, überwiegend in Zünften organisierten Handwerker orientierten ihre Produktion hauptsächlich am lokalen und regionalen Markt (M 2). Dagegen produzierten die arbeitsteilig organisierten **Manufakturen** vornehmlich Luxusartikel für überregionale Märkte. Für überregionale und internationale Märkte stellte das Heimgewerbe Waren und Güter her. Charakteristisch für diese Kleinproduzenten war das **Verlagssystem**. Verlegerkaufleute kontrollierten und steuerten dabei das Gewerbe, indem sie Kapital oder Rohmaterialien zur Weiterverarbeitung stellten.
Mit der Industrialisierung entwickelte sich die **Fabrik** zu einer vorherrschenden Arbeitsstätte. Durch den verstärkten Einsatz von Maschinen konnten diese arbeitsteiligen Großbetriebe ihre Produktivität erheblich steigern.
Eine Folge der Industrialisierung war die **Landflucht.** Immer weniger Menschen fanden in der Landwirtschaft Arbeit und Auskommen. Deswegen zogen Viele in die wachsenden Städte. Neue urbane Lebensformen – etwa eine stärkere Individualisierung des Lebens, die durchaus mit Vereinzelung verbunden sein konnte –, aber auch Slumbildung und Wohnungsnot gehören zu den zentralen Merkmalen dieses Prozesses.

### Soziale Sicherheit

Wer in der Ständegesellschaft in Not geriet, war zuallererst auf die Unterstützung von Familie, Freunden und Nachbarn angewiesen. Sie leisteten neben kirchlichen Einrichtungen, allen voran den Klöstern, und den Kaufmannschaften, Zünften oder Bruderschaften die wirksamste Hilfe. Während der Frühen Neuzeit übernahmen jedoch die Gemeinden, Städte und der entstehende Territorialstaat immer stärker die Organisation der **Armenfürsorge.** Die weltliche wie die kirchliche Obrigkeit vergab ihre Versorgungsleistungen nicht nur nach genau festgelegten Kriterien, sondern wollte auch erzieherisch auf die Lebensführung der Menschen einwirken. Wer arbeitsfähig war, sollte seinen Lebensunterhalt mit Arbeit verdienen und nicht betteln. Die Armen, besonders die mit einem „unwürdigen" Lebenswandel, wurden

**M 3** Ludwig Kraus, Darstellung eines aufgebrachten Arbeiters, Ölgemälde, 1877

zunehmend aus der Gesellschaft ausgegrenzt. Diese umfassende **Normierung** des gesamtgesellschaftlichen Lebens war charakteristisch für den Staat in der Frühen Neuzeit. Dieser suchte von der privaten und religiösen Einstellung bis hin zum öffentlichen Verhalten alles zu kontrollieren und zu steuern.

Mit der Industriegesellschaft entstand die **„Soziale Frage"**, wie Zeitgenossen und Historiker das Elend und die Rechtlosigkeit vieler Arbeiterinnen und Arbeiter im 19. Jahrhundert bezeichnen (M 3). Dass es nicht zu einer Verelendung der Bevölkerungsmehrheit kam, wie Kritiker der Industriegesellschaft, z. B. Karl Marx und Friedrich Engels, vorhersagten, lag zum einen an der Flexibilität und Leistungsfähigkeit des modernen Industriekapitalismus. Er trug maßgeblich zu wachsendem Wohlstand in Europa bei. Zum anderen errichtete der Staat mit seiner **Sozialversicherungsgesetzgebung** ein soziales Netz, das die Menschen gegen die Risiken von Krankheit, Unfall, Invalidität und Armut im Alter schützte. Die Sozialgesetzgebung Bismarcks schuf in den 1880er-Jahren die Grundlagen für den modernen Wohlfahrtsstaat.

Um ihre Interessen gegenüber Unternehmern und Staat wirkungsvoller durchsetzen zu können, organisierten sich die Arbeiter in Parteien und Gewerkschaften, die für besseren Arbeitsschutz und höhere Löhne kämpften. Die sozialistische **Arbeiterbewegung** wie auch Liberale wollten mithilfe von Arbeiterbildungsvereinen die Bedingungen für den wirtschaftlichen und sozialen Aufstieg der Arbeiter schaffen.

Aber auch katholische und protestantische Geistliche leisteten praktische Sozialarbeit, die das Los der Menschen in den unteren Schichten verbesserte. Durch Zusammenarbeit in **Genossenschaften** sicherten zahlreiche Kleinbauern ihre Existenz.

**M 4** Johann Baptist Reiter, Familienbild Schegar, Ölgemälde, 1842

**Familie**

In der Ständegesellschaft, in der keineswegs die „Großfamilie" vorherrschte, waren die Geschlechterrollen weitgehend festgelegt. Der **„Hausvater"** besaß in der Familie eine Vorrangstellung und vertrat die Familie bzw. das „Haus" – also auch Gesinde oder Dienstpersonal – nach außen und schloss Verträge. Die **„Hausmutter"** war allerdings nicht bloß Hausfrau und Mutter, sondern beteiligte sich an der Existenzsicherung von Familie und Haus. Besonders in der bäuerlichen Familie mussten die Frauen bei der Bewirtschaftung des Landes mithelfen.

Während der Frühen Neuzeit entstanden jedoch in den bürgerlichen Familien bereits Lebensformen, die später in der Industriegesellschaft das familiäre Zusammenleben breiter Bevölkerungsschichten prägten. **Arbeitssphäre** und **Privatsphäre** traten immer stärker auseinander, wobei der Mann in der „Außenwelt" für den Lebensunterhalt sorgen musste, während die Frau sich um Haushalt und Kindererziehung kümmerte (M 4).

Das Verhältnis zwischen den Ehepartnern und ihren Kindern wurde in den bürgerlichen Familien zunehmend durch gefühlsmäßige Bindungen bestimmt. Dagegen waren die Ehen in der Ständegesellschaft eher Zweckbindungen zwischen zwei Familien, die ihre Kinder verheirateten, um Hof und Besitz zu sichern oder zu vermehren. Den Kindern fiel die Aufgabe zu, ihre Eltern im Alter zu versorgen.

Waren in der vorindustriellen Gesellschaft große Gruppen – z. B. Handwerksgesellen, Knechte und Mägde – von der Familiengründung ausgeschlossen, wurden diese Heiratsbeschränkungen in der modernen Industriegesellschaft aufgehoben. Immer mehr Arbeiter und Arbeiterinnen konnten eine Familie gründen, die Familie entwickelte sich auch in den Unterschichten zur dominierenden Lebensform. Allerdings besaßen **Frauen** in der Industriegesellschaft weiterhin weniger Rechte als Männer. Sie durften im 19. Jahrhundert nicht wählen und erhielten geringere Löhne als Männer. Gegen diese Vorherrschaft der Männer formierte sich seit der Revolution von 1848/49 eine **Frauenbewegung**, die politische, berufliche und rechtliche Gleichheit forderte.

**Äußere Bedrohungen**

In der vorindustriellen Gesellschaft gehörten Sterben und **Tod** zu den allgegenwärtigen Erfahrungen der Menschen. Witterungsbedingte Ernteausfälle oder Naturkatastrophen bedeuteten für viele Menschen **Hunger**, der wiederum ihre Widerstandskräfte schwächte. **Krankheiten** und **Seuchen** konnten sich dadurch schneller ausbreiten. Sie führten in vielen Fällen zum Tod. Hinzu kam, dass die Säuglings- und Kindersterblichkeit in der Frühen Neuzeit hoch war. Außerdem dezimierten Kriege die Bevölkerung. An erster Stelle ist dabei der grausam geführte **Dreißigjährige Krieg** (1618–1648) zu nennen, der ganze Dörfer und Landstriche entvölkerte.

Diese äußeren Bedrohungen verringerten sich in der Industriegesellschaft. Neue Erkenntnisse in der **Medizin** ermöglichten die Heilung von vorher lebensbedrohlichen Krankheiten. Eine verbesserte **Hygiene** verhinderte den Ausbruch von Krankheiten und die Ausbreitung von Seuchen. Vor allem in der zweiten Hälfte des 19. Jahrhunderts führten hygienische Trinkwasserzubereitung und **Kanalisation** in den Städten zum Verschwinden von Seuchen. Die Produktivitätsfortschritte in der Landwirtschaft gewährleisteten auch den ärmeren Bevölkerungsschichten eine bessere **Ernährung**. Im 19. Jahrhundert, das mit Recht als relativ friedliches Jahrhundert gilt, starben im Vergleich zur Frühen Neuzeit auch weniger Menschen durch Kriegshandlungen.

**Bevölkerungsentwicklung**

Das Bevölkerungswachstum in der vorindustriellen Gesellschaft war gering. Seuchen wie die Pest oder der Dreißigjährige Krieg unterbrachen die „Konjunkturen" der Bevölkerungszunahme. Kennzeichnend für die Bevölkerungsentwicklung in der Frühen Neuzeit waren eine hohe **Sterblichkeitsrate** sowie eine hohe **Geburtenziffer**. Allerdings erreichten viele Neugeborene nicht das Erwachsenenalter.

Die „**Bevölkerungsexplosion**" seit dem 18. Jahrhundert lässt sich auf den Rückgang der Sterblichkeit zurückführen. Hauptursache dafür war die Verringerung der vielfältigen äußeren Bedrohungen in der Industriegesellschaft. Die Geburtenrate blieb während des 19. Jahrhunderts hoch, sodass die Bevölkerung angesichts der sinkenden Sterblichkeit insgesamt wuchs. Im 20. Jahrhundert verlangsamte sich die Bevölkerungszunahme, weil die Geburtenrate in den Industriegesellschaften zurückgeht.

**M5** Fotografie. Pirna, August 2006

1 Lesen Sie die Darstellung und erörtern Sie in der Klasse, was Ihrer Meinung nach auf der Abbildung M 1 als Merkmale der vormodernen Gesellschaft und was als Merkmale der Industriegesellschaft bezeichnet werden kann.
2 Erläutern Sie den Begriff der Modernisierung.
3 Diskutieren Sie in der Klasse über die Chancen und Risiken der heutigen Industriegesellschaft anhand von aktuellen Beispielen (s. auch M 5).

# 1 Leben in der Ständegesellschaft des 15. bis 18. Jahrhunderts

**M1** **Ständetreppe, Augsburger Radierung, 1616.** Dargestellt sind oben: Papst, Kaiser, König; links: Kardinal, Kurfürst, Bischof, Edelmann, Bauer, Kind; rechts: Herzog, Graf, Freiherr, Bürger, Soldat, Narr. Umschrift des Spruches am unteren Bildrand: „Nun mögt ihr Kommen all herbey und sehet wer Herr oder knecht sey. Bey bettlern und Bey Obrigkeitt Mach ich im Tott kein Unterscheidt."

| 15. Jh. Beginn der Landesfürstentümer | um 1450 Erfindung des Buchdrucks | 1492 Kolumbus entdeckt Amerika | 1517 Beginn der Reformation | 1524/25 Bauernkrieg | 1555 Augsburger Religionsfrieden | 1545–1563 Konzil von Trient | 1597–1651 Maximilian I. Kurfürst von Bayern |

Mittelalter 6.–15. Jh.

1400    1500    1600

Lebenslanges Lernen, berufliche Flexibilität und soziale Mobilität – das sind die Anforderungen, die heutzutage in der modernen Leistungsgesellschaft an den Einzelnen gestellt werden. In der Gesellschaft der Frühen Neuzeit war dies völlig anders: Jeder Mensch wurde in einen bestimmten Stand hineingeboren, der sein gesamtes Leben z. B. als Adliger oder Bauer von der Geburt bis zum Tod regelte. Ungeachtet regionaler und zeitlicher Unterschiede galt dies für Bayern ebenso wie für andere Länder im Heiligen Römischen Reich und in Europa.

Warum sollte man sich im beginnenden 21. Jahrhundert mit dieser vormodernen Ständegesellschaft des 15. bis 18. Jahrhunderts beschäftigen, die hauptsächlich von der Landwirtschaft lebte und in der Hunger, Seuchen und Tod allgegenwärtig waren? Was kann man „lernen" von einer Gesellschaft, in der die Rollen innerhalb der Familie genau bestimmt waren und in der die weltlichen Obrigkeiten und die Kirche den Alltag normierten und kontrollierten?

Erst im Vergleich mit den alten Agrargesellschaften der Frühen Neuzeit werden beispielsweise Leistungen und Chancen, aber auch Grenzen unserer heutigen Industriegesellschaft deutlich, die sich im 19. Jahrhundert herausgebildet hat (s. Kapitel 2) und die sich allmählich zu einer Dienstleistungs- und Wissensgesellschaft wandelt. Ein Vergleich mit den alten, von der Landwirtschaft geprägten Lebensformen kann zudem helfen, die eigenen Lebensbedingungen und Lebensformen genauer wahrzunehmen – und auch „ferne" Gesellschaften in anderen Regionen der globalisierten Welt besser zu verstehen.

### Kompetenzerwerb: Nach Bearbeitung des Kapitels 1 können Sie …

- Gruppen und Rangordnungen der Ständegesellschaft benennen,
- frühneuzeitliche Lebens- und Wirtschaftsformen sowie soziale Normen und Abhängigkeiten in Stadt und Land vergleichen,
- erläutern, wie das Arbeitsleben in der vormodernen Gesellschaft aussah,
- erklären, wie die Rollen in vormodernen Familien verteilt waren,
- aufzeigen, welche sozialen Netze Dörfer und Städte für Arme und Kranke boten,
- beurteilen, mit welchen Zielen Kirche und Obrigkeiten den Alltag in der Frühen Neuzeit kontrollierten,
- das Leben in einer von Hunger und Tod geprägten Gesellschaft darstellen und erklären, wie sich dies auf die Bevölkerungsentwicklung auswirkte,
- Malereien als Quellen auswerten,
- schriftliche Quellen interpretieren.

1618–48
Dreißigjähriger Krieg

1657
Erste Uhr mit exakter Zeitmessung

1740–1780
Maria Theresia
Herrscherin von Österreich

1740–1786
Friedrich II.
König von Preußen

1756–1763
Siebenjähriger Krieg

1776
Amerikanische Revolution

1789
Französische Revolution

Frühe Neuzeit   16.–18. Jh.
Absolutismus und Aufklärung   17./18. Jh.
1700
1800

# Grundwissen

## Mittelalter
Die Epoche zwischen Antike und Neuzeit. Der Anfang wird auf um 500 datiert, als das Weströmische Reich endete (476) und das Frankenreich begann (ca. 500). Das Mittelalter endete um 1500 in einer Zeit religiöser Umwälzungen (1517 Reformation), wichtiger Erfindungen (Buchdruck) und der Entdeckung Amerikas (1492).

## Neuzeit
Die gesellschaftlichen und wirtschaftlichen Fortschritte, die im 14. und 15. Jh. in Europa erreicht wurden, veranlassten Historiker im 19. Jh. dazu, die Zeit ab um 1500 als Neuzeit zu bezeichnen. Dabei gingen sie davon aus, dass die Entwicklung eines neuen Menschenbildes (in Renaissance und Humanismus), die Erfindung des Buchdrucks, die Entdeckungsreisen und die Reformation die Grundlagen der modernen Zeit darstellen. Als Frühe Neuzeit bezeichnen Forscher die Zeit vom 16.–18. Jh., um sie von der neuzeitlichen Moderne, die mit der Industriellen Revolution und den politischen Revolutionen um 1800 beginnt, abzugrenzen.

## Christentum
Der Begriff bezeichnet die auf Jesus Christus (= „der Gesalbte"), sein Leben und seine Lehre gegründete Religion.

## Adel
Der Begriff bezeichnet die Schicht mächtiger Familien, die seit dem Mittelalter durch Abstammung und Grundbesitz besondere Rechte gegenüber der übrigen Bevölkerung beanspruchte. Adlige genossen ein hohes Ansehen und übernahmen oft militärische Dienste und Verwaltungsaufgaben für den König. Sie zahlten keine Steuern. Zum Adel zählten z. B. Grafen, Herzöge und später auch die Ritter (s. u.). Die Vorrechte des Adels wurden in Europa mit der Entwicklung der Demokratie in England und mit der Französischen Revolution (1789) schrittweise abgeschafft.

## Ritter
Ritter waren berittene und gepanzert in den Kampf ziehende Krieger des Mittelalters. Ihr Stand bildete sich aus dem alten, Grund besitzenden Adel und den zunächst unfreien Dienstmannen, die für ihre Herren kämpften. Ab dem 12. Jh. verband die Ritter ein Ideal, das für den einfachen Ministerialen ebenso wie für den König galt: Kriegsdienst und Treue gegenüber dem Herrn, Schutz der Kirche und der Armen und eine kultivierte, „ritterliche" Lebensart.

## Patrizier
Bezeichnung für die Angehörigen der städtischen Oberschicht im Mittelalter und in der Frühen Neuzeit. Zum Patriziat gehörten einflussreiche bürgerliche und adlige Familien, meistens Kaufleute und Großgrundbesitzer. Patrizier fühlten sich den Adelsfamilien auf dem Lande ebenbürtig.

## Bürger
Der Begriff Bürger bezog sich im Mittelalter auf eine städtische Bevölkerungsgruppe. Bürger hatten das Recht auf Grundbesitz und konnten ihren Wohnsitz frei wechseln. Alle Bürger unterstanden dem Stadtrecht. Dies galt für Männer und Frauen. Allerdings konnten nur die männlichen Vollbürger in den Rat der Stadt gewählt werden und Ämter besetzen. Juden waren fast immer vom Bürgerrecht ausgeschlossen, ebenso Gesellen, Mägde und Tagelöhner. Heute bezeichnet der Begriff „Bürger" alle mit vollen politischen Rechten (z. B. aktives und passives Wahlrecht) ausgestatteten Einwohnerinnen und Einwohner eines Staates.

## Grundherrschaft
Im Mittelalter verfügte der Grundherr über das Obereigentum an Grund und Boden. Grundherr konnte aber nur ein Adliger oder ein Bischof sein oder eine Einrichtung wie z. B. ein Kloster. Der Grundherr überließ abhängigen Bauern, den Grundholden („Hörigen"), Land zur Bewirtschaftung. Für den Schutz durch den Grundherrn waren die Hörigen zu Abgaben und Frondiensten verpflichtet. Gänzlich unfreie Bauern, die Leibeigenen, arbeiteten auf dem Herrenland bzw. auf Fronhöfen, die den Mittelpunkt einer Grundherrschaft bildeten. Zwar änderten sich im Laufe der Zeit die Arten der Abhängigkeit und der Abgaben (Frondienste konnten seit dem Spätmittelalter durch Geldzahlungen abgegolten werden), doch die Grundherrschaft bestimmte Leben und Wirtschaften der Bauern in Europa bis ins 19. Jh.

## Ständewesen
Im Mittelalter und in der Frühen Neuzeit bestimmte die Geburt, zu welchem gesellschaftlichen Stand ein Mensch gehörte. Teilte sich im frühen Mittelalter die Gesellschaft in Adlige sowie Freie und Unfreie, setzte sich die Kirche seit dem 11. Jh. mit ihrer „Dreiständelehre" (Klerus, Adel, Bauern) durch. Im Laufe des Mittelalters kamen die Bürger in den entstehenden Städten zum dritten Stand hinzu. Zu keinem Stand gehörten Arme, Tagelöhner und die Minderheit der Juden. Die Zugehörigkeit zu einem Stand galt als gottgewollt und damit auch die politische und soziale Ungleichheit zwischen den Ständen. Der Stand bestimmte über den Zugang zu Berufen, zu Rechten, zu politischer Macht und zur Bildung. Ein Wechsel des Standes war in der Ständegesellschaft kaum möglich.

## Stadtrecht
Durch Verleihung des Stadtrechts an eine Siedlung schufen Stadtgründer im mittelalterlichen Europa einen eigenen Rechtsbezirk. In der Gründungsurkunde wurden die in der Stadt geltenden Privilegien festgelegt, z. B. das Recht, einen Markt abzuhalten oder Zölle zu erheben, ebenso Rechtsgrundsätze für das Zusammenleben der Bürgerinnen und Bürger sowie die Pflichten gegenüber dem Stadtherrn.

# Ständegesellschaft 1

**M1** „Veränderung aller Stände der Christenheit", Holzschnitt eines unbekannten Künstlers, abgedruckt in dem Buch von Joseph Grünpeck (um 1473–um 1532).
„Ein Spiegel der natürlichen himmlischen und prophetischen Sehungen aller Trübsalen, Angst und Not, die über alle Stende … in kurzen Tagen geen werdenn", Nürnberg 1508. – Dargestellt sind u. a. ein Bauer vor einem Altar (eine Messe lesend) und ein Geistlicher hinter einem Pflug.

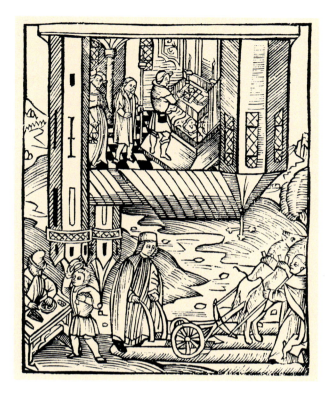

### Getto
Seit dem Mittelalter bezeichnet der Begriff Getto ein abgegrenztes Stadtviertel, in dem die Juden lebten. Ein Getto war häufig umgeben von Mauern und Toren, die abends verschlossen wurden. Juden und Christen lebten dadurch häufig isoliert voneinander.

### Zunft
Zusammenschluss von Menschen, die in einer Stadt dasselbe Gewerbe ausübten; Handwerksmeister mussten ihr beitreten (Zunftzwang). Sie regelte die Arbeitsverhältnisse, sicherte die wirtschaftliche Existenz durch Ausschaltung von Konkurrenz und prägte die Lebensführung. Zünfte entstanden im 12. Jh. und wurden im 19. Jh. abgeschafft.

### Merkantilismus
Vorherrschende Wirtschaftspolitik in Europa in der Epoche des Absolutismus (17./18. Jh.). Ziel merkantilistischer Wirtschaftsweise war es, die Ausfuhr des Staates zu erhöhen und die Einfuhr zu beschränken. Die so erzielten Überschüsse aus dem grenzüberschreitenden Handel – vor allem durch Ausfuhr hochwertiger Fertigwaren, wie z. B. Porzellan – wurden als entscheidend für die Erhöhung des Reichtums eines Staates betrachtet. Kritiker des Merkantilismus bemängelten indes, dass diese Wirtschaftsweise zu einseitig auf den Export von Fertigwaren ausgerichtet sei.

## Grundwissentraining

**1 Wissen wiederholen mit der Arbeitskartei**
a) Erfassen Sie das Grundwissen auf Karteikarten: Vorderseite: Stichwort; Rückseite: kurze Erläuterungen mit eigenen Worten (ziehen Sie ggf. ein Lexikon hinzu).
b) Prägen Sie sich mithilfe Ihrer Arbeitskartei das Grundwissen ein (alleine, zu zweit oder in Kleingruppen).

**2 Zusammenhänge herstellen – mit einem Schaubild**
Ordnen Sie die Grundwissensbegriffe dieser Doppelseite in einem Schaubild unter der Überschrift „Ständegesellschaft":
a) Nutzen Sie Pfeile, Verbindungslinien und Beschriftungen, um Zusammenhänge zu verdeutlichen.
b) Illustrieren Sie Ihr Schaubild mit passendem Bildmaterial (Recherchehinweis: Schulbibliothek, Internet).

**3 Testaufgabe**
a) Beschreiben Sie mit eigenen Worten die Personen und die Gegenstände in Bildquelle M 1 (Hilfen: siehe Bildlegende).
b) Ordnen Sie die Bildquelle M 1 zeitlich ein und erläutern Sie die Haltung des Holzstechers zur Ständegesellschaft.

# 1 Ständegesellschaft

## 1.1 Menschen in der frühneuzeitlichen Ständegesellschaft: Entwicklungen und Biografien

**Stand/Stände**
Seit dem Mittelalter waren Stände (a) gesellschaftliche Großgruppen, die sich durch jeweils eigenes Recht, Einkommensart, politische Stellung, Lebensführung und Ansehen unterschieden und die die Gesellschaftsordnung prägten; man unterschied vor allem Geistlichkeit (Klerus), Adel, Bürger und Bauern sowie unterständische Schichten. In der Frühen Neuzeit meint der Begriff (b) auch Körperschaften zur Wahrnehmung politischer Rechte, etwa zur Steuerbewilligung, in Vertretungsorganen (Landtage, Reichstage); der Adel, der Klerus, die Vertreter der Städte und manchmal auch die der Bauern traten in Versammlungen als „Stände" gegenüber dem Landesherrn auf.

**Merkmale der Ständegesellschaft**

„Wo gute Ordnung ist, da stehet es wohl, nicht allein in besondern Häusern, sondern im ganzen Land, und diese Ordnung wird meistens erhalten, wenn ein Theil dem andern in seinem Dienst und Amt nicht eingreift." Mit diesen Sätzen versuchte im Jahre 1695 Donatus von Passau, der Provinzobere eines geistlichen Ordens, in einer Predigt seiner Gemeinde zweierlei zu verdeutlichen: zum einen, dass die Ungleichheit innerhalb der Ständegesellschaft mit ihrer festen Aufteilung von Diensten und Ämtern stabile Verhältnisse schaffe, und zum anderen, dass sie von Gott gewollt sei. Eine Umkehr dieser Herrschaftsverhältnisse bedeutete für den Kirchenmann den Verfall der menschlichen Gemeinschaft bzw. der gottgewollten Ordnung: „Wann der Bauer will Herr seyn, der Unterthan der Obrigkeit befehlen, das Weib die Hosen anziehen und den Mann regieren will, dann muss nothwendiger Weiß alles unordentlich gehen und Schaden erfolgen."

Tatsächlich war die Gesellschaft der Frühen Neuzeit (16.–18. Jh.) eine Ständegesellschaft, in der Geburt und Recht den sozialen Ort des Einzelnen bestimmten. Jeder Mensch wurde in einen bestimmten Stand* hineingeboren, der fortan sein gesamtes Leben regelte. In einer Kleiderordnung aus Bayern hieß es beispielsweise 1599, dass „eine jede Person sich ihrem Stand gemäß" kleiden solle, „damit der Edle vom Unedlen, der Geistliche vom Laien, der Bürger vom Bauern, der Herr vom Knecht, die Frauen und Jungfrauen von den Mägden unterschieden" werden

**M1** Kurprinz Joseph Ferdinand von Bayern (1692 bis 1699), Gemälde, um 1698

**M2** Der Tagelöhner Hans Pheuffer aus Nürnberg, Federzeichnung, 1456

könnten. Vom Stand, dem ein Mensch angehörte, hingen sowohl sein sozialer Wert und Status ab als auch die Pflichten und Aufgaben, die ein jeder im Dienste der Gemeinschaft zu übernehmen hatte. Stände waren also Lebensgemeinschaften, Kollektive, die sich aus Menschen mit gleichen politischen und sozialen Rechten zusammensetzten.

Es gab eine soziale Rangordnung (Hierarchie), die den Platz jedes Einzelnen genau festlegte. Zwar darf man sich die Ständegesellschaft nicht allzu starr vorstellen. Es gab durchaus soziale Auf- bzw. Abstiege. Aber in der Regel verblieben die Menschen in dem Stand, den sie durch die Geburt erworben hatten. Ein Adliger konnte nicht Bauer, ein Bauer nicht Bürger, z. B. Handwerker, werden. Die Kenntnis der Werte und Normen der Standeswelt boten den Menschen Sicherheit und Auskommen und damit Überlebenschancen in der damaligen Zeit.

### Die Stände: Geistlichkeit und Adel

Die im Mittelalter entstandene Ständegesellschaft differenzierte sich während der Frühen Neuzeit immer stärker. An der Spitze der Gesellschaft stand nach zeitgenössischer Auffassung die Geistlichkeit (Klerus), die in sich selbst wieder unterschiedliche Ränge kannte. Die Abstufungen reichten von den hohen kirchlichen Würdenträgern, den Kardinälen, Erzbischöfen, Bischöfen, Äbten (M 6a), bis hinab zur niederen Landgeistlichkeit (Dorfpfarrer, Mönche, Nonnen). Da man in das mit der Seelsorge betraute Priesteramt nicht durch Geburt, sondern durch religiöse Berufung und theologische Ausbildung gelangte, war der Klerus kein Geburtsstand, sondern ein Funktionsstand. Vom späten Mittelalter bis zur Auflösung der alten Ständeordnung im beginnenden 19. Jahrhunderts erfüllte der Klerus zudem wichtige soziale Aufgaben. Dazu zählte auch, dass er der Versorgung von Söhnen und Töchtern aus adligen Häusern diente (M 3), die ohne kirchliche Stellen oder eine Unterbringung in Klöstern vielleicht verarmt wären.

Die zentralen Herrschaftspositionen in der Ständegesellschaft lagen beim Adel. Den höchsten Rang nahmen die großen Herrschaftsgeschlechter (M 1, M 6d) ein, die in den europäischen Staaten zur politischen Macht aufgestiegen waren, wie die Hohenzollern in Preußen, die Habsburger in Österreich und Spanien oder die Wittelsbacher in Bayern. Die Hierarchie des Adels unterhalb der herrschenden Häuser reichte von Herzögen und Grafen bis zum einfachen ritterschaftlichen Landadel. Letzterer verfügte zwar über alle Merkmale eines Standes, Vermögen und Lebensweise unterschieden ihn aber kaum von seiner bäuerlichen Umgebung.

Der adlige Stand war Herrenstand, der die Herrschaft über seine Güter und die sie bewirtschaftenden Menschen ausübte. Er besaß damit eine übergeordnete Gewalt, die in der Gegenwart allein dem Staat zukommt. Und der Adel, ebenso wie der Klerus, gehörte zu den privilegierten Ständen. In allen europäischen Ländern war er von einem Teil der Steuern befreit und genoss auch sonst viele Vorrechte (Privilegien), z. B. das Jagdrecht oder den Aufenthalt bei Hof.

### Die Stände: Bürger, Bauern, Unterschichten

Unterhalb der zahlenmäßig sehr kleinen, aber privilegierten oberen Stände begann die breite Schicht der übrigen, durch keine formellen Vorrechte ausgezeichneten Bevölkerung. Hierzu zählten in den Städten die Bürger. Der Begriff umfasst zum einen alle Menschen, die das Bürgerrecht besaßen. Zum anderen gibt es auch einen weiten Bürgerbegriff, der alle Stadtbewohner meint. Nach diesem Verständnis reichte der Bürgerstand von den hohen Patriziern (M 4) über die breite Schicht des Kleinbürgertums (M 6 b), zu dem auch Handwerker und Gewerbetreibende zählten, bis hinab zu den städtischen Armen, die keine Steuern zahlten, weil sie über keine geregelten Einkünfte verfügten.

---

**Bayern im Mittelalter und in der Frühen Neuzeit**

**8. Jh.** Errichtung der Bistümer Freising, Regensburg, Passau und Würzburg

**1007** Errichtung des Bistums Bamberg

**1156** Augsburg erhält Stadtrechte.

**1158** Gründung Münchens

**1180–1918** Bayern unter den Wittelsbachern

**1219** Nürnberg Freie Reichsstadt

**1517** Die Reformation breitet sich in Franken (von Nürnberg aus) und in Augsburg aus.

**um 1550** Bayern wird Zentrum der Gegenreformation in Deutschland.

**1597–1651** Maximilian I.

**17./18. Jh.** In der Epoche des Absolutismus ist das heutige Bayern (Altbayern, Franken, Schwaben) in viele weltliche und geistliche Herrschaften (Territorien) aufgesplittert.

**1618–1648** Im Dreißigjährigen Krieg erleidet Bayern große Verluste.

**1623** Bayern wird Kurfürstentum.

**1669** Letzte Einberufung der bayerischen Landstände

**1679–1726** Max Emanuel I.

**um 1700** In Kurbayern gibt es etwa 800 000 Einwohner, 33 Städte, 77 Märkte, 83 Klöster und Stifte.

**1777** Bayern und Pfalz vereinigt

**1806** Bayern wird Königtum.

Literatur- und Internettipps zur bayerischen Landesgeschichte
Siehe Anhang, S. 342 f.

**M 3** Johanna Knauer, Priorin des Bamberger Dominikanerklosters, Gemälde, 1754

# 1 Ständegesellschaft

**M4** Die Augsburgerin Philippine Welser (1527 bis 1580), Gemälde, um 1570.
Die Patrizierin heiratete einen habsburgischen Erzherzog.

Auch die bäuerliche Bevölkerung auf dem Land war alles andere als einheitlich. Da gab es den bäuerlichen Großgrundbesitzer, der Leibeigener eines adligen Herrn sein konnte, aber auch Kleinbauern, Landarbeiter, Heuerlinge, Tagelöhner (M 2) oder Handlanger. Mit ihren Bedürfnissen mussten sie alle in den engen Verhältnissen der ländlichen Gemeinden miteinander auskommen (M 6e). Das war nicht immer einfach, zumal im Laufe des 18. Jahrhunderts Konflikte zwischen den besitzenden Bauern und den zahlreicher werdenden Landlosen zunahmen.

Bettler und Vaganten wurden zunehmend aus der Ständegesellschaft ausgegrenzt und kriminalisiert. Sie dürften nach dem Verständnis des 18. Jahrhunderts kaum noch als Stände wahrgenommen worden sein. Die Historiker sprechen daher für diese Zeit von unter- oder außerständischen Gruppen.

### Jüdisches Leben

Vom frühen Mittelalter bis zum Beginn der Kreuzzüge Ende des 11. Jh. hatte die Minderheit der Juden friedlich und ungestört in der christlichen Umwelt gelebt. Das änderte sich grundlegend mit den Kreuzzügen. Religiöse Vorurteile, soziale Ängste und wirtschaftliche Krisen führten seit dem 12. Jahrhundert zu Ressentiments, die sich zu einem fanatischen Antijudaismus verstärkten und in grausamen Verfolgungen entluden. Die christliche Gesellschaft verleumdete die Juden als „Christusmörder" oder „Ungläubige" und grenzte sie aus. Auf jüdischer Seite begann eine lange Zeit der Entfremdung von der christlichen Gesellschaft.

Im ausgehenden Mittelalter waren Juden aus fast allen deutschen Städten und größeren Territorien vertrieben worden. Wenn sie nicht ausgewandert waren, fanden sie Zuflucht vor Verfolgungen und Pogromen in ritterschaftlichen Gebieten, Kleinstädten oder in Vorstädten größerer Kommunen.

Die Abdrängung in Gettos und die rechtliche Minderstellung der Juden stand allerdings in einem krassen Gegensatz zu ihrer großen Bedeutung auf dem Kreditmarkt und im Kleinhandel. Als „Hofjuden" an absolutistischen Fürstenhöfen erreichten manche im 17. und 18. Jahrhundert eine einflussreiche Position. Häufig stellten ihnen die Fürsten – gegen Bezahlung und zeitlich befristet – Schutzbriefe aus (M 6c).

### Die Ständegesellschaft: starr oder beweglich?

Die Zeitgenossen, aber auch manche Historiker, betrachteten die Ständegesellschaft als unveränderliche Ordnung, in der soziale Mobilität die Ausnahme war. Dieses Bild erfasst jedoch nicht die Wirklichkeit. Besonders im 17. und 18. Jahrhundert gab es sehr wohl einen Wandel. Das lässt sich an den Beamten und den Gebildeten verdeutlichen. Beide Gruppen kamen zwar aus dem Bürgertum, gingen aber wegen ihrer Berufe, ihrer Mobilität sowie ihres hohen Bildungsgrads nicht in diesem auf. Mit der Fortentwicklung des Staates gewannen die Beamten eine herausgehobene Stellung, weil Könige oder Fürsten ihre Zentralmacht stärken wollten, indem sie ihre Bürokratie ausbauten und dafür auf immer mehr gut ausgebildete „Fürsten-" bzw. „Staatsdiener" angewiesen waren. Die Beamten entwickelten sich zu einem eigenen Stand, der von den Monarchen mit Privilegien ausgestattet wurde; einige erhoben die Fürsten sogar in den persönlichen oder erblichen Adel (M 5). Dagegen blieben die Gebildeten (Schriftsteller, Dichter, Journalisten) außerhalb der Ständeordnung. Sie hatten es daher schwer, von ihrem Beruf zu leben, und suchten ein Auskommen in anderen Tätigkeiten, z. B. in dem ungeliebten Beruf als Hauslehrer für junge adlige Herren.

**M5** Hofkammerpräsident Dr. Johann Mändl (1588–1666), Kupferstich von Johannes Sadeler, 17. Jh.
Der Sohn eines Schulmeisters machte nach seiner juristischen Promotion rasch Karriere als bürgerlicher Rat im Dienste Herzog Maximilians von Bayern. Bereits 1632 trat er an die Spitze der mit Wirtschaft und Finanzen beschäftigten Hofkammer. 1653 wurde er vom Kaiser zum Reichsfreiherrn „von und zu Deutenhofen" erhoben.

1. **Arbeitsteilige Gruppenarbeit:** Untersuchen Sie eines der Materialien über einen Menschen aus der Frühen Neuzeit (M 6 a–e), indem Sie
   a) die Einzelarbeitsaufträge unter dem jeweiligen Material bearbeiten,
   b) festhalten, was Ihnen an der Person interessant erscheint,
   c) aus der jeweiligen Biografie ableiten, welches Ihrer Meinung nach Merkmale der Ständegesellschaft sein könnten (s. Grundwissen, S. 14, „Ständewesen").
2. a) Entnehmen Sie der Darstellung Informationen über die zentralen Merkmale der frühneuzeitlichen Ständegesellschaft und die Hierarchie der Stände.
   b) Entwickeln Sie anhand Ihrer Auswertung der Darstellung (Aufgabe 2 a) ein Schaubild der frühneuzeitlichen Ständegesellschaft.
   c) Beurteilen Sie, ob Dauer oder Wandel für die frühneuzeitliche Ständegesellschaft prägend waren (Darstellung; ziehen Sie M 1, S. 15, mit hinzu).
3. Ordnen Sie die Menschen aus Aufgabe 1 (M 6 a–e) sowie die Personen in M 1–M 5 in Ihr Ständeschaubild ein (Aufgabe 2 b). Begründen Sie Ihre Zuordnungen.
4. **Geschichte regional:** Suchen Sie Material über eine Person aus Ihrer Region, die in der Frühen Neuzeit lebte. Erstellen Sie eine Kurzbiografie (Recherchehilfe: s. S. 342 f.).

### M 6 Menschen in der frühneuzeitlichen Ständegesellschaft Bayerns

#### a) Maurus Friesenegger, Bäckersohn und Abt des Klosters Andechs (17. Jh.):

*Friesenegger war Verfasser eines Tagebuchs, das eine interessante Quelle über die Zeit des Dreißigjährigen Krieges darstellt. Es wurde erstmals 1833, dann 1877 und zuletzt 1974 publiziert. Die Ausgabe von 1974 enthält eine Biografie über Friesenegger, die der Benediktinerpater und einstige Leiter der Verwaltung des Klosters Andechs, Willibald Mathäser, verfasst hat und aus der die folgenden Auszüge stammen:*

[Friesenegger] war Bäckerssohn und stammte aus Dießen am Ammersee. Er legte am 1. November 1614 im benachbarten Andechs Profess [= das ewige Gelübde] ab. Zuerst wirkte er an dem kleinen Klosterseminar zu Andechs, dann als Novizenmeister und von 1627 bis 1638 als Pfarrvikar von Erling. Zugleich war er seit 1627 Subprior, später Prior seines Klosters. Am 28. September 1640 wurde er zum Abt von Andechs gewählt. Als solcher starb er, 65-jährig, am 11. Mai 1655. Es wird berichtet, „dass sein Grab mehr mit Zähren [= Tränen] als mit Weywasser seye besprenget worden", als man den Abt in der Klosterkirche bestattete. […]
Von der Spiritualität des stets freundlichen und gegen andere so milden und verständnisvollen Abtes spricht das lange, bis zu den Knöcheln reichende Bußhemd, das er ständig trug. Es blieb sein bis zum Tod nur wenigen bekanntes Geheimnis.
Maurus Friesenegger war nach der Schilderung der Überlieferung bei allem Eifer als Seelsorger und als Abt ein Mann, dem es am wohlsten bei Büchern war.

Willibald Mathäser, Abt Maurus Friesenegger und sein Tagebuch aus dem Dreißigjährigen Krieg, in: Maurus Friesenegger, Tagebuch aus dem Dreißigjährigen Krieg, Hugendubel, München 1974, S. 7–9.

1 Suchen Sie nach Gründen, die einen Bäckersohn bewegt haben könnten, in ein Kloster einzutreten.

#### b) Clara Hätzler, eine Lohnschreiberin aus Augsburg (15. Jh.):

*Die Historikerin Elisabeth Plößl über Clara Hätzler, 1997:*

[Um 1450] arbeitete eine […] Augsburger Bürgerin, Clara Hätzler, als Berufsschreiberin. Längere Zeit galt sie irrtümlich als schreibende und dichtende Nonne; die Klosterfrauen verfügten nämlich zumindest über eine Elementarbildung im Schreiben und Lesen, etliche Frauenkonvente besaßen aber auch eigene Schreibschulen und Schreibstuben, fertigten Abschriften und Übersetzungen an und stellten Texte zusammen. Clara wurde um 1430 als Tochter des Bartholomäus Hätzler geboren. Ihr Vater wahrte als „Briefeschreiber" im Auftrag von Kaufleuten und Bürgern deren Rechtsansprüche, war also wohl als Notar tätig, wie dann auch Claras Bruder Bartholomäus. Die Hätzlerin lernte das Schreiben vermutlich in ihrer Familie. Im 15. Jahrhundert nahm das Interesse an einer Ausbildung der Mädchen in Lesen, Schreiben und Rechnen in den Städten erheblich zu. Vorreiter waren Kaufmannsfamilien, in denen es selbstverständlich war, dass Ehefrauen und Töchter bei den Geschäften mitwirkten. Auch Clara Hätzler unterstützte wohl ihren Vater und ihren Bruder. Vor allem aber verdiente sie selbstständig als Schreiberin. Ihre geübte Handschrift und die Tatsache, dass sie von 1452 bis 1476 Steuern zahlte, zeigen, dass sie keine Gelegenheitsschreiberin war. Clara Hätzler wurde mit der Abschrift unterschiedlichster deutschsprachiger Texte beauftragt. Bisher sind neun Handschriften aus ihrer Produktion bekannt; soweit datiert, stammen sie aus den Jahren zwischen 1467 und 1473. Das sogenannte Liederbuch, ihre wichtigste und umfangreichste Arbeit, kopierte sie um 1471 für den Kaufmann Jörg Roggenburg. Auftraggeber einer Abschrift des Schwabenspiegels war Cunrat Graff, der Zunftmeister der Kürschner. […] Die Hätzlerin spielte eine wichtige Rolle in der deutschsprachigen Augsburger Schreibkultur. Insbesondere das durch ihre Hand überlieferte Liederbuch, das unter anderem Gedichte Oswald von

Wolkensteins[1] enthält, ist ein bedeutendes Dokument für die literarischen Interessen des Stadtbürgertums.

Clara Hätzler gehörte zur nicht geringen Zahl der berufstätigen Steuer zahlenden Frauen in den Städten. So waren im 15. Jahrhundert in der Reichsstadt Nördlingen etwa 20 Prozent und zu Beginn des 16. Jahrhunderts immerhin noch etwa 15 Prozent der Steuerzahler weiblich. Wie Clara Hätzler waren diese Frauen rechtlich und wirtschaftlich selbstständig. Sie arbeiteten oft ohne Einbindung in eine Zunft, aber auch als Mitglieder reiner Frauenzünfte, beispielsweise der Nördlinger Schleierwirkerinnen oder der Nürnberger Goldspinnerinnen. Clara Hätzler, die einzige namentlich bekannte Lohnschreiberin im Augsburg des 15. Jahrhunderts, starb vermutlich 1476. Ihre Tätigkeit fiel in die Zeit einer revolutionären Wende, nämlich der Erfindung des Buchdrucks mit gegossenen beweglichen Lettern. 1468 erschien das erste in Augsburg gedruckte Buch.

*Elisabeth Plößl, Clara Hätzler (um 1430–um 1476) Lohnschreiberin, in: Marita A. Panzer/Elisabeth Plößl, Bavarias Töchter. Frauenportraits aus fünf Jahrhunderten, Verlag Friedrich Pustet, Regensburg 1997, S. 92 f.*

1 Mittelhochdeutscher Dichter und Komponist, einer der bedeutendsten Autoren des Spätmittelalters.

**1** Untersuchen Sie die Voraussetzungen für Schreib- und Lesekenntnisse von Frauen im 15. Jh. (M 6 b).

**2** Erläutern Sie die gesellschaftliche Rolle der Clara Hätzler (Schichtzugehörigkeit, Berufszugehörigkeit).

### c) Michel Rothschild, ein Jude aus Forchheim (18. Jh.):

*Rolf Kilian Kiessling, Historiker, über Michel Rothschild, 2004:*
Verfolgungen und Vertreibungen im Spätmittelalter hatten das Existenzrecht jüdischer Gemeinden in den Städten weitgehend eingeschränkt. Wer nicht nach Süden oder Osten auswanderte, suchte vor den Städten oder in kleineren Orten sein Auskommen. Im Heiligen Römischen Reich Deutscher Nation gab es viele Fürsten und Herrn, die sich von jüdischen Siedlern Kapital und Geschäftsverbindungen erhofften. Sie stellten daher – gegen Bezahlung – zeitlich befristete Schutzbriefe aus. Auch im fränkischen Forchheim, das zum Bistum Bamberg gehörte, siedelten sich nach dem Dreißigjährigen Krieg wieder Juden an. Die Schutzbriefe geben Aufschluss über den Lebensweg der jüdischen Mitbewohner, so auch über Glück und Elend des Michel Rothschild. Michel Rothschild entspricht dem Klischee vom reichen Juden. Er wurde um 1706 in Forchheim geboren, kam aus einer angesehenen, vermutlich auch begüterten Familie und arbeitete mit möglicherweise ererbtem Kapital. Belegt ist, dass er größere Transaktionen, z. B. den Kauf eines stattlichen Hauses, finanzierte. […]

Michel Rothschild wird in den Verzeichnissen der Forchheimer Juden meist an erster Stelle geführt, ein Hinweis auf seine Vorrangstellung in der Gemeinde. 1771 hieß der Vorsteher in der jüdischen Gemeinde Michel Rothschild. Doch das Glück blieb dem offenbar erfolgreichen und angesehenen Michel Rothschild nicht hold. Im Jahre 1788 sah sich der greise Rothschild gezwungen, den Bischof „um Erlassung seines restigen Schutzgeldes und um Befreyung von demselben für die Zukunft" zu bitten. Schon seit zwei Jahren konnte der Witwer das fällige Schutzgeld von 4 fl. [= Gulden] jährlich nicht mehr bezahlen. Über Michel Rothschild gab der Kastner [= Finanzbeamter] zu Forchheim damals folgende Auskunft: Er sei „ein Greis von 82 Jahren und sowohl Alters als auch Entkräftung halber zum Erwerb untüchtig". Deshalb sprach er sich dafür aus, ihm das ohnehin ermäßigte Schutzgeld „seiner Armuth wegen zu erlassen". Doch warum lebte der einst so wohlhabende Michel Rothschild nunmehr in bitterer Armut? Der Kastner berichtet nach Bamberg, „derselbe [sei] vor mehreren Jahren durch Arglist 3er Juden aus Waillersbach um einige Tausend Gulden gebracht und dadurch in den Bettelstaab versetzt worden". In den Augen der bischöflichen Beamten, die den Fall dem Bischof zur Entscheidung vorlegen mussten, verdiente ein solches Schicksal „freylich Mitleid und Erbarmung". Am 9. November 1788 entschied der Bischof Folgendes: „In Ansehung, dass der Supplikant [= Bittsteller] arm und schon 82 Jahre alt ist, will ich demselben, wenn es gleich an den verordnungsmäßigen Erfordernissen mangelt, nicht allein das Schutzgeld, so er schuldig ist, erlassen, sondern es ist auch solches für die Zukunft in Rechnungsabgang zu verführen."

*Rolf Kilian Kiessling, Juden in Forchheim, Verlag Kulturamt des Landkreises Forchheim, Forchheim 2004, S. 27 f.*

**1** Fassen Sie zusammen, was aus den Schutzbrief-Akten über jüdische Bewohner hervorgeht (M 6 c).

**2** Stellen Sie begründete Vermutungen über den Beruf des Michel Rothschild an.

### d) Joachim Graf zu Ortenburg, ein protestantischer Landesherr im katholischen Bayern (16. Jh.):

*Das Territorium der Ortenburger Grafen lag bei Passau und war von Kurbayern umschlossen. Lediglich die Nordgrenze reichte an das Land des Hochstiftes Passau. Die Ortenburger betrachteten sich als reichsunmittelbar, d. h. als direkt Kaiser und Reich unterstehend. Dieser Status wurde jedoch von den bayerischen Herzögen bestritten. Die Tatsache, dass der Graf gemäß dem Augsburger Religionsfrieden in seinem Territorium die Konfession bestimmte, belegt das Bestreben des protestantischen Landesherrn, seine reichsunmittelbare Stellung neben dem bayerischen Herzog zu behaupten. Der Historiker Markus Völkel schreibt über den Grafen, 1980:*

Graf Joachim, der diesen Kampf mit den Wittelsbachern bestand, wurde 1530 als einziges Kind des Grafen Christoph zu Ortenburg geboren. 1543 bis 1545 studierte er in Ingolstadt die Rechte, weilte 1547 zum Studium in Padua und wurde 1551 kaiserlicher Rat. Im gleichen Jahr wurde er durch den Verzicht seines Oheims Graf Sebastian II. regierender Graf zu Ortenburg. Da der Graf auch einige im Herzogtum Bayern liegende Lehensgüter besaß, war er zugleich Verordneter [= Abgeordneter] der bayerischen Landstände. Seit 1549 war Ortenburg beim Reichskammergericht in Speyer in einen Prozess mit Herzog Wilhelm von Bayern verwickelt, der ihm die Reichsstandschaft aberkennen lassen wollte. Dieses Verfahren war noch anhängig, als der Graf 1557 Lutheraner wurde und 1563 in seinem Territorium die Reformation durchführte. 1573 gewann der Graf seinen Prozess vor dem kaiserlichen Gericht, erhielt die Reichsunmittelbarkeit verbrieft und trat noch im gleichen Jahr zum Calvinismus über. Die Ankündigung der Reformation in Ortenburg traf bei Kaiser Maximilian II.[1] auf geradezu wohlwollendes Verständnis; beim zweiten Konfessionswechsel darf eine starke kurpfälzische Einflussnahme vorausgesetzt werden. Graf Joachims Vorgehen musste von Anfang an mit starkem bayerischem Widerstand rechnen. [...] Joachim beugte sich dem bayerischen Druck nicht, musste aber 1564 ein militärisches Vorgehen des Herzogs in seinem Gebiet wegen der Religionsfrage hinnehmen. 1565 ging er kurzfristig seiner bayerischen Lehen verlustig. [...] 1573 konnte Joachim nach seinem Erfolg beim Reichskammergericht die Reformation in seinem Territorium gänzlich durchführen. Dieses Vorgehen erweckte nun erneut Befürchtungen Albrechts [des bayerischen Herzogs], die Reformation könnte von der reichsunmittelbaren Herrschaft auf die von Bayern abhängigen Lehen übergreifen. Erneute Beschlagnahmen und Prozesse folgten, die den Streit bis über den Tod des Grafen [1600] hinaus dauern ließen. 1602 verkaufte Graf Heinrich VII. [Nachfolger Joachims] dann den Großteil der bayerischen Lehen an Maximilian I. [den bayerischen Herzog] und versprach, seinen restlichen bayerischen Untertanen die Reformation nicht zu gestatten. Ortenburg selbst blieb protestantisch. Damit war nun die Religionsfrage nach den Bestimmungen der Reichsunmittelbarkeit entschieden.

*Markus Völkel, Joachim Graf zu Ortenburg, in: Hubert Glaser (Hg.), Um Glauben und Reich. Kurfürst Maximilian I. (Ausstellungskatalog, Bd. II/2), Hirmer Piper, München 1980, S. 27f.*

1 Kaiser Maximilian (Reg. 1564–1576) hegte Sympathien für die Reformation, musste aber schwören, immer katholisch zu bleiben.

**1** Erarbeiten Sie aus M 6 d Ausbildung und Erfahrungen eines Landesherrn in der Frühen Neuzeit. Beachten Sie das Alter, in dem Studium und Tätigkeiten angetreten wurden. Gehen Sie auf die Reformation ein.

### e) Matthäus Klostermair, Knecht und Wilderer:

*Die Historikerin Dagmar Bäuml-Stosiek fasst den Lebensweg Matthäus Klostermairs zusammen, 2008:*

Klostermair wird am 3. September 1736 in Kissing, Landkreis Aichach-Friedberg, geboren. Er ist das älteste von vier Kindern des Hirten und Taglöhners Michael Klostermair und seiner Frau Elisabeth. Wie alle Kinder armer Familien muss er mit knapp zwölf Jahren sein Elternhaus verlassen, um als Schweinehirte in Mergenthau auf einem Landgut der Jesuiten selbst für seinen Unterhalt zu sorgen. Später kehrt er allerdings nach Hause zurück, um dem Vater zu helfen und sich nebenbei als Jagdgehilfe zu betätigen. Jagdleidenschaft und Schießkunst verschaffen ihm im August 1753 eine Anstellung als Jagdgehilfe des Jägers Wörsching bei den Mergenthauer Jesuiten. Er wird jedoch bald wieder entlassen, da die Gerüchte über seine Wilderei nicht verstummen.

Die nächsten fünf Jahre verdingt er sich als Knecht beim Bauern Joseph Baumiller in Kissing. Ungeachtet der harten Arbeit genießt er das Leben und geht Raufereien nur selten aus dem Weg. Vermutlich ist er auch ein ausgesprochener Frauenschwarm. In dieser Zeit frönt er wieder seiner Jagdleidenschaft und ist als Wilderer unterwegs. Da Wildern von der Bevölkerung nicht als kriminelles Vergehen begriffen wird, wächst das Ansehen Klostermairs, der das ungeliebte Jagdverbot einfach ignoriert. Die Obrigkeit beschließt, dem jungen Mann das Handwerk zu legen und ihn zwangsweise zum Militär einzuziehen. 1761 wird er von Soldatenwerbern aufgegriffen und mitgenommen. Zwar gelingt ihm die Flucht, doch ist ihm dadurch die Rückkehr in ein normales Leben verwehrt. Am Ende schließt er sich einer Gruppe von Wilderern an und wird bald selbst Anführer einer Truppe, die zwischen Iller und Lech ihr Unwesen treibt. Die Wilderei ist bei den schwäbischen Bauern nicht ungern gesehen, da der zunehmende Rotwildbestand großen Flurschaden verursacht. Auch die Weitergabe von erbeutetem Wildfleisch an die Bauern bringt der Bande Anerkennung.

Im Mai 1765 wird Klostermair von einem Mitglied seiner Gruppe verraten. Nach der Entlassung aus dem Zuchthaus München versucht er ein geordnetes Leben, schließt sich bald aber wieder den Wilderern an. Obwohl die Obrigkeit versucht, ihn einzufangen, gelingt es ihm immer wieder zu entkommen. Am 2. Dezember 1768 hat die Bande den ersten toten Wildschützen zu beklagen und es kommt immer häufiger zu tödlichen Auseinandersetzungen. 1771 wird Klostermair nach einem mehrstündigen Gefecht schwer verletzt, gefangen genommen und vor Gericht gestellt. Am 6. September 1771 wird er auf dem Marktplatz der Residenzstadt Dillingen hingerichtet. Im Prozess bekundete der Angeklagte mehrfach, er habe zwar gegen das bestehende Gesetz gehandelt, aber wegen der Ungerechtigkeit der Gesetze kein Unrecht begangen. Für die Bevölkerung bleibt er ein Volksheld, der, wie sein erster Biograf Jakob Andreas Friedrich 1772 schrieb, „unter die Sorte gewöhnlicher Diebe und Räuber nicht gehöre" und auch unter den Wilderern „eine besondere Figur mache".

*Zusammengestellt nach: Michaela Karl, Sozialrebellen in Bayern, Verlag Friedrich Pustet, Regensburg 2003, S. 15–22.*

**1** Zeigen Sie auf, warum Klostermair zum Wilderer wurde (Charakter, Lebensumstände) (M 6 e).
**2** Diskutieren Sie die Berechtigung des Begriffes „Volksheld" im Zusammenhang mit Klostermair.

# 1.2 Muster politisch-sozialer Ordnung auf dem Lande: Grundherrschaft, Leibeigenschaft, Genossenschaft

**M1** „Der Kuhhandel" und „Der Geldwechsler", volkstümliche Figuren über jüdisches Leben auf dem Land, Terracotta und Holz, um 1800

1 Schildern Sie, was die Bilder in M 1 über die Existenzsicherung von Juden auf dem Lande aussagen.
2 Diskutieren Sie die Art der Darstellung der jüdischen Landbewohner in M 1.

*Dorf und Dorfgemeinde*

Die überwiegende Mehrheit der Menschen, etwa 70 bis 80 Prozent der Bevölkerung, lebte während der Frühen Neuzeit auf und vom Lande. Anders als heute bildete daher nicht die Stadt den Lebensmittelpunkt vieler Menschen, sondern das Dorf. Die Dorfgemeinde war die typische Siedlungsform in der vormodernen Agrargesellschaft, wenngleich es auch Einzelhöfe und kleine Ansiedlungen gab.

Entstanden waren die Dörfer, die in unmittelbarer Nachbarschaft zu den durch Ackerbau und Viehzucht genutzten Flächen lagen, bereits im Mittelalter. Die landwirtschaftlichen Flächen, die den Bauern persönlich gehörten, lagen in weiten Teilen Europas in einer bunten Mischung durcheinander, sie waren also nicht fein säuberlich voneinander getrennt. Das galt ebenfalls für die großen Flächen gemeinschaftlich genutzten Landes, die sich an die privat genutzten Landstreifen – die Gewanne – anschlossen. Diese gemeinschaftlich genutzten Ländereien wie Wiesen, Moore, Sümpfe hießen deshalb auch „Gemeinheiten" oder Allmende. Sie machten in vielen Orten Mitteleuropas über 50 Prozent des zu einem Dorf gehörenden Bodens aus. Bis in die Zeit um 1800 bestimmte diese Nutzungsstruktur die mitteleuropäischen Dörfer.

Je nach ihrer Entstehungsgeschichte besaßen die Dörfer eine unterschiedliche Struktur. In den alten, durch Rodung gewonnenen Siedlungsgebieten gruppierten sich Bauernhöfe um einen Kern landwirtschaftlich bearbeiteten Landes. Die Nutzung dieses Landes verband und zwang die Hofbesitzer zum Planen und Handeln im Rahmen von Genossenschaften (M 4). Es gab jedoch auch andere, jüngere dörfliche Siedlungsformen. Hierzu gehörten die Waldhufendörfer, die als lang gestreckte Straßensiedlungen in den Wald hineingetrieben wurden und andere Kommunikationsformen mit sich brachten als die um einen Kern gruppierten Haufendörfer. Außerdem gibt es überall in Europa abseits von größeren Bauerndörfern kleine gemeindliche Ansiedlungen, sogenannte Weiler.

Eine besondere Gemeindestruktur kennzeichnete weite Landstriche Europas, bei der mehrere kleinere Dörfer und Weiler zusammen eine gemeindliche Einheit bildeten und sich die zentralen kirchlichen Funktionen teilten. Diese Form der Kooperation, die vor allem in Norddeutschland bedeutsam war, nennen die Historiker Kirchspiel.

*Dorfbewohner*

In den Dörfern lebten nicht nur Bauern, sondern auch Handwerker wie Schmiede, Zimmerleute oder Tischler. Hinzu kamen Landarbeiter, Knechte und Mägde, die von anderen Dörfern zugezogen waren oder die aus dem Kreis der nicht erbenden Mitgliedern der Bauernhöfe stammten (M 3).

Nach ihrer Vertreibung aus vielen großen Städten nahmen nicht nur die kleinen Reichsritter Juden in ihren Territorien auf, sondern auch manche Dörfer. Sie waren an den ständigen Abgaben der Juden interessiert. Die Bedingungen für die Niederlassung wurden in einem Schutzbrief festgehalten (M 1, M 6, M 7).

Im Mittelpunkt des Dorfes und seines geregelten Jahresablaufs stand die Kirche. Sie war für das Seelenleben der Dorfbevölkerung zuständig und übte seit der Reformation in protestantischen wie in katholischen Ländern eine beträchtliche soziale Kontrolle aus (s. S. 53–58). Auch das dörfliche und städtische Schulwesen wurde von ihr organisiert und überwacht.

# Ständegesellschaft 1

**M2** Martin Engelbrecht (1684–1756), Nürnberger Bauer und Bäuerin, Kupferstich, undatiert

**1** Interpretieren Sie die Darstellung von Bauer und Bäuerin in M 2.

**Die ländliche Welt: Einheit oder Vielfalt?**

Die ländliche Gesellschaft war alles andere als eine einheitliche Welt. Ihre Vielgestaltigkeit zeigte sich sowohl an der abwechslungsreichen Siedlungsstruktur als auch an der bunten Mischung der Dorfbewohner aus Handwerkern, Gesinde und Bauern. Hinzu kam, dass die bäuerliche Bevölkerung wirtschaftlich und sozial keine Einheit bildete. Nur wenige Bauern besaßen den Status freier Eigentümer, die überwiegende Mehrheit von ihnen war unfrei (**Leibeigenschaft***). Außerdem unterschieden sich Größe und Qualität der Höfe oder auch die Höhe der Abgaben und Dienste zum Teil beträchtlich voneinander. Manche Bauern gerieten auch durch nicht selbst verschuldetes Unheil in Not; das galt besonders für die Zeit des Dreißigjährigen Krieges.

Bei der Weitergabe der Höfe an die nächste Generation war in einigen Gegenden, wie z. B. in Altbayern, das **Anerbenrecht** weit verbreitet; dabei ging der Hof immer in die Hände *eines* Erben über. Dagegen herrschte in Schwaben meist die **Realteilung** vor, bei der der Hof stets unter allen Erbberechtigten aufgeteilt wurde.

Grund und Boden gehörten in der Regel den privilegierten Schichten, dem hohen und niederen Adel, der Kirche oder den reichen Bürgern bzw. den Institutionen, die von diesen Schichten getragen wurden. Das hing mit dem System der **Grundherrschaft** zusammen, das sich im Mittelalter herausgebildet hatte. Auch ein wohlhabender Bauer konnte damals nie Grundherr werden, weil er dafür dem Adelsstand angehören und über das angestammte Herrschaftsrecht der Gerichtsbarkeit verfügen musste. Denn eine Grundherrschaft war mehr als nur ein Grundeigentum: Sie übte zugleich Herrschaft über die Personen aus, die den Boden bearbeiteten. Gewöhnlich hatten die Eigentümer das Land an abhängige Bauern verliehen, die dafür vielfältige Leistungen erbringen mussten. Doch es gab auch Mischformen, bei denen Eigenwirtschaften der Herren neben Bewirtschaftungsformen abhängiger Bauern standen. Die Anforderungen an die Bauern bildeten ein engmaschiges Netz von Abgaben und Diensten. Bei diesen Leistungen kam es häufig vor, dass die Eigentümer an Grund und Boden mit anderen Leistungsempfängern konkurrierten.

**1** Arbeiten Sie mithilfe der Darstellung zentrale Merkmale des ländlichen Lebens in der Frühen Neuzeit heraus.

**Leibeigenschaft**
In der Frühen Neuzeit unterscheidet man die mildere Form der Leibeigenschaft in Süd- und Westdeutschland, die zu Geld- und Naturalabgaben sowie Hand- und Spanndiensten verpflichtete, von der harten Form in Ostdeutschland, der Gutsherrschaft. Letztere entwickelte sich im 15./16. Jh. und war eine Erbuntertänigkeit, zu der unbeschränkte Frondienste, Gesindezwang der Kinder, Verbot der Freizügigkeit gehörten; Heiraten der Leibeigenen waren genehmigungspflichtig. Die Abschaffung der Leibeigenschaft begann in Deutschland im 18. Jahrhundert.

**Internettipp**
*www.donndorf-online.de/ Vorlesungen/Vorlsg_StoRi0607.pdf*
Skript einer Universitätsvorlesung zur Ständegesellschaft in der Frühen Neuzeit (Einzelthemen: Ständeordnung, Ehe, Haus, Familie, Dorf, Gesellschaft und Wirtschaft auf dem Lande, Stadtgesellschaft und -wirtschaft, Polizeyordnungen, Adel).

# 1 Ständegesellschaft

**M 3** Soziale Verteilung der Bevölkerung in der ländlichen Gemeinde Dachau 1675 (in Prozent)

| | |
|---|---|
| „Unbehauste" (Dienstboten, Inleute[1], Fremde, Bettler): | 36 |
| „Behauste", davon: | 64 |
| – Bauern | 22 |
| – Söldner | 10 |
| – Nichtbauern (Handwerker, Tagelöhner) | 32 |

[1] Inleute: Tagelöhner, denen vom Bauern ein kleines Stück Feld zur Selbstbewirtschaftung überlassen wurde.

*Berechnet nach: Richard van Dülmen, Kultur und Alltag in der Frühen Neuzeit, Bd. 2, C. H. Beck, München 1992, S. 18.*

**1** Erläutern Sie am Beispiel Dachaus (M 3) die soziale Zusammensetzung einer Landgemeinde im 17. Jh.

**M 4** Der Historiker Hans-Jürgen Goertz über genossenschaftliches Handeln in der Ständegesellschaft, 2004

Wie stark der [genossenschaftliche] Geist sein konnte, zeigt sich beispielsweise darin, dass in Vereinigungen, in denen sich gelegentlich Personen unterschiedlicher Standeszugehörigkeit zusammengeschlossen hatten, brüderliche Solidarität stärker war als ständische Hierarchie: in den Altar-, Fronleichnams-, Wallfahrts-, Elends- und Laienbruderschaften, die sich aus Bürgern und Klerikern zusammensetzten […]. Es gab sogar eine Elendsbruderschaft, in der neben dem Kaiser auch der Bettler einen Platz fand. Diese Bruderschaften erinnerten an das frühchristliche Ideal der Brüderlichkeit. Das Überschreiten der Standesgrenzen war sicherlich nicht die Regel, im späten Mittelalter aber keineswegs eine befremdliche Erscheinung. Irgendwo dazuzugehören, einen festen Ort zu haben, mit korporativer Solidarität zu rechnen, mit einem standesgemäßen Begräbnis aus dieser Welt zu scheiden, von der Wiege bis zur Bahre beschützt zu sein: das war mittelalterliche Selbstverständlichkeit und gelegentlich stärker als Rücksichten auf hierarchische Standesgliederungen. Diese genossenschaftlich konzipierten Gemeinschaften gehen auf die mittelalterliche „Einung" zurück, in der sich Individuen zu einer Gemeinschaft zusammenschlossen, in der die Mitgliedschaft durch einen Eid befestigt, oft auch jährlich erneuert wurde. Mit Bruderschaften, Zünften, Gilden, auch mit Stadt-, Adels- und Landfriedensbünden entstand ein „dichtes Netz geschworener Verpflichtungen" […]. Gründe für das Aufkommen solcher Gemeinschaften waren: das hohe Lebensrisiko in den Zeiten der Kreuzzüge, bei Reisen über Land und auf dem Wasser, Ängste vor Naturkatastrophen, Pestepidemien, Missernten und Hungersnot. […] Neben den Bruderschaften fand der genossenschaftlich-brüderliche Gedanke einen besonderen Ausdruck in Gilden und Zünften. Kaufleute schlossen sich vor allem zu Gilden zusammen, Handwerker zu Zünften. Scharf lassen sich aber beide nicht voneinander trennen. Gemeinsam ist ihnen „die wechselseitige Unterstützung und die gesellige Gemeinschaft bei Gelage und Mahl" […]. Obwohl die Zünfte weiterhin für die religiösen und geselligen Bedürfnisse ihrer Genossen sorgten, entwickelten sie sich zunehmend zu einer berufsständischen Organisation. Jeder Beruf hatte seine Zunft. Auf den Zunftstuben ging es brüderlich zu, seither gibt es den Begriff des „Zunftbruders" (gelegentlich auch des „Saufbruders"), in den Zunftordnungen wurden Produktion und Handel genossenschaftlich geregelt, sodass jeder sein Auskommen hatte und die Stadtbewohner versorgt waren. […] Das Neben- und Miteinander hierarchischer und genossenschaftlicher Ordnung existierte nicht nur in kleinen, überschaubaren Korporationen, es existierte auch in größeren Verbänden, die Leitungs- und Regierungsfunktionen wahrnahmen: im Dorf und in der Stadt. […] Begonnen hatte dieser Prozess mit der Auflösung der Villikationsordnung. *Villicus* ist der Hof des Herrn. Dort lebte der adlige Herr mit seinen Knechten bzw. Bauern, die sein Land, das sogenannte Salland, bewirtschafteten. Sie leisteten Frondienste und waren dafür auf dem Hof, dem Fronhof, versorgt und geschützt. Sie waren Unfreie, aber nicht (mehr) Sklaven wie auf den Latifundien des *Imperium Romanum*. Über die Unfreien konnte nicht mehr verfügt werden wie über eine Sache. Der Grundherr stand ihnen gegenüber in der Sozialpflicht. Wichtig ist, der Fronhof war eine adlige Eigenwirtschaft. Nach und nach übergaben die Herren den unfreien Bauern aber jeweils ein Stück Land, groß genug, um sich und seine Familie durchzubringen und an den Grundherrn Abgaben in Form von Naturalien oder Geld abzuführen. Es wird von der Rentengrundherrschaft gesprochen, die hier entstanden war und zu einer effizienteren Bewirtschaftung des Bodens führte als die adlige Eigenwirtschaft. Die Grundherren verließen ihre Höfe und bauten sich Burgen bzw. Schlösser, um dort ein standesgemäßes und ihrer militärischen Funktion angemessenes Leben zu führen. Die enge Lebensgemeinschaft von Freien und Unfreien wird aufgelöst, und es tritt eine Distanz zwischen den Adligen und der Lebenswelt der Bauern ein. Seit dem 13. und 14. Jahrhundert beginnt sich diese Rentengrundherrschaft vor allem im deutschen Südwesten durchzusetzen. Ihr Prinzip ist das Herrschaftsrecht des Adels.

Die Bauern bewirtschafteten das Land, das nicht ihr eigenes war, sondern das sie nur „besaßen", in räumlicher Distanz zu ihrem Herrn, und sie fanden bald heraus, dass sie Aussaat und Ernte auf den Feldern gemeinsam miteinander abstimmen mussten, um sich nicht gegenseitig in die Quere zu kommen. Auch die Fruchtfolge im System der Dreifelder-Wirtschaft (Sommersaat, Wintersaat, Brache) musste abgesprochen werden, ebenso die gemeinsame Nutzung der Allmende, d. h. einer Wiese, eines Angers oder eines Waldes, die der Grundherr allen zur gemeinsamen Nutzung (ohne Abgabenpflicht) überlassen hatte – eine Erinnerung daran, dass einst alles allen gehörte. Auch die Aufsicht über das Einhalten der Vereinbarungen musste sichergestellt werden. Aus der Notwendigkeit, den alltäglichen Vollzug der Arbeit zu regeln, entwickelte sich das Bewusstsein, zu einer Gemeinde zu gehören. Ihren sinnfälligen Ausdruck fand das in der jährlichen Gemeindeversammlung, in der die Organe der Gemeinde gewählt und auch über das jeweilige Vorgehen gegen den Grundherrn, falls Streit über dem Dorf lag, entschieden wurde. Gewählt wurde der Gemeinderat, das Dorfgericht musste besetzt und schließlich der Dorfschulze gewählt werden. Diese wichtigeren Ämter wurden jedoch nicht ohne das Mitspracherecht des Grundherrn besetzt. Eher stieß die Gemeindeautonomie an ihre Grenze. Dennoch machte die Selbstverwaltung die Bauern stark, aber nur innerhalb des Rahmens der Grundherrschaft. [Der Historiker Peter] Blickle schreibt: „Es gibt eine politische Autonomie der Gemeinde, aber sie ist eine durch die Grundherrschaft beschränkte."

Hans-Jürgen Goertz, Deutschland 1500–1648. Eine zertrennte Welt, Schöningh, Paderborn 2004, S. 62–65.

1 Klären Sie den Unterschied zwischen einer genossenschaftlichen und einer hierarchischen Ordnung (M 4).
2 Erläutern Sie (M 4) das Selbstverständnis der mittelalterlichen und frühneuzeitlichen Genossenschaft.
3 Arbeiten Sie am Beispiel der Zünfte und der Dorfgemeinde (M 4) Aufgaben und Funktionen genossenschaftlichen Handelns heraus.
4 Wiederholen Sie anhand von M 4 die zentralen Merkmale der Grundherrschaft.

**M 5 Die Neuvergabe eines Hofes innerhalb einer Grundherrschaft in Schwaben 1661**

*Die Grundherrin Polixena Geizkofler verleiht 1661 an Thomas Otten einen der Leibeigenschaft unterliegenden Hof („leibfälligen") in Haunsheim:*
Ich, Maria Polixena Geizkoflerin, Witwe, […] bekenne öffentlich mit diesem Brief: nachdem Waldhauser Beedauer, mein Bauer und Untertan allhier, mit meinem gnädigen Einverständnis, Vorwissen und Bewilligung seinen leibfälligen Hof allhier zu Haunsheim […] zu verkaufen gegeben hat an Thomas Otten von Asselfingen [es folgt eine Beschreibung des Hofes …], verleihe ich […] Thomas Otten hiermit den vorbeschriebenen Hof samt allen dessen zugehörigen Stücken und Gütern, wie diese in diesem Brief benannt und mit den Anstößern ordentlich verzeichnet worden sind, auf seinen Leib und Lebtag und nicht länger, für 100 fl. guter gangbarer gemeiner Landwährung. [Es folgen Bestimmungen über Zahlungstermine …]
Und ich tue das hiermit wissentlich und in Kraft dieses offenen Briefs dergestalt und also, dass nämlich er, Thomas Otten, [den] Hof persönlich selber besitzen, baulich und wesentlich zu Dorf und Feld erhalten und in allem damit handeln solle, wie von vorigen Inhabern geschehen und wie es bei dergleichen Fallgütern Art und Gewohnheit ist. Er, Thomas Otten, soll auch den Hof samt dessen, was dazu und darein gehört, nach seinem Absterben […] ohne mein und meiner Erben und Nachkommen Wissen und Bewilligung nicht versetzen noch etwas daraus oder davon verkaufen […]. [Und er soll] mir und meinen Erben in jedem Jahr insbesondere den rechtmäßigen Herrengült [= Naturalabgaben] und Zins [= Geldabgaben] laut meiner habenden Saal- und Urbaribücher [= Verzeichnisse der Ländereien und Abgaben in einer Gutsherrschaft] reichen und geben, und zwar […] alles […] saubere, reine, wohlbereite Früchte [… und] alles zu der gewöhnlichen Gültzeit im Jahr auf unserem Schloss oder an unsere […] Bedienten […], ohne dass wir Kosten und Schaden haben. Er soll auch […] zu täglichen Diensten kommen und mir und meinen Erben […] mit aller hohen und niederen Obrigkeit unterworfen sein […] und alles das tun, was andere gehorsame, getreue Bauern zu Haunsheim und ein redlicher getreuer Untertan zu tun vor Gott schuldig ist. Er soll auch ohne mein und meiner Erben Wissen und Willen keinen anderen Herren, viel weniger Schutz noch Schirm, weder bei Herren, Städten noch anderswo wider uns annehmen; sondern wenn er mit uns oder den Unsrigen spännig oder irrig wird […], das soll er allhier in meinem Flecken Haunsheim austragen und bei gleichen Rechten verbleiben. Sofern er aber die oben aufgezählten Artikel ein- oder mehrmals übertritt und […] nicht stets einhält […] oder er mit Tod abgehen würde, alsdann wird mir und meinen Erben der Hof mit allem, was dazu gehört, heimfallen […]; denselben mögen alsdann ich oder meine Erben an einen anderen, den wir wollen, verleihen oder sonst damit […] tun und lassen, was wir mit anderen uns leibfälligen Gütern tun […]. Doch hat sich die gnädige Herrschaft hiermit auch gnädig angeboten, im Fall er [Thomas Otten] mit dem Tod abgeht und seine hinterlassenen Erben für genügsam erachtet wurden, diesen Hof zu Dorf und Feld in baulichem Wesen zu erhalten, und wenn seine Erben auch Lust dazu haben […] und sich wohl verhalten haben, dann [… es folgt die Auflistung weiterer Zahlungsverpflichtungen im Falle einer Übernahme des Hofes durch die Erben von Thomas Otten]. Dass […] Thomas Otten […] diesem getreulich nachkommen […] will, hat er mir einen leiblichen Eid mit gehobenen zwei Fingern zu Gott geschworen.

Zit. nach: Peter und Renate Blickle (Bearb.), Dokumente zur Geschichte von Staat und Gesellschaft in Bayern, Bd. 11/4, C. H. Beck, München 1979, S. 464 f. (sprachlich bearbeitet durch den Verfasser).

1 Erschließen Sie aus M 5 Pflichten und Rechte für einen Leibeigenen innerhalb der Grundherrschaft.
2 Erklären Sie, warum die in M 5 aufgeführten Rechte und Pflichten eines „Leibeigenen" nicht mit der gängigen Vorstellung von einem „Leibeigenen" übereinstimmen.

# 1 Ständegesellschaft

**M6** Ortsplan des Marktfleckens Ichenhausen in der Markgrafschaft Burgau bei Ulm, um 1750.
Von den 162 Häusern gehörten 40 Juden (blau markiert).

**M7** Jüdisches Leben auf dem Lande: Ichenhausen
*Der Historiker Silvester Lechner schreibt 1991:*
Zu den bedeutendsten Territorien unter den aufgesplitterten Territorien Bayerisch-Schwabens vor 1805 zählt die Markgrafschaft Burgau, in deren Gebiet Ichenhausen lag. Sie war 1301 an die Habsburger gekommen, die in dieser Zeit die größten Territorialherren im schwäbischen Raum waren. Von 1304 bis etwa 1559 verpfändeten und verkauften die Habsburger immer wieder Besitzteile und -rechte der Markgrafschaft an einzelne Adels- und Klösterherrschaften, sodass die Markgrafschaft „ein kompliziertes Konglomerat von Besitzungen, Rechten und Ansprüchen verschiedenster Abstufungen" wurde. Die „Insassen" genannten kleineren Herrschaften innerhalb der Markgrafschaft beanspruchten und gewannen erhebliche Rechte, um die es beständig Auseinandersetzungen mit den markgräflichen Landesherren gab. Überdies waren die „Insassen" wie die Ortsherren von Ichenhausen „reichsunmittelbar", das heißt, sie unterstanden als Reichsritter direkt Kaiser und Reich. Die territoriale Aufsplitterung und unklare Rechtssituation [...] ermöglichten es den Juden, sich in der Nähe der Reichsstädte, aus denen sie vertrieben worden waren, anzusiedeln. Für Ichenhausen lässt sich jedoch kein unmittelbarer Zusammenhang von Vertreibung und Niederlassung von Juden nachweisen. Reichs-, Landes- und Ortsherrschaften wollten mit ihrer Politik der Ansiedlung, aber auch der Vertreibung von Juden ihre Souveränität herausstellen. Zum anderen brachte das *ius recipiendi judaeos*, das Recht der Aufnahme von Juden, Einnahmen: Die Markgrafschaft Burgau verlangte, belegt ab 1587, ein spezielles Schutzgeld der Juden, das „Jägergeld". Es betrug vier Gulden pro Jahr und Familie. Dieses Schutzgeld wurde erst mit Wirkung des bayerischen Judenedikts vom 1. Oktober 1813 abgeschafft. Zwar waren die Ichenhausner Juden durch dieses „Jägergeld" doppelt belastet, denn sie mussten auch an den Ortsherrn „Schutzgelder" bezahlen, doch brachte dies den Vorteil, dass sie sich bei Konflikten mit dem Ortsherrn auch an den Landesherrn wenden konnten. [...] Spätestens ab 1567 kann man mit der Nennung von 13 abgabepflichtigen Haushalten von der Existenz einer Gemeinde ausgehen. Ihre Mitglieder waren weitgehend Händler mit relativ sicherem Einkommen und einem kleinen Vermögen. [...] Nach dem Dreißigjährigen Krieg führte eine bewusste „Peuplierungs"-Politik [= Bevölkerungspolitik] und vor allem die Teilung der Ortsherrschaft 1657 zu einem stetigen Anwachsen der jüdischen Gemeinde. Waren es Ende des 17. Jahrhunderts etwa 250 Personen, so stieg die Zahl [...] 1770 auf 750 bis 850 Personen, was 149 Haushalten entsprach.

*Silvester Lechner, Juden auf dem Lande: Die Geschichte der Ichenhausener Juden, in: Haus der Bayerischen Geschichte (Hg.), Juden auf dem Lande. Beispiel Ichenhausen, Haus der Bayerischen Geschichte, München 1991, S. 18 f.*

1 Formulieren Sie (M6) Hypothesen zu folgenden Fakten: a) Kennzeichnung der Häuser jüdischer Familien, b) viele jüdische Familien im Ort, c) Fehlen jüdischer Häuser im Zentrum.
2 Prüfen Sie Ihre Hypothesen anhand von M7.

# 1.3 Muster politisch-sozialer Ordnung in der Stadt: das Beispiel Augsburg

**Die Reichsstadt** Augsburg gehörte zu den großen Reichsstädten des Heiligen Römischen Reiches Deutscher Nation*, die außer dem Kaiser keinen Herren über sich hatten. Allerdings war der Kaiser keineswegs nur ein symbolisches Stadtoberhaupt, sondern nahm durchaus gezielt Einfluss auf die inneren Belange. Er erhob zum Beispiel Familien in den Adelsstand oder veränderte die Besetzung der Räte (M 3). Dennoch bestimmte die Stadt ihre politisch-sozialen Angelegenheiten weitgehend selbst, da mit ihrer Stellung als Reichsstadt eine Reihe von besonderen Autonomierechten verbunden war: So konnten reichsunmittelbare Kommunen Steuern erheben, eine eigene Verwaltung errichten und Gesetze erlassen; sie besaßen die Gerichts- und Wehrhoheit und durften Bündnisse eingehen.

Augsburg zählte neben Frankfurt, Regensburg und dem nicht reichsunmittelbaren Leipzig auch zu den Legstädten des Reiches, das heißt: Die Stadt finanzierte die oft nur schleppend eingehenden Reichssteuern vor und hielt dadurch die Funktionsfähigkeit des Reichsfinanzsystems aufrecht. Wie andere Reichsstädte vergab auch Augsburg direkt Kredite an den Kaiser (in den Jahren zwischen 1604 und 1608 betrug das Kreditvolumen insgesamt über 70 000 Gulden) und sicherte sich auf diese Weise Mitsprache bei Entscheidungen, die die Stadt unmittelbar betrafen. Diese Einflussmöglichkeit nahm jedoch nach dem Dreißigjährigen Krieg und mehr noch im 18. Jahrhundert ab. Denn viele der alten Reichsstädte, unter ihnen auch Augsburg, hatten mit Wirtschaftsproblemen zu kämpfen (M 1). Die politische Bedeutung Augsburgs wird dadurch unterstrichen, dass hier wie auch in den übrigen süd- und südwestdeutschen Reichsstädten wie Worms, Speyer, Nürnberg oder Regensburg im 16. und in der ersten Hälfte des 17. Jahrhunderts die Reichstage abgehalten wurden. Seit 1663 tagten die Reichsstände als „Immerwährender Reichstag" dauerhaft in Regensburg.

Die Reichsstädte verloren während der Frühen Neuzeit an Gewicht gegenüber den Residenzstädten, die mit dem landesfürstlichen Hof zu Hauptstädten der Fürstentümer aufstiegen. Der Stern des „Goldenen Augsburg" verlor seit dem 17. Jahrhundert an Glanz, während München zur „leuchtenden" Residenzstadt aufstieg. Residenzstädte waren auch Würzburg und Bamberg. Andere Residenzstädte wie Salzburg, Mannheim oder Wien gewannen ebenfalls an Gewicht. In ihnen fielen die politischen Entscheidungen und konzentrierten sich Bürokratie, Garnisonen sowie kulturelle Einrichtungen wie Akademien, Universitäten und Theater. Dass die Residenzstädte die großen Gewinner des frühneuzeitlichen Strukturwandels der Städtelandschaft wurden, hing mit der Geschichte des frühmodernen Staates zusammen. Die Entstehung des modernen Territorialstaates mit zentralen Behörden, einem geschlossenen Staatsgebiet und einem einheitlichen Staatsvolk begann im spätmittelalterlichen Deutschland nicht auf der Ebene des Reiches. Sie begann vielmehr in den Landesfürstentümern, wie z. B. Württemberg oder Bayern. Und diese Entwicklung beschleunigte sich in der Frühen Neuzeit.

**Gesellschaftliches Leben** In der frühneuzeitlichen Stadt war der Einzelne eingebunden in die verschiedensten Gruppen, die sich durch ihre jeweiligen Rechte und Privilegien unterschieden. Jede Gruppe, jeder Stand besaß ein Eigenleben, das ihm von allen anderen zugebilligt wurde. An der Spitze der politisch-sozialen Hierarchie stand der Stadtadel, das Patriziat, dem die selbstbewussten „Alten Geschlechter" bzw. die alten Familien (Honoratioren) an-

---

**Heiliges Römisches Reich**
Die deutschen Kaiser erhoben im Mittelalter den Anspruch, als Kaiserreich den Königreichen übergeordnet zu sein. Im 15. Jh. erhielt der Name den Zusatz „Deutscher Nation". Das Reich wurde 1806 aufgelöst.

**Reichstag**
Die Ständeversammlung des Heiligen Römischen Reichs. Anfangs saßen in ihr nur Reichsfürsten, später auch Reichsgrafen, freie Herren und Vertreter der Reichs- und Bischofsstädte. Sie befasste sich mit Heerfahrt, Reichskriegen, -steuern, -gesetzen und Erhebungen in den Reichsfürstenstand. Seit 1663 tagte sie als ständiger Gesandtenkongress in Regensburg (Immerwährender Reichstag).

**Landesfürstentum/Landesherrschaft**
Herrschaft über ein fest umrissenes Gebiet (= Territorium). Während sich vor dem Aufkommen des Landesfürstentums Herrschaft auf Personen, unabhängig von deren Wohnsitz, richtete, waren nun die Bewohner eines Territoriums der Gewalt des Landesherrn unterworfen. Die Landesherren mussten sich beim Ausbau ihrer Herrschaft gegen benachbarte Landesherren durchsetzen.

**Augsburg im Mittelalter und in der Frühen Neuzeit**
**1156** Augsburg, ehemals römische Provinzhauptstadt und seit ca. 300 Bischofssitz, erhält die Stadtrechte.
**1276** Augsburg Freie Reichsstadt
**15.–17. Jh.** Handels-, Finanz- und Kunstzentrum in Europa
**1540** Gründung der Börse
**1547** Beteiligung der Zünfte an der Stadtregierung
**1555** Der Augsburger Religionsfriede erkennt den Protestantismus offiziell an und beendet die Religionskriege der Reformationszeit.
**1573–1646** Baumeister Elias Holl prägt die Stadtarchitektur (Rathaus, Stadtmetzgerei, Rotes Tor, Zeughaus).
**um 1600** Konflikte zwischen Katholiken und Lutheranern
**1618–1648** Einnahme durch die Schweden im Dreißigjährigen Krieg
**1805** Augsburg verliert seine Reichsfreiheit und fällt an Bayern.

# 1 Ständegesellschaft

**M1** Einwohner Augsburgs 1500–1800

1500: 20 000
1550: 45 000
1600: 48 000
1650: 21 000
1700: 21 000
1800: 28 000

Nach: Ulrich Rosseaux, Städte in der Frühen Neuzeit, Wiss. Buchgesellschaft, Darmstadt 2006, S. 9.

**M2** Jakob Fugger und sein Hauptbuchhalter Matthäus Schwarz, Miniatur, nach 1520

**Lesetipp**
Bernd Roeck, Geschichte Augsburgs, München 2005.
Eine anschaulich geschriebene Stadtgeschichte (mit Abbildungen).

gehörten. Sie besetzten die städtischen Ämter und hielten die politische und wirtschaftliche Macht in ihren Händen. Zur **Führungsschicht** zählten auch die hohen Kleriker. Die Kaufmannschaft, hohe Beamte und Akademiker bildeten ebenfalls die tonangebende sogenannte Ehrbarkeit. Das breit gefächerte Handwerk sowie die Kleinkaufleute, mittlere Beamte und Angestellte der Stadt wie Lehrer oder Gerichtsdiener bildeten auch in Augsburg die politisch machtlose **Mittelschicht**. Die **Unterschicht** setzte sich aus Lohnarbeitern, Fuhrleuten, unehrlichen Berufen – z. B. Henker, Abdecker, Straßenkehrer oder Totengräber –, Transportarbeitern und Dienstboten zusammen. Die Grenze zu den Armen der Stadt und zu Bettlern war fließend. Diese Menschen besaßen keinerlei politische oder soziale Macht (M 3).

Augsburg war seit Mitte des 16. Jahrhunderts eine gemischtkonfessionelle Reichsstadt, in der eine große Mehrheit von **Protestanten** einer Minderheit von **Katholiken** gegenüberstand. Die Besonderheit der Bevölkerungsstruktur führte zu teilweise heftigen innerstädtischen Konflikten, die erst mit dem Westfälischen Frieden eingedämmt bzw. beendet werden konnten (M 4).

**Finanz- und Handelsmetropole**
Vom 15. bis zum 17. Jahrhundert war Augsburg wichtigster **Finanzplatz** und bedeutendstes **Handelszentrum** Mitteleuropas. Dass die Stadt in dieser Zeit so etwas wie die wirtschaftliche Hauptstadt des Heiligen Römischen Reiches Deutscher Nation werden konnte, verdankte sie ihren großen Handelshäusern, denen der **Welser** oder der Hochstetter, allen voran aber dem der **Fugger*** (M 2, M 5, M 6).

Der Aufstieg der Familie Fugger beruhte auf mehreren Voraussetzungen: Sie waren erfolgreiche frühkapitalistische Unternehmer, die sich nicht nur im Warenhandel sowie im Bank- und Wechselgeschäft betätigten, sondern auch Beteiligungen an Bergwerken besaßen, die ihnen den Handel mit Kupfer und Silber erlaubten. Die Fugger pflegten auch enge Beziehungen zur Politik. Zudem verdienten sie kräftig am **Ablasshandel** mit, bei dem die Kirche dem Käufer eines Ablasszettels den Erlass von Sündenstrafen und die Erlangung der Gnade Christi versprach.

**Verlagerung der Finanz- und Handelsströme**
Die Blütezeit des Handels in den süddeutschen Städten endete im Laufe des 17. Jahrhunderts, weil sich der Handel immer mehr vom Mittelmeer und Oberitalien (Venedig, Genua, Mailand, Florenz) in den atlantischen Raum zwischen Amerika, Afrika und Europa verlagerte. Das bekamen auch die Fugger zu spüren, deren handelspolitische Aktivitäten sich im Mittelmeerraum konzentrierten (M 6). Augsburg rückte damit gewissermaßen vom Zentrum an die Peripherie: Die Stadt blieb auch weiterhin ein Tor nach Italien, aber die europäischen Verbindungen nach Westen – etwa Hamburg, Amsterdam, Lissabon – wurden zunehmend wichtiger. Außerdem trug der Dreißigjährige Krieg (1618–1648) zum wirtschaftlichen Bedeutungsverlust Augsburgs und der Fugger bei. Die Stadt erholte sich wie auch die übrigen süddeutschen Städte nur schwer von den demografischen und wirtschaftlichen Folgen dieses schrecklichen Religions- und Bürgerkrieges.

1 Erläutern Sie die Bedeutung Augsburgs in der Frühen Neuzeit mithilfe der Darstellung.
2 **Hausarbeit:** Verfassen Sie auf der Basis eigener Recherchen (Hilfe: s. S. 336 ff.) einen kurzen Darstellungstext über die politisch-soziale Ordnung in der frühneuzeitlichen Residenzstadt München.
3 **Geschichte regional:** Erstellen Sie ein Poster (Bilder, Kurztexte, Zeittafel u. a.) über die frühneuzeitliche Geschichte einer Stadt in Ihrer Region.

**M3 Der Historiker Wolfgang Zorn über die Augsburger Stadtgesellschaft im 16./17. Jh., 1980**

Gesellschaftlich gab es nur eine Stadtgesellschaft mit der klassischen Ständedreiheit Geistlichkeit, Adel und nicht adlige Bürgerschaft sowie außer- und unterbürgerlicher Bevölkerung. Geistlichkeit und Adel waren die für die Einzelmitglieder privilegierten Stände, im „dritten Stand" waren das nur Stadt- und Zunftkorporation als Genossenschaften, nicht der Einzelbürger. Der geistliche Stand wurde durch die Bekenntnistrennung in zwei Hauptgruppen sehr unterschiedlicher Stellung zur Stadt gespalten. [...]

An der Spitze der katholischen Stadtgesellschaft stand der Bischof, der damals stets ein schwäbischer Reichsadliger war [...]. Auch das Domkapitel bestand aus schwäbischem, südfränkischem und westbayerischem Ritteradel und einzelnen bürgerlichen Doktoren der Theologie oder beider Rechte; gebürtige Augsburger Bürger durften ihm laut Statut nicht angehören. [...] Auch die evangelischen Geistlichen, die in stärkerer Amtsabhängigkeit zur Ratsobrigkeit standen, waren steuerfrei.

Die weltliche Stadtgesellschaft war in sich streng ständisch geordnet. Auf ihrer obersten Stufe stand der Adel einschließlich der Herren des bischöflichen Hofes. [...] Den Kern der ersten Ranggruppe bildete der Augsburger eigene Stadtadel, die „Geschlechter", die „Herren", das „Patriziat". Die Patriziatsfamilien waren ursprünglich überwiegend aus der Kaufmannschaft gekommen und pflegten nach wie vor Fernhandels- und Bankgeschäft zu betreiben. Das Patriziat besaß und erwarb andererseits meist in Mittelschwaben Landadelsschlösser und verfocht mit großer Empfindlichkeit seine Ranggleichheit mit der freien Reichsritterschaft und ihren Domherrn. [...] Das Patriziat hatte das Recht der Selbstergänzung durch Zuwahl neuer Familien. [...] Das ortsautonome Adelssystem wurde allerdings durch das Recht des Kaisers zu Brieferhebungen in den Reichsadel [...] überschattet. Die Fugger wurden als Angehörige des Kaufleutestandes 1511 adlig, 1514/1526 Reichsgrafen und kamen verzögert erst 1538 ins Patriziat; die altpatrizischen Welser erhielten 1532 den Adel [...].

Nicht allen großen Kaufleuten [ist der Aufstieg in das Patriziat] gelungen [...]. Die „stubenmäßigen" Kaufleute bildeten die erste Zunft der „Gemein" und schlossen sich betont gegen die Kramerzunft der Einzelhändler mit offenem Laden, Elle und Pfennigwaage ab. Sie stellten im Rat seit 1549/55 die dritte Gruppe über den Handwerkszünften. [...] Wie die Patrizier leisteten die Kaufleute bei bürgerlichem Wehraufgebot Militärdienst zu Pferde. [...]

[Neben den Webern, die die weitaus größte Zunft stellen,] rechnete man zur oberen Gruppe der reputierlichen Handwerker die Kramer mit Fernimportwaren, die Goldschmiede, Uhrmacher, Kürschner, Buchdrucker. Handwerksgesellen wurden ständisch im Sinne des „ganzen Hauses" ihren Meistern zugeordnet. Zur untersten Gruppe gehörten Bürger, die nicht Handwerker oder Krämer waren, Fuhrleute, Taglöhner, auch die an den Stadtmauern untergebrachten dauernden Stadtsoldaten zu Fuß. Die Gesamtzahl der politischen Zünfte im Rat betrug bis 1548/52 17 [...]. Besondere Gesellenbruderschaften waren verboten. Geschlossene Einzelhandwerksviertel gab es nicht, doch weisen schon Straßennamen wie Bäckergasse, Schmiedberg/Schmiedgasse, Färbergässchen, Hafnerberg, Kuttlergässchen, Schäfflergässchen auf alte Schwerpunkte hin. [...] Die anderen Zünfte standen an Kopfzahl immer weit hinter den Webern zurück. Zweitgrößte Handwerkerzunft bis 1552 waren die Schmiede mit Nachbarberufen. Nach der weiteren Aufgliederung hatten 1618 etwas über 200 Meister nur noch die Schneider, über 100 die Goldschmiede, Metzger, Hucker, d. h. Lebensmittelkleinhändler, Maurer ohne Werkstatt, Bäcker, Gerber, Schuster, Schreiner, Zimmerleute und Färber.

Wie man sieht, konnte die geistige Ausbildung Wege des beruflich-ständischen Aufstiegs durch das erbständische Gefüge hindurch öffnen. Die wichtigste Leiter war da das Theologiestudium. Außer guten deutschen Schulen bot der Rat seit 1531 als Lateinschule ein religionslehreloses, dann evangelisches Humanistisches Gymnasium an und 1580 kam ein katholisches Jesuitengymnasium hinzu. Patriziatsfamilien vor allem sandten Söhne zu weltlichen Universitätsstudien, die Kaufleute ihren Nachwuchs in Auslandsfirmen besonders Italiens. [...]

Abgesehen von einer allgemeinen Kopfsteuer und den Verbrauchssteuern wurde eine abgestufte Vermögenssteuer erhoben. Die Fugger und andere reichste Bürger erhielten eine Pauschalablösung, die „reiche Steuer", zugebilligt. Die ärmeren Bürger durften einen Freibetrag, das Sparhafengeld, in Anspruch nehmen und wurden insofern übertrieben als „Habnits" geführt; fasst man auch die Selbsteinstufung ins Auge, so waren die armen Handwerksbürger und Gesellen auch nicht „Unterschicht". Auch in Augsburg wahrte gerade der arme Zunfthandwerker scharf den Stolz auf seine Ehrbarkeit durch eheliche, freie Geburt und Absonderung von den für unehrlich gehaltenen Sonderberufen und leibeigenen Bauern. Almosenempfang [...] wegen Verarmung minderte die ständische Einordnung nicht. Der Anteil der sogenannten Habenichtse an den Steuerpflichtigen betrug 1554 über 53 %, 1618 über 43 %, 1648 etwa 32 %. [...] 1571 unterstützte die Stadt über 4000 Hilfsbedürftige: Die Fuggereistiftung war eine vorbildliche soziale Kleinsiedlung für etwa 200 arme Taglöhner und Handwerker aus der katholischen Bürgerschaft. Verschwunden sind die Schatten der Not aus der Augsburger Gesellschaft trotz der sehr zahlreichen milden Stiftungen nie. Schließlich gehörten zur Stadtbevölkerung die sogenannten Einwohner oder Beisassen, Leute bürgerlicher Berufstätigkeit, die als Dauergäste und Mieter ohne politische Bürgerrechte und gegen Schutzgeldzahlung in Augsburg zugelassen waren. Ihre Zahl wurde immer wieder begrenzt. Juden waren im ganzen Zeitraum vom Wohnen in

Augsburg überhaupt ausgeschlossen. Sie hielten sich aber in den Nachbardörfern Oberhausen, dann Kriegshaber und Pfersee auf und konnten tagsüber unter Torzollentrichtung in die Stadt kommen. Auch sie waren schon an der Tracht erkennbar.

Wolfgang Zorn, Gesellschaftsgeschichte 1518–1650, in: Welt im Umbruch, Bd. I, Ausstellungsbuch, Augsburger Druck- und Verlagshaus, Augsburg 1980, S. 72–75.

1 **Gruppenarbeit:** Untersuchen Sie die politische und soziale Ordnung Augsburgs in der Frühen Neuzeit:
a) Gruppe 1: Stellen Sie die soziale Gliederung Augsburgs dar und nennen Sie die Kriterien, auf denen diese beruhte (z. B. Standeszugehörigkeit, Einkommen und Vermögen, Ansehen) (M 3).
Gruppe 2: Arbeiten Sie heraus, wer in der Reichsstadt politische Macht besaß (M 3).
b) Präsentieren Sie Ihre Ergebnisse als Schaubilder.
2 Beurteilen Sie, ob die Augsburger Stadtgesellschaft im 16./17. Jh. starr und abgeschlossen oder durchlässig und offen war (M 3).

**M 4** Ulrich Rosseaux, Historiker, über Konfessionskonflikte im frühneuzeitlichen Augsburg, 2006

Exemplarisch für den langen und schwierigen Weg zum geregelten Mit- oder besser: Nebeneinander verschiedener Glaubensrichtungen in einer Stadt kann auf die vier süddeutschen Reichsstädte Augsburg, Biberach, Dinkelsbühl und Ravensburg verwiesen werden. In allen diesen Kommunen stand in der Mitte des 16. Jahrhunderts eine mehr oder minder große evangelisch-lutherische Mehrheit einer katholischen Minderheit gegenüber. Infolge der Eingriffe in die Verfassungsstruktur dieser Städte, die Kaiser Karl V. in den Jahren zwischen 1547 und 1552 vorgenommen hatte, waren die Katholiken in den Räten und den kommunalen Führungspositionen jedoch im Verhältnis zu ihrem Bevölkerungsanteil deutlich überrepräsentiert und konnten bestimmenden Einfluss auf die städtische Politik ausüben. In Augsburg beispielsweise saßen im kleinen Rat, dem ungleich wichtigeren der beiden Ratsgremien der Stadt, zwischen 1555 und 1631 fast immer mehr katholische als lutherische Mitglieder – lediglich in den Jahren 1558, 1570 und 1571 war es jeweils zu einer knappen Einstimmenmehrheit der Evangelischen gekommen. […]
Die politische Dominanz einer kleinen katholischen Minderheit über eine evangelische Bevölkerungsmehrheit in Augsburg […] barg mehr als nur den Keim zu heftigen innerstädtischen Auseinandersetzungen in sich. Zumal diese Situation durch den Umstand noch verschärft wurde, dass sich die katholischen Vertreter in den Stadträten und kommunalen Führungspositionen vornehmlich aus dem jeweiligen Stadtpatriziat rekrutierten, während die überwiegend evangelisch-lutherischen Handwerker […] von der politischen Mitbestimmung weitgehend ausgeschlossen blieben. Mit dieser Konfrontation zwischen Patriziern und Handwerkern reproduzierte sich in den konfessionellen Spannungen des späten 16. und beginnenden 17. Jahrhunderts ein politisch-soziales Konfliktmuster, das bereits den mittelalterlichen innerstädtischen Verfassungskämpfen Brisanz verliehen hatte. […] Zu einer endgültigen Regelung der konfessionspolitischen Situation in den vier genannten gemischtkonfessionellen süddeutschen Reichsstädten kam es schließlich durch den Westfälischen Frieden 1648. Der Vertrag bestimmte, dass in Augsburg […] in allen öffentlichen Ämtern eine numerische Parität zwischen den Angehörigen der verschiedenen Glaubensrichtungen herrschen sollte. Das hieß, dass alle politischen und administrativen Gremien der Städte unabhängig vom Bevölkerungsanteil der jeweiligen Konfession jeweils zur Hälfte von Katholiken und Lutheranern besetzt wurden […]. Mit diesen System der […] Parität, dessen praktische Umsetzung freilich zahlreiche komplizierte Detailregelungen erforderlich machte, gelang es, die jahrzehntelangen konfessionell motivierten innerstädtischen Auseinandersetzungen zumindest insoweit zu beenden, als es zu einer prinzipiellen Anerkennung des Existenzrechts der jeweils anderen Seite kam und die Dominanz einer Glaubensrichtung dadurch verhindert wurde.
Dennoch wäre es verfehlt, die Parität mit Toleranz im modernen Sinne zu verwechseln. Das Modell […] erwies sich als eine effektive rechtlich-politische Einhegung des konfessionellen Konflikts, führte aber nicht zuletzt aufgrund der Pedanterie, mit der es durchexerziert wurde, zur Verstärkung der Abgrenzungstendenzen zwischen den Angehörigen der beiden Glaubensrichtungen. Am gut untersuchten Beispiel Augsburg lässt sich studieren, dass der lebensweltliche Graben zwischen den Katholiken und Lutheranern in der zweiten Hälfte des 17. und im Verlauf des 18. Jahrhunderts […] breiter und tiefer wurde. Mischehen, die es im 16. Jahrhundert noch vielfach gegeben hatte, wurden nach 1648 zu einem seltenen und sozial nur noch sehr ungern gesehenen Phänomen. Auch entwickelte sich bis zum späten 18. Jahrhundert zunehmend eine konfessionsspezifische Vornamengebung, die es vorher nicht gegeben hatte. Katholische Kinder wurden in wachsendem Maße auf typisch gegenreformatorische Heiligennamen wie beispielsweise Ignaz oder Franz Xaver […] getauft, während umgekehrt die Lutheraner sich ihrerseits auf ein bestimmtes Ensemble von Vornamen konzentrierten, die von den Katholiken nicht oder nur selten verwendet wurden.

Ulrich Rosseaux, Städte in der Frühen Neuzeit, Wissenschaftliche Buchgesellschaft, Darmstadt 2006, S. 90–92.

1 Stellen Sie die politischen und sozialen Ursachen der konfessionellen Konflikte in Augsburg dar (M 4).
2 Erläutern Sie die Folgen der konfessionellen Konflikte für das Zusammenleben in Augsburg.

# Ständegesellschaft 1

**M 5 Denken und Handeln einer Patrizierfamilie – das Beispiel der Augsburger Fugger**

*Eine Chronik des Hauses Fugger über Jakob Fugger, 1599:*
Herr Jakob Fugger ist geboren Anno 1459 am 6. März und ist durch seinen Herrn Vater mit seinen Präzeptores erstlich zum Studium angehalten und letztlich geistlich und durch päpstliche Heiligkeit ein Domherr zu Herrieden in Franken,
5 das zum Bistum Eichstätt gehört, geworden. Er hat aber diesen geistlichen Stand auf Betreiben seiner Brüder wiederum abgelegt, seine Pfründe aufgegeben und ist in den Fuggerschen Kaufhandel eingetreten. Er wurde zuerst von seinen beiden Brüdern Ulrich und Georg in das Fuggersche Lager
10 zu Venedig geschickt, woselbst er etliche Jahre geblieben und sich des Handels so wohl angenommen, dass er wiederum durch seine Brüder ist nach Augsburg berufen worden und sich daselbst mit einer schönen Jungfrau, Sibilla Artztin, Anno 1498 am 20. Januar ehelich vermählt, welche aus ei-
15 nem gar alten Geschlecht in der Stadt Augsburg geboren war. Er hat aber in seinem ehelichen Stand, in welchem er 27 Jahre gelebt, keine Kinder erzeugen mögen. Er hat den Fuggerschen Namen an Ehren und Gut sehr hoch gebracht, denn er hat sich vorgenommen, den vorigen Handel mit
20 Spezerei, Seiden und Wolle nicht mehr zu führen, sondern begab sich auf Bergwerke und Wechsel, zu welchen die Herren Turzo, welche in dem Reich Ungarn und Polen bei den Königen in großem Ansehen und den Fuggern durch Schwagerschaft verwandt waren, ihm treffliche Förderung bewiesen. Den ganzen Kupferkauf in dem alten und neuen 25 Soll samt der königlichen Handlung in der Grafschaft Tirol hat er all angenommen und mit gutem Glück viele Jahre gar stattlich verrichtet. In Kärnten hat er ein Bleibergwerk gebaut und daselbst ein Kastell und Schloss errichtet, die Fuggerei genannt. Bei dem römischen Kaiser Maximilian, auch 30 König zu Ungarn und Polen, wie auch bei allen Kur- und Fürsten in den deutschen Landen ist er seiner höfischen Art wegen sehr geliebt worden und zu großem Ansehen gekommen. Viele Graf- und Herrschaften, Schlösser, Dörfer und Flecken hat er an sich und an den Fuggerischen Namen 35 gebracht und auch von neuem aufbauen lassen und erweitert.

Zit. nach: Christian Meyer (Hg.), *Chronik der Familie Fugger von Jahr 1599*, Selbstverlag, München 1902, S. 26f.

1 Erarbeiten Sie anhand von Person und Aktivitäten Jakob Fuggers (M 5, M 6) Persönlichkeitsprofil und Mentalität frühneuzeitlicher Fernhandelskaufleute.
2 Analysieren Sie Stil und Aussageabsicht des biografischen Textes in M 5.

**M 6 Niederlassungen und Fernverbindungen des Bank- und Handelshauses der Fugger zu Beginn des 16. Jh.**

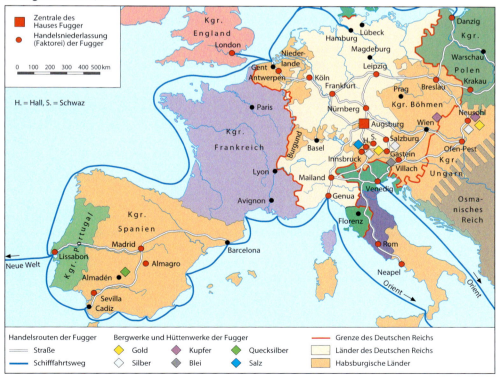

### Methode

## Malereien als historische Quellen

**M 1** Perlachturm und Rathaus in Augsburg, Fotografie, ca. 2004

**Malereien und das Problem der Wirklichkeit**

Neben schriftlichen Quellen gehören Malereien zu den wichtigsten Quellen, aus denen Historiker Erkenntnisse gewinnen. Malereien können für alle Bereiche der Geschichte aufschlussreich sein: für Politik, Wirtschaft, Gesellschaft, Alltag und Umwelt. Interessant sind sie auch im Hinblick auf Kulturen und Mentalitäten. Historiker unterscheiden zwischen zeitgenössischer Malerei und Historienmalerei, auch wenn eine exakte Unterscheidung nicht immer möglich ist:

- **Zeitgenössische Malereien** wurden zeitnah zu dem dargestellten Ereignis oder in der Epoche erstellt, die ein Historiker gerade untersucht, so zum Beispiel das Gemälde M 2 auf der gegenüberliegenden Seite.
- **Historiengemälde** stellen *vergangene* Ereignisse, Personen (häufig Herrscher), Orte, Sachen u. a. dar. Sie sagen meist mehr über die Zeit aus, in der sie entstanden sind, als über das Vergangene, das sie abbilden.

Malereien sind wie alle Bilder – ob Höhlenmalerei, Flugblatt, Karikatur, Postkarte, Plakat oder Fotografie – „Fenster in die Vergangenheit". Allerdings werden Bilder häufig vorschnell als Wiedergabe der Wirklichkeit wahrgenommen; angeblich zeigen sie, „wie es gewesen ist". Tatsächlich *reduzieren* Bilder die Wirklichkeit, das heißt: Sie schauen stets aus einer besonderen **Perspektive**, nehmen nur einen **Ausschnitt** in den Blick und sind immer mit einer **Absicht** verbunden. Mithilfe der Arbeitsschritte unten kann man diese „Wirklichkeit" erschließen.

**1** Üben Sie die Interpretation einer Malerei anhand von M 2.
Folgen Sie den Arbeitsschritten unten und nutzen Sie die Lösungshilfen rechts.

## Arbeitsschritte

| | |
|---|---|
| **1. Formale Merkmale** | – Wer ist der Maler/die Malerin (Herkunft, Stellung, Zeitgenosse)?<br>– Wo und wann wurde das Bild erstellt?<br>– Wie lautet der Titel der Malerei?<br>– Gab es einen (öffentlichen oder privaten) Auftraggeber/eine Auftraggeberin?<br>– Wer ist der Adressat (privat, öffentliche/private Einrichtung, allgemeine Öffentlichkeit)? |
| **2. Beschreibung und Erklärung der Bildelemente** | – Personen, Handlungen, Gegenstände, Landschaften und deren Anordnung im Bildaufbau (Vorder-/Hintergrund, Mittelpunkt, Bildrand, Größen-/Lichtverhältnisse)<br>– Farben (warm, kalt) und Formen (groß, klein; realistisch, abstrakt)<br>– Welche (symbolische) Bedeutung haben die Personen, Gegenstände usw.? |
| **3. Historischer Zusammenhang** | – In welchen historischen Kontext (= Zusammenhang) lässt sich die Malerei einordnen?<br>– ggf. Vergleich mit anderen Bildern zu dem Thema/aus der Zeit<br>– ggf. Vergleich mit anderen Quellen (z. B. Textquellen) zu dem Thema/aus der Zeit |
| **4. Bildinterpretation** | – Was will der Maler/die Malerin mit dem Bild betonen/zum Ausdruck bringen?<br>– Welche Absicht verfolgt er/sie im Hinblick auf seine Adressaten?<br>– Welche Aufschlüsse gibt uns das Bild über die politischen oder sozialen Verhältnisse, die Mentalitäten oder die Kultur seiner Entstehungszeit? |

# Übungsaufgabe mit Lösungshinweisen

**M2** Ölgemälde aus der Serie der „Augsburger Monatsbilder" nach Jörg Breu d. Ä. (um 1480–1537), undatiert, 227,5 × 353 cm

**Zu 1: Formale Merkmale**
*Entstehungsort und -zeit, Titel:* Das Gemälde ist Teil einer Serie, eines Zyklus, d. h., es gibt/gab weitere thematisch verwandte Bilder. Außerdem gehört es zu den „Monatsbildern", es steht also in einer bestimmten künstlerischen Tradition. Das Gemälde wurde „nach Jörg Breu d. Ä." gestaltet, der genannte Künstler ist also nicht der eigentliche Maler, hat aber die Vorlage geliefert. Die genaue Entstehungszeit ist unbekannt; dem Stil nach stammt es aber aus der ersten Hälfte des 16. Jh.
*Maler und Auftraggeber:* Maler und Auftraggeber des Ölgemäldes sind unbekannt. Eine Kopie befand sich im Privatbesitz der Fugger. Die Vorlage für das Ölgemälde lieferte Jörg Breu an die Augsburger Patrizierfamilie Hochstetter um 1525. Es waren sogenannte Scheibenrisse, kleinere Monatsbilder. Diese Vorlage wurde ohne große Veränderungen übernommen. Jörg Breu, um 1480 in Augsburg geboren, war dort ab 1502 als Meister niedergelassen und starb 1537.
*Adressat:* Das Bild war vermutlich ursprünglich für den privaten (nicht öffentlichen) Gebrauch gedacht (ursprünglich kleines Format).

**Zu 2: Beschreibung und Erklärung der Bildelemente**
– Der Platz, konkret der Perlachplatz in Augsburg, bildet den Mittelpunkt des Bildes, umschlossen von Gebäuden, in die man z. T. auch hineinsehen kann. Das Bild wird dominiert von zahlreichen Personengruppen, die unterschiedlichen Tätigkeiten nachgehen. Neben städtischem Markttreiben verweisen das Schweineschlachten, der Wagen mit Brennholz, die Dame im Schlitten auf die winterliche Jahreszeit.
– Die Details entsprechen der historischen Realität, bewusst wird auf Augsburger Besonderheiten (Perlachturm, Wappen) Wert gelegt.
– Schweineschlachtung, Brennholz sammeln, Vorbereitung von Festmahlen waren typische Bildelemente der traditionellen Monatsbilder, die seit Jahrhunderten in ganz Europa beliebt und verbreitet waren.

Bestimmt wurden sie nicht von den Jahreszeiten. Vielmehr wurden sie geprägt durch die Darstellung von Arbeit und Vergnügungen der Bauern, Bürger und Adligen in den jeweiligen Monaten. Im 14./15. Jh. erweiterte sich der Kreis der Auftraggeber, Bürgerliche kamen hinzu.
– Eher städtische Tätigkeiten und Gepräge werden in den Mittelpunkt gerückt, weniger die traditionellen ländlichen.
*Farbauswahl:* Trotz der winterlichen Jahreszeit dominieren warme Rot-, Gelb- und Brauntöne.
*Vorder-/Hintergrund:* Vor dem Hintergrund der weiß-grauen Schneefläche umgeben die Häuser die Menschen wie eine schützende Mauer.

**Zu 3: Historischer Zusammenhang**
– Vorlage und Ölgemälde sind in der ersten Hälfte des 16. Jh. entstanden. Ereignisse der Zeit wie Kaiserbesuche und Reichstage in Augsburg, Bauernkriege, Reformation haben sich nicht im Bild niedergeschlagen. Auch den Fleisch- und Getreidemangel sowie den Engpass beim Brennholz aufgrund des Raubbaus in den Wäldern thematisiert das Bild nicht. Und es fehlen im Gemälde Menschen der Unterschichten, die zu dieser Zeit mehr als die Hälfte der Stadtbevölkerung ausmachen – und das, obwohl im Bild zahlreiche Personen dargestellt sind.

**Zu 4: Bildinterpretation**
– Das Gemälde präsentiert Augsburg als eine Stadt, die durch pralles, pulsierendes urbanes Leben geprägt wird. Arbeiten und das Genießen stehen im Mittelpunkt der Tätigkeiten, die den Städten zugeschrieben werden. Konflikte spart das Gemälde aus. Auf diese Weise soll verdeutlicht werden, dass die „gute Stadtregierung" die Bewohner schützt und allen ein gutes Leben garantiert.
– Fazit: Das Bild präsentiert die Fiktion einer heilen und sozial ausgewogenen Welt und damit eine gesellschaftliche Idealvorstellung.

# 1.4 Vorindustrielle Arbeitswelten: Subsistenzwirtschaft, Zünfte, Verlagswesen und Manufakturen in Bayern

**Subsistenzwirtschaft**

Der Begriff (engl. *subsistence* = Versorgung) charakterisiert eine Wirtschaftsform, die in agrarisch dominierten Gesellschaften vorkommt und die überwiegend für die Selbstversorgung produziert. Zur Subsistenzwirtschaft zählen das Betreiben von Ackerbau und Viehzucht für den Eigenbedarf, manchmal aber auch komplexere Formen der Güterproduktion und Dienstleistung. Subsistenzwirtschaften sind nicht zwangsläufig eine Folge mangelnder Vermarktungsmöglichkeiten. Vielmehr steht dahinter ein Wertemodell, das das Ziel von Produktion nicht in der Anhäufung von Geld bzw. Kapital sieht, sondern in der Versorgung mit dem Lebensnotwendigen. Im Rahmen der Subsistenzwirtschaft werden nach Möglichkeit auch Werkzeuge und Saatgut selbst erstellt.

**Unehrliche Berufe/Unehrlichkeit**

Zu den unehrlichen Berufen der vormodernen Ständegesellschaft gehörten z. B. Abdecker, Henker, Straßenkehrer, Totengräber oder Kloakenreiniger. Die Einstufung, ob ein Beruf als unehrlich galt, war nicht einheitlich, sondern unterschied sich je nach Region. Neben der berufsbedingten Unehrlichkeit konnte auch die Verurteilung zu einer Schandstrafe (Pranger und Ähnliches) oder ein unmoralischer Lebenswandel sowie eine uneheliche Geburt zu diesem Status führen.

**Internettipp**

*www.nuernberger-hausbuecher.de*
Die Stadtbibliothek Nürnberg präsentiert die sogenannten Hausbücher der Mendelschen und Landauerschen Zwölfbrüderhausstiftungen: In über 1.300 Darstellungen werden zahlreiche Herstellungsverfahren und Handwerkserzeugnisse vom 15. bis zum 19. Jahrhundert vorgestellt.

**Selbstversorgung**

Bauern, aber auch viele Handwerker haben nicht erst seit der Industrialisierung, sondern bereits in der Frühen Neuzeit zunehmend für größere lokale und regionale Märkte produziert. Allerdings waren sie vom 16. bis zum 18. Jahrhundert nur in geringem Maße vom Marktgeschehen abhängig. In der agrarisch dominierten vormodernen Wirtschaft und Gesellschaft wurden vor allem diejenigen Güter verbraucht, die in den privaten Haushalten auch selbst produziert werden konnten, z. B. Brot, Hemden, Stühle. Besonders bei der Befriedigung der Grundbedürfnisse – Nahrung, Kleidung, Wohnung – herrschte ein hoher Grad an Subsistenzwirtschaft*, d. h. an Selbstversorgungswirtschaft vor (M 2, M 3, M 6).

**Zünfte**

In der Frühen Neuzeit war das städtische Handwerk in der Regel in Zünften organisiert. Diese Form der Selbstorganisation gab es in fast allen Kommunen. Häufig schlossen sich die Handwerker einer Berufsgruppe zu einer Zunft zusammen. Es gab aber auch Städte, in denen mehrere Berufsgruppen eine Zunft bildeten. Das geschah vor allem dort, wo Zünfte eine wichtige politische Bedeutung besaßen. Sie dienten in diesen Fällen primär der politischen Gliederung der Bürgerschaft und erst danach als berufliche Selbstorganisation des Handwerks.

Die Zünfte regelten nahezu das gesamte gesellschaftliche und wirtschaftliche Leben ihrer Mitglieder (M 1, M 4). Sie schrieben nicht nur die Produktionsformen, die Arbeitsorganisation, die Preise oder die Ausbildungswege vor, sondern bestimmten auch das religiöse und gesellige Verhalten ihrer Angehörigen. Die Meister und ihre Familien, Gesellen und Lehrlinge hatten sich an die von den Zünften festgesetzten Normen und Werte zu halten. Diese umfassende soziale Kontrolle begann bereits bei der Aufnahme der Lehrlinge. Wer sein Handwerk in einem zünftig organisierten Betrieb erlernen wollte, musste seine eheliche und ehrliche Herkunft nachweisen, denn unehelich geborene Jugendliche oder solche aus Elternhäusern mit unehrlichen Berufen* blieben ausgeschlossen.

Die frühneuzeitlichen Zünfte fühlten sich einer bestimmten Wirtschaftsethik verpflichtet. Sie war nicht auf individuelles Gewinnstreben ausgerichtet. Vielmehr wollten sie die zur Verfügung stehende Arbeit und die damit verbundenen Erwerbschancen so auf alle Zunftangehörigen verteilen, dass jeder sein Auskommen, seine „Nahrung" hatte. Um das dazu notwendige Gleichgewicht zwischen Angebot und Nachfrage zu erhalten, beschränkten die Zünfte die Zahl der Meisterstellen und die Zahl der Gesellen und Lehrlinge, die ein Meister beschäftigen durfte. Außerdem bekämpften sie jede Form von außerzünftiger Konkurrenz, um ihren Besitzstand zu wahren. Gewerbetreibende, die keiner oder einer anderen Zunft angehörten und trotzdem den gleichen Beruf ausübten, wurden in Klagen und Beschwerden als „Pfuscher" oder Störer angeschwärzt.

**Manufaktur**

Das Handwerk war nur eine Form der gewerblichen Produktion und des Absatzes der erzeugten Güter und Waren in der Frühen Neuzeit. Darüber hinaus gehörten zu den Produktionsformen dieser Zeit auch der Verlag und die Manufaktur.

Unter einer Manufaktur (M 5) versteht man einen Großbetrieb, in dem mit handwerklichen Methoden, aber bereits mit einem gewissen Grad an Arbeitsteilung zumeist Luxusartikel, manchmal auch Waren des täglichen Bedarfs hergestellt wurden. Diese Betriebsform ermöglichte nicht nur eine Steigerung der Produktivität, sondern erlaubte auch eine bessere Kontrolle der Arbeitskräfte. Anders als in den zahlreichen Heimbetrieben, in denen die Arbeiter ihre Arbeitszeit und Arbeitsintensität selbst bestimmten, konnten diese in der Manufaktur durch die direkte Aufsicht, die Zerlegung der Arbeit in einzelne Schritte und durch die Vergütung mit Geldlöhnen besser überwacht und gesteigert werden. Absprachen zwischen den Unternehmen und hohe, von den Gerichten verhängte Strafen verhinderten außerdem, dass die Beschäftigten ihren Arbeitsplatz aus eigenem Ermessen wechselten. Die Manufaktur ist charakteristisch für Staaten mit einer merkantilistischen Wirtschaftspolitik. Die Regierungen greifen dabei sehr stark in das Wirtschaftsleben ein und verleihen investitionsbereiten Unternehmern staatliche Privilegien, um so die gewerbliche Produktion zu fördern. Insgesamt sollte der Export erhöht und der Import – durch hohe Zölle – erschwert werden.

**M1** Mitglieder der Augsburger Weberzunft, Initiale aus dem Augsburger Eidbuch, 1583

**Verlagssystem** Im Verlagssystem stellten rechtlich selbstständige Kleinproduzenten in ihrem eigenen Haus bzw. ihrer Wohnung oder in kleinen Betriebsstätten mit vorindustriellen, also handwerklichen Techniken überwiegend Textil-, aber auch Metallwaren her. Produktion und Vertrieb wurden von Verlegerkaufleuten gesteuert, die sich an überregionalen oder internationalen Märkten orientierten. Im Verlagswesen gab es die unterschiedlichsten Abhängigkeitsverhältnisse. Die Heimarbeiter besaßen teilweise eigene Werkzeuge oder besorgten sich die Rohmaterialien selbst, teilweise stellten jedoch die Verlegerkaufleute das Arbeitsgerät und die zur Produktion notwendigen Materialien.

Das Verlagswesens hat große Bedeutung für die Entstehung kapitalistischer Wirtschaftsweisen. Nicht die Manufaktur, sondern das Verlagswesen bereitete schon in der Frühen Neuzeit den Boden für eine dezentrale Produktion, die sich ausschließlich am Markt, d. h. nicht am Eigenverbrauch, ausrichtete und die nach kommerziellen Gesichtspunkten organisiert war (s. Methodenseite 40 f.).

**1** Erläutern Sie mithilfe der Darstellung Grundprinzipien der frühneuzeitlichen Wirtschaftsweisen anhand der folgenden Begriffe: Subsistenzwirtschaft, Zunft, Manufaktur, Verlagswesen.

**M2** Das Dorf Martinsbuch im 18. Jahrhundert

*Von dem bayerischen Dorf Martinsbuch ist eine Zeichnung aus dem Jahr 1793 überliefert (s. M 3). Dargestellt sind dort unter anderem: Pfarrhof und Bauernstellen, Kirche, Handwerkerhäuser und Schloss, Leichenhaus (kam Ende des 18. Jh. zunächst in Städten auf), Ziegelofen, Kirche und Schule. In einem Ausstellungskatalog heißt es über das Dorf, 1992:*

Nur ganz vereinzelt tritt […], im Bestand von 1793, bei den repräsentativsten Gebäuden im Dorf der Ziegelstein als Baustoff entgegen. So war etwa der Wohnteil des Hofbauern gemauert und verputzt, auch der Wirt hatte erst vor ein
5 paar Jahren – laut Angabe Prechtls [= Planzeichner] – die Wohn- und Gaststuben untermauern lassen. Selbstverständlich waren alle Backöfen und Backhäuser in Stein gemauert. Hie und da waren aber bereits Blockwände am Wohnteil mit Lehm beschlagen und geweißt, um den Ein-
10 druck einer „modernen" verputzten Ziegelmauer hervorzurufen. Von der übrigen Bebauung des Dorfes hebt sich deutlich der Pfarrhof ab. Seine geschlossene Vierseitanlage stellt einen umfangreichen Baukomplex dar, der durch die große Pfarr-Ökonomie bedingt ist. Es finden sich darin neben dem
15 Wohnhaus mit Pferdestall eine Getreidescheune, Groß- und Kleinviehställe, Schupfen, Wasch- und Backhaus, Rossschwemme und Milchhäusl sowie eine Kapelle.

Michael Henker u. a. (Hg.), Bauern in Bayern, Ausstellungskatalog, Haus der Bayerischen Geschichte, München 1992, S. 128.

**1** Bringen Sie die Legende zu dem Plan von Martinsbuch (M 3) in eine „moderne" Fassung mit heutiger Schreibweise und arabischen Ziffern.

**2** Erarbeiten Sie am Beispiel von Martinsbuch Merkmale der vorindustriellen, dörflichen Arbeitswelt (M 2, M 3).

# 1 Ständegesellschaft

**M3** **Darstellung des niederbayerischen Dorfes Martinsbuch aus dem „Hausbuch" des Ortspfarrers Franz Xaver Prechtl, 1793.** Weitere Informationen: siehe M 2.

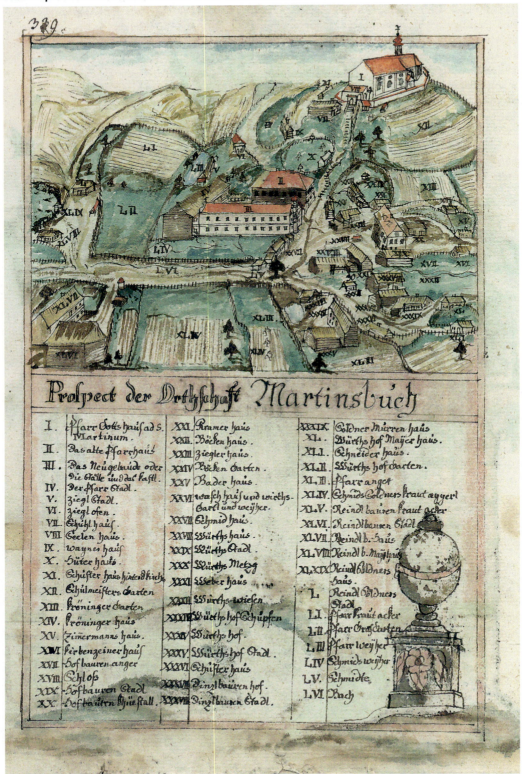

## M4 Bericht von Lorenz von Westenrieder über die Zünfte in München, 1782

*Lorenz von Westenrieder (1748–1829), Sohn einer Münchner Kornhändler-Familie, wuchs in einfachen Verhältnissen auf, doch seine Eltern ließen ihn das Gymnasium und Lyzeum der Jesuiten in München besuchen. Später wirkte er als Theologe, Priester, Aufklärer, Lehrer, Geschichtsschreiber und gilt als der produktivste bayerische Publizist in der Zeit um 1800. 1808 wurde er in den Adelsstand erhoben.*

Zünftige Gewerbe sind diejenigen, welche durch Aufmunterung und mit Bewilligung und Bestätigung des Magistrats errichtet, in die Classe der Bürgerzünfte nach hergebrachter Art und Weise eingetragen und mit ordentlichen Zunftartikeln versehen worden sind. Sobald dies geschehen ist, entrichten sie ihre bürgerlichen Abgaben und haben entgegen auf den Schutz und die Freyheiten, welche einem Bürger zustehen, ein allgemeines Recht erlangt. Man nennt hier die zunftmäßig ertheilte Freyheit, ein Gewerb auszuüben, mit dem gewöhnlichen Namen, eine Gerechtigkeit. Die Zahl dieser Gerechtigkeiten ist vom sämmtlichen Magistrat festgesetzt und kann nach dem Verhältniß der Bedürfnisse und Volksmenge von demselben vermehrt oder vermindert werden. Die Zünfte wählen, gewöhnlich alle Jahre, zween Führer unter sich, welche die Ausfertigung der Lehrbriefe und dergleichen besorgen, auch die besondere Pflicht haben, für das Beste ihres Gewerbes zu wachen und im Fall einer Angelegenheit die übrigen zu einer Berathschlagung zu versammeln. Dieß geschieht mit Beyziehung eines Kommissärs oder äußern Rathsherrn, welcher der Zunft vom Magistrat zugegeben wird. Lässt sich eine Sache durch den Rath dieses letzteren nicht beylegen: so wird selbe dem sämmtlichen Magistrat vorgetragen. Alle diese Zunftgerechtigkeiten sind verkäuflich und erblich, und darf sich das Kind eines Bürgers kein neues Recht erkaufen.

Zit. nach: Lorenz von Westenrieder, Beschreibung der Haupt- und Residenzstadt München (im gegenwärtigen Zustande), München 1782, Faksimile-Nachdruck, Carl Gerber, München 1984, S. 98 f.

1 Erläutern Sie anhand des Textes von v. Westenrieder (M 4) die Bedeutung der Zünfte in München.
2 Analysieren Sie die Voraussetzungen, von denen die Etablierung eines Handwerks abhängig war (M 4).

## M5 Die Schülesche Manufaktur in Augsburg, 1787

*Der Aufklärer Friedrich Nicolai (1733–1811) hatte das Kurfürstentum Bayern bereist. Über die Kattundruckerei Joachim Heinrich von Schüles in Augsburg schrieb er 1787:*

Dieser fleißige und geschickte Unternehmer ist ein Wohlthäter vieler tausend Menschen geworden, welche durch ihn Arbeit und Verdienst fanden. Er ist selbst ein rühmliches Beispiel für viele, indem er durch Fleiß, Ordnung und Unternehmergeist aus ganz geringen Umständen selbst ein sehr großes Vermögen erworben und zugleich die Industrie in Augsburg auf eine unglaubliche Weise vermehrt hat. […] Wenig Anstalten habe ich mit so großem Vergnügen gesehen wie diese. Alles zeugte von Ordnung, vortheilhafter zweckmäßiger Einrichtung, Reinlichkeit und Bequemlichkeit. Es arbeiteten damals daselbst ohngefähr 350 Personen, und unter denselben viel Weiber und Kinder. Die Arbeiter kommen im Sommer täglich früh um 6 Uhr und arbeiten bis Abends um 8 Uhr, doch werden sie nicht nach der Zeit, sondern nach Stücken bezahlt. Man zeigte uns kleine Mädchen, die täglich nur 8 Kr[onen] verdienen konnten; und dagegen einen Drucker in gedeckten Mustern, von welchen man sagte, dass er wöchentlich bis 2 Louisd'or verdienen könnte, welches letztere aber fast unglaublich scheint. Die einfärbigen Muster werden mit großen Kupferplatten abgedruckt, wozu zwey besondere Kupferstecher gehalten werden. Die vielfarbigen Muster aber hat man noch nicht in Platten versucht, sondern man bedient sich hölzerner Formen, wozu eine besondere Innung von Modellschneidern ist, die zum Theile recht gut arbeiten. Es war mit Vergnügen anzusehen, mit welcher Fertig- und Genauigkeit die Drucker bey den verschiedenen auf einander folgenden Formen die rechte Stelle wieder trafen, oder wie es etwa in der Buchdruckerey heißen würde, Register hielten, ohne das etwas einer Punktur ähnliches zu bemerken war. Die Kupferplatten werden auf einer Presse abgedruckt, welche durch ein Schwungrad in Bewegung gesetzt wird, das 2 Stirnräder treibt, welche in einen Trilling greifen. Es ist noch eine besondere Vorrichtung da, vermittelst welcher das ganze Stück, so wie der Abdruck fortgehet, sanft in die Höhe bis an die Decke des Zimmers gezogen, und unten wieder auf eine Rolle gewickelt wird. Es scheint mir, als ob die gewöhnlichen Kupferdruckerpressen, große Platten, z. B. Landkarten und dergl. durch ein Schwungrad viel gleicher und kräftiger abdrucken und die Kräfte der Menschen viel weniger erschöpfen würden. Die große Mange oder Rolle, in welcher drei hölzerne Walzen über einander gingen, wird von einem Pferde getrieben, wie es auch in andern dergl. Manufakturen gewöhnlich ist. So ist es auch mit dem Glätten, wobey ein besonderer Vortheil seyn soll, der aber wenigstens in der äußerlichen Vorrichtung nicht liegen kann; denn es geschiehet auf die gewöhnliche Weise durch einen Stein an einem hölzernen Stile befestigt, der bis an die Decke des Zimmers gehet, und daselbst beweglich ist.

*Friedrich Nicolai, Beschreibung einer Reise durch Deutschland und die Schweiz im Jahre 1781, (1787), zit. nach: Konrad von Zwehl (Hg.), Aufbruch ins Industriezeitalter, Bd. 3, Oldenbourg, München 1985, S. 22 f.*

1 Erarbeiten Sie am Beispiel der Schüleschen Kattundruckerei Merkmale einer Manufaktur im 18. Jh.
2 Untersuchen Sie, wie Nicolai die Manufaktur bewertet.
3 Erörtern Sie anhand von M 5 die Arbeitsbedingungen in einer Manufaktur Ende des 18. Jh.

**M6** **Vier Ortsansichten aus der Grafschaft Ortenburg, Aquarell, 1620–1640.**
Friedrich Casimir Graf von Ortenburg fertigte zwischen 1620 und 1630/40 Ortsansichten aus seiner Grafschaft an. Der protestantische Reichsfürst hatte in Amberg und Heidelberg studiert und war wohl auch in der Malkunst ausgebildet. Seine Ortsansichten sind von der niederländischen Malerei beeinflusst. Die Aquarelle haben jeweils ein Format von 20 × 30 cm. Manchmal ist der zeichnende Graf im Vordergrund zu sehen. Hier abgebildet sind: (a) Sandbach an der Donau, (b) Markt Ortenburg, (c) Kirchham, (d) Schwaibach mit Schloss Neudeck.

Ständegesellschaft 1

1 **Partnerarbeit:** Untersuchen Sie anhand von M 6 a–d das bäuerliche Leben in der vorindustriellen Arbeitswelt und nehmen Sie die Arbeitsschritte 1–3 von der Methodenseite 32 f. zu Hilfe:
a) Nennen und beschreiben Sie die Tätigkeiten der Menschen, die auf den Bildern zu sehen sind.
b) Erläutern Sie anhand der Bilder die Lebens- und Arbeitsbedingungen der Menschen.

c) Erschließen Sie aus Bild M 6 d über Schwaibach, was eine Parforcejagd (Hetzjagd mit Hundemeute, Hundeknechten und Pferden) für die bäuerliche Bevölkerung bedeutete.

2 Formulieren Sie eine zusammenfassende Interpretation der Bilder M 6 a–d (s. Methodenseite 32 f., Arbeitsschritt 4).

# Methode

## Schriftliche Quellen interpretieren

**M1** Original einer frühneuzeitlichen Textquelle: Verhörprotokoll des Reichskammergerichts mit der Aussage des Zeugen Hans Ebersberger aus Unterfarrnbach, 1561

Die Erfindung des Buchdrucks im 15. Jahrhundert und die Alphabetisierung breiter Bevölkerungskreise haben dazu beigetragen, dass für die Epoche der Neuzeit eine Fülle und eine Vielfalt an schriftlichen Quellen vorliegt.
Autobiografien oder Chroniken wurden geschrieben, um der Nachwelt eine bestimmte Nachricht zu hinterlassen. Sie werden als Tradition bezeichnet. Dagegen sind Briefe oder Zeitungen, d. h. die Überreste, nur für die augenblickliche Situation und die Zeitgenossen verfasst worden. Darüber hinaus gibt es normative Texte und deskriptive Texte: Zu den normativen gehören Gesetze und Verträge, da sie feststellen, was sein soll, nicht aber, was tatsächlich ist. Berichte hingegen sind deskriptive Quellen, die mit der Absicht erstellt werden, die Wirklichkeit zu beschreiben. Historiker unterscheiden zudem zwischen Selbstzeugnissen, z. B. Tagebüchern, und Fremdzeugnissen, z. B. Gutachten. Auch literarische Zeugnisse, also fiktive Texte (Theaterstücke, Gedichte, Romane), können als Quellen dienen. Denn sie enthalten stets Hinweise auf ihre Entstehungszeit oder sie behandeln bewusst eine vergangene Zeit. Bei der Interpretation ist überdies zu unterscheiden, ob ein Schriftstück für die Öffentlichkeit bestimmt war oder nicht. Öffentliche Dokumente zielen auf eine bestimmte Wirkung beim Adressaten, die der Urheber von sich selbst oder hinsichtlich eines Themas erreichen will. Interne Dokumente (für den privaten oder behördeninternen Gebrauch) enthüllen die Absicht des Urhebers meist unverstellter als Schriften für die Öffentlichkeit.
Wer eine schriftliche Quelle interpretieren will, sollte systematisch vorgehen und die unten aufgeführten Arbeitsschritte berücksichtigen.
Wer eine Quelle interpretiert, greift auch auf die Vorarbeiten anderer Historiker, d. h. auf Sekundärtexte, zurück, in denen Forschungsergebnisse teilweise übernommen, korrigiert, zurückgewiesen oder auch weitergeführt werden. Nicht nur zusätzliche Quellen, sondern auch die Sekundärliteratur stellt daher ein Material dar, das dabei helfen kann, Quellen auszuwerten.

## Arbeitsschritte

**1. Formale Merkmale**
- Wer ist der Autor/die Autorin (Amt, Stellung)?
- Wann und wo ist der Text entstanden bzw. veröffentlicht worden?
- Welche Art der Textquelle liegt vor (siehe oben)?
- Was ist das Thema der Quelle?
- Wer ist der direkte bzw. indirekte Adressat?

**2. Inhalt und Sprache**
- Wie ist der Text gegliedert?
- Welches sind die zentralen Aussagen und Argumente?
- Welche stilistischen Mittel werden eingesetzt?
- Welche Zusammenhänge gibt es zwischen dem Inhalt und der gewählten Form?

**3. Historischer Kontext**
- In welchen geschichtlichen Zusammenhang lässt sich der Text einordnen?
- Auf welche Ereignisse oder Entwicklungen bezieht er sich?
- ggf. Vergleich mit anderen Quellen aus der Zeit oder mit Sekundärtexten

**4. Beurteilung**
- Welcher politische/ideologische Standpunkt wird vertreten?
- Welche Absicht wird verfolgt?
- Prüfung des Textes im Hinblick auf Glaubwürdigkeit, Widersprüche, Schlüssigkeit
- Welche unmittelbare oder langfristige Wirkung hat der Text?
- Welche historische Bedeutung hat die Quelle?

## Übungsaufgabe mit Lösungshinweisen

**M2** Zur Situation von Handwerkern, die in der Frühen Neuzeit von Verlegern und Großunternehmern abhängig sind

*Auszug aus einem Prosadialog des Nürnberger Schumachers und „Poeten" Hans Sachs, 1524:*

ROMANUS: Weiter regiert der Geiz gewaltiglich unter den Kaufherren und Verlegern, die da drucken ihre Arbeiter und Stückwerker. Wenn die ihnen ihr Arbeit und Pfennwert [= Pfennigwert] bringen oder heimtragen, da tadeln sie ihn
5 ihr Arbeit aufs hinterst. Dann stehet der arm Arbeiter zitternd bei der Tür mit geschlossen Händen, stillschweigend, auf dass er des Kaufherren Huld nit verlier, hat etwa vor Geld auf die Arbeit entlehent[1], alsdann rechent der Kaufherr mit ihm, wie er will. Bußt der Arm sein eigen Geld ein zu
10 seiner Arbeit, dann freut sich der Reich des guten wolflen[2] Kaufs, meint, er hab ihm recht getan. Hört aber, was stehet Levitici 25 [17]: „Wenn du deinem Nächsten verkaufst oder abkaufst, sollt du ihn nit schinden." Und Deuteronomium 24 [14]: „Nicht vervorteil den Lohn des Benötigten und Ar-
15 men, auf dass er nicht den Herren über dich anruf und sei dir Sünd." Und Ecclesiasticus [= Jesus Sirach 34, 27]: „Der da vergeußt das Blut und betreugt den Arbeiter, seind Brüder, und der da abnimmt das Brot im Schweiß, ist als[3] der da tötet den Nächsten."
20 REICHENBURGER: Ihr sagt aber nicht darbei, wie stolz die Arbeiter seind. So man ihr bedarf, kann man ihns nicht genug bezahlen und kann dannocht niemand nichts von ihn bringen.

ROMANUS: Ihr Pushen[4] kann nicht lang währen. Alsdann wirds ihnen zwiefältig eingetränkt, so der Handel steckt, 25 oder im Winter, so es allenthalben klemm[5] ist, da müssen sie Euch wohlfeiler geben. Im Summer habt Ihr ihm die Haut abzogen, im Winter saugt Ihr ihm das Mark aus den Beinen.

Zit. nach: Hans Sachs, Die Prosadialoge, hg. von Ingeborg Spriewald, Bibliographisches Institut, Leipzig 1970, S. 128 f.

1 entlehent = entliehen
2 wolflen = wohlfeilen
3 als = hier: wie
4 Pushen = Prahlen
5 klemm = klamm

1 Untersuchen Sie die schriftliche Quelle M 2 mithilfe der Arbeitsschritte auf der gegenüberliegenden Seite. Ziehen Sie die Lösungshilfen (unten) mit hinzu.

2 a) Suchen Sie aus den Themeneinheiten 1.1 bis 1.4 drei Beispiele für *schriftliche Quellen* und drei Beispiele für *Sekundärtexte* heraus. Begründen Sie jeweils Ihre Zuordnung.
   b) Bestimmen Sie bei den schriftlichen Quellen jeweils die *Art der Textquelle* (s. S. 40), d. h., klären Sie, ob
   – Tradition oder Überrest?
   – normative oder deskriptive Quelle?
   – Selbstzeugnis oder Fremdzeugnis?
   – literarisches Zeugnis oder nicht fiktiver Text?
   – öffentliches oder internes Dokument?

---

### 1. Formale Merkmale
*Autor:* Hans Sachs (1494–1576), Schuhmacher und Meistersinger in Nürnberg. Hans Sachs, Sohn eines wohlhabenden Schneiders in Nürnberg, besuchte die Lateinschule und war ein hochgebildeter Handwerkermeister sowie ein angesehener und produktiver Dichter. Sachs war befreundet mit bekannten humanistischen Gelehrten und ein Anhänger der Reformation.
*Entstehungszeit und -ort:* abgefasst 1524 in Nürnberg
*Textart:* literarische Quelle, öffentlicher Text
*Thema:* Situation von Handwerkern, die in der Frühen Neuzeit von Verlegern und Großunternehmern abhängig sind
*Adressat:* Öffentlichkeit

### 2. Inhalt und Sprache
– Der Text hat die Form eines Prosadialogs.
– Die Namen der beiden Personen deuten darauf hin, dass es sich bei der Person mit dem lateinischen Namen – Romanus – um einen Gelehrten handelt, bei der mit dem deutschen Namen – Reichenburger – um einen Vertreter des Verlagswesens. Der Gelehrte argumentiert mit drei unterschiedlichen Bibelstellen und führt diese für seine Verteidigung der Arbeiter, für gerechten Lohn und ihre gute Behandlung an. Sein Dialogpartner verweist dagegen auf seine Erfahrung.

### 3. Historischer Kontext
Der Text kontrastiert herkömmliche, durch die Zünfte geprägte Wirtschaftsethik mit der Situation eines Arbeiterhandwerkers, der im nicht zünftigen Großgewerbe arbeitet. Er kauft das Rohmaterial nicht mehr selbst, sondern erhält es vom Verleger, der auch für den Absatz der Ware sorgt. Der Produzent ist zum Stückwerker geworden; dies bedeutet soziale und wirtschaftliche Abhängigkeit und Unterwerfung unter die vom Verleger auferlegte Gewinnmaximierung.

### 4. Beurteilung
*Absicht des Autors:* Der Autor will auf „ungerechte" Zustände seiner Zeit aufmerksam machen. Der Autor spricht die Verleger und Großunternehmer an, um sie von seiner – traditionalen – Sichtweise zu überzeugen und eine Verhaltensänderung zu bewirken.
*Standpunkt:* Hans Sachs argumentiert aus der Sicht eines Zunftmitgliedes, das einer anderen, nicht auf Gewinnmaximierung ausgerichteten Wirtschaftsethik verpflichtet ist. Er argumentiert zudem aus christlicher Sicht.
*Fazit:* Die Sozialkritik von Hans Sachs zielt auf die Lohn- und Arbeitsbedingungen der neuen abhängigen Handwerkerschicht. Er stellt die ökonomischen Neuerungen nicht grundsätzlich in Frage, fordert aber unter Berufung auf das Christentum eine gerechte und menschenwürdige Behandlung der Arbeiter.

# 1.5 Familiengemeinschaften und Geschlechterrollen in der Ständegesellschaft

**Familie**
In der Frühen Neuzeit Haus-, Schutz- und Herrschaftsverband, der neben den Blutsverwandten auch alle übrigen Arbeitenden des Hauses und der dazugehörigen Wirtschaft umfasste (Ganzes Haus). Dieser Familienverband wandelte sich zuerst bei Beamten und Gebildeten im 18. Jahrhundert, dann beschleunigt in fast allen Gruppen der Gesellschaft unter dem Einfluss der Industrialisierung. Das Ergebnis dieses Prozesses war die Familie als Verwandtschaftsfamilie und heute überwiegend die Kern- oder Kleinfamilie.

**Die frühneuzeitliche Familie – eine Großfamilie?**
Lange Zeit herrschte die Meinung vor, dass die „Großfamilie" im vorindustriellen Europa weit verbreitet gewesen sei. Nach dieser Auffassung wohnten im Haus eines Bauern oder eines Handwerkers mehrere Generationen zusammen. Heute wissen die Historikerinnen und Historiker, dass dieses Bild von der **Familie*** in der Frühen Neuzeit weder mit der Realität in Mittel-, West- und Nordeuropa übereinstimmte noch für große Teile Süd- und Osteuropas galt. In der Regel lebte schon damals, wie in der Gegenwart, die **Kernfamilie** (Vater, Mutter und Kinder) für sich, allenfalls ergänzt um alleinstehende Mitglieder der älteren Generation, die Großmutter etwa, eine unverheiratete Tante, einen verwitweten Cousin. Die Generationen trennten sich mit dem Erbgang: Die ältere Generation übergab den Betrieb an die jüngere, was oft sehr spät, nicht selten erst nach dem Tod eines der Partner geschah. Das alternde Bauernpaar zog aufs „Altenteil", von wo aus es den Sohn zwar unterstützen, ihm nicht jedoch hineinreden konnte.

Außerdem umfasste die frühneuzeitliche Familie nicht so viele Personen, wie oft angenommen wurde. Das lag vor allem am hohen Heiratsalter der Frauen, die deswegen erst spät Kinder gebaren. Und von den zahlreichen Kindern, die eine Frau zur Welt brachte, starben nicht wenige bereits im Säuglings- oder Kindesalter. Häufig lebten daher nur vier oder fünf bis acht Personen zusammen, die sich, wenn die Familie arm war, auch kein Gesinde leisten konnten. Allerdings unterschied sich die Familiengröße zum Teil erheblich je nach Reichtum und Stand. Eine Familie im begüterten Adel konnte weitaus größer sein. Ein Graf etwa hatte häufig viele Kinder, und Dienstboten aller Art machten einen adligen Landsitz zu einem großen Personenverband, der wie eine Welt für sich wirkte.

**M1** **Kindheit eines Patriziersohnes im frühen 16. Jahrhundert, Buchmalereien, um 1550.**
Die Bilder stammen aus dem Augsburger „Trachtenbuch", das der Augsburger Patrizier Matthäus Schwarz (1497–1574) angelegt hatte. Es enthält auch Informationen über dessen eigene Kindheit. Das Bild links zeigt u. a. Matthäus mit seiner Amme, das Bild rechts u. a. Matthäus mit seiner Magd.

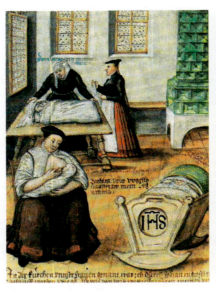

1 Beschreiben Sie die frühe Kindheit eines Patriziersohnes im 16. Jh. anhand von M 1.
2 Erörtern Sie, wie sich die Erziehung des Patriziersohnes Matthäus (M 1) auf sein späteres Denken und Handeln auswirken könnte.

# Ständegesellschaft 1

**Zusammenleben in den Familiengemeinschaften**

Zweckmäßigkeitsüberlegungen bestimmten bis ins 18. Jahrhundert hinein weitgehend die Beziehungen zwischen den Generationen. Für große Teile der Landbevölkerung stand dabei die Idee der Altersversorgung im Mittelpunkt. Eine verbreitete Möglichkeit bestand in der vertraglichen Vereinbarung zwischen den Generationen: Die jüngere Generation übernahm die Verantwortung für den Hof und verpflichtete sich zur Versorgung der Eltern bzw. Großeltern, die sich wiederum zur tätigen Mithilfe in allen Notsituationen (Erntezeit, Krankheit, plötzlicher Tod) bereit erklärten. Zweckmäßigkeitserwägungen prägten auch das Verhältnis zwischen Eltern und ihren noch nicht erwachsenen Kindern, dem „Nachwuchs". Die Kinder wurden schnell und ohne viel emotionalen Aufwand in das tätige Leben hineingestellt und hatten sich dort zu bewähren. Das schloss gefühlsmäßige Bindungen zwischen Eltern und Kindern nicht grundsätzlich aus. Solche Beziehungen nahmen während des 18. Jahrhunderts vor allem in jenen Schichten zu, die sich einen vermehrten Zeitaufwand für Kinderfürsorge und Kindererziehung leisten konnten. Hierzu gehörten Adlige (M 3) sowie begüterte Bürger, etwa hohe Beamte. In diesen Familien setzte sich allmählich eine behutsame Trennung zwischen beruflichen und privaten Alltagsgeschäften durch. Diese Entwicklung begünstigte die Entstehung der traditionellen Rollenverteilung zwischen Mann und Frau: Der Ehemann und Ernährer der Familie war „draußen" in der Welt tätig und bedurfte der Ruhe und des Schutzes in der Familie bzw. im Haus. Dagegen hatte sich die nicht berufstätige Frau dem häuslichen Leben und der Kinderfürsorge zu widmen. Die Kinder wurden nun weit mehr als früher von ihren Eltern umsorgt und umhegt. Vom Bürgertum aus verbreiteten sich diese neuen, innerfamiliären Verhaltensweisen in die anderen Bevölkerungsgruppen.

Die Ehe war in der vorindustriellen Zeit überwiegend ein Zweckbündnis (M 5) zweier Familien, die eine Verbindung zwischen ihren Kindern beschlossen hatten. Wenn die Hochzeit in der Regel mit großem Aufwand gefeiert wurde, dann geschah das insbesondere, um allen übrigen Dorf- oder Stadtbewohnern die Bedeutung dieses Ehebundes zu verdeutlichen. Mehr als um die Liebe zwischen zwei jungen Menschen ging es um die materiellen Abmachungen, die die Eheschließung begleiteten. Und dies galt selbst für die kleinbürgerlichen und -bäuerlichen Familien, in denen keine großen Reichtümer zu übertragen waren.

**Geschlechterrollen**

Die Familie war in der Frühen Neuzeit in der Regel eine patriarchalische Familie. Darin besaß der Hausvater eine Vorrangstellung, die jedoch nicht mit einer absoluten, von allen Bindungen freien Willkürherrschaft gleichzusetzen ist. Die Hausmutter arbeitete auf dem Land im Rahmen des „Ganzen Hauses"* auch im bäuerlichen Betrieb mit und beteiligte sich wie der Mann an der Existenzsicherung des Hauses (M 4). Männer und Frauen konnten die anfallenden Arbeiten nur gemeinsam bewältigen, was in der Regel zu einer kollegialen Arbeitsteilung führte. Das gilt in noch stärkerem Maße für Heimarbeiterfamilien, in denen es die geringste Rollenverteilung der Geschlechter gegeben haben dürfte. Die Frau war hier wie Mann und Kinder voll in den Prozess der Heimarbeit integriert. In den Handwerkerfamilien hingegen wurden die Frauen nicht so stark in den Arbeitsprozess eingebunden. Die Ehefrau eines Handwerkers stand zwar für Hilfsleistungen zur Verfügung (Warenverkauf, Auftragsentgegennahme), ihre eigentliche Aufgabe war jedoch die Ernährung der Familie (Kinder und Gesellen) sowie die Kindererziehung. In Adelsfamilien musste sich die Frau dem Mann strikt unterordnen und gemeinsam mit ihm die Repräsentationspflichten erfüllen. Ihre Zuständigkeit lag ausschließlich in der Leitung des Haushaltes, wobei sie dabei im Gegensatz zur Bäuerin von manuellen Arbeiten befreit war. Diese wurden vom Personal erledigt.

---

**Eheschließung und Geschlechterverhältnisse 16.–20. Jh.**

**1563** Das Dekret „Tametsi" des Tridentinischen Konzils führt die für alle Katholiken verbindliche Form der kirchlichen Eheschließung ein.

**1794** Im preußischen Allgemeinen Landrecht wird die Ehe zum privatrechtlichen Vertrag erklärt, der durch freiwillige Einwilligung beider Teile zustande kommt.

**1875** Der Deutsche Reichstag verabschiedet das Gesetz zur Zivilehe. Seitdem kann eine Ehe nur von einem Standesbeamten geschlossen werden.

**1900** Das Bürgerliche Gesetzbuch (BGB) legt fest, dass die Frau den Haushalt für den Mann zu führen hat.

**1919** Mit der Weimarer Verfassung werden erstmals die staatsbürgerliche Gleichheit und die Geschlechtergleichheit festgelegt. Die Gesetzgebung der Weimarer Republik erkennt die volle Rechtsfähigkeit und politische Mündigkeit der Frau an.

**1957** Das Familienanpassungsgesetz der Bundesrepublik erklärt die Haushaltstätigkeit der Frau als Normalzustand; Erwerbsarbeit muss damit vereinbar sein.

**1977** Das neue Familienrecht der Bundesrepublik setzt den Gleichheitsgrundsatz des Artikels 3 Grundgesetz durch und legt fest, dass die Ehegatten die Haushaltsführung im gegenseitigen Einvernehmen regeln.

**Ganzes Haus**
Bezeichnung für die typische Wohn- und Lebensweise in der vorindustriellen Zeit. Der Familienverband umfasste neben der Kernfamilie (Vater, Mutter, Kinder) die im Hause wohnenden Blutsverwandten (z. B. Großeltern, Tanten, Neffen) und die im Haus Arbeitenden (z. B. Mägde, Kutscher, Hauspersonal, Gesellen, Gehilfen). Das alle Verbindende war die Arbeit im Haus, sei sie landwirtschaftlich, handwerklich oder kaufmännisch. Da Arbeits- und Wohnstätte räumlich noch nicht getrennt waren, war die geschlechtliche Arbeitsteilung im Vergleich zum 19./20. Jh. weniger stark ausgeprägt und trotz der dominierenden rechtlichen Stellung des *pater familias* (lat.) weniger hierarchisiert.

**M2** Die Manufakturherrin Anna Barbara Gignoux, Gemälde des Münchner Hofmalers Johann Georg Edlinger, ca. 1786

In den bürgerlichen Familien, allen voran in den Beamtenfamilien und im Pfarrhaus, begann der Prozess der Trennung von Arbeits- und Familienleben, der später die moderne Industriegesellschaft prägte. Der Beamte besaß mit der Amtsstube seinen eigenen Arbeitsbereich, von dem die Frau äußerlich geschieden lebte und in den sie auch keinen Einblick hatte. Die Beamtengattin musste sich um den Haushalt im engeren Sinn kümmern. Sie hatte ihrem Mann ein angenehmes Zuhause zu bieten, in dem er sich von seinem Berufsleben erholen konnte, und den Kindern eine Erziehung zu geben, die dem Aufstiegswillen der Familie entsprach. In Pfarrersfamilien musste sich die Pfarrfrau neben dem Haushalt auch der Gemeindearbeit widmen und als Vorbild für die Gemeindemitglieder ihren Mann bei dessen sozialen Aufgaben unterstützen. Es war ihr allerdings nicht gestattet, eigene, vom Ehemann unabhängige Interessen zu verfolgen.

In der Frühen Neuzeit war es Frauen weder erlaubt, das Haus nach außen zu vertreten, etwa Verträge zu schließen, noch durften sie Handel treiben, Besitz erwerben bzw. veräußern. Das galt im bäuerlichen, im handwerklichen wie im kaufmännischen Bereich. Ausnahmen gab es zwar, wenn der Mann verstarb; in der Regel jedoch musste die Frau diese Aufgaben einem anderen Mann übertragen, z. B. einem Verwandten oder Nachbarn des Hauses (M 2, M 6). Die dörfliche wie die städtische und zünftische Gesellschaft der Frühen Neuzeit war fast ausschließlich eine Männergesellschaft, wenn auch Frauen außerhäusliche Kontakte pflegen oder außerhäuslichen Tätigkeiten nachgehen konnten.

1 Erläutern Sie anhand der Darstellung die Rolle der Familie in der frühneuzeitlichen Wirtschaft und Gesellschaft.
2 Charakterisieren Sie die Geschlechterrollen in der vorindustriellen Gesellschaft (Darstellung).
3 **Geschichte regional:** Untersuchen Sie das Zusammenleben und die Geschlechterverhältnisse in einer frühneuzeitlichen Familien aus Ihrer Region (Recherchehilfe: s. S. 342 f.).

**M3** Häusliche Szene in einer adligen Familie aus Unterfranken, Scherenschnitt, Papier, 32 × 45 cm, 2. Hälfte 18. Jh. Dargestellt sind u. a. Graf Maximilian Joseph Klemens von Seinsheim (1751–1803), seine Frau Maria Anna Gräfin von Seinsheim, geborene Freiin von und zu Franckenstein-Ullstadt (1754–1832), und deren Kinder.

1 Beschreiben Sie Kleidung (soweit erkennbar), Haltung und Attribute der Personen in M 3.
2 Erschließen Sie aus M 3 Elemente adliger Identität und idealer Rollenzuschreibungen innerhalb der Familie.

## M4 Paul Münch, Historiker, über die Rollen von Hausvater und Hausmutter im „Ganzen Haus", 1992

Die Frau, die im System des „Ganzen Hauses" nicht nur im Haushalt, sondern oft auch im Betrieb tätig war, sich also nicht weniger als der Mann an der Existenzsicherung des Hauses beteiligte, besaß Aufgabenfelder, die sie weitgehend
5 unabhängig vom Mann zu bewältigen hatte. Die Kleinkindererziehung gehörte dazu, ebenso die zwischen Hausfrau und Hausherrn aufgeteilte Ausübung der elterlichen Gewalt über Mädchen und Jungen, Mägde und Knechte. Auch in der Praxis der Betriebsführung erfolgte eine Arbeitsteilung
10 zwischen Mann und Frau, die nicht einfach dem Gegensatz zwischen Draußen und Drinnen entsprach. Ohne Frage lagen die Aufgabenbereiche der Frau in erster Linie im Haus – ihr war die Sorge um Nahrung, Wohnung und Kleidung anvertraut –, doch sie hatte oft auch Anteil am außerhäus-
15 lichen Tun. Zu ihren Pflichten zählten die Besorgung des Gartens und die Pflege des Viehs, die Mithilfe bei der Ernte und der Gang zum Markt. Generell galt, dass Mann und Frau unter den Bedingungen des „Ganzen Hauses" die anfallenden Aufgaben stets nur gemeinsam lösen konnten. 1520
20 ermahnte man die Hausfrau: „Seiner gewynnung sollt du ym hilflich sein. Darzuo auch sein beste behalterin." Im Falle der Heimarbeiterfamilie ist sogar, beispielsweise beim Weben oder Spinnen, schon von einer weitgehenden Identität der Tätigkeiten auszugehen.
25 Man muss fragen, ob die […] Kollegialität im Hausregiment […] im Begriff des Patriarchalismus angemessen aufgehoben ist, insbesondere wenn man damit fast ausschließlich negative Assoziationen verbindet. Vielleicht sollte man besser von formeller männlicher und informeller weiblicher Herr-
30 schaft im Haus sprechen. […] In der modernen Familie, deren Rahmenbedingungen Gleichberechtigung eher ermöglichen, lassen sich partnerschaftliche Verhaltensweisen so wenig einklagen, wie umgekehrt das Patriarchat […] ein […] Miteinander von Hausherrn und Hausfrau nicht notwendi-
35 gerweise verhindern musste. Mit dem Moment der Willkür ist bei beiden Modellen […] in ähnlicher Weise zu rechnen. Die Notwendigkeit der Aufgabenteilung im patriarchalischen System hat […] kollegiale Verhaltensformen wahrscheinlich sogar vielfach erzwungen, und zwar gegen alle
40 rechtlichen Einschränkungen und traditionalen Begründungen, welche der Frau lediglich eine generell vom Mann existenziell abhängige Position einräumen wollten und ihr jede originäre Gewalt absprachen. Es hat sogar den Anschein, als ob die Gewalt des Mannes erst in einer Zeit absolut wurde,
45 in der die Trennung von Haushalt und Betrieb den Mann zum alleinigen Ernährer seiner Familie machte.

*Paul Münch, Lebensformen in der frühen Neuzeit, Propyläen, Frankfurt/M. 1992, S. 198 f.*

**1** Erläutern Sie mithilfe von M 4 die Geschlechterrollen in einer frühneuzeitlichen bäuerlichen Familie.

## M5 Der Historiker Bernd Roeck über eine städtische bürgerliche Familie im 16. Jahrhundert, 2000

Allgemein gilt, dass sich im Lauf der Neuzeit ganz allmählich verschiedene Lebenskreise im Haus formten: Das „studium" als Rückzugsraum, eigene Zimmer für die Großeltern und auch eigene Räume für die Frauen. Doch vielfach – und
5 nicht nur bei den Ärmeren – war es im 16. Jahrhundert noch üblich, dass die Räume mehreren Zwecken gleichzeitig dienten. Nach dem Mahl hob man die Tischplatte von den Schragen und verstaute alles im Nebenzimmer – so konnte in der Stube wieder gearbeitet werden. In den meisten
10 Wohnungen dürften die Bewohner wenig Gelegenheit gehabt haben, einander aus dem Weg zu gehen.
Zum Haushalt zählten Vater, Mutter und – wenn vorhanden – Gesinde und Großeltern. Im Durchschnitt umfassten solche Haushalte vier bis fünf Personen. Aber es gab auch
15 viele „Single-Haushalte" und umgekehrt waren wenige Großhaushalte mit Dutzenden von Leuten. Fast durchweg waren die Haushalte patriarchalisch geordnet: Dem Hausvater kam die bestimmende Rolle zu. Ihm war bei Tisch der beste Platz vorbehalten, er vor allem verdiente den Lebens-
20 unterhalt, reiste, saß im Rat oder Zunftvorstand. Kurz, er war für die „Außenbeziehungen" zuständig, während die Frau – jedenfalls der Theorie nach – den Alltag im Haus organisierte, die Kinder erzog, das Gesinde beaufsichtigte.
Die Ehe begründete in der alten Gesellschaft eine wirt-
25 schaftliche Zweckgemeinschaft. Doch sollte man die zahlreichen Zeugnisse für tiefe emotionale Bindungen zwischen den Partnern nicht übersehen. Die meisten Ehen dauerten freilich weit kürzer als heute. Gründe dafür waren einmal das geringere durchschnittliche Lebensalter der Menschen
30 des 16. Jahrhunderts, namentlich die hohe Sterblichkeit der Frauen im Kindbett, und wohl auch ein relativ hohes Alter bei Eheschließung.
Oft kam es zu Eheschließungen zwischen Partnern sehr unterschiedlichen Alters. Der Witwer heiratete möglichst bald
35 wieder – auch wenn die Erwählte viel jünger war –, damit die häusliche Ökonomie ins Lot kam; eine Witwe scheute sich nicht, einen jungen Gesellen zu ehelichen, der das Handwerk weiter betreiben konnte. Eine solche Ehe war für viele Handwerksgesellen die einzige Chance, an Bürgerrecht
40 und Meisterstelle zu kommen. […]
Entgegen landläufigen Vorstellungen waren kinderreiche Familien in den Städten des 16. Jahrhunderts eher die Ausnahme. Das hatte vor allem mit der außerordentlich hohen Säuglings- und Kindersterblichkeit zu tun; nur eine Minder-
45 heit der Neugeborenen überlebte das erste Lebensjahr. Auch bewusste Familienplanung spielte schon eine Rolle. Ganz allgemein gilt, dass die Kinderzahl in einem direkten Verhältnis zur wirtschaftlichen Lage der Familie stand. Patrizier hatten im Schnitt mehr Kinder als Taglöhner.

*Bernd Roeck, Leben in süddeutschen Städten im 16. Jahrhundert, Haus der bayerischen Geschichte, Augsburg 2000, S. 22 f.*

1. Vergleichen Sie die Lebensform in einer bürgerlichen Familie in der frühneuzeitlichen Stadt (M 5) mit derjenigen einer heutigen bürgerlichen Familie und arbeiten Sie die Unterschiede heraus (s. auch M 1).
2. Begründen Sie die im Text M 5 erwähnte Tatsache, dass Familienplanung bereits in den bürgerlichen Familien des 16. Jh. existierte.

### M 6 Eine Frau als Manufakturherrin im 18. Jahrhundert? – Aus dem Leben der Augsburgerin Anna Barbara Gignoux

*Die Historikerin Elisabeth Plößl schreibt über Anna Barbara Gignoux, 1996 (s. zu Gignoux auch Abbildung M 2):*

Anna Barbara wurde am 16. September 1725 als Tochter des Augsburger Goldschlagers Andreas Koppmair und seiner Frau Maria Barbara geboren. Im Goldschlagerhandwerk arbeiteten die Frauen und Töchter der Meister im Betrieb mit;
5 so wird wohl auch Anna Barbara zum Einlegen der Gold-, Silber- und Metallblätter in die Formen mitherangezogen worden sein. Im Alter von 23 Jahren heiratete sie Johann Friedrich Gignoux. Dessen Vater Jean François war aus Genf zugewandert und hatte eine Kattundruckerei gegründet,
10 die bald zu den bekanntesten und technisch führenden in Augsburg gehörte. Kattune, feine bedruckte Baumwollgewebe, waren im 17. Jahrhundert zum Modeschlager geworden. 1689 fand der Kattundruck Eingang in Augsburg, wurde dann zünftisch geregelt und der Weberhausdeputation
15 unterstellt. Den Druckern gelang es aber bald, auch das Bleichen, Scheren und Färben – eigentlich Zuständigkeit jeweils dazu berechtigter Handwerke – an sich zu ziehen. In ihren Manufakturen konzentrierten sie nun den Herstellungsprozess von der Stoffveredelung bis zur fertigen bedruckten
20 Ware. Zugleich konnten sie kaufmännische Befugnisse in der Rohgewebebeschaffung und im Vertrieb ihrer Produkte erringen. Aus den zunftmäßig gebundenen Handwerkern wurden mehr und mehr an Markt und Gewinn orientierte Unternehmer.
25 Nach ihrer Heirat eröffneten Johann Friedrich und Anna Barbara Gignoux eine eigene Kattundruckmanufaktur. Anna Barbara arbeitete in großem Umfang im Betrieb mit. Auf diese Weise erwarb sie sich nicht nur das technische Knowhow [...], sondern auch kaufmännische Fertigkeiten. Als ihr
30 Ehemann im Mai 1760 starb, war sie ohne weiteres im Stand, das Unternehmen und den Handel zu leiten. Von der Weberhausdeputation erhielt sie die Erlaubnis, die Manufaktur im Namen der Kinder, der 1752 geborenen Felicitas Barbara und des 1755 geborenen Johann Friedrich weiterzuführen.
35 Ein Jahr vor seinem Tod hatte Gignoux den Sohn zum Erben bestimmt, aber auch verfügt, dass bis zu dessen Volljährigkeit Anna Barbara den Betrieb leiten sollte.
Bereits Ende 1760 heiratete Anna Barbara den Kaufmann Georg Christoph Gleich. Ihre zweite Ehe, zu der sie nach ei-
40 gener Aussage gedrängt worden war, bedauerte sie jedoch bald. Gleich beanspruchte nun die Direktion der Manufaktur, heftige Ehekonflikte waren die Folge. Ein Jahr nach der Heirat reichte Anna Barbara ihre erste Scheidungsklage ein, in der sie sich auch über die brutale Behandlung durch ihren
45 Ehemann beklagte, der sie selbst als Hochschwangere schlug. Dieser verklagte sie seinerseits beim Bürgermeister, und seine engen Freunde und Manufakturkunden Konrad Schwarz und Karl Heinrich Bayersdorf petitionierten zugunsten seiner Unternehmensleitung. Der Rat genügte dem
50 Antrag von Schwarz und bestätigte damit die bürgermeisterliche Verfügung vom Januar 1762, derzufolge die Gleichin ihrem Ehemann die Direktion des Betriebes überlassen sollte. Da sich Anna Barbara aber nicht geschlagen gab, wurde eine Ratsdelegation eingesetzt, um einen gütlichen Ver-
55 gleich zu finden. Einige Monate später sprach der Rat in einem Vertrag Gleich als Ehevogt und Ernährer der Kinder die Leitung der Manufaktur und die Nutzung des Betriebes bis zur Volljährigkeit des Erben Johann Friedrich zu. Anna Barbara sollte ihm – ihr Wissen war Gleich unentbehrlich – im
60 Unternehmen zur Hand gehen und die häusliche Ökonomie als gute Hausmutter besorgen. [...]
Nach den Verfügungen Gignoux' von 1759 war die Einsetzung Gleichs in die Manufakturleitung nicht zulässig; im Vergleich gab jedoch der Rat dem Rechtsinstitut der
65 Geschlechtsvormundschaft des Ehemannes über die Ehefrau den Vorrang. Gleich, der die Leitung noch 1762 übernahm, bewies aber keine glückliche Hand. Sein aufwendiger Lebensstil, der Neubau eines Manufakturgebäudes und die Art seiner Geschäftsbeziehungen brachten ihn in finanzielle
70 Schwierigkeiten. 1770 meldete er Konkurs an und floh, nachdem ihm die Schuldhaft drohte, aus Augsburg. Er hinterließ Schulden in Höhe von mindestens 200 000 Gulden.
Anna Barbara Gignoux – nach ihrer Scheidung 1779 führte
75 sie wieder diesen Namen – gelang es, zum Vergleich mit den Gläubigern zu kommen. In den folgenden 26 Jahren ihrer Betriebsleitung baute sie das Unternehmen zur drittgrößten Kattunmanufaktur in Augsburg auf. [...] [Sie] starb am 11. September 1796.

*Elisabeth Plößl, Anna Barbara Gignoux (1725–1796). Kattunfabrikantin, in: Marita A. Panzer, Elisabeth Plößl (Hg.), Bavarias Töchter, Verlag Friedrich Pustet, Regensburg 1997, S. 94–97.*

1. Skizzieren Sie den Lebensweg von Anna Barbara Gignoux anhand von M 6.
2. Arbeiten Sie aus dem biografischen Abriss in M 6 die rechtliche Situation für Frauen im 18. Jh. heraus.
3. Erklären Sie das Selbstbewusstsein, das es der Manufakturherrin Anna Barbara Gignoux ermöglichte, ihren Besitz zu halten.
4. Charakterisieren Sie das Frauenbild, das der Maler in M 2 von Anna Barbara Gignoux (M 6) darstellt.

# 1.6 Soziale Sicherheit in der Ständegesellschaft? Beispiele dörflicher und städtischer Fürsorge

**Wandel in der Einstellung zu Armut und Bettelei**

Mit dem Übergang vom Mittelalter zur Neuzeit veränderte sich die Einstellung zu Armut und Armenunterstützung. Dies gilt für die breite Bevölkerung ebenso wie für die weltliche und die kirchliche Obrigkeit. Die im Mittelalter vorherrschende Auffassung, dass die Reichen durch barmherziges Handeln und Almosengeben an Arme und Hilfsbedürftige ihre Sünden abbüßen konnten, verlor an Bedeutung. Gleichzeitig veränderte sich die moralische Haltung zu Armut und Bettelei: Beides galt als verwerflich. Arme und Bettler sahen sich nicht nur dem Vorwurf ausgesetzt, sie seien faul und gierig, sondern auch, dass sie Betrug und Diebstahl an der Allgemeinheit betrieben. Die wachsende Abwehr und Ausgrenzung der „unwürdigen Armen" ging einher mit einer verstärkten Reglementierung und Kontrolle der Armen und der Armenfürsorge. Die unorganisierte Almosenvergabe wich immer mehr der planenden und steuernden „Armenpolitik" dörflicher, städtischer oder territorialer Obrigkeiten (M4). Geäußert hat sich dieser Wandel in der Vergabe von Bettelzeichen* (M1) oder der Erstellung von Almosenlisten* (s. S. 48).

**Ursachen des Einstellungswandels**

Eine Ursache für die neue Armenpolitik lag in der steigenden Bettelarmut. Das galt nicht erst für das späte 18. Jahrhundert (M5). Bereits das 16. Jahrhundert, als die Bevölkerungszahl in vielen Ländern Europas beträchtlich anstieg, kannte dieses Problem. Obwohl neues Ackerland erschlossen und Weideflächen ausgeweitet wurden, blieb die Ernährungslage gespannt. Als ab 1568 verregnete Sommer und harte Winter mehrere Ernten vernichteten, verschärfte sich die Lage. Die Preise für Getreide stiegen in die Höhe. In Augsburg und Nürnberg erreichten sie 1572 teilweise das Zehnfache des bisherigen Niveaus. Auch die Stadtmenschen litten unter Hunger und Krankheit. Gleichwohl trieb die Hoffnung auf Nahrung Teile der verelendeten Landbevölkerung in die Städte. Die Kommunen sahen sich daher gezwungen, das städtische Armenwesen besser zu organisieren.

Eine weitere Ursache für die Veränderungen in der Armenfürsorge lag in den aufstrebenden Städten und in der wachsenden Bedeutung von Geldwirtschaft und Handel. Beides bewirkte, dass sich neue Lebensformen sowie Verhaltens- und Denkmuster herausbildeten, die nicht mehr so stark und ausschließlich wie noch im Mittelalter von Kirche und Religion geprägt waren: Wer das eigene Seelenheil erlangen wollte, musste nicht mehr unbedingt Almosen gewähren.

Ein tiefer Einschnitt in der Geschichte von Armut und Armenfürsorge war die Reformation, mit der zu Beginn des 16. Jahrhunderts die kirchliche und religiöse Einheit des Mittelalters zerbrach. In den katholischen Gebieten gehörte es noch lange Zeit zur Pflicht jedes Einzelnen, sich um die Armen und Hilfsbedürftigen zu kümmern und ihnen zu helfen. Dagegen lehnte der Reformator Martin Luther (1483–1546) die Almosenlehre ab. Nach seiner Auffassung, die das protestantische Denken seitdem prägte, konnten die Menschen ihre Erlösung nicht durch Almosen erreichen, sondern allein durch ihren Glauben. In den protestantischen Regionen wurde Betteln daher kriminalisiert und verschwand allmählich aus dem öffentlichen Leben. Hinzu kam, dass in protestantischen Gebieten die Klöster aufgehoben wurden. Damit verloren Bettler eine wichtige Anlaufstelle. Parallel mit der Ächtung von Armut und Bettelei vollzog sich die Aufwertung der Arbeit. Jeder sollte seinen Lebensunterhalt durch Arbeit verdienen. Dieser allgemeine Mentalitätswandel erfasste am Ende auch die katholischen Territorien.

**Bettelzeichen**

Nur wer ein Bettelzeichen besaß (M1), war in der frühneuzeitlichen Ständegesellschaft zum Betteln bzw. zum Almosenempfang berechtigt. Die Kommunen begründeten die Vergabe der Bettelzeichen mit dem Argument, dass sie den Missbrauch von Almosenempfang unterbinden wollten.

**M1** Nürnberger Bettelzeichen, 16. Jh.

*Oben:* Armen-Brotzeichen, Kupfer, 1529, Vorder- und Rückseite
*Unten:* Zeichen der Seilerschen Stiftung, ohne Jahr, Blei; Darstellungen auf der Vorderseite u. a.: Kornähren; Darstellungen auf der Rückseite u. a.: Nürnberger Wappen, Kreuz.

### Almosenlisten

Almosenlisten der Frühen Neuzeit wurden von kirchlichen und weltlichen Amts- und Würdenträgern erstellt. Die äußere Gestaltung war bereits – unabhängig vom Almosenträger – relativ einförmig. Das lag an den Kriterien, die kirchliche und weltliche Amts- und Würdenträger bei der Auswahl der Fürsorgeberechtigten zugrunde legten. Die Erwerbsunfähigkeit gehörte mit zu den wichtigsten Bedingungen für den Bezug von Armenunterstützung und wurde meist älteren Einzelpersonen zugestanden, die von Krankheiten betroffen waren, insbesondere Witwen und verlassenen Frauen. In einer Zusammenstellung für das Landgebiet der Stadt Nürnberg wurde 1715 eine 66-jährige „verlebte Beständnerin" als „sehr schadhaft und vermöglich" beschrieben, eine zwei Jahre ältere Hirtin war „alt und unvermöglich, auf dem einen Auge ganz blind und hat kürzlich den arm entzwey gebrochen". Eine 86-jährige Witwe hatte einen Schlaganfall erlitten und war schon seit längerem arbeitsunfähig. Alleinstehende Frauen mit kleinen Kindern waren als nur temporär Erwerbsunfähige in der Nürnberger Liste nicht aufgeführt. Sie wurden aber in württembergischen Dörfern berücksichtigt und auch im bayerischen Unterfinning, wo es von der Frau eines „Tagwerchers und Krexentragers" hieß, sie habe „ein lehrs Heusl, seye 42 Jahr alt" und habe fünf kleine Kinder zu versorgen.

**M2** „Bruderhaus", ein genossenschaftliches Krankenhaus und Altenheim, Federzeichnung aus dem „Schwazer Bergbuch" von 1680 (nach einer Vorlage von 1556)

### Merkmale und Prozesse der Armenfürsorge

Ähnlich wie im Mittelalter blieb auch in der Frühen Neuzeit die Fürsorge für in Not geratene Menschen, Hilfsbedürftige und Arme eine Sache der freiwilligen Wohltätigkeit Einzelner. Den wahrscheinlich wirksamsten Anteil an der Armenfürsorge leisteten Familienangehörige und Verwandte, Freunde und Nachbarn. Diese „private" Hilfe wurde ergänzt durch die Fürsorge kirchlicher Einrichtungen (Klöster) oder von Verbänden wie Kaufmannsgilden, Zünften oder Bruderschaften.

Allerdings ist in dieser Zeit auch ein Prozess zu erkennen, im Zuge dessen die alte, meist religiös motivierte Almosenvergabe Einzelner abgelöst wurde von der gemeinschaftlich und öffentlich organisierten Armenfürsorge durch Gemeinden, Städte oder den Staat. Charakteristische Merkmale dieses Prozesses waren:

- **Kommunalisierung:** Die Armenfürsorge wurde privaten Trägern und den Kirchen zunehmend entzogen. Stattdessen übernahm die weltliche Obrigkeit (Gemeinden, Städte, Territorialstaaten) die Organisation des Armenwesens.
- **Rationalisierung:** Die für die Armenfürsorge zuständigen Behörden entwickelten genaue Kriterien der „Bedürftigkeit". Ein entscheidender Grundsatz hieß: Wer arbeitsfähig war, sollte seinen Lebensunterhalt mit Arbeit verdienen und nicht betteln. Unterstützung durfte nur derjenige erhalten, der trotz eigener Arbeit oder anderer Widrigkeiten kein hinlängliches Auskommen besaß.
- **Bürokratisierung:** Die Rationalisierung des Armenwesens setzte voraus, dass es eine funktionsfähige Verwaltung gab, deren Vertreter die Einhaltung der Kriterien für die Verteilung der Unterstützungsleistungen auch überwachten. Die entstehende Sozialverwaltung besaß die Aufgabe, Gelder oder Naturalleistungen möglichst planvoll und gerecht zu verteilen. Notfalls hatte sie das Recht, mit Zwang und Gewalt erzieherisch auf diejenigen „Elemente" einzuwirken, die den Vorstellungen von einem „guten" Lebenswandel nicht entsprachen.
- **Pädagogisierung:** Die Behörden wollten erzieherisch auf die Armen und Hilfsbedürftigen einwirken und sie zu einem disziplinierten Lebenswandel anhalten. Für sie galt daher ein strenger Moral- und Verhaltenskodex: Die Armen und Hilfsbedürftigen sollten Müßiggang und Völlerei, Trunksucht und Glücksspiel meiden. Andernfalls wäre ihnen die Leistung entzogen worden.

### Dörfliche Fürsorge

Gesetze, die auf der Ebene des Heiligen Römischen Reiches erlassen wurden, hatten seit 1497 die Armenfürsorge, sofern Familie und Verwandtschaft als Hilfeleistende ausfielen, den Kommunen übertragen. Die Kompetenzen zwischen kirchlicher und weltlicher Gemeinde wurden dabei jedoch nicht genau abgegrenzt.

Die nicht familiären Einrichtungen, die sich in der Frühen Neuzeit zunehmend um die Armenfürsorge kümmerten, handelten allerdings weniger aus Sorge um die Existenzfähigkeit armer Familien und Einzelpersonen. Vielmehr versuchten sie, den Zustrom fremder Bettler oder Vaganten zu begrenzen, um die kommunalen Unterstützungsfonds zu entlasten. Nicht nur in Bayern führten die Behörden im 17. und 18. Jahrhundert aus diesem Grund das **Heimatrecht** ein. Demnach wurden die Armen nur in ihrem Heimatort, nicht jedoch in ihrem Wohnort versorgt. Wer Unterstützung erhielt und in welcher Höhe, legte jede Gemeinde selbst fest, wobei Pfarrer und örtliche Amtsträger häufig miteinander kooperierten.

In einigen Gebieten Süddeutschlands gab es jedoch auch **Landzünfte**, die für die Versorgung in Not geratener Hilfsbedürftiger aufkommen mussten (M 2). Das galt z. B. für das Augsburger Umland. Dort mussten die dörflichen Weberzünfte die Versorgung ihrer Mitglieder regeln. Außerdem nahmen sich **Stiftungen,** die meist von den Kirchen verwaltet wurden, der Armenversorgung an. Eines der stiftungsreichsten Gebiete Deutschlands war das Hochstift Würzburg. Die Stiftungen betreuten nicht nur städtische, sondern auch dörfliche Spitäler.

**Städtische Fürsorge**

In den Städten waren die Hospitäler (M 6, M 7), aus denen sich später das moderne Krankenhauswesen entwickelte, eine wichtige Einrichtung der Armenfürsorge. Sie waren im Mittelalter gegründet worden für gesunde und mehr noch für kranke und gebrechliche Arme. Seit dem 14. Jahrhundert veränderte sich allerdings ihr Charakter: Das von der städtischen Obrigkeit geleitete „kommunalisierte Spital" wandelte sich immer mehr von einem Fürsorgehaus für kranke und sieche Arme zu einem Altersheim, in das sich das vermögende, überwiegend einheimische Bürgertum einkaufte. Dennoch haben verschiedene Typen von Spitälern während der Frühen Neuzeit wertvolle Hilfen für Arme und Kranke geleistet, sei es als Universal-Spitäler – meist Heilig-Geist-Spital genannt –, sei es als spezielle Pest-Spitäler oder als Anstalten für Leprakranke.

Aus den Spitälern, aber auch aus einigen Stiftungen, gingen Waisenhäuser hervor. Sie widmeten sich der Fürsorge für Waisen- und Findelkinder. Diese Einrichtungen machten seit dem ausgehenden 17. Jahrhundert manchmal eine höchst problematische Entwicklung durch, wenn sie mit Zucht- und Arbeitshäusern* kombiniert wurden (M 3) und ihre Erziehung auf den möglichst frühzeitigen, vielfach rücksichtslosen Arbeitseinsatz der Kinder ausgerichtet war. Allerdings gab es auch Waisenhäuser, die sich wie die berühmten Francke'schen Anstalten in Halle (ab 1696) dem christlichen Ideal der Nächstenliebe verpflichtet fühlten.

Dass auch durch Haus- und Wohnungsbau soziale Leistungen erbracht wurden, zeigt die Fuggerei in Augsburg. Sie wurde zwischen 1519 und 1523 als fromme Stiftung durch den Augsburger Kaufmann Jakob Fugger errichtet (s. S. 28) und sollte Wohnraum für Bedürftige schaffen (M 8, M 9). Diese Sozialsiedlung umfasste anfangs 53 Häuser in Reihenhausbauweise mit jeweils zwei Wohnungen.

In den Städten übernahmen auch die Zünfte für in Not geratene Mitglieder, besonders für Witwen und Waisen, Unterstützungs- und Versorgungsfunktionen. Die Gelder für Gebäude und Leistungen kamen aus Unterstützungskassen, die durch Beiträge der Zunftangehörigen gespeist wurden.

**M 3** Bamberger Zuchthaus, Kupferstich, 1627 (Ausschnitt)

**Zucht- und Arbeitshäuser**
Die Wurzeln dieser Häuser liegen im 16. Jh. Bis Ende des 18. Jh. gab es etwa 60 Häuser dieser Art in Deutschland, deren Ziele Arbeit und Disziplin waren. Es wurden Menschen aus allen gesellschaftlichen Randgruppen eingewiesen: arbeitsscheue Bettler, gerichtlich abgeurteilte Verbrecher, unbotmäßiges Gesinde, aufsässige Kinder, gebrechliche Alte, verarmte Witwen, Waisenkinder, Prostituierte, Wahnsinnige, venerisch Kranke.
Merkmale der Häuser waren:
– Eine strenge und starre Disziplin prägte den gesamten Alltag.
– Statt der früher üblichen Todes- und Körperstrafen sollte dem Einzelnen die Freiheit durch Einschließung in eine Disziplinaranstalt entzogen werden.
– Es herrschte Arbeitspflicht, jeder sollte zur Arbeit erzogen werden.
– Der Staat wollte alle verfügbaren Arbeitskräfte in den Dienst seiner Wirtschaft stellen.

**1** Erläutern Sie den Wandel in der Beurteilung von Armut während der Frühen Neuzeit (Darstellung).

**2** Charakterisieren Sie die zentralen Veränderungen in der Armenfürsorge während der Frühen Neuzeit.

**3** Stellen Sie die wichtigsten Fürsorgeinstitutionen in den frühneuzeitlichen Dörfern und Städten dar.

**M 4** Aus der Nürnberger Bettelordnung von 1478

Der ehrbare Rat ist oft und nachdrücklich, ausführlich und glaubwürdig davon unterrichtet worden, dass etliche Bettler und Bettlerinnen ein nicht gottesfürchtiges, auch sonst unziemliches und ungebührliches Wesen treiben. Auch gehen etliche hierher nach Nürnberg zu dem Almosen, fordern es und nehmen es an, obwohl sie seiner nicht bedürftig sind. Und weil das Almosen […] eine gute Tat ist, […] haben die oben genannten, unsere Ratsherren, zum Lob Gottes, aber auch aus Notwendigkeit sich vorgenommen, solcher Unredlichkeit und Betrugsgefahr zuvorzukommen, damit den armen notleidenden Menschen ihr Unterhalt aus dem Almosen destoweniger entfremdet und entzogen werde. Deswegen wollen sie, setzen sie fest und gebieten ernstlich, dass diese nachstehende Ordnung bei Vermeidung der darin angedrohten Strafe genau eingehalten, vollstreckt und befolgt werde; danach mag sich ein jeder richten: Zum ersten ordnen unsere Ratsherren an, setzen fest und gebieten, dass weder Bürger noch Bürgerin, weder männlicher Gast noch weiblicher Gast in dieser Stadt Nürnberg, weder Tag noch Nacht betteln darf, wenn es ihm nicht von jemandem, der durch den ehrbaren Rat damit betraut und eingesetzt ist, zugestanden oder erlaubt wird.

Und welche so die Erlaubnis erhalten haben, sollen doch nicht betteln, es sei denn, sie tragen offen an sich das Zeichen, das man ihnen aushändigen wird. Wer jedoch ohne Erlaubnis und das Zeichen bettelt, der soll ein Jahr und eine Meile von dieser Stadt fernbleiben.

Den Bettlern und Bettlerinnen, die sich schämen, bei Tag zu betteln, und nur des Nachts betteln wollen, wird man ein besonderes Zeichen dafür geben, im Sommer in der Nacht nicht länger als zwei Stunden und im Winter in der Nacht nicht länger als drei Stunden zu betteln, jedoch nicht ohne Licht nach dem Gebot der Stadtordnung.

Sodann soll jeder Bettler und jede Bettlerin, bevor man ihnen Erlaubnis und das Zeichen gibt, den vorher erwähnten Herren der Wahrheit gemäß offenbaren, in was für einem Stand, Wesen und welcher körperlicher Verfassung man sei, ob verheiratet oder ledig und wie viel Kinder man habe, um daraus zu ersehen, ob sie auf die Bettelei angewiesen sind oder nicht. Wer dabei die Wahrheit unterschlägt, soll ein Jahr und eine Meile außerhalb der Stadt bleiben und darüber hinaus, selbst wenn er der Bettelei bedürftig wäre, dennoch nicht zugelassen werden, außer er bringt mindestens jedes Jahr von seinem Beichtvater ein Zeichen, wie sie gerade hergestellt und den Beichtvätern übergeben worden sind, dass er zumindest für das Jahr gebeichtet und Absolution erhalten habe.

Dann wird den Bettlern hier zu betteln nicht erlaubt, die Kinder bei sich haben, von denen eines über acht Jahre alt und ohne Gebrechen ist, da die ihr Brot sehr wohl selbst verdienen können. Doch hätte ein Bettler oder eine Bettlerin vier oder fünf Kinder, und alle unter sieben Jahre alt, und dazu ein Kind über acht Jahre, das die anderen beaufsichtigen soll, dann soll der erwähnte Herr berechtigt sein, dieses zu berücksichtigen. Sodann sollen die Namen solcher Kinder von Bettlern und Bettlerinnen, die über acht Jahre alt und gesund sind und denen von ihren Eltern nicht zu einer Arbeit verholfen wurde, durch diese angezeigt, den Bütteln, um jene dann abzuholen, übergeben und aufgeschrieben werden, damit alsbald versucht wird, ob ihnen hier oder auf dem Lande zu einer Anstellung verholfen werden kann.

Die Bettler und Bettlerinnen, denen hier zu betteln erlaubt ist und die nicht Krüppel, lahm oder blind sind, sollen an keinem Werktag vor den Kirchen müßig an dem Bettelort sitzen, sondern spinnen oder andere Arbeit, die zu verrichten sie in der Lage sind, ausführen. Wer bei Überprüfung anders angetroffen wird, soll einen Monat lang eine Meile außerhalb der Stadt bleiben. Dann sollen die Bettler und Bettlerinnen, denen laut oben Geschriebenem hier zu betteln erlaubt wird, hier in Nürnberg nicht in den Kirchen dem Betteln nachgehen noch überhaupt hineingehen, sondern davor sitzen, herumgehen oder stehen. Ausgenommen sein sollen davon die Kirchen St. Moritz, St. Nicolaus und St. Kunigunde. Und wenn es regnet und Unwetter herrscht, dürfen sie in den anderen Kirchen in der Nähe der Kirchtüren stehen oder sitzen, doch an niemanden darin die Bitte um ein Almosen richten. Wer sich darüber hinwegsetzt, soll ein Jahr aus der Stadt verbannt sein.

*Zit. nach: Christoph Sachße, Florian Tennstedt, Geschichte der Armenfürsorge in Deutschland, Bd. 1, 2. Aufl., Kohlhammer, Stuttgart 1998, S. 64f.*

1 Erörtern Sie die Gründe, die zum Erlass M 4 führten.
2 Arbeiten Sie aus M 4 die wichtigsten Kriterien heraus, die zum Betteln in Nürnberg berechtigten.
3 Untersuchen Sie ausgehend von diesen Kriterien (Aufgabe 2) die moralische Bewertung von Armut und Arbeit in der beginnenden Frühen Neuzeit.

### M 5 Der Aufklärer Friedrich Nicolai über Armut im späten 18. Jahrhundert in Augsburg, 1787

Schon jetzt klagt man auch in Augsburg, wie an anderen Orten, dass diese sonst so menschenfreundliche Anstalt[1] dem Zwecke, die Armuth zu vermindern, nicht ganz entspreche. In der vor mir liegenden gedruckten Nachricht von 1785 wird ausdrücklich geklagt: Aus der Berechnung werde „die Vermehrung der Armenzahl, aber nicht der Gaben, zu ersehen seyn". Aus der obigen Berechnung erhellet zwar deutlich, dass die Einnahmen, folglich die Gaben größer werden; aber man siehet auch, dass ohne alles Verhältniß die Ausgaben stärker werden, und alle Jahr die Armenzahl sehr zunimmt, sodass die Gaben nicht zureichen. Ich glaube, dies ist die Folge von jedem reichlichen Almosengeben. Es wollen mehrere daran theilhaben; die Armen und diejenigen, die Armen seyn wollen, kommen weit her, um sich Almosen geben zu lassen. So menschenfreundlich die Sache ist, so erfolgt gerade das Gegentheil von dem, was man sich verspricht: der Armen werden mehrere. [...]

Solange man die Ursachen der Armuth nicht hebt, so lange erlangt man nimmermehr seinen Zweck. Ganz elende Armen müssen freilich ganz verpflegt werden. Je mehr man aber andern Almosen umsonst gibt, desto mehr erstickt man Fleiß und Industrie. Man muss Fleiß erwecken, man muss neue Nahrungsquellen eröffnen, man muss öffentliche Arbeiten von den Armen verrichten lassen, dem der arbeiten kann, nicht Almosen umsonst, sondern jedem Gelegenheit, Lohn zu verdienen, geben. Aber eben hieran fehlt es leider! Allenthalben. Ich sehe auch aus den Augsburger Nachrichten, dass man aber noch keine Anstalt zustande zu bringen bedacht gewesen, um denen, die gerne freywillig arbeiten wollen, denen es aber an Arbeit fehlt, Arbeit zu verschaffen. Dieß ist's eigentlich, was die Armuth wirklich hemmet. Eine solche Anstalt würde die allerwohlthätigste unter allen Arten von Armenanstalten seyn. Fast nirgend ist sie noch auf solche Art angelegt, dass ein armer Bürger die Wohlthat, die man ihm erzeigen will, mit seinen Begriffen von bürgerlicher Ehre vereinigen kann. Dieß ist die Ursache, warum die doch hin und wieder vorhandenen Arbeitshäuser gar den vorgesetzten Zweck nicht erreichen.

*Friedrich Nicolai, Beschreibung einer Reise durch Deutschland und die Schweiz im Jahre 1781 (1787), zit. nach: Konrad von Zwehl (Hg.), Aufbruch ins Industriezeitalter, Bd. 3, Oldenbourg, München 1985, S. 18f.*

1 Anspielung auf die neue Armenversorgungsanstalt in Augsburg.

1 Erörtern Sie mithilfe von M 5 die Gründe für die zunehmende Armut gegen Ende des 18. Jh.
2 Charakterisieren Sie Nicolais Lösungsvorschlag. Berücksichtigen Sie, dass Nicolai ein Aufklärer war.

**M6 Der Geschichtsschreiber Lorenz von Westenrieder über Münchner Spitäler, 1782**

Das heilige Geistspital ist ganz wahrscheinlich das Pilgrim oder Armenhaus, welches im Jahr 1204 Herzog Ludwig errichtet hat.

Über dieß […] baute besagter Herzog (Ludwig) im Jahr 1204 das große Spital zu München, worin viele arme Leute auf gemeine Kösten unterhalten werden. Im Jahr 1251 hat Herzog Otto IV., oder der Erlauchte dem Spital einige Einkünfte von dem Isarthorzoll beygelegt, und man ließt sogar, wie wohl davon keine Urkunde vorhanden ist, dass er es erbauet habe. Im Jahr 1274 hat Rapato, ein hiesiger Bürger einen ansehnlichen Theil seines Vermögens dem Spital vermacht. Im Jahr 1286 hat Enicho Bischof zu Freysing denjenigen einen Ablaß verliehen (welchen nochmals der Bischof Conrad aus dem Geschlechte der Sendlinger 1315 wiederhollt hat), welche das Spital durch einen Beitrag unterstützen würden. Ludwig V., der Strenge, verlieh dem Spital das Bräuhaus, und der Gutthäter, worunter die höchsten Landesherrschaften, die löbliche Landschaft, Rudolph von Preysing mit seiner Ehefrau im Jahr 1340, Johann Königspriker, (Herzogs Stephan Jägermeister,) und besonders Wilhelm Massenhauser […] die vorzüglichsten sind, waren so viel, dass der Fundation des Spitals wenige in ganz Deutschland gleichkommen. Es leben darin, 1) bey 3 bis 400 Personen beyderley Geschlechts, welche in verschiedene Zimmer, und in drey Classen oder Pfründten, nämlich in die reiche, die mittlere, und die unterste abgetheilt sind. 2) Befindet sich daselbst eine öffentliche Kindsstube, wo die armen, oder verlassnen Frauenzimmer unentgeltlich aufgenommen, und nach der Entbindung etliche Täge gepfleget werden. Auch werden da die Fündlinge, oder ganz verlassne Kinder angenommen, und, wenn sie etwas größer geworden, nach dem Waisenhaus gebracht. 3) Ein Haus, wo die Wahnsinnigen verpfleget werden. […]

Das Lazareth, oder Leprosenhaus auf dem Gasteig für die Sondersiechen wurde vermutlich mit der Stadt angelegt. Herzog Rudolph bestimmte demselben vermög einem den 7 Jul. 1295 ertheilten Gnadenbrief jährlich ein Pfund Pfennig, oder 1 fl. 8 kr. 4 Heller, welche von der Vogtei Aying gehoben werden sollten. Kayser Ludwig ertheilte dem Haus verschiedene Freyheiten. Im Jahr 1773 ist erschienen: Entwurf des bürgerlichen Lazareths oder sogenannten Leprosenhaus auf dem Gasteige, und dessen Einrichtung, herausgegeben von Franz Carl von Barth, Bürgermeister, und Franz Anton Pilfram, äußern Rathe, dermaligen Verwaltern, worinn die ganze Verfassung zu ersehen ist. Vermög dieses Entwurfs sind vom 17 Jul. 1771 bis 1773, folglich in zweyen Jahren 23 Männer, worunter aussätzige, leprosische, scorbutische, erbgründige, beinkrebsige, venerische waren; davon sind 10 curirt worden, und 4 gestorben; 60 Weibspersonen, wovon 9 gestorben, und 34 curirt worden. […]

Das nockerische oder Stadtkrankenhaus bey dem Sendlingerthor wurde im Jahr 1742 für beyde Geschlechter erbauet. Bey dem Eingang in die Hauskapelle ist auf zweyen weißen Steinen zu lesen: Gebrüder Joseph, und Georg Nocker, Bürger und Handelsleute und Wechselherren allhier in München sind Urheber und Erbauer dieses löblichen Stadtkrankenhauses 1742 […]

Das sogenannte Herzogspital so zu St. Elisabeth und St. Rochus hat Albert V. angelegt, und Maximilian I. vollendet. Dessen erste Gemahlin, Renata hat zur Stiftung 20000 Dukaten, und Maximilian ein Kapital, dessen jährliche Zinsen 2000 Gulden abtragen, bestimmet. Es werden darinn vorzüglich kranke Hofbediente beyderley Geschlechts aufgenommen. Bey dem Spital ist auch ein schöner Garten, und eine Apotheke. […]

Das Josephsspital hat Maximilian I. errichtet, und dazu 200 000 fl. angelegt. Dazu gab Melchior Prugberger, ein hiesiger Burger, und Bader, Anlaß, indem er die Kranken in sein Haus aufnahm, und mit allem Nöthigen versorgte, welche Mildthätigkeit einige Bürger bald mit ansehnlichen Beyträgen unterstützt haben. Dieß zog die Aufmerksamkeit Maximilians, und die nachmalige herrliche Stiftung nach sich. In diesem Spital, das, wie das erstere, einen anmuthigen Garten hat, befinden sich 200 Kranke, und Presthafte.

*Lorenz von Westenrieder, Beschreibung der Haupt- und Residenzstadt München (im gegenwärtigen Zustande), München 1782 (Nachdruck Carl Gerber, München 1984, S. 250–256).*

**M7 St. Elisabeth- und St. Josephshospital in München, kolorierter Kupferstich, 1650**

1 Untersuchen Sie mithilfe des Textes von v. Westenrieder in M6 Initiatoren und Finanzierung der Spitäler.
2 Diskutieren Sie ausgehend von M6 die Leistungsfähigkeit eines solchen Fürsorgesystems.
3 **Geschichte regional:** Halten Sie ein Kurzreferat über das Münchner (M7) oder ein anderes frühneuzeitliches Hospital in Bayern (s. auch M2).

**M 8** Die Sozialsiedlung „Fuggerei" in einem Augsburger Stadtplan von Kilian, 1626.
Die Fuggerei ist rechts oben zu sehen.

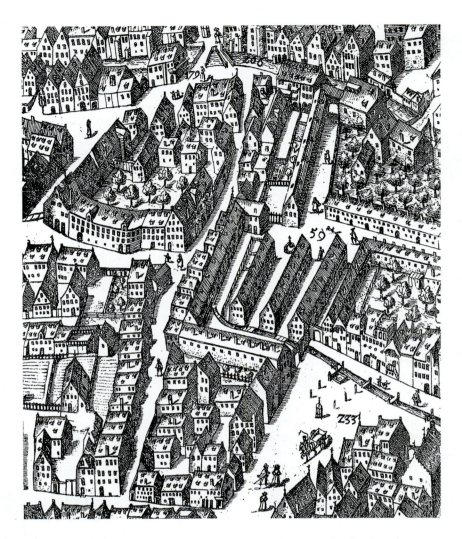

**M 9** Ein Stadtführer über die „Fuggerei", 2001

Die äußerlich auffallende Ähnlichkeit mit den niederländischen Beginenhöfen[1], vornehmlich der großen Beginage von Brügge, und mit einer verwandten Stiftung des Venezianers Nobile Marco Lando in Padua lässt sich kaum übersehen. Die Augsburger haben unzweifelhaft Anregungen von dort empfangen, aber diese dann aus schöpferischer Einsicht neu geformt und von Grund her umgestaltet. […] Jeder Bewohner lebt in Freiheit, der eine als Handwerker, der andere im Hauswesen. Die Fuggerei ist kein Spital. Sie besteht aus Familienwohnungen, deren jede ihren eigenen Eingang von der Straße besitzt. Die Aufnahme in die Fuggerei erfolgt grundsätzlich auf Lebenszeit – ein Widerruf wird vorbehalten. […] Die Gegenleistung wird von den Fuggerei-Bürgern mit einer Jahresmiete eines Rheinischen Guldens für drei Zimmer, Küche und Garten geboten.[2] […] Das Vorhaben des Fuggerei-Stifters ist ein besonderes. Er wollte die einzelnen Familien schützen und ihnen mit der Entrichtung einer jährlichen Anerkennungsgebühr das wertvolle Gefühl bürgerlicher Eigenständigkeit vor sich selbst bewahren. Der gezahlte Betrag, der schon seinerzeit nur einer Kleinigkeit entsprach, behütet die Fuggerei-Insassen vor der unbarmherzigen und kaum wieder gutzumachenden Deklassierung in die unermessliche Zahl anonymer Existenzen derjenigen, die aus Mitleid zu versorgten Almosenempfängern werden.

Otto Nübel, Die Fuggerei, 12. Aufl., Pröll, Augsburg 2001, S. 2 f.

1 Religionsgemeinschaften katholischer Frauen, die aber kein Gelübde ablegten wie Nonnen. Sie widmeten sich der Armenfürsorge und Krankenpflege für Frauen. Sie wohnten in den Städten in Wohnungen, die sich in einem größeren abgeschlossenen Stadtteil befanden.
2 Heute betragen die Kosten jährlich umgerechnet 88 Cent.

1 Erläutern Sie, was die Bewohner der Fuggerei von denjenigen unterschied, die von kirchlicher oder städtischer Armenfürsorge abhängig waren (M 9).
2 Beschreiben Sie die Anlage der Fuggerei (M 8, M 9). Vergleichen Sie mit den übrigen Straßen/Häusern.
3 Suchen Sie nach Gründen für den Wiederaufbau der Fuggerei nach 1945 und ihren Erhalt bis heute.

# 1.7 Normierung und Kontrolle der Alltagswelt durch kirchliche und weltliche Obrigkeiten

**Neue Herausforderungen für die Ständegesellschaft**

Als der Augsburger Kaufmann Jakob Fugger (s. S. 28) 1507 die Reichsherrschaft Kirchberg in der Nähe von Ulm erwarb, gelangten einige kleine Adelsfamilien unter seine Lehnsherrschaft. Das war für diese Adligen ein unvorstellbarer Vorgang, obgleich Fugger 1511 vom Kaiser in den Adelsstand erhoben worden war. Trotz des kaiserlichen Schutzes dauerte es etwa zwei Jahrzehnte, bis die aufsässigen Adligen ihren Widerstand aufgaben und dem geadelten Bürger die Huldigung leisteten. Erst 1524 kam ein Vertrag zustande, in dem die Adligen Fugger als ihren Lehnsherrn anerkannten. Diese Auseinandersetzung ist ein durchaus typisches Beispiel für die Konflikte in der ständischen Gesellschaft, die durch den **Aufstieg reicher Bürgerfamilien** ausgelöst wurden. Auch andere Vorgänge erschütterten im 16. Jahrhundert die im Mittelalter entstandene Ordnung. Mit der **Reformation** zerbrach die kirchliche und religiöse Einheit des westeuropäischen Christentums. Die Konflikte zwischen den Konfessionen trugen wiederum mit zum Ausbruch des **Dreißigjährigen Krieges** bei, des längsten und grausamsten Religions- und Bürgerkrieges in Mitteleuropa (1618–1648). Diese Häufung von Spannungen und Kämpfen rief die Obrigkeit auf den Plan, die die in die Krise geratene Ständegesellschaft zu stabilisieren suchte. Im Reich, in den sich herausbildenden Landesherrschaften und in den Kommunen erließ die Obrigkeit daher „Policeyordnungen" (M 1), die in alle Bereiche des Lebens reglementierend einzugreifen bestrebt waren.

**Der Begriff der „guten Policey"**

Der frühneuzeitliche Begriff „Policey" war wesentlich umfassender als unser heutiges Verständnis, das unter „Polizei" die staatlichen Sicherheitsorgane versteht. Seit der zweiten Hälfte des 15. Jahrhunderts tauchte das Wort in Deutschland auf, regelmäßig im Zusammenhang mit „guter Ordnung", „gutem Regiment", „Sicherheit", „gemeinem Nutzen" oder Fürsorge der Obrigkeit. „Gute Policey" meinte im zeitgenössischen Verständnis „gute Ordnung" und schloss alle obrigkeitlichen Bemühungen um Ordnung, Wohlfahrt und Sicherheit ein. Der Historiker Peter Blickle hat die Aufgaben und Ziele der „Policey" so präzisiert: **„Ordnung schaffen, im öffentlichen Raum, zur Förderung des Gemeinwohls"**.

**Funktion der Policeyordnungen**

Um die in Unordnung geratene und durch Konflikte erschütterte ständische Gesellschaft zu stabilisieren, griff die Obrigkeit in der Frühen Neuzeit tief in das Leben der Menschen ein. Die Regelungen der **Policeyordnungen** (M 1, M 2) reichten von den politisch-sozialen Rechten und Pflichten der Untertanen über wirtschaftliche Rahmenbedingungen bis hin zu Handlungsanweisungen für das private Leben. Betroffen waren im Einzelnen: Ehe und Familie, Eigentum und Boden, Handel, Gewerbe und Kreditwesen, Prozessführung, Berufswelt und Arbeitswesen, Kirchgang und Frömmigkeit, zum Teil also auch Bereiche, die früher Einrichtungen wie den Kirchen oder den Zünften vorbehalten waren. Da die „gute Policey" keine Trennung von privaten und öffentlichen Angelegenheiten kannte, erscheinen uns heute deshalb zu Unrecht viele Verordnungen des **frühmodernen Staates*** als Einmischung in das Privatleben.

Alle Obrigkeiten, angefangen von Kaiser und Reichstag über die Landesfürsten und Landtage bis hin zu den Räten der Städte oder Dorfoberen, erließen in der Frühen Neuzeit Policeyordnungen. Mit ihrer Hilfe wollte besonders der in den

---

**Frühmoderner Staat**

In Deutschland entstand der moderne Staat mit der Stärkung der Landesherrn in den Territorien des Reiches (Bayern, Württemberg u. a.). Unter Berufung auf das Gottesgnadentum konnten die Landesfürsten ihre absolute Vorrangstellung begründen und die Mitsprache- und Kontrollrechte der Stände beschneiden oder abschaffen. Der Aufstieg dieses fürstlichen Absolutismus war verbunden mit dem Aufbau einer zentralen Landesverwaltung und der Vereinheitlichung des Gerichts- und Steuerwesens. Die Historiker bezeichnen diesen zentralisierten und durchorganisierten Staat als frühmodernen Staat. Der Begriff soll deutlich machen, dass die absolute Monarchie im Unterschied zu mittelalterlichen Herrschaftsformen bereits moderne Züge trug: Es gab eine einheitliche Staatsgewalt, die mithilfe einer funktionierenden Verwaltung den innerstaatlichen Frieden gewährleisten und Gesellschaft und Wirtschaft lenken konnte. Vom modernen demokratischen Staat unterschied er sich jedoch insofern, als er seine Staatsbürger nicht an den politischen Entscheidungen beteiligte.

**Sozialdisziplinierung**
Begriff, der verdeutlichen soll, dass die Menschen im Verlauf des 17. und 18. Jh. in ihrem Verhältnis zur Staatsautorität von der Idee der Disziplin, d. h. der Verinnerlichung von Zwängen, erfasst wurden. Der Mensch, bisher vor allem Mitglied seines Standes, seiner Familie, seines Dorfes, wurde immer mehr zum Untertanen. Beachtet man, dass es sich dabei nicht um eine Veränderung von heute auf morgen, sondern um einen langen Prozess handelt, dann vermittelt der Begriff wertvolle Einsichten. Er hilft zu verstehen, dass die Gesellschaften Europas im 19. und 20. Jh. erst demokratisiert werden konnten, nachdem sie zunächst „sozialdiszipliniert" worden waren. Dies bedeutete, dass die Untertanen bestimmte Zwänge verinnerlicht hatten (z. B. dass Vergehen nur von Gerichten und nicht durch private Rache gesühnt werden dürfen) und in ein annähernd gleichförmiges Verhältnis zum Staat gebracht worden waren (z. B. durch die Abschaffung von Privilegien für Adel und Klerus).

**Internettipp**
www.phf.uni-rostock.de/fbg/lehre/material/grundkurs/polizei.htm
Abschrift einer Policeyordnung aus dem 17. Jh. mit Abbildungen des Originaltextes.

Territorien des Reiches entstehende frühmoderne Staat seinen Herrschaftsbereich ausdehnen und die Macht anderer Gruppen und Institutionen wie der Kirche oder des Adels begrenzen. Alle Stände, vom adligen Grundherrn bis zum Gesinde, sollten auf die Ziele des Staates eingeschworen werden. Leitbild aller obrigkeitlichen Anordnungen war der dem Gesetz unmittelbar unterworfene Untertan bzw. eine einheitliche Untertanengesellschaft. Diese Entwicklung prägte vor allem die absolutistischen Staaten des 17. und 18. Jahrhunderts. Historiker verwenden für dieses neue Verhältnis zwischen dem Staat und den einzelnen Menschen den Begriff der Sozialdisziplinierung*, d. h. der Verinnerlichung von Zwängen.

Die Initiative zur Normierung der zahlreichen Lebensbereiche ging nicht immer allein vom Staat aus. Geschichtswissenschaftliche Untersuchungen der Beschwerden und Petitionen der Landstände, Gemeinden oder Einzelpersonen zeigen, dass die obrigkeitlichen Gesetze auch eine Reaktion auf den von den Untertanen geäußerten „Wunsch nach Ordnung" waren. In Bittschriften und Beschwerden äußerten Kommunen oder Einzelpersonen ihre Kritik an Missständen, regten Verbesserungen an und beeinflussten so die Gesetzgebung. Die Obrigkeit wusste auf diese Weise über die Verhältnisse im Lande Bescheid, konnte die Wirksamkeit ihrer Regierungstätigkeit überprüfen oder mögliche Konflikte und Unruhen beilegen.

**Wirksamkeit der Policeyordnungen**
Wie „erfolgreich" waren die frühneuzeitlichen Obrigkeiten bei ihrem Bemühen, mithilfe umfassender Policeyordnungen das Leben der Untertanen zu steuern? Wurden die Anordnungen befolgt oder ignoriert? Darüber gehen die Meinungen der Forscher auseinander. Auf der einen Seite finden sich in den Quellen Belege dafür, dass die Obrigkeit ein ganzes Bündel von Maßnahmen ergriff, um ihre Gesetze und Normen durchzusetzen (M 3). Hierzu gehörten die Veröffentlichung der Vorschriften; die Denunziations-, Aufsichts- und Anzeigepflicht von Amtsträgern, wenn ihnen Verstöße gegen Weisungen bekannt wurden; Kontrollmaßnahmen wie die Vergabe von Pässen und Zeugnissen oder der Einsatz von Dragonern, also von Fußsoldaten zu Pferd ohne Rüstung. All dies bewirkte vielleicht nicht die umfassende Durchsetzung des obrigkeitlichen Willens. Die Untertanen wussten jedoch genau, wie sie sich zu verhalten hatten, und richteten sich danach, mussten sie doch bei Verstößen mit Sanktionen rechnen.

Auf der anderen Seite gibt es Hinweise darauf, dass die Landbevölkerung weite Bereiche der Policeygesetzgebung, z. B. Gesindeordnungen oder Anweisungen für die Landwirtschaft, nicht beachtet, unterlaufen oder sogar dagegen Widerstand geleistet hat. Ein wichtiges Anzeichen für die „Eigensinnigkeit" der Untertanen ist die geringe Anzeigebereitschaft der Bevölkerung gegenüber staatlichen Amtsträgern. Anstatt Gesetzesverstöße ihrer Mitbewohner oder Missstände im Dorf vor dem Rügegericht anzuzeigen, nutzte die Landbevölkerung diese Einrichtung, um sich über Beamte, zu hohe Abgaben oder Wildschäden zu beschweren.

**Kirchen und Kirchenregiment des Landesherrn**
Die Reformation veränderte nicht nur die religiöse und kirchliche Landkarte Europas, sondern auch die politische Karte der Staatenwelt. Seit Ende des 16. Jahrhunderts standen die Anhänger der einzelnen Glaubensgemeinschaften – Lutheraner, Calvinisten und Katholiken – einander feindlich gegenüber. Kein Religionsgespräch konnte die Gräben überbrücken. Infolgedessen begann in dieser Zeit ein Prozess intensiver Durchdringung des ganzen Landes mit Normen und Werten, die vom jeweiligen Glauben geprägt waren. Dies galt für lutherische und calvinistische Territorien ebenso wie für die Landesherrschaften, in denen sich die alte, römisch-katholische Kirche erfolgreich behaupten oder ihr Terrain wiedererobern konnte. Ob die Landesfürsten es wollten oder nicht: Das religiöse Bekenntnis griff nicht nur in alle

Ständegesellschaft 1

**M1  Titelblatt des Gesetzbuches für das Herzogtum Bayern, 1616.**
Das Buch beinhaltete eine Landes-, Policey-, Gerichts- und Strafprozessordnung sowie zahlreiche Einzelmandate (Bettel- und Wildereiverbote, Kleider- und Aufwandsordnungen, Regeln für das Wirtschaftsleben und das sittliche Verhalten der Untertanen, Maßnahmen zur Aufrechterhaltung der „wahren" katholischen Religion). Dargestellt sind u. a.: Allegorien der Gerechtigkeit, des Friedens, der Fürstenmacht, der Religion und des Glaubens. Das lateinische Bibelzitat stammt aus Deuteronomium, Kapitel 1.

1  Finden Sie am Beispiel des Titelblattes des bayerischen Gesetzbuches von 1616 heraus, welche Ansprüche der frühmoderne Staat erhob. Ziehen Sie die Darstellung mit hinzu.

Bereiche des öffentlichen Lebens ein, sondern bestimmte auch das politische Denken und Handeln; von einer Trennung der zwei Reiche – Glauben und Politik – im Sinne Luthers konnte keine Rede mehr sein (M 4).

Die Historiker haben für den Prozess der Abgrenzung konfessionell geprägter Territorien im 16. und 17. Jahrhundert den Begriff „Konfessionalisierung" geprägt (M 5). Diese Entwicklung besaß besonders für die kleinräumige Staatenwelt des Heiligen Römischen Reiches Deutscher Nation einschneidende Folgen: Menschen desselben Volks, desselben Standes, derselben Landschaft wurden zu Gegnern, ja Feinden. Der einzige Gegensatz, der sie im Zeichen der Konfessionalisierung voneinander zu trennen begann, war nicht politischer oder sozialer Art, er war noch nicht einmal einer des Glaubens, denn sie nannten sich alle Christen. Vielmehr trennte sie allein die Konfession, das unterschiedliche christliche Bekenntnis. Dieser Vorgang hat der europäischen Kultur bis ins 20. Jahrhundert hinein seinen Stempel aufgedrückt.

1 Zeigen Sie ausgehend vom Begriff der „guten Policey", wie und warum die weltlichen Obrigkeiten in der Frühen Neuzeit das Leben zu kontrollieren versuchten.
2 Erläutern Sie anhand des Begriffs „Konfessionalisierung" den Einfluss, den Kirche und Glauben auf die Normierung des Alltags in der Frühen Neuzeit hatten.

### M2 Staatsfürsorge und Herrscherwille – das Beispiel Herzog Maximilians I.

*Die unter der Herrschaft Maximilians I. verfügten Mandate (Erlasse) legen Zeugnis ab von der Organisation des Landes in staatlicher und kirchlicher Hinsicht, von seinen politischen Zielen sowie von den zentralen Herausforderungen seiner Zeit. Im Folgenden sind die Mandate aus den ersten zehn Regierungsjahren aufgelistet:*

| Jahr | Mandate |
|---|---|
| 1598 | Maßnahmen gegen gartende (= bettelnde) Knechte und müßiggehendes Gesindel; Verbot der Wilderei; Erhebung von Kriegssteuer und Rüstgeld; Maßnahmen gegen gartende Knechte, Bettler und Störer |
| 1599 | Beschränkung des Aufwandes bei Hochzeiten, Kleidern und Mahlzeiten; Bekämpfung des Bettelwesens; Verbot der Reiherjagd; Verbot der Ruckkrämerei (Ruck = Rauch, Dampf) und der Winkelwirtschaften (= Ausschank in Privathäusern); Maßnahmen gegen Kurpfuscher; Bekämpfung des Bettelwesens; Bekämpfung der Pest; Regelung der Musterung und der Landesdefension |
| 1600 | Instruktion über den Wein- und Bieraufschlag; Vollzug der Musterung |
| 1601 | Verbot des auswärtigen Kriegsdienstes; Sicherung der Landesdefension wegen der Türkengefahr; Vollzug der Musterung; Sammlungen in den Kirchen wegen der Türkengefahr; Sicherung der Landesdefension |
| 1602 | Feststellung der Bewaffnung und Ausbildung der gemusterten Personen |
| 1603 | Überprüfung der Maßnahmen zur Landesdefension |
| 1604 | Branntweinordnung; Bekämpfung der Verschwendung beim Adel; Verbot von Gotteslästerung, Fluchen und Blasphemie |
| 1605 | Anordnung von wöchentlichen Prozessionen wegen der Türkengefahr; Verbot der Darlehensgebung an zur Landesdefension ausgewählte Personen; Verbot der alten „untaugsamen" Bauernbekleidung; Ladung zum Landtag nach München auf den 21. November; Erneuerte Instruktion über den Wein- und Bieraufschlag |
| 1606 | Erneuerte Instruktion über die Landsteuer; Erhöhung des Aufschlags und des Ungelds für Wein, Met (= alkoholisches Getränk) und Branntwein; Bekämpfung der Pest; Feststellung der Landeskinder außerhalb des Fürstentums; Bekämpfung der gartenden Knechte |
| 1607 | Feststellung der Landeskinder außerhalb des Fürstentums in protestantischen Ländern; Verbot des Verkaufs von Pferden an Ausländer; Anweisung an die Hofmarksinhaber, mit gerüsteten Pferden vor den Musterungskommissaren zu erscheinen; Münzverruf; Verteidigung der Jesuiten gegen eine Schmähschrift |

Nach: Hubert Glaser (Hg.), Um Glauben und Reich. Kurfürst Maximilian I., Hirmer, München 1980, S. 295.

1 Erörtern Sie Aufgaben und Ziele der staatlichen Gesetzgebung in Bayern (M 2):
a) Stellen Sie die Inhalte der Erlasse zusammen.
b) Untersuchen Sie anhand der Inhalte die politischen Ziele Maximilians I.
c) Erschließen Sie die Herausforderungen jener Zeit, auf die mit den Erlassen ebenfalls reagiert wird.

**M3** **Vier bildliche Darstellungen von dem Flugblatt über die Hinrichtung der Landstreicherfamilie Pappenheimer in München, 1600.** Das Flugblatt wurde in Augsburg gedruckt und schildert die angeblichen Taten der Verurteilten und die Hinrichtung. Seit dem 17. Jh. nahm der Druck von Flugblättern über Hinrichtungen zu. Zur Last gelegt wurden der Familie die Ermordung von 401 Kindern und 85 alten Menschen durch Zauberei, Raubüberfälle, Brandstiftungen, Kirchenräubereien, Verursachung von 21 Hagelschauern sowie Feld- und Viehbeschädigungen.

**M4** **Landeskirchenregiment in einem katholischen Territorium – Aus den Statuten des „Geistlichen Rates" von Herzog Albrecht V. von Bayern, Oktober 1573**

Erstlich sollen sie [die Mitglieder des Rates] Gewalt haben, in Religionssachen zu handeln; ihr Superintendent soll sein unser Kanzler Doktor Eck, den sie nur in hochwichtigen Sachen, darin sie vielleicht unterschiedlicher Meinung sind, 5 hinzuziehen. Er wird also nur in den wichtigsten und nicht alltäglichen Angelegenheiten von ihnen befragt, und in diesen soll dann keine Entscheidung getroffen werden, bevor nicht uns darüber Bericht erstattet worden ist.

Sie sollen auch gemeinsam alle Religionssachen unseres Lan-10 des kontrollieren und ihre Mitarbeiter in allen Rentämtern bei den Stiften, Metern, Pfarreien und anderen Orten haben, wie sie es am besten […] anzustellen wissen. […]

Zweimal in der Woche zumindest sollen sie jeweils einen halben Tag zusammenkommen, und wenn es nötig ist, auch 15 öfter, und von den Sachen reden, die notwendigerweise wegen der Erhaltung der Religion untersucht werden müssen. Und gleich zu Beginn [der Sitzung] sollen sie alles, was bisher die Religion und die Schulen betreffend an Befehlen, Mandaten und Anordnungen ergangen ist, zur Hand neh-20 men, dabei […] überlegen, was sie daran zu verbessern gedenken, und zugleich in Erfahrung zu bringen suchen, ob diesen Erlassen gemäß an allen Orten wirklich gehandelt und gelebt werde, sowohl von Priestern und Pfarrern als auch von weltlichen Amtsinhabern. Und was sie dabei vorschlagen, das sollen sie in einem amtlichen Schreiben uns 25 zur Kenntnis untertänig übergeben; und solche Vorlage soll nicht allein für den Augenblick gelten, sondern dazu dienen, dass in derselben Angelegenheit entsprechend der hier vorliegenden Anordnung jährlich Untersuchung und Erkundigung erfolgt, weil man überzeugt ist, dass ohne ständige 30 Beobachtung und Nachforschung das Übel der Sekten [d. h. der Evangelen] alsbald wieder überhand nehmen würde.

Zit. nach: Joachim Rohlfes/Peter Völker, Der frühmoderne Staat, Klett, Stuttgart 1993, S. 53.

**1** Erläutern Sie mithilfe von M 4 den Begriff des „Landeskirchenregiments".

**2** Erörtern Sie anhand von M 4 den Einfluss kirchlicher Obrigkeit für die Normierung des Alltagslebens.

**3** Untersuchen Sie (M 3) die Absichten, die hinter
a) der Hinrichtung und
b) der auf Flugblättern verbreiteten Darstellung
stecken.

**M 5 Der Historiker Wolfgang Reinhard über Konfessionalisierung und gesellschaftliches Leben in der Frühen Neuzeit, 2006**

„Konfession" bedeutete ursprünglich nur „Glaubensbekenntnis", bezeichnet aber seit dem 19. Jahrhundert außerdem eine „Glaubensgemeinschaft", die auf einem solchen Bekenntnis beruht. Der Entstehungsprozess neuer sozialer Großgruppen dieser Art in wechselseitiger Konkurrenz seit dem 16. Jahrhundert soll „Konfessionalisierung" heißen. […] 1981 haben [die Historiker Wolfgang] Reinhard und Heinz Schilling […] den Begriff „Konfessionalisierung" eingeführt […]. Denn jetzt war nicht mehr […] ein bloß kirchen- und politikgeschichtlicher Vorgang gemeint, sondern ein gesamtgesellschaftlicher Wandlungsprozess, der von Religion und Kirche ausgehen konnte, weil diese damals im Mittelpunkt des menschlichen Lebens standen. Ohne dass es beabsichtigt gewesen wäre, lief dieser Prozess langfristig auf gesamtgesellschaftliche Modernisierung hinaus. So soll z. B. die Notwendigkeit zu wissen, was man glauben musste, und der Zwang zu konfessionell korrektem Verhalten indirekt zur bewussten und disziplinierten Lebensführung des modernen Menschen geführt haben, während die Kontrolle durch Kirchen, die sich zunehmend der Schriftlichkeit und bürokratischer Verfahren bedienten, den Menschen auf das Leben im modernen Staat vorbereiten konnte.

Für Heinz Schilling bedeutet Konfessionalisierung demnach „[…] einen gesellschaftlichen Fundamentalvorgang, der […] mit der Herausbildung des frühmodernen Staates, mit der Formierung einer neuzeitlich disziplinierten Untertanengesellschaft […] parallel zur Entstehung des modernen kapitalistischen Wirtschaftssystems das öffentliche und private Leben in Europa tief greifend umpflügte" […].

Wolfgang Reinhard hat seit 1981 ein Kategorienraster zur konkreten Erfassung des Konfessionalisierungsprozesses vor Ort entwickelt. […]

Erstens: Grundlegend war die Schaffung eines klaren Glaubensbekenntnisses (lat. *confessio*) als Maßstab alles weiteren, auf das bestimmte Mitglieder einer Kirche regelrecht vereidigt wurden. Dem stand ein tiefes Misstrauen gegen individuelle religiöse Erfahrung und theologische Innovation gegenüber, das oft eine intellektuell sterile Atmosphäre hervorbrachte.

Zweitens: Vor allem mussten zuverlässige Multiplikatoren der eigenen Konfession herangezogen werden, Pfarrer, Lehrer, aber auch Juristen für den Dienst im Konfessionsstaat. Als Abwehrmaßnahme wurden Prüfungen eingeführt, zur Absicherung die erwähnte Vereidigung.

Drittens: Planmäßige Propaganda begann bei einer standardisierten Theologie und endete bei der methodischen Indoktrination der Menschen mittels Predigten, Katechismen, Bildern, Liedern und dergleichen. Gezielte Buchproduktion und verschärfte Zensur ergänzten einander.

Viertens: Zur Produktion von Multiplikatoren wie zur Indoktrination wurde das Bildungswesen auf allen Ebenen ausgebaut, besonders die Universitäten und Lateinschulen. Ausbau bedeutete zugleich Monopolisierung; oft genug wurde das Studium an auswärtigen Universitäten vorsichtshalber gleich ganz verboten.

Fünftens: Je nach ihrem institutionellen Charakter entwickelten die Konfessionen unterschiedliche […] Repressionsverfahren von der weit verbreiteten Kirchenvisitation durch geistliche und weltliche Obrigkeiten über die katholische Inquisition in Spanien und Rom zur reformierten Kirchenzucht durch die Gemeinde selbst. Zum Flankenschutz wurden Andersgläubige verfolgt, vertrieben und der Kontakt mit ihnen unterbunden.

Sechstens: Wegen der Wichtigkeit symbolischer Repräsentation und Integration für eine Gemeinschaft erhielten die Riten eine zentrale Bedeutung. Das begann mit der Teilnahmekontrolle an Beichte und Abendmahl und führte vor allem bei den Katholiken zu großartigem Ausbau der sinnlichen Seite des Gottesdienstes, der aber bis in die letzte Gebärde reguliert wurde. Suspekte Riten wurden ausgemerzt wie der Laienkelch durch die Katholiken und die Bilderverehrung durch die Reformierten, Unterscheidungsriten hingegen betont, so der Sakraments-, Heiligen- und Reliquienkult durch die Katholiken. Noch im 20. Jahrhundert konnte man Katholiken und Protestanten an der Art des Händefaltens beim Gebet unterscheiden.

Siebtens: Auch die konfessionelle Sprachregelung wirkt bis heute nach, obwohl sprachliche Tabus wie das Verbot bestimmter Taufnamen längst verblasst sind.

Wolfgang Reinhard, Konfessionalisierung, in: Anette Völker-Rasor (Hg.), Frühe Neuzeit, 2. Aufl., Oldenbourg, München 2006, S. 299–301.

**1** Erläutern Sie die Auswirkungen der Konfessionalisierung auf die Normierung des Alltagslebens in der Frühen Neuzeit (M 5):
a) Definieren Sie mithilfe des Textes von Reinhard den Begriff der „Konfessionalisierung".
b) Arbeiten Sie die wichtigsten Folgen der Konfessionalisierung für das politische, soziale und religiöse Denken und Handeln der Menschen heraus. Untersuchen Sie dabei, wie und in welchem Ausmaße Kirche und Staat das Leben normiert haben.
c) Erörtern Sie, ausgehend von dem Text Reinhards, ob und inwieweit die Konfessionalisierung zur Modernisierung des gesamtgesellschaftlichen Lebens beigetragen hat.

**2 Schlussdiskussion:** Normierung des Alltagslebens heute?
Diskutieren Sie darüber, welche Gesetze und welche Normen und Werte heutzutage Ihr Alltagsleben und Ihr Handeln bestimmen. Welche grundlegenden Unterschiede sehen Sie im Vergleich zur frühneuzeitlichen Ständegesellschaft?

# 1.8 Alltägliche Bedrohungen in der Ständegesellschaft: Seuchen, Kriege und Hungersnöte

**Krankheiten und Seuchen**

Die Große Pest der Jahre 1347–1352, die im Mittelalter großes Elend auslöste, hat sich tief in das Bewusstsein der Menschen Mitteleuropas eingegraben und prägte auch das Denken und Handeln in der Frühen Neuzeit. Obwohl die Menschen Seuchen, Hungersnöte und Krisen kannten, erlebten Papst, Kaiser und Könige, Adlige, Kleriker, Bauern und Bürger den „Schwarzen Tod" als eine existenzielle Katastrophe, für die es in ihrem Erfahrungsschatz kein Beispiel gab. Die Reaktionen der Menschen reichten von tiefer Frömmigkeit bis zu ungehemmten Ausbrüchen von Lebenslust. Den Zeitgenossen galt die Pest als Strafe Gottes für die Sünden der Menschen. Mit ihren Bußübungen leisteten die umherziehenden Geißler stellvertretend für andere Buße. Es gab aber auch Menschen, die die unsinnige Behauptung aufstellten, die Juden hätten die Seuche durch die Vergiftung von Brunnen verursacht. Der so geschürte Hass entlud sich in Pogromen, die den Graben zwischen Juden und Christen auf lange Zeit vertieften.

Die Pest kehrte auch nach der Mitte des 14. Jahrhunderts regelmäßig wieder und blieb bis ins 18. Jahrhundert hinein eine Geißel Europas. Doch anders als der „Schwarze Tod" im Spätmittelalter erfassten die Pestwellen in der Frühen Neuzeit immer nur einzelne Länder oder Regionen. Augsburg erlebte im 16. und 17. Jahrhundert mehrere Pestwellen mit zahlreichen Toten. In der ersten Hälfte des 16. Jahrhunderts kosteten acht Pestjahre zusammen rund 38 000 Menschen das Leben, in der zweiten Jahrhunderthälfte starben in sieben Pestjahren etwa 20 000 Menschen, und in der ersten Hälfte des 17. Jahrhunderts waren es neun Pestjahre mit insgesamt ungefähr 34 000 Toten. 1628 soll Augsburg mit über 9000 Toten die größten Bevölkerungsverluste in seiner Geschichte erlitten haben.

Die Pest war nur eine der Krankheiten und Seuchen, die in der Frühen Neuzeit das Leben der Menschen unerbittlich bedrohten (M 2, M 4, M 7). Die Menschen waren außerdem Krankheiten wie Ruhr, Pocken, Masern, Diphterie, Keuchhusten und Scharlach hilflos ausgeliefert. Aber auch das Kindbettfieber der Mütter sowie die verbreitete Unfähigkeit der Ärzte und Hebammen, die Kinder lebend und ohne bleibende Schäden für Mutter und Kind ans Licht der Welt zu bringen, vergrößerten das alltägliche Leid. All dies führte dazu, dass die durchschnittliche Lebenserwartung der Menschen noch am Ende des 18. Jahrhunderts kaum über das 40. Lebensjahr hinausging (M 1).

Die Medizin stand diesen Seuchen am Ende des 18. Jahrhunderts praktisch hilflos gegenüber. Manchmal, wie etwa bei der Malaria, kannte man die Ursachen nicht, in anderen Fällen nahm man die Symptome für den Krankheitsherd und verschaffte dem Leidenden mit problematischen Therapien mehr Qual als Linderung. Immerhin schritten in dieser Zeit unter dem Einfluss der Aufklärung die Verbesserung der Hygiene, die Krankenpflege und die Erforschung der Seuchen voran.

In einem Fall, der Behandlung der Blattern oder Pocken, kam man sogar einen entscheidenden Schritt weiter. Gegen sie wurde seit dem Ende des 18. Jahrhunderts die Impfung mit einem Serum üblich, das von Kühen gewonnen wurde. Die moderne, auf Immunisierung zielende Impftechnik war damit geboren. Sie führte nicht nur bald zu beachtlichen Erfolgen, sondern zeigte auch den Weg, wie in der Zukunft manch eine Schlacht gegen andere Seuchen gewonnen werden konnte.

**M 1** Daten zur Lebenserwartung in Deutschland in Jahren

| 15.–17. Jh. | ca. 35–40 |
| Ende 18. Jh. | ca. 35–40 |
| 1840 | ca. 35 |
| 1870 | ca. 40 |
| 1930 | ca. 60 |
| 2007 | 77 (Männer), 82 (Frauen) |

**M 2** Pestarzt beim Beulenaufschneiden, Holzschnitt des Dichters, Druckers und Wundarztes Hans Folz (1435/40–1513), 1482 (nachkoloriert 1999)

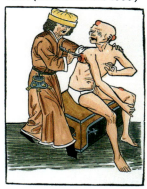

# 1 Ständegesellschaft

**M 3** Stich von H. U. Franck zum Dreißigjährigen Krieg, 1645

**Kriege**

Der Tod war im Leben der frühneuzeitlichen Menschen allgegenwärtig (M 6). Dazu trugen nicht nur Krankheiten und Seuchen, sondern auch Naturkatastrophen und Kriege bei. Bis heute sind den Menschen Mitteleuropas die schrecklichen Folgen des Dreißigjährigen Krieges (1618–1648) im Gedächtnis geblieben (M 3, M 5). Sie hat der Dichter Friedrich Schiller (1759–1805) in seiner 1791–1793 entstandenen „Geschichte des Dreißigjährigen Krieges" eindrucksvoll beschrieben: „ein dreißigjähriger verheerender Krieg, der von dem Innern des Böhmerlandes bis an die Mündung der Schelde, von den Ufern des Po bis an die Küsten der Ostsee Länder entvölkerte, Ernten zertrat, Städte und Dörfer in die Asche legte; ein Krieg, in welchem Tausend Streiter ihren Untergang fanden, der den aufglimmenden Funken der Cultur in Deutschland auf ein halbes Jahrhundert verlöschte". Aber auch der Siebenjährige Krieg (1756–1763) erfasste weite deutsche Landstriche und dezimierte nicht nur die mühsam zusammengetrommelten Heere Preußens, Österreichs, Hannovers oder Frankreichs, sondern brachte auch der Zivilbevölkerung Schlesiens, Sachsens, Pommerns oder Ostpreußens verheerende Verluste bei.

**Hunger**

Die Natur wurde zur Bedrohung, wenn ihr saisonaler Fahrplan durcheinandergeriet und lang anhaltende Dürre oder späte, noch in den Mai oder Juni reichende Fröste oder sommerliche Regen- und Hagelschauer Ernten dezimierten oder sogar vernichteten. An den Küsten der Nordsee gehörten Sturmfluten zum periodischen Todesbringer. Solche Naturkatastrophen gingen oft einher mit Hungersnöten.

Ohnehin prägten Hunger und Not das alltägliche Leben der ärmeren Menschen, die in der Frühen Neuzeit 40 bis 50 Prozent der Bevölkerung ausgemacht haben dürften. Die Lebenssituation nicht nur dieser Bevölkerungsschicht wurde immer wieder zusätzlich verschärft durch naturbedingte Krisenjahre, in denen die Preise für Nahrungsmittel dramatisch anstiegen. Die großen Teuerungen von 1708 bis 1712, von 1739 bis 1741 und von 1771 bis 1774 verdüstern das Bild des „aufgeklärten" 18. Jahrhunderts, das aus dem Blickwinkel der Literatur- und Geistesgeschichte als strahlende Epoche erscheint. Weit verbreitet waren daher die Klagen über die „Armut bei diesen elenden, teuren und nahrungslosen Zeiten", wie es in einer zeitgenössischen Quelle noch um 1770 heißt.

**1** Fassen Sie mithilfe der Darstellung die alltäglichen Bedrohungen in der frühneuzeitlichen Gesellschaft und deren Folgen in einem Schaubild zusammen.

**M 4** Der Andechser Abt Maurus Friesenegger über die Ausbreitung der Pest in Andechs und in der nahe gelegenen Ortschaft Erling, 1628

*Das Tagebuch des Andechser Abtes reichte von 1627–1648:*
Obwohl die Dorfwachen ausgestellt waren, und auch den Wallfahrtern verboten war in dem Dorf zu übernachten, außer sie hätten nach ausgehaltenem Examen, und abgelegtem Eid, dass sie nicht aus angesteckten Orten kommen, schriftliche und gerichtliche Erlaubnis hierzu, konnte man doch nicht verhüten, dass die Pest einschleiche. Georg Rottmayr (Zänggl) und Kaspar Maier (Schwaiger¹ im Kloster Mayrhaus) nahmen wider das Verbot 2 Wallfahrter in die Herberg, und zugleich die Pest mit auf. Das erste Opfer davon war ein kleiner Sohn des besagten Kaspar Maier, das 2te eine Tochter desselben, das 3te Anna Rottmayerin. Obwohl die 2 Häuser gleich anfänglich von Gerichtswegen proscribiert, und Aus- und Eingang verboten, und bewachet wurden, griff das Übel doch weiter, und nahm in Zeit von 2 und einem halben Monat 21 Personen. Das Traurigste war, dass solch Verstorbene niemand begraben wollte. Der Mann musste das Weib, die Eltern ihre Kinder, die Kinder ihre Eltern, Geschwisterte ihre Geschwister nächtlicher Weile ohne alle Ceremonie zu Grabe bringen, welches nebst der Kirche U. L. Frau geschah. Bald wurde allgemein eine Beicht in der Klosterkirche, und eine Communion in der Pfarr aus Vorsicht für den Tod vorgeschrieben.

Gleich darauf wurde von München aus das Dorf Erling proscribiert, d. i. Ein- und Ausgang auch in das Kloster verboten, und vor jeder Gasse des Dorfes eine Stange mit einem Stroh-Pausch aufgesteckt zum Zeichen der Warnung. Den Kloster-Bedienten, die meistens im Dorf waren, wurde freigestellt, entweders sich beständig nacher Haus zu begeben, oder im Kloster beständig zu verbleiben. Selbst der Pfarrherr P. Maurus Friesenegger, nachmaliger Abt, nahm Urlaub von dem Kloster, und eine Wohnung bei dem sogenannten Spielbauern auf dem abgesonderten Kasten², und wurde ihm ein Knab mit 14 Jahren zu Dienerschaft zugegeben, der täglich halben Weges vom Kloster die Kost, und andere Notdürften abholen musste. [...]

Beschwernis hatte es mit dem Totengräber. Denn da in dem angesteckten Hause oft kein Gesunder war, der den Tod des anderen ankünden, viel weniger [ihn] begraben konnte, so blieben die Toten oft längere Zeit liegen, ohne es zu wissen; und wenn man es wusste, so war niemand, der solche begraben wollte. Endlich fand sich ein Vagant³ mit seinem Weibe ein, der sich hierzu brauchen ließ; allein beide, nachdem sie einen begraben, wurden selbst Opfer des Todes; und da wurde die Sache schlimmer, als zuvor.

Endlich, nachdem Kaspar Maier, aus dessen Schuld das Übel der Pest in das Dorf gekommen, mit Gewalt gedrungen, einige begraben, hat sich mehrmal ein Hüter von Fischen⁴ zu diesem Gebrauch angeboten mit dem Beding, dass ihm Kost und täglich ein Maß Bier, wochentlich 1 fl., und von jeder Begräbnis ein Taler, und ein Maß Wein von der Gemeinde gereicht werde, dem auch außer dem Dorf an dem sogenannten Aydler Berg⁵ an der Mittagseite eine Hütte zur Wohnung errichtet worden. Endlich am 17. Oktober ist die letzte Person an der Pest gestorben, welche mit dem August angefangen hat. Danach wurden die Gräber der Pesthaften angeebnet, und mit grünem Wasen bedeckt. Auch [wurden] die angesteckten Häuser gereinigt mit neugebranntem Kalk, der darin abgelassen wurde, und die Mobilien und Hausfahrnisse derselben von dem Totengräber verbrennt.

Zit. nach: Maurus Friesenegger, Tagebuch aus dem Dreißigjährigen Krieg (1646), hg. von Willibald Mathäser, Hugendubel, München 1974, S. 16–18.

1 Pächter der Viehschwaige des Klosters
2 Allein stehendes Haus
3 Umherziehender ohne Wohnsitz
4 Ortschaft in der Nähe von Andechs
5 Anhöhe südöstlich von Erling

**1** Untersuchen Sie die Folgen der Pest für das Zusammenleben der Menschen (M 4):
a) Beschreiben Sie das Vorgehen in den Dörfern und Gemeinden, um sich vor der Pest zu schützen. Welche Folgen hat das für den Alltag der Menschen?
b) Erläutern Sie den Entschluss derjenigen Menschen, die sich zur Bestattung der Pesttoten bereit erklären.

## M5 Der Andechser Abt Maurus Friesenegger (s. M 4) über die oberbayerische und die Münchner Bevölkerung im Dreißigjährigen Krieg, 1646

Da der Churfürst berichtet war, dass seine Armee von Baiern abgeschnitten, und der Feind auf Donauwörth anmarschiere, begab er sich mit seinem Hof nach Wasserburg in die Flucht. Nun denke man sich das Leid von München, und Baiern! [...] Da der Churfürst die Stadt verlassen hat, so ist ihm der größte Teil der Einwohner, besonders die Adeligen, und die Vermöglicheren gefolget, die Haus und Stadt den Bauern, und [dem] Pöbel, der sich vom Lande hingeflüchtet hat, überlassen haben, welche mit Wägen, und ihrem geflüchteten Plunder die Stadt so angefüllet haben, dass man kaum einen Durchgang mehr fand. Und so wurden auch Dörfer, und die kleineren Städte ganz verlassen, und alles flüchtete sich in das Elend, meistenteils unbewusst, wohin. O! welch ein allgemeiner Jammer!

Da ich den 12. September ganz sicher vernommen, dass die Schweden Donauwörth, und den Schellenberg besetzet, und die Brücke, die die Baierischen abgetragen, über die Donau hergestellt haben, so entschloss auch ich mich zur Flucht, welche ich den Meinigen auf den andern Tag angekündet, und ihnen die ihrige freigelassen habe. [...]

Ich nahm meinen Weg nacher Weilheim, und Polling, und sah unterwegs Dinge, die kaum auszuhalten waren. Ich sah Kinder, davon jedes mit seinem Päckchen daher weinte, Mütter, die mehrere Kinder, 2 auf dem Rücken, und eines auf den Armen daherschleppten, Männer, die ihre Karren mit Kleidern, Nahrungs-Mitteln, Kranken, und Kindern beladen, mühsam hinzogen, oder ein, oder mehrere Stücke Vieh vor ihnen hertrieben, und dieß waren meistens meine lieben Untertanen, und sonst geschätzte Nachbarn. Wenn ich fragte, wohin sie ziehen wollen (und ich fragte nur einmal, die andere Frage unterdrückte der Schmerz), so war die Antwort: Wo Gott, und unser Schutzengel uns hinführt, ich weiß es noch nicht. Und so mag es wohl auf allen Straßen ausgesehen haben. Und vielleicht noch erbärmniswürdiger auf dem Weg nacher München, wo sich soviel Landvolk zusammen häufte, dass es die Stadt nicht mehr fasste. Die einigen wurden mit Schlägen von den Toren getrieben, und die andern, was noch schändlicher war, mussten ihren Eintritt mit Geld erkaufen. Viele Familien mussten bei sehr kaltem Wind, und Regen, unter freiem Himmel mit ihren Kindern auf ihren Wägen, und Karren zubringen, wobei viele Kleine halb, und ganz erstarrten, und andere gar vom Viehe, und Pferden zertreten wurden. [...] Auf meiner weiteren Reise von Polling nacher Benediktbeuern, Tölz, Gmund, und Tegernsee traf ich alle Ortschaften voll von flüchtigen Elenden an, die sich den Bergen, und Alpen näherten, wo sie jedoch nichts als Schnee, und Winter vor sich sahen. [...]

Unter der Zeit fielen einige Freibeuter, oder feindliche Räuber in Landsberg ein, welches von den Bürgern ganz verlassen war, bestreiften die umliegende Gegend, und brachten über 700 Pferde, nebst vielem Vieh in Landsberg zusammen. Von Weilheim verlangten sie 300 Dukaten, und 100 Pferde zur Brandschatzung, nahmen aber endlich 300 fl., und 4 Pferde an [...]. Diesen feindlichen Freibeutern wurden endlich einige Baierische, und Kaiserliche entgegen geschickt, die viele Gefangene von denselben zu München

einbrachten. Dabei geschah es aber, dass man die Feinde, und Freunde, die Französisch-Schwedischen Freibeuter, und die Kaiserlichen Emissarios nicht mehr unterscheiden konn-
60 te, weil die Kaiserlichen noch ärger, als die Schweden verfuhren.

*Zit. nach: Maurus Friesenegger, Tagebuch aus dem Dreißigjährigen Krieg, hg. von Willibald Mathäser, Hugendubel, München 1974, S. 139–142.*

1 **Recherche:** Informieren Sie sich über den Verlauf des Dreißigjährigen Krieges. Ziehen Sie ggf. ein historisches Handbuch oder ein Lexikon heran.

2 Erläutern Sie anhand von M 5 (und M 3) die Merkmale, die Schutzmöglichkeiten und die Folgen eines frühneuzeitlichen Krieges für die Bevölkerung.

**M 6** Der Historiker Richard van Dülmen über Sterben und Tod in der Frühen Neuzeit, 2005

Der Umgang der frühneuzeitlichen Gesellschaft mit dem Sterben und dem Tod unterscheidet sich wesentlich von dem unserer Gegenwart. Dies gründet einmal in der Tatsa-
5 che, dass Sterben und Tod den meisten Menschen in der Frühen Neuzeit eine unmittelbare Alltagserfahrung war. Gleichzeitig aber war der Tod für die Menschen der Frühen Neuzeit allgemein eingebettet in die Religiosität, in den Glauben an Erlösung und ein ewiges Leben bzw. an Hölle und ewige Strafen. Schließlich sah man im Tod den Über-
10 gang in ein Jenseits, da er aber keine endgültige Trennung von den Hinterbliebenen brachte, bedeutete er auch kein absolutes Ende.
Entsprechend der Bedeutung, die dem Sterben und dem Tod als einem nicht nur privaten, individuellen Problem bei-
15 gemessen wurde, waren Tod und Begräbnis in der Frühen Neuzeit „große" gesellschaftlich-öffentliche Ereignisse, von gleicher Wichtigkeit wie Geburt oder Hochzeit. Weil der Tod das ganze soziale Beziehungsnetz berührte, musste die Nachfolge geregelt, der Besitz übertragen und die Versor-
20 gung der Nachkommen gesichert werden. Das Sterben vollzog sich zumeist öffentlich nicht nur in Anwesenheit der engeren Familie, sondern auch der Hausgemeinschaft. Am Begräbnis nahm sogar die ganze Nachbarschaft teil. Darüber hinaus waren das Sterben und das Begräbnis in der Frühen
25 Neuzeit aufs engste verknüpft mit religiös-magischen Ritualen. [...] Sie sollten den Schrecken des Todes bannen wie über alle Lebensbereiche hinweg Kontinuitäten herstellen, ebenso den Weg des Sterbenden in das Jenseits erleichtern und ihm einen „christlichen Tod" ermöglichen, der allein
30 über das Lebensende hinaus wirksam die Ehre eines Menschen sicherte.

*Richard van Dülmen, Kultur und Alltag in der Frühen Neuzeit, Bd. 1, 4. Aufl., C. H. Beck, München 2005, S. 215 f.*

1 Überprüfen Sie die Kernthese van Dülmens in M 6, Z. 1–5, anhand dieser Themeneinheit.

**M 7** Votivbild zur Pest aus St. Peter in München, Holzmalerei, 205 × 127 cm, 1517. Dargestellt sind u. a.: Pesttote, Totengräber; Gott mit seinem Flammenschwert; Jesus, Maria und sechs Pestheilige, die Gott anflehen.

1 Interpretieren Sie das Votivbild M 7 (Hilfe: s. Methodenseite 32 f.):
a) Beschreiben Sie die Bestattung der Pesttoten und untersuchen Sie dabei die Handlungen, die dem Schutz vor Ansteckung dienen.
b) Erschließen Sie aus der Darstellung, wie die Zeitgenossen das Aufkommen der Pest zu erklären suchten.

# 1.9 Grundlinien der Bevölkerungsentwicklung vom 15. bis 18. Jahrhundert

**Gab es in der Frühen Neuzeit Statistiken?** Wie viele Menschen lebten eigentlich während der Frühen Neuzeit in Bayern oder in anderen deutschen Territorien? Die Frage lässt sich nicht leicht beantworten. Denn zum einen beruhen alle Aussagen über Bevölkerungen zwischen dem 15. und 18. Jahrhundert auf Schätzungen oder mehr oder weniger zuverlässigen Hochrechnungen. Erst seit dem 19. Jahrhundert gibt es „amtliche" Statistiken von Staaten, Ländern und Kommunen und damit eine ununterbrochene Datenüberlieferung. Für die Frühe Neuzeit hingegen fehlen solche umfangreichen Erhebungen. Kein König, Graf oder Fürstbischof wusste in dieser Epoche genau, über wie viele Untertanen er herrschte – weil er es auch nicht wissen musste. Denn es gab in dieser Zeit keine moderne Sozialversicherung, keine Wehrpflicht, kein öffentliches Schulwesen und keine allgemeine Steuererhebung, die eine genaue Kenntnis der Einwohnerzahl und Bevölkerungsstruktur erfordert hätten. Das änderte sich erst mit dem frühmodernen Staat. Dieser wollte oder musste sich zunehmend um die oben genannten Gesellschaftsbereiche kümmern und hatte daher ein Interesse an genauen Informationen. Dieses Informationsbedürfnis nahm mit der Ausweitung seiner Tätigkeitsfelder noch zu. Die Statistik*, die dabei entstand, sammelte Zahlen und alles Wissenswerte über Staat und Verwaltung. Neben dem Staat interessierten sich jetzt auch die Kirchen für Zahlen und Daten. Alle Familienereignisse wurden in Register eingetragen, die Pastoren wurden zu regelrechten Standesbeamten. Ihre „Kirchenbücher", wie diese Register in Deutschland genannt werden, sind für die Historiker eine wertvolle Quelle. Denn sie enthalten zum Teil genaue Informationen darüber, wie die Menschen mit Alltagsereignissen umgingen.

**Grundzüge der Bevölkerungsentwicklung** Die Angaben über die frühneuzeitliche Bevölkerungsentwicklung weichen zum Teil voneinander ab. Das liegt daran, dass sich die Größe der Staaten und Territorien – Statistiker sprechen von „geografischen Bezugsgrößen" – laufend veränderten. So kamen im Heiligen Römischen Reich bis zu seinem Ende 1806 wiederholt Gebiete hinzu oder gingen verloren. Auch die Grenzen „Bayerns" haben sich zum Teil erheblich verschoben. Im Hinblick auf die deutsche Geschichte des 19. und 20. Jahrhunderts ist Vorsicht geboten: Wählt man als Bezugsraum die Grenzen von 1871, 1914, 1939 oder 1990, erhält man stets andere Daten.

Während der Frühen Neuzeit stiegen die Bevölkerungszahlen relativ langsam an – ganz im Gegensatz zum 19. Jahrhundert, als ein atemberaubender Anstieg den Beginn der modernen industriellen Welt anzeigte (s. S. 124 f.). In der Frühen Neuzeit unterbrachen Seuchen immer wieder das Bevölkerungswachstum. Zu Einbrüchen kam es auch durch die zunehmende Zahl von Kriegen, insbesondere durch den Dreißigjährigen Krieg (M 1).

Das beschleunigte Bevölkerungswachstum seit um 1800 lässt sich vor allem auf die längere Lebensdauer der Menschen zurückführen. Sie kam zustande durch einen Rückgang der Sterblichkeitsrate (Mortalität), während die Geburtenrate (Natalität) vorläufig hoch blieb und erst nach einer gewissen Zeit zurückging (s. S. 124 f.). Dagegen war die Bevölkerungsentwicklung in der vorindustriellen Zeit durch hohe Geburtenziffern und eine hohe Sterblichkeit gekennzeichnet.

In der Frühen Neuzeit entschlossen sich Ehepaare zur Geburt eines Kindes meist aus nüchternen Erwägungen wie der Versorgung und der Vererbung ihres Besitzes. Aus der Sicht der Eltern waren Kinder in erster Linie dazu da, Höfe, Betriebe

---

**Statistik**
Erste Volkszählungen gab es in Europa, außer in einigen italienischen Stadtstaaten, im 16. Jahrhundert in Spanien. Bald darauf wurde auch in Frankreich schon ziemlich genau gezählt, im 18. Jahrhundert dann in Preußen und Österreich. „Amtliche" Statistiken entstanden im 19. Jahrhundert.

Das Wort „Statistik" hängt mit „Staat" zusammen und meinte im 18./19. Jahrhundert „Staatswissenschaft". Den Bemühungen der „Staatswissenschaftler" verdanken die Historiker viele Informationen, insbesondere einen recht präzisen Einblick in den Verlauf der Bevölkerungsentwicklung.

# 1 Ständegesellschaft

und Aufgaben zu übernehmen. Außerdem sollten die Kinder im Alter ihre Eltern versorgen. Da jedoch sehr viele Kinder bereits im Säuglings- und Jugendalter starben – zu manchen Zeiten erreichte die Säuglings- und Kindersterblichkeit noch im 18. Jahrhundert weit über 30 Prozent –, brachten die Frauen zahlreiche Kinder zur Welt. Geburt und Tod hingen unmittelbar voneinander ab.

Aber nicht nur die hohe Kindersterblichkeit, die beim niederen Volk größer war als in den oberen Schichten, setzte dem Bevölkerungswachstum in der Frühen Neuzeit enge Grenzen. Zwar konnten Erwachsene manchmal ein Alter von 60 oder mehr Jahren erreichen. Ein 60-jähriger Mann galt allerdings als Greis, ein 50-Jähriger als alter Mann. Doch wurden auch diese Menschen in ihrem Alltag ständig mit dem Tod konfrontiert: Viele ihrer Kinder starben vorzeitig, jeder zweite verlor den Ehepartner nach weniger als zehnjähriger Ehedauer (M 2, M 3, M 5).

**Lesetipp**
*Christian Pfister, Bevölkerungsgeschichte und historische Demographie 1500–1800, 2. Aufl., München 2007.*
Gut lesbare und knappe Darstellung der Bevölkerungsgeschichte in der Frühen Neuzeit.

1 Beschreiben Sie anhand der Darstellung die Schwierigkeiten, gesicherte Erkenntnisse über die frühneuzeitliche Bevölkerungsentwicklung zu gewinnen.
2 Arbeiten Sie die wichtigsten Ursachen für Verlauf und Geschwindigkeit von Bevölkerungsentwicklungen heraus.
3 Beurteilen Sie, ob das Lebensalter der Personen aus Themeneinheit 1, S. 16–21, durchschnittlich bzw. über- oder unterdurchschnittlich war.
4 **Recherche:** Skizzieren Sie unter Zuhilfenahme eines historischen Atlas die territorialen Veränderungen „Bayerns" zwischen dem 15. und 19. Jahrhundert und erörtern Sie mögliche Probleme für die historische Statistik.

### M1 Bevölkerung in Westdeutschland 600–1800

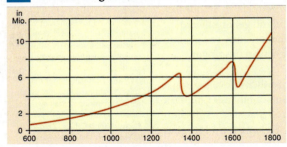

Bezugsgröße: Gebiet der Bundesrepublik 1949–1990.

1 Erläutern Sie (M 1) Dauer und Wandel der frühneuzeitlichen Bevölkerungsentwicklung in Deutschland.

### M2 Aus den Aufzeichnungen des Basler Steuer- und Kaufhausschreibers Konrad Iselin 1395–1424

1395 trat ich am Tag nach dem Dreifaltigkeitssonntag [7.6.] in den Dienst der Herren Bürgermeister von Basel. 1404 starb mein Vater Heinrich Iselin am Othmartag [16.11.]. Gott schenke ihm ewigen Segen, Amen. Tags darauf erhielt ich sein Amt [als Mahlsteuerschreiber].
1401 nahm ich am Tag der hl. Lucia und Jodok [13.12.] Agnes zur Frau. Wir bekamen innerhalb von zwei Jahren einen Sohn, Johannes, und eine Tochter, Elsine.
1405 starb meine Frau am Allerheiligentag [1.11.].
1406 nahm ich am [...] [14.6.] Clara zur Frau.
1408 wurde meine Tochter Gretel am Vortag des Kreuzerhöhungsfestes [13.9.] geboren; [...].
1410 wurde meine Tochter Agnes am Sonntag vor St. Simon und Juda [26.10.] geboren; Paten waren Johannes Wegenstetter [Mitglied der Kaufmannszunft], die Frau von Nikolaus Stolz und die Frau von Mathias [Eberli, Schreiber am bischöflichen Hof].
1411 starb meine Frau Clara am 5. Tag nach St. Lucia [18.12.], als sie einen Sohn namens Johannes geboren hatte. Paten waren der Schustermeister Burkard Surli, Mathias Eberli, Schreiber am bischöflichen Hof, und die Frau des Stadtschreibers. Und Mutter und Sohn starben beide nachts zwischen 11 und 12 Uhr.
1412 nahm ich an Aschermittwoch [17.2.] Else zur Frau. Sie gebar mir eine Tochter gleichen Namens; [...]. Das Kind wurde 18 Wochen alt und starb an Karfreitag 1413 [21.4.].
1414 wurde mein Sohn Johannes am Agnestag [21.1] geboren; [...].
1418 wurde meine Tochter Agnes am Tag Mariä Himmelfahrt [15.8.] geboren; Paten waren [der Tuchhändler und Zunftmeister] Konrad Siebental und die Frau des Bäckermeisters Franz Oltinger und die Tochter des [Webermeisters] Peter Berner.
1418 starb meine Tochter Gretel am Sonntag vor Michaelis [25.9.].
1424 starb meine Frau Else – Gott hab sie selig – am fünften Tag nach St. Georg [27.4.].

*Zit. nach: Norbert Fuchs/Werner Goez, Die deutsche Stadt im Mittelalter, Lehrerheft, Oldenbourg, München 1977, S. 47.*

1 Formulieren Sie anhand von M 2 Befunde und Hypothesen zur Lebenserwartung im 14./15. Jahrhundert.

**M 3** Der Historiker Christian Pfister über die Lebenserwartung vom 14. bis zum 17. Jh., 1994

Benutzt man die Totenlisten der Fürstenhäuser, um Aufschluss über die längerfristige Entwicklung zu bekommen, so fällt die mittlere Lebensdauer seit der Wende vom 13. zum 14. Jahrhundert bis zur Zeit des Dreißigjährigen Krieges
5 stetig ab. Viele Männer nahmen im 16. Jahrhundert mit 21 oder 22 Jahren bereits hoch angesehene Stellen ein. Auf der anderen Seite stufte sich Calvin mit fünfzig Jahren als alter, verbrauchter Mann ein und Karl V. dankte 1556 mit 55 Jahren ab, restlos erschöpft, ein Greis. Eine Frau galt mit vierzig
10 Jahren unweigerlich als Matrone. Die über 60-Jährigen stellen in den Dörfern und Städten der Zeit eine verschwindend kleine Minderheit. Über die Sterblichkeit von Jugendlichen und Erwachsenen aus den lutherischen Mittel- und Oberschichten lassen sich anhand der Angaben in Leichen-
15 predigten relativ zuverlässige Aussagen gewinnen: Zwischen 1551 und 1600 hatten Knaben mit fünfzehn Jahren die Aussicht, im Durchschnitt 57-jährig zu werden, wogegen gleichaltrige Mädchen infolge der hohen Kindbettsterblichkeit und der physischen Überbeanspruchung nur ein Alter von
20 38 Jahren erreichten. In der ersten Hälfte des 17. Jahrhunderts mit seinen häufigen Pestepidemien wurde mit einem Rückgang um ganze neun Jahre bei den Männern die „multisäkulare [über mehrere Jahrhunderte andauernde] Talsohle der Lebenserwartung" (Lenz) erreicht, während jene der
25 Frauen überraschenderweise etwas anstieg. [...]
Frappierend sind die Unterschiede zwischen Stadt und Land: Wurde ein fünfzehnjähriger Bauernknabe in der Schwalm zwischen 1600 und 1649 durchschnittlich 62 Jahre (!) alt, so hatte der in der Leichenpredigt auftretende städti-
30 sche Oberschichten-Vertreter nur 48 Jahre zu leben. Noch größer sind die Unterschiede bei den Frauen: Ereilte der Tod die Schwälmerin mit knapp 60 Jahren, so mussten Oberschichts-Frauen aus der benachbarten Residenzstadt Marburg durchschnittlich schon mit 40 aus dem Leben schei-
35 den. Bürgerliche wurden tendenziell älter als Adlige, am längsten lebten Geistliche bei einer überdurchschnittlichen Ernährung, relativ gesunden Wohnverhältnissen, einer sicheren Pfründe und körperlich wenig anstrengender Arbeit. Verheiratete Männer und Frauen wurden (trotz körperli-
40 cher Überlastung und Kindbettsterblichkeit) wie heute erheblich älter als Ledige; das höchste Alter erreichten (in krassem Unterschied zu heute) aus noch ungeklärten Gründen Witwen und Witwer.

*Christian Pfister, Bevölkerungsgeschichte und Historische Demographie, Oldenbourg, München 1994, S. 42.*

1 Vergleichen Sie Ihre Befunde und Hypothesen aus der Analyse von M 2 mit den Ergebnissen in M 3.
2 Beurteilen Sie Leistungen und Grenzen der Aussagekraft von schriftlichen Quellen und Sekundärtexten am Beispiel von M 2 und M 3.

**M 4** Stadtbevölkerung in Deutschland 800–1800

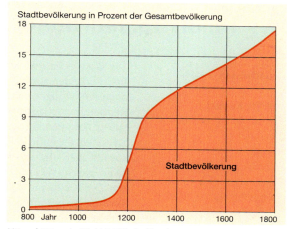

M 1 und M 4 nach: Friedrich-Wilhelm Henning, Das vorindustrielle Deutschland 800 bis 1800, 3. Aufl., Schöningh, Paderborn 1977, S. 19 und 69.

1 Erläutern Sie die Zahlen zur Entwicklung der Stadtbevölkerung in vorindustrieller Zeit (M 4). Gehen Sie dabei auf methodische Probleme ein (s. Darstellung).

**M 5** Statistischer Lebenslauf („Lebensuhr") einer Frau aus dem 17./18. Jh. und von 1972/74

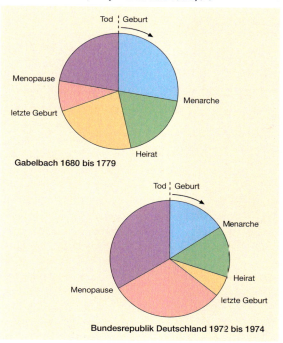

Nach: Winfried Schulze, Einführung in die Neuere Geschichte, Ulmer, Stuttgart 1987, S. 84.

1 Erklären Sie die Unterschiede in den beiden statistischen Lebensläufen (M 5).

# Leben in der Ständegesellschaft des 15. bis 18. Jahrhunderts

**Grundwissen** → S. 14 f.

**Begriffe Kapitel 1**
Almosenlisten → S. 48
Bettelzeichen → S. 47
Familie → S. 42
Frühmoderner Staat → S. 53
Ganzes Haus → S. 43
Heiliges Römisches Reich
  → S. 27
Landesfürstentum/Landes-
  herrschaft → S. 27
Leibeigenschaft → S. 23
Manufaktur → S. 34 f.
Policeyordnungen → S. 53
Reichsstadt → S. 27
Reichstag → S. 27
Sozialdisziplinierung → S. 54
Stand/Stände → S. 16
Ständegesellschaft → S. 16
Statistik → S. 63
Subsistenzwirtschaft → S. 34
Unehrliche Berufe/Unehrlich-
  keit → S. 34
Verlagssystem → S. 35
Zucht- und Arbeitshäuser
  → S. 49

**Personen Kapitel 1**
Die Fugger → S. 28

Die Gesellschaft der Frühen Neuzeit war eine Ständegesellschaft, in der Geburt und Recht den sozialen Ort des Einzelnen bestimmten. Vom Stand, dem jemand angehörte, hingen sein sozialer Status ab und seine Pflichten und Aufgaben. Außer den hierarchisch angeordneten Ständen (Geistlichkeit, Adel, Bürger, Bauern) gab es Gruppen, die keinem Stand angehörten, z. B. die jüdische Minderheit.

Der überwiegende Teil der Bevölkerung lebte von der Landwirtschaft. Von den spezifischen Eigentums- und Herrschaftsverhältnissen der Grundherrschaft hing es ab, welche Abgaben und Dienste die Bauern für welche Herren zu leisten hatten. Der Lebensraum der bäuerlichen Bevölkerung war das Dorf, wo es vielfältige Formen genossenschaftlichen Handelns gab.

Die Reichsstadt Augsburg ist ein eindrucksvolles Beispiel für eine wohlhabende Stadt, die in der Frühen Neuzeit zum wichtigsten Finanzplatz und bedeutendsten Handelszentrum in Mitteleuropa aufsteigen konnte. Diesen Aufstieg verdankte sie frühkapitalistischen Unternehmern wie der Familie Fugger. Augsburg hatte als Freie Reichsstadt nur den Kaiser über sich. Die städtische Gesellschaft war hierarchisch aufgebaut: An der Spitze standen das Patriziat und Kleriker, die Mittelschicht stellten Handwerker, kleine Kaufleute oder mittlere Angestellte, die Unterschicht bestand vor allem aus Lohnarbeitern und Dienstboten.

In der Frühen Neuzeit bildeten sich frühkapitalistische Unternehmensformen heraus, zu denen das Verlagssystem gehörte. Diese Unternehmen produzierten für überregionale und internationale Märkte. Eine Steigerung der Produktivität erlaubten auch die Manufakturen als arbeitsteilig organisierte Großbetriebe. Das Handwerk in den Städten hatte sich in Zünften zusammengeschlossen, die Konkurrenz und gewinnorientiertes Geschäftsgebaren ablehnten. Die landwirtschaftliche Produktion in den Dörfern war weitgehend Subsistenzwirtschaft.

Menschen, die in Not gerieten, waren in der Frühen Neuzeit zuallererst auf Hilfe im „privaten" Bereich oder die freiwillige Wohltätigkeit Einzelner angewiesen. Diese Fürsorge wurde ergänzt durch kirchliche Einrichtungen (Klöster) oder soziale Verbände wie Kaufmannsgilden, Zünfte oder Bruderschaften. Die im Mittelalter entstandene religiös motivierte Almosenvergabe wurde in der Frühen Neuzeit immer stärker abgelöst durch die Armenfürsorge der Gemeinden, Städte oder des Staates. Dies ging einher mit der Ausgrenzung von Armen und Bettlern sowie mit einer verstärkten obrigkeitlichen Kontrolle der Armen und der Armenfürsorge.

In der Frühen Neuzeit suchten weltliche und kirchliche Obrigkeiten das gesamtgesellschaftliche Leben umfassend zu kontrollieren und zu steuern. Ein wichtiges Instrument dabei waren Policeyordnungen. Diese ordnende Staatstätigkeit sollte die in die Krise geratene ständische Gesellschaft stabilisieren.

Kennzeichnend für die vorindustrielle Zeit war das Zusammenleben mit nicht verwandten Mitbewohnern (z. B. Gesinde, Gesellen) im „Ganzen Haus". Der „Hausvater" besaß zwar eine Vorrangstellung, die „Hausmutter" beteiligte sich aber besonders in der ländlichen Gesellschaft an der Existenzsicherung des Hauses. Im Bürgertum entstanden allmählich neue Geschlechterrollen: Arbeit und Familienleben traten zunehmend auseinander, der Mann verdiente den Lebensunterhalt und die Frau war für Haushalt und Kindererziehung zuständig.

Der Tod war in der Frühen Neuzeit eine alltägliche Erfahrung. Krankheiten, Seuchen, Naturkatastrophen und Kriege schwächten die Menschen und erhöhten die Sterblichkeit. Hohe Geburtenraten waren verbunden mit einer hohen Säuglings- und Kindersterblichkeit und begrenzten das Bevölkerungswachstum.

# Ständegesellschaft

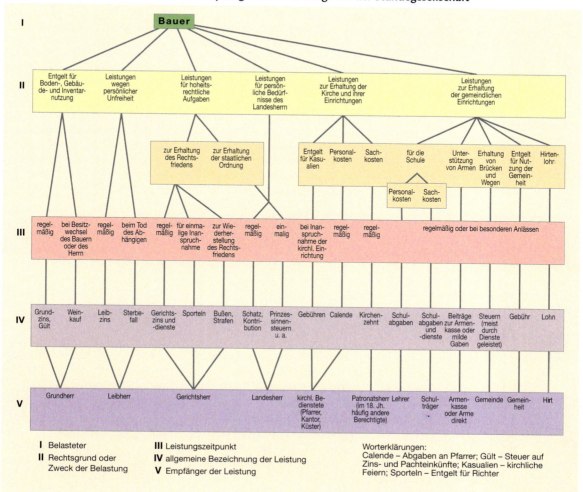

**M1** Leistungen von Bauern und die Empfänger ihrer Leistungen in der Ständegesellschaft

Nach: Friedrich-Wilhelm Henning, Das vorindustrielle Deutschland 800 bis 1800, 4. Aufl., UTB, Stuttgart 1985, S. 256 f.

# Zeittafel

**1180–1918** Bayern unter den Wittelsbachern
**15. Jh.** Beginn der Landesfürstentümer im Heiligen Römischen Reich
**15.–17. Jh.** Augsburg Handels-, Finanz- und Kunstzentrum in Europa, durchschnittliche Lebenserwartung in Europa: ca. 35–40 Jahre
**um 1450** Erfindung des Buchdrucks
**1492** Kolumbus entdeckt Amerika
**1459–1529** Jakob Fugger: weltbedeutendes Handels- und Bankhaus
**1517** Beginn der Reformation in Bayern (in Franken und Augsburg)

**1519–1523** Gründung der Fuggerei
**1524/25** Bauernkrieg
**1545–1563** Konzil von Trient
**um 1550** Bayern Zentrum der Gegenreformation
**1555** Augsburger Religionsfrieden
**1563** Dekret „Tametsi" des Tridentinischen Konzils: kirchliche Eheschließung für Katholiken verbindlich
**1597–1651** Maximilian I. Herzog bzw. (seit 1623) Kurfürst von Bayern
**1618–1648** Dreißigjähriger Krieg
**1669** Letzte Einberufung der bayerischen Landstände

**1679–1726** Max Emanuel I. Kurfürst von Bayern
**1740–1780** Maria Theresia Herrscherin von Österreich
**1740–1786** Friedrich II. König von Preußen
**um 1750** Beginn des Kartoffelanbaus als Grundnahrungsmittel in Europa
**1756–1763** Siebenjähriger Krieg
**1776** Amerikanische Revolution
**1777** Bayern und Pfalz vereinigt
**1789** Französische Revolution
**1806** Bayern wird Königtum, Ende des Heiligen Römischen Reiches

# 2 Leben in der entstehenden Industriegesellschaft des 19. Jahrhunderts

**M1** **Maschinenhalle der Bayerischen Landesausstellung in Nürnberg 1896, Fotografie.**
Industrieausstellungen fungierten im Zeitalter der entstehenden Industriegesellschaft als Verkaufsmessen und technische Leistungsschauen. Nach der ersten Weltausstellung 1851 in London wurden Industriemessen in vielen Ländern Europas auch auf nationaler und regionaler Ebene veranstaltet. Die erste Bayerische Landesausstellung fand 1882 statt, Ausstellungsort war Nürnberg.

um 1770
Beginn der Industriellen Revolution in England

1806
Bayern Königtum

1810
Gewerbefreiheit in Preußen

18..
Eisenbahnlinie Nürnberg–Fürth

1834
Deutscher Zollverein

1770 — 1780 — 1790 — 1800 — 1810 — 1820 — 1830

Warum gelangen manche Völker und Nationen zu Wohlstand und Reichtum, während andere in Armut leben? Diese Frage beschäftigt bis heute Forscher und Politiker. Die einen nennen politische oder militärische Ursachen für den Aufstieg und Niedergang von Volkswirtschaften, andere bevorzugen Erklärungen, die die geografische Beschaffenheit eines Landes oder dessen Wirtschaftspolitik und das Verhalten der unterschiedlichen sozialen Schichten in den Vordergrund rücken. Eine einfache Antwort auf diese Frage gibt es nicht. Fest steht jedoch, dass die reichsten Länder der Gegenwart moderne Industriestaaten und Marktwirtschaften sind. Die Industrialisierung auf marktwirtschaftlicher Grundlage begann im 18. Jahrhundert in England und breitete sich im 19. Jahrhundert nach Kontinentaleuropa sowie in die USA und nach Japan aus und erfasste schließlich die gesamte Welt. Der technisch-industrielle Fortschritt half überall, Notlagen wie Seuchen, Hungerkrisen sowie Überbevölkerung zu überwinden, und schuf einen bis dahin unbekannten materiellen Wohlstand. Die Geschichte der modernen Industriegesellschaft war von Anfang an begleitet von Debatten über ihre Chancen und Risiken. Wer sachlich über Licht- und Schattenseiten der Industrialisierung diskutieren will, sollte die Industrialisierungsgeschichte des 19. Jahrhunderts kennen. Eine Analyse regionaler Entwicklungen kann darüber hinaus den Blick für die lebensweltlichen Auswirkungen der Industrialisierung schärfen.

**Kompetenzerwerb: Nach Bearbeitung des Kapitels 2 können Sie …**
- aufzeigen, wie die Industrialisierung die Lebens- und Arbeitsbedingungen der Menschen verändert hat,
- erklären, welche sozialen Folgen die Industrialisierung hatte und mit welchen Mitteln Gruppen, Institutionen und Einzelpersonen die „Soziale Frage" lösen wollten,
- die Bedeutung liberaler staatlicher Reformen für die Industrialisierung beurteilen,
- bewerten, wie die Industrialisierung das Verhältnis der Geschlechter und das Familienleben verändert hat,
- sich mit der Frage auseinandersetzen, ob die Industrialisierung die äußeren Bedrohungen des Menschen durch Krankheiten, Hunger oder Kriege verringert hat,
- Zusammenhänge von Industrialisierung und Bevölkerungsentwicklung erläutern,
- Geschichtskarten und Statistiken interpretieren.

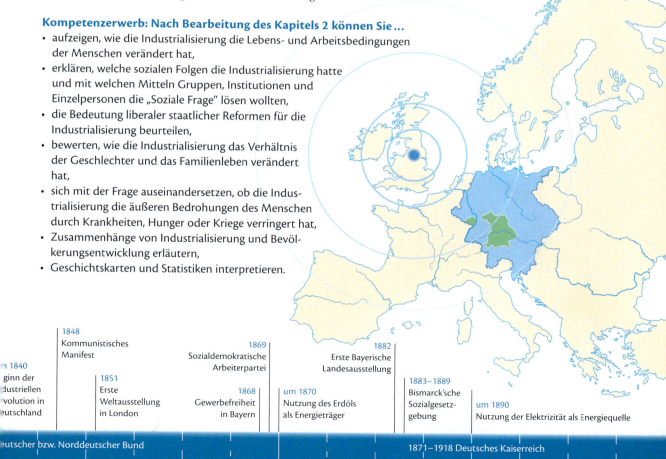

um 1840 Beginn der industriellen Revolution in Deutschland

1848 Kommunistisches Manifest

1851 Erste Weltausstellung in London

1868 Gewerbefreiheit in Bayern

1869 Sozialdemokratische Arbeiterpartei

um 1870 Nutzung des Erdöls als Energieträger

1882 Erste Bayerische Landesausstellung

1883–1889 Bismarck'sche Sozialgesetzgebung

um 1890 Nutzung der Elektrizität als Energiequelle

Deutscher bzw. Norddeutscher Bund

1871–1918 Deutsches Kaiserreich

1850 1860 1870 1880 1890 1900

# Grundwissen

### Bürgertum
In Mittelalter und in der Frühen Neuzeit die freien, vollberechtigten Stadtbewohner, meist Kaufleute und Handwerker; ab dem 18. Jh. Angehörige einer durch Besitz, Bildung und Einstellungen gekennzeichneten Schicht, die sich von Adel, Klerus, Bauern und Arbeitern abhebt. Im 19. und 20. Jh. gelten Unternehmer und Geschäftsleute als Besitzbürger, zu den Bildungsbürgern zählen Freiberufler, höhere Beamte oder Angestellte mit akademischer Bildung; Kleinbürger sind Handwerker oder Kleinhändler. Der Begriff „Staatsbürger" meint dagegen alle Einwohner eines Staates mit gleichen „bürgerlichen" Rechten, z. B. vor Gericht oder bei Wahlen.

### Montgelas
Maximilian Joseph Graf von Montgelas (1759–1838) stammte aus einer bayerisch-savoyischen Adelsfamilie. Während seines Studiums in Frankreich kam er mit den Ideen der Aufklärung in Berührung. Als wichtigster Berater und Staatsminister des Kurfürsten und späteren Königs Maximilian I. Joseph war er verantwortlich für die inneren Reformen in Bayern am Anfang des 19. Jh. Montgelas gilt als Schöpfer des modernen bayerischen Staates und der ersten bayerischen Verfassung von 1808.

### Liberalismus
Politische Bewegung, die sich in Deutschland nach dem Wiener Kongress (1814/15) herausbildete. Das zentrale Anliegen war die Sicherung der Freiheitsrechte des Einzelnen. Insofern wandten sich die Liberalen gegen jede Bevormundung durch den Staat. Um die persönlichen Rechte gewährleisten zu können, drängten sie auf den Erlass einer Verfassung, in der die Grundrechte verbrieft sein sollten. Im Laufe des 19. Jh. spielten die Liberalen in den politischen Auseinandersetzungen eine wichtige Rolle, ohne jedoch ihre Ziele vollständig durchsetzen zu können.

### Industrielle Revolution
Bezeichnung für die tief greifenden technischen, wirtschaftlichen und sozialen Veränderungen, die in der zweiten Hälfte des 18. Jh. in England und im übrigen Europa im 19. Jh. begannen. Wesentliche Merkmale waren der Einsatz von Maschinen, die Arbeitsteilung und die Massenproduktion in den entstehenden Fabriken. Der Begriff „Revolution" wird wegen des für zeitgenössische Beobachter schnellen Verlaufs und der drastischen Veränderung der Arbeits- und Lebensweise vieler Menschen verwendet. Mit „Industrialisierung" bezeichnet man den längerfristigen Wandel seit dem 18. Jahrhundert in Europa und weltweit.

**M1** Robert Köhler, „Ein Streik bricht aus", Ölgemälde, 1886

## Arbeiterbewegung

Der Begriff bezeichnet die Gesamtheit der Organisationen der Industriearbeiter, die mit der Industrialisierung und dem kapitalistischen Wirtschaftssystem seit Beginn des 19. Jh. in Europa entstanden. Die Arbeiterbewegung entwickelte sich zu einer Massenbewegung mit Arbeiterparteien und Gewerkschaften. Sie verstand sich als „Klassenbewegung", war jedoch in sich stark differenziert mit z. B. traditionellen Handwerkern und „modernen" Industriearbeitern. Hauptziele der Arbeiterbewegung waren die Verbesserung der wirtschaftlichen und sozialen Lage der Arbeiterschaft sowie die politische Emanzipation in einem demokratischen Staat.

## Soziale Frage

Sammelbezeichnung für die wirtschaftliche und soziale Notlage der entstehenden Industriearbeiterschaft in der frühen Industrialisierung. Hauptprobleme waren unsichere Arbeitsplätze, häufige Arbeitslosigkeit, niedrige Löhne, überlange Arbeitszeiten, fehlende soziale Sicherung und Wohnungselend.

## Sozialgesetzgebung

Vom deutschen Reichskanzler Bismarck in den Jahren 1883 bis 1889 als „Antwort" auf die „Soziale Frage" und den Druck der Arbeiterbewegung eingeführte Gesetze zur Kranken-, Unfall- und Rentenversicherung. Die Bismarck'sche Sozialgesetzgebung gilt als Beginn moderner staatlicher Sozialpolitik.

## Sozialismus

(von lat. *socius* = Genosse). Der Sozialismus wurde als politisches „Gegenmodell" zum „bürgerlichen Liberalismus" entworfen. Er stellt die Interessen der Gemeinschaft und Gesellschaft über die Rechte des Individuums. An die Stelle des Privateigentums an Produktionsmitteln tritt das Volkseigentum. Die Gleichheit aller Menschen innerhalb der Gesellschaft gilt als eines der obersten Ziele. Sozialistische Ideen wurden als Ziele einer Reform des Liberalismus/Kapitalismus von der europäischen Arbeiterbewegung des 19. und 20. Jh. aufgenommen, z. B. in der Sozialdemokratie und den Gewerkschaften, jedoch mit der Idee der Demokratie verbunden. Die Verwirklichung sozialistischer Ideen in Herrschaftssystemen im 20. Jh. (z. B. in der Sowjetunion oder in der DDR) scheiterte insbesondere an mangelnder Freiheit für die Menschen und an wirtschaftlicher Ineffektivität des sozialistischen Systems. Als Kommunismus wurde – vereinfacht formuliert – die „Endstufe" der sozialistischen Gesellschaft verstanden.

## Sozialistengesetz

Von Reichskanzler von Bismarck 1878 durchgesetztes „Sondergesetz" zur Unterdrückung der Sozialdemokratie (Auflösung von Vereinen, Ausweisungen, Druckverbote; die Sozialdemokratische Partei wurde nicht verboten, sie konnte daher weiter an Wahlen teilnehmen). Das Gesetz wurde 1890 aufgehoben.

## Imperialismus

Der Begriff bezeichnet die Herrschaft eines infolge seiner industriellen Entwicklung weiterentwickelten Staates über weniger entwickelte Länder. Die Epoche des Imperialismus umfasst den Zeitraum zwischen 1880 und 1918. Während dieser Zeit betrieben die europäischen Großmächte eine Politik des aggressiven und auf Expansion ausgerichteten Nationalismus. Imperiale Herrschaft wurde „direkt" (durch Besetzung und Einrichtung einer Kolonialregierung) oder „indirekt" (durch Kontrolle über die eingesetzte einheimische Regierung) ausgeübt. Im Gegensatz zum alten Kolonialismus der Frühen Neuzeit hatte der Imperialismus eine wesentliche Antriebskraft in der Industrialisierung.

# Grundwissentraining

**1 Wissen wiederholen – durch Exzerpieren**
 a) Lesen Sie die Grundwissenstexte einmal, um sich einen ersten Überblick zu verschaffen.
 b) Notieren Sie auf einem DIN-A4-Blatt links untereinander die Überschriften. Lassen Sie ausreichende Abstände frei.
 c) Lesen Sie die einzelnen Abschnitte des Grundwissens nochmals durch und ergänzen Sie rechts auf Ihrem Blatt wichtige Erläuterungen in Stichpunkten. Achten Sie dabei auf eine übersichtliche äußere Form.

**2 Zusammenhänge herstellen – mithilfe eines Zusammenfassungstextes**
 a) Formulieren Sie auf einer DIN-A4-Seite (nicht mehr!) einen Text in vollständigen Sätzen, in dem Sie die Grundwissensbegriffe in einen sinnvollen Zusammenhang bringen. Reihen Sie dazu nicht einfach – wie in der Vorlage – Textabschnitte aneinander und verwenden Sie bei der Abfassung Ihres Textes möglichst eigene Formulierungen.
 b) Lesen Sie Ihren Text am Beginn der nächsten Geschichtsstunde in der Klasse vor und vergleichen Sie mit den Ergebnissen Ihrer Mitschülerinnen und Mitschüler.

**3 Testaufgabe**
 a) Beschreiben Sie das Ölgemälde M 1 und erläutern Sie, welche Aspekte des Grundwissens mit diesem Bild in Zusammenhang gebracht werden können.
 b) Vergleichen Sie die in dem Ölgemälde M 1 dargestellte Situation mit sozialen Konflikten der Gegenwart.

# 2 Industriegesellschaft

## 2.1 Menschen in der Industriegesellschaft: Entwicklungen und Biografien

**Hauptmerkmale der Industrialisierung:**
- Ein bis dahin unvorstellbares, dauerhaftes Wachstum des Sozialproduktes, wissenschaftlich-technischer Innovationen und der Erschließung neuer Energiequellen, die eine immer größere Ausbeutung der Natur durch den Menschen ermöglichen.
- Maschinen ersetzen menschliche wie tierische Arbeitskraft.
- Produktionssteigerung durch maschinelle und arbeitsteilige Herstellung von Gütern und Waren im Fabriksystem.
- Produktionssteigerung auch durch spezialisierte und disziplinierte Lohnarbeit sowie rationalen Kapitaleinsatz durch marktwirtschaftlich kalkulierende Unternehmer.
- Neue Kommunikationsmöglichkeiten und die Modernisierung der Verkehrswege und -mittel (z. B. Eisenbahn, Automobil) fördern die Entstehung nationaler und übernationaler Märkte.
- Traditionelle Bindungen und Lebensweisen der Agrargesellschaft verlieren an Bedeutung.
- Die moderne Wirtschaftsgesellschaft verlangt von den Menschen große Flexibilität und Innovationsbereitschaft.
- Verschiebung der relativen Gewichte der Wirtschaftssektoren: In der Landwirtschaft arbeiten immer weniger Menschen, die Bedeutung von Industrie, Handel und Dienstleistungen nimmt zu.

**Emanzipation**
(lat. *emancipare* = in die Selbstständigkeit entlassen)
Gesellschaftliche und/oder politische (Selbst-)Befreiung aus einem Zustand der Unterdrückung und Diskriminierung. Oft bezeichnet Emanzipation die Befreiung benachteiligter Gesellschaftsschichten, die aufgrund der ethnischen Zugehörigkeit, des Geschlechts, der Religion usw. von politischen Entscheidungsprozessen ausgeschlossen sind.

**Industrialisierung und gesellschaftlicher Wandel**

Industrialisierung bedeutete nicht nur wirtschaftlichen, sondern auch gesellschaftlichen Wandel. Immer weniger Menschen arbeiteten und lebten von und in der Landwirtschaft, immer mehr Menschen fanden ihr Auskommen in Gewerbe und Industrie oder im Dienstleistungssektor. Diese Veränderungen gingen einher mit tief greifenden Umbrüchen der Gesellschaftsstruktur: Kennzeichnend für die Modernisierung des gesellschaftlichen Lebens war der allmähliche Übergang **von der adligen Privilegien- zur bürgerlichen Eigentümergesellschaft**. Sie trug im 19. Jahrhundert noch Züge einer Klassengesellschaft, die sie jedoch später verlor.
Die **vorindustrielle Gesellschaft** war eine Ständegesellschaft, die auf dem **Prinzip rechtlicher Ungleichheit** beruhte. Die Menschen hatten einen festen Platz in der Gesellschaft, der ihnen durch Geburt und soziale Herkunft zugewiesen wurde. Die Zugehörigkeit zu einem bestimmten Stand entschied über die politischen Rechte des Einzelnen, seine Ausbildung und seinen Zugang zu Berufen und damit auch über seinen Lebensstandard. Mit der Industrialisierung verlor diese Standeszugehörigkeit der Menschen immer mehr an Bedeutung. Die neue Gesellschaft, die nach der Französischen Revolution erste Konturen erhielt und sich im Verlauf des 19. Jahrhunderts durchsetzte, beruhte auf dem **Grundsatz staatsbürgerlicher Gleichheit**. Und für die Stellung des Einzelnen in der Gesellschaft erhielten Kriterien wie Besitz und Leistung eine immer größere Bedeutung.

**Soziale Gruppen**

Die Industrialisierung hat die sozialen Beziehungen der Menschen untereinander gründlich verändert. Führungsgruppen der alten Ständegesellschaft wie **Geistlichkeit** und Adel verloren zunehmend ihre politischen und gesellschaftlichen Vorrechte. Diese Stände büßten seit dem ausgehenden 18. Jahrhundert an Macht, Prestige und Einkünften ein. Das bedeutete für den **Adel** den Verlust seiner bisherigen Stellung als Herrschaftsstand, weil seine Privilegien beschnitten wurden und der **Grundsatz rechtlicher Gleichheit** die entstehende bürgerliche Ordnung prägte. Dennoch blieb der Adel in Staat, Wirtschaft und Gesellschaft eine wichtige Führungsschicht. Als Funktionselite stellte er sich mit seinen Erfahrungen und Kenntnissen in den Dienst des Staates (M 3).
Da die Landwirtschaft zugunsten von Gewerbe und Industrie immer mehr zurückgedrängt wurde, nahm die Zahl der **bäuerlichen Bevölkerung** ab. Diese soziale Schicht erlebte zudem einen einschneidenden Funktionsverlust. Viele Bauern mussten sich nach neuen Erwerbsmöglichkeiten in der Stadt umsehen. Manche wanderten auch aus und suchten ihr Glück im fernen Amerika (M 4). Gleichzeitig führte die Industrialisierung zum Aufstieg neuer gesellschaftlicher Gruppen und Schichten: An erster Stelle sind dabei die **Industriearbeiter und -arbeiterinnen** zu nennen (M 5), die meist gegen kargen Lohn in der Fabrik als dem neuen Ort der gewerblichen Produktion arbeiteten. Eine strenge Zeit- und Arbeitsdisziplin, die immer stärker von Maschinen bestimmt wurde, sowie die arbeitsteilige Organisation der Produktion bestimmten ihr Leben. Im Unterschied zum **traditionellen Handwerker**, der in einem Kleinbetrieb arbeitete und in der Regel im Haus des Meisters wohnte, entwickelten sich für den Fabrikarbeiter Arbeitsplatz und Wohnstätte zu getrennten Lebenswelten.
Mit dem Wandel von der Agrar- zur Industriegesellschaft wuchsen die wirtschaft-

liche Bedeutung und das soziale Ansehen der Unternehmer (M 6). Diese Wirtschaftsbürger, zu denen Fabrikanten, Bankiers und Großkaufleute zählten, bildeten zunehmend die neue Elite in Wirtschaft, Gesellschaft sowie in der Politik. Allerdings übernahmen im Verlauf der Industrialisierung auch Techniker und Ingenieure unternehmerische Aufgaben in den Betrieben, wodurch deren Selbstbewusstsein maßgeblich gestärkt wurde.

Die Entstehung der bürgerlichen Gesellschaft und die Industriegesellschaft veränderten auch das Leben der jüdischen Minderheit nachhaltig. Anders als etwa Frankreich, das den Juden in einem einzigen Akt, mit einem Gesetz im September 1791, die sofortige und uneingeschränkte Gleichstellung garantierte, gingen die deutschen Länder den aufgeklärt-etatistischen Weg: Sie bevorzugten eine allmähliche, stufenweise Emanzipation\*, die vom Staat organisiert wurde. Die rechtliche Gleichstellung sollte von erzieherischen Maßnahmen begleitet werden, um Vorurteile abzubauen. Dieses Vorgehen führte dazu, dass sich die Judenemanzipation in Deutschland bis 1871 über ein knappes Jahrhundert hinzog. Sie erfolgte in den Staaten des Deutschen Bundes weder gleichförmig noch gleichzeitig. Erst die Reichsgründung 1871 brachte allen deutschen Juden die staatsbürgerliche Gleichberechtigung, die in der Verfassung des Deutschen Reiches verankert wurde. Die rechtliche Gleichstellung der Juden erweiterte nicht nur ihre sozialen und wirtschaftlichen Handlungsspielräume, sondern schuf auch die Voraussetzungen für wirtschaftlichen und sozialen Erfolg. Einer breiten Schicht der jüdischen Bevölkerung gelang der Aufstieg in die bürgerliche Mittelschicht bzw. ins Besitz- und Bildungsbürgertum. Diese grundlegenden wirtschaftlichen und gesellschaftlichen Veränderungen bewirkten auch einen Wandel der Mentalitäten und Lebensformen, der mit dem Begriff der „Assimilation" (M 7) charakterisiert wird. Viele Juden glichen sich in ihrer persönlichen Lebensführung immer mehr der christlichen Bevölkerung an, Juden waren von Nichtjuden kulturell immer weniger zu unterscheiden. Das bedeutete jedoch nicht das Ende jahrhundertealter antijüdischer Vorurteile und Diskriminierungen, unter denen die Juden während des gesamten 19. Jahrhunderts nach wie vor zu leiden hatten.

### Die Industriegesellschaft – eine Klassengesellschaft?

Im „Manifest der Kommunistischen Partei" sagte Karl Marx (s. S. 80) 1848 vorher, dass sich mit der Durchsetzung des Industriekapitalismus die Klassengegensätze verschärfen würden: „Die ganze Gesellschaft spaltet sich mehr und mehr in zwei große feindliche Lager, in zwei große, einander direkt gegenüberstehende Klassen: Bourgeoisie und Proletariat." Wenngleich diese Prognose, die Marx aus seinen Erfahrungen mit dem Frühkapitalismus entwickelte, nicht Wirklichkeit wurde, sprechen doch viele Historiker der industriekapitalistisch organisierten Gesellschaft des 19. Jahrhunderts Klassencharakter zu. Diese Forscher vertreten die Auffassung, dass damals die Unterscheidung und die Spannungen zwischen Unternehmern (Bourgeoisie) und Arbeitern (Proletariat) die gesellschaftlichen Herrschaftsverhältnisse und Konflikte deutlich bestimmt hätten. Der von Marx geprägte Klassenbegriff findet allerdings unter den Historikern heute kaum noch Anhänger. Für Marx waren Klassenstrukturen rein wirtschaftlich bestimmt. Dabei unterschied er zwischen den Angehörigen der Bourgeoisie, die über die Produktionsmittel verfügten, und denen, die keine Produktionsmittel besaßen und nur ihre Arbeitskraft zum Verkauf anbieten konnten (Arbeiter). Die moderne Geschichtswissenschaft bevorzugt dagegen den Klassenbegriff von Max Weber (1864–1920), dem Gründervater der deutschen Soziologie. Nach Weber hingen die Lebenschancen und -risiken der Menschen in der Industriegesellschaft nicht nur vom Eigentum bzw. Nichtbesitz von Produktionsmitteln ab, sondern auch von den Marktchancen des

**Bayern im „langen" 19. Jahrhundert**
**1806** Rheinbund: Zusammenschluss 16 süd-/westdeutscher Staaten unter dem Protektorat Napoleons; Erhebung Bayerns zum Königreich
**1808** erste bayerische Verfassung
**1813** Bündnis Bayern-Österreich: Wechsel Bayerns zur antinapoleonischen Koalition
**1815** Wiener Kongress, Bayern Mitglied im Deutschen Bund
**1818** Erste vom bayerischen König erlassene Verfassung: Garantie der Grundrechte, Volksvertretung
**1832** Hambacher Fest der liberalen und demokratischen Bewegung
**1848** Rücktritt Ludwigs I. nach revolutionären Unruhen in München
**1866** „Schutz- und Trutzbündnis" mit Preußen nach österreichisch-bayerischer Niederlage gegen Preußen
**1868** Gründung der konservativen Bayerischen Patriotenpartei (seit 1887 Bayerisches Zentrum)
**1870** Teilnahme Bayerns am Deutsch-Französischen Krieg auf Seiten Preußens
**1871** Bayern im Deutschen Reich
**1893** Einzug der SPD in den bayerischen Landtag

**M1** Joseph Anton von Maffei (1790–1870), Fotografie, um 1860

Zur Biografie Maffeis siehe M 6 und S. 97.

## 2 Industriegesellschaft

**M 2** Albert Roßhaupter, Fotografie, um 1925

Zur Biografie Roßhaupters siehe M 5.

Einzelnen oder gesellschaftlicher Gruppen. Zwar befanden sich in seinen Augen die Besitzer von Produktionsmitteln im Unterschied zu den abhängig Beschäftigten in einer überlegenen Machtposition und sie konnten über die Arbeiter eine umfassende Herrschaft ausüben. Doch hätten diese die Chance, durch besondere fachliche Qualifikationen ihre Marktchancen und damit ihre wirtschaftliche Lage sowie ihr soziales Ansehen zu verbessern (M 8).

1 Beschreiben Sie die gesellschaftlichen Folgen, die die Entstehung der Industriegesellschaft für Adel, Bürgertum (Beispiel: Unternehmer), Bauern, Arbeiter sowie die jüdische Minderheit hatte.
2 **Arbeitsteilige Gruppenarbeit:** Untersuchen Sie eines der Materialien über Menschen in der Industriegesellschaft des 19. Jahrhunderts (M 1 bis M 7), indem Sie
a) festhalten, was Ihnen an der von Ihnen gewählten Person interessant erscheint,
b) die Einzelarbeitsaufträge zu den Materialien bearbeiten,
c) aus den biografischen Ausschnitten ableiten, wie die Industrialisierung das Leben der Menschen im Vergleich zum Leben in der vorindustriellen Ständegesellschaft veränderte.
3 **Weiterführende Arbeitsanregung/Präsentation:** Recherchieren Sie auf der Grundlage Ihrer Ergebnisse nach weiteren Informationen über den Lebensweg „Ihrer" Person (Lexika, Internet) und gestalten Sie ein biografisches Portrait.

**M 3** Mentalitätswandel eines bayerischen Adligen: Karl Freiherr von Closen (1786–1856)

*Viele Adlige des 19. Jahrhunderts waren geadelte Bürgerliche, denen der Adelstitel aufgrund ihrer Verdienste um Staat und Verwaltung verliehen worden war. Es gab aber nach wie vor den alten Adel, der in den Adelsstand hineingeboren wurde. Diese Gruppe verstand sich auch in der neuen Zeit als Elite, hatte in der Regel eine konservative Haltung, verteidigte ihre Privilegien und die traditionelle Gesellschaft. Eine Ausnahme war Freiherr von Closen, so die Historikerin Marita Krauss (2008):*

Der 1786 geborene Closen stammte aus einem alten bayerischen Adelsgeschlecht (sein Vater hatte mit Lafayette als Freiwilliger im amerikanischen Bürgerkrieg gekämpft!). Nach einer Tätigkeit im Staatsdienst, aus dem er als Ministerialrat ausschied, gehörte Karl von Closen als jüngster Abgeordneter auf Seiten der entschieden liberalen Fraktion der Zweiten Kammer an. Ludwig I. verweigerte ihm daher 1831 – als pensioniertem Beamten – den erneuten Eintritt in die Zweite Kammer und stellte Closen jahrelang unter Polizeiaufsicht. Closen wurde zu einem Märtyrer der liberalen Bewegung. Mit den Grafen Hegnenberg-Dux, Schönborn und Giech gehörte Closen 1848 dem Frankfurter Vorparlament an [...]. Er avancierte zum bayerischen Staatsrat und zum bayerischen Beauftragten beim Frankfurter Bundesrat. Doch er war keineswegs nur Politiker. In aufklärerischer Tradition bemühte er sich um die Verbesserung der Landwirtschaft: Er setzte sich für den Agrarkredit ein und für ein Landeskulturgesetz, er war der eigentliche *Spiritus rector*[1] des „Landwirtschaftlichen Vereins in Bayern". Auf seinem Gut Gern schuf er eine Ausbildungsstätte für „rationelle Landwirte". Von seiner Reise zur Londoner Weltausstellung von 1851 brachte er die soeben in England erfundene Röhrendrainage mit, für Bayern eine der zentralen Erfindungen zur Erhöhung der landwirtschaftlichen Erträge. So gewann er politisch und gesellschaftlich große Bedeutung – obwohl, nicht weil er Adliger war. Doch seine Herkunft bot ihm Bewegungsspielräume und erschloss ihm innovative Wege.

*Marita Krauss, Das Ende der Privilegien? Adel und Herrschaft in Bayern im 19. Jahrhundert, in: Walter Demel/Ferdinand Kramer (Hg.), Adel und Adelskultur in Bayern, C.H. Beck, München 2008, S. 389f.*

1 lat.: treibender, leitender Geist (z. B. eines Unternehmens, Vorhabens)

1 Erklären Sie die Handlungsmotive von Closens.
2 Erläutern Sie die Folgen, die die Einstellung des Freiherrn für sein berufliches und sein gesellschaftspolitisches Engagement hatte.

**M 4** Veränderungen im ländlichen Leben: das Beispiel der Wirtstochter Emerenz Meier (1874–1928)

*Ein Auszug aus ihrer Biografie (1997):*

Emerenz Meier wurde im kleinen Dorf Schiefweg nahe bei Waldkirchen im Unteren Bayerischen Wald am 3. Oktober 1874 geboren. Ihre Eltern [...] betrieben dort eine Land- und Gastwirtschaft. Der Vater war ein trink- und handfester Bauer, die Mutter eher eine in sich gekehrte Frau. Die kleine Emerenz, Senz gerufen, war lebhaft und hochbegabt. Ihre ältere Schwester Petronilla förderte die Leselust der Jüngeren [...]. Emerenz besuchte mit ihren fünf Schwestern die Volksschule bei den Englischen Fräulein in Waldkirchen. Die

"Wirtssenz" war bekannt wegen ihrer "narrischen Verslmacherei", wie dies der Vater rügte, da sie zu allen möglichen Gelegenheiten auf Bestellung Gedichte verfasste. Obwohl sie gerne eine höhere Schule besucht hätte, scheiterte dieser Wunsch am Geldmangel und an der Uneinsichtigkeit der bäuerlichen Eltern. […] 1893 veröffentlichte Emerenz Meier, 19-jährig, erstmals eines ihrer Werke. Die Passauer "Donau-Zeitung" druckte den "Juchschroa", eine ergreifende Schilderung des Sterbens einer ungewöhnlichen Frau, die sich mit einem Juchzer vom elenden Erdendasein verabschiedete. [Nach weiteren Veröffentlichungen folgten] viele ermutigende Worte von Kollegen der schreibenden Zunft, wie Peter Rosegger aus der Steiermark und dem Münchner Naturalisten Michael Georg Conrad. Hans Carossa machte sich 1899 zu Fuß auf, um die Dichterin zu besuchen und freundschaftliche Bande zu knüpfen. […] Die Zeitschriften, in denen [Emerenz Meier nun] veröffentlichte, wie Bayerland, Jugend, Fliegende Blätter, Simplicissimus, Meggendorfer Blätter, wurden von den einfachen Menschen ihrer Heimat nicht gelesen. Hans Carossa meinte dazu: "Sie gestand sich die furchtbare Einsamkeit nicht ein, von der sie gezeichnet war. […]"

*Nach der Jahrhundertwende verschlechterte sich die finanzielle Lage der Familie:*

Der Vater und einige Schwestern wanderten nach Amerika aus, um dort für den Lebensunterhalt zu sorgen. Emerenz Meier blieb zunächst, ohne regelmäßiges Einkommen, mit ihrer Mutter im Bayerischen Wald zurück. Im März 1906 verließen auch sie zusammen ihre Heimat und zogen zum Vater nach Chicago. […] In Chicago veröffentlichte sie kleine Beiträge in den deutschsprachigen Zeitungen und hielt Vorträge in deutschen Vereinen. Während des Ersten Weltkrieges entwickelte sie sich zur engagierten Sozialistin und Pazifistin. Sie sorgte sich um die schlimmen Verhältnisse in der Heimat und sandte Geld, um das Elend zu mildern, obwohl sie selbst in dürftigen Verhältnissen lebte.

Emerenz Meier ging zwei Ehen ein. Zunächst heiratete sie, bald nach ihrer Auswanderung, Josef Schmöller aus Wotzmannsreut bei Waldkirchen, der jedoch früh verstarb. Mit ihm hatte sie einen Sohn namens Josef. Der zweite Ehemann John Lindgren war ein gebildeter Schwede, der vier Sprachen beherrschte und als Expedient[1] in einer Fabrik beschäftigt war. John Lindgren starb allerdings bereits 1925. Der noch jugendliche Sohn Josef musste nun weitgehend für seine Mutter aufkommen, denn Emerenz Meiers Gesundheit war inzwischen stark angegriffen. Sie litt unter […] Herz-, Lungen-, und Leberbeschwerden. Am 28. Februar 1928 verschied die volksnahe Erzählerin und Dichterin aus dem Bayerischen Wald, Emerenz Meier, in Chicago.

Marita A. Panzer, Emerenz Meier (1874–1928). Dichterin und Erzählerin, in: Marita A. Panzer/Elisabeth Plößl, Bavarias Töchter. Frauenportraits aus fünf Jahrhunderten, Verlag Friedrich Pustet, Regensburg 1997, S. 173–177.

1 Abfertigungsbeauftragter in der Versandabteilung

1 Arbeiten Sie die Ursachen der Auswanderung von Emerenz Meier heraus. Berücksichtigen Sie dabei auch ihre Persönlichkeit.
2 Erörtern Sie, ob die Auswanderung das Leben der Dichterin verbessert hat. Begründen Sie Ihre Einschätzung.

### M5 Arbeiter und Sozialdemokrat: das Beispiel Albert Roßhaupters (1878–1949)

*Der Fabrikarbeiter und Lackierer Roßhaupter, der 1907 erstmals in den Bayerischen Landtag gewählt wurde, war in der Novemberrevolution 1918/19 unter Kurt Eisner Minister für militärische Angelegenheiten und nach 1933 zweimal im KZ Dachau inhaftiert. Nach dem Zweiten Weltkrieg ernannte ihn die amerikanische Militärregierung zum Arbeitsminister in Bayern. In einem selbst verfassten Lebenslauf aus dem Jahr 1926 beschreibt Roßhaupter seinen Werdegang:*

Albert Roßhaupter, Redakteur und Landtagsabgeordneter in Augsburg, Bayern, geboren am 8.4.78 zu Pillnach, Bezirksamt Regensburg. Besuch der Volksschule, Lackierer, zuletzt beschäftigt bis zum 1. Januar 1909 in der Eisenbahnhauptwerkstätte München. Beteiligte sich im Jahre 1899 an der Organisierung des Eisenbahnpersonals, insbesondere der Eisenbahnwerkstättenarbeiter auf gewerkschaftlicher Grundlage, wurde am 31. Mai 1907 in den Bayerischen Landtag (damalige Kammer der Abgeordneten) gewählt, also zu einer Zeit, als er noch in der damals Königl. Hauptwerkstätte München als Lackierer beschäftigt war.

Der Fall erregte seinerzeit großes Aufsehen (Fall Roßhaupter), weil ihm seitens der damaligen Regierung (Ministerium Podewils) obwohl Sozialdemokrat zur Ausübung des Mandats Dienstbefreiung und Lohnfortzahlung[1] gewährt wurde. Vom 1. Januar 1909 ab besoldeter Bezirksleiter des Süddeutschen Eisenbahn- und Postpersonalverbandes, ab 1. Oktober desselben Jahres Redakteur der Verbandszeitung des genannten Verbandes mit dem Sitze in Nürnberg.

Im August 1912 freiwilliger Rücktritt von dieser Stellung, da mit der damals in Sachen des Kampfes der Bayerischen Regierung (Ministerium Hertling – sodann – Seidlein) gegen den Süddeutschen Eisenbahnerverband von diesem Verband abgegebenen Streikverzichtserklärung nicht einverstanden.

Dann ab 1. Januar 1913 politischer Redakteur der Schwäbischen Volkszeitung in Augsburg, bis zum Kriegsausbruche, dann vom 2. September 1915 ab zum Militärdienst eingezogen, Teilnahme an den Kämpfen in Nordfrankreich. Nach dem Zusammenbruch vom 8. November 1918 bis 21. Februar 1919 Minister für militärische Angelegenheiten in der damaligen provisorischen Regierung des Volksstaates Bayern. Zurzeit Redakteur des im Verlage von E. Auer in München erscheinenden Bayerischen Wochenblattes […] mit Wohnsitz in Augsburg […]. Politisch und gewerkschaftlich tätig seit dem Jahre 1897 innerhalb der sozialdemokratischen Partei und der freien Gewerkschaftsbewegung.

*Handschriftlicher Lebenslauf von Albert Roßhaupter, Archiv für Zeitgeschichte und Publizistik, München, zit. nach: Klaus Warnecke, Albert Roßhaupter – Ein Leben für Freiheit und soziale Gerechtigkeit, Sendling-West Verlag Hans Neuber, München 1982, ohne Seitenangabe.*

1 Gesetzlich vorgeschrieben war die Lohnfortzahlung nur bei Staatsbeamten, nicht bei Staatsarbeitern. Dem SPD-Abgeordneten und Staatsarbeiter bei der Eisenbahnhauptwerkstätte München wurde von der liberalen Regierung Podewils dennoch Lohnfortzahlung gewährt, was bei der konservativen und katholischen Presse einen Sturm der Entrüstung hervorrief.

1 Stellen Sie die wesentlichen Stationen des gesellschaftlichen und politischen Lebensweges von Albert Roßhaupter dar.
2 Erörtern Sie, welche Voraussetzungen für einen solchen Aufstieg nötig waren.

**M6** Ein bayerischer Unternehmer: der Bankgründer und Lokomotivenbauer Joseph Anton von Maffei (1790–1870)

*Ein Handbuch zur Industriegeschichte Bayerns, erschienen 2006, beschreibt den Aufstieg des Unternehmers:*
Joseph Anton Maffei, am 4. September 1790 als Sohn eines oberitalienischen Kaufmanns, der 1770 nach Bayern gezogen war, in München geboren, begann seine Karriere 1816 als Tabakfabrikant. Er besaß ein Bankhaus, Anteile an einer Papiermühle und Brauerei sowie an der Bayerischen Hypotheken- und Wechselbank, die er 1835 zusammen mit sechs Münchner Unternehmern gegründet hatte. Ab 1837, als er in den Vorstand einer Gesellschaft gewählt worden war, die die Bahnstrecke zwischen München und Augsburg baute, stand das Eisenbahnwesen ganz im Mittelpunkt seiner Aktivitäten. 1838 erwarb er in der Hirschau bei München ein Hammerwerk, „um alles Eisenmaterial selbst herzustellen und unabhängig vom Ausland zu werden". Da es in München zwar viele ungelernte Arbeitskräfte, aber keine Fachleute gab, engagierte sich Maffei als technischen Direktor den englischen Ingenieur Joseph Hall, der beim Eisenbahnpionier Robert Stephenson tätig gewesen war.
Die erste Lokomotive, die nach diesem Know-how-Transfer in der Hirschau konstruiert wurde und die König Ludwig I. auf den Namen „Münchner" taufte, war zunächst ein wirtschaftlicher Flop. Der königlichen Kommission, die 1844 die privaten Bahnen in Bayern übernommen hatte und über den Ankauf von Zügen entscheiden musste, war sie „selbst geschenkt zu teuer". Maffei intervenierte wiederholt beim König, bis 1845 endlich der Kaufvertrag zustande kam. Maffeis Fabrik, die sich während dieser Durststrecke beim Eisenbahnbau mit Textilmaschinen einen Namen gemacht hatte, gelang der endgültige Durchbruch 1851 mit der Lokomotive „Bavaria", die sensationelle Leistungen auf Gebirgsstrecken erbrachte. Im selben Jahr lief auch „Maximilian" vom Stapel, der erste Ausflugsdampfer des Starnberger Sees; 24 weitere Schiffe folgten. Das Hirschauer Werk mit über 500 Beschäftigten war auf Erfolgskurs. 1864 wurde die 500. Lokomotive ausgeliefert, Bestellungen kamen aus aller Welt.
Maffeis Aktivitäten beschränkten sich nicht allein auf den Maschinenbau. 1841 hatte er den „Bayerischen Hof" gegründet, das erste Luxushotel in München. Zehn Jahre später erwarb er ein Torfgut bei Iffeldorf; er hielt Aktienbeteiligungen an der bayerischen Ostbahn AG, an der Eisenwerksgesellschaft Maxhütte in der Oberpfalz und fand noch Zeit für eine Vielzahl von politischen Ämtern, vom Gemeindekollegium in München über die Handelskammer Oberbayern bis zur Kammer der bayerischen Abgeordneten. Als Joseph Anton Maffei am 1. September 1870 in München starb, übernahm sein Neffe Hugo von Maffei (1836–1921) die Fabrik.

*Werner Kraus, Portrait Joseph Anton von Maffei (1790–1870) und Georg Krauss (1826–1906), in: Werner Kraus (Hg.), Schauplätze der Industriekultur in Bayern, Verlag Schnell und Steiner, Regensburg 2006, S. 68 f.*

1 Begründen Sie mithilfe der Kurzbiografie (M 6) den Aufstieg des Unternehmers Maffei.

**M7** Der Weg der Assimilation: Simon Freiherr von Eichthal (1787–1854)

*Die bayerische Judenpolitik Anfang des 19. Jahrhunderts war restriktiv. Zwar erlaubte das Edikt von 1813 über „die Verhältnisse der jüdischen Glaubensgenossen im Königreiche Baiern" die Gründung jüdischer Gemeinden, doch blieb Beschränkung und Kontrolle der Niederlassung[1] bestehen. Daher setzte nach 1813 unter der jüdischen Bevölkerung Bayerns eine regelrechte Konversionswelle ein, d. h., viele Juden traten zum christlichen Glauben über. Der Historiker und Archivar Anton Löffelmeier beschreibt die Assimilation der jüdischen Hoffaktorenfamilie[2] Seligmann in München an die christliche Gesellschaft:*
Aaron Elias Seligmann ließ sich 1814 katholisch taufen, vollzog einen Namenswechsel und erhielt noch im selben Jahr für sich und seine Kinder den erblichen Freiherrenstand derer von Eichthal verliehen. In den nächsten Jahren folgten alle seine zehn Kinder, darunter auch der Sohn Simon (1787–1854), der in jungen Jahren bereits ein vielfältiges industrielles Engagement zeigte, später das Münchner Bankhaus A. E. Eichthal übernehmen sollte und wesentlich an der Gründung der Bayerischen Hypotheken- und Wechselbank im Jahr 1835 beteiligt war. Sein Teilhaber an der Lederfabrik Pilgersheim in der Vorstadt Au, Ignatz Mayr, der mit seiner Schwester Karolina Seligmann verheiratet war, erhielt am 25. Juli 1817 in der Pfarrei der Vorstadt Au mit Ehefrau und den drei Kindern Eduard, Cäcilie und Angelika die Taufe. […]
Aaron Elias Eichthal konnte seine Kinder [nach der Taufe] bestens etablieren. Vier seiner Söhne wurden Bankiers und

der Sohn Simon hatte in München nicht nur wirtschaftlichen Erfolg, er konnte auch politische Ehrenämter erlangen: 1831 wurde er zum Landrat des Isarkreises ernannt, 1843 zählte er zu den Gründungsmitgliedern der Münchner Handelskammer, und er gehörte außerdem dem Verwaltungsausschuss des Münchner Handlungsgremiums an. […] Vier der sieben Kinder Simon von Eichthals setzten den gesellschaftlichen Aufstieg durch Einheirat in den Adel fort.

Anton Löffelmeier, Wege in die bürgerliche Gesellschaft (1799–1848), in: Richard Bauer/Michael Brenner (Hg.), Jüdisches München. Vom Mittelalter bis zur Gegenwart, C. H. Beck, München 2006, S. 58–88, bes. S. 75 f.

1 In München hing die Genehmigung des Aufenthaltsrechtes von der Zustimmung des Kurfürsten ab. Das Recht zur Niederlassung wurde in der Regel nur bei entsprechender Vermögenslage erteilt und war nicht mit dem Bürgerrecht verbunden.
2 Hoffaktoren oder Hofjuden: jüdische Geschäftsleute, die bereit waren, den gesteigerten Finanzbedarf absolutistischer Fürstenhöfe mit Darlehen zu überbrücken.

1 Leiten Sie aus M 7 Aaron Elias Seligmanns Motive ab, zum katholischen Glauben zu konvertieren.
2 Zeigen Sie mithilfe des Darstellungstextes und M 7 Bedeutungsunterschiede zwischen den Begriffen „Emanzipation" und „Assimilation" auf. Überprüfen Sie Ihre Begriffserklärungen anhand eines Lexikons.

### M 8 Die Industriegesellschaft – eine Klassengesellschaft? Thesen zur Rolle der Arbeiter in der bürgerlichen Gesellschaft

*Der Historiker Josef Mooser beschäftigt sich in folgendem Text mit dem Verhältnis von Arbeitern und Arbeiterbewegung zum Bürgertum und zur bürgerlichen Gesellschaft, 2000:*

Der Arbeiter war seit der Entstehung einer selbstständigen Arbeiterbewegung in der Revolution 1848 ein Teil und zugleich Widersacher dieser Gesellschaft […]. Zwei Faktoren stifteten allerdings eine übergreifende Stabilität und Orientierung im vielfältigen Wandel: Familie und Organisation sollten helfen, aus der „Proletarität" herauszutreten. Obwohl die Kultur der Berufsarbeit und Arbeiterpolitik eine männliche war und die Arbeiter wenig Respekt für die weibliche Arbeit kannten, leisteten die Frauen in den Arbeiterfamilien Entscheidendes für die Bewältigung des Arbeiterlebens. Zu dieser unscheinbaren alltäglichen Selbsthilfe trat die spektakuläre Selbsthilfe in Gestalt der Arbeiterbewegungen. Die Vereine, Genossenschaften, Gewerkschaften und Parteien erreichten zwar längst nicht alle, aber nach dem Ausbau zu Massenorganisationen seit den 1890er-Jahren doch Millionen von Arbeitern. Sie vor allem symbolisierten die Anstrengung, die uralte Einheit von Armut und Arbeit zu trennen, leisteten praktische Hilfen und schufen den Typus des Arbeiters, der historisch bislang unbekannt war: den „kleinen Mann" mit Selbstwertgefühl. So lässt sich vielleicht das oft überhöhte Klassenbewusstsein nüchtern verstehen, das Arbeiter auch jenseits der politischen Differenzen einte. […]

[Es] lassen sich Schnittstellen zwischen den christlich-sozialen und den sozialistischen Arbeiterbewegungen erkennen. Sie klagten die Gerechtigkeit in der Verteilung des Wachstums ein, drängten auf eine demokratische Legitimation und Veränderung der politischen Ordnung im Nationalstaat, auf eine Erweiterung der Staatsaufgaben hin zum Sozialstaat und auf eine Kontrolle über das Privateigentum. […]

Entscheidend für die Entstehung der Arbeiterbewegungen war ihre politische Autonomie gegenüber den Bürgern. Stilbildend wurde in dieser Autonomie jedoch auch die Aneignung der bürgerlichen Kultur. In einem wichtigen Punkt also war der durch die Arbeiterbewegungen sozialisierte Arbeiter kein negativer, sondern ein positiver Doppelgänger des Bürgers. Beide teilten die Wertschätzung der Arbeit als gestaltende, sozial verbindende und dienende Tätigkeit, die den Menschen erst zum Menschen mache. Damit verband sich Bildung als fundamentale Leitidee der Arbeiterbewegungen. Der „lesende Arbeiter" oder öffentlich redefähige Arbeiter blieb – bei allen Grenzen – keine bloße Illusion. […]

Die Geschichte der Arbeiter im neunzehnten und zwanzigsten Jahrhundert ist von dem gegenwärtigen historischen Interesse weiter entfernt als noch vor einigen Jahrzehnten. Gründe dafür liegen auch im Wandel der Sache selber. Im demokratischen Sozialstaat kann man eine erfolgreiche Selbstaufhebung der Arbeiterbewegungen sehen; im gigantischen wirtschaftlichen Wandel der letzten Jahrzehnte erfahren Arbeiter eine Marginalisierung als Berufsgruppe, und nach dem Untergang des „real existierenden Sozialismus" durch Selbstzerstörung scheint der Sozialismus aus der Geschichte verschwunden. Angesichts einer gewissen Selbstzufriedenheit über Demokratie, Marktwirtschaft und die Leistungsfähigkeit des Kapitalismus ist es dennoch angebracht, nicht nur an die Leistungen der Arbeiterschaft bei der Herausbildung der gegenwärtigen Welt zu erinnern, sondern auch daran, dass diese Leistungen auch aus der Kritik der alten bürgerlichen Ordnung entsprungen sind. Daraus ist die Demokratie entstanden, und davon lebt sie.

Josef Mooser, Widersacher und Doppelgänger, in: Michael Jeismann (Hg.), Das 19. Jahrhundert. Aufbruch in die Moderne, C. H. Beck, München 2000, S. 44 ff.

1 Charakterisieren Sie das Verhältnis der Arbeiter zur bürgerlichen Gesellschaft des 19. und frühen 20. Jahrhunderts.
2 Erläutern Sie die Sonderrolle der Arbeiter im Verlauf der Geschichte.
3 Diskutieren Sie ausgehend von den Thesen Moosers und dem Darstellungstext (S. 73 f.), ob die Gesellschaft der Bundesrepublik Deutschland noch eine Klassengesellschaft ist.
(Zusatzinformationen zu dieser Frage unter: *www.zeit.de/2001/02/Unsere_Klassengesellschaft*)

## Methode

# Geschichtskarten interpretieren

**M 1** Weltkarte aus der Encyclopädie „Liber Floridus", Buchmalerei (Ausschnitt), 1112

Die Karte ist geostet. Dargestellt sind u. a.: das Paradies als sternenbegrenzte Insel, in dem die vier Hauptflüsse Euphrat, Tigris, Ganges und Nil entspringen; das T-förmige Mittelmeer; die Kontinente Asien, Europa und Afrika.

In unserer Lebenswelt sind Karten ein alltägliches Medium für eine bessere räumliche Orientierung. Journalisten nutzen Kartenskizzen, um ihren Lesern eine bessere räumliche Orientierung zu bieten. Auch Tourismus ist ohne Karten unvorstellbar. Die Vorzüge kartografischer Darstellungen liegen auf der Hand: Karten sind anschaulich, übersichtlich, sie reduzieren Tatsachen und Erscheinungen auf das Wesentliche. Die Geschichtswissenschaft unterscheidet zwischen historischen Karten und Geschichtskarten. Historische Karten wie mittelalterliche und frühneuzeitliche Karten, Postrouten- und Reisekarten, alte Stadtpläne und Propagandakarten sind Quellen der Vergangenheit, die Weltsichten und Erkenntnisse der jeweiligen Zeit widerspiegeln. Geschichtskarten dagegen stellen auf der Grundlage des heutigen Wissenschaftsstandes historische Sachverhalte aus Politik, Wirtschaft, Kultur und Gesellschaft dar. Geschichtskarten sind maßstäblich verkleinerte, vereinfachte und verebnete sowie durch verschiedene Zeichen kodierte Raummodelle. Sie stellen häufig einen begrenzten geografischen Raum zu einer bestimmten Zeit dar. Die Legende erläutert die verwendeten Zeichen: Farbgebung, Symbole, Schrifttypen und Signaturen wie Punkte, Linien oder Pfeile. Dem Verwendungszweck entsprechend werden zum Beispiel Wand-, Atlas-, Schulbuch- oder digitale Karten hergestellt. Interaktive Karten im Internet oder auf CD-ROMs erweitern die Möglichkeiten der Kartennutzung: Detailausschnitte können gewählt, weitere verknüpfte Informationen durch Mausklick sichtbar gemacht werden. Für die Analyse unterscheidet man hinsichtlich der dargestellten Zeit zwischen statischen (Zustand) und dynamischen Karten (Entwicklung), hinsichtlich des Kartentyps zwischen topografischen und thematischen Geschichtskarten. Bei der Analyse muss berücksichtigt werden, dass kartografische Darstellungen stark abstrahieren und die historische Wirklichkeit bereits durch die Wahl des Kartenausschnitts und der Zeichen gedeutet wird. Der Erfolg der Kartenarbeit hängt daher stark von der Methodenkompetenz des Nutzers ab.

## Arbeitsschritte

| | |
|---|---|
| 1. **Formale Merkmale** | – Welchen Titel trägt die Karte?<br>– Welche Zeichen werden in der Legende verwendet und was bedeuten sie? |
| 2. **Karteninhalt** | – Welcher Gegenstand wird thematisiert?<br>– Welche Zeit stellt die Karte dar?<br>– Handelt es sich um eine statische oder dynamische Karte?<br>– Welchen Raum erfasst die Karte?<br>– Handelt es sich um eine topografische oder thematische Karte? |
| 3. **Interpretation** | – Welche Einzelinformationen lassen sich ablesen?<br>– Welche Beziehungen bestehen zwischen den Einzelinformationen?<br>– Welche weitergehenden Schlüsse lassen sich ziehen? |
| 4. **Kartenkritik** | – Welche kartografischen Informationen fehlen?<br>– Welche thematischen, zeitlichen und räumlichen Aspekte werden unter- bzw. übergewichtet, welche fehlen? |
| 5. **Fazit** | – Welche Gesamtaussage lässt sich formulieren? |

Geschichtskarten

# Übungsaufgabe

**M2** Die industrielle Entwicklung in Mitteleuropa 1830–1914

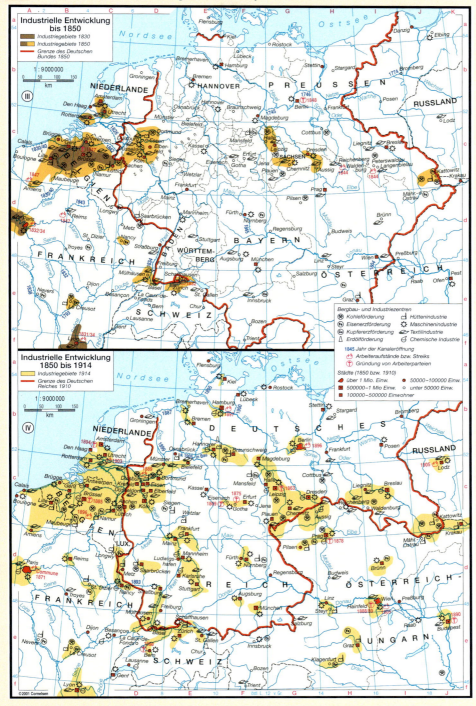

1 Interpretieren Sie die Karte mithilfe der Arbeitsschritte.

**Hinweise zur Lösung finden Sie auf Seite 363.**

# 2.2 Industrielle Arbeits- und Lebenswelten

**Pauperismus** (lat. *pauper* = arm) Hervorgerufen wurde die vorindustrielle Massenarmut durch schnelles Bevölkerungswachstum, dem eine nur langsam steigende Nahrungsmittelproduktion und ein Mangel an Arbeits- bzw. Verdienstmöglichkeiten gegenüberstanden.

**Proletariat** (lat. *proletarius* = der untersten Volksklasse angehörend)
In der Antike: Angehörige der Bevölkerungsschicht, die aufgrund ihrer Armut keiner der fünf Steuerklassen angehörten.
Seit den 1840er-Jahren: Bezeichnung für die vorindustriellen besitzlosen Massen sowie die ausgebeutete Schicht der Lohnarbeiter, deren einziger Besitz ihre Arbeitskraft war.

**M 1** Karl Marx (1818 bis 1883), kolorierte Fotografie, um 1880

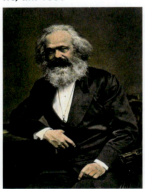

Der deutsche Philosoph und Volkswirtschaftler begründete mit Friedrich Engels den wissenschaftlichen Sozialismus. Nach dem Verbot der „Rheinischen Zeitung", deren Chefredakteur er war, emigrierte er 1843 nach Paris. 1845 wurde er aus Paris ausgewiesen und siedelte nach Brüssel über. 1848 kehrte er nach Deutschland zurück, emigrierte jedoch nach der gescheiterten Revolution 1848/49 nach London, wo er bis zu seinem Tod lebte. Unter seiner Mitwirkung wurde in London 1864 die Erste Internationale der sozialistischen Arbeiterschaft gegründet.

**Pauperismus und Proletarisierung**

Die „Bevölkerungsrevolution" (s. S. 123 f.) beschleunigte die Auflösung der ständisch-feudalen Gesellschaft. Bei den Zeitgenossen setzte sich immer stärker die Einsicht durch, dass der große Zuwachs an Menschen die alte Ordnung in vielfacher Weise überfordere. Die ständische Gesellschaft mit ihrer feudalen Besitzverteilung und Produktion erschien nunmehr als ungerecht, unwirtschaftlich, als fortschritts- und entwicklungsfeindlich und damit als unhaltbar. Dieser Eindruck wurde zusätzlich verstärkt durch die neue Erscheinung der Massenarmut. Diese prägte von Mitte der 1820er-Jahre bis 1848 die gesellschaftspolitische Debatte und für sie bürgerte sich der Begriff des Pauperismus* ein. Die Erfahrung des Pauperismus, der in den 1840er-Jahren seinen Höhepunkt erlebte, bestärkte manche Zeitgenossen in ihrer pessimistischen Einstellung über die Zukunftsfähigkeit des entstehenden Industriekapitalismus. Besonderes Aufsehen erregte die These von Karl Marx im 1848 veröffentlichten „Kommunistischen Manifest", dass die industriekapitalistische Entwicklung notwendig zur Proletarisierung fast aller Menschen führe. Vor allem dem „alten Mittelstand", den Handwerkern und Kleinhändlern, sagte er einen unaufhaltsamen Abstieg in die Arbeiterschaft voraus. Darüber hinaus wagte Marx die Prognose, dass mit der Durchsetzung des Industriekapitalismus eine immer stärkere Verelendung des anwachsenden Proletariats* einhergehe.

Die Geschichtswissenschaft betrachtet heute den Pauperismus jedoch nicht länger als Krise der entstehenden modernen Industriegesellschaft, sondern als eine „Krise alten Typs", die alle typischen Eigenschaften von Wirtschaftskrisen der vorindustriellen Gesellschaft trage und die durch die „Bevölkerungsexplosion" zusätzlich verschärft worden sei. Kennzeichnend für die Krisen der Agrargesellschaften ist nach dieser Auffassung, dass schlechte Getreideernten zu Ernährungsengpässen und Hungerunruhen führten. Im Verlauf der Industrialisierung verbesserte sich die Situation der Bevölkerung zunehmend, weil der Markt den wirtschaftlichen Austausch immer effektiver regeln konnte. Zwar kennt auch die moderne Industriegesellschaft Konjunkturschwankungen und Krisen, aber dies waren nun nicht mehr durch Missernten hervorgerufene Hungerkrisen, sondern Störungen des wirtschaftlichen Wachstums, die einen Anstieg der Arbeitslosenzahlen mit sich brachten. Für die von Arbeitslosigkeit Betroffenen bedeutet dies großes materielles und seelisches Elend.

**Arbeit und Fabrik**

Um in der Industriewirtschaft konkurrenzfähig zu bleiben, mussten viele Betriebe zu größeren, kapitalintensiveren und technisch leistungsfähigeren Betriebsformen übergehen. An die Stelle kleiner und kleinster Betriebseinheiten traten im Verlauf dieses Modernisierungsvorganges zunächst die Manufaktur (s. S. 34 f.) und dann die Fabrik. Ähnlich wie die Manufaktur zeichnet sich die Fabrik dadurch aus, dass ein Unternehmer oder später auch Manager die gesamte Produktion zentral steuert. Die Herstellung der Güter und Waren wird arbeitsteilig organisiert. Mit zunehmender industrieller Konkurrenz wuchs der Zwang zur Rationalisierung und damit zum Einsatz von Maschinen sowie zur Übernahme wissenschaftlich-technischer Innovationen, die den Produktionsprozess veränderten. In den Fabriken herrschte nicht mehr die arbeitsteilige Handarbeit der Manufaktur vor, sondern Maschinen bestimmten immer mehr die Organisation der Arbeit (M 4). Die maschinelle Produktionsweise der Fabrik machte ihre Überlegenheit aus.

Dennoch blieb Industriearbeit nach wie vor überwiegend schwere körperliche Arbeit (M 6). Zwar haben Maschinen teilweise menschliche Kraftleistungen ersetzt

**M2** Im Montierungssaal der Maschinenbau-Anstalt von Maffei (bei München), Holzstich von Emil Roller, um 1850

oder erleichtert, aber während der Phase der Hochindustrialisierung in der zweiten Hälfte des 19. Jahrhunderts erforderte die Mehrzahl der Arbeitsplätze große menschliche Kraftanstrengungen. Die Zahl dieser Arbeitsplätze nahm vermutlich eher zu als ab. Das Fließband, das in Deutschland Anfang des 20. Jahrhunderts Einzug in die Fabriken hielt, verringerte in vielen Fällen die körperliche Arbeitsanstrengung. Doch die Monotonie der immer gleichen Handgriffe bedeutete ebenfalls eine starke Belastung. Die Arbeitszeiten waren aus heutiger Sicht sehr lang, doch sie verkürzten sich: Betrug die wöchentliche Arbeitszeit in den 1860er-Jahren 78 Stunden, sank sie 1871 auf 72, 1885/1890 auf 66 und 1910/13 auf 53 bis 57 Stunden. Geht man von einer Arbeitswoche mit 6 Werktagen aus – die Sonntagsarbeit wurde zunehmend eingeschränkt –, zeigt sich eine Entwicklung vom 12- über den 11- zum 9,5-Stundentag. Zu diesen Verbesserungen kam der Anstieg der Löhne hinzu, der die Kaufkraft und damit den Lebensstandard der Arbeiter erhöhte. Langfristig blieb die von Karl Marx vorhergesagte Proletarisierung breiter Schichten daher aus. „Freizeit" blieb den Arbeitern kaum, doch ganz langsam dehnte sie sich aus, sodass auch die unteren Schichten der Gesellschaft allmählich an kulturellen Aktivitäten teilnehmen konnten. Diese Teilhabe immer breiterer Schichten an Wohlstand und Kultur ist ein wesentliches Merkmal der modernen Konsumgesellschaft\*, die sich mit der Industrialisierung herausbildete.

**Wanderungsbewegungen** Um Hunger, Armut oder Arbeitslosigkeit zu entgehen, nahmen und nehmen viele Menschen größte Entbehrungen auf sich, verlassen ihre Heimat und suchen ihr Glück in der Fremde. Wanderungsbewegungen gab es auch in Deutschland zu Beginn der Industrialisierung. So suchten seit Beginn der 1830er-Jahre zahlreiche Menschen durch die Auswanderung besonders in die Vereinigten Staaten von Amerika ihre soziale Lage zu verbessern. Die Regierungen ließen diese Auswanderung zu, um so sozialen Sprengstoff zu beseitigen. Höhepunkt der ersten Auswanderungswelle war das Jahr 1847, als der Pauperismus immer unerträglicher wurde.

Stärker noch als die Auswanderung hat die mit der Industrialisierung einsetzende Binnenwanderung die europäischen Gesellschaften geprägt und verändert. Diese Binnenwanderungen dienten im Deutschland des 19. Jahrhunderts weniger dazu,

**Konsumgesellschaft**
In einer Konsumgesellschaft erfolgt der Verbrauch und Verzehr von Gütern und Dienstleistungen über die Bedürfnisbefriedigung hinaus. Dies setzt Wahlmöglichkeiten und eine ausreichende Produktion der Angebotsseite voraus.

**Literaturtipp**
Christian Kleinschmidt, Konsumgesellschaft, Göttingen 2008.
Knappe, gut lesbare Geschichte der Konsumgesellschaft in Deutschland von der Frühen Neuzeit bis zur Gegenwart.

## 2 Industriegesellschaft

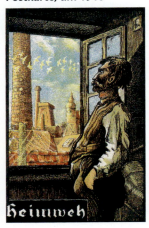

**M3** Arbeiter am Fenster, Postkarte, um 1910

durch Veränderung des Wohn- und Arbeitsortes den eigenen sozialen Status zu verbessern („Chancenwanderung"), sondern waren das Ergebnis von Schwankungen des Arbeitsmarktes. Da im Gegensatz zur Gegenwart im 19. Jahrhundert sowohl wirksame soziale Sicherungssysteme als auch funktionierende Formen organisierter Arbeitsvermittlung fehlten, suchten viele Menschen in anderen Regionen nach Arbeit. Der zunehmende Bedeutungsverlust der Landwirtschaft und der mit dem Aufstieg der Industrie verbundene wachsende Arbeitskräftebedarf im gewerblichen Bereich führten zur Landflucht: Wer auf dem Lande keine Arbeit fand, zog in die nächstgelegene Stadt, und wenn an diesem industriellen Standort keine Beschäftigung zu finden war, wanderte man weiter von Ort zu Ort.

Die rasche Bevölkerungszunahme und die Binnenwanderung setzten die beiden Prozesse der Verstädterung bzw. Urbanisierung in Gang, die das moderne Leben entscheidend prägten (M 7, M 8). Beide Entwicklungen verliefen parallel und bedingten sich gegenseitig. Verstädterung beschreibt die Vergrößerung der Städte im 19. und 20. Jahrhundert. Immer mehr Menschen ziehen in die stark anwachsenden Städte. Die Veränderung der Lebensformen in den entstehenden Großstädten bezeichnen die Historiker als Urbanisierung.

Hierzu gehörten und gehören z.B. die individuelle Gestaltung des eigenen Lebens, ein verbessertes Bildungsangebot, neue und vermehrte kulturelle Entfaltungsmöglichkeiten, besondere Formen des intellektuellen Austauschs, aber auch eine besondere Empfindlichkeit für Reize, die nicht nur durch ein größeres Warenangebot oder von der Reklameflut ausgelöst wurden, sondern auch schlicht mit der Tatsache zu tun haben, dass der Stadtmensch einer immer größeren Anzahl von fremden Menschen begegnete. Eine Folge der Verstädterung bestand außerdem in der Auflösung gewachsener regionaler, familiärer und konfessioneller Bindungen. Nicht vergessen werden sollten zudem Wohnungsnot und Slumbildung. Vor allem am Anfang des Verstädterungsprozesses konnte der Ausbau der Infrastruktur (Wohnungsbau, Kanalisation etc.) nicht Schritt halten mit der schnell wachsenden Stadtbevölkerung. Häufig mussten sich ganze Familien ein einziges Zimmer teilen, sanitäre Einrichtungen fehlten weitgehend.

**1** Erläutern Sie exemplarisch an einigen Beispielen die Veränderungen der Arbeits- und Lebenswelten durch die Industrialisierung: Pauperismus und Proletarisierung, Fabrik und Fabrikarbeit, Wanderungsbewegungen, z.B. Landflucht, Urbanisierung und Verstädterung.

**2** Diskutieren Sie an diesen Beispielen Chancen und Risiken der Industrialisierung.

**M4** Aus der Fabrik-Ordnung der Mechanischen Baumwoll-Spinnerei und Weberei Augsburg, 1840

§ 1. Jeder Arbeiter, welcher in der Fabrik aufgenommen wird, ist nach einer Probezeit von 14 Tagen, binnen welcher ihm der Austritt freisteht, verpflichtet, sechs Monate, vom Tage seiner Ankunft an gerechnet, in der Fabrik zu arbeiten. Diese Verpflichtung erneuert sich von selbst auf weitere sechs Monate, wenn der Arbeiter nicht einen Monat vorher auf der Schreibstube bei dem Géranten [Geschäftsführer] aufgekündigt hat. Dagegen bleibt es dem Fabrikherren unbenommen, den Arbeiter wegen schlechter Aufführung oder wegen jeder sonstigen Ursache jederzeit zu verabschieden.

§ 2. Außer an Sonntagen und hohen Festtagen wird alle Tage gearbeitet. Jede Abwesenheit an einem anderen Tage, sogar unter dem Vorwande der Unpässlichkeit, wenn solche nicht erwiesen werden kann, wird mit einer Geldbuße bestraft, welche das Doppelte des Lohnes beträgt, der während der Zeit der Abwesenheit verdient worden wäre.

§ 3. Die Arbeitsstunden werden durch einen Anschlagzettel bestimmt. Sollte aber Störung am Getrieb [Antrieb] oder jede andere Ursache es nöthig machen, die Nacht durchzuarbeiten, so unterwirft sich diesem jeder Arbeiter mit der Bedingung, dass er ohne seine Einwilligung nicht mehr als eine Nacht in der Woche zur Arbeit genöthiget werden kann.

§ 4. Eine Glocke wird des Morgens eine halbe Stunde vor dem Anfange der Arbeit die Öffnung der Fabrik ankündigen; das zweite eine halbe Stunde später erfolgende Läuten verkündet das Beginnen der Geschäfte. Eine Viertelstunde später wird der Pförtner das Thor verschließen. Von diesem Augenblicke an sollen alle Arbeiter sich an ihrer Arbeit befinden. Diejenigen, welche später kommen, werden nicht mehr eingelassen, und die Geldstrafe der Abwesenheit, welche in § 2 festgesetzt ist, wird ihnen auferlegt.

§ 5. Zehn Minuten vor dem Ausgang aus den Arbeitssälen wird mit der Glocke ein Zeichen gegeben; während dieser Zeit soll kein Arbeiter seinen Platz verlassen. Er ist gehalten, solchen so wie auch seine Maschine zu reinigen und darüber zu wachen, dass sich alles in guter Ordnung befinde, bei Strafe einer Geldbuße von wenigstens einem Drittheil eines Taglohnes. [...]

§ 10. Jeder Arbeiter ist für die ihm anvertrauten Gegenstände verantwortlich; wenn er dieselben bei Nachfrage nicht gleich vorweisen kann, werden sie auf seine Kosten durch neue ersetzt.

§ 11. Wenn in einem Arbeitssaale ein Gegenstand beschädigt wird und der Thäter nicht auszumitteln ist, so sind die Arbeiter des ganzen Saales bis zur Nachweisung des Thäters haftend.

§ 12. Der Arbeiter, welche schlechte Arbeit liefert, verfällt in eine dem Fehler angemessene Strafe.

§ 13. Jede Woche wird eine allgemeine Reinigung vorgenommen, nach welcher eine Untersuchung gemacht und denjenigen, deren Maschinen nicht rein befunden worden, ein oder mehrere Taglöhne Strafe auferlegt werden wird. [...]

§ 15. Die Arbeiter werden alle vierzehn Tage bezahlt; der vierzehntägige Verdienst wird jedoch erst dann ausbezahlt, wenn ein neuer Wochenlohn bereits verdient ist.

§ 16. Es ist bei Strafe von zwei Taglöhnen verboten, im Umfange der Fabrik zu rauchen. Im Wiederholungsfalle wird der Dawiderhandelnde entlassen. [...]

§ 23. Es ist bei drei Gulden Strafe verboten, im Umfange der Fabrik durch einen anderen Weg als die Thüre aus- und einzugehen. [...]

§ 25. Jeder Ungehorsam von Seiten der Arbeiter gegen ihre Vorgesetzte oder gegen die von Letzteren dazu verordneten Personen soll nach dem Verhältniß des Fehlers mit einer Strafe von einem bis fünf Taglöhnen belegt werden.

§ 26. Für den Schutz und die väterliche Sorgfalt, welche alle Arbeiter von ihren Vorgesetzten zu erwarten haben, versprechen sie ihnen Anhänglichkeit und Treue, so wie auch Anzeige dessen, was sie dem Nutzen ihres Herren Schädliches entdecken können.

*Zit. nach: Konrad von Zwehl, Aufbruch ins Industriezeitalter, Bd. 3: Quellen zur Wirtschafts- und Sozialgeschichte Bayerns, Oldenbourg, München 1985, S. 200–202.*

1 Beschreiben Sie anhand der Fabrikordnung, welche Bereiche des Arbeitslebens geregelt wurden, sowie die Auswirkungen der Regeln auf den Arbeitsalltag.

2 Erörtern Sie, wie sich § 11 und § 26 auf das Verhältnis der Arbeiter untereinander auswirkten.

**M5** **Aus der Eingabe der Augsburger Fabrikarbeiter an den König vom 24. 10. 1865 mit der Bitte um Verringerung der Arbeitszeit von 13 Stunden**

Allerdurchlauchtigster Großmächtiger König!
Allergnädigster König und Herr! [...]
An diese Arbeitszeit sind sämmtliche Arbeiter, Erwachsene wie Kinder, gebunden. Nun sind aber hauptsächlich in den Spinn- und Webereien ein Drittheil Kinder beschäftigt. Diese Kinder kommen schon gleich nach Beendigung der Schulzeit, also nach vollendetem 13. Lebensjahr in die Fabrik. Auch sind schon viele Kinder unter diesem Alter in Fabriken dahier aufgenommen worden, obwohl hierüber gesetzliche Bestimmungen erlassen worden sind. In diesem Alter müssen diese Kinder Morgens 5 Uhr in der Arbeit sein, da jede Versäumniß mit Geld bestraft wird. Sie sind daher genöthigt, Morgens 4 Uhr aufzustehen, und kommen nach der Arbeit erst gegen 8 Uhr Abends wieder nach Hause. Dieses ist aber bei den Kindern wie bei den erwachsenen Arbeitern nur bei jenen der Fall, welche in der Stadt selbst leben. Ein noch größeres ungünstiges Verhältnis tritt bei jenen Kindern [...] ein, welche ihr Domizil in den umliegenden Orthschaften haben. Augsburgs Arbeiterbevölkerung wohnt bereits zur Hälfte in den Dörfern Lechhausen, Oberhausen, Kriegshaber, Stadtbergen, [...]. Diese Orthschaften sind von den Fabriken eine halbe bis ein und eine halbe Stunde entfernt. Um nun rechtzeitig an ihrer Arbeit einzutreffen, sind diese Arbeiter genöthigt, Morgens schon um 3 Uhr aufzustehen. [...] Bis die Arbeiter nach Hause kommen, wird es neun Uhr, und bis sie zu Nacht gegessen und ihre Ruhestätte aufsuchen können, wird es 10 Uhr. [...]
Bei einer solchen Sachlage ist es nun selbstverständlich, daß darunter die Gesundheit der Arbeiter empfindlicher Schaden leiden muß. Der Mangel an Schlaf und der nöthigen Erholung und Ruhe, besonders bei Kindern im Alter von 13 bis 17 Jahren, kann nicht anders als höchst nachtheilig auf die Gesundheit einwirken. [...] Allein noch andere Umstände sind hierbei in Betracht zu ziehen. In den Sälen dieser Fabriken athmet der Arbeiter ungesunde, mit schädlichen Dünsten geschwängerte Luft ein. Die große Anzahl Arbeiter, welche in einem solchen Saale zu arbeiten haben, erzeugt natürlich ungesunde Ausdünstungen, dazu kommt noch der Staub der Wolle, den die Arbeiter einzuathmen haben [...]. Diese ungesunde, mit Dünsten geschwängerte Luft aller Art hat nun der Arbeiter 13 volle, oft auch 14 und noch mehr Stunden einzuathmen. Frische, reine Luft dringt nicht in diese Säle, weil die Fenster im Sommer nur kurze Zeit, im Winter aber gar nicht geöffnet werden. [...]

*Zit. nach: Konrad von Zwehl, Aufbruch ins Industriezeitalter, Bd. 3: Quellen zur Wirtschafts- und Sozialgeschichte Bayerns, Oldenbourg, München 1985, S. 207–208.*

1 Charakterisieren Sie die Arbeitsbedingungen der Textilarbeiter in Augsburg.

## M6 Der Bauunternehmer Jakob Heilmann beschreibt das Verhältnis zu seinen Arbeitern und ihre Lebensumstände

*Jakob Heilmann (1846–1927) arbeitete als Baumeister und Bauingenieur ab 1866 im Bereich des Eisenbahnbaus. Er war Baumeister mehrerer Bahnlinien in Bayern, darunter der Linie Vilseck–Weiden, die in diesem Text eine Rolle spielt. Nach 1877 widmete sich Heilmann dem Hochbau und betrieb mit seinem Schwiegersohn, dem Architekten Max Littmann (1862 bis 1931), eine Immobiliengesellschaft, die besonders im Einfamilienhaus- und Villenbau rund um München aktiv war.*

In Neumarkt in der Oberpfalz, wo ich auch Stellvertreter des Baudirektors, Oberingenieur Delbondio, war, war mir keine Arbeit zu groß und zu schwer, ich habe alles mit eigener Kraft durchzuführen gesucht, um die Fähigkeiten, über die ich verfügte, kennen zu lernen. Ich musste wissen, ob meine Kräfte reichten, um einem selbst zu übernehmenden Bau allein vorzustehen und ihn mit Erfolg durchzuführen. […] 14 Tage nach meiner Ankunft hatte ich auf der Strecke, die im ganzen 5 Stunden lang war, über 1 300 Arbeiter. Als leichtfertig muss ich es von Seiten des Bezirksamtes bezeichnen, dass es bei Beginn des Eisenbahnbaues seine Gefängnisse öffnete und mir viele Leute daraus schickte. Die Folge davon war, dass es schon am ersten Zahlungstage einen richtigen Aufstand gab. Trotz meiner Jugend gelang es mir, die ganze Gesellschaft zu meistern, ich beherrschte die Situation durch das meist wirkende Mittel, die Zahlung einzustellen und die Leute auf den anderen Tag, wenn sie ruhiger geworden, zu verweisen. Die besonneneren Arbeiter kamen nach einer halben Stunde und baten um ihr Geld, weil sie doch sonst nichts mehr zu leben hätten. Unter der Versicherung, dass sie ruhig blieben, habe ich denn die Auszahlung fortgesetzt und die ganze Gesellschaft bis auf ungefähr 10 Mann in Ruhe ausgezahlt. Einen Streik wegen höherer Akkordlöhne[1], der später einmal vorkam, konnte ich auch mit Ruhe und Festigkeit erledigen, sodass ich während des ganzen Baues Herr der Situation war, viele gute Arbeiter und Arbeiterfamilien hatte, die mir mit ihrer ganzen Kraft zur Verfügung standen. Da ich im ganzen noch 6 Jahre als Eisenbahn-Bauunternehmer arbeitete, hatte ich stets von diesen guten und erprobten Arbeitern einen Nachzug[2], der überall dahin ging, wo ich wieder einen Neubau unternommen hatte. Überhaupt habe ich in jener Zeit das arbeitende Volk hoch schätzen und lieben gelernt. Ich hatte zu Hunderten von Arbeitern trotz meiner Jugend ein Verhältnis, das ein väterliches genannt werden konnte, und diese Achtung und der Respekt vieler solcher guter Menschen hat sich bis zum heutigen Tag nicht verringert. Ich habe heute noch aus dieser Zeit Kinder und Enkel solcher Arbeiter in gehobener Stellung bei mir im Geschäfte. Der Enkel eines meiner ersten Arbeiter ist heute als sehr tüchtiger Kaufmann bei einer meiner Unternehmungen an der Spitze tätig. […]

*Etwas später hat Heilmann sich als Eisenbahnbauer selbstständig gemacht. Nun berichtet er vom Bau der Strecke Vilseck–Weiden:*

Bei Beginn des Baues kam ich mit einem Eisenbahnzug von 22 Waggons Werkzeugen – so viel hatte ich mir inzwischen angeschafft – in Amberg an und musste auf der Straße Schienen, Rollwagen und Maschinen 5 Stunden weit zur Baustelle führen. Meine alten Arbeiter gingen mit, und so kam ich mit ca. 60 Mann geschulten Fachleuten an. Erfreulich war, dass ich gleich am ersten Tage von Hunderten von Arbeitern empfangen wurde, die alle mitarbeiten wollten. Die Gegend, in der ich meinen ersten Eisenbahnbau hatte, ist viele Stunden von der Bahn entfernt, war damals sehr arm, und darum waren die Menschen glücklich, dass ihnen Arbeit geboten wurde. Aber bald kam die Enttäuschung insoferne, als die traurige Ernährung dieser armen Menschen ihnen nicht die Kraft gab, die ziemlich schweren Erd- und Steinbrucharbeiten zu bewältigen. Ich hatte zwar viele Leute da, aber nur ein kleiner Teil war brauchbar. Ich fasste deshalb den Entschluss, die Leute besser zu ernähren, so zur Arbeit vorzubereiten und leistungsfähiger zu machen. Ich ließ einen Ochsen schlachten, aber die Leute konnten das Fleisch nicht vertragen. Ich griff dann zu Kornbrot und Bier. Ich habe neben der Strecke unter die Arbeiter Brot und Bier verteilen lassen und das Resultat, das ich besonders den Antialkoholikern bekannt geben möchte, war glänzend. Ich habe vier Wochen lang mit Bier und Brot die bravsten und tüchtigsten Arbeiter herausgefüttert und arbeitsfähig gemacht. Und so ging es während der ganzen Periode. Ich habe mir die denkbar besten Arbeiterverhältnisse geschaffen. Als die Arbeiten zu Ende waren, haben sich die Arbeiter weinend von mir verabschiedet mit den Worten: „Wenn Sie nur noch ein Jahr dageblieben wären, dass wir uns besser hätten erholen können."

*Jakob Heilmann, Lebenserinnerungen, Knorr & Hirth, München 1921, S. 13 f., 18 f.*

1 Akkordlohn: Bei der Akkordarbeit wird je nach Bezugsgröße oder Beschäftigtenzahl zwischen verschiedenen Formen unterschieden. Beim Stückgeldakkord sind etwa bestimmte Stückeinheiten (Schienenlängen) zu erbringen, für die ein vereinbarter Geldbetrag bezahlt wird.
2 Nachzug: Die Arbeiter Heilmanns gehen mit ihm zur neuen Baustelle mit.

**1** Formulieren Sie auf der Grundlage der Informationen Heilmanns Hypothesen über die Herkunft der großen Zahl der Arbeiter, die beim Eisenbahnbau beschäftigt wurden.

**2** Charakterisieren Sie das Verhältnis, das Heilmann als damals noch junger Mann mit weniger als dreißig Jahren zu den Arbeitern hatte.

**3** Beurteilen Sie seine Haltung gegenüber den Arbeitern vor dem Hintergrund der Zeit. Begründen Sie Ihr Urteil und geben Sie dabei Ihre Wertmaßstäbe an.

## M7 Bevölkerungswachstum und Städtewachstum 1840–1910

**a) Entwicklung der fünf größten Städte im rechtsrheinischen Bayern (in Tausend)**

|  | 1840 | 1855 | 1871 | 1880 | 1890 | 1910 |
|---|---|---|---|---|---|---|
| München | 96 | 132 | 170 | 230 | 351 | 596 |
| Nürnberg | 47 | 56 | 83 | 100 | 143 | 333 |
| Augsburg | 37 | 41 | 51 | 61 | 76 | 123 |
| Würzburg | 27 | 33 | 40 | 51 | 61 | 84 |
| Fürth | 15 | 17 | 25 | 31 | 43 | 67 |

**b) Von der bayerischen Gesamtbevölkerung lebten in Gemeinden**

|  | 1855 | 1880 | 1910 |
|---|---|---|---|
| a) mit unter 2 000 Einw. | 3,6 Mio. | 3,8 Mio. | 3,8 Mio. |
| b) mit 2 000 bis 5 000 Einw. | 310 000 | 490 000 | 707 000 |
| c) mit 5 000 bis 20 000 Einw. | 305 000 | 409 000 | 578 000 |
| d) mit 20 000 bis 100 000 Einw. | 178 000 | 276 000 | 742 000 |
| e) mit 100 000 Einw. und mehr | 132 000 | 330 000 | 1 053 000 |

Quelle: Rudolf Hasch, Landesgeschichte und Exkursion im Geschichtsunterricht, Auer, Donauwörth 1978, S. 85.

1 Untersuchen Sie die Bevölkerungsverschiebungen, die Sie in Tabelle M 7 b erkennen können.
2 Beschreiben Sie mithilfe von M 7 a das beschleunigte Großstadtwachstum im 19. Jahrhundert und arbeiten Sie die Ursachen dafür heraus.

## M8 Mietskasernen in Berlin-Charlottenburg, Fotografie, um 1900, und Grundriss

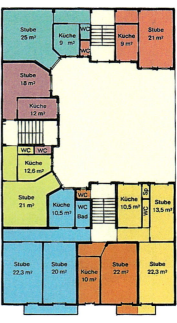

1 Beschreiben Sie die Konstruktionsprinzipien der Wohnanlage.
2 Erklären Sie den Begriff „Mietskaserne".
3 Erschließen Sie die Motive für diese Bauweise.
4 Schreiben Sie aus der Perspektive des Familienvaters einer sechsköpfigen Arbeiterfamilie in einer Hinterhauswohnung einen Brief an die Stadtverwaltung, in dem Sie die Verbesserung Ihrer Wohnverhältnisse fordern.

## M 9 Städtewachstum in Bayern – das Beispiel Nürnbergs

**a)** Der Plärrer in Nürnberg, Fotografie, 1865

**b)** Der Plärrer in Nürnberg, Fotografie, 1905

1. Analysieren Sie die Fotografien von 1865 und 1905 mithilfe der Methodenseite (s. S. 290).
2. Vergleichen Sie die beiden Fotografien miteinander. Erarbeiten Sie, was 1865 die Begriffe Straße, Platz und Haus prägte und was man 1905 mit diesen Begriffen verband.
3. Untersuchen Sie den Horizont 1865 und 1905. Wodurch wurde das jeweilige Weichbild der Stadt charakterisiert? Erklären Sie die Unterschiede.
4. Stellen Sie die neuen Elemente der Bebauung bis 1905 zusammen.
5. Erläutern Sie anhand der Fotografien den Begriff der Urbanisierung. Charakterisieren Sie dabei sowohl den Begriff der Verstädterung als auch den des städtischen Lebensstils.
6. **Geschichte regional:** Recherchieren Sie die städtebaulichen Veränderungen Ihres Heimatortes im 19. Jahrhundert und stellen Sie dar, ob bzw. inwiefern die Industrialisierung das Leben im Ort verändert hat.

## 2.3 Aufbruch in die Industriegesellschaft – Bedingungen des Wandels

**Bedingungen der Industrialisierung**

Bis zum Ende des Heiligen Römischen Reiches Deutscher Nation im Jahre 1806 war Deutschland in 300 zum Teil ausgesprochen kleine Territorialstaaten zersplittert. Eine Vielzahl von Zollschranken, abweichende Maß-, Münz- und Gewichtssysteme, Handelsmonopole sowie schlechte Verkehrsverbindungen hemmten die wirtschaftliche Entwicklung. Aber auch der 1815 gegründete Deutsche Bund mit seinen 39 bzw. später 41 souveränen Staaten und Städten war für die Überwindung der wirtschaftlichen Zersplitterung Deutschlands keine Hilfe, obwohl viele Länder mithilfe staatlicher Investitionen das Verkehrsnetz erweiterten und leistungsfähiger machten. Einen wichtigen Schritt in Richtung auf einen größeren und einheitlichen deutschen Wirtschaftsraum stellte die Abschaffung von Zollschranken dar. Dieser Ausbau des Binnenmarktes erreichte 1834 mit der Gründung des Deutschen Zollvereins (s. S. 95) seinen vorläufigen Höhepunkt.

Aber nicht nur ein einheitlicher Wirtschaftsraum, sondern auch rechtliche Reformen verhalfen der Industrialisierung zum Durchbruch (s. S. 91 f.). Gesellschaft und Wirtschaft mussten von ständischen bzw. feudalen Fesseln befreit werden, damit Landwirtschaft und Gewerbe ihre Produktivität steigern konnten. Bei den Agrarreformen wie z. B. der Aufhebung der Leibeigenschaft ging es darum, die mit der Grundherrschaft verbundenen feudalen Abhängigkeitsverhältnisse aufzuheben und den Menschen, die auf einem Bauernhof tätig waren, die volle Entscheidungsfreiheit über ihre eigene Arbeitskraft zu garantieren. Gleichzeitig waren die vielfältigen Herrschafts-, Besitz- und Nutzungsrechte an landwirtschaftlichem Grund und Boden in Privateigentum umzuwandeln. Mit der Beseitigung der Zunftverfassung und der Einführung der Gewerbefreiheit wurden bisher geltende Beschränkungen zur Gründung eines Gewerbebetriebes gelockert oder aufgehoben und damit die Konkurrenz innerhalb der gewerblichen Wirtschaft gefördert.

**Agrarreformen**

Die Beseitigung ständischer und feudaler Schranken trug zu einer Dynamisierung der gesellschaftlichen und wirtschaftlichen Entwicklung bei, die für die Menschen neue Chancen, aber auch unbekannte Risiken mit sich brachte. So haben die Aufhebung der personellen Bindungen und die Privatisierung des ländlichen Grund- und Sacheigentums die landwirtschaftliche Produktion erhöht. Ein wichtiger Bestandteil dieser Reformen war die Aufhebung der feudalen Dienstverpflichtungen und der Beschränkungen der Freizügigkeit der ehemals Abhängigen. Sie bezahlten allerdings einen hohen Preis für die „Bauernbefreiung", wie die Abschaffung der Leibeigenschaft von den Historikern lange Zeit genannt wurde. Denn die „Bauernbefreiung" war auch eine Befreiung des Adels von den Verpflichtungen gegenüber den von ihm abhängigen Bauern und Gesinde in Notzeiten. Diese verloren den bisherigen Schutz, den der Grundherr für in Not geratene Abhängige leisten musste und der die Kehrseite der feudalen Bindung „an die Scholle" darstellte. Zudem entstanden mit der formalen rechtlichen Gleichstellung der am Wirtschaftsleben Beteiligten neue ökonomische Ungleichheiten in der sich herausbildenden Marktgesellschaft. Bei der Verteilung des bisher gemeinsam genutzten Landes gingen diejenigen, die wenig oder kein Land besaßen, meist leer aus. Da die Sorgepflicht der ehemaligen Grundherrn für ehemalige Angehörige ihrer Grundherrschaft nun wegfiel, war ein großer Teil der dörflichen Unterschichten schutzloser und wirtschaftlich

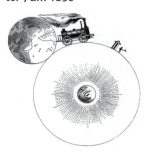

**M1** „Neueste Eisenbahn", Projekt einer Eisenbahnlinie um die Sonne, Holzstich aus der Zeitschrift „Fliegende Blätter", um 1850

**M2** Post und Eisenbahn (bei Koblenz), Ölgemälde von Kurt Knüttel, um 1865

**1** „Die Gleichzeitigkeit des Ungleichzeitigen": Erläutern Sie die Formulierung aus der Perspektive der Reisenden.

schlechter gestellt als vor den Reformen (M 4). Es darf jedoch nicht übersehen werden, dass durch die Agrarreformen Arbeitskräfte für die entstehende Industrie frei wurden. Aus dieser Gruppe freigesetzter Leibeigener rekrutierte sich besonders in der ersten Hälfte des 19. Jahrhunderts die Fabrikarbeiterschaft in den entstehenden Großstädten.

**Internettipps**
*http://hgisg.geoinform.fh-mainz.de/*
Ausführliche Informationen, Bilder und Karten zum Deutschen Zollverein auf den Seiten des Instituts für Europäische Geschichte Mainz (Link „Multimedia").

*www.hwk-schwaben.de/viewDocument?onr=71&id=242*. Bayerns Weg in die Moderne am Beispiel der Entwicklung des Handwerks 1806 bis 2006. Begleitband (PDF) einer Ausstellung im Deutschen Museum München, 2006.

**Gewerbereformen** Kern der Gewerbereformen war die **Liberalisierung der Wirtschaftsverfassung**. Zunftverfassung und Zunftzwang wurden aufgehoben, der Zugang zu einem Gewerbe wurde erleichtert. Hatten die Zünfte genau über die Zahl der Betriebe gewacht, konnte mit der Einführung der **Gewerbefreiheit** grundsätzlich jedermann einen Gewerbebetrieb eröffnen. Doch in der Regel entschied eine staatliche oder städtische Behörde, wer ein Unternehmen gründen durfte. Die Zulassung (Konzession) war abhängig von bestimmten Qualifikationen. Das konnten fachliche Qualifikationen sein, etwa eine bestimmte Ausbildung, oder auch eine persönliche Eigenschaft wie Zuverlässigkeit. Als kurzfristige Folge der Gewerbereformen nahm die Zahl der Meister und damit der Betriebe zu, während die Zahl der in Handwerksbetrieben beschäftigten Gesellen sank (M 5 a und b). Langfristig schuf die Einführung der Gewerbefreiheit, die in Deutschland erst Mitte des 19. Jahrhunderts abgeschlossen wurde, die Voraussetzungen für eine marktorientierte freie Wirtschaft und damit auch für die Industrialisierung der gewerblichen Produktion.

**Gleichzeitigkeit des Ungleichzeitigen** Die Industrialisierung war ein vielschichtiger Modernisierungsvorgang, bei dem sich Altes und Neues überlagerten. Das Alte verschwand nicht sofort, sondern prägte den Alltag der Menschen noch für längere Zeit. Und das Neue brauchte manchmal eine gewisse Zeit, bis es sich entfalten konnte und in den Alltag breiter Bevölkerungsschichten

**M 3** Das Nebeneinander industrieller und vorindustrieller Lebenswelten in München, Fotografie, um 1900.
Das Foto zeigt die typische Bebauung im 1854 eingemeindeten Vorort Haidhausen.

1 Beschreiben Sie die Elemente dörflicher und städtischer Struktur in der Fotografie.
2 Erläutern Sie anhand des Fotos die Bedeutung der Vorstadtstraße als Lebensraum.

eindrang. In manchen Bereichen schritt die Entwicklung schnell voran, in anderen brach sie ab, stagnierte oder kehrte sich sogar um. Daher standen oft hochmoderne Erscheinungen der Industriegesellschaft neben althergebrachten Phänomenen der vorindustriellen Welt. Historiker sprechen in diesem Zusammenhang von der Gleichzeitigkeit des Ungleichzeitigen (M 2 und M 3).

**Lesetipp**
Friedrich-Wilhelm Henning, Die Industrialisierung in Deutschland 1800–1914, 9. Aufl., Paderborn 1995.

1 Erläutern Sie folgenden Satz aus dem Darstellungstext: „Die Beseitigung ständischer und feudaler Schranken trug zu einer Dynamisierung der gesellschaftlichen und wirtschaftlichen Entwicklung bei, die für die Menschen neue Chancen, aber auch unbekannte Risiken mit sich brachte."

### M4 Agrarreformen in Bayern: der Wandel der Besitzverhältnisse auf dem Land

*Die „Bauernbefreiung", d. h. die allmähliche Unabhängigkeit der Bauern von den Grundbesitzern, führte auf dem Land zu Armut und existenzieller Unsicherheit, auch wenn die Obrigkeiten versuchten, durch die Verteilung der Gemeingründe Sicherheiten zu schaffen. In den Verhandlungen der Zweiten Kammer des bayerischen Landtags wurden diese Probleme 1831 angesprochen:*

In den Jahren 1800, 1805 u. 1806 sind bekanntlich die oben berührten Gemeingründe unter die Mitglieder der Ruralgemeinden vertheilt und den selben zur Cultur als Privateigenthum übergeben worden. Diese Vertheilung hätte dem Ge-
5 setze der Gerechtigkeit gemäß nach dem Maaßstabe des Hoffußes in der Weise geschehen sollen, das derjenige Gutsbesitzer, welcher von dem Grundherrn ursprünglich zwar mehr Grund und Boden, aber auch mehr Lasten übernommen hat, nach dem Verhältnisse dieser von dem Gemein-
10 grunde auch mehr hätte erhalten sollen. Denn bey dem ursprünglichen Vertrag zwischen dem Grundherrn und Grundholden und Vertheilung der Lasten auf die Güter ist gewiß nicht nur auf die jedem Grundholden übergebenen eigenthümlichen Gründe, sondern es ist auch auf die Ge-
15 meingründe dergestalt Rücksicht genommen worden, dass der größer Begüterte ein ausgedehnteres Nutzungsrecht als der kleiner Begüterte habe. Den Beweis liefern frühere Vertheilungen und selbst richterliche Sprüche. Auch wird es Jedermann von selbst einleuchten, dass derjenige z. B., wel-
20 cher 100 Morgen Landes dem Grundherren um 5000 fl. abgekauft hat und ihm dafür eine jährliche grundherrliche Abgabe von etwa 30 Schäffel reicht, auf eine größere Fläche von Gemeingründen Anspruch hat, als derjenige, welcher nur 10 Morgen um 500 fl. erkauft hat und etwa nur drei
25 Schäffel Gilten[1] reicht. So lange die Gemeingründe bestanden haben, durfte in dem gegebenen Falle der größer Begüterte etwa 30 Klafter im Holz im Gemeindewalde fällen, und 30 Rinder, ebensoviel Schaafe und Schweine nebst einer verhältnismäßigen Anzahl von Pferden auf die Gemeinweide
30 treiben, dagegen der kleiner Begüterte nur 3 Klafter Holz im Gemeindewalde fällen, nur 3 Kühe, ebensoviel Schafe und Schweine und gar kein Roß auf der Gemeinweide halten. Bey Vertheilung dieser Gemeingründe zu Anfang des gegenwärtigen Jahrhunderts ist leider auf dieses Recht nicht
35 gesehen worden, sondern die Kleinbegüterten erhielten ebensoviel an Grund und Boden als die größeren Begüterten, und zwar als freyes Eigenthum. Vergeblich waren alle Reklamationen der letzteren, sie wurden nicht beachtet. Dagegen blieben ihre Lasten, ihre Stiften, ihre Gilten, ihre Lau-
40 demien [Gebühren bei Besitzveränderungen] ungeändert, indem die Gemeingründe nicht in den grundherrlichen, sondern nur in den landesherrlichen Verband gezogen, d. h. nicht mit Stiften und Gilten, sondern nur mit Steuern belegt wurden. Seit der Zeit steigt der Vermögensstand der Klein-
45 begüterten sichtbar; dagegen fällt in unseren Gemeinden von Jahr zu Jahr jener der größeren Güterbesitzer. Die Ursache ist die ihnen von Seite der Regierung widerfahrene oben beschriebene Ungerechtigkeit.

Zit. nach: Konrad von Zwehl u. a. (Hg.), Aufbruch ins Industriezeitalter, Bd. 3: Quellen zur Wirtschafts- und Sozialgeschichte Bayerns vom ausgehenden 18. bis zur Mitte des 19. Jahrhunderts, Oldenbourg Verlag, München 1985, S. 64 f.

1 Schulden

1 Untersuchen Sie die Kritik der bayerischen Ständeversammlung an der Veränderung der ländlichen Besitzverhältnisse. Arbeiten Sie heraus, welche Maßnahmen und Umstände bemängelt wurden.
2 Diskutieren Sie die Aussage, die vorgenommene Verteilung des Gemeindebesitzes sei ungerecht. Begründen Sie Ihr Urteil.

### M5 Gewerbereformen in Bayern

#### a) Das Ende der Zünfte:

*Das neue bayerische Gewerbegesetz von 1825 sorgte endgültig für das Ende des Zunftzwanges, brachte jedoch keine völlige Gewerbefreiheit, sondern ein Konzessionssystem. Der Staat entschied also von Fall zu Fall, ob ein neuer Betrieb eingerichtet werden durfte. Der Auszug aus dem Protokoll der Verhandlungen des Landtags von 1831 dokumentiert die Diskussion über die Folgen dieser Neuerung:*

Fast in allen Städten seyen seit dem Jahre 1825 so viel neue Concessionen ertheilt worden, dass die Gewerbe dadurch öfters um ein Drittheil, ja um die Hälfte vermehrt worden, obgleich die Bevölkerung nicht in diesem Grade gewachsen sey, ja in manchen Städten sogar abgenommen habe. Gerade da, wo eine Vermehrung der Gewerbe nicht nöthig gewesen, weil eine für das Bedürfniß hinreichende Anzahl schon existiert habe, nämlich bey den Lokalgewerben, habe dieser bedeutende Zugang stattgefunden. Wäre diese Vermehrung der Gewerbe nur bey den commerciellen Gewerben eingetreten, so würde solche nicht nachtheilig, sondern sogar erfreulich gewesen seyn, weil dieß auf einen vermehrten Absatz in das Ausland und einen aufblühenden Handel hingedeutet haben würde. Allein nun sey gerade das Gegentheil eingetreten, der Handel nach außen habe sich nicht gehoben, vielmehr dränge sich alles vom Lande in die Städte, um dem bereits mit Nahrungssorgen kämpfenden Gewerbsmann den letzten Bissen gar zu rauben. Die hiedurch entstandene Übersetzung der Lokalgewerbe führe zur Nahrungslosigkeit. Denn nicht genug, dass die Überzahl den Verdienst schon bis zur kleinsten Summe getheilt und zersplittert habe, so werde derselbe auch noch durch die häufigen und fortwährend sich mehrenden Ansässigmachungen der Landmeister unmittelbar um die Stadtbezirke herum und durch das nicht zu controlierende Hausieren auf Nichts herabgedrückt. Wenn die fortwährende Beschäftigung vieler Gesellen in den Werkstätten der einzelnen Meister einen guten Nahrungsstand anzeigten und auf einen blühenden Zustand des Gewerbswesens schließen ließen, so beweise dagegen auch das entgegengesetzte Phänomen Nahrungslosigkeit und den Verfall der Gewerbe. Das letztere sey aber gegenwärtig eingetreten. Denn in vielen Werkstätten der Lokalgewerbe finde man nicht mehr, wie früher, viele oder mehrere Gesellen, sondern häufig nur einen oder zwei, und bei vielen Meistern keinen einzigen Gesellen. Ja viele Meister seyen sogar genöthigt, selbst wieder in den Gesellenstand zurückzutreten.

**1** Erläutern Sie mithilfe von M 5 a die Auswirkungen der neuen Gewerbegesetzgebung in Bayern seit 1825.

**b) Die wachsende Zahl der arbeitslosen Handwerksgesellen:**

*Auf dem Landtag von 1831 wurden weitere Probleme verhandelt, deren Ursache auch in der neuen Gewerbegesetzgebung gesehen wurde:*

[...] [W]ährend in Berlin auf 8 Familien eine gewerbetreibende trifft, kommt in München bereits auf vier Familien eine solche. Dieses Mißverhältniß muß natürlich von dem nachtheiligsten Einflusse auf den Wohlstand der Gewerbetreibenden seyn. [...] Dabey vermehrt sich die Zahl der Armen, es mehren sich die Anforderungen an die öffentlichen Anstalten, welche zur Unterstützung Dürftiger bestimmt sind. Als Belege für das Verhältniß der Dürftigen Münchens möge dienen, daß der Verein, welcher sich hier zur Unterstützung Bedürftiger mit Brennmaterialien gebildet, nach sorgfältiger Prüfung der Verhältnisse fast 5000 Bittstellern aus München und der Au unentgeltlich Brennmaterial spenden musste. [...]

Es zeigt sich, wie schon im allgemeinen angeführt und bewiesen wurde, ein Mißverhältniß zwischen Producent und Nachfrage nach dem Producte; dieß Mißverhältniß findet sich jedoch schon bey den nicht selbständigen Gewerbetreibenden; – es beginnt schon bey den Lehrlingen. Die frühere Gewerbsgesetzgebung hatte geglaubt, eine Schranke zu setzen, ein Verhältniß zwischen Lehrlingen, Gesellen und Meistern dadurch bestimmen zu müssen, daß Letztere in der Annahme von Lehrlingen beschränkt waren. Diese Bestimmung hielt man indessen für dem Principe der Freyheit widersprechend; deßhalb wurde durch die Verordnung vom 20. Juny 1810 erklärt, daß es jedem Handwerker frey stehen solle, so viele Handwerkslehrlinge aufzunehmen, als er für gut finde. Von dieser Berechtigung wurde nun auch in vollem Maaße Gebrauch gemacht. Mit Lehrlingen zu arbeiten, kam wohlfeiler, als mit Gesellen; Lehrlinge konnten zu manchen Diensten gebraucht werden, welche von den Gesellen verweigert worden wären. Deßhalb wandte sich ein großer Theil der Meister, die Gehülfen brauchten, an die Aufnahme von Lehrlingen; war die Lehre des einen beendigt, so wurde er entlassen; an seine Stelle trat ein neuer. – Durch dieses Verfahren wurde nun natürlich die Zahl der Gesellen vermehrt, der Bedarf von Gesellen nahm aber im Verhältnisse der Zunahme der Zahl ab. Es war ferner natürlich, daß bey diesem Verfahren der Unterricht der Lehrlinge immer schwächer wurde, daß sie, ausgelernet, auf der Wanderschaft immer weniger Gelegenheit zur Arbeit, also auch zur Vermehrung der Kenntnisse erhielten. [...] Die Zahl der arbeitslosen im Lande wandernden Gesellen wuchs in stetiger Progression; mit ihr die Abnahme der Kenntnisse, die Demoralisation; die verschiedenen Staaten sahen sich genöthigt, ihre Gränzen vor dem Eintritte fremder Handwerksgesellen fast hermetisch zu verschließen, so lange sich diese nicht über den Besitz einiger Baarschaft auszuweisen vermögen, was bey der vermehrten Schwierigkeit, Arbeit zu finden, immer schwieriger wird, und man kann in gegenwärtigem Augenblicke ohne Untertreibung behaupten, daß in Bayern fortwährend 20 000 Gewerbetreibende arbeitslos das Land durchstreifen.

*M 5 a und b zit. nach: Konrad von Zwehl u. a. (Hg.), Aufbruch ins Industriezeitalter, Bd. 3: Quellen zur Wirtschafts- und Sozialgeschichte Bayerns vom ausgehenden 18. bis zur Mitte des 19. Jahrhunderts, Oldenbourg, München 1985, S. 188 f. und 38 f.*

**1** Beschreiben Sie die Folgen der Gewerbereformen (M 5 b).
**2** Erklären Sie das Verhalten der Handwerksmeister vor dem Hintergrund der neuen Gewerbegesetzgebung.
**3** Diskutieren Sie mögliche Maßnahmen des bayerischen Staates zur Verbesserung der Lage (M 5 a und b).

## 2.4 Liberalisierung durch staatliche Reformen: das Beispiel Preußen

**Fortschrittliches England, rückständiges Preußen**

Wesentliche Bedingungen für die Industrialisierung im Pionierland England waren Fortschritte in der Landwirtschaft, die die wachsende Bevölkerung ernähren konnte. Die Landbevölkerung war nicht an die Scholle gebunden, sondern konnte in der Stadt nach neuen Betätigungsfeldern suchen. Das Arbeitskräfteangebot sowie die Binnennachfrage nahmen dadurch zu. Große, leicht abzubauende Kohlevorkommen, kurze, kostengünstige Verkehrswege und ausreichendes Kapital zum Investieren begünstigten die Industrialisierung. Staatliche Reformen und die offene Gesellschaftsstruktur Englands verschafften Unternehmen und Unternehmern die nötigen Freiräume für die Erneuerung der Wirtschaft und wissenschaftlich-technische Innovationen. Dagegen waren die meisten deutschen Staaten zu Beginn des 19. Jahrhunderts noch geprägt von den starren Strukturen der spätabsolutistischen Ständegesellschaft, die der Mobilität der Bevölkerung enge Grenzen setzten. Das galt besonders für Preußen, vor allem für seine ostelbischen Gebiete. Die dort vorherrschende Gutsherrschaft beruhte auf persönlichen Abhängigkeiten, die von Generation zu Generation weitervererbt wurden. Die gutsuntertänigen Bauern, Knechte, Mägde und Häusler waren verpflichtet, dem Gutsherrn einen Großteil ihrer Arbeitskraft zu überlassen. Dieser entschied auch darüber, ob sie heiraten, den Hof verlassen oder einen anderen Dienst aufnehmen durften. Solche Beschränkungen individueller Freiheiten verhinderten wirtschaftliche Eigeninitiative und die Entstehung eines Arbeitsmarktes; beides waren unerlässliche Bedingungen industriekapitalistischer Entwicklungen.

**Friede von Tilsit**
Nach verheerender Niederlage gegen Frankreich in der Schlacht bei Jena und Auerstedt verlor Preußen im Friedensschluss von Tilsit 1807 die Hälfte seines Staatsgebietes (Gebiete westlich der Elbe) und musste hohe Kriegskontributionen leisten, die den Staat in eine finanzielle Krise stürzten.

**Wachsender Reformdruck**

Reformen, die die Wettbewerbsfähigkeit Preußens sichern sollten, gab es bereits im 18. Jahrhundert. Fortschrittliche Kräfte in Preußen sahen die dringende Notwendigkeit staatlicher Reformen, um die Wettbewerbsfähigkeit des Landes zu sichern. Doch erst die Katastrophe von 1806, die Niederlage Preußens gegen die Armeen des revolutionären Frankreich unter Napoleon und der Friede von Tilsit*, überzeugten auch den preußischen König Friedrich Wilhelm III. von der Notwendigkeit tief greifender Reformen der Wirtschafts- und Sozialverfassung. Das Land, so der König, „muss durch geistige Kräfte ersetzen, was es an physischen verloren hat". Die militärisch-politische Niederlage ging einher mit einer Finanzkrise des preußischen Staates. Starkes Bevölkerungswachstum verschärfte die Situation zusätzlich, sodass ein sozialer Kollaps und revolutionäre Unruhen zu befürchten waren. Eine „Revolution im guten Sinn" forderten die führenden Reformer Karl August von Hardenberg* und Freiherr vom Stein*, die dem entgegenwirken und vor allem den Wiederaufstieg Preußens ermöglichen sollte. Ihr Konzept zielte auf eine „defensive Modernisierung, nicht *mit*, sondern *gegen* Napoleon" (Elisabeth Fehrenbach). Anders als im 1806 gegründeten Rheinbund sollten sich die preußischen Reformer nicht an Frankreich orientieren. Die Wirtschaftsreformen Preußens beruhten auf den Lehren von Adam Smith, dessen Hauptwerk „Wohlstand der Nationen" (1776) die theoretische Grundlage für die industriekapitalistische Entwicklung Englands gelegt hatte. Diese „Bibel des Kapitalismus" mit ihren Leitbegriffen Besitzindividualismus, Leistungsprinzip, freie Märkte, Konkurrenz fand auch in Deutschland begeisterte Aufnahme. Die von Smith vorgeschlagenen Maßnahmen – staatliche Interventionen und planmäßige Nationalerziehung – griffen die preußischen Reformer auf.

**M1** Karl August Fürst von Hardenberg (1750 bis 1822), Gemälde von Johann Heinrich Tischbein d. Ä., um 1810

Hardenberg stammte aus einer hannoverschen Adelsfamilie. 1790 trat er in den preußischen Staatsdienst ein, 1807 wurde er zum leitenden Minister ernannt, jedoch nach dem „Frieden von Tilsit" entlassen. 1810 führte er als Staatskanzler die Reformen Steins fort.

**M2** Karl Reichsfreiherr vom und zum Stein (1757 bis 1831), Gemälde (Kopie) von W. Körber, 1804

Stein stammte aus Nassau an der Lahn. Seine Familie gehörte der rheinischen Reichsritterschaft an. 1780 trat der Jurist in den preußischen Staatsdienst ein, 1804 wurde er Wirtschafts- und Finanzminister. 1808 wurde der Reformer auf Druck Napoleons entlassen.

**Internettipp**
www.preussen-chronik.de

### Die Reformen und ihre Wirkung

Den Kern der umfangreichen **Reformen in Preußen** bildete die Agrarreform, die mit dem Oktoberedikt über die **Bauernbefreiung** von 1807 (M 4) angestoßen wurde und die Rückständigkeit der ostelbischen Landwirtschaft beseitigen sollte. An die Stelle einer starren Ständegesellschaft, die jedem Menschen eine feste, durch Geburt erworbene soziale Position zuwies, trat nach und nach eine mobile Marktgesellschaft mit freiem Berufs- und Arbeitsmarkt. Die Ablösung sozialer Abhängigkeitsverhältnisse auf dem Land durch das Regulierungsedikt von 1811 war ein weiterer Schritt in diese Richtung, der den betroffenen Bauern jedoch nicht nur Vorteile brachte. Hauptprofiteure der Agrarreformen waren die Rittergutsbesitzer, die ihren Besitz auf Kosten besitzloser Bauern ausdehnen konnten. Häufig waren Letztere nicht in der Lage, die geforderten Ablösesummen aufzubringen, und bildeten als besitzlose Landarbeiter und Tagelöhner eine neue bäuerliche Unterschicht. Insgesamt profitierte die Landwirtschaft Preußens jedoch von den Reformmaßnahmen: Die landwirtschaftliche Nutzfläche nahm zu und die Produktion steigerte sich bis 1848 um etwa 40 Prozent. Auch die im Jahre 1810 eingeführte **Gewerbefreiheit** setzte wirtschaftliche Energien frei und stärkte so die Wirtschaftskraft des Staates. Zur Aufnahme eines Gewerbes war künftig nur noch ein Gewerbeschein erforderlich, die traditionellen Begrenzungen wie Monopole und Privilegien entfielen. Dadurch sollten, so die Absicht der Reformbürokratie, die Macht der Zünfte gebrochen, Eigeninitiative und Konkurrenz gefördert und zugleich die Steuereinnahmen erhöht werden. Bald jedoch zeigte sich auch die Kehrseite der Liberalisierung von Handwerk und Gewerbe: Die Zahl der Handwerksbetriebe stieg stärker an als die Bevölkerung insgesamt, der starke Konkurrenzdruck bei sinkender Nachfrage führte zu fallenden Preisen, zahlreiche Familien verarmten und die sozialen Spannungen verschärften sich.

Die Reformer Stein und Hardenberg mussten ihre Modernisierungsmaßnahmen gegen starke Widerstände durchsetzen (M 5). Die Reformen setzten jedoch neue Energien frei für den wirtschaftlichen Aufstieg und die spätere Industrialisierung Preußens. Die **Wirtschafts- und Agrarreformen** wurden begleitet durch die Vereinfachung des Steuersystems und die Beseitigung der Binnenzölle. Zur wirtschaftlichen Liberalisierung trug zudem das Edikt über die „bürgerlichen Verhältnisse der Juden" von 1812 bei. Als preußische Staatsbürger genossen Juden die gleichen bürgerlichen Freiheiten und Pflichten wie Christen. Die Agrar- und Wirtschaftsreformen waren Teil einer als „Revolution von oben" bezeichneten Modernisierung von Staat und Gesellschaft, die auch die Bereiche Politik, Verwaltung, Militär und Bildung umfasste.

1 Beschreiben Sie die Situation Preußens im Jahre 1807.
2 Erläutern Sie, mit welchen Mitteln die führenden Reformer Preußens den Wiederaufstieg des Landes erreichen wollten.

**M3** Der schottische Philosoph und Volkswirtschaftler Adam Smith (1723–1790) über das Wesen und die Ursachen des Wohlstandes der Nationen (1776)

Der Einzelne ist stets darauf bedacht herauszufinden, wo er sein Kapital, über das er verfügen kann, so vorteilhaft wie nur irgendmöglich anlegen kann. Und tatsächlich hat er dabei den eigenen Vorteil im Auge und nicht etwa den der Volkswirtschaft. Aber gerade das Streben nach seinem eigenen Vorteil ist es, das ihn ganz von selbst oder vielmehr notwendigerweise dazu führt, sein Kapital einzusetzen, wo es auch dem ganzen Lande den größten Nutzen bringt. Wenn er es vorzieht, die nationale Wirtschaft anstatt die ausländische zu unterstützen, denkt er eigentlich nur an die eigene Sicherheit, und wenn er dadurch die Erwerbstätigkeit so fördert, dass ihr Ertrag den höchsten Wert erzielen kann, strebt er lediglich nach eigenem Gewinn. Und er wird in diesem wie auch in vielen anderen Fällen von einer unsichtbaren Hand geleitet, um einen Zweck zu fördern, den zu erfüllen er in keiner Weise beabsichtigt hat. Auch für das Land selbst ist es keineswegs immer das Schlechteste, dass der Einzelne ein solches Ziel nicht bewusst anstrebt, ja gerade dadurch, dass er das eigene Interesse verfolgt, fördert er häufig das der

Gesellschaft nachhaltiger, als wenn er wirklich beabsichtigt, es zu tun. Alle, die jemals vorgaben, ihre Geschäfte dienten dem Wohl der Allgemeinheit, haben meines Wissens niemals etwas Gutes getan. [...] Der Einzelne vermag ganz offensichtlich aus seiner Kenntnis der örtlichen Verhältnisse weit besser zu beurteilen, als es irgendein Staatsmann oder Gesetzgeber für ihn tun kann, welcher Erwerbszweig im Lande für den Einsatz seines Kapitals geeignet ist und welcher einen Ertrag abwirft, der den höchsten Wertzuwachs verspricht. Ein Staatsmann, der es versuchen sollte, Privatleuten vorzuschreiben, auf welche Weise sie ihr Kapital investieren sollten, würde sich damit nicht nur höchst unnötig eine Last aufbürden, sondern sich auch gleichzeitig eine Autorität anmaßen, die man nicht einmal einem Staatsrat oder Senat, geschweige denn einer einzelnen Person anvertrauen könnte.

*Adam Smith, Der Wohlstand der Nationen, dtv, München 1978, S. 369 ff.*

1 Zeigen Sie auf, welche Bedeutung Adam Smith privatwirtschaftlichem Handeln beimisst.
2 Charakterisieren Sie das Verhältnis von Staat und Privatwirtschaft, wie es in M 3 beschrieben wird.
3 Diskutieren Sie die These von Adam Smith, dass gleichsam „eine unsichtbare Hand" im Wirtschaftsprozess das „allgemeine Wohl" am besten garantiere.

### M 4 Aus dem preußischen „Oktoberedikt" von 1807

Nach eingetretenem Frieden hat Uns die Vorsorge für den gesunkenen Wohlstand Unserer getreuen Unterthanen, dessen baldigste Wiederherstellung und möglichste Erhöhung vor Allem beschäftigt. Wir haben hierbei erwogen, dass es, bei der allgemeinen Noth, die Uns zu Gebot stehenden Mittel übersteige, jedem Einzelnen Hülfe zu verschaffen, [...] und dass es eben sowohl den unerlässlichen Forderungen der Gerechtigkeit als den Grundsätzen einer wohlgeordneten Staatswirthschaft gemäß sey, Alles zu entfernen, was den Einzelnen bisher hinderte, den Wohlstand zu erlangen, den er nach dem Maaß seiner Kräfte zu erreichen fähig war; Wir haben ferner erwogen, dass die vorhandenen Beschränkungen theils in Besitz und Genuss des Grund-Eigenthums, theils in den persönlichen Verhältnissen des Land-Arbeiters Unserer wohlwollenden Absicht vorzüglich entgegenwirken und der Wiederherstellung der Kultur eine große Kraft seiner Tätigkeit entziehen [...]. Wir wollen daher beides auf diejenigen Schranken zurückführen, welche das gemeinsame Wohl nöthig macht, und verordnen daher Folgendes:

*Freiheit des Güter-Verkehrs*

§ 1. Jeder Einwohner Unsrer Staaten ist, ohne alle Einschränkung in Beziehung auf den Staat, zum eigenthümlichen und Pfandbesitz unbeweglicher Grundstücke aller Art berechtigt; der Edelmann also zum Besitz nicht blos adelicher, sondern auch unadelicher, bürgerlicher und bäuerlicher Güter aller Art, und der Bürger und Bauer zum Besitz nicht blos bürgerlicher, bäuerlicher und anderer unadelicher, sondern auch adelicher Grundstücke, ohne dass der eine oder der andere zu irgend einem Güter-Erwerb einer besonderen Erlaubnis bedarf, wenn gleich, nach wie vor, jede Besitzveränderung den Behörden angezeigt werden muss. Alle Vorzüge, welche bei Güter-Erbschaften der adeliche vor dem bürgerlichen Erben hatte, und die bisher durch den persönlichen Stand des Besitzers begründete Einschränkung und Suspensio[1] gewisser gutsherrlichen Rechte, fallen gänzlich weg. In Absicht der Erwerbsfähigkeit solcher Einwohner, welche den ganzen Umfang ihrer Bürgerpflichten zu erfüllen, durch Religions-Begriffe verhindert werden, hat es bei den besonderen Gesetzen sein Verbleiben.

*Freie Wahl des Gewerbes*

§ 2. Jeder Edelmann ist, ohne allen Nachtheil seines Standes, befugt, bürgerliche Gewerbe zu treiben; und jeder Bürger oder Bauer ist berechtigt, aus dem Bauer- in den Bürger- und aus dem Bürger- in den Bauer-Stand zu treten. [...]

*Auflösung der Guts-Unterthänigkeit*

§ 10. Nach dem Datum dieser Verordnung entstehet fernerhin kein Unterthänigkeits-Verhältnis, weder durch Geburt noch durch Heirath noch durch Uebernehmung einer unterthänigen Stelle noch durch Vertrag.

§ 11. Mit der Publikation der gegenwärtigen Verordnung hört das bisherige Unterthänigkeits-Verhältnis derjenigen Unterthanen und ihrer Weiber und Kinder, welche ihre Bauerngüter erblich oder eigenthümlich, oder erbzinsweise, oder erbpächtlich besitzen, wechselseitig gänzlich auf.

*Zit. nach: Sammlung der für die Königlich-preußischen Staaten erschienenen Gesetze und Verordnungen von 1806 bis zum 27ten Oktober 1810, Berlin 1822, S. 170–173.*

1 Außerkraftsetzung

1 Fassen Sie die Maßnahmen zur Neuordnung des Wirtschaftssystems zusammen.
2 Vergleichen Sie die Bestimmungen des Oktoberedikts mit der Wirtschaftstheorie von Adam Smith (M 3).

### M 5 Heftiger Widerstand gegen die Reformen

*Der preußische General und Politiker Friedrich August Ludwig von der Marwitz (1777–1837) schrieb in seinen Memoiren (verfasst 1832–1835) über Stein und das Oktoberedikt:*

Er machte nun den Anfang zu seiner sogenannten Regeneration des Preußischen Staats mit allerhand auf die Rousseauschen und Montesquieuschen Theorien gegründeten Gesetzen, solchen, wie sie aus der Französischen Revolution, samt dem Schaden, den sie angerichtet, längst bekannt waren. Aber abgesehen von dem ihnen anklebenden Verderben, konnte kein Augenblick ungünstiger gewählt sein, um sie in Wirksamkeit zu setzen, als der gegenwärtige, in einem vom Feinde besetzten Lande, der nur auf Zeit und Gelegenheit lauerte, um seine Forderungen zu steigern [...]; – denn alle solche neu konstituierenden Gesetze führen ihrer Natur nach zu Anfang Unordnung herbei [...]. Und was war den preußischen Ländern in dem Augenblick wohl notwendiger als Ordnung, Einigkeit und Festhalten am Rechte? Es erschienen also: Am 9. Oktober 1807 das Edikt über die persönlichen Verhältnisse der Landbewohner und den freien Gebrauch des Grundeigentums. Schon diese fremdartige Benennung und Erschaffung einer Menschenklasse, die in der Art gar nicht existierte, ist bemerkenswert. Es gab auf dem Lande königliche Domänen, Edelleute und untertänige Bauern, alle mit ganz verschiedenen Rechten und Pflichten [...]. Dies waren also sehr bestimmt unterschiedene Klassen, die noch niemals kollektive Landbewohner genannt worden waren, da es nicht auf den Platz ankam, wo ihr Haus stand, sondern auf ihre Rechtsverhältnisse. [...] Hierdurch wurden nicht nur Missverständnisse erregt, [sondern] die Vollendung der Erziehung der Bauernkinder fiel weg. Diese geschah nämlich, nachdem sie eingesegnet waren, durch den dreijährigen Dienste (bei geringem Lohn) in einer geordneten Wirtschaft. Jetzt laufen sie mit vierzehn Jahren in die weite Welt, daher die vielen Armen, Vagabunden und Verbrecher.

Zum Schluss folgte der pomphafte Ausruf: „Mit dem Martinitag 1810 gibt es also in Unsern Staaten nur freie Leute!", worüber die Ideologen und Philosophanten [...] ein Loblied anstimmten und den Minister Stein verherrlichten – gleich also ob bis dahin irgendwo in unserem Lande Sklaverei oder Leibeigenschaft existiert hätte! – Letztere fing vielmehr alsbald zu entstehen an, nämlich Leibeigenschaft des kleinen Besitzers gegen den Gläubiger – des Armen und Kranken gegen die Polizei und Armenanstalten –, denn mit der Pflichtigkeit war natürlich die Verpflichtung des Schutzherrn zur Sorge aufgehoben.

Zit. nach: Friedrich Meusel (Hg.), Friedrich August Ludwig von der Marwitz. Ein märkischer Edelmann im Zeitalter der Befreiungskriege, Bd. 1, Mittler, Berlin 1908, S. 493 ff.

**1** Verfassen Sie einen Brief an von der Marwitz, in dem Sie als Anhänger der preußischen Reformen auf seine Argumente antworten.

### M6 Wilhelm von Humboldt über das Unterrichts- und Schulwesen

*Aus einem Brief an Friedrich Wilhelm III. von Preußen vom 1. Dezember 1809:*

Sie [die Abteilung des Ministeriums] berechnet ihren allgemeinen Schulplan auf die ganze Masse der Nation und sucht diejenige Entwickelung der menschlichen Kräfte zu befördern, welche allen Ständen gleich notwendig ist und an welche die zu jedem einzelnen Beruf nötigen Fertigkeiten und Kenntnisse leicht angeknüpft werden können. Ihr Bemühen ist daher, den stufenartig verschiedenen Schulen eine solche Einrichtung zu geben, dass jeder Untertan Ew. Königl. Majestät darin zum sittlichen Menschen und guten Bürger gebildet werden könnte, wie es ihm seine Verhältnisse erlauben [...]; welches dadurch zu erreichen steht, dass man bei der Methode des Unterrichts nicht sowohl darauf sehe, dass dieses oder jenes gelernt, sondern in dem Lernen das Gedächtnis geübt, der Verstand geschärft, das Urteil berichtigt, das sittliche Gefühl verfeinert werde. Auf diese Weise ist nun die Sektion zu einem viel einfachern Plan gelangt, als neuerlich in einigen deutschen Ländern beliebt worden ist. In diesen, namentlich in Bayern und Österreich, hat man fast für jeden einzelnen Stand besonders zu sorgen gesucht. Meiner Überzeugung nach ist dies aber durchaus unrichtig und verfehlt selbst den Endzweck, den man dabei im Auge hat.

Es gibt schlechterdings gewisse Kenntnisse, die allgemein sein müssen, und noch mehr eine gewisse Bildung der Gesinnungen und des Charakters, die keinem fehlen darf. Jeder ist offenbar nur dann ein guter Handwerker, Kaufmann, Soldat und Geschäftsmann, wenn er an sich und ohne Hinsicht auf seinen besondern Beruf ein guter, anständiger, seinem Stande nach aufgeklärter Mensch und Bürger ist. Gibt ihm der Schulunterricht, was hiezu erforderlich ist, so erwirbt er die besondere Fähigkeit seines Berufs nachher sehr leicht und behält immer die Freiheit, wie im Leben so oft geschieht, von einem zum andern überzugehen. Fängt man aber von dem besondern Berufe an, so macht man ihn einseitig, und er erlangt nie die Geschicklichkeit und Freiheit, die notwendig ist, um auch in seinem Berufe allein nicht bloß mechanisch, was Andere vor ihm getan, nachzuahmen, sondern selbst Erweiterungen und Verbesserungen vorzunehmen.

Zit. nach: Andreas Flitner/Klaus Geil (Hg.), Wilhelm von Humboldt, Werke, Bd. 4: Schriften zur Politik und zum Bildungswesen, 6. Aufl., Wissenschaftliche Buchgesellschaft, Darmstadt 2002, S. 210 ff.

**1** Erarbeiten Sie aus M 6 die Ziele und Mittel der Bildungsreform Humboldts.

**2** Erläutern Sie den Zusammenhang des Humboldt'schen Bildungskonzepts zum Gesamtziel der Preußischen Reformen (Darstellungstext).

**3** Die Preußischen Reformen – eine „Revolution von oben"? Sammeln Sie Pro- und Kontra-Argumente und diskutieren Sie im Plenum.

**4 Präsentation:** „Judenemanzipation in Preußen". Bereiten Sie eine Präsentation zu diesem Thema vor. Beschreiben Sie die rechtliche, wirtschaftliche und gesellschaftliche Stellung der preußischen Juden vor und nach dem Emanzipationsedikt von 1812 und stellen Sie die Bedeutung des Edikts für die wirtschaftliche und gesellschaftliche Entwicklung Preußens dar.

# 2.5 Industriegesellschaft in Bayern

**Regionale Ungleichheiten**

Die Herausbildung der modernen Industriegesellschaft vollzog sich in Europa weder flächendeckend noch zeitgleich. In England begann die Industrialisierung Ende des 18. Jahrhunderts und damit früher als in anderen Ländern; dafür holte Deutschland in der zweiten Hälfte des 19. Jahrhunderts seinen Entwicklungsrückstand rasch auf. Aber auch innerhalb der verschiedenen Staaten gab es Unterschiede und Ungleichzeitigkeiten. Bis in die Gegenwart hinein stehen in einem Land hochindustrielle Regionen agrarisch geprägten Gebieten gegenüber. Man denke etwa an das industrielle Ruhrrevier und das ländliche Mecklenburg-Vorpommern; im 19. Jahrhundert war das Gefälle noch viel stärker. Hinzu kommen regionale Ungleichheiten innerhalb desselben Wirtschaftszweiges. Die Entwicklung der Montanindustrie* an der Saar und an der Ruhr bietet dafür ein Beispiel. Die Bergwerks- und Hüttenbetriebe im Ruhrgebiet, wo es bis weit ins 19. Jahrhundert hinein keine industrielle Tradition gab, erlebten seit den 1850er-Jahren eine Blütezeit und übernahmen in Deutschland die Führungsrolle im Bergbau und in der Schwerindustrie. Das Saargebiet hingegen fiel stark zurück, obwohl es über eine lange Erfahrung in der Kohle- und Eisengewinnung verfügte.

**Bayern im 19. Jahrhundert**

Bayern gehört heute zu den wirtschaftlich stärksten Ländern der Bundesrepublik. Diese Position verdankt es einer umfassenden Modernisierung in der zweiten Hälfte des 20. Jahrhunderts. Von einem stark agrarisch bestimmten Land wandelte es sich zu einem Industriestaat, der sich erfolgreich um die Ansiedelung zukunftsträchtiger Industriezweige im Bereich der Hochtechnologie bemühte. Im 19. Jahrhundert war Bayern allerdings trotz mancher Fortschritte bei der Industrialisierung weitgehend ein Agrarland. Arbeiteten um 1800 mehr als drei Viertel der Menschen in der Landwirtschaft, lebte um 1900 immer noch die Hälfte der Bevölkerung von landwirtschaftlichen Betrieben, unter denen mittel- und kleinbäuerliche Familienbetriebe vorherrschten. Salz, Holz, Getreide, Vieh und Wein (Mainfranken und Pfalz) bildeten im 19. Jahrhundert die Grundlagen der bayerischen Wirtschaft und gehörten zu den wichtigsten Exportgütern. Im Übrigen war Bayern ein Absatzgebiet für fremde Fertigwaren. Der zweite Pfeiler des Wirtschaftslebens neben der Landwirtschaft waren das auf Stadt und Land verteilte traditionale Handwerk sowie einige Manufakturen.

Der Historiker Karl Bosl hat einmal von einer „geminderten Industrialisierung Bayerns" im 19. Jahrhundert gesprochen. Modernisierung, Technisierung und Industrialisierung verwandelten das Land nicht rasch und flächendeckend. Die Entwicklung verlief langsam und veränderte nur wenige Regionen. Behindert wurde eine umfassende Industrialisierung vor allem durch den Rohstoffmangel und die Binnenlage Bayerns, das weitab von den Kohle- und Eisenrevieren Deutschlands, z. B. dem Ruhrgebiet, lag. Seine geografische Lage schnitt es lange Zeit von wichtigen Märkten ab. Große Industrien konnten sich wegen ungünstiger Zufuhr- und Absatzmöglichkeit nur schwer entfalten. Obwohl Bayern seit 1834 dem Deutschen Zollverein* angehörte, kam die Donau als Transportweg für Massengüter kaum zur Geltung, denn die Donaumonarchie Österreich-Ungarn gehörte dem Deutschen Zollverein nicht an. Erst mit der Gründung des Deutschen Kaiserreiches 1871 und der Entstehung eines einheitlichen deutschen Wirtschaftsgebietes erlebte der Handel einen großen Aufschwung. Davon profitierten besonders die Handelsstädte Nürnberg und München. Die Großmarkthalle der Landeshauptstadt entwickelte sich zu einem Versorgungsmittelpunkt für Obst und Gemüse.

**Montanindustrie**
Sammelbegriff für Unternehmen des Bergbaus einschließlich der weiterverarbeitenden Industrien, insbesondere der Hütten- und Schwerindustrie.

**M1** Ein Gaslaternenanzünder in München, Fotografie, um 1910

**Deutscher Zollverein**
Die Idee, durch einen Zollverein die in der ersten Hälfte des 19. Jh. bestehenden Handelsschranken zwischen den deutschen Bundesstaaten zu beseitigen, ging von Preußen aus. 1818 wurden hier alle Binnenzölle aufgehoben, weitere Staaten schlossen sich aber nicht an. 1828 wurde der Preußisch-Hessische Zollverein gegründet, daneben gab es den Süddeutschen Zollverein und den Mitteldeutschen Handelsverein. Erst 1834 gelang es gegen den Widerstand Österreichs, mit dem Deutschen Zollverein ein einheitliches Wirtschaftsgebiet (ohne Österreich) aufzubauen.

## Förderung des Gewerbes

Die Gewerbegesetzgebung verblieb im Zollverein bei den Einzelstaaten. Eine weit reichende Liberalisierung des gewerblichen Bereichs scheiterte 1834 an den für die Armenunterstützung zuständigen Gemeinden, die sich bei der Erteilung von Konzessionen für neue Gewerbebetriebe ein Einspruchsrecht sicherten. Um die weitere Vermehrung der Gewerberechte zu verhindern, errichteten die Kommunen hohe Hürden beim Befähigungsnachweis zur Eröffnung eines Unternehmens. Dennoch erlaubte der Staat weiterhin die Gründung neuer Fabriken, um Wirtschaft und Industrie zu fördern (M 4), und kam damit innovationsbereiten Unternehmern (M 3, M 5) entgegen. Dagegen protestierte das traditionelle Handwerk, das mit der überlegenen Fabrikindustrie nicht konkurrieren konnte. Aber auch die zunftfreundliche Gewerbeinstruktion von 1852 war nicht in der Lage, Handwerksmeister und -gesellen vor Arbeitslosigkeit zu schützen (M 6). Mit der **Gewerbeordnung Bayerns von 1868** führte Bayern die volle grundsätzliche Gewerbefreiheit ein: Der Zunftzwang wurde ganz aufgehoben, die Konzessionspflicht auf privates Verkehrs- und Kreditwesen, auf Apotheken, Gastwirtschaften und einige Sondergewerbe eingeschränkt.

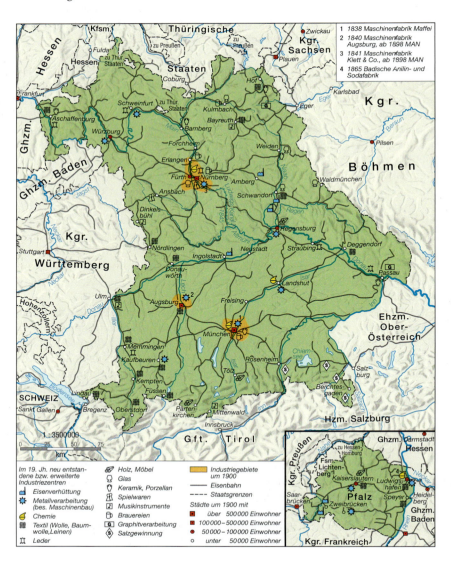

**M2** Industrialisierung in Bayern im 19. Jahrhundert

## Industrielle Zentren

Wie im übrigen Deutschland (s. Methodenseite 79) konzentrierte sich die industrielle Entwicklung Bayerns auf einige Orte (M 2). In Bayern gehörten während der ersten Hälfte des 19. Jahrhunderts dazu vor allem die Städte Augsburg, Nürnberg, Schweinfurt, Würzburg und München. 1837 wurde in Augsburg z. B. die Mechanische Baumwoll-Spinnerei und Weberei gegründet, 1838 eröffnete in Tischenreuth eine Aktien-Porzellanfabrik, 1838 entstand das Eisenwerk von Joseph Anton von Maffei* in München, in dem 1841 die erste bayerische Lokomotive gebaut wurde, 1866 gründete Georg von Krauß* (M 3) eine Lokfabrik. Insgesamt gab es aber im ganzen rechtsrheinischen Bayern nach Berechnungen des Historikers Wolfgang Zorn von 1815 bis 1840 kaum mehr als 60 gewerbliche Großbetriebe (über 50 Beschäftigte). Davon lagen 10 in München, 6 in Augsburg, 4 in Nürnberg. Nur drei Betriebe hatten über 200 Beschäftigte.

Seit den 1860er-Jahren setzte sich die Industrialisierung in bestimmten Zentren fort. Zu den wichtigen Branchen zählten in Bayern die Verbrauchsgüterherstellung, die Baumwollindustrie (Augsburg), die Schuhindustrie (Pirmasens), die Glasindustrie (Bayerischer Wald), die Nahrungs- und Genussmittelindustrie (München, Nürnberg), der Maschinenbau (Nürnberg, Augsburg), die Elektrotechnik (Nürnberg), die Kugellagerfabriken (Schweinfurt), die feinmechanisch-optischen Betriebe (München) und die Chemieindustrie (BASF in Ludwigshafen).

Um 1900 erlebte Bayerns Wirtschaft einen deutlichen Modernisierungsschub (M 7). Ausgelöst wurde er dadurch, dass die Kohle als Energie- und Wärmespender zunehmend ersetzt werden konnte durch Gas. Seit den 1890er-Jahren erhielt die Elektrizität größere Bedeutung, die sich auch mit Wasserkraftwerken erzeugen ließ. Das bedeutete für das kohlearme Bayern einen gewichtigen Vorteil. 1894 entstand an der Isar, in Höllriegelskreuth bei München, die erste elektrische Überlandzentrale Deutschlands. Ab 1912/13 begann in Bayern die Elektrifizierung von Bahnstrecken.

## Eisenbahnbau

Der Eisenbahnbau besaß in der Geschichte der Industrialisierung Deutschlands eine besondere Bedeutung, da der Eisenbahnbau zum Motor der Industrialisierung wurde. Der wachsende Bedarf an Schienen, Lokomotiven und Waggons entfachte in den Bereichen Eisenerz- und Steinkohleförderung sowie Eisenverarbeitung und Maschinenbau einen starken Wachstumsschub. Diese vielfältigen Begleiteffekte bewirkten, dass die Schwerindustrie zum industriellen Leitsektor* aufstieg.

In der Geschichte des Eisenbahnbaus nahm Bayern eine wichtige Rolle ein. 1835 wurde mit der Nürnberg-Fürther Eisenbahn die erste „Dampfeisenbahn mit Personenförderung" in Deutschland eröffnet – mit einer englischen Lokomotive. Der Bau der Strecke in den Jahren von 1833 bis 1835 ging auf die Initiative von Privatpersonen zurück. Nachdem diese Eisenbahn ihren wirtschaftlichen Erfolg demonstriert hatte, begann in Deutschland ein stürmischer Eisenbahnbau. Auch Bayern baute sein Netz aus. Der 1840 eröffneten Bahnlinie München–Augsburg folgte die systematische Erweiterung des Streckennetzes. Ab 1851 konnten Reisende von München über Hof die preußische Hauptstadt Berlin erreichen. Eine andere Hauptlinie verband Nürnberg und Würzburg mit Frankfurt am Main. Die Strecke München–Salzburg, die die Verbindung nach Wien herstellte, wurde 1860 vollendet. Abgesehen von der Pfalz übernahm der bayerische Staat ab 1843 die Initiative beim Eisenbahnbau. Die Hauptlinien gehörten seitdem der bayerischen Staatsbahn, die auch das Streckennetz systematisch erweiterte.

### Joseph Anton von Maffei
**1790** Geburt als Sohn eines Tabakwarenfabrikanten in München
**1821–1869** Münchner Magistratsrat
**1835** Gründungsaktionär der Bayerischen Hypotheken- und Wechselbank
**1837–1848** Mitglied im Bayerischen Landtag
**1838** Gründung des Münchner Eisenwerks nach Abwerbung eines englischen Ingenieurs vom Bau der München-Augsburger Eisenbahn
**1851** Maffei beginnt mit dem Bau von Dampfschiffen.
**1870** Maffei stirbt in München.
**1931** Fusion der bankrotten Maffei-Werke mit den Krauß-Werken

### Georg von Krauß
**1826** Geburt als ältestes von vier Kindern eines Webermeisters in Augsburg
**1833** Besuch der polytechnischen Schule (heute: Hochschule Augsburg), Promotion, Anstellung zunächst bei Maffei, später als Maschinenmeister bei der Nordostbahn Zürich
**1866** Gegen den Widerstand des etablierten Maffei kann Krauß das Kapital für die Gründung seiner eigenen Lokfabrik, Krauss & Comp., auf dem Marsfeld in München-Neuhausen beschaffen.
**1872** Errichtung eines Zweigwerkes am Südbahnhof in München
**1876** Mitbegründer des Vereins Deutscher Ingenieure
**1880** Errichtung eines Zweigwerkes in Linz, um die hohen Einfuhrzölle Österreichs zu umgehen
**1885** Umwandlung der Firma in eine AG, Rückzug aus der Unternehmensführung, Aufsichtsratsvorsitzender
**1905** Erhebung in den Adelsstand; Krauß beschließt den Umzug der Werke nach Allach, wo noch heute Nachfolgeunternehmen tätig sind.
**1906** Krauß stirbt in München.
**1931** Fusion der Krauss-Werke mit den bankrotten Maffei-Werken

### Leitsektor
Branche, die im Vergleich zu anderen Industriebereichen einen Entwicklungsvorsprung besaß und das gesamtwirtschaftliche Wachstum beschleunigte.

---

**1** Erläutern Sie am Beispiel Bayerns im 19. Jahrhundert, dass die Industrialisierung ein Prozess war und ist, der regional unterschiedlich verläuft.

## 2 Industriegesellschaft

**M3** Fritz Weinhöppel (1863–1908), Schmuckblatt „Zur Vollendung der 3000sten Locomotive in der Locomotivfabrik Krauss und Comp. Actien-Gesellschaft München und Linz a. d. D.", München 1894

**M4** Randnotiz von König Ludwig I. (Reg. 1825 bis 1848) zur Gewährung einer Fabrikkonzession, 1847

Diesen Antrag genehmigt. Traurig aber zu sehen, dass Gewerbe, die früher viele Familien nährten, jetzt auf viel weniger sich beschränken, somit die Anzahl Proletarier sich vergrößert, dem Comunismus in die Hände gearbeitet wird. Das kleine München hatte viel mehr Bierbrauereyen als das große. Es geht wie mit den Eisenbahnen, was sonst vielen Orten zu Gute geworden, häuft sich auf einige, es den meisten entziehend; aber es zu ändern, hängt von der Regierung nicht ab. Ludwig.

1 Charakterisieren Sie die Position des Königs (M4) im Hinblick auf die technischen und wirtschaftlichen Veränderungen in Bayern.
2 Vergleichen Sie seine Position mit der Haltung, die im Bild M3 zum Ausdruck kommt.

**M5** Unternehmerische Innovationsfreude – das Beispiel Joseph Anton von Maffei

*Aus einem Brief des Unternehmers Joseph Anton von Maffei an den bayerischen König, Ludwig I., in dem er Gründe für den Ausbau seines Hammerwerkes darlegt, 1845:*
Allerdurchlauchtigster Großmächtiger König!
Allergnädigster König und Herr! [...]
Als es unverkennbar wurde, dass auch das Vaterland dem allgemein auftauchenden Bedürfnis der Anlegung von Eisenbahnen folgen müsste, wenn nicht dem Zug des Handels und des Verkehrs, sowie den immer mehr zuströmenden Reisenden der schönen, kunstbereicherten Heimath fremder werden sollte[n], und als ich erwog, welche unermeßliche Summen bei der dadurch gebotenen Anschaffung der hierzu gehörigen Maschinen dem Fremdlande gespendet werden müssten, während sie für den eigenen Kunst- und Handwerksfleiße erhalten werden könnten, fasste ich

den Entschluss, diese Maschinen-Bau-Anstalt zu gründen, und begann im Jahre 1838 mit 160 Arbeitern auf dem hiezu Hammerwerk am Ende des englischen Gartens in der Hirschau. [...]

Im Monat Oktober 1841 ward der erste Dampfwagen vollendet und mit Jubel seine erste Probe begrüßt. [...]

Mit Ausnahme von drei bis vier zur ersten Einrichtung nothwendig vom Ausland zu beziehen gewesenen, wurden nach und nach alle Hilfs-Maschinen und Werkzeuge daselbst gefertigt, zu deren Bedienung nunmehr die Zahl der Arbeiter auf 300 und darüber herauswuchs, so dass ich mit Befriedigung bekennen darf, es sei kein ähnliches Werk auf dem Festlande in diesem Umfange, welches so aus sich selbst sich geschaffen und den Werth eines ächt vaterländischen hat. [...]

Außer dem „Münchner" [= im Hammerwerk Hirschau produzierte Lokomotive] und den für die königliche Süd-Nord-Staatsbahn gefertigten acht Stücke, die in jeder Hinsicht mit den sechzehn noch vom Auslande bezogenen in Solidität, Bewährung und Schönheit wetteifern, wie selbst ausländische Sachverständige unparteiisch den entschiedenen Vorzug dieser bayerischen Arbeit zuerkannten, vermag das Werk nunmehr nicht nur den vollen Bedarf für die königlichen Schienenwege zu schaffen, sondern ich konnte auch [...] zu den Lieferungen für die Pfälzische Ludwigs-Eisenbahn mit den Bewerbungen von dreizehn fremdländischen Anstalten, worunter englische, belgische, französische und deutsche waren, gleichen Schritt halten, so dass von der Hirschau acht Stücke dahin gelangen.

Die gegenwärtige Arbeiter-Zahl daselbst empfängt durchschnittlich in der Woche an Lohn gegen 2200 Gulden, was für ein Jahr einmal hundert vierzehn Tausend Gulden Verdienst-Gewährung ergibt. Die übrigen Anschaffungen aber eingerechnet, als für Rohmaterial, Brennstoff, Bauvorrichtungen, Transport, Abgaben etc. nimmt der Betrieb eine jährliche Auslage von dreimal Hundert dreißig Tausend Gulden in Anspruch, welche somit in Umlauf kommen.

Die nationalwirtschaftliche Seite des Werks, dessen Gesamtwerth ich nun auf beiläufig sechsmal Hundert tausend Gulden aufschlagen kann, dürfte sich [...] darin finden, dass das Werk eine Bildungs-Anstalt für dieses Fach und viele Künste so im Nebengewerbe, als Eisendreher, Zeichner, Former, Gießer, Hauer, Kessel- und Feinschmiede, Schlosser, Modelmacher u. d. gl. sein, das Vaterland Selbständigkeit und Unabhängigkeit vom Auslande darin gewinnen, und manche Quelle noch mehr nutzbar gemacht werden kann, und der Wohlstand und Nutzen fließt. [...] Die Durchschnittszahl der in dieser Fabrik allein seither beschäftigten Arbeiter beläuft sich für ein Jahr auf 230. Jeder derselben, gering gerechnet, gebrauchte zur Stillung seines Durstes des Tages 3 Maaß Bier, was in 6 Jahren 1 511 100 Maß betrug. Bekanntlich entrichtet die Maaß Bier beiläufig 1 Kreuzer ärarialischen Aufschlag [Steuer] [...]

Der Verdienst aber trägt den besten und tiefsten Keim der Vaterlandsliebe, die ungetrennt ist von der Liebe zum Regenten, zur angestammten Herrscherfamilie; die Wohlhabenheit der Untertanen ist der wertvollste Stein der Krone. Möge auch der Glanz derselben unauslöschlich sein im theuren Vaterlande!

**1** Arbeiten Sie aus M5 die Gründe heraus, die Maffei (s. a. Darstellung) gegenüber dem König für einen Ausbau seines Hammerwerks nennt.

**2** Erörtern Sie, welche dieser Begründungen heute keine Überzeugungskraft mehr besitzen (M5).

### M6 Rückkehr zum Zunftwesen?

*Parallel zur Nationalversammlung in der Frankfurter Paulskirche fand im Revolutionsjahr 1848 ein Handwerker- und Gewerbekongress in Frankfurt statt, auf dem auch über eine Rückkehr zur Zunftordnung diskutiert wurde. Der in Augsburg erscheinende „Lechbote" kommentierte am 3. August 1848:*

Sie [die Gewerbetreibenden] bedenken nicht, dass, wenn ein Vater oder Gewerbsmann mehrere Kinder hat, er sein reales Gewerbsrecht nur an ein Kind abtreten kann, während im andern Falle alle Kinder sich frei niederlassen im Stande wären, und dass der Vater sohin – auch wenn er sein Recht ohne alle Entschädigung auf den Altar des Vaterlandes niederlegen würde – bei weitem mehr gewänne, als er durch den Verlust des Rechtes einbüßt. – „Bestehen die Innungen fort," schreibt die N[eue] Speyr[er] Z[eitung] in einem leitenden Artikel über die Innungsverhältnisse, „so bleibt die Zahl der Gewerbe in jeder Stadt, in jedem Ort beschränkt, die Concurrenz bleibt es ebenfalls, so wie das Streben nach Vervollkommnung. Daß der Boden Deutschlands frei mache, ist eine Illusion; wenn die Feudallasten überall aufhören, die Vorrechte des Adels erlöschen, so haben wir dafür eine andere bevorrechtete Klasse. Denn will sich jemand verehelichen, und Bürger in einem Orte werden, muß er nachweisen: 1. mehrere Jahre Lehrbube gewesen zu sein; 2. weil angenommen wird, dass sein Meister ihm das Gewerbe nicht gründlich zu lehren im Stande war, muß er 3 Jahre wandern; 3. ein Meisterstück muß der Petitionirende machen (oder auch durch Andere insgeheim herstellen lassen!), damit man sich überzeuge, es sey ihm gelungen, sich selbst zu vervollkommnen, oder das erlernt zu haben, was er bei seinem Lehrmeister zu erlernen versäumen musste; 4. ein Gewerbsrecht muss er an sich gebracht haben; 5. außerdem ein gewisses Vermögen zum Betrieb des Gewerbes nachweisen. – Sind all diese Formalitäten erfüllt, wird er als Bürger verpflichtet und zahlt die Aufnahme. Aus dem Vorstehenden erhellt, dass der Sohn eines Bürgers, gleich seinem Vater, Bürger werden kann, nur wenn er obige Bedingungen erfüllt. Daher kommt es, dass die Heirathen sich nicht nach Neigung schließen, indem der Werth der Braut durch das Vermögen bestimmt wird, welches sie besitzt.

[…] Das geschickteste, tugendhafteste Mädchen bleibt ohne Aussicht, dass ein ihr würdiger Mann sie ehelichen kann. In München kostet eine Bierschenke, Kaffeewirthschaft oder dgl. 10 000 Gulden! Zu diesem „Rechte" ist dann erst ein Kapital nötig, um es auszuüben. In diesem Verhältnisse werden die Rechte von Schuster, Schneider, Spezereihändler, Nagelschmied, und allen übrigen, gekauft und bezahlt!"

M 4 bis M 6 zit. nach: Konrad von Zwehl, Aufbruch ins Industriezeitalter, Bd. 3: Quellen zur Wirtschafts- und Sozialgeschichte Bayerns, Oldenbourg, München 1985, S. 45 f., 162–164 und 196.

**1** Erklären Sie (M 6) die unzeitgemäßen Vorgaben des Zunftwesens angesichts der Ausführungen über den Erwerb des Rechtes, ein Gewerbe auszuüben.

### M 7 Der Historiker Wolfgang Zorn über die Industrialisierung Bayerns um 1900, 1975

Steigende wirtschaftliche Wichtigkeit erlangte die Versorgung der Bevölkerung mit Wasser, Gas und elektrischem Licht. Waren die Wasserwerke meist wie seit alters Sache der Städte, so entstanden die Gasfabriken meist als Aktiengesellschaften. Doch erwarb die Stadt Nürnberg schon 1871 die Gasanstalt als Gemeindeeigentum, und die anderen Städte folgten diesem Beispiel allmählich nach. Die Elektrizität erhob sich auf eine neue Bedeutungsebene, als 1891 Oskar v. Miller die erste Starkstromübertragung von Lauffen am Neckar nach Frankfurt gelang. Nun wurde der elektrische Strom eine industriell nutzbare Energiequelle. Dass er außer aus Kohle auch aus Wasserkraft erzeugt werden konnte, wurde für das kohlenarme Bayern schlechthin entscheidend. 1879 gab es 2411 Dampfmaschinen in Bayern, 1889 3819. Jetzt trat der Elektromotor der Dampfmaschine und auch dem neuen Ölmotor zur Seite. Südbayerns gefällreiche Bergflüsse zunächst ließen sich jetzt als „weiße Kohle" in den Dienst der Kraftversorgung stellen. Als privates Kraftwerk wurden 1894 die Isarwerke in Höllriegelskreuth b. München die erste elektrische Überlandzentrale Deutschlands. In Nordbayern war schon wegen des wechselnden Wasserstandes die Ergänzung durch Kohlen-, d. h. Wärmekraftwerke unentbehrlich. 1896 entstanden städtische Elektrizitätswerke zuerst in Nürnberg. Später traten auch die Regierungsbezirke als Wirtschaftsunternehmer in der Energiewirtschaft auf. Das Großkraftwerk Franken wurde 1912 als Aktiengesellschaft der Städte Nürnberg und Fürth und der Firma Siemens-Schuckert gegründet, doch übernahm alsbald der Bezirk Mittelfranken 60% der Aktien des Fränkischen Überlandwerkes in Nürnberg, das den Strom bezog und verteilte. […] Die Elektrifizierung des bayerischen Eisenbahnverkehrs begann 1912/13 mit der Staatsbahnstrecke Garmisch–Reichsgrenze. Als die städtischen Pferdestraßenbahnen durch elektrische Trambahnen ersetzt wurden, griffen wiederum die Städte zu und wurden selbst Unternehmer ihres Straßenbahnschienenverkehrs. In der Friedenszeit zwischen Reichsgründung und Weltkrieg zog die Industrie schon einen sehr beträchtlichen Teil der bayerischen Bevölkerung in ihren Dienst und unmittelbaren Einflussbereich. Einerseits wurden dadurch der wachsenden Bevölkerung neue Erwerbsmöglichkeiten im Lande selbst geschaffen. Der natürliche Bevölkerungszuwachs Bayerns 1882–1907 betrug 1,6 Mio. Menschen, wovon 4/5 in Bayern blieben: Von ihnen kamen 706 000 in der Industrie, 330 000 in Handel und Verkehr unter. Schon 1875 wies die Reichsgewerbestatistik in Bayern 5 Betriebe mit über 1000 Beschäftigten aus, darunter 2 der Textilindustrie und je 1 des Maschinenbaus (MAG Nürnberg), der Chemie (BASF) und des Baugewerbes. Die Entstehung von Großbetrieben mit Tausenden von Arbeitern verschärfte andererseits die Probleme der industriellen Arbeitswelt. Die bedeutenden Unternehmer wurden auch in Bayern als solche zu Persönlichkeiten des öffentlichen Lebens. Auf der anderen Seite wuchsen trotz der Sozialgesetzgebung und trotz steigender Reallöhne die Gewerkschaftsbewegung und die politische Sozialistenbewegung immer stärker an. 1912 war etwa 1/5 der bayerischen Arbeiter gewerkschaftlich organisiert. Die wichtigste der gewerkschaftlichen Gruppen wurden nun auch in Bayern die sozialistischen Freien Gewerkschaften, die in der sog. Generalkommission eine gemeinsame deutsche Spitze hatten. 1906 entfielen 22,3% ihrer Mitglieder im rechtsrheinischen Bayern und 17,6% in der Pfalz allein auf die Metallarbeiter. An zweiter Stelle standen die meist katholischen Christlichen Gewerkschaften, die sich vom Rheinland her seit 1902 in Bayern rasch ausbreiteten. Die dritte Stelle nahmen dann die liberalen („deutschen") Hirsch-Dunckerschen, die letzte die unternehmerfreundlichen, 1905 von der Augsburger MAN ausgehenden sog. Gelben Gewerkschaften ein. Noch vor dem Weltkrieg fassten auch in Bayern die Angestelltengewerkschaften Fuß. Die industrielle Unternehmerschaft schuf sich für den sozialpolitischen Kampf besondere Arbeitgeber-Interessenvertretungen neben den Handelskammern. So wurde 1902 der Bayerische Industriellenverband gegründet, dessen Vorsitz 1906–1922 Rieppel innehatte. Neben Nürnberg und Augsburg war 1914 auch München zur großen Industriestadt und damit zu einem Hauptkampfplatz in der Arbeiterfrage herangewachsen. Die politische Bedeutung dieser Entwicklung sollte sich erweisen.

Wolfgang Zorn, Bayerns Gewerbe, Handel und Verkehr (1806–1970), in: Max Spindler (Hg.), Handbuch der bayerischen Geschichte, Bd. IV, 2, C. H. Beck, München 1975, S. 815 f.

**1** Arbeiten Sie aus M 7 heraus, welche Folgen der Bedeutungsverlust der Kohle als Energieträger und der Bedeutungszuwachs der Elektrizität für die Wirtschaft Bayerns um 1900 besaß.

**2** Beschreiben Sie, welche Folgen die Industrialisierung für Bayerns Wirtschaft, Gesellschaft und Politik im ausgehenden 19. und beginnenden 20. Jh. hatte.

## 2.6 Die „Soziale Frage": praktische Ansätze zu ihrer Lösung im Überblick

*Freiheit und soziale Sicherheit*

In der vorindustriellen Ständeordnung wurde das gesamte Leben nicht nur durch die Regeln des jeweiligen Standes geprägt, sondern auch durch die Zugehörigkeit zu einer Zunft, zur Dorfgemeinde, zur Kirchengemeinde oder auch zur Nachbarschaft. Da jeder Mensch in einem für ihn genau vorbestimmten Lebenskreis lebte, besaß er nur wenige individuelle Entfaltungsmöglichkeiten, dafür aber ein hohes Maß an Fürsorge und Schutz durch die Menschen in seiner Umgebung. Das änderte sich in der Industriegesellschaft grundlegend. Die Menschen lösten sich zunehmend aus den überlieferten sozialen Bindungen und beanspruchten für sich einen Raum eigener, freier Betätigung. Durch diese Individualisierung der menschlichen Existenz nahm die Freiheit des Einzelnen zu, der Preis dafür war jedoch ein Verlust an Geborgenheit und sozialer Fürsorge. Diese Spannung zwischen dem Anspruch auf individuelle Freiheit einerseits und relativer sozialer Unsicherheit auf der anderen Seite prägt die westlichen Industriegesellschaften bis heute. Zwar können die Menschen unabhängig von der sozialen Herkunft ihren Wohnsitz nach ihrem eigenen Willen wechseln, Besitz und Land erwerben oder ihren Beruf frei wählen, aber die damit verbundenen Risiken müssen sie weitgehend selbst tragen. Anders als in der Industriegesellschaft des 19. Jahrhunderts sind die Bürger der Bundesrepublik Deutschland jedoch gegen die Risiken von Krankheit, Unfall, Invalidität und Armut im Alter sowie bei Arbeitslosigkeit heute sehr gut abgesichert.

**M1** „Ziegelschlager" aus Schaching bei Deggendorf, Fotografie, um 1885

Die Kinder wurden zur Arbeit in der Ziegelherstellung herangezogen.

*„Soziale Frage"*

Mit dem Übergang von der Agrar- zur Industriegesellschaft wuchs nicht nur die Bevölkerung insgesamt, auch der Anteil der Lohnarbeiter an der Erwerbsbevölkerung stieg stark an: von einem Viertel 1849 auf über zwei Drittel 1885 und drei Viertel 1907. Das Wirtschaftswachstum reichte im 19. Jahrhundert lange Zeit nicht aus, um die Arbeiter von materieller Not zu befreien. Elend und Rechtlosigkeit prägte die soziale Situation der überwiegenden Mehrheit der Arbeiter und entwickelte sich als „Soziale Frage" zum brennenden Problem der Gesellschaft. Mit der Industrialisierung entstand eine neue Schicht von Proletariern, ein Heer von ungelernten und angelernten Arbeitern, die oft unter kläglichen Verhältnissen lebten. Sie besaßen kaum Rechte und standen bei Krankheit, Unfall oder Arbeitsunfähigkeit praktisch vor dem Nichts. Aufgrund ihrer Eigentumslosigkeit, also des Mangels eines existenzsichernden Vermögens, wurden die Industriearbeiter wie auch die landwirtschaftlichen Lohnarbeiter Proletariat (s. S. 80) genannt. Der aus der Antike stammende Begriff bezeichnete diejenigen Bürger Roms, deren einziger Besitz ihre Nachkommenschaft (lat. *proles*) war. Das moderne Industrieproletariat war darauf angewiesen, seine Arbeitskraft zu einem frei zu vereinbarenden Preis zu verkaufen. Ein Überangebot an Arbeitskräften seit 1830 erlaubte es den Unternehmern, die Masse der Arbeiter elenden Arbeitsbedingungen auszusetzen. Die Hungerlöhne erzwangen die Arbeit von Frauen und Kindern bei schlechtesten Bedingungen und Arbeitszeiten von 16 bis 18 Stunden. Gesundheitsgefährdung am Arbeitsplatz, Unfallgefahren und menschenunwürdige Wohnverhältnisse erhöhten das Lebensrisiko und begrenzten die Lebenserwartung der Arbeiter auf 40 Jahre. Die Lebenserwartung erhöhte sich zwar mit fortschreitender Industrialisierung, aber im Vergleich zu anderen Bevölkerungsgruppen blieb sie erschreckend zurück. Massenstreiks führten vor Augen, dass die sozialen Probleme gelöst werden mussten, und sei es nur, um Hunger-Aufstände und Revolutionen zu vermeiden.

## 2 Industriegesellschaft

**M2** August Bebel (1840–1913), Ölgemälde von Georg Tronnier, um 1905

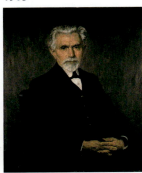

**1847–1854** Besuch der Armen- und Bürgerschule in Wetzlar. Neben dem Schulbesuch muss Bebel durch Heimarbeit zum Lebensunterhalt der Unteroffiziersfamilie beitragen.
**1854–1857** Drechslerlehre
**1863** Selbstständiger Drechslermeister in Leipzig
**seit den 1860er-Jahren** Aktiv in verschiedenen Arbeitervereinen
**1869** Gründungsmitglied der SDAP (seit 1890 SPD)
**1871–1913** Mitglied des Reichstags
**1892** Parteivorsitzender der SPD
**1909–1913** Verstärkte publizistische Tätigkeit und Arbeit an einer Autobiografie („Aus meinem Leben")

### Organisierte Arbeiterbewegung

Die unterschiedlichsten Institutionen und Gruppen beschäftigten sich mit der „Sozialen Frage" und unterbreiteten Vorschläge zu ihrer praktischen Lösung. Das gilt für die Arbeiter selbst, die sehr rasch die Erfahrung machten, dass sie als Einzelne nichts gegen die Unternehmer ausrichten konnten. Schlossen sie sich zusammen und vertraten ihre Interessen gemeinsam, fanden sie in der Öffentlichkeit Gehör und waren sehr viel mächtiger. Eines der wirksamsten Mittel war dabei die zeitlich befristete Arbeitsniederlegung, der Streik. „Alle Räder stehen still, wenn dein starker Arm es will" – diese Zeile aus einem Lied des Dichters Georg Herwegh wurde zum Slogan der Arbeiterbewegung und seit den 1860er-Jahren in zahlreichen Einzelaktionen ausprobiert. Erste Zusammenschlüsse innerhalb der deutschen Arbeiterschaft gab es bereits seit den 1840er-Jahren. Ziel war es, die Solidarität der Arbeiter untereinander zu stärken, sodass ihre politischen Forderungen wirksamer durchgesetzt werden konnten. Die Arbeiter nutzten dabei insbesondere die Möglichkeit der Vereinsgründung. Als erste und bedeutendste Selbsthilfeorganisation der Arbeiterbewegung gilt die 1848 gegründete „Allgemeine Deutsche Arbeiterverbrüderung". Durch den Zusammenschluss des 1863 von Ferdinand Lassalle ins Leben gerufenen „Allgemeinen Deutschen Arbeitervereins" mit der 1869 von Wilhelm Liebknecht und August Bebel* gegründeten „Sozialdemokratischen Arbeiterpartei" (SDAP) zur „Sozialistischen Arbeiterpartei" im Jahre 1875 begann eine neue Phase in der deutschen Arbeiterbewegung. Sie formierte sich jetzt in Parteien und versuchte sowohl mit außerparlamentarischen Mitteln als auch durch die Mitarbeit in den Parlamenten politische Entscheidungen zu beeinflussen. Zudem schlossen sich Mitte des 19. Jahrhunderts die Buchdrucker und Zigarrenarbeiter, dann weitere Handwerksgesellen und Facharbeiter unterschiedlicher Branchen zu Gewerkschaften zusammen, um ihre Interessen besser gegenüber den Arbeitgebern durchzusetzen und durch gegenseitige Hilfe ihre Lebensbedingungen zu verbessern. Unter der Führung von Carl Legien bildeten 1890 die sozialistischen Gewerkschaften als Dachverband die Freien Gewerkschaften. Außerdem gab es Gründungen der Liberalen und ab 1895 die christlichen Gewerkschaften. Anders als bei den Arbeiterparteien hatte für die Gewerkschaften die soziale Absicherung am Arbeitsplatz Vorrang vor politischen Forderungen.

### Sozialgesetzgebung

Das ständige Anwachsen und die Wahlerfolge der sozialistischen Arbeiterbewegung sowie deren radikale Opposition gegen die bestehende politische und gesellschaftliche Ordnung nährte bei den besitzenden Schichten die Furcht vor einem revolutionären Umsturz. Auf diese Herausforderungen der jungen kapitalistischen Industriegesellschaft reagierte der deutsche Staat in den 1870er-Jahren einerseits mit der Unterdrückung der Arbeiterbewegung durch das Sozialistengesetz (s. S. 71). Andererseits begann der Staat auf dem Gebiet der Sozialgesetzgebung aktiv zu werden und beschloss die Einführung einer Sozialversicherung mit Krankenversicherung, Unfallversicherung sowie Invaliden- und Rentenversicherung. Eine Versicherung gegen Arbeitslosigkeit kam erst in der Zeit der Weimarer Republik hinzu (s. S. 163). Reichskanzler Otto von Bismarck*, der 1881 das umfassende Programm zur Einrichtung einer staatlichen Sozialversicherung ankündigte, wollte damit „dem Geist der Unzufriedenheit und der Ausbreitung der sozialistischen Bewegung" den Boden entziehen.
Bismarcks Sozialgesetzgebung war ein Markstein in der Geschichte des modernen Sozialstaats. Ursprünglich sah sein Entwurf vor, auf Kosten von Unternehmern und Staat für die Arbeiter eine kostenlose Absicherung gegen Risiken des Arbeiterlebens zu schaffen. Mit diesem Konzept eines „Staatssozialismus" konnte er sich aber nicht durchsetzen. Die schließlich vom deutschen Kaiser Wilhelm I. 1881 angekündigte Gesetzesinitiative zur Sozialversicherung war eine Pflichtver-

sicherung für Arbeitnehmer unter einer bestimmten Einkommensgrenze und bildete somit einen Kompromiss unterschiedlicher Lösungsansätze der „Sozialen Frage". Denn die Kosten der Krankenversicherung (1883) übernahmen die Arbeitnehmer zu zwei Dritteln, die Arbeitgeber zu einem Drittel, die Unfallversicherung (1884) trug der Arbeitgeber allein, die Kosten der Alters- und Invalidenversicherung (1889) wurden zwischen Arbeitgebern, Arbeitnehmern und Staat aufgeteilt (M 5 und M 7).

**Christliche Sozialarbeit**

Im 19. Jahrhundert ergriffen einzelne Geistliche die Initiative, um praktische Lösungen der „Sozialen Frage" zu entwickeln und durchzusetzen. Mit ihrem sozialen Engagement wollten sie ihre Amtskirchen aufrütteln, mehr für die Armen in der Gesellschaft zu tun. Und sie hofften, dass sie Arbeiter, die sich enttäuscht von der Kirche abgewandt hatten, wieder zurückgewinnen könnten. In der evangelischen Kirche regte Johann Hinrich Wichern die Gründung des „Central-Ausschusses für die Innere Mission" an, die überall in Deutschland Einrichtungen für eine evangelische Sozialarbeit schuf. In der katholischen Kirche gründete Adolph Kolping 1849 den ersten „katholischen Gesellenverein". Dieses Kolpingwerk umfasste 1864 als Heimstätte familienloser Männer bereits 420 Vereine und 60 000 Mitglieder. Der Mainzer Erzbischof Freiherr von Ketteler trat öffentlich für eine Sozialreform, für Koalitions- und Streikrecht ein und prägte das Sozialprogramm der katholischen Zentrumspartei von 1870 genauso wie die Sozialenzyklika „Rerum Novarum" von Papst Leo XIII. (1891). Dieses päpstliche Rundschreiben an alle Gläubigen setzte sich für eine gerechte Eigentumsordnung im Rahmen christlicher Prinzipien ein, forderte den Staat zum Arbeitsschutz auf und sprach den Arbeitern das Streik- und Koalitionsrecht zu. Freilich blieb die Masse der Arbeiterschaft von den kirchlichen Beiträgen zur Lösung der „Sozialen Frage" unbeeindruckt. Eine grundsätzliche Aussöhnung zwischen Arbeiterbewegung und Kirche fand nicht statt, weil die Kirche die Gleichheitsforderungen der Arbeiterbewegung nicht übernahm.

**Arbeiterbildungsvereine**

Für den politischen Liberalismus hieß die Antwort auf die „Soziale Frage" Sozialreform. Darunter verstanden Politiker wie Friedrich Harkort und Hermann Schulze-Delitzsch vor allem bessere Bildungschancen für die Unterschichten und wirtschaftliche Selbsthilfevereine wie Versicherungs- oder Konsumvereine. Solche Vorschläge fanden im liberalen Bürgertum großen Anklang und wurden von vielen ihrer Organisationen verbreitet. Bereits in den 1840er-Jahren entstanden auf Initiative des liberalen Bürgertums erste Arbeiterbildungsvereine. Einer der bedeutendsten war der 1844 von preußischen Staatsbeamten gegründete „Verein für das Wohl der arbeitenden Bevölkerung". Aber auch die organisierte Arbeiterbewegung gründete seit den 1860er-Jahren Arbeiterbildungsvereine, die häufig zum Aufbau politischer und gewerkschaftlicher Organisationen führten. Alle diese Vereine verfolgten das Konzept, Arbeitern allgemeine Bildung zu vermitteln und ihnen die Möglichkeit zu beruflicher Aus- und Weiterbildung zu gewähren. Dadurch sollten die Voraussetzungen geschaffen werden für persönliche und solidarische Interessenvertretung, vor allem aber für sozialen und ökonomischen Aufstieg und damit für die gesellschaftliche Emanzipation der Arbeiter.

**Raiffeisenbewegung**

Die „Soziale Frage" betraf im 19. Jahrhundert nicht nur Arbeiter, sondern auch kleine Bauern. Um wirtschaftlich zu überleben, arbeiteten sie eng in Genossenschaften zusammen und organisierten günstige Landwirtschaftskredite. Einer der wirkungsmächtigsten Förderer der Genossenschaftsidee war Friedrich Wilhelm Raiffeisen (1818–1888).

**M 3** Otto von Bismarck (1815–1898), Lithografie, um 1860

**1821–1832** Der Sohn eines preußischen Gutsbesitzers besucht das Gymnasium in Berlin.
**1832–1835** Studium der Rechts- und Staatswissenschaften
**1844** Abbruch des Referendariats, Entscheidung gegen Beamtenlaufbahn
**1846** Übernahme des väterlichen Guts
**1848** Mitbegründer der konservativen „Neuen Preußischen Zeitung"
**1849** Abgeordneter im preußischen Landtag
**1851** Preußischer Gesandter beim Bundestag in Frankfurt/Main
**1859–1862** Preußischer Gesandter in St. Petersburg und Paris
**1862–1867** Preußischer Ministerpräsident
**1867** Kanzler des Norddeutschen Bundes
**1871** Kanzler des Deutschen Kaiserreichs, dessen Politik er bis 1890 maßgeblich bestimmte

Er war von 1845 bis 1865 Bürgermeister verschiedener Gemeinden im Westerwald, wo die soziale Not der Landbevölkerung besonders groß war. Der sozial engagierte Protestant setzte sich in den 1870er- und 1880er-Jahren für Einkaufs- und Verkaufsgenossenschaften ein und gründete die genossenschaftlichen Spar- und Darlehenskassen sowie die später sogenannte Raiffeisen-Zentralbank. Ein Grundprinzip genossenschaftlicher Hilfe bestand (und besteht heute noch) darin, dass die Solidarität der Genossen an die Stelle der Konkurrenz trat. Um 1890 waren zwei Drittel der Landwirte Mitglieder von Genossenschaften.

1 Erarbeiten Sie eine Definition des Begriffs „Soziale Frage".
2 Stellen Sie die einzelnen Lösungsansätze in tabellarischer Form dar.
3 Charakterisieren Sie Unterschiede und Gemeinsamkeiten der einzelnen Aktivitäten unter Berücksichtigung der jeweiligen Zielsetzung.

**M 4** Die „Soziale Frage" – Beispiele aus Bayern im 19. und frühen 20. Jahrhundert

### a) Lebensführung einer Arbeiterfamilie in München um die Jahrhundertwende:

*Das Statistische Amt der Stadt München führte von Frühjahr 1907 bis Frühjahr 1908 eine Erhebung bei 22 Arbeiterfamilien durch mit dem Ziel, genauere Einblicke in Haushaltsführung, Existenzabsicherung und Lohnverhältnisse der Arbeiter zu gewinnen. Die Ergebnisse wurden 1909 veröffentlicht. Über die Lebensbedingungen der Familie M. ist zu lesen:*

Schmied M., Ehefrau, 4, später 5 Kinder. Der Mann ist 37 Jahre alt und arbeitet bei durchschnittlich 27,50 Mk. Wochenlohn in einer Fabrik, nicht sehr weit von seiner Wohnung entfernt. Die Frau ist klein und schmächtig. Wir trafen sie im Kreise ihrer Kinder von 10, 5, 4, 1½ Jahren und dem jüngsten von einigen Monaten. Nur eines davon, das von 5 Jahren, war ein Knabe. Da der Jahresverdienst des Mannes von 1351 Mk. für die Erhaltung der großen Familie nicht ausreicht, so wird ein Zimmer an eine Aftermieterin[1] abgegeben, die dafür 108 Mk. zu zahlen hat. Aber auch das genügt noch nicht, und so muss die Frau mitverdienen – damit haben wir die ganze Tragik eines solchen Frauenlebens vor uns. […] [Sie muss] sich jetzt schon um 3½ Uhr erheben, da sie von 4 Uhr bis ½8 Uhr früh eine Schule zu reinigen hat; nachmittags ist sie von 4–8 Uhr wieder dort tätig. Für diese 7½ Stunden Arbeit, zum Teil bei Nacht, bekam sie 34 Mk. im Monat, von denen sie aber einige Mark an die Aftermieterin abzugeben hatte, die während ihrer Abwesenheit die Kinder bewacht. Bis Mitte Juli, drei Wochen vor ihrer Entbindung, hat die Frau diese anstrengende Arbeit durchgeführt, um im halben September schon wieder mit tagelangem Fensterputzen zu beginnen. Im März verdiente sie sich durch Schuhputzen noch 30 Mk. dazu. […] [Zuhause] hat sie die Stuben zu reinigen, die Kinder zu säubern, das Essen zu kochen, den Säugling zu nähren und endlich auch für die siebenköpfige Familie zu waschen, zu nähen und zu flicken; und das alles umgeben von den vielen Kleinen, von ihrem Schreien und Quälen. Dabei machte die Frau, als wir sie besuchten, keineswegs einen gedrückten Eindruck. Wohl sah sie schmal und überanstrengt aus, aber sie schien guter Laune zu sein und alles mit Gleichmut hinzunehmen. Die Kinder waren leidlich ordentlich gekleidet, die Stuben waren […] sauber und ordentlich gehalten, die Fenster hatten weiße Gardinen. Ja selbst zur Blumenpflege war der Frau noch Zeit und Lust geblieben, das ganze Fensterbrett war ein kleiner bunter Garten. […] Trotzdem sich die Frau so mitplagt und die Familie ihre Einnahmen einschl. eines Geschenkes von Verwandten von 50 Mk. auf etwas über 2000 Mk.[2] gebracht hat (davon 65 % Arbeitsverdienst des Mannes, 19,1 % der Frau), sah sie sich doch genötigt, ein Darlehen von 70 Mk. vom Sparverein aufzunehmen. […] Die Familie bewohnt zwei Zimmer und zahlt für diese und das in Aftermiete gegebene zusammen monatlich 22 Mk. In der 4,50 m × 4,80 m Bodenfläche messenden Wohnküche […] steht ein großer Herd, außerdem stehen mehrere Kinderbetten an den Wänden. Ein großer Tisch und mehrere Stühle befinden sich in der Mitte. Einige Bilder sind zur Zierde angebracht. In dem anstoßenden Schlafzimmer, das 2,75 m × 5,25 m groß ist, ist die Schmalwand abgeschrägt. Verschiedene ganz gut erhaltene Möbel, wie zwei Betten, zwei Schränke, eine Kommode, füllen den Raum. […] Der Mann kommt regelmäßig zum Essen nach Hause, was für den Verbrauch von Nahrungsmitteln natürlicherweise sehr ins Gewicht fällt. […] Merkwürdigerweise machen die Ausgaben für Nahrungsmittel lediglich 54 % aller Ausgaben aus, was für eine so große Arbeiterfamilie nicht viel ist. […] Erfreulicherweise sind die Wirtshausausgaben der Familie gering, nur 5,28 Mk. im ganzen Jahr; an Bier wurden im Hause etwas über 1½ Liter am Tag getrunken, an Milch dagegen reichlich 3 Liter, darunter auch magere Milch. Immerhin macht die Ausgabe für Bier 14,8 % aller Nahrungsmittelausgaben der Familie aus, nur für Fleisch und Milch wurde ein größerer Prozentsatz aufgewendet. Die Ausgaben für Kleider spielen mit nur 83 Mk. eine sehr geringe Rolle, vermutlich bekommt die Mutter manche Sachen im Zugehplatze geschenkt, außerdem sind die Kinder klein und näht die Mutter alles selbst. Für Gesundheitspflege wurden 14 Mk., für Körperpflege 18 Mk. ausgegeben, erstere Summe bei Gelegenheit der Geburt des jüngsten Kindes. Regelmäßig zahlte der Mann Beiträge an seine Gewerkschaft, hielt eine Tageszeitung und das Familienblatt (wöchentlich 15 Pfennig). [...] Sehr viel hatte die Familie mit Schuldenabtragung zu tun, 217 Mk. macht die Summe im ganzen aus. Trotzdem zahlte der Mann regelmäßig in die Krankenkasse der Wagenbauer und außerdem noch in eine andere Kasse ein, sodass für Vorsorge 38 Mk. oder 1,9 % ausgegeben wurden.

Else Conrad, Lebensführung von 22 Arbeiterfamilien Münchens, J. Lindauer'sche Buchhandlung, München 1909 (= Einzelschriften des Statistischen Amtes der Stadt München 8), S. 21–24.

1 Untermieterin
2 Im Vergleich zu den anderen Arbeiterfamilien ist dies ein eher überdurchschnittliches Jahreseinkommen.

**1** Fassen Sie die wesentlichen Einkommensquellen der Familie zusammen und vergleichen Sie diese mit den Ausgaben.

**2** Leiten Sie aus dem Stil der Darstellung die Schichtzugehörigkeit und die Einstellung der Verfasserin Else Conrad ab.

### b) Die Arbeitsbedingungen in der einstigen Gummiwarenfabrik Metzeler in München:

*Die Firma Metzeler im Münchner Westend stellte zunächst Gummiwaren und Guttapercha (kautschukähnlicher Stoff, mit dem früher Kabel isoliert wurden) her. Mit der Entwicklung der Luftfahrt Ende des 19. Jahrhunderts gelang es dem Unternehmen, Gewebe aus Baumwolle und Leinen vielschichtig zu gummieren und damit kostengünstig leichtes Material für die Ballonfertigung herzustellen. Ebenso erfolgreich war Metzeler mit der Herstellung von Gummireifen für Fahrräder und später für Automobile. Die Entwicklung der Firma beschreibt die Ethnologin Monika Müller-Rieger in einer Geschichte des Münchner Stadtteils Westend (1995):*

Das Unternehmen Metzeler zählte vor dem Ersten Weltkrieg zu den acht größten des Deutschen Reiches und hatte 1000 Arbeitsplätze. Die Gummiarbeiter und -arbeiterinnen gehörten lange nicht zu den Käufern der Fahrräder, sie verrichteten die kräfteschindende Akkordarbeit. Eine Versammlung 1897 im „Bürgerhof", die die Beschäftigten zum Beitritt in einen Gewerkschaftsverein aufruft, beschreibt die Arbeitsbedingungen: Für die schlechten Akkordsysteme gab es einen erbärmlichen Lohn. Arbeiterinnen bekamen 70 bis 80 Pf täglich für zehnstündige Arbeit, Männer 80 Pf bis zu einer Mark! Ein rigoroses Strafsystem verschärfte die Bedingungen, für zwei Minuten Zuspätkommen wurde eine Stunde abgezogen. Schwätzen wurde mit 50 Pf bestraft und Fehler bei der Arbeit mit einem halben Monatslohn. Die Arbeitsbedingungen schätzte die Versammlung als sehr gesundheitsschädigend ein. „Eine der ungesündesten Werkstätten sei u.a. die Vulkanisiererei; hier dürfe nicht gelüftet werden, weil die Masse und das Material Schaden erleiden würden; dass aber die Gesundheit des Arbeiters am ärgsten Schaden leidet, sei scheinbar Nebensache; wenn aber der Fabrikinspektor den Fabrikhof betrete, werden flugs überall die Fenster aufgerissen, sodass derselbe zu Beanstandungen meist keinen Anlass habe. Wie ungesund das Vulkanisieren sei, beweist, dass bereits vier Arbeiter geistesgestört wurden."[1]

Die nahezu unerträglichen Bedingungen formierten den Protest. Am 14. November 1905 traten 34 Arbeiter und zwei Arbeiterinnen in den Streik. Nach 14-tägigem Ausstand er-

### M5 Die Sozialversicherungsgesetze 1883/84/89

|  | Krankenversicherung (1883) | Unfallversicherung (1884) | Invaliditäts- und Altersversicherung (1889) |
|---|---|---|---|
| Betroffene | Arbeiter (ohne Familienangehörige; seit 1900 einbezogen), ausgenommen Land- und Forstarbeiter | Arbeiter | Arbeiter<br>Angestellte bis 2000 Mark Verdienst jährlich, Familienangehörige nicht mit einbezogen |
| Leistungen | freie ärztliche Behandlung: Krankengeld in Höhe der Hälfte des ortsüblichen Tageslohnes bei Erwerbsunfähigkeit | Kosten für ein Heilverfahren<br>Rente für Dauer einer Erwerbsunfähigkeit<br>Rente in Höhe von 2/3 des Verdienstes bei völliger Erwerbsunfähigkeit | Invalidenrente bei dauernder oder länger als 1 Jahr während Erwerbsunfähigkeit<br>Altersrente ab 70. Lebensjahr<br>Lohnklasse 1: 106 Mark jährl.<br>Lohnklasse 4: 191 Mark jährl. |
| Dauer | Krankengeld für 13 Wochen | Heilverfahren und Rente ab 14. Woche | Wartezeit:<br>Invalidenrente: 5 Beitragsjahre<br>Altersrente: 30 Beitragsjahre |
| Beitragszahler | 2/3 Versicherter<br>1/3 Arbeitgeber | Arbeitgeber | 1/2 Arbeitnehmer<br>1/2 Arbeitgeber<br>staatlicher Zuschuss von 50 Mark jährlich pro Rente |
| Träger | Ortskrankenkassen | Berufsgenossenschaften, gegliedert nach Gewerbegruppen | Landesversicherungsanstalten |

**1** Charakterisieren Sie den Ansatz der Bismarck'schen Sozialversicherung zur Lösung der „Sozialen Frage".

reichten sie eine 33 1/3 % Lohnerhöhung und eine Arbeitsverkürzung von einer halben Stunde. Der Verband der Fabrikarbeiter Deutschlands schloss 1912 einen Tarifvertrag mit der A.-G. Metzeler & Cie., der durch den Krieg, bereits zwei Jahre später, wieder aufgehoben wurde. Der Arbeitstag in der Fabrik betrug laut Vertrag neuneinhalb Stunden, nach 6-jähriger Dienstzeit bekamen die Arbeiter 3 Tage Urlaub. Für Reifen-, Kocherei- und Walzarbeiter wurden 5 Minuten fürs Händewaschen mittags und zum Feierabend ausgehandelt. Die Frauen und Männer, die mit Säure hantierten, bekamen von der Firma eine Schürze gestellt. Auch zur Entlohnung, den Überstunden und der Kündigung wurden verbindliche Vereinbarungen getroffen. Für viele brachten diese neuen Regelungen keine Veränderungen. Gewerkschaftstarife galten in der Regel nur für Facharbeiter, die Ungelernten bekamen weiterhin keine angemessene Bezahlung. Metzeler war für die Bewohner des Viertels ein typischer Geruch. Kein Wohlgeruch, sondern ein brenzliger Gestank ging von der Fabrik aus und hüllte die Gegend ein. Wenn die Dampfpfeife zum Feierabend um halb sechs ertönte, öffneten die umliegenden Lebensmittelhändler ihre Ladentür. Es war keine Empfangsgeste für die zum Einkauf eilenden Arbeiterinnen, sondern der Wunsch, den Gestank, den jene mitbrachten, etwas zu verdünnen.

*Monika Müller-Rieger, Westend. Von der Sendlinger Haid' zum Münchner Stadtteil, München Verlag, München 1995, S. 69 f.*

1 Die Darstellung bezieht sich auf: Fritz Vogt, Droben auf der Schwanthalerhöh' und hinten im Westend. München 1987, S. 32. Orthographie und Satzbau wurden den heutigen Vorgaben angepasst.

1 Beschreiben Sie mithilfe des Textes (M 4 b) die rechtliche Lage der Arbeiter.
2 Charakterisieren Sie die wirtschaftliche Lage der Arbeiter. Beziehen Sie sich dabei auf die im Text enthaltenen Informationen zum Verdienst.
3 Diskutieren Sie auf der Grundlage von M 4 a und M 4 b die Bedeutung der Gewerkschaftsbewegung für die Gesamtheit der Arbeiter.

### c) Ein Arzt über Wohnungsnot und Gesundheit:

*Julian Marcuse (1862–1942) war Arzt und SPD-Mitglied. Er engagierte sich für die Belange der Arbeiter und veröffentlichte 1911 eine Informationsbroschüre über die „Geschlechtliche Erziehung in der Arbeiterfamilie":*

[Gefahr für die Gesundheit besteht vor allem in den Städten], wo ungünstige wirtschaftliche und soziale Verhältnisse Brutherde unsittlicher Vorstellungen und Handlungen schaffen und gegenüber der Notdurft des Daseins alle ethischen Regungen in der Brust des Menschen ertötet werden, wo das Zusammengepferchtsein von Menschen verschiedensten Alters und verschiedensten Geschlechts die natürlichen Unterschiede in Art und Entwicklung verwischt, und Groß und Klein, Mann und Weib, Eltern und Kinder durch die Sumpfatmosphäre des Zusammenlebens, Zusammenschlafens und des gemeinsamen Teilens aller Lebensäußerungen vergiftet werden.

*Julian Marcuse, Geschlechtliche Erziehung in der Arbeiterfamilie, Buchhandlung Vorwärts, Berlin 1911 (Arbeiter-Gesundheits-Bibliothek Heft 15), S. 5.*

1 Nennen Sie die Ursachen für die Ausbreitung von Geschlechtskrankheiten und Prostitution nach Marcuse (M 4 c).
2 Erschließen Sie die Zielsetzung der Broschüre.
3 Diskutieren Sie, ob und inwiefern die Bezeichnung „Sumpfatmosphäre" im Hinblick auf die Wohnverhältnisse der städtischen Unterschichten berechtigt war.

### M 6 Bismarck zur Sozialgesetzgebung vor dem Reichstag, 1884

Für den Arbeiter ist da immer eine Tatsache, dass der Armut und der Armenpflege in einer großen Stadt zu verfallen gleichbedeutend ist mit Elend, und diese Unsicherheit macht ihn feindlich und misstrauisch gegen die Gesellschaft. Das ist menschlich nicht unnatürlich, und solange der Staat ihm da nicht entgegenkommt oder solange er zu dem Entgegenkommen des Staates kein Vertrauen hat, da wird er, wo er es finden mag, immer wieder zu dem sozialistischen Wunderdoktor laufen, und ohne großes Nachdenken sich von ihm Dinge versprechen lassen, die nicht gehalten werden. Deshalb glaube ich, dass die Unfallversicherung, mit der wir vorgehen, sobald sie namentlich ihre volle Ausdehnung bekommt auf die gesamte Landwirtschaft, auf die Baugewerbe vor allem, auf alle Gewerke, wie wir das erstreben, doch mildernd auf die Besorgnis und auf die Verstimmung der arbeitenden Klasse wirken wird. Ganz heilbar ist die Krankheit nicht, aber durch die Unterdrückung äußerer Symptome derselben, durch Zwangsgesetze, halten wir sie nur auf und treiben sie nach innen. Wenn man mir dagegen sagt, das ist Sozialismus, so scheue ich das gar nicht. Es fragt sich nur, wo liegt die erlaubte Grenze des Staatssozialismus? Ohne eine solche können wir überhaupt nicht wirtschaften. Jedes Armenpflegegesetz ist Sozialismus.

*Zit. nach: Manfred Görtemaker, Deutschland im 19. Jahrhundert, Verlag Leske + Budrich, Opladen 1989, S. 296 f.*

1 Erklären Sie Bismarcks Metaphern: „sozialistischer Wunderdoktor", „Krankheit", „Symptome".

### M 7 Die Historiker Gerhard A. Ritter und Klaus Tenfelde über die lebensweltlichen Auswirkungen der Bismarck'schen Sozialgesetzgebung, 1992

Hier soll nicht etwa ein so nicht zutreffendes Bild von einer durchgreifenden Verbesserung der Lage der Arbeiter durch die Sozialversicherung gezeichnet werden. Die Arbeiterfamilie blieb nach wie vor durch vorzeitige Invalidität des Ernährers und längere Krankheit eines Familienmitglieds hochgradig gefährdet. Das Krankengeld konnte nur einen Teil des Lohnausfalls ersetzen, und medizinische Leistungen wurden nur langsam auf die Angehörigen der Versicherten ausgedehnt, wobei die Pflege von Kranken sehr häufig bedeutete, dass die Ehefrau keiner Erwerbstätigkeit mehr nachgehen konnte. Aber vielleicht wurden mit Bestehen der Sozialversicherung solche Schicksalsschläge nicht mehr so fatalistisch wie früher hingenommen. Man finde, so berichtete die badische Fabrikinspektion, seit der Sozialgesetzgebung „bei Krankheiten und Unfällen in den Arbeiterfamilien weniger Not mit allen begleitenden Folgezuständen mehr. Den Eindruck einer dumpfen Stimmung und dumpfen Gleichgültigkeit empfindet man jetzt bei dem Besuche von Arbeiterwohnungen in weit geringerem Maße, wenn man in denselben Erkrankte oder Verunglückte antrifft" [...].

Daneben und darüber hinaus hat die Sozialversicherung sozialpädagogisch gewirkt. Die Arbeiter gewöhnten sich langsam daran, mit ihrer Gesundheit pfleglicher umzugehen und sich besser gegen vorzeitige Erwerbsunfähigkeit zu schützen. Sie passten sich darin den Daseinsbedingungen in der Industriegesellschaft besser an. Gleichzeitig wurden vor allem durch die gesetzlichen Krankenkassen und ihre Vorläufer in den freiwilligen Selbsthilfeorganisationen der Gesellen und Fabrikarbeiter typisch bürgerliche Vorstellungen von einer gesunden, „sittlichen" und vernünftigen Lebensweise auf die Unterschichten übertragen. Dieser erzieherische Effekt wurde seit der Jahrhundertwende zunehmend betont. Nicht etwa werde, so hieß es entgegen gewissen Vorwürfen, durch die Sozialversicherung die Selbstverantwortung der Arbeiter gelähmt. Vielmehr habe die Zwangsversicherung die vielen Millionen Arbeiter, die für freiwillige Versicherungen unerreichbar waren, aus ihrer Lethargie und Hilflosigkeit befreit und sie „sozialpolitisch und hygienisch" erzogen. Deshalb wachse als eine Folge der Sozialgesetzgebung „eine körperlich und geistig leistungsfähigere, arbeitsfreudigere, konsumkräftigere und zugleich sozial gehobene Arbeiterschaft" heran. So hob die Sozialversicherung die von ihr erfassten, zunehmend größeren Teile der Erwerbsbevölkerung aus der Armenbevölkerung heraus, stärkte damit aber mittelbar die Abgrenzung der Arbeiter von den Armen, besonders vom sogenannten „Lumpenproletariat" der Landstreicher und Gelegenheitsarbeiter. [...] Man muss zwischen der kurz- und den langfristigen Wirkungen der Sozialpolitik unterscheiden. Nicht in Erfüllung gingen die Hoffnungen und Erwartungen Bismarcks und Wilhelms II., dass sich die Arbeiter aufgrund der in der Sozialversicherung und der Gesetzgebung des „Neuen Kurses" bewiesenen Fürsorge des Staates von den sozialistischen Organisationen und ihren Führern abwenden würden. Langfristig hat die staatliche und kommunale Sozialpolitik Massenloyalität auch zum Staat [...] geschaffen und damit die Integration der Arbeiter in Staat und Gesellschaft wesentlich gefördert. Das bezog sich auch auf die gewerkschaftlichen und politischen Organisationen der Arbeiter, denen sich durch die Mitarbeit in den Einrichtungen der Sozialversicherung, in Gewerbegerichten, Einigungsämtern und kommunalen Arbeitsnachweisen ein neues, stets auf Reform des Bestehenden gerichtetes Arbeitsfeld eröffnete. Die dadurch geschaffenen Kontakte mit Vertretern der Arbeitgeber und [...] der staatlichen und kommunalen Bürokratie haben zum Abbau der Klassenspannungen und der politischen und gesellschaftlichen Isolation der Arbeiter beigetragen. Allerdings gab es darin erhebliche regionale Unterschiede. Man kann deshalb sagen, dass, langfristig gesehen, in einigen wichtigen Ansätzen das ursprüngliche Integrationsziel der Sozialpolitik sehr wohl erreicht wurde – freilich nicht gegen, sondern gerade über die Organisationen der Arbeiterbewegung.

*Gerhard A. Ritter/Klaus Tenfelde, Arbeiter im Deutschen Kaiserreich 1871 bis 1914, Verlag J. H. W. Dietz Nachf., Bonn 1992, S. 704–706, 715 f.*

Untersuchen Sie mithilfe von M 7 die lebensweltlichen und gesellschaftspolitischen Auswirkungen der Bismarck'schen Sozialgesetzgebung:
a) Arbeiten Sie die wesentlichen Folgen der Sozialgesetzgebung auf das Alltagsleben der Arbeiter heraus.
b) Erörtern Sie, ob sich die politischen Hoffnungen Bismarcks und der deutschen Monarchen erfüllt haben. Berücksichtigen Sie dabei den Darstellungstext (S. 102 f.) und M 6.

**M 8** Karikatur aus der satirischen Zeitschrift „Der wahre Jacob", 1891.
Der Text lautet:
*Engländer:* Was ist das?
*Der wahre Jacob:* Das ist Bismarcks Sozialreform.

1 Interpretieren Sie die Karikatur mithilfe der Methodenseite (S. 258 f.).
2 Nehmen Sie Stellung zur Haltung des Karikaturisten
a) aus der Sicht eines Arbeiters im 19. Jahrhundert,
b) aus heutiger Sicht.

# Methode

## Interpretation von Statistiken

**M1** Karikatur von Erik Liebermann

Historiker und Wirtschaftswissenschaftler wählen verschiedene Indikatoren, um wirtschaftliche Entwicklungen zu messen. Wer Aussagen über die Wirtschaftsgeschichte Deutschlands seit der Wiedervereinigung machen will, untersucht z. B. Veränderungen des Bruttoinlandsprodukts seit 1990. Ein differenzierteres Bild der Wirtschaftskraft eines Landes entsteht, zieht man zusätzlich Daten über Arbeitslosigkeit, Preis- und Lohnentwicklung heran. Auch für die Untersuchung der Sozialstruktur einer Gesellschaft liefern statistische Größen wichtige Hinweise. So lässt die Untersuchung der Ausgabenstruktur der Bevölkerung Rückschlüsse auf die Einkommenssituation zu. Werden die durchschnittlichen Ausgaben (Lebenshaltungskosten) über einen längeren Zeitraum hinweg untersucht, erhält man einen Indikator für den Wohlstand der Gesellschaft insgesamt, da zum Beispiel sinkende Ausgaben für Lebensmittel auf insgesamt wachsende Einkommen hindeuten. Kurzum: Moderne Wirtschaftsgeschichte kommt ohne die Auswertung von Statistiken nicht aus. Sie können als Zahlentabellen oder als Diagramme, d. h. in grafischer Form, dargestellt werden.

Bald nach der Herausbildung der Statistik als Wissenschaftsdisziplin im 18. Jahrhundert setzte in der ersten Hälfte des 19. Jahrhunderts eine kontinuierliche amtliche Datenerhebung für viele Bereiche der Gesellschaft ein. Diese amtlichen Statistiken werden durch Erhebungen von halbamtlichen und privaten Einrichtungen ergänzt, seit dem Zweiten Weltkrieg vor allem durch Meinungsumfragen. Die Fülle der Daten zwingt zur sorgfältigen Auswahl der für die Fragestellung bedeutsamen Statistiken. Häufig verbinden Historiker in einem Schaubild mehrere Entwicklungslinien miteinander und stellen dadurch Verbindungen zwischen einzelnen Phänomenen her. Dabei greifen sie in der Regel auf ein Vorwissen zurück, das sie aus der Analyse und Interpretation anderer Quellengattungen gewonnen haben.

## Arbeitsschritte

**1. Einordnung**
– Wo wurde die Statistik veröffentlicht?
– Wer ist Autor bzw. Auftraggeber?
– Wann und aus welchem Anlass ist die Statistik erschienen?
– Was wird thematisiert?

**2. Inhalt der Statistik**
– Welche Einzelaspekte werden beleuchtet?
– Welche Zahlenwerte sind aufgeführt?
– Welche Kategorien werden in Beziehung gesetzt?
– Welche Einzelinformationen lassen sich aus der Statistik ablesen (Schwerpunkte, Ausschläge, regelhafte Verläufe)?
– Welche Zusammenhänge ergeben sich aus den Datenreihen?

**3. Historischer Kontext**
– Auf welche historische Epoche bzw. welchen Zeitraum bezieht sich die Statistik?
– Auf welchen geografischen Raum wird verwiesen?

**4. Aussageabsicht**
– Welche Intention verfolgte der Autor bzw. Auftraggeber?
– Worüber gibt die Statistik keine Auskunft?
– Gibt es Hinweise auf Manipulationen des Zahlenmaterials?

**5. Fazit**
– Welche Gesamtaussage lässt sich formulieren?

# Übungsaufgabe mit Lösungshinweisen

**M2** Ausgabenverteilung von Arbeitnehmerfamilien 1800, 1907, 2005 (in Prozent des Einkommens)

**a) Lebenshaltungskosten einer fünfköpfigen Maurerfamilie[1] in Berlin um 1800:**

| Art der Ausgabe | Anteil an den Gesamtausgaben (in Prozent) |
|---|---|
| Brot | 44,2 |
| Tierische Produkte | 14,9 |
| Miete | 14,4 |
| Licht und Heizung | 6,8 |
| Kleidung und sonstiger Bedarf | 6,1 |
| Getränke | 2,1 |
| Sonstige pflanzliche Nahrungsmittel | 11,5 |

[1] Ein Maurer gehörte zu den besser verdienenden Arbeitern.

1. Interpretieren Sie die Statistiken M 2 a bis M 2 c mithilfe der Arbeitsschritte. Orientieren Sie sich bei M 2 b und 2 c an den Lösungshinweisen zu M 2 a.
2. Erläutern Sie, ob bzw. inwiefern die Statistiken vergleichbar sind.
3. Wandeln Sie eine der Statistiken in eine andere Darstellungsform (z. B. Tabelle, Balken- oder Kurvendiagramm) um. Erläutern Sie, welche Form der Datenpräsentation am besten geeignet ist.

**b) Lebenshaltungskosten einer fünfköpfigen Arbeiterfamilie[2] im Deutschen Reich 1907:**

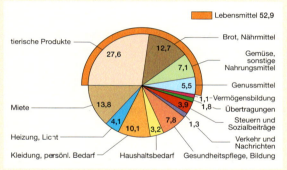

[2] Befragt wurden 523 Arbeiterhaushalte.

**c) Konsumausgaben eines Arbeitnehmerhaushaltes[3]**

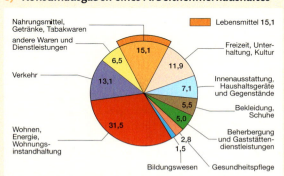

[3] Beamten-, Angestellten- und Arbeiterhaushalte mit mittlerem Einkommen in der Bundesrepublik Deutschland 2005.

M 2 a: Wilhelm Abel, Massenarmut und Hungerkrisen im vorindustriellen Deutschland, 2. Aufl., Vandenhoeck & Ruprecht, Göttingen 1977, S. 15.
M 2 b: Erhebung von Wirtschaftsrechnungen minderbemittelter Familien im Deutschen Reich, bearbeitet im Kaiserlichen Statistischen Amte, Abteilung Arbeiterstatistik, Heymanns, Berlin 1909, S. 182.
M 2 c: Statistisches Bundesamt (Hg.), Datenreport 2008, Bonn 2008, S. 150.

### 1. Einordnung
Die Statistik stammt aus einer wissenschaftlichen Publikation des Wirtschaftshistorikers Wilhelm Abel (1904–1985). Die Daten erschienen 1977 im Rahmen einer Untersuchung zum Thema Massenarbeitslosigkeit und Hungerkrisen zur Zeit der Frühindustrialisierung in Deutschland. Thema der Statistik sind die Lebenshaltungskosten einer Maurerfamilie in Berlin um 1800.

### 2. Inhalt der Statistik
– Aufgeführt ist der prozentuale Anteil an den Ausgaben für: Brot, tierische Produkte (z. B. Fleisch, Eier), pflanzliche Nahrungsmittel, Getränke, Miete, Licht und Heizung, Kleidung und sonstigen Bedarf.
– Einzelinformationen: Der größte Anteil des Familieneinkommens wird für Lebensmittel ausgegeben (72,7 %), über 40 % der Gesamtausgaben wird für Brot aufgewendet, das offenbar das Hauptnahrungsmittel darstellte.
Etwa ein Viertel der Ausgaben entfallen auf tierische und pflanzliche Lebensmittel, die Aufwendungen für tierische Produkte liegen leicht höher (14,9 % bzw. 11,5 %). Getränke fallen mit 2,1 % ins Gewicht.
21,2 % musste die Maurerfamilie 1800 für Wohnungskosten aufwenden (14,4 % Miete, 6,8 % Heizung). Für Kleidung und sonstigen Bedarf blieben 6,1 %.
– Zusammenhänge: Die Ausgaben der Familie reichten zur Befriedigung der Grundbedürfnisse. Geld für Freizeit oder Bildung z. B. fehlte.

### 3. Historischer Kontext
– Zeitraum/Epoche: vorindustrielle Phase in Deutschland, wo der industrielle „Take-off" erst in den 1840er-Jahren einsetzte.
– geografischer Raum: Berlin

### 4. Aussageabsicht
Der Autor will seine Forschungsergebnisse mit empirischem Zahlenmaterial absichern, d. h. Belege für seine These anführen; die wissenschaftliche Seriosität soll verdeutlicht werden.

### 5. Fazit
Als Gesamtaussage lässt sich festhalten, dass zu Beginn des 19. Jahrhunderts nahezu die gesamten Ausgaben einer Maurerfamilie für die Erfüllung der Grundbedürfnisse (Nahrung, Wohnen, Kleidung) aufgewendet werden mussten. Fast drei Viertel davon entfielen auf Lebensmittel (Grundnahrungsmittel). Für Genussmittel oder Freizeitaktivitäten reichte das Geld nicht. Die Aussagekraft der Statistik erhöht sich, wenn die Ausgabenstruktur der Familie um 1800 mit Daten aus anderen Zeiten verglichen wird, z. B. aus der Phase der Hochindustrialisierung oder dem Dienstleistungszeitalter (M 2 b bzw. M 2 c).

## 2.7 Familiengemeinschaften und Geschlechterrollen

**M1** „Mutterglück", Karikatur von Thomas Theodor Heine, 1895

„Jetzt fehlt mir blos noch ein Mann, und dann bin ich eine Familie."

**1** Interpretieren Sie die Karikatur.

**Lesetipp**
*Andreas Gestrich/Jens-Uwe Krause/ Michael Mitterauer, Geschichte der Familie, Kröner, Stuttgart 2003.* Das Handbuch bietet einen anschaulichen Überblick über die Entwicklung der Familie in Antike, Mittelalter und Neuzeit.

### Zerfall der Familie?

Vielen Zeitgenossen des 19. Jahrhunderts stand es klar vor Augen: Der Kapitalismus, das Industriesystem zertrümmerte nicht nur überkommene soziale Ordnungen, sondern zerstörte darüber hinaus eine lebenswichtige Bedingung sozialer und politischer Stabilität – die Familie. Die „große Industrie", schrieben Karl Marx und Friedrich Engels 1848 im „Kommunistischen Manifest", habe „alle Familienbande für den Proletarier zerrissen". Auch auf konservativer Seite gab es scharfe Kritik an den die Familien zerstörenden Wirkungen des Industriekapitalismus. Dieser habe, so der Volkskundler Wilhelm Heinrich Riehl 1852, dem „vierten Stand" entweder die „Familienlosigkeit" oder die „social entfesselte Familie" – „freie Liebe, wilde Ehe" – aufgezwungen. Heute weiß man, dass diese Befürchtungen falsch waren. Im Gegenteil: In dem Maße, in dem sich das kapitalistische **Lohnarbeiterverhältnis** durchzusetzen begann, gewann auch die Familie an Bedeutung. Immer mehr Arbeiter und Arbeiterinnen gründeten eine Familie und der Anteil der Ledigen an der Gesamtbevölkerung sank. Solange dagegen handwerklich-kleingewerbliche Strukturen vorherrschten, waren die Chancen, als abhängig Beschäftigter zu heiraten und eine Familie zu versorgen, weitaus geringer. Für Gesellen des Bäcker-, Fleischer- oder Friseurgewerbes lag das Risiko, lebenslang ledig zu bleiben, bei eins zu drei. Von den Arbeitern der expandierenden Schwerindustrie und des Maschinenbaus dagegen waren 1882 bereits über 60 Prozent verheiratet. Ehe- und Familienlosigkeit gehörten eher zu einer vorindustriellen, handwerklich-bäuerlich geprägten Gesellschaft. Statistisch gesehen hatten die familienbewussten Kritiker des Industriesystems also unrecht. Während große Gruppen der vorindustriellen Gesellschaft von der Familiengründung ausgeschlossen waren – zum Beispiel Handwerksgesellen, Knechte und Mägde –, schuf die Industrialisierung **Arbeitsplätze ohne strukturelle Heiratsbarrieren**. Die Familie verschwand folglich nicht, sondern setzte sich als Lebensform auch in den Unterschichten jetzt erst durch. Allerdings sagt die Häufigkeit von Eheschließungen noch nichts aus über den Charakter und die Qualität der geschlossenen Ehe. Es fehlen jedoch verlässliche Hinweise auf eine Veränderung zum Schlechteren im Zuge der Industrialisierung. Unsichere und knappe Einkommen sowie beengte Wohnverhältnisse waren kein Merkmal des Industrieproletariats; die Unterschichten der vorindustriellen Gesellschaft hatten materiell kaum besser gelebt.

### Geschlechterrollen

Das zeitgenössische, die politischen Lager übergreifende Unbehagen an den proletarischen Familienverhältnissen bündelte sich in der Figur der **erwerbstätigen Ehefrau**. Dass eine verheiratete Frau fern von Haus und Familie in der Fabrik Geld verdiente, galt vor allem in der bürgerlichen Öffentlichkeit als Grund für die vermeintliche Zerrüttung der Arbeiterfamilie. Wie konnte eine Familie funktionieren, deren Mittelpunkt, die Frau, nicht ständig anwesend war? Dieser Frage gesellte sich eine andere hinzu: Was passiert mit dem **Regiment des Hausvaters**, wenn seine ökonomisch und sozial bedingte Macht durch die außerhäusliche Erwerbstätigkeit der Ehefrau untergraben wird? Offensichtlich veränderte die industrielle Arbeitswelt nicht nur die Familienverhältnisse, sondern auch die **Geschlechterverhältnisse**, die Beziehungen zwischen Frauen und Männern. Frauen, so schien es, emanzipierten sich von Untergebenen zu Konkurrentinnen; sie machten Männern nicht nur Arbeitsplätze streitig, sondern auch, in logischer Konsequenz, die Macht im Haus. Das

Fabriksystem, schrieb Friedrich Engels 1845, stelle die Familie „auf den Kopf", rufe „die Herrschaft der Frau über den Mann" hervor, „entmanne" ihren Partner und raube „dem Weibe seine Weiblichkeit". Wiederum zeigt ein Blick in die Statistik, dass sich eine solche Entwicklung nicht als allgemeingültige Regel abzeichnete. Zwar nahmen marktvermittelte Beschäftigungsverhältnisse von Frauen seit der zweiten Hälfte des 19. Jahrhunderts stark zu; doch dieser Anstieg betraf vor allem ledige Frauen. 1875 war nur ein Fünftel der Fabrikarbeiterinnen verheiratet, 1907 etwas mehr als ein Viertel. Die weitaus meisten Ehefrauen von Arbeitern gingen keiner regelmäßigen außerhäuslichen Erwerbsarbeit nach, sondern trugen mit Heimarbeit, Zugehdiensten oder Untervermietung zum Familieneinkommen bei. Vor allem in den Kreisen besser verdienender Facharbeiter behauptete der Mann seine Rolle als hauptsächlicher oder alleiniger Familienernährer. Hier waren Frauen vornehmlich für Haushalt, Kindererziehung, Nachbarschafts- und Verwandtenpflege zuständig.

**Lohnarbeit gegen Hausarbeit** Von dem befürchteten Rollenwechsel, der Umkehr männlich-weiblicher Machtverhältnisse, konnte in Arbeiterfamilien keine Rede sein. Vielmehr erhielten sich auch hier Autoritätsstrukturen, die Männer begünstigten und Frauen auf nach- und untergeordnete Plätze verwiesen. Je mehr sich zudem die Vorstellung vom Mann als Familienernährer verallgemeinerte und zur Leitlinie gewerkschaftlicher Tarif- und Arbeitsmarktpolitik entwickelte, desto geringer wurde der ökonomische „Wert" der Frau veranschlagt. War das Familieneinkommen in einer Zeit, die Lohnarbeit noch nicht oder kaum kannte, eine komplexe, schwer auseinanderzudividierende Größe gewesen, wurde es nun mit dem Verdienst des außerhäuslich erwerbstätigen Mannes gleichgesetzt. Die wirtschaftlichen Leistungen der Hausfrau – als Konsumentin, aber auch bei der Weiterverarbeitung von Nahrungsmitteln und Bekleidung – tauchten in der Rechnung nicht mehr auf. Indem der Industriekapitalismus die Lohnarbeit für Männer verallgemeinerte, ließ er mittelbar die Arbeit von Frauen ökonomisch unsichtbar werden. In einer Gesellschaft, die zunehmend dem Prinzip der Nützlichkeit, der maximalen und messbaren Ausnutzung aller Ressourcen huldigte, kam dies einer sozialen Entwertung der Frauen und einer Aufwertung der Männer gleich.

**M2** Frauen in einer Zigarrenfabrik, Fotografie (Ausschnitt), 1910

**Internettipp**
www.3sat.de/delta/index.html
Umfangreiche Informationen und Literaturhinweise zum Thema „Familie" in Geschichte und Gegenwart (Suchwort „Familie").

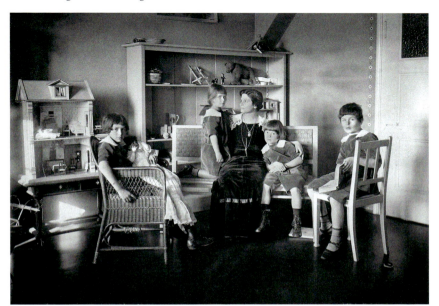

**M3** Katia Mann und ihre Kinder, Fotografie, um 1920.
Die Ehefrau des Schriftstellers Thomas Mann mit den ersten vier von sechs Kindern. Von links: Erika, Monika, Katia, Golo, Klaus.

1 Beschreiben Sie die dargestellten Personen und ihr Verhältnis zueinander.
2 Erläutern Sie das dargestellte weibliche Rollenbild im Vergleich zu der Karikatur M 1.

## 2 Industriegesellschaft

**M 4** Die Familie des Fotografen Theodor Hilsdorf, Fotografie, 1903

1 Vergleichen Sie das Foto mit dem Bild der Familie Brecht (M 7). Berücksichtigen Sie das zum Ausdruck kommende Rollenverständnis.

**Geschlechterverhältnisse und Arbeitsmarkt**

Auch auf direkte Weise trug das Industriesystem dazu bei, die soziale Ungleichheit der Geschlechter zu verschärfen und zu verfestigen. Frauen bekamen in der Regel schlechter bezahlte und ausgestattete Arbeitsplätze als ihre männlichen Kollegen. Ihnen wurden minderbewertete Qualifikationen und Fertigkeiten abverlangt. Ihre Aufstiegsmöglichkeiten waren beschränkter als die von Männern. Die Fabrik reduzierte Männer und Frauen eben nicht auf geschlechtslose Arbeitsinstrumente, sondern verteilte die Arbeit unterschiedlich nach den Kriterien des Geschlechts. Das Schreckbild des 19. Jahrhunderts – die Industrie zerstöre die Familie und emanzipiere die Frauen – erweist sich folglich als Irrglauben. Zwar setzte die kapitalistische Industrialisierung in der Tat Veränderungen in Gang, die die Familien- und Geschlechterbeziehungen betreffen. Keineswegs aber wirkten jene Veränderungen auf den Abbau patriarchalischer Herrschaftsverhältnisse innerhalb und außerhalb der Familie hin. Vielmehr stellte sich auch in den Familien der Lohnarbeiter die hierarchische Ordnung wieder her. Manches spricht sogar dafür, dass die Geschlechterordnung eher ungleicher wurde. Schließlich war die scharfe Trennung männlicher und weiblicher Funktionsbereiche im Wesentlichen ein Produkt des 19. Jahrhunderts. Auch vorher gab es soziale Unterschiede zwischen Frauen und Männern. Die bürgerlich-kapitalistische Gesellschaft hat diese in besonderer Weise zugespitzt, normiert und verallgemeinert.

1 Beschreiben Sie Veränderungen der Familie durch die Industrialisierung.
2 Erläutern Sie Unterschiede und Gemeinsamkeiten der Geschlechterrollen in Arbeiterfamilien und bürgerlichen Familien.

**M 5** Die Kindheit der Schauspielerin Liesl Karlstadt

*Liesl Karlstadt (1892–1960), mit bürgerlichem Namen Elisabeth Wellano, war die Tochter eines Münchner Bäckers mit italienischen Vorfahren. Ab 1913 trat sie als Kabarettistin in München an der Seite Karl Valentins auf:*

Liesl Karlstadt kam als fünftes von neun Kindern zur Welt. Ihr Vater […] war 25 Jahre lang als Brotschießer[1] in der Dombäckerei Ringler am Münchner Frauenplatz tätig. Obwohl er hart arbeitete, lebte die Familie in großer Armut. […] Nur selten gab es ein Fleischgericht oder eine süße Mehlspeise, stattdessen Kartoffeln und trockenes Brot. Da der Vater sehr früh aufstehen musste, schlief er am Tag. Darauf hatte die Familie Rücksicht zu nehmen. Die Mutter hielt ihre Kinder dazu an, den Vater nicht zu stören. […] Als es für ihre Mutter immer schwieriger und schließlich unmöglich wurde, die vielen Kinder vom geringen Verdienst ihres Mannes zu ernähren, kaufte sie einen kleinen Milchladen auf der Schwanthaler Höh[2]. Liesl Karlstadt musste von Anfang an mithelfen und frühmorgens Milch austragen. Aber der Laden rentierte sich nicht und wurde schließlich wieder geschlossen. Es gab so gut wie keine Perspektive, dass es der Familie jemals besser gehen würde. […] Die Familie wohnte in einer einzigen Stube, die gleichzeitig Küche, Wohn-, Schlaf- und Kinderzimmer war. Neben der häuslichen Enge hatte Liesl […] auch unter Diskriminierung zu leiden: „Wellano – Italiano – lebst aa no?" riefen ihre Mitschüler hinter ihr her und verspotteten ihren klangvollen Namen. Vielleicht nur ein harmloser Kinderreim, der jedoch angesichts der Tatsache, dass vier ihrer Geschwister gestorben waren, für Liesl Karlstadt eine tiefere Bedeutung hatte.

*Gunna Wendt, Liesl Karlstadt. Ein Leben, Piper, München 1998, S. 28–30.*

1 Fließbandarbeit in einer mit Maschinen betriebenen Großbäckerei
2 Arbeiterviertel im Westend Münchens

1 Erarbeiten Sie die Rolle von Vater, Mutter und Kindern in einer armen Handwerkerfamilie um 1900.

**M 6** Der „Patriarch" Oskar von Miller

*Oskar von Miller (1855–1934) war das vierzehnte Kind eines Erzgießers. Der studierte Ingenieur konzipierte ein deutschlandweites Stromnetz und war Mitbegründer des Deutschen Museums in München. Aus seiner Biografie (2005):*

Die Ehepartner waren ein ungleiches Paar. Während Oskar ein kraftstrotzender, lebenslustiger Mensch war, der Empfänge und Einladungen liebte, war Marie eine zarte, zurückgezogene Frau, die Zeit ihres Lebens mit gesundheitlichen Problemen (Asthma) zu kämpfen hatte. Aus diesem Grund konnte sie häufig nicht an den Reisen ihres Mannes teilnehmen. […] Ihr Mann war ihr zu lebhaft, wie dies schon seine Lehrer festgestellt hatten. In seiner dominanten Art griff er ständig in das Leben der Familie ein. Ohne Vorankündigung kam er mit Geschäftsfreunden in die Wohnung zum Mittagessen, was bei der überraschten Dame des Hauses nicht immer Vergnügen auslöste, wie sie ihren Tagebüchern anvertraute. Zum 70. Geburtstag seiner Frau lud Miller, gegen den ausdrücklichen Wunsch Maries, die im engsten Familienkreis feiern wollte, 70 Gäste ein, die dem Geburtstagskind dann viel Arbeit verursachten. Er selbst kleidete sich an diesem Tag in einem Frack und legte seine sämtlichen Orden an, um Marie seine Referenz zu erweisen. Selbst die Tagebücher seiner Frau waren vor Miller und seiner Art [...] nicht sicher. An einer Stelle kann man erkennen, dass er nicht nur ihr Tagebuch las, sondern darin auch Sätze durchstrich, um eigenhändig seine Version hinzuzufügen! Marie von Miller nahm dies widerspruchslos hin. [...] Die Ehe mit Oskar scheint trotzdem sehr harmonisch gewesen zu sein. Miller schrieb an Marie zahllose Briefe und Ansichtskarten, nicht nur während der Verlobungszeit und in den ersten Ehejahren. Auf seinen Reisen schickte er fast täglich einen kurzen Gruß nach München. Der Beginn „Mein liebes Weiberl" wurde zur Standardanrede. Aus der Ehe gingen sieben Kinder hervor [...]. Aus persönlichen Gesprächen [...] wird deutlich, dass der Vater so verehrt und bewundert wurde, dass die Kinder nicht wagten, den unnahbaren Vater anzusprechen. Die Kinder hatten vor seiner Strenge Angst, obwohl er sie wohl nie geschlagen hat. Sein Sohn Walther hat ihn mit einem Satz charakterisiert: „Miller ist ein Patriarch, im eigenen Hause wie im Büro."

Wilhelm Füßl, Oskar von Miller (1855–1934). Eine Biographie, C. H. Beck, München 2005, S. 354 f.

1 Charakterisieren Sie die Eheleute und ihr Verhältnis.
2 Leiten Sie aus M 6 zeittypische Merkmale der Männer- und Frauenrolle im städtischen Bürgertum ab.

**M 7** Die Familie Brecht, Fotografie, 1908.
Der Schriftsteller Bertolt Brecht (links), geb. 1898, als Sohn eines kaufmännischen Angestellten in Augsburg.

**M 8** Bäckersfamilie Graf aus Berg am Starnberger See, Fotografie, um 1902.
Die Mutter des Schriftstellers Oskar (Maria) Graf (1894 bis 1967) mit fünf von ihren acht Kindern. Oskar (vorne, Mitte) begann 1907 eine Bäckerlehre; in der gleichen Zeit fing er zu schreiben an. Sein politisches Engagement zwang ihn 1938 zur Emigration in die USA.

1 Interpretieren Sie die Fotografien M 7 und M 8 mithilfe der Methodenseite (siehe S. 290 f.).
2 Erläutern Sie, ob bzw. inwiefern die Bilder Aussagen über Rollenbilder und Schichtenzugehörigkeit zulassen. Berücksichtigen Sie dabei die intendierte Wirkung.

### Fächerverbindung Sozialkunde/Präsentation:
1 „Familie heute" – Stellen Sie verschiedene Formen familiären Zusammenlebens der Gegenwart vor. Erläutern Sie jeweils Probleme und Chancen und vergleichen Sie mit den Familienstrukturen des 19. Jahrhunderts.
Recherchehilfe: *www.wdr.de/themen/homepages/familie.jhtml* (ein Dossier des WDR zum Thema „Familie heute").

# 2.8 Der Beginn der Frauenbewegung

**Der Kampf um die Rechte der Frau**
**1791** Die französische Revolutionärin Olympe de Gouges fordert mit der „Erklärung der Rechte der Frau und Bürgerin" die Gültigkeit der Menschen- und Bürgerrechte auch für die Frau.
**1848** Anfänge einer deutschen Frauenrechtsbewegung im Zuge der Revolution
**1865** Gründung des „Allgemeinen Deutschen Frauenvereins" (ADF) auf dem internationalen Frauenkongress in Leipzig
**1893** Gründung des ersten deutschen Mädchengymnasiums in Karlsruhe
**1891** Die SPD fordert als erste deutsche Partei das Frauenwahlrecht.
**1900** Zulassung von Frauen zum Universitätsstudium im Großherzogtum Baden; bis 1908 (Preußen) auch in den anderen deutschen Staaten
**1919** Weimarer Reichsverfassung: aktives und passives Wahlrecht für Frauen
**1949** Verfassungen der Bundesrepublik und der DDR: Gleichberechtigung von Männern und Frauen

### Männerwelten – Frauenwelten

„Eine Versündigung nicht nur am Weibe, sondern an der Menschheit, am Prinzip der Schöpfung ist's: das Weib in Knechtschaft zu stoßen und darin zu erhalten, es auf den engen Kreis der Häuslichkeit beschränken zu wollen und somit auszuschließen von jenen anderen Zwecken des Menschentums, welche sich nicht auf die Familie beziehen." Mit diesen Worten beschreibt die Frauenrechtlerin Louise Otto-Peters 1851 treffend die Stellung der Frau besonders in den bürgerlichen Familien des 19. Jahrhunderts. Mit der Industrialisierung und der Herausbildung der bürgerlichen Gesellschaft trennten sich Arbeit und Privatsphäre zunehmend und damit auch die Lebensbereiche von Männern und Frauen. Nach dem **bürgerlichen Rollenverständnis** war der Bereich des Mannes die Öffentlichkeit. Er war nicht nur der „Ernährer" der Familie, sondern auch für Politik, Kultur und das gesellige Leben zuständig. Dagegen lagen die Sorge für das Wohl des Ehemanns und die Erziehung der Kinder bei den Ehefrauen. Diese **ungleiche Rollen- und Machtverteilung** zwischen den Geschlechtern fand ihre ideologische Absicherung in der seit dem Ende des 18. Jahrhunderts verbreiteten Vorstellung von den **„Geschlechtercharakteren"**. Danach galten „Vernunft", „Kraft" oder „Selbstständigkeit" als Eigenschaften des Mannes, während die Frau sich durch „Empfindung", „Hingabe", „Sittsamkeit" und „Bescheidenheit" auszeichne. Trotz zunehmender Erwerbstätigkeit von Frauen war die moderne Industriegesellschaft eine reine **Männergesellschaft**, in der die wirtschaftliche und gesellschaftliche Stellung der Frau von der ihres Mannes abhängig war.

### Frauen im Beruf

Die Vorherrschaft der Männer wurde durch das **Bildungswesen** des 19. Jahrhunderts zementiert, in dem Frauen der Besuch weiterführender und berufsbildender Schulen und vor allem eine Universitätsausbildung verwehrt war. Für Töchter aus bürgerlichem Hause war der Besuch einer „höheren Töchterschule" vorgesehen, die auf die Rolle als Ehefrau und Mutter vorbereitete. Junge Frauen aus Bauern- oder Arbeiterfamilien erhielten nur eine rudimentäre Volksschulausbildung. Entsprechend eingeschränkt waren die beruflichen Möglichkeiten für Frauen. Für Angehörige des Bürgertums bot seit Mitte des 19. Jahrhunderts der **Lehrerinnenberuf** die Möglichkeit einer gewissen Selbstständigkeit, die viele Frauen ergriffen. In Preußen etwa stieg die Zahl der Lehrerinnen von 705 im Jahr 1825 auf über 7000 im Jahr 1861. Wenn man nach typischen Frauenberufen im 19. Jahrhundert fragt, darf aber auch der Beruf des **Dienstmädchens** nicht fehlen. Er bot vielen jungen Frauen aus Unterschichtenfamilien die Chance sowohl zum Gelderwerb als auch zum Erlernen wichtiger Fähigkeiten, die ihnen bei der Gründung einer eigenen Familie nützlich sein konnten. Allerdings war der Preis für den Aufstieg der Töchter aus unbemittelten Familien oft sehr hoch, da ihre Freiheit zum Teil extrem eingeschränkt blieb.

Für **Arbeiterinnen** in der sich entwickelnden Industriegesellschaft dagegen stellte Berufstätigkeit keine Chance dar. Die elende soziale Lage zwang zur Mitarbeit und zur Hinnahme niedriger Löhne und unmenschlicher Arbeitsbedingungen.

### Bürgerliche Frauenbewegung

Gegen die Vorherrschaft der Männer und die soziale Benachteiligung der Frauen formierte sich seit Mitte des 19. Jahrhunderts allmählich eine Gegenbewegung. In der Revolution 1848/49 gründeten Frauen eigene Vereine und traten öffentlich für ihre **Emanzipation** (s. S. 72) in Politik und Gesellschaft ein. Mitte der 1860er-Jahre bildete sich eine

**M1** Louise Otto-Peters (1819–1895), Foto, um 1890.
Die Tochter eines Justizrates war Schriftstellerin, Journalistin und Gründerin der deutschen Frauenbewegung.

organisierte Frauenbewegung heraus, an der ehemalige Achtundvierzigerinnen einen großen Anteil hatten. Dazu gehörte Louise Otto-Peters, die 1865 den „Allgemeinen Deutschen Frauenverein" (ADF) gründete, um die Bildungschancen von Frauen zu verbessern und deren Berufstätigkeit zu fördern. Eine verstärkte Integration in das Erwerbsleben strebte auch der 1866 von Adolf Lette in Berlin ins Leben gerufene „Verein zur Förderung der Erwerbstätigkeit des weiblichen Geschlechts" an, aus dem 1869 der „Verein Deutscher Frauenbildungs- und Erwerbsvereine" hervorging. In den 1890er-Jahren waren es erneut politisch aktive Frauen aus der Revolution 1848/49, die sich in Frauenverbänden organisierten, ihre Ziele jedoch nicht länger auf die Bereiche Bildung und Erwerbstätigkeit beschränkten. Sie setzten sich für eine weiter gehende Emanzipation ein, für die rechtliche und politische Gleichstellung von Frauen und Männern. Dies galt vor allem für den „Deutschen Verband für das Frauenstimmrecht" (M 5), aber auch für den „Allgemeinen Deutschen Lehrerinnenverein", der um die Jahrhundertwende 16 000 Mitglieder zählte. Mittelpunkt der deutschen Frauenbewegung war seit 1905 der „Bund Deutscher Frauenvereine" (BDF). Bis zum Ersten Weltkrieg fasste er über 2000 Vereine mit fast 500 000 Mitgliedern unter seinem Dach zusammen. Die bürgerliche Frauenbewegung des 19. Jahrhunderts war jedoch keineswegs einheitlich, sondern es bildeten sich verschiedene Strömungen heraus. Die gemäßigte Mehrheit – besonders Angehörige des liberalen Bürgertums – vertraute auf die wachsende Einsicht und Kooperation der Männer und betonte die Mütterlichkeit als weibliche Eigenart. Die Frauen sollten über den engen Kreis der Familie hinaus für den Gemeinsinn in der Gesellschaft wirken. Dagegen klagte der kleinere radikale Flügel alle staatsbürgerlichen Rechte auch für Frauen ein und verlangte eine Reform des Paragrafen 218*.

**Lesetipp**

Ute Frevert, Frauen-Geschichte. Zwischen Bürgerlicher Verbesserung und neuer Weiblichkeit, Neuaufl., Frankfurt 2008.
Die Historikerin beschreibt die Stellung der Frau und Veränderungen des weiblichen Rollenverständnisses seit Ende des 18. Jahrhunderts.

**Paragraf 218**

Am 15. Mai 1871 trat der § 218 des Strafgesetzbuches in Kraft, in dem eine Schwangere, „welche ihre Frucht abtreibt oder im Leib tötet", mit Zuchthaus bis zu fünf Jahren bestraft wird. Bei „mildernden Umständen" konnte die Zuchthausstrafe in eine Gefängnisstrafe umgewandelt werden.

### M2 Anita Augspurg (1857–1943) in ihrem Arbeitszimmer, Foto, 1899.

Die Tochter eines Obergerichtsanwalts war Lehrerin, Schauspielerin und führte ein Fotoatelier in München. Augspurg setzte sich in vielen Publikationen für Frauenrechte ein und gründete 1902 den „Deutschen Verein für das Frauenstimmrecht". Aus der Zusammenarbeit mit Lida Gustava Heymann entstand 1904 eine Lebensgemeinschaft.

1 Interpretieren Sie M 2 mithilfe der Methodenseite (siehe S. 290 f.). Berücksichtigen Sie dabei insbesondere Elemente der Fotografie, die darauf verweisen, dass Anita Augspurg eine emanzipierte Frau und radikale Vertreterin der bürgerlichen Frauenbewegung war.

**Internettipps**

www.dadalos.org
Informationen und Quellen zur Geschichte der Frauenbewegung und ihren Vertreterinnen von den Anfängen bis heute (Suchwort: Frauenrechte).

www.bpb.de
Umfassende Informationen auf den Seiten der Bundeszentrale für politische Bildung (Suchwort: Frauenbewegung).

**Proletarische Frauenbewegung**

Im kaiserlichen Deutschland entstand neben der bürgerlichen auch eine sozialdemokratische bzw. proletarische Frauenbewegung. Die theoretischen Grundlagen hatte **August Bebel** (s. S. 102) in seinem Buch „Die Frau und der Sozialismus" aus dem Jahre 1879 gelegt, das zu den meistgelesenen Büchern in der deutschen Sozialdemokratie gehörte. Aus der Sicht Bebels waren die Frauen in der kapitalistischen Gesellschaft doppelt unterdrückt: zum einen durch ihre soziale Abhängigkeit von den Männern im Privaten, zum anderen durch ihre wirtschaftliche Abhängigkeit im Bereich des Arbeitslebens. Diese zweifache Unterdrückung könne nur durch die Umgestaltung der kapitalistischen in eine sozialistische Wirtschafts- und Gesellschaftsordnung beseitigt werden. Folgerichtig verstanden die sozialdemokratischen Frauen ihr politisches Engagement gleichzeitig als antikapitalistischen Kampf. Sie unterstützten die im **Erfurter Programm*** von 1891 verankerte Forderung nach einem Wahlrecht für alle Staatsbürger „ohne Unterschied des Geschlechts". Darüber hinaus setzten sie sich für die Verankerung des Rechts auf Arbeit in der Verfassung und eine gesellschaftliche Verantwortung für die Kindererziehung ein.

**Erfurter Programm**
Das Erfurter Programm bildete bis 1921 die theoretische Grundlage sozialdemokratischer Politik. Der erste Teil der Programmschrift beschreibt die Entwicklungsgesetze des Kapitalismus nach der Theorie von Karl Marx. Ein zweiter Teil enthält konkrete Forderungen: z. B. das Frauenwahlrecht, die Einführung des Acht-Stunden-Tages, die Abschaffung der Kinderarbeit sowie aller Gesetze, die zur Benachteiligung der Frau beitrugen.

1 Beschreiben Sie die Entwicklung der Frauenbewegung im 19. Jahrhundert.
2 Erläutern Sie die unterschiedlichen Zielsetzungen der verschiedenen Strömungen.

### M3 Aufruf zum Boykott der bürgerlichen Ehe

*Veröffentlicht von Anita Augspurg in den Zeitschriften „Europa" und „Frauenbewegung", 1905:*

Für eine Frau von Selbstachtung, welche die gesetzlichen Wirkungen der bürgerlichen Eheschließung kennt, ist es nach meiner Überzeugung unmöglich, eine legitime Heirat einzugehen: Ihr Selbsterhaltungstrieb, die Achtung vor sich
5 selbst und ihr Anspruch auf die Achtung ihres Mannes lässt ihr nur die Möglichkeit einer freien Ehe offen. [...] Sie wollen ein Atelier für Ihre Arbeit mieten, der Hauswirt fragt Sie nach der Einwilligung Ihres Mannes, und begehrt den Vertrag mit diesem abzuschließen. Der Geldbriefträger bringt
10 eine Anweisung an Ihre Adresse, er legt sie Ihrem [...] anwesenden Gatten zum Quittieren hin und zählt diesem den Betrag vor. Sie wollen auf der Bank, wo Sie Ihre Einkünfte hinterlegen, eine Summe erheben, man hat die Dreistigkeit, obwohl es sich um Ihren Arbeitserwerb [...] handelt, die
15 Unterschrift ihres Mannes zu verlangen, bevor man Ihnen auszahlt. Sie melden Ihr Kind zum Schulbesuch an, man fragt auch hier nach dem Willensausdruck des Vaters.

Zit. nach: Christiane Henke, Anita Augspurg, Rowohlt, Reinbek bei Hamburg 2000, S. 58 f.

1 Erarbeiten Sie aus M 3 Anita Augspurgs Gründe für den Aufruf zum Boykott der Ehe.

### M4 Das Eherecht im Bürgerlichen Gesetzbuch, 1896

*Wirkungen der Ehe im Allgemeinen.* Der Mann ist das Haupt der Familie, der Frau sind daneben selbstständige Rechte eingeräumt. Die frühere Beschränkung der Ehefrau als solcher in der Geschäftsfähigkeit ist beseitigt. [...]
5 *Stellung des Mannes § 1354* Dem Manne steht die Entscheidung in allen das gemeinschaftliche eheliche Leben betreffenden Angelegenheiten zu; er bestimmt insbesondere Wohnort und Wohnung. Die Frau ist nicht verpflichtet, der Entscheidung des Mannes Folge zu leisten, wenn sich die Entscheidung als Missbrauch¹ seines Rechtes darstellt. [...]
10 *Stellung der Frau § 1355* Die Frau erhält den Familiennamen des Mannes. [...]
*Häusl. Wirkungskreis § 1356* Die Frau ist, unbeschadet der Vorschriften des § 1354, berechtigt und verpflichtet, das gemeinschaftliche Hauswesen zu leiten. Zu Arbeiten im Hauswesen und im Geschäfte des Mannes ist die Frau verpflichtet, soweit eine solche Thätigkeit nach den Verhältnissen, in denen die Ehegatten leben, üblich ist.
*Schlüsselgewalt insbes. § 1357* Die Frau ist berechtigt, innerhalb ihres häuslichen Wirkungskreises die Geschäfte des
20 Mannes für ihn zu besorgen und ihn zu vertreten. Rechtsgeschäfte, die sie innerhalb dieses Wirkungskreises vornimmt, gelten als im Namen des Mannes vorgenommen, wenn nicht aus den Umständen sich ein Anderes ergibt. Der Mann kann das Recht der Frau beschränken oder ausschließen. Stellt sich die Beschränkung oder Ausschließung als Missbrauch des Rechtes des Mannes dar, so kann sie auf Antrag der Frau durch das Vormundschaftsgericht aufgehoben werden. [...]
*Eheliches Güterrecht. Allgemeine Vorschriften § 1363* Das
30 Vermögen der Frau wird durch die Eheschließung der Verwaltung und Nutznießung des Mannes unterworfen.
*Umfang § 1366* Vorbehaltsgut [Sachen, die im Eigentum der Frau stehen] sind die ausschließlich zum persönlichen Gebrauche der Frau bestimmten Sachen, insbesondere Kleider,
35 Schmucksachen, und Arbeitsgeräthe. [...]
*§ 1367* Vorbehaltsgut ist, was die Frau durch ihre Arbeit

oder durch den selbstständigen Betrieb eines Erwerbsgeschäfts erwirbt.

40 *Verfügungsmacht § 1376* Ohne Zustimmung der Frau kann der Mann [...] über Geld und andere verbrauchbare Sachen der Frau verfügen.

Bürgerliches Gesetzbuch vom 18. August 1896, 9. Aufl., C. H. Beck, München 1912, S. 854–872.

1 Zum Beispiel wenn der Mann den Wohnort ins Ausland verlegt oder sich wegen begangener Verbrechen aus dem Lande entfernt.

1 Erarbeiten Sie anhand von M 4 die rechtliche und gesellschaftliche Stellung der Ehefrau um 1900.
2 Das BGB von 1896 war Anlass der Kritik von Anita Augspurg (M 3). Diskutieren Sie, ob diese Kritik berechtigt war.

**M 5** Das Frauenwahlrecht

*Lida Gustava Heymann (1868–1943) gründete 1902 zusammen mit Anita Augspurg den „Deutschen Verein [später: Verband] für Frauenstimmrecht". Aus ihrer Autobiografie, 1941:*
Es gab in Deutschland kümmerliche Ansätze von Frauenwahlrecht, von denen die Frauen häufig noch nicht einmal etwas wussten. Zum Beispiel zu den Krankenkassen, den Kaufmannsgerichten, den Landwirtschaftskammern, in
5 kirchlichen Angelegenheiten, ja selbst in einigen Stadt- und Landgemeinden meist an Grundbesitz hängende, u.a. in Bayern. In München waren 821 Grundbesitzerinnen wahlberechtigt. An manchen Orten durften die Frauen ihre Stimme nur durch einen männlichen Bevollmächtigten ab-
10 geben. Das gab uns natürlich Veranlassung, männliche Überheblichkeit und Kurzsichtigkeit in ihrer vollen Beschränktheit anzuprangern. Der „Verein für Frauenstimmrecht" klärte die Frau über ihre vorhandenen Rechte auf und veranlasste sie zur Ausübung derselben, wie zur Erwerbung
15 des Bürgerrechtes und zur Leistung des Staatsbürgereides. Er forderte für alle Frauen in der Gemeinde, zu den Landtagen und zum Reichstag das allgemeine, gleiche und direkte Wahlrecht. Da hakten die Gegner ein, besonders die böswilligen und bourgeoisen. Sie erklärten nämlich: Der Verein sei
20 parteipolitisch, weil er das von der Sozialdemokratie vertretene Frauenwahlrecht proklamiere. [...] Wir erkannten diese mehr als alberne Argumentation natürlich nicht an, weil nach unserer Ansicht in einem parlamentarisch organisierten Staate das Wahlrecht zu den Grundrechten jedes er-
25 wachsenen Menschen gehört. [...]
[Die Arbeiterinnen] lehnten bewusst die Frauenbewegung ab und erklärten: „Wir sind Sozialdemokratinnen, das Programm der sozialdemokratischen Partei proklamiert Gleichberechtigung der Frauen, wir kämpfen Schulter an Schulter
30 mit unseren Männern und pfeifen auf die bourgeoise Frauenbewegung."

Lida Gustava Heymann und Anita Augspurg, Erlebtes Erschautes. Deutsche Frauen kämpfen für Freiheit, Recht und Frieden 1850–1940, Ulrike Helmer Verlag, Frankfurt/M. 1992, S. 103 und S. 113.

1 Arbeiten Sie aus M 5 die Gründe für das Engagement der Verfasserinnen heraus.
2 Erklären Sie die unterschiedliche Haltung von bürgerlicher und sozialdemokratischer Frauenbewegung.

**M 6** „Fräulein Doktor", Postkarte, um 1905

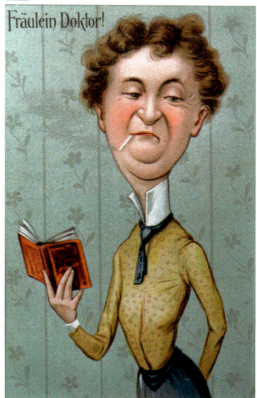

1 Interpretieren Sie die Karikatur.
2 Versetzen Sie sich in die Rolle einer Frauenrechtlerin um 1900 und verfassen Sie einen Zeitungskommentar zu der Karikatur.
3 **Präsentation:** „Kämpferinnen für die Rechte der Frau". Recherchieren Sie zu einer Persönlichkeit der Frauenbewegung und stellen Sie ihr Leben und Wirken vor.

**Fächerverbindung Sozialkunde (Gruppenarbeit):**
4 Obwohl im Grundgesetz verankert, ist die Gleichberechtigung von Mann und Frau auch im 20. und 21. Jahrhundert keine Selbstverständlichkeit. Erforschen Sie die Geschichte der Frauenbewegung von der Zeit der Weimarer Republik bis heute und erläutern Sie Probleme, Ziele und Errungenschaften.
Tipp: Bilden Sie Arbeitsgruppen, die sich jeweils mit einem Zeitabschnitt der deutschen Geschichte befassen. Recherchehilfe: *www.politische-bildung.de/ niedersachsen/frauenbewegung.pdf*

## 2.9 Rückgang der äußeren Bedrohungen in der Industriegesellschaft?

**Höhere Lebenserwartung**

In den letzten drei Jahrhunderten stieg die durchschnittliche Lebenserwartung der Menschen in Mitteleuropa kontinuierlich (s. S. 59). Der Tod ist in den modernen Industriestaaten nicht länger ein alltäglicher Begleiter der Menschen (M 1) wie im Mittelalter oder in der Frühen Neuzeit. Vielmehr gelang es, den Tod in immer höhere Lebensalter zurückzudrängen. Diese Entwicklung hat viele Ursachen, die sich gegenseitig beeinflusst und verstärkt haben: Hierzu gehören die Fortschritte in der Medizin, der Ausbau des Gesundheits- und Kassenwesens (M 4) sowie die öffentliche Hygiene. Aber auch ein seit dem ausgehenden 18. Jahrhundert wachsendes Gesundheitsbewusstsein, das die schulische und sozialreformerische Aufklärung über Krankheit und Gesundheit gefördert hat, trug zu einer verantwortungsbewussten gesunden Lebensführung der Menschen in den modernen Industriegesellschaften bei. Steigende Einkommen und bessere Lebensverhältnisse ermöglichten immer mehr Menschen eine ausreichende und gesunde Ernährung. Das Lebensmittelangebot erweiterte sich erheblich, weil die Lebensmittelherstellung industrialisiert und technisiert wurde und an die Stelle der Selbstversorgung eine zunehmende Lebensmittelproduktion für regionale und überregionale Märkte trat. Die Vielfalt der angebotenen Lebensmittel nahm zu, die Produkte wurden preiswerter und dadurch auch für untere Bevölkerungsschichten erschwinglich. Besser ernährte Menschen besitzen eine größere Widerstandskraft besonders bei Infektionskrankheiten und können schwere Krankheiten besser durchstehen als durch Hunger geschwächte Menschen. Der Durchbruch zum modernen Massenkonsum wurde ermöglicht durch die erhöhte Produktivität der Landwirtschaft und die Erschließung neuer Transportwege und -möglichkeiten seit der Industrialisierung. Sie garantierten eine flexible und dauerhafte Versorgung breiter Bevölkerungsschich-

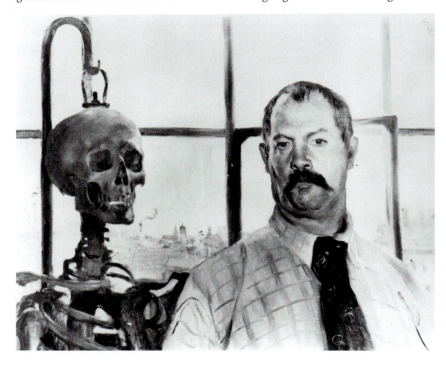

**M 1 Lovis Corinth, Selbstbildnis mit Skelett, Öl auf Leinwand, München 1896.** In der zweiten Hälfte des 19. Jh. kreisten künstlerische Darstellungen vermehrt um das Thema „Tod und Maler" (Gemälde von Böcklin, Marées, Hans Thoma, Max Klinger). Corinth malte das Selbstporträt mit Anatomieskelett vor seinem Münchner Atelierfenster.

1 Beschreiben Sie Gesichtsausdruck und Haltung des Malers in M1.
2 Erläutern Sie anhand von M 1 eine mögliche Wahrnehmung des Todes durch die Menschen, die um 1900 lebten.

ten mit hochwertigen Lebensmitteln. Der wissenschaftlich-technische Fortschritt verbesserte außerdem die Konservierungs- und Kühltechnik. Lebensmittel konnten länger aufbewahrt oder aus weiter entfernten Regionen und Ländern bezogen werden.

Außerdem gilt das 19. Jahrhundert in Europa als relativ friedliches Jahrhundert. Im Vergleich zu früheren Epochen oder der ersten Hälfte des 20. Jahrhunderts mit den beiden Weltkriegen (1914–1918, 1939–1945), in denen zahlreiche Menschen – Soldaten und Zivilbevölkerung – ihr Leben verloren, gab es im 19. Jahrhundert längere Phasen des Friedens.

**Landwirtschaftliche Produktion**

Bei der Beschäftigung mit Krankheit und Gesundheit im 19. Jahrhundert darf man nicht allein auf wissenschaftliche Fortschritte in der Medizin achten. Die modernen Naturwissenschaften veränderten auch das alltägliche Leben der Menschen nachhaltig. Das zeigte sich eindrucksvoll in der Landwirtschaft. Sie erhöhte ihre Produktivität nicht allein durch den Ausbau von Anbauflächen, sondern auch durch den Einsatz von Kunstdüngern oder Maschinen. Ohne die Erkenntnisse in den Ingenieurwissenschaften oder der Chemie wäre das nicht möglich gewesen.

Einer der bekanntesten Reformer der Landwirtschaft, der der wissenschaftlichen Bodenkunde und einer betriebswirtschaftlich orientierten Landwirtschaft zum Durchbruch verhalf, war Albrecht Daniel Thaer (1752–1828). Auf seinen Versuchsgütern erforschte er Methoden für eine intensive und wettbewerbsfähige Landwirtschaft. Eine der zentralen Lehren Thaers, dass Mineralstoffe besser als Humus zur Düngung der Böden geeignet seien, wurde von dem Chemiker Justus Liebig (1803–1873) aufgegriffen, weiterentwickelt und verbreitet. Mit seiner Arbeit über „Die organische Chemie in ihrer Anwendung auf Agrikultur und Physiologie" legte Liebig 1840 den Grundstein für eine naturwissenschaftlich begründete Agrarwissenschaft. Sie nutzt die Erkenntnisse physikalischer und chemischer Grundlagenforschung aus Pflanzenforschung und Tiermedizin.

Die Verwissenschaftlichung der Landwirtschaft und nicht zuletzt die Erprobung und Einführung neuer landwirtschaftlicher Maschinen und Werkzeuge bewirkten nicht nur das Ende von Hungerkrisen und Unterernährung, sondern auch einen grundlegenden Mentalitätswandel in der bäuerlichen Bevölkerung: Sie erlebte die Natur nicht länger als mystischen Bestandteil des Lebens oder als unbezähmbare äußere Bedrohung. Der Landwirt gewann vielmehr zunehmend die Herrschaft über den Boden und entwickelte sich zu einer Art Fabrikant, der mit seinem chemischen Wissen und seiner modernen Technologie die entzauberte Natur kontrolliert. Mit der Landwirtschaft änderte sich auch die Nahrungsqualität: Waren bis Mitte des 19. Jahrhunderts Schwarzbrot, Hülsenfrüchte und Kartoffeln die Hauptnahrungsmittel, stieg ab der Jahrhundertmitte der Konsum von Fleisch, Zucker und Obst stark an.

**Internettipp**
*www.liebig-museum.de*
Internetportal des Chemiemuseums mit interessanten Bild- und Textmaterialien zu Justus Liebig und zur Chemiegeschichte.

**Hygiene und Seuchenbekämpfung**

„Die Angst vor der Cholera war die große Peitsche." – So beschrieb der Historiker Thomas Nipperdey einmal die Wirkung dieser Seuche (M 2, M 3), die in den deutschen Städten die Bemühungen um eine verbesserte Hygiene sowie um die Versorgung mit sauberem Wasser, den Ausbau der Kanalisation und der Müllabfuhr nachhaltig beschleunigte. Besaßen 1876 bereits 11 der 12 deutschen Großstädte mit über 100 000 Einwohnern eine zentrale Wasserversorgung, waren es in den 124 Mittelstädten zwischen 10 000 und 100 000 Einwohnern erst 61. Es dauerte allerdings noch bis in die 1890er-Jahre, bis fast überall hygienische Wasserversorgung und Kanalisation durchgesetzt waren. Hinzu kam, dass die Städte das Schlachten zunehmend in den hygienisch einwandfreien und von Tierärzten überwachten kommunalen

## 2 Industriegesellschaft

**Städtetechnik**
Die „Stadttechnik" stellte das Instrumentarium bereit, mit dem die Städte von Grund auf modernisiert und für die Bewältigung der ungeheuren physischen und sozialen Probleme gewappnet wurden, die mit der Zusammenballung so großer Menschenmassen verbunden sind. Es entstanden die Systeme der Gas- und später Elektrizitätsversorgung, der Abwässerkanäle und Wasserleitungen, der Straßenbahnen. Man schuf öffentliche Parks, Schlachthöfe und Markthallen, Krankenhäuser und Sanatorien, Hallen- und Freibäder, Schulen und Waisenhäuser, Gefängnisse, Büchereien, Theater und Museen.

Schlachthöfen konzentrierten, für die umfassende gesetzliche Vorschriften galten. All diese Maßnahmen, die mit dem Begriff der „Städtetechnik"* (M 5) bezeichnet wurden, trugen maßgeblich dazu bei, dass Seuchen in Deutschland allmählich verschwanden – die letzte große Choleraepidemie gab es 1892 in Hamburg. Die wissenschaftlichen Grundlagen für diese verbesserte Hygiene hatte der Mediziner und Hygieniker Max von Pettenkofer (1818–1901) mit seiner – wenn auch naturwissenschaftlich falschen Theorie – gelegt, dass es einen Zusammenhang zwischen der Verunreinigung von Wasser, Boden und Luft und den großen Seuchen, allen voran Cholera und Typhus gebe (M 6).
Eine weitere Ursache für den Rückgang der Seuchen in der Industriegesellschaft war die Erfindung und Verbreitung von Impfungen (M 7).

1 Erarbeiten Sie mithilfe der Darstellung die wichtigsten Ursachen für den Anstieg der durchschnittlichen Lebenserwartung der Menschen in Mitteleuropa.
2 Erörtern Sie ausgehend von der Darstellung, ob und inwieweit die Industrialisierung im Vergleich zur Frühen Neuzeit zu einer Verringerung der äußeren Bedrohungen für die Menschen geführt hat.

**M 2** *„Death's Dispensary"*, Holzstich aus einer englischen Zeitschrift zu den Ursachen der Cholera, 1866.
Engl. *Dispensary:* Krankenhausapotheke

**M 3** Choleraepidemie in München 1854
*Bei der Choleraepidemie, die 1854 in München ausbrach, starben insgesamt 2223 Einwohner an der Seuche, nicht eingerechnet die Einwohner der Vorstädte und die Reisenden. Die Krankheit wurde früher auch Brechruhr oder Gallfluss genannt und konnte durch Durchfall und Erbrechen binnen weniger Tage infolge völliger Austrocknung des Körpers zum Tod führen. Der damalige Leiter des Münchner Hoftheaters, Franz Dingelstedt, berichtet über diese Choleraepidemie:*

Die Fälle mehrten sich. Das Geflüster wurde Gespräch, das Gespräch Geschrei: *Sauve qui peut!*[1] Bis gegen Ende Juli ließ sich die öffentliche Panik noch leidlich unterdrücken. […] Dann aber brach es los, mit elementarer Gewalt, das grässliche Unwetter, […] Fremde und Einheimische, gleich einer scheuen Herde, nach allen Weltgegenden zerstreuend, die herrlich aufgeblühte Stadt über Nacht entvölkernd, Monate lang wüthend, und zwar mit gleichem Zorn gegen Paläste und gegen Hütten, im Abzuge noch mit einem der letzten Pantherpfeile die Mutter König Maximilians, die gute Königin Therese, niederstreckend. Furchtbarer habe ich niemals, nirgends im Leben einen Gegensatz gesehen als München in der Mitte Juli's und München in der Mitte August's. Das Hoflager war zuerst nach Nymphenburg, dann nach Berchtesgaden verlegt worden. Die Anzahl von Reisepässen, welche [man] täglich ausfertigen musste, ging in's Fabelhafte. Alle Gasthöfe leer; noch leerer die Theater; am allerleersten der Glaspalast, aus dessen zum Ersticken heißen Räumen ein schwüler Hauch, wie aus der Tiefe des Seuchenheerdes oder aus einem schwefelichten Krater, den wenigen schattenhaft umherirrenden Besuchern entgegenqualmte. Dafür füllten sich, vermehrten sich immer nicht dem Bedarf genügend, die Spitäler; Friedhof und Leichenhaus waren die einzigen frequenten Stellen in der verödeten Stadt; die im Trab durch die Straßen fahrenden Todtenwagen hatten die glänzenden Hofkutschen und Gala-Equipagen abgelöst.

Zit. nach: Hans-Rüdiger Schwab (Hg.), München. Dichter sehen eine Stadt, Metzlersche Verlagsbuchhandlung, Stuttgart 1990, S. 101 f.

1 (frz.) „Rette sich, wer kann."

1 Beschreiben Sie die Reaktion der Stadtbewohner und Besucher auf die Seuche (M 3).
2 Charakterisieren Sie den Stil der Darstellung.
3 Erarbeiten Sie die Intention des Künstlers von M 2.

### M 4  Krankenhäuser im Deutschen Reich 1877–1913

| Jahr | Zahl | Betten auf 1 000 Einwohner | Behandelte Kranke auf 10 000 Einw. | Belegungstage in 1 000 |
|---|---|---|---|---|
| 1877 | 2 357 | 24,6 | 108,3 | 24 364 |
| 1901 | 4 060 | 48,3 | 255,3 | 69 755 |
| 1913 | 4 930 | 69,0 | 419,3 | 123 627 |

Nach: Thomas Nipperdey, Deutsche Geschichte 1866–1918, Bd. 1, C. H. Beck, München 1990, S. 157.

**1** Erläutern Sie die These, mit der Industrialisierung sei das Gesundheitswesen ausgebaut worden (M 4).

### M 5  Wolfram Siemann, Historiker, über die Bedeutung der „Städtetechnik" im 19. Jahrhundert, 1995

Die Verstädterung ertrug nur ein begrenztes Maß der Zusammenballung, darüber hinaus wurden die vielen, auf engem Raum versammelten Menschen zum Problem. Denn gegenüber früheren Jahrhunderten änderte sich in den
5 Städten während der ersten Hälfte des 19. Jahrhunderts zunächst nur so viel, dass immer mehr Menschen enger beieinander lebten. Immer noch galt die Erfahrung, dass man auf dem Lande ein höheres Lebensalter als in der Stadt erreichen konnte. Unrat, mangelnde Hygiene und Gestank präg-
10 ten in einem heute kaum vorstellbaren Ausmaß das Dasein in der Stadt. Wie am Beispiel Berlins gezeigt wurde, leitete man Abwässer, Unrat und Fäkalien in innerstädtische Senkgruben ab, und nachts kamen Abfuhrwagen, die den Inhalt der Gruben zur Spree transportierten, in die während der
15 1820er-Jahre jährlich an die 200 000 Eimer Fäkalien von der Jungfernbrücke aus entleert wurden.
Gassen und Höfe dienten zur körperlichen Entleerung; die weithin unbefestigten Straßen waren bedeckt von Abfällen, Pferdekot, Tierkadavern und demzufolge Ungeziefer aller
20 Art, vor allem Ratten. Unzureichend versiegelte Leichengruften in den Kirchen und auf den städtischen Friedhöfen verströmten Verwesungsgeruch. Misthaufen im Innenhof eines Mietshauses waren keine Seltenheit. Andererseits dienten innerstädtische Brunnen, Zisternen und die natürlichen
25 Wasserläufe von alters her als Quellen des täglichen Trink-, Wasch- und Löschwassers.
Die langsam heranreifenden Erkenntnisse über die verheerenden Folgen verunreinigten Wassers und die verbreitete Furcht vor krankmachenden Gerüchen und Ausdünstun-
30 gen („Miasmen") gebaren unter dem wachsenden Druck der Verstädterung zahlreiche Ideen und Projekte zur „Stadtsanierung": Misthaufen und Tiere wurden aus den Ortschaften verbannt; private Schlachtbänke hatten öffentlichen Schlachthäusern mit kontrollierter Fleischbeschau zu wei-
35 chen. Begräbnisse im Innern der Stadt wurden untersagt und die Friedhöfe vor die Stadtmauern verlegt. Darin bekundete sich zugleich ein tief greifender Mentalitätswandel, denn fortan wollte man nicht täglich dem Tod ins Angesicht schauen, mit den Toten auf gemeinsamem Raum leben, wie es altem christlichem Verständnis entsprach; mit
40 den Friedhöfen wurde das memento mori [lat. = Gedenke, dass Du sterblich bist.] ausgegrenzt. Das folgte zwar aufgeklärtem Denken, verletzte aber religiöse Gefühle und rief vielerorts Protest hervor.
Seit der Jahrhundertmitte bemühten sich die Kommunen
45 verstärkt um die Probleme von Wasserversorgung, Abfallbeseitigung und Straßenverschmutzung. Die seit 1830 in deutschen Städten grassierende Cholera wurde frühzeitig mit dem Schmutz der Städte in Verbindung gebracht, zumal die Zeitgenossen glaubten, dass sie sich bevorzugt in
50 den Städten und nicht auf dem Land ausbreite. Großstädte wie Hamburg, Berlin, München und Frankfurt begannen, Trinkwasserleitungen und Abwässersysteme zu bauen. Private Gewerbebetriebe und Kommunen errichteten städtische Wasserwerke. Berlin (1852/53), Altona (1854) und
55 Magdeburg (1858) machten den Anfang, und sie sahen die Erkenntnis bestätigt, dass mit sauberem Wasser die Typhussterblichkeit sank. Die Idee, Berlin mit unterirdischen Wasserleitungen zu versorgen, wurde in den 1850er-Jahren ebenfalls realisiert. 1862 besaßen bereits ca. 20 000 Haushal-
60 te bei einer Gesamtbevölkerung von rund 700 000 Menschen einen Anschluss an die Versorgung des Wasserwerks.

Wolfram Siemann, Vom Staatenbund zum Nationalstaat. Deutschland 1806–1871, C. H. Beck, München 1995, S. 97 f.

**1** Beschreiben Sie die Situation der wachsenden Städte im frühen 19. Jh. (M 5). Welche Folgen hatte die Urbanisierung für die Gesundheit der Menschen?

**2** Arbeiten Sie die wichtigsten Maßnahmen der Stadtsanierung und „der „Städtetechnik" heraus (M 5).

**3** Erörtern Sie den Mentalitätswandel, den Siemann in M 5, Z. 36–40, anspricht, unter der Frage: Hat die Industrialisierung im 19. Jh. zu einem Rückgang der äußeren Bedrohungen geführt? Berücksichtigen Sie auch die Situation in der Frühen Neuzeit (s. Kap. 1).

### M 6  Der Beitrag des Mediziners und Hygienikers Max von Pettenkofer (1818–1901) zur Seuchenbekämpfung im 19. Jahrhundert

*Im Stadtatlas München von 2003 ist die Ausbreitung der Cholera 1854 aus heutiger Perspektive dargestellt. Die Autoren des Atlas schreiben darin über von Pettenkofer, 2003:*
Schon 1848 war eine „Königliche Kommission für die wissenschaftliche Erforschung der indischen Cholera" unter dem Vorsitz des Professors Johann Nepomuk Ringseis eingerichtet worden, deren Mitglied auch Pettenkofer war. Er untersuchte die auffallend ungleichmäßige Verteilung der
5 Seuchenopfer auf einzelne Quartiere, Straßen und Häuser

mit der Absicht, Ursachen für die lokalen Erscheinungen zu finden. Weil weder die Luft noch das Wasser allein die Übertragung zu fördern schienen, suchte er nach Verunreinigungen des Bodens. [...] An Ort und Stelle inspizierte Pettenkofer die Abtritte, Schwindgruben und „andere größere Ablagerungen von verdorbenen organischen Stoffen aus Küchen. [...] Und ich [so wird Pettenkofer selbst zitiert] habe von diesen Punkten aus die Niveauverhältnisse untersucht, ob sich nämlich diese Flüssigkeiten dem Haus zu senken oder von demselben abfließen." [Pettenkofer, Untersuchungen und Beobachtungen über die Verbreitungsart der Cholera..., München 1855.] Im direkten Vergleich einzelner Straßen und ihrer Höhenentwicklung, die genauen Vermessungsdaten hatte er durch die gerade abgeschlossene Höhenmessung der Stadt erhalten, versuchte Pettenkofer einen Zusammenhang zwischen Krankheitsverlauf und Geländeniveau nachzuweisen. Zur Dokumentation und Analyse legte er ein „Grundbuch" an, in dem 2090 Cholera-Todesfälle nach dem Ort der Erkrankung mit Beschreibungen der äußeren Umstände aufgelistet sind.

Der Ansatz dieser Bodentheorie war zwar nicht neu, aber Pettenkofer erkannte als Erster die Bedeutung der Verunreinigungen im Boden und deren Zusammenhang mit der Höhenentwicklung eines Quartiers. Er formulierte die erste wissenschaftlich begründete „lokalistische Theorie", die weit über die bisherige einfache Miasmatheorie[1] hinausging und im Weiteren zu einer exakten epidemologischen Forschung führte.

Im amtlichen Bericht vom 29. September 1854 listet Pettenkofer die grundlegenden Erkenntnisse auf. Die Krankheit trete vermehrt in Gebäuden auf, in deren Grund die Flüssigkeiten von Dunggruben, Schwindgruben und Abtritten versickern. Ein lockerer oder feuchter Boden begünstige diese Entwicklung. Materieller Träger für die Miasmen, die Verunreinigungen des Bodens, scheinen menschliche und tierische Exkremente zu sein, wesentlichen Einfluss auf die Krankheitsverbreitung habe deshalb die Art der Fäkalienentsorgung in den Stadtgebieten.

*Münchner Stadtmuseum, Stadtarchiv München (Hg.), Stadtatlas München. Karten und Modelle von 1570 bis heute, Franz Schiermeier, München 2003, S. 108.*

1 Miasmen: Früher angenommene giftige Ausdünstungen des Bodens.

1 Die „Bodentheorie" (M 6) wurde 1883 durch den Nachweis des bakteriellen Cholera-Erregers durch Robert Koch widerlegt. Erklären und erläutern Sie die dennoch bahnbrechende Leistung Pettenkofers.
2 Überlegen Sie (M 6), welche Möglichkeiten zur Eindämmung von Seuchen im 19. Jh. bestanden, an die vor 1800 noch nicht zu denken war.

### M7 Pockenimpfung in Bayern

*Das junge Königreich Bayern war im August 1807 einer der ersten Staaten, die ihren Bewohnern die einmalige Impfung gegen die Pocken zur Pflicht machten. Die wissenschaftlichen Grundlagen für diese vorbeugende Impfung hatte Ende des 18. Jh. der englische Arzt Edward Jenner (1749–1823) gelegt. Er entdeckte, dass Bauernmägde, die die Kuhpocken durchgemacht hatten, nicht mehr an Menschenpocken erkrankten. Diese Erkenntnis, die sich zur gleichen Zeit auch auf dem europäischen Kontinent Bahn brach, war die Grundlage für die vorbeugende Pockenschutzimpfung mit Kuhpockenlymphe. Bei dieser Impfung entwickeln sich Antikörper, die vor einer Infektion schützen.*

In einem „Physikatsbericht" – so hießen die medizinischen Berichte, die die bayerischen Amtsärzte seit 1858 in vorgeschriebenen Abständen über ihre Bezirke abgeben mussten – berichtete der Münchener Amtsarzt Dr. Kaltdorff im Jahre 1862 über die Resonanz in der Bevölkerung:

Für Frauen bildet die öffentliche Schutzpockenimpfung eine Art Fest, denn bei dieser Gelegenheit spannt der Bauer sein bestes Pferd vor den Wagen und fährt Mutter und Impfling auf die Impfstation. Wer selbst nicht Wagen und Pferde hat, wird entweder von anderen mitgenommen, oder eine ganze Ortschaft setzt Mütter und Kinder und die zur Untersuchung zu bringenden Kostkinder je nach Möglichkeit in einen Stellwagen oder auf einen Leiterwagen, spannt vier Pferde vor und kommt in stattlichen Trabe herangefahren. Im Wirtshause nun lassen die Männer den Frauen Braten, Geselchtes, Würste, Kaffee und natürlich Bier nach Belieben vorsetzen, sodass die Mutter, wenn sie ihr Kind zur Impfung bringt, gleichsam den Taufschmaus nachholt.

*Zit. nach: Willibald Karl (Hg.), Dörfer auf dem Ziegelland, Buchendorfer Verlag, München 2002, S. 66.*

### Weiterführende Arbeitsanregung

1 **Referat:** „Medizinischer Fortschritt und Rückgang äußerer Bedrohungen – das Beispiel der vorbeugenden Pockenimpfung". Einleitende Information: s. M 7.
Weiterführende Literatur:
Manfred Vasold, Grippe, Pest und Cholera. Eine Geschichte der Seuchen in Europa, Franz Steiner, Stuttgart 2008, S. 151–172.
Stefan Winkle, Geißeln der Menschheit. Kulturgeschichte der Seuchen, Artemis & Winkler, 3. Aufl., Düsseldorf 2005, S. 853–901.

# 2.10 Grundlinien der Bevölkerungsentwicklung bis zum Ende des „langen" 19. Jahrhunderts*

**Das „Bevölkerungsgesetz" von Robert Malthus**

„Die Bevölkerung hat die dauernde Neigung, sich über das Maß der vorhandenen Lebensmittel hinaus zu vermehren" – dieser Satz stammt nicht aus einem Buch des 20. oder 21. Jahrhunderts über die Bevölkerungsprobleme von Ländern Afrikas oder Asiens, sondern stand in einer Veröffentlichung aus dem Jahre 1798 mit dem Titel „Essay on the Principles of Population". Sein Verfasser, der Engländer Thomas Robert Malthus*, war tief beunruhigt über die Bevölkerungsentwicklung in Europa. Das drohende Missverhältnis zwischen Bevölkerung und Nahrungsmittelvorräten ergab sich in seinen Augen daraus, dass sich die Bevölkerung in geometrischer Reihe (1, 2, 4, 8 usw.) vermehrte, während die Nahrungsmittelproduktion nur in arithmetischer Reihe (1, 2, 3, 4 usw.) wuchs. Sollte dieses „Gesetz" tatsächlich gelten, steuerte Europa auf eine Übervölkerungskatastrophe unbekannten Ausmaßes zu. Diese Befürchtung teilten mit Malthus viele Zeitgenossen.

**Bevölkerungsentwicklung im 19. Jahrhundert**

Das beschleunigte Bevölkerungswachstum hatte bereits während der zweiten Hälfte des 18. Jahrhunderts eingesetzt, als die Gesellschaften Europas noch überwiegend agrarischen Charakter besaßen. Es hatte vielfältige Ursachen (M 3) und betraf zunächst die ländlichen Unterschichten („agrarische Bevölkerungswelle"), dann auch die städtischen Unterschichten („industrielles Bevölkerungswachstum"). Von zentraler Bedeutung waren dabei weniger medizinische, als vielmehr bedeutende Fortschritte in der Landwirtschaft, die einer immer größeren Zahl von Menschen Nahrung und damit eine gesicherte materielle Existenzgrundlage garantieren konnte. Zudem eröffneten sich mit der Industrialisierung für viele Menschen neue Erwerbschancen in der gewerblichen Wirtschaft und die verbesserte gesamtwirtschaftliche Lage in der zweiten Jahrhunderthälfte führte zu einem allmählichen

**M1** Thomas Robert Malthus (1776–1834), Porträt, 1834

Der Pfarrer und Professor für Geschichte und Ökonomie war ein entschiedener Gegner des Sozialismus. Die Veränderung der Eigentumsverhältnisse, wie sie die Sozialisten anstrebten, galt ihm als Irrweg. Stattdessen ermahnte er seine Zeitgenossen zur Enthaltsamkeit. Die Menschen müssten die Bevölkerungsvermehrung drastisch einschränken, so seine Überzeugung, um Elend, Hunger und Seuchen mit der Folge steigender Sterblichkeit zu vermeiden.

**M2** Pflügen mit Dampfrajolpflug, Holzstich, um 1890.
Der Pflug wird durch Auf- und Abwickeln eines zwischen zwei Lokomobilen gespannten Drahtseils hin- und herbewegt.

**„Langes 19. Jahrhundert"**
Phase von 1789 (Französischer Revolution) bis 1917 (Erstem Weltkrieg), die durch große Veränderungsprozesse und den Wandel zur Moderne gekennzeichnet ist: Säkularisierung, Industrialisierung, Emanzipation, Nationsbildung, Entwicklung der bürgerlichen Gesellschaft sowie ein generelles Fortschrittsdenken, das gegen das Ende des Jahrhunderts jedoch in eine tief greifende Krise der Moderne führt.

**Internettipp**
www.historisches-lexikon-bayerns.de
Das Stichwort „Bevölkerungsentwicklung" führt zu Informationen, Karten und Statistiken zur Entwicklung in Bayern im 19. und 20. Jh.

Ansteigen des allgemeinen Lebensstandards. Zusätzlich trug die Lockerung der strengen Heiratsbeschränkungen der alten ständisch-feudalen Gesellschaft zu einem Anstieg der Geburtenrate bei.

**Ausbleiben einer Übervölkerungskatastrophe**

Warum aber blieb die von Malthus vorausgesagte Übervölkerungskatastrophe im 19. Jahrhundert trotz des sprunghaften Bevölkerungswachstums aus? Zwar gab es bis Mitte des Jahrhunderts noch Hungersnöte, doch die Nahrungssituation verbesserte sich entgegen den Erwartungen des britischen Ökonomen stetig. Reformen der Agrarverfassung, modernisierte Anbaumethoden und die Mechanisierung der Landwirtschaft bewirkten eine enorme Produktivitätssteigerung. Neue Verkehrsmittel wie die Eisenbahn ermöglichten den schnellen Transport von Nahrungsmitteln aus Gebieten mit Nahrungsmittelüberschuss in Mangelregionen. Im Zuge der Industrialisierung entwickelten Forschung und Industrie neue Verfahren zur Konservierung der Nahrung, die dadurch länger transport- und lagerfähig war.

**1** Erklären Sie, warum die von Malthus vorhergesagte Entwicklung ausblieb.

**M3** Der Historiker Hagen Schulze über die Bevölkerungsexplosion seit dem 18. Jahrhundert, 1998

Am Anfang steht das demografische Problem. Nach jahrhundertelangem Gleichgewicht, brutal ausbalanciert durch Epidemien, Kriege und Hungersnöte, beginnt seit der Mitte des 18. Jahrhunderts die europäische Bevölkerung sprunghaft zuzunehmen. […] Von […] älteren Aufschwüngen unterscheidet sich aber der jetzige in Ausmaß wie Dauer erheblich: 1750 zählt der Kontinent ungefähr 130 Millionen Einwohner; um 1800 sind es bereits etwa 180 Millionen, fünfzig Jahre darauf 266 Millionen, 1900 dann 401 Millionen und am Vorabend des Ersten Weltkriegs 468 Millionen. Selbst die Millionenströme der Auswanderer im zweiten und letzten Drittel des 19. Jahrhunderts ändern nichts daran. Katastrophen, die in früheren Jahrhunderten zu schweren Rückschlägen geführt hätten, wie etwa der kalte Winter 1783/84, in dem die Menschen bis nach Süditalien hinunter in großer Zahl erfrieren, machen sich jetzt in der Bevölkerungsstatistik kaum bemerkbar. […] Die Bevölkerungszahl nimmt nicht nur gleichmäßig zu, sondern sogar ihre Wachstumsrate steigt ständig an, und das, obwohl Europa um 1800 bereits der am dichtesten besiedelte Teil der Welt ist. Diese beispiellose Bevölkerungsexplosion hat viele Ursachen, die noch keineswegs hinreichend geklärt sind. Da ist der steile Anstieg der landwirtschaftlichen Produktivität. Die alte Dreifelderwirtschaft, bei der stets ein Drittel des Bodens brachlag, weicht der modernen Fruchtwechselwirtschaft, und der Bodenertrag steigt allenthalben an. Mit dem Brabanter Pflug, der bis 1800 in West- und Mitteleuropa weithin eingeführt ist, kann der Boden tiefer umgebrochen werden als bisher; die Sense verdrängt die Sichel, neue Methoden verbessern die Aussaat, das Düngen und die Ernte. Regierungen wie Landwirte sind vom *„fanatisme de l'agriculture"* ergriffen, wie ein Zeitgenosse sagt, von der Leidenschaft für den Ackerbau […]. Allenthalben in Europa werden weite Gebiete landwirtschaftlich urbar gemacht; in Preußen, in Hannover, in den von aufgeklärten Herrschern regierten norditalienischen Fürstentümern, selbst im zurückgebliebenen Kirchenstaat werden Moore trockengelegt, Heideflächen umgebrochen, Wälder gerodet und Weiden in Ackerflächen verwandelt. Im dauernden Überlebenskampf der Niederlande gegen die Nordsee werden dem Meer im Verlauf des 18. Jahrhunderts mehr als 50 000 Hektar Land abgerungen. Das Gemeindeland, auf dem bisher allenfalls die Schafe und Schweine der Armen hatten weiden können, wird zwischen Eigentümern aufgeteilt und unter den Pflug genommen. Die großen Schwankungen zwischen den jährlichen Ernteerträgen werden immer geringer, Hungerkatastrophen werden seltener und bleiben schließlich aus. Besser genährte Menschen sind widerstandsfähiger gegen Krankheiten. Neue Mittel zur Krankheits- und Seuchenbekämpfung tun ein übriges, um Epidemien einzudämmen; dank der fortgeschrittenen Verwaltungstechniken in den absolutistischen Staaten lassen sich Städte und ganze Landschaften militärisch abriegeln, sobald eine Seuche auftritt, und seit dem Ende des 18. Jahrhunderts zeigt auch die Pockenimpfung ihre Wirkung. Wenn auch die Cholera bis in die zweite Hälfte des 19. Jahrhunderts hinein Europa immer wieder heimsucht und hohe Opfer fordert, bleiben doch Pocken und Pest aus […]. Fortschritte in der Hygiene führen dazu, dass die Kindersterblichkeit sinkt, und auch der Tod der Frauen im Kindbett wird seltener. Nicht nur die Medizin ist daran beteiligt, sondern auch eine veränderte Einstellung der Menschen zu Kind und Familie. Zünftisches und ständisches Recht […] haben bisher viele Eheschließungen behindert. Jetzt heiratet man häufiger und früher, und die Ehepartner leben länger miteinander. Zwar wächst die Zahl der Geburten nicht erheblich, geht seit der zweiten Hälfte des 19. Jahrhunderts sogar zurück, aber die Sterblichkeitsziffern sinken dramatisch, während das durchschnittliche Lebensalter der Menschen erheblich zunimmt. […]. So kommen viele Einflüsse zusammen, wirken aufeinander und kumulieren in einer Bevölkerungswelle, wie sie die Welt bis dahin nicht gekannt hat: eine Inflation von Menschen. Die Ironie liegt darin, dass dank des Fortschritts in der Nahrungsmittelversorgung zwar mehr Menschen vor dem Hungertod bewahrt werden, aber nur, um zeitlebens zu hungern. Denn immer mehr Menschen konkurrieren um eine gleich bleibende Zahl von Arbeitsplätzen. Und mit der zunehmenden Anzahl der Esser steigen seit Mitte des 18. Jahrhunderts die Lebensmittelpreise, vor allem die Getreidepreise, unablässig an – in Frankreich beispielsweise um mehr als sechzig Prozent bis zum Jahrhundertende, während die Einkommen gleichzeitig nur um etwa 25 Prozent zunehmen.

Hagen Schulze, Phoenix Europa. Die Moderne. Von 1740 bis heute, Siedler, Berlin 1998, S. 52 f.

**1** Erarbeiten Sie Ursachen und Wirkungen des Bevölkerungswachstums (M 3).

**M4** Die Bevölkerungsentwicklung in Deutschland (Grenzen von 1914 – in Mio.)

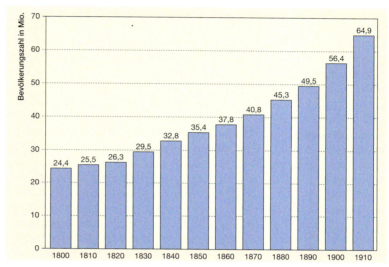

**M5** Geburten- und Sterbeziffern in Deutschland 1815–1969

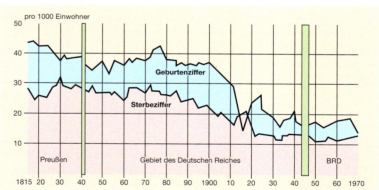

**1** a) Charakterisieren Sie die Bevölkerungsentwicklung im 19. Jh. (M 4). b) Vergleichen Sie das Bevölkerungswachstum seit dem ausgehenden 18. Jh. mit der Bevölkerungsentwicklung zwischen dem 15. und 18. Jh. (s. S. 65, M 3).

**2** a) Untersuchen Sie mithilfe von M 5 die Geburten- und Sterberate für das 19. und 20. Jh. Konzentrieren Sie sich dabei auf die Höhe der jeweiligen Zahlen sowie auf das Verhältnis von Geburten- und Sterberate. b) Stellen Sie die Unterschiede zur vorindustriellen Zeit (S. 63 f.) dar.

**3 Fächerverbindung Sozialkunde:** Aktuelle Demografische Entwicklungen: Veranschaulichen Sie die Bevölkerungsentwicklung der Bundesrepublik im 20. und 21. Jh. durch eine Grafik. Erläutern Sie die gesellschaftlichen Hintergründe der Entwicklung. (Informationen unter www.destatis.de)

**4 Weiterführende Arbeitsanregung/Präsentation:** Bereiten Sie einen Kurzvortrag über die aktuelle demografische Entwicklung und deren Folgen eines außereuropäischen Landes/einer Region Ihrer Wahl vor. (Recherchehilfe: www.dsw-online.de)

# Zusammenfassung

# Leben in der entstehenden Industriegesellschaft des 19. Jahrhunderts

**Grundwissen** → S. 70 f.

**Begriffe Kapitel 2**
Deutscher Zollverein → S. 95
Emanzipation → S. 72
Erfurter Programm → S. 116
Konsumgesellschaft → S. 81
Leitsektor → S. 97
Montanindustrie → S. 95
Paragraf 218 → S. 115
Pauperismus → S. 80
Proletariat → S. 80
Städtetechnik → S. 120

**Personen Kapitel 2**
Bebel, August → S. 102
Bismarck, Otto von → S. 103
Hardenberg, Karl August von → S. 91
Krauß, Georg von → S. 97
Maffei, Joseph Anton von → S. 97
Malthus, Thomas Robert → S. 123
Marx, Karl → S. 80
Otto-Peters, Louise → S. 114
Stein, Karl Freiherr vom und zum → S. 92

Mit der Herausbildung der modernen Industriegesellschaft verlor die Standeszugehörigkeit der Menschen an Bedeutung. Für die Stellung des Einzelnen in der neuen Gesellschaft, die auf dem Grundsatz staatsbürgerlicher Gleichheit beruhte, erhielten Kriterien wie Besitz und Leistung zunehmend an Gewicht. Adel und Geistlichkeit büßten ihre Privilegien ein, das Bürgertum, z. B. Unternehmer, stieg zur neuen Führungsschicht auf. Die Zahl der bäuerlichen Bevölkerung nahm ab, die der Industriearbeiter und -arbeiterinnen wuchs. Die jüdische Minderheit profitierte von der politischen, sozialen und wirtschaftlichen Modernisierung.

Mit der Industrialisierung entstanden neue Arbeits- und Lebenswelten. Die Fabrik mit ihren Maschinen prägte das Leben der wachsenden Industriearbeiterschaft. Entgegen der Prognose von Karl Marx führte die Industrialisierung nicht zur Proletarisierung (Verelendung) breiter Bevölkerungsschichten. Die Massenarmut (Pauperismus) in der ersten Hälfte des 19. Jahrhunderts blieb eine vorübergehende Erscheinung. Der Lebensstandard auch der Arbeiter eröffnete größere Konsummöglichkeiten. Weil viele in der Landwirtschaft keine Beschäftigung mehr fanden, zogen sie in die wachsenden Städte. Die Urbanisierung vergrößerte die städtischen Lebensräume und veränderte die Lebensweise. Städter konnten ihr Leben individueller gestalten und größere Bildungsangebote nutzen.

Hinzu kam, dass unterschiedliche Institutionen und Gruppen praktische Lösungen erarbeiteten, die das Elend und die Rechtlosigkeit der Arbeiter („Soziale Frage") beseitigen wollten. Arbeiter organisierten sich in den Arbeitervereinen, Parteien und Gewerkschaften. Der Staat sorgte unter Bismarck mit seinen Sozialversicherungsgesetzen für die Absicherung gegen Lebensrisiken wie Krankheit, Unfall, Invalidität und Altersarmut. Die christliche Sozialarbeit der Kirchen und die Maßnahmen von Liberalen und Sozialdemokraten zur Förderung der Arbeiterbildung sollten Arbeitern den sozialen Aufstieg erleichtern. Aber auch die kleinen Bauern schlossen sich in Genossenschaften zusammen.

Die Industrialisierung hatte viele Wurzeln. In Deutschland beseitigte besonders der Staat die Hemmnisse einer dynamischen Industriegesellschaft und -wirtschaft durch die Liberalisierung der Agrar- und Gewerbeverfassung, den Abbau von Zollschranken und die Vereinheitlichung des Rechts- und Finanzwesens.

Industrialisierung war und ist ein regionaler Vorgang, hochindustrielle Gebiete konkurrieren mit agrarisch geprägten Regionen. Bayern gehörte im 19. Jahrhundert zu den Agrarländern Deutschlands, wenngleich sich in einigen städtischen Zentren moderne Industrien (Lokomotivbau, Maschinenbau) entwickelten. Auf der Strecke Nürnberg–Fürth fuhr 1835 die erste deutsche Dampfeisenbahn.

Die Industrialisierung bedeutete nicht das Ende, sondern einen Bedeutungszuwachs der Familie. Immer mehr Arbeiter und Arbeiterinnen gründeten eine Familie, der Anteil der Ledigen an der Gesamtbevölkerung nahm ab. Allerdings führte die Industrialisierung nicht zum Abbau patriarchalischer Herrschaftsbeziehungen in der Familie, im Beruf und in der Politik. Um die ungleiche Rollen- und Machtverteilung zwischen den Geschlechtern abzuschaffen, organisierten sich bürgerliche und Arbeiterfrauen in der Frauenbewegung.

Die „Bevölkerungsexplosion" seit Mitte des 18. Jahrhunderts hatte viele Ursachen: die Aufhebung der alten ständischen Heiratsbeschränkungen, ein besseres Nahrungsangebot sowie medizinische und hygienische Fortschritte, die die Sterblichkeit verringerten. Im Unterschied zur vorindustriellen Gesellschaft nahmen äußere Bedrohungen wie Hunger, Kriege oder Seuchen ab.

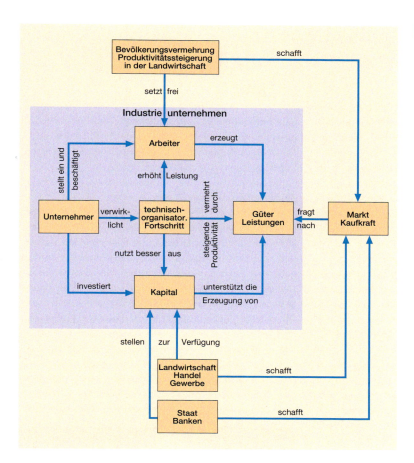

**M1** Voraussetzungen industrieller Revolutionen im Wirkungszusammenhang

# Zeittafel

**um 1770** Beginn der Industriellen Revolution in England
**1806** Bayern wird Königreich, Ende des Heiligen Römischen Reiches
**1810** Gewerbefreiheit in Preußen
**1815–1866** Deutscher Bund
**1834** Deutscher Zollverein
**1835** Erste deutsche Eisenbahnlinie zwischen Nürnberg und Fürth
**um 1840** Beginn der Industriellen Revolution in Deutschland
**1840er-Jahre** Beginn der Arbeiterbildungsvereine
**1848** Kommunistisches Manifest (Marx/Engels)
**1848/49** Revolution in Deutschland
**1849** Kolpingwerk: erstes katholisches Sozialwerk für familienlose Männer

**1851** Erste Weltausstellung in London
**1863** Allgemeiner Deutscher Arbeiterverein (Ferdinand Lassalle)
**1865** Allgemeiner Deutscher Frauenverein (Louise Otto-Peters)
**1866–1870** Norddeutscher Bund
**1868** Gewerbefreiheit in Bayern
**1869** Sozialdemokratische Arbeiterpartei (Wilhelm Liebknecht, August Bebel)
**um 1870** Nutzung des Erdöls als Energieträger
**1870er-/80er-Jahre** Begründung der Einkaufs- und Verkaufsgenossenschaften durch Wilhelm Raiffeisen
**1871–1918** Deutsches Kaiserreich
**1871–1890** Bismarck Reichskanzler
**1875** Zusammenschluss der beiden

Arbeiterparteien zur Sozialistischen Arbeiterpartei in Gotha (SAP, seit 1890: Sozialdemokratische Partei Deutschlands: SPD).
**1878–1890** Sozialistengesetze
**1879** „Die Frau und der Sozialismus" von Bebel erscheint
**1882** Erste Bayerische Landesausstellung
**1883–1889** Bismarck'sche Sozialgesetzgebung
**um 1890** Nutzung der Elektrizität als Energiequelle
**1890** Freie Gewerkschaften: Dachverband der sozialistischen Gewerkschaften (Carl Legien)
**1891** Erfurter Programm der SPD
**1905** Bund Deutscher Frauenvereine
**1914–1918** Erster Weltkrieg

## Essay 11.1

# „Alles bewegt sich auf eine Uniform zu" – Gesellschaftlicher Wandel in globaler Perspektive

*Von Christopher A. Bayly*

*In seinem 2006 erschienenen Buch „Die Geburt der modernen Welt. Eine Globalgeschichte 1780–1914" beschäftigt sich der englische Historiker Christopher A. Bayly mit dem Wandel von der vormodernen Ständegesellschaft zur Industriegesellschaft. Dabei nimmt er eine globalgeschichtliche Perspektive ein und schaut auf die alltäglichen Dinge des Lebens, die sich im „langen" 19. Jahrhundert verändert haben.*

Die meisten professionellen Historiker haben immer noch die Frage im Hinterkopf, „warum sich die Dinge verändert haben". Historiker und Philosophen des 19. Jahrhunderts neigten zu der Ansicht, dass Geschichte durch große geistige und intellektuelle Veränderungen angetrieben werde. Sie meinten, Gott oder der Geist der Vernunft oder der Freiheitsdrang würde die Welt bewegen. Einige von ihnen glaubten an eine europäische christliche „Zivilisierungsmission". Andere dachten, dass der Auf- oder Abstieg von Rassen und Zivilisationen den Naturgesetzen von Konkurrenz, Überleben oder Niedergang folge. [...] Spätestens 1950 standen viele führende Historiker unter dem Einfluss sozialistischer Theorien und sahen [...] den Industriekapitalismus als wichtigste Kraft des Wandels in der Geschichte nach 1750 an.

Diese Perspektive bleibt zentral. Auf einer bestimmten Ebene muss etwas daran sein, dass der entscheidende Aspekt des historischen Wandels im 19. Jahrhundert der Wandel der mächtigsten Staaten und Gesellschaften zu städtischen Industriegesellschaften war. Das Bestreben der Kapitalisten, ihr Einkommen zu maximieren und die Arbeiterschaft zu unterwerfen, war ein unerbittlicher Antrieb für Veränderungen, nicht nur im Westen, sondern auch in Asien und Afrika. [...]

Diese sozialen und ökonomischen Veränderungen erfolgten ungleichmäßig, und sie waren beunruhigend. Sie führten zu Unterschieden zwischen Gruppen und zwischen Gesellschaften. Sie erzeugten Verlangen nach Wohlstand sowie Neid und Misstrauen gegenüber den Nachbarn. Sie führten zu Kriegen in Übersee, zu ungleicher Besteuerung, sozialem Aufruhr und zur Infragestellung etablierter [= fester] königlicher und religiöser Autorität. [...]

[Es wird von mir] der Standpunkt vertreten, dass zeitgenössische Veränderungen so schnell vor sich gingen und so grundsätzlich miteinander interagierten [= zusammenwirkten], dass diese Periode zu Recht als „die Geburt der modernen Welt" bezeichnet werden kann. [...] Diesen tief greifenden Veränderungen gemeinsam war die internationale Verbreitung der Industrialisierung und eines neuen urbanen Lebensstils, [...] eine Periode, die Ende des 18. Jahrhunderts begann und sich bis zum heutigen Tag in unterschiedlichen Formen fortgesetzt hat. [...]

*„Wichtige Männer tragen Hemd und Hose ..."*
In den 140 Jahren [zwischen 1780 und 1914 ...] wurden die Gesellschaften in der Welt uniformer. [...] Ein Beispiel für öffentliche *Uniformität:* Kleidung und körperliches Verhalten. Natürlich können Menschen völlig verschiedene Dinge denken und glauben, auch wenn sie sich ähnlich kleiden. Und doch spricht das Entstehen von Uniformität in diesem Bereich für ein starkes Bedürfnis der Menschen, sich in der Öffentlichkeit in ähnlicher Weise darzustellen. 1780 waren die mächtigsten Männer der Welt in verschiedene Arten von Kleidung gehüllt, die von chinesischen Mandarin-Roben über französische bestickte Gehröcke bis zu ritueller Nacktheit im Pazifik und in Teilen Afrikas reichte. Bis 1914 trug eine wachsende Zahl wichtiger Männer des öffentlichen Lebens Kleidung westlichen Stils, unabhängig davon,

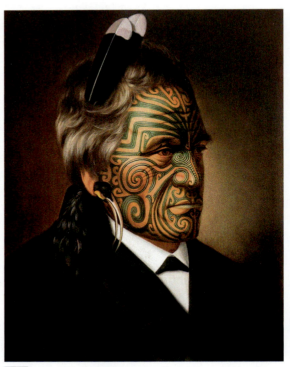

**M1** Gottfried Lindauer, Tomika T Mutu, Häuptling des neuseeländischen Ngaiterangi-Stamms, Gemälde, um 1880

**M2** Gut situierte Familie aus einer chinesischen Großstadt, Fotografie, 1918

wo sie lebten. Chinesische Nationalisten und die Führer des neuen Japan kleideten sich mit Zylinder und schwarzem Cutaway, wie sie mit der evangelischen christlichen Erneuerung in Großbritannien und im weißen Nordafrika im frühen 19. Jahrhundert in Mode gekommen waren.
Diese Nüchternheit drückte Verantwortung und Selbstdisziplin aus, im Gegensatz zur luxuriösen Kompliziertheit der Bekleidung der Männer der alten Aristokratie und der zeitgenössischen Frauen. Sie ging einher mit der Aufgabe von Bräuchen wie dem Duell oder einer ausschweifenden Bewirtung. [...] So versuchten etwa indische Reformer, die Menschen dahin zu bringen, dass sie während des Holi-Festes (Frühlingsfest) keine unflätigen Lieder mehr sangen.
Diese Uniformität entwickelte sich in feinen Variationen, da die Menschen ihre Besonderheit aus unterschiedlichen Gründen immer noch kennzeichnen wollten. Uniformität ist nicht das gleiche wie Homogenität. [...] Die Porträts der Maori-Häuptlinge des späten 19. Jahrhunderts, die von den Wänden der Nationalgalerie in Auckland, Neuseeland, herabblicken, zeigen noch deren bunte Tätowierungen, doch einige der Häuptlinge tragen einen schwarzen Mantel und eine weiße Fliege. [...]
Militärkleidung bewegte sich ebenfalls auf eine Uniform zu, wurde jedoch landestypisch variiert. Die gepolsterte Rüstung und die Metallhelme der Samurai, der Janitscharen, der osmanischen Palastwachen oder der österreichischen berittenen Kürassiere wurden im Laufe des Jahrhunderts weltweit durch graubraune Einsatzkleidung abgelöst. [...]
Herstellungsbedingungen und der Einfluss von Sozialreformen und religiösen Bewegungen haben dafür gesorgt, dass Männer begannen, sich in der Öffentlichkeit immer ähnlicher zu kleiden, unabhängig von religiösen oder kulturellen Unterschieden. Lederschuhe, Stoffmütze, Hemd und Hosen begannen die Fülle von Röcken, Dhotis, Pyjamas, Kimonos und Kitteln zu verdrängen, die 1780 vorherrschte. Einheitliche Kennzeichen des Arbeiterstatus hatten sich bis zu afrikanischen und südamerikanischen Arbeitern im Bergbau ausgebreitet. [...]

„Frauenkleidung bleibt unpraktisch ..."
Die Kleidung von Frauen, die der Elite angehörten, hatte sich noch nicht im gleichen Maße angeglichen. Viele männliche Reformer schlugen für ihre Frauen modifizierte Formen traditioneller Kleidung anstelle des westlichen Stils vor. Modernität, zugleich ein gefährlicher Prozess und ein gefährliches Bestreben, schien für Männer geeigneter zu sein als für Frauen. In vielen Gesellschaften sollten Frauen im häuslichen Bereich bleiben, der strenger von der Welt der Männer und ihrer Angelegenheiten abgetrennt war als noch vor 1780. Die Vorstellung von Häuslichkeit war selbst ein Produkt der öffentlichen Uniformität. Frauenkleidung blieb ornamental und unpraktisch. In dieser Hinsicht ähnelte das Fußbinden in China dem europäischen Gebrauch des Korsetts. Dennoch ging auch für Frauen der Trend in Richtung Uniformität. 1780 verlangte die Sittsamkeit von vielen Frauen in der ganzen Welt, von Bengalen bis zu den Fidschi-Inseln, dass ihre Brüste nackt waren. Bis 1914 hatten christliche Missionare und eingeborene Moralreformer dafür gesorgt, dass nackte Brüste mit Unanständigkeit assoziiert wurden. [...] In der muslimischen Welt wurde die islamische *burka*, der Ganzkörperschleier muslimischer Frauen, beliebter. Heute wird die Burka im Westen fälschlicherweise häufig als Kennzeichen für mittelalterlichen Obskurantismus [= Bestreben, Menschen bewusst in Unwissenheit zu halten] betrachtet, tatsächlich war sie eine moderne Bekleidung, die es den Frauen ermöglichte, die Abgeschlossenheit ihrer Häuser zu verlassen und sich in beschränktem Maße an öffentlichen und geschäftlichen

**M3** Werbeplakat der *Compagnie Générale Transatlantique*, Frankreich, Ende 19. Jh.

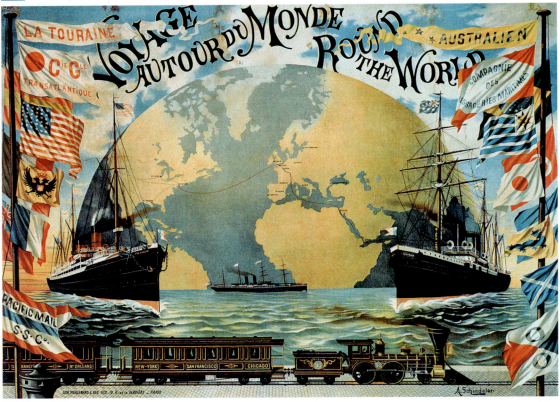

Angelegenheiten zu beteiligen. Selbst bei diesem Beharren auf Tradition erblickt man das Merkmal zunehmer globaler Annäherung. […]

Nicht jeder war von der zunehmenden Uniformität begeistert. Es lag im Wesen dieses Prozesses, dass er immer umstrittener war und angefochten wurde. Menschen im Westen verhöhnten „Eingeborene", die sie nachmachten, während kulturelle Nationalisten gegen die unterwürfige Nachahmung von Fremden protestierten. Ein muslimischer Osmane wandte in den 1880er-Jahren ein: „[…] der Trugschluss, dass alles, was man in Europa gesehen hat, hier imitiert werden könne, ist zu einer politischen Tradition geworden. Indem wir zum Beispiel gleichzeitig russische Uniformen, belgische Gewehre, türkisches Zaumzeug, ungarische Sättel, englische Schwerter und französischen Drill einführten, haben wir eine Armee geschaffen, die wie eine groteske Parodie Europas aussieht." […]

*„Die kleine Taschenuhr"*

Neben der Uniformität in der Kleidung war die Zeitmessung eine weitere wichtige körperliche Disziplin. Bereits im 17. und 18. Jahrhundert hatte sich die kleine Taschenuhr über Europa und seine Kolonien verbreitet. Sklavenplantagen, auf denen so viele der brutalen Praktiken zur Arbeitskontrolle erfunden wurden, wurden mit Glocken reguliert, die nach der Taschenuhr des Besitzers geläutet wurden. 1750 konnten sich Bauern und gelernte Arbeiter in den 13 britischen Kolonien und in den wohlhabenden Teilen Europas wie England, Norddeutschland und Holland Taschenuhren leisten. Rund um die Welt glichen sich auch die Zeiten an, die diese Taschenuhren anzeigten. Die russische Expansion nach Sibirien und schließlich nach Nordchina machte es erforderlich, die lokalen Zeitsysteme zu koordinieren. Mit dem fortschreitenden 19. Jahrhundert wurde eine exaktere und stärker synchronisierte Zeitmessung auch in den abhängigen nicht europäischen Staaten notwendig. Möglich wurde sie durch die Verbreitung des elektrischen Telegrafen rund um die Welt und innerhalb bevölkerungsreicher Gesellschaften wie China und Indien, wo lokale Zeitsysteme häufig bis ins 18. Jahrhundert erhalten blieben. Hier, wie auch in indischen und chinesischen Küstenstädten, begannen städtische Größen, große Uhrtürme zu bauen, um den Rhythmus von Bazaren und Ämtern zu regulieren, statt wie früher ihr Geld in Tempel oder Moscheen zu investieren. […]

*„Vom genialen Gewühl zum geordneten Wettbewerb"*

Ende des 19. Jahrhunderts zeigte sich die Uniformität in einem weiteren Bereich: Sport und Freizeit. Die willkürliche und Ad-hoc-Natur vieler früherer Spiele wurde auf Ordnungen und Regeln reduziert, die jetzt zunehmend durch die Weltverbände sanktioniert wurden. Selbst die Form dieser klassischen britischen Exporte in den Rest der Welt – Football, Rugby und Cricket – schien den Stempel dieses mächtigen Verlangens zu tragen, den Körper zu disziplinieren, den man gleichermaßen auf dem Schlachtfeld und in der Fabrik sah. Selbst Spiele, die von Asien in den Westen zogen, wie etwa Hockey und Polo, verloren ihre ursprüngliche Erscheinung genialer Gewühle und wurden zu geordneten Wettbewerben. Inzwischen zogen französische Formen disziplinierten und geregelten Kochens und Essens, französische Formen höflicher Diplomatie und deutsche Konzepte über die richtige Ordnung des wissenschaftlichen und humanistischen Wissens auf gleichen Wegen rund um die Welt. [...]

*„Revolution der Kommunikation"*
Das 19. Jahrhundert [...] war auch das Zeitalter weltweiter Kommunikation. Es gab weltweit eine massive Zunahme des Buchdrucks. [...] Es war nicht immer Europa, das an vorderster Front stand. Im Jahr 1800 wurden in Kalkutta mehr Druckwerke als in St. Petersburg und Wien produziert. 1828 schätzte man die Zahl der weltweit publizierten Zeitungen auf 3168. [...] 1900 erreichte die Gesamtzahl von Zeitungen 31 026, von denen viele eine Auflage von Hunderttausenden erreichten Die Gesamtzahl der Zeitungen von 1900 umfasste 600 indische, 195 afrikanische und 150 in Japan. [...]
Nach der Inbetriebnahme des Europa-Asien-Kabels 1863 und der beiden Atlantik-Kabel 1866 wurde der elektrische Telegraf zu einem internationalen System. Die Eisenbahn, das Dampfschiff und später das Telefon revolutionierten die Geschwindigkeit der Kommunikation. Man kann nicht bestreiten, dass die Kommunikation in Asien und Afrika auch vor dem Druck und dem Telegrafen bereits hoch entwickelt war. Doch durch die Dichte der Nachrichten wurde eine beispiellose Verbreitung allgemeiner Ideen möglich. [...]

**M4** Kleiderlabels, Fotografien, 2008

*„Alles wird komplex"*
Das zweite große Thema [zwischen 1780 und 1914 ...] ist die Zunahme von interner Komplexität in den Gesellschaften der Welt. [...] Im späten 19. Jahrhundert hatten die meisten großen Gesellschaften ein großes Spektrum spezialisierter Berufe und Betätigungen. [...] Die Verwaltung wurde in einer Weise von der militärischen Elite getrennt, wie es in den meisten Teilen der Welt vor 1780 – abgesehen von China und, in geringerem Maße, Europa – keineswegs üblich war. Selbst in Gesellschaften, in denen Soldaten immer noch sehr einflussreich waren, wie der islamischen im Mittleren Osten, waren Cliquen ziviler Verwaltungsbeamter entstanden, die irgendwo zwischen dem Militär und Religionsvertretern standen, den zwei Autoritätspolen der älteren Gesellschaft. [...]
Im Bereich des Wirtschaftslebens waren allen großen städtischen Zentren spezialisierte Gruppen von Managern, Buchhaltern und Versicherern entstanden. Management war weithin von Besitztum und Absatzförderung getrennt worden. Besondere Klassen von Finanzspekulanten, die es 1780 nur in London, Paris und Amsterdam gab, waren in Städten wir Shanghai, Teheran und Nagasaki entstanden. Selbst für die gewöhnlichen Menschen war die Arbeit spezialisierter geworden.

Christopher A. Bayly, Die Geburt der modernen Welt. Eine Globalgeschichte 1780–1914 (2004), Übers. Thomas Bertram/Martin Klaus, Campus, Frankfurt/M. 2006, S. 18–38.

1 a) Skizzieren Sie, warum nach Bayly die moderne Welt entstand (s. S. 128).
b) Zeigen Sie, welche zentralen Entwicklungen nach Bayly die Geburt der modernen Welt prägten (s. S. 128).
c) Erläutern Sie, von welchen bisherigen Deutungsansätzen für historischen Wandel sich Bayly abgrenzt (s. S. 128).
2 Für Bayly sind „Uniformität" (S. 128) und „Komplexität" (S. 131) zentrale Merkmale moderner Gesellschaften:
a) Arbeiten Sie die Argumente heraus, mit denen er seine These untermauert.
b) Prüfen Sie seine These anhand der deutschen bzw. bayerischen Geschichte (Kap. 1 und 2).
c) Prüfen Sie seine Uniformitätsthese anhand von Kleidungsformen und „Kleiderordnungen" der Gegenwart.
d) Verfassen Sie eine kritische Beurteilung zur Uniformitätsthese Baylys.
3 **Fächerverbindung Sozialkunde:** Vergleichen Sie die von Bayly für die Periode 1780–1914 skizzierten Wandlungen mit Merkmalen des sozialen Wandels in der Bundesrepublik (z. B. Arbeitswelt, Freizeit, Kommunikation, Frauen-/Männerrollen, Kleidung).

## Themenüberblick 11.2

# Demokratie und Diktatur – Herausforderungen in der deutschen Geschichte des 20. Jahrhunderts

**Demokratie**
(griech. *demokratia* = Herrschaft des Volkes): Herrschaftsform, in der der Wille des Volkes ausschlaggebend ist. Kennzeichen der modernen, freiheitlichen Demokratie sind: freie Wahlen; Parlamente; Gewaltenteilung; Mehrparteiensystem; Minderheitenschutz; Menschenrechte.

**Dikatur**
Auf Gewalt basierendes Herrschaftssystem eines Einzelnen, einer Gruppe oder Partei. Merkmale moderner Diktaturen sind: Aufhebung der Gewaltenteilung; staatliche Überwachung aller Lebensbereiche; Unterdrückung von Opposition; staatliche Propaganda mit Feindbildern; Abschaffung der Meinungs- und Pressefreiheit; Androhung und Ausübung von Terror und Gewalt.

**Politische Kultur**
Unter politischer Kultur verstehen Historiker die weltanschaulichen und ideologischen Werte, Rechts- und Moralvorstellungen, Normen, Einstellungen und Meinungen, die das Denken und Handeln der Personen und politisch-sozialen Kräfte in einer Gesellschaft mitbestimmen.

*Wechselvolle deutsche Geschichte im 20. Jh.*

Mit der Verabschiedung der Weimarer Verfassung im Jahre 1919 entstand der erste demokratische Staat in Deutschland. Doch bereits nach knapp vierzehn Jahren endete die Geschichte der **Weimarer Republik**, der ersten deutschen **Demokratie***. Im Januar 1933 übernahm der „Führer" der NSDAP Adolf Hitler das Amt des Reichskanzlers. In einem atemberaubenden Tempo sicherten die **Nationalsozialisten** ihre Herrschaft ab und verwandelten Deutschland in eine totalitäre **Diktatur***. Das nationalsozialistische Deutschland begann 1939 den Zweiten Weltkrieg. Konsequent verwirklichten die Nationalsozialisten ihre auf Ausgrenzung und Tötung von Menschen zielende Ideologie. Die Nazi-Barbarei mündete in den welthistorisch einmaligen Völkermord an den Juden.

Nach der Niederlage des NS-Regimes im Zweiten Weltkrieg entstand im Westen Deutschlands 1949 eine stabile Demokratie, die **Bundesrepublik Deutschland**, während der Osten mit der **Deutschen Demokratischen Republik** erneut unter diktatorische Herrschaft geriet. Die kommunistische Diktatur scheiterte 1989/90 in einer friedlichen Revolution, die zur Wiedervereinigung des geteilten Deutschland führte. Seitdem ist Deutschland ein demokratischer Nationalstaat. Ähnlich wie die alte Bundesrepublik ist auch das wiedervereinigte Deutschland ein verlässlicher und berechenbarer Partner in der westlichen Staatengemeinschaft und hat seinen festen Platz unter den demokratischen Verfassungsstaaten gefunden.

Dieser Überblick zeigt, dass die deutsche Geschichte des 20. Jahrhunderts durch die Herausforderungen von Demokratie und Diktatur geprägt worden ist. Wer sich mit dieser wechselvollen Entwicklung auseinandersetzen will, darf nicht allein bei der Analyse politischen Handelns oder staatlicher Institutionen und Verfassungsordnungen stehen bleiben. Darüber hinaus müssen die Mentalitäten sowie die gesellschaftlichen Gruppen und Kräfte untersucht werden, die das politische Leben und die **politische Kultur*** mitgeprägt haben.

*Weimar: Demokratie ohne Demokraten?*

Das Scheitern der Weimarer Republik 1933 verstellt allzu leicht den Blick auf ihre großen **Leistungen**. Hierzu gehört die Verfassung von 1919, die einen umfangreichen Grundrechtskatalog besaß. Aber auch das Frauenwahlrecht, der Ausbau des Sozialstaates und die Verbesserung der Bildungschancen für Kinder und Jugendliche zählen zu den Errungenschaften des demokratischen Beginns 1918/19.

Bereits die Zeitgenossen sahen einen Grund für das **Scheitern** der Weimarer Republik darin, dass die demokratische Ordnung von einer großen Zahl der Deutschen nicht akzeptiert worden sei. Historiker und Politikwissenschaftler haben nach 1945 die Formel von der „Demokratie ohne Demokraten" wieder aufgegriffen und überprüft: Tatsächlich war die demokratische Kultur der Weimarer Republik nicht stark und widerstandsfähig genug, um sie gegen ihre Kritiker und Gegner zu stabilisieren bzw. zu erhalten. Als unter dem Eindruck der Weltwirtschaftskrise seit 1929 die Abneigung gegen die Republik und ihre demokratische Verfassung – sie wurde verächtlich das „System" genannt – wuchs, gab es keine Mehrheit in der Bevölkerung zur Verteidigung der demokratischen Staatsform. Aus dem Kampf der Republik-Gegner gingen die Nationalsozialisten als Sieger hervor.

Doch warum fand die Demokratie so wenig Unterstützung? Die Historikerinnen und Historiker argumentieren, dass ein ganzes Bündel von Entwicklungen zur „Machtergreifung" der Nationalsozialisten 1933 beitrug, die keinesfalls zwangsläufig war. Eine der **Ursachen** für den Niedergang der Republik war sicherlich, dass viele Zeitgenossen den Versailler Friedensvertrag von 1919 als ein Dokument der Demütigung und Niederhaltung der Deutschen nach der Niederlage des Reiches im Ersten Weltkrieg betrachteten. Die extrem nationalistischen Republikgegner diffamierten in Propagandakampagnen gegen Versailles die Anhänger der Demokratie, die den Friedensvertrag angeblich nicht energisch bekämpften. Hinzu kam, dass die alten Eliten in Verwaltung, Militär und Wirtschaft auch nach der Revolution 1918/19 weitgehend in ihren Ämtern blieben. Sie waren keine loyalen Anhänger der Republik, sondern sehnten sich mehrheitlich nach dem autoritären Obrigkeitsstaat des Kaiserreiches zurück (M1). Aber auch die Verdrossenheit zahlreicher Zeitgenossen über die vielen Parteien und die häufig wechselnden Regierungen spielten beim Niedergang der Demokratie eine wesentliche Rolle. Zu nennen ist außerdem die Spaltung der Arbeiterbewegung in die demokratiefreundliche Sozialdemokratie und die kommunistischen Demokratiegegner. Und nicht zuletzt sank in der Weltwirtschaftskrise seit 1929, die mit Massenarbeitslosigkeit und großem Elend einherging, das Vertrauen vieler Menschen in die politischen Einrichtungen der Demokratie. Davon profitierten die Nationalsozialisten, die in ihrer Propaganda der Bevölkerung einzureden versuchten, dass nur ein starker „Führer" die Probleme lösen könne.

**M1** Bürger einer Kleinstadt begrüßen den Kaiser, Standfoto aus dem deutschen Spielfilm „Der Stolz der dritten Kompanie" von 1931

**M 2** Bahnhof in Hanau am 28. Mai 1942, gegen 16 Uhr, Fotografie

**NS-Zeit: die Deutschen und der Holocaust**

Als die Nationalsozialisten an die Macht kamen, beseitigten sie Demokratie und bürgerliche Gesellschaftsordnung. Konsequent verwirklichte die NS-Diktatur ihre **„Volksgemeinschafts"-Ideologie**, nach der das deutsche Volk eine „Blutsgemeinschaft" der „arischen Herrenrasse" sei, aus der alle angeblich minderwertigen „Rassen" ausgegrenzt werden müssten. Diese rassistische Weltanschauung zielte vor allem gegen die Juden, die in der NS-Zeit systematisch verfolgt wurden. Während des Zweiten Weltkrieges mündete die nationalsozialistische Gewalt- und Vernichtungspolitik in den **Holocaust** (M 2).
Aber waren die Deutschen alle Hitlers willige Volksgenossen? Die NS-Propaganda tat alles, um der deutschen Bevölkerung völlig neue Werte und Normen einzuhämmern. Nach der „nationalsozialistischen Moral" war die Verfolgung und Vernichtung der Juden nicht nur gut und sinnvoll, sondern sie gehörte zur nationalen Pflicht eines jeden Deutschen. Auch wenn in der Bevölkerung antisemitische Vorurteile verbreitet waren, reagierten viele nicht jüdische Deutsche auf die schon unmittelbar nach der „Machtergreifung" einsetzende Judenverfolgung mit Unverständnis und Skepsis. Dennoch halfen nur wenige Deutsche Juden oder leisteten aktiv Widerstand.

**Die Bundesrepublik: die geglückte Demokratie**

Nach dem Ende der NS-Diktatur und der Niederlage des „Dritten Reiches" im Zweiten Weltkrieg entstand im Westen Deutschlands eine stabile und geachtete Demokratie. War diese Demokratisierung und Zivilisierung der westdeutschen Gesellschaft allein oder vor allem eine Folge des **„Wirtschaftswunders"** der 1950er- und 1960er-Jahre? Sicherlich trug der wachsende Wohlstand der Bürger maßgeblich zur Akzeptanz der jungen Demokratie bei. Die Bundesbürger erkannten außerdem, dass die **Soziale Marktwirtschaft** nicht nur diesen wirtschaftlichen Erfolg garantierte, sondern auch die Finanzierung eines wirksamen sozialen Netzes ermöglichte. Aber auch andere Weichenstellungen in der deutschen Nachkriegsgeschichte festigten die demokratische Ordnung. Die **Entnazifizierungspolitik** der Siegermächte zielte darauf, die NS-Elite auszuschalten. Bei den Deutschen selbst wuchs langsam die Einsicht, dass nicht Verdrängen, sondern Aufarbeiten der NS-Vergangenheit eine wichtige

Grundlage für die Festigung demokratischer Werte ist. Das **Grundgesetz** der Bundesrepublik Deutschland ist eine sorgfältig durchdachte Verfassungsordnung für einen föderalistischen Staat mit dezentraler Machtverteilung. Nach den Erfahrungen mit dem NS-Unrechtsstaat schuf das Grundgesetz eine wehrhafte Demokratie, die es Verfassungsfeinden unmöglich machen wollte, Demokratie und Rechtsstaat zu beseitigen (M 3). Die antikommunistische Abgrenzung von der Diktatur in der DDR stärkte ebenfalls das demokratische Selbstbewusstsein der Bundesbürger.

Im Kalten Krieg ergriff die Bundesregierung unter Bundeskanzler **Konrad Adenauer** konsequent Partei für den Westen und für die von den USA eingeleitete Politik der „Eindämmung" des Kommunismus. **Westbindung** war für ihn jedoch mehr als die wirtschaftliche, politische und militärische Integration der Bundesrepublik in die westliche Staaten- und Wertegemeinschaft. Mit gleicher Intensität wollte der erste Kanzler die Idee der liberalen Demokratie im gesellschaftspolitischen Denken und Handeln seiner Landsleute verankern. Wie attraktiv Soziale Marktwirtschaft und westliche Demokratie in der Bundesrepublik waren, zeigte sich 1989/90, als die Bürger der DDR die Vereinigung beider deutscher Teilstaaten forderten. Sie wollten keine sozialistischen Experimente mehr wagen, sondern in Freiheit und Wohlstand leben wie die Bürger im Westen.

**Die DDR: Scheitern der sozialistischen Diktatur**

Mit der friedlichen Revolution in der DDR und der Wiedervereinigung Deutschlands 1989/90 endete nicht nur die deutsche Teilung (M 4), sondern auch der Versuch, in Deutschland eine Alternative zur parlamentarischen Demokratie und zur Sozialen Marktwirtschaft durchzusetzen. Nach der Propaganda der sowjetischen Besatzungsmacht und der kommunistischen Machthaber in der DDR war die DDR ein „**Arbeiter- und Bauernstaat**". Aber in Wirklichkeit bestimmte nicht die Mehrheit der werktätigen Bevölkerung die Politik. Vielmehr lag die Macht allein in den Händen der **SED**, der diktatorisch regierenden Sozialistischen Einheitspartei Deutschlands. Die von ihr errichtete **Planwirtschaft** ermöglichte zwar Wohlstandssteigerungen, die jedoch weit hinter denen der Bundesrepublik zurückblieben. Bis zum **Bau der Mauer** 1961 flohen viele DDR-Bürger in den Westen, weil sie in Freiheit und Wohlstand leben wollten.

Ein Bündel von **Ursachen** führte zu einer wachsendes Unzufriedenheit der DDR-Bevölkerung mit dem kommunistischen System. Hierzu gehörten die politische Unterdrückung in der DDR, die Versorgungsmängel der Wirtschaft, die engen gesellschaftlichen Handlungsspielräume sowie die Existenz einer attraktiven freiheitlichen Alternative im Westen. Die **friedliche Revolution** 1989/90 verlief allerdings auch deshalb erfolgreich, weil die Sowjetunion, die seit 1985 von dem reformbereiten Michail Gorbatschow regiert wurde, ihre in der DDR stationierten Truppen nicht mehr wie noch beim Volksaufstand 1953 zur Unterdrückung der DDR-Opposition einsetzte.

Die Regierung der Bundesrepublik konnte die Entwicklung in der DDR nur indirekt beeinflussen. Nach dem Mauerbau und der damit verbundenen Abschottung der DDR sorgte sie mit ihrer Politik der „menschlichen Erleichterungen" für eine Verbesserung der **innerdeutschen Beziehungen**. Auf diese Weise war zwar die deutsche Teilung nicht zu überwinden, aber diese Politik verhinderte, dass die menschlichen Bindungen zwischen Ost- und Westdeutschen abrissen.

**M 3** Behelfsmäßiger Wegweiser zum Parlamentarischen Rat, Fotografie, 1948

Der Rat hatte den Auftrag, eine demokratische Verfassung – das im Mai 1949 verabschiedete Grundgesetz der Bundesrepublik Deutschland – für den westlichen deutschen Teilstaat zu erarbeiten.

**M 4** Innerdeutsche Grenze zwischen Sachsen und Bayern bei Mödlareuth, Fotografie, um 1970

**Lesetipp**
Helmut M. Müller, Schlaglichter der deutschen Geschichte, aktual. Aufl., Bonn (Bundeszentrale für politische Bildung) 2009.
Ein solides Handbuch mit kurzen Texten zu allen Themen der deutschen Geschichte – und mit Bildern, Karten, Grafiken, Zeittafeln.

1 Sammeln Sie mithilfe der Darstellung Merkmale, die die Herrschaftssysteme Demokratie und Diktatur charakterisieren.
2 Nennen Sie Beispiele für Demokratien und Diktaturen in der Gegenwart und begründen Sie Ihre Zuordnungen.

# 3 Die Weimarer Republik: Demokratie ohne Demokraten?

**M1** Stützen der Gesellschaft, Ölgemälde von George Grosz, 1926.
Dargestellt sind: ein *Mann mit Monokel*, gehörlos, mit Schmiss, Monokel, Hakenkreuz, Bierseidel und Florett (Corpsbruder), Offizier im Weltkrieg (aus seinem Kopf springt ein „Ostlandreiter"); ein *Journalist* mit blutverschmiertem Palmenwedel und Nachttopf auf dem Kopf, er trägt Züge des nationalkonservativen Pressekonzernchefs Hugenberg; ein *Parlamentarier*, Sozialdemokrat, mit deutschnationaler Fahne und der Parole „Sozialismus ist Arbeit" (als Aufruf gegen Streik), ein Fäkalienhaufen dampft auf seinem Kopf; ein *Pfarrer* oder *Jurist* hinter seinem Rücken mordende Soldaten und brennende Häuser.

| | |
|---|---|
| 1918 | Novemberrevolution, Ausrufung der Republik |
| 1919 | Versailler Vertrag, Weimarer Verfassung |
| 1923 | Hitlerputsch, Inflation |
| 1925 | Hindenburg Reichspräsident |

1914–1918 Erster Weltkrieg
1919–1923 Krisenjahre
1918–1933 Weimarer Repub[lik]

Die Jahre der Weimarer Republik (1918–33) werden bis heute sehr kontrovers beurteilt. Kein Versuch, die Komplexität dieser vierzehn Jahre aufzuhellen, so der Historiker Eberhard Kolb, könne „abstrahieren von dem, was nach Weimar kam: die auf den Trümmern der ersten deutschen Demokratie errichtete nationalsozialistische Diktatur". Der Untergang des „Dritten Reiches" im Jahr 1945 war auch das Ende des deutschen Nationalstaates, der 1871 mit der Gründung des Deutschen Kaiserreichs entstanden war. Aus diesen unmittelbaren und mittelbaren Folgen des Scheiterns der Weimarer Republik ergibt sich die zentrale Frage nach den Gründen ihres Zusammenbruchs. Von diesem Untersuchungsschwerpunkt auszugehen, bedeutet nicht, die Unvermeidbarkeit des Scheiterns zu unterstellen. Denn die Frage nach den Ursachen ist eng verknüpft mit der Frage nach den Handlungsspielräumen der historischen Akteure.

Die Weimarer Republik sollte jedoch nicht nur als die Vorgeschichte des NS-Regimes betrachtet werden, sondern auch als erste deutsche Demokratie, die sich in einer Zeit politischer und gesellschaftlicher Umbrüche behaupten musste. Bei aller Krisenhaftigkeit dürfe man nicht übersehen, so der Historiker Heinrich August Winkler, dass die Weimarer Republik „auch die erste große Chance der Deutschen war, parlamentarische Demokratie zu lernen, und insofern gehört Weimar zur Vorgeschichte der ‚alten' Bundesrepublik, der zweiten Lehrzeit in Sachen Demokratie".

**Kompetenzerwerb: Nach Bearbeitung des Kapitels 3 können Sie …**
- aufzeigen, welche gesellschaftlichen Strukturen und Kräfte für den Untergang der demokratischen Ordnung und ihrer Errungenschaften Verantwortung trugen,
- erläutern, welche Einstellungen und Mentalitäten in der Bevölkerung diese Entwicklung beförderten,
- die Handlungsspielräume und -alternativen der historischen Akteure beurteilen,
- diskutieren, welche Lehren aus dem Scheitern der Weimarer Republik für die Gegenwart gezogen werden können,
- Wahlplakate als historische Quellen auswerten.

1929 Beginn der Weltwirtschaftskrise
1930 NSDAP stärkste Partei
1930–1932 Präsidialkabinett Brüning
1932 Präsidialkabinett von Papen
1932/33 Präsidialkabinett von Schleicher

4–1929 Relative Stabilisierung | 1930–1933 Präsidialkabinette
1930 | 1935

# Grundwissen

### 1914–1918: Erster Weltkrieg
Der Erste Weltkrieg unterscheidet sich in mehreren Punkten grundlegend von den Kriegen früherer Jahrhunderte, und zwar durch
- die Zahl der Opfer und das Ausmaß der Zerstörung,
- die militärisch-territoriale Ausdehnung,
- den Einsatz von Millionenheeren,
- eine gewaltige, industrielle Militärmaschinerie.

Unmittelbarer Kriegsauslöser war das Attentat von Sarajewo am 28. Juni 1914. Langfristige Ursachen liegen in machtpolitischen Gegensätzen zwischen den Ententemächten Großbritannien, Frankreich und Russland einerseits sowie den Mittelmächten Deutschland und Österreich-Ungarn andererseits. Hinzu kamen Interessenkonflikte im europäischen Staatensystem sowie Rivalitäten, die sich aus der imperialistischen Politik ergaben. Erstmals beteiligten sich ab 1917 die USA an einem Krieg in Europa.

### 1918: Novemberrevolution
Umsturz der politischen Machtverhältnisse in Deutschland am 9. November 1918 und in den folgenden Wochen. Kennzeichen waren: Sturz der Monarchie, Ausrufung der Republik, Zurückdrängen des anfänglichen Rätesystems zugunsten einer parlamentarischen Demokratie.

### Vertrag von Versailles
Der Versailler Vertrag vom 28. Juni 1919 beendete den Ersten Weltkrieg völkerrechtlich zwischen dem Deutschen Reich und den Siegermächten. Er sprach Deutschland und seinen Verbündeten die Alleinschuld am Ersten Weltkrieg zu, bestimmte die neuen Grenzen Deutschlands und regelte Reparationszahlungen und Rüstungsbegrenzungen.

### Republik
Staatsform ohne König. Die souveräne Macht übt das Volk oder ein Teil des Volkes aus, zum Beispiel Adlige; das oberste Staatsorgan wird nur auf Zeit bestimmt. In der Geschichte Roms wurde die etruskische Königsherrschaft um 510 v. Chr. durch die Herrschaft des Adels abgelöst. Rom wurde damit zu einer Republik (lat. *res publica* = öffentliche Sache, im Gegensatz zu lat. *res privata* = Sache des Einzelnen). In Deutschland war die Weimarer Republik die erste Republik.

### Demokratie
Staatsform, in der das Volk über die Politik eines Staates entscheidet (von griech. *demos* = Volk, *kratein* = herrschen). In vielen griechischen Stadtstaaten nahmen alle männlichen Bürger an den Beratungen und Beschlüssen der Polis teil (direkte Demokratie). In den meisten modernen demokratischen Staaten dagegen wählen alle erwachsenen Männer und Frauen ein Parlament, das ihre Interessen vertritt (parlamentarische Demokratie).

### Weimarer Verfassung
Die Weimarer Verfassung trat am 11. August 1919 in Kraft. Deutschland wurde damit eine parlamentarische Republik, in der die Staatsgewalt vom Volke ausging. Repräsentiert wurde das Volk durch die gewählten Abgeordneten des Reichstags.

### Parlament
(von franz. *parler* = reden). Bezeichnung für eine Volksvertretung, die aus einer oder zwei Kammern besteht. Das erste Parlament entstand in England im ausgehenden 13. Jh. als eine Folge der Magna Charta und schränkte die Königsmacht ein. In Deutschland wurden erst im 19. Jh. Parlamente gewählt (1848 das erste gesamtdeutsche Parlament in der Frankfurter Paulskirche).

### Parteien
(von lat. *pars* = Teil) In der Politik der Zusammenschluss von Menschen mit gemeinsamen politischen Vorstellungen und Zielen. Merkmale einer Partei sind:
1. dauerhafte Organisation,
2. Parteiprogramme,
3. Wille zur Einflussnahme, z. B. durch Wahlen und Teilnahme an der Regierungsgewalt.

Parteien im modernen Sinne entstanden mit dem Parlamentarismus seit der Mitte des 19. Jh. aus Wahlvereinen und politischen Klubs.

### Reichstag
Nach der Gründung des Deutschen Reiches im Jahre 1871 wurde der Reichstag als Volksvertretung nach dem gleichen, geheimen, direkten Mehrheitswahlrecht von Männern über 25 Jahre gewählt. Er hatte in der Verfassung gegenüber dem Kaiser und dem Bundesrat eine schwache Stellung. Die Regierung war dem Parlament gegenüber nicht verantwortlich. Lediglich der Staatshaushalt (ohne Militäretat) wurde von ihm allein beschlossen. In der Weimarer Republik wurde die Bezeichnung „Reichstag" für das nun verfassungsrechtlich erheblich gestärkte Parlament übernommen. Die Männer und Frauen über 20 Jahre wählten die Reichstagsabgeordneten nach dem Verhältniswahlrecht.

### Inflation
(lat. „Aufblähung") Anhaltende Geldentwertung, die durch eine starke Vermehrung der umlaufenden Geldmenge gegenüber dem Güterumlauf entsteht. Als Folge steigen die Preise, es setzt eine Flucht in Sachwerte ein, wie z. B. in den Anfangsjahren der Weimarer Republik. Bei über 50 Prozent Anstieg des allgemeinen Preisniveaus innerhalb eines Jahres wird von „Hyper-Inflation" gesprochen. Nach der Stabilisierung der Währung im November 1923 war eine Billion Papiermark nur noch eine Goldmark wert.

## 1923: Hitlerputsch

Der Hitlerputsch vom 8./9. November 1923 stellte eine starke Gefährdung der Weimarer Demokratie in dem von zahlreichen Krisen geschüttelten Jahr 1923 dar. Es war der Versuch rechtsradikaler Kräfte, in Bayern und Deutschland die Macht an sich zu reißen. Der Putsch scheiterte am Widerstand der bayerischen Landespolizei. Die milden Urteile gegenüber Adolf Hitler und den anderen Putschisten zeugen von einer starken Voreingenommenheit des Gerichts gegenüber den Angeklagten und der Weimarer Demokratie.

## 1929: Weltwirtschaftskrise

Mit den am „Schwarzen Freitag" (Börsenkrach am 25. Oktober 1929 in New York) beginnenden weltweiten Kursabstürzen wurde offenkundig, dass sich die Weltwirtschaft in einer tiefen Krise befand. Zuvor hatten insbesondere viele Anleger in den Vereinigten Staaten von Amerika in einer Art Spekulationsrausch mit Aktien große Geldgewinne machen wollen, obwohl sich der konjunkturelle Einbruch (bedingt durch Überproduktion und Absatzschwierigkeiten) bereits abzeichnete. Die Folgen zeigten sich weltweit in Konkursen und einem bis dahin unbekannten Anstieg der Arbeitslosigkeit. Viele Staaten stürzten in den Folgejahren in eine wirtschaftliche und soziale Krise. In manchen Ländern, wie z. B. Deutschland, erwuchs daraus auch eine politische Krise.

**M1** „Extrablatt", herausgegeben von der Sozialdemokratischen Partei Deutschlands (SPD) am 9. November 1918

# Grundwissentraining

1 **Wissen wiederholen – mit „Grundwissen-Tabu"**
a) Kopieren Sie die Grundwissenstexte und markieren Sie (farbig) in jedem Text jeweils drei Substantive.
b) Gestalten Sie in Kleingruppen Plakate (im DIN-A3-Format), auf denen Sie jeweils die Überschrift und darunter die drei markierten Substantive notieren.
c) Spielen Sie in der nächsten Geschichtsstunde „Grundwissen-Tabu". Bilden Sie dazu zwei Teams mit vier Spielern, die gegeneinander antreten.
Ein Spieler soll der eigenen Mannschaft jeweils einen Grundwissensbegriff erklären, darf dabei aber weder den Begriff noch die drei ausgewählten Wörter verwenden. Dafür werden die Plakate so gezeigt, dass sie von der Klasse und dem erklärenden Schüler, nicht aber von den eigenen Teammitgliedern gesehen werden. Erschließt das Team den Begriff, erhält es einen Punkt.

2 **Zusammenhänge herstellen – in einem Kurzvortrag**
a) Bereiten Sie einen Kurzvortrag vor, in dem Sie die Grundwissensbegriffe zur Geschichte der Weimarer Republik zusammenhängend präsentieren. Der Vortrag sollte höchstens fünf Minuten dauern. Sprechen Sie möglichst frei (machen Sie sich Notizen auf Karteikarten).
b) Unterstützen Sie Ihren Vortrag mit knappen visuellen Impulsen (z. B. Daten, Fakten, Begriffen auf Folie oder Tafel).

3 **Testaufgabe**
a) Beschreiben Sie die historische Situation, auf die das Extrablatt M 1 Bezug nimmt.
b) Erläutern Sie, inwiefern sich in M 1 bereits die künftige Staatsordnung Deutschlands abzeichnet.
c) Überprüfen Sie, ob das Vorgehen demokratischen Ansprüchen genügt.

# 3.1 „Versailles" als Diffamierungsparole

**Der Versailler Vertrag**
*wesentliche Bestimmungen (1919):*
- militärisch: Verbot der allgemeinen Wehrpflicht, Beschränkung der Heeresstärke auf 100 000 Mann, Verbot bestimmter Waffengattungen (z. B. U-Boote), alliierte Besatzung der Gebiete links des Rheins, entmilitarisierte Zone östlich des Rheins;
- territorial: Gebietsverluste im Westen (z. B. Elsass-Lothringen an Frankreich) und im Osten (z. B. Westpreußen an Polen), Verlust der Kolonien;
- ökonomisch: Reparationen: Erstattung der Kriegskosten, Ersatz für Schäden im zivilen Bereich;
- politisch: Deutschland und seine Verbündeten tragen die Schuld am Kriegsausbruch und damit die Verantwortung für Schäden und Verluste („Kriegsschuldparagraf").

**Bewertung der Historiker**
Der Versailler Vertrag wird in der neueren deutschen Geschichtswissenschaft (vor dem Hintergrund der bedingungslosen Kapitulation des Deutschen Reiches am Ende des Zweiten Weltkriegs) als „maßvoll" eingestuft. Das Deutsche Reich blieb als Nationalstaat bestehen, außenpolitisch handlungsfähig und trotz der hohen Belastungen wirtschaftlich leistungsfähig.

**„Programm der 14 Punkte"**
Am 8. 1. 1918 stellte Präsident Woodrow Wilson vor dem amerikanischen Kongress seine Grundsätze für eine Friedensordnung nach dem Ersten Weltkrieg vor. Grundlage sollte das Selbstbestimmungsrecht aller Völker (politische Unabhängigkeit und territoriale Unverletzlichkeit) und deren Zusammenschluss im „Völkerbund" sein.

**Der Schatten von „Versailles"** Der Versailler Vertrag von 1919 gilt als einer der wesentlichen Belastungsfaktoren der ersten deutschen Demokratie. Die Frage, in welchem Maße „Versailles" zum Scheitern der Weimarer Republik beigetragen hat, beantwortet die moderne Forschung jedoch anders als die Mehrheit der Zeitgenossen. Für die meisten Deutschen, die die Zeit von 1918 bis 1933 bewusst erlebten, so der Historiker Heinrich August Winkler, „lag über den vierzehn Jahren der ersten Republik nicht der Schatten des Kaiserreichs, sondern der von Versailles". Die Bestimmungen des Versailler Vertrages* lösten in der deutschen Öffentlichkeit Empörung und Entsetzen aus und wurden als ungerecht empfunden. Heute gelangen Historiker zu einer differenzierteren Bewertung des Vertrages* und betrachten auch seinen Anteil am Untergang der Weimarer Republik als „nicht mehr schlechthin entscheidend" (W. Baumgart). Allerdings lösten die Bestimmungen erhebliche innenpolitische Spannungen aus. Die politische Propaganda in der Weimarer Republik wurde nachhaltig geprägt von den Auseinandersetzungen über die Vertragsinhalte, den Umständen ihres Zustandekommens und einer möglichen Revision (siehe M 1–M 3). Schonungslos instrumentalisierten vor allem die Republikgegner „Versailles" als Parole zur Diffamierung der ersten deutschen Demokratie.

**Empörung über den „Diktatfrieden"** Die Siegermächte des Ersten Weltkrieges (1914 bis 1918) berieten seit dem 18. Januar 1919 im Spiegelsaal des Schlosses von Versailles über eine künftige Friedensordnung. Die Besiegten, die an den Verhandlungen nicht beteiligt waren, hofften auf einen milden Frieden. In Deutschland, im „Traumland der Waffenstillstandsperiode" (Ernst Troeltsch), erwartete man nach dem Abschluss des Waffenstillstandsabkommens am 11. November 1918, das Land könnte ohne größere Gebietsabtretungen bestehen bleiben und müsste keine hohen Kriegsentschädigungen zahlen. Dabei stützten die Deutschen ihre Hoffnungen auf das „Programm der 14 Punkte" des US-Präsidenten Wilson*. Doch als am 7. Mai 1919 der deutschen Delegation in Versailles der Vertragsentwurf vorgelegt wurde, kehrte sich die Zuversicht in Fassungslosigkeit um. Die Reparationsforderungen und die territorialen Bestimmungen stießen sowohl in der Bevölkerung als auch bei den politischen Parteien auf breite Ablehnung: Deutschland sollte ein Siebtel seines Gebietes und ein Zehntel seiner Bevölkerung verlieren. Empörung löste vor allem der „Kriegsschuldparagraf" 231 aus, in dem Deutschland und seine Verbündeten anerkennen mussten, als „Urheber" für alle Verluste und Schäden des Krieges verantwortlich zu sein. Es schien undenkbar, diesen „Diktatfrieden" zu akzeptieren. Schriftliche Verhandlungen mit den Siegermächten führten lediglich zu geringfügigen Änderungen. Doch war der deutschen Regierung bewusst, dass die Alliierten im Falle einer Ablehnung das gesamte Reichsgebiet besetzt hätten. Nach heftigen Auseinandersetzungen innerhalb der regierenden „Weimarer Koalition" (s. S. 149) und unter dem Druck eines alliierten Ultimatums beauftragte die Nationalversammlung die Regierung schließlich mit der Unterzeichnung des Vertrages, die am 28. Juni 1919 erfolgte.

**Gründe für die Empörung** Die Empörung vieler Deutscher über die Friedensbedingungen der Alliierten ist vor allem auf drei Aspekte zurückzuführen: Die politische und militärische Führung des Deutschen Reiches hatte die Bevölkerung über die Lage an der Front bewusst getäuscht und bis zum Kriegsende Siegesillusionen verbreitet, um den Durchhaltewillen der Soldaten und der Zivilbevölkerung zu stärken. Ein weiterer Grund für die allgemeine Entrüstung waren unrealistische Erwartungen, die führende Außenpolitiker der jungen Republik mit Verweis auf die Prinzipien Wilsons weckten. Hinzu kam, dass die Reichsregierung 1919 bewusst darauf verzichtet hatte, die deutsche Öffentlichkeit über die konkreten Umstände des Kriegsausbruches und die weitgesteckten deutschen Kriegsziele aufzuklären. Auswärtiges Amt und Reichskanzlei lehnten die Veröffentlichung brisanter Dokumente ab. Sie befürchteten noch strengere Sanktionen der Alliierten in den Verhandlungen über die Friedensbestimmungen.

**Die „Zwillingslegenden"** Der Verzicht auf eine rückhaltlose Aufarbeitung des deutschen Anteils am Kriegsausbruch kam dem Wunsch der meisten Deutschen nach Verdrängung entgegen. Er förderte die Bildung von zwei historischen Legenden, die von Anfang an eine schwere Belastung für die Weimarer Republik darstellten. Im Widerstand gegen die „Kriegsschuldlüge" der Alliierten fanden verschiedene Interessengruppen zusammen, die vom Auswärtigen Amt und namhaften Historikern unterstützt wurden. Aus der Abwehr der These, Deutschland sei allein schuld am Ersten Weltkrieg, „erwuchs binnen kurzem eine deutsche Kriegsunschuldlegende" (Heinrich August Winkler). Die Dolchstoßlegende (siehe M4) basierte auf der Behauptung, die Heimat sei dem „im Felde unbesiegten Heer" in den Rücken gefallen. Die Novemberrevolution von 1918/19* und die sie tragenden Kräfte, die sogenannten „Novemberverbrecher", wurden verantwortlich gemacht für die militärische Niederlage Deutschlands im Ersten Weltkrieg und für den daraus resultierenden Friedensvertrag. Die bereits im letzten Kriegsjahr entstandene Dolchstoßlegende wurde durch Feldmarschall von Hindenburg, den letzten Chef der Obersten Heeresleitung, legitimiert: Vor dem Untersuchungsausschuss der Nationalversammlung zur Klärung der „Ursachen des deutschen Zusammenbruchs im Jahre 1918" wies von Hindenburg am 18. November 1919 wider besseres Wissen jede Verantwortung der Armeeführung von sich und erklärte, die deutsche Armee sei „von hinten erdolcht worden". Diese „Zwillingslegenden" vergifteten bereits in der Entstehungsphase der Weimarer Republik die politische Atmosphäre (Heinrich August Winkler).

**Propaganda gegen den „Schmachfrieden"** Die konservativ-nationalistischen und rechtsradikalen Parteien und Gruppierungen nutzten die beiden Legenden für ihre politischen Zwecke: Die Verantwortung der alten Machteliten des wilhelminischen Deutschlands konnte verschleiert, gleichzeitig den revolutionären Kräften die Schuld an der Kriegsniederlage aufgebürdet werden – und damit direkt oder indirekt auch den Repräsentanten der Weimarer Republik. Die politische Propaganda verband beide Legenden mit der Agitation gegen den „Schmachfrieden" von Versailles und instrumentalisierte sie für ihren Kampf gegen die erste deutsche Republik. Die Feindschaft gegen „Versailles" verband über alle Parteigrenzen hinweg auch politische Gegner und wirkte so als negatives Integrationsmittel gegen die Republik. Selbst die Kommunisten, die im Kapitalismus bzw. Imperialismus die Ursache für den Weltkrieg sahen, sprachen im Hinblick auf die Reparationen vom „räuberischen Friedensvertrag". Mit ihrer undifferenzierten Propaganda erreichten die Republikgegner einen Großteil der Bevölkerung, der die Niederlage Deutschlands nicht akzeptieren wollte. Vor allem die Dolchstoßlegende wirkte wie ein Dolchstoß in den Rücken des neuen Staates. Den Vertretern der jungen deutschen Demokratie wurde vorgeworfen, sie hätten mit der Vertragsunterzeichnung der Demütigung Deutschlands zugestimmt und sein Selbstbestimmungsrecht preisgegeben. Die vermeintlich logische Konsequenz war eine Gleichsetzung der Weimarer Republik mit dem „Schmachfrieden"

---

**Wichtige Ereignisse der Novemberrevolution 1918/19**

**29.10.** Aufstand von Matrosen der Kriegsflotte in Kiel; Ausbreitung der Unruhen in viele deutsche Städte

**9.11.** Abdankung des Kaisers, Ausrufung der Republik; Bildung von Arbeiter- und Soldatenräten

**10.11.** Übernahme der Regierung durch den „Rat der Volksbeauftragten" (SPD/USPD); Polarisierung der revolutionären Bewegung: USPD/Spartakus für sozialistische Räterepublik, SPD für parlamentarische Demokratie

**11.11.** Waffenstillstand von Compiègne

**16.–20.12.** Reichsrätekongress in Berlin: für parlamentarisches System und Wahl einer verfassunggebenden Nationalversammlung

**29.12.** Austritt der USPD-Mitglieder aus dem Rat der Volksbeauftragten

**1.1.1919** Gründung der Kommunistischen Partei Deutschlands (KPD) aus dem Spartakusbund

**5.–16.1.** Niederschlagung des „Januaraufstandes" (KPD, Teile der USPD) in Berlin durch Regierungstruppen und Freikorps

**19.1.** Wahl zur Nationalversammlung

**M1** „Weg die Fessel! Wählt Deutsche Volkspartei", Plakat der DVP, 1924

## 3 Die Weimarer Republik

**M2** Plakat der NSDAP von 1932

**Internettipp**
www.dhm.de/lemo/home.html
Der Friedensvertrag von Versailles und weitere Informationen, Bilder, Quellen zur Weimarer Republik auf der Website des Deutschen Historischen Museums Berlin.

**Lesetipp**
*Hans-Ulrich Wehler, Deutsche Gesellschaftsgeschichte, Bd. 4: Vom Beginn des Ersten Weltkriegs bis zur Gründung der beiden deutschen Staaten: 1914–1949, München 2003. Eine umfassende Darstellung gesellschaftlicher Entwicklungen in Deutschland.*

von Versailles (M 3). Seit 1920 wurde „Erfüllungspolitik" zu einem weiteren Schlagwort der republikfeindlichen Rechten. Reichskanzler Joseph Wirth (Zentrum) und Außenminister Walter Rathenau (DDP) hatten eine Politik eingeleitet, die mit der Bereitschaft zur Erfüllung der alliierten Reparationsforderungen zugleich die Grenzen der wirtschaftlichen Leistungsfähigkeit Deutschlands und somit die Unerfüllbarkeit der Forderungen demonstrieren sollte. Die regierenden Parteien gerieten Anfang der 1920er-Jahre sowohl außen- als auch innenpolitisch immer stärker unter Druck. Attentate radikaler Rechter auf die „Erfüllungspolitiker" häuften sich: Nach maßlosen verbalen Angriffen wurde beispielsweise im August 1921 Reichsfinanzminister Matthias Erzberger (Zentrum) ermordet, der bei den Rechten nicht nur als „Erfüllungspolitiker" verhasst war, sondern auch als Leiter der Waffenstillstandsdelegation und Befürworter der Unterzeichnung des Friedensvertrages. Außenminister Gustav Stresemann (DVP) verfolgte in den Jahren 1923 bis 1929 eine Verständigungspolitik mit den Alliierten, um auf diese Weise eine Revision, d.h. Änderung, des Versailler Vertrages zu ermöglichen. Er erreichte, dass nicht alle Vertragsbedingungen umgesetzt werden mussten und die Reparationszahlungen reduziert wurden. Dennoch blieb der Versailler Vertrag bis in die Endphase der Weimarer Republik eine wirtschaftliche und politische, aber auch psychologische Belastung für die erste deutsche Demokratie. Die radikalste Position gegen „Versailles" bezogen die Nationalsozialisten, die den Friedensvertrag in ihrem rücksichtslosen Kampf um die Macht instrumentalisierten (M 5).

**1** Nennen Sie die Gründe für die Empörung der deutschen Zeitgenossen über den Versailler Vertrag.

**M3** Veranstaltungsplakat „Deutschland und der Friedensvertrag" der „Liga zum Schutze der Deutschen Kultur", 1921/1922.
Die Wanderausstellung wurde in 80 Städten gezeigt. Text auf dem Vorhängeschloss: „Friedensvertrag".

**1** Erläutern Sie anhand des Darstellungstextes sowie M 1, M 2 und M 3, wie die Republikgegner den Versailler Vertrag gegen die Weimarer Republik instrumentalisierten.

**M 4** Karikatur von Oskar Theurer aus der Beilage zum „Berliner Tageblatt": „Ulk", 1921

Ein Dolchstoß, der eine Legende ist

Ein Dolchstoß, der keine Legende ist

1 Interpretieren Sie die Karikatur (M 4) mithilfe der Methodenseite (s. S. 258 f.).
2 Erläutern Sie die Bedeutung der Dolchstoßlegende für die junge Republik.

**M 5** Das „Versailles-Syndrom"

**a)** Der Historiker Ulrich Heinemann über das „Versailles-Syndrom" in der Endphase der Republik:
Die Gegnerschaft gegen den Friedensvertrag, die sich in den letzten Jahren der Republik zu einem regelrechten Versailles-Syndrom auswuchs, diente daneben als willkommene Legitimation für den in Deutschland seit Bismarcks Zeiten ungebrochenen sozialen Militarismus. [...] Die Feindschaft gegen Versailles war, wie Hagen Schulze schreibt, vielleicht das einzige „emotional wirksame Integrationsmittel, [...] das die Republik überhaupt besaß". Der „Kampf gegen die Kriegsschuldlüge" war *die* Integrationsklammer der politischen Kultur Weimars – eine Klammer freilich, deren Zwingkräfte das ohnehin schwach ausgebildete demokratische Bewusstsein pulverisierten.
Die Gewinner waren die Nationalsozialisten, die – wie auf anderen Politikfeldern auch – in der Frage des Friedensvertrages die radikalste Position bezogen und die das Schlagwort von der „Kriegsschuldlüge" erfolgreich für ihren Kampf um die Macht instrumentalisierten. Das Nachdenken über die „Kriegsschuldlüge" helfe, so hieß es in einer NSDAP-Reichstagsrede vom November 1929, die Wahrheit über die Revolution und über die ganze Staatsordnung aufzudecken, wobei, so fügte der Redner hinzu, „das System durch Decouvrierung[1] in der nützlichsten Weise geholfen habe". Dieser Nachsatz deckt den beschriebenen Zusammenhang und seine bewusste Ausnutzung durch die radikale Rechte schlagartig auf und macht deutlich: Wenn überhaupt mit Blick auf die Geschichte Weimars von der „Selbstpreisgabe der Demokratie" gesprochen werden kann, dann bestand diese darin, dass sich ein Großteil der Republikaner unter dem Eindruck des Traumas von Versailles die deutschnationalen Mythen über den Kriegsausbruch und die Kriegsniederlage zu eigen machte. Man kapitulierte kampflos vor der Last der Vergangenheit, statt daranzugehen, sie selbstbewusst und selbstkritisch abzutragen.

Ulrich Heinemann, Die Last der Vergangenheit. Zur politischen Bedeutung der Kriegsschuld- und Dolchstoßdiskussion, in: Karl Dietrich Bracher u. a. (Hg.), Die Weimarer Republik 1918–1933, Bundeszentrale für politische Bildung, Bonn 1987, S. 385.

1 Aufdeckung, Entlarvung

1 Erklären Sie die Bedeutung des Versailler Vertrags für die Weimarer Demokratie in der Endphase der Republik.

**b)** „The Source." (Die Quelle), Karikatur von Daniel Fitzpatrick aus der amerikanischen Zeitung „St. Louis Dispatch" vom 18. Oktober 1930

1 Interpretieren Sie die Karikatur mithilfe der Methodenseite (S. 258 f.) und erläutern Sie ihren Titel. Berücksichtigen Sie Zeit und Ort der Veröffentlichung.
2 Nehmen Sie Stellung zur Position des Zeichners.

# 3.2 Die Weimarer Reichsverfassung

**Die Weimarer Reichsverfassung** wurde als „Die Verfassung des Deutschen Reiches" am 11. August 1919 vom Reichspräsidenten Friedrich Ebert unterzeichnet und damit rechtskräftig. Sie konstituierte Deutschland als parlamentarische Republik. Der Verfassungstext bestand aus zwei Hauptteilen:
– Erster Hauptteil (Artikel 1–108): Aufbau und Aufgaben des Reiches
– Zweiter Hauptteil (Artikel 109–181): Grundrechte und Grundpflichten der Deutschen

**Die „demokratischste Demokratie der Welt"?**

Die deutsche Republik sei nun die „demokratischste Demokratie der Welt", jubelte der sozialdemokratische Innenminister Eduard David anlässlich der Verabschiedung der **Weimarer Reichsverfassung\*** durch die Nationalversammlung am 31. Juli 1919. Der Verfassungstext war das Ergebnis fünfmonatiger Arbeit der Abgeordneten und sollte ein Höchstmaß an demokratischen Rechten festschreiben. Das Deutsche Reich war nun eine Republik auf der Grundlage der Verfassungsprinzipien **Gewaltenteilung** und **Volkssouveränität**. Ein umfangreicher **Grundrechtekatalog** ergänzte die Bestimmungen über den Aufbau des Staates. Damit bestätigte die Verfassung die Ergebnisse der Novemberrevolution von 1918 und beendete die jahrhundertelange monarchische Tradition in Deutschland. Der in Artikel 1 festgeschriebene Grundsatz der Volkssouveränität (M 3) fand mehrfach in der Verfassung Berücksichtigung: Das Volk wählte alle vier Jahre die Abgeordneten des Reichstags und alle sieben Jahre in direkter Wahl den Reichspräsidenten. Plebiszite wie Volksbegehren und Volksentscheid boten darüber hinaus die Möglichkeit zur direkten Mitwirkung an der Gesetzgebung. Damit setzten sich die Sozialdemokraten mit einer ihrer ältesten programmatischen Forderungen durch. Nicht berücksichtigt wurde jedoch das von ihnen geforderte Volksbegehren zur Auflösung des Reichstags. Im konkreten Ergebnis blieben alle drei auf Reichsebene eingeleiteten Volksbegehren erfolglos; doch die jeweils im Vorfeld organisierten Abstimmungskampagnen nutzten die republikfeindlichen Kräfte zu Propagandafeldzügen gegen die Weimarer Republik.

**Wahlsystem**

Bei den Parlamentswahlen wurde der Grundsatz der Volkssouveränität durch ein repräsentatives Wahlsystem realisiert. Die Abgeordneten wurden in geheimer, direkter, allgemeiner und gleicher Wahl (Art. 22) gewählt. Erstmals erhielten Frauen in Deutschland das Recht zu wählen. Das Wahlalter wurde von 25 auf 20 Jahre herabgesetzt. Um eine

**M 1 Die Weimarer Reichsverfassung von 1919**

Vergleichen Sie die Grundzüge der Weimarer Reichsverfassung mit dem Grundgesetz der Bundesrepublik Deutschland (www.gesetze-im-internet.de). Ziehen Sie dazu ein Schema zum Grundgesetz aus einem Geschichtsbuch der Sekundarstufe I heran.

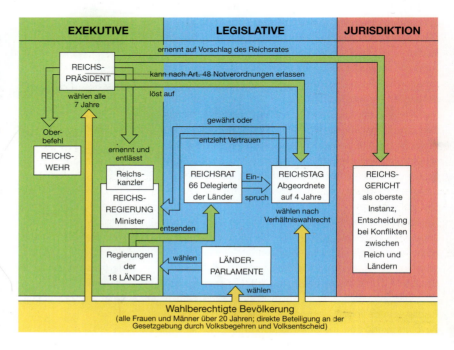

Die Weimarer Republik  3

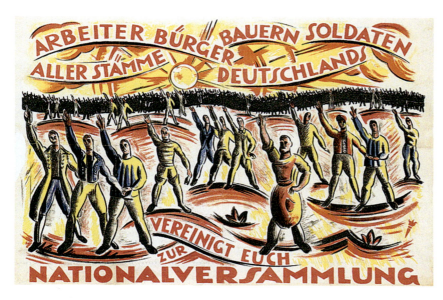

**M2** MSPD-Plakat zur Wahl der verfassunggebenden Nationalversammlung 1919

möglichst genaue Umsetzung des Wählerwillens zu garantieren, wurde das Mehrheitswahlrecht durch das Verhältniswahlrecht* ohne Sperrklausel ersetzt. Wie die politische Praxis zeigte, begünstigte dies den Einzug kleinerer Parteien in den Reichstag, was zwar zu einer größeren Parteienvielfalt im Parlament führte, die Bildung einer mehrheitsfähigen Regierungskoalition jedoch erschwerte.

**Verfassungsorgane**

Zentrales Organ der Reichsgewalt war der für vier Jahre gewählte Reichstag. Neben der Gesetzgebung gehörte die Kontrolle der Exekutive zu den Aufgaben des Parlaments. Reichskanzler und Reichsminister benötigten für ihre Amtsführung das Vertrauen der Abgeordneten und konnten durch ein Misstrauensvotum mit einfacher Stimmenmehrheit zum Rücktritt gezwungen werden. Unabhängig vom Vertrauen des Reichstages war der Reichspräsident. Als erster Präsident der jungen Republik amtierte der Sozialdemokrat Friedrich Ebert*, ihm folgte der parteilose Paul von Hindenburg*. Die Direktwahl durch das Volk verschaffte dem Amt eine starke demokratische Legitimation. Die siebenjährige Amtszeit und die Möglichkeit der Wiederwahl gewährleisteten zudem eine große politische Kontinuität. Der Reichspräsident war als Gegengewicht zum Reichstag mit umfassenden Machtbefugnissen ausgestattet. Er ernannte und entließ den Reichskanzler (Art. 53) und konnte, zum Schutz der Verfassung vor Angriffen auf die demokratische Staatsform, den Reichstag auflösen und Neuwahlen ausschreiben (Art. 25). Neben dem Oberbefehl über die Reichswehr hatte er durch das Notverordnungsrecht nach Artikel 48* quasi diktatorische Vollmachten auf Zeit. Mit diesem Artikel konnten bei Gefährdung der „öffentlichen Sicherheit und Ordnung" Grundrechte außer Kraft gesetzt und der Ausnahmezustand ausgerufen werden. Er gestattete dem Reichspräsidenten, Präsidialkabinette einzusetzen, die ohne parlamentarische Mehrheit regierten. Die potenzielle Gefahr des Artikels 48 für die Demokratie wurde von der Nationalversammlung unterschätzt, obwohl die USPD 1919 eindringlich vor diesem „Blankoscheck" gewarnt hatte.

**Verhältnis von Zentralismus und Föderalismus**

Das Verhältnis von Reich und Ländern wurde nach heftigen Kontroversen in der Nationalversammlung zugunsten der Zentralmacht geregelt. Das Deutsche Reich blieb zwar ein Bundesstaat, in dem die Länder durch den Reichsrat an der Gesetzgebung mitwirkten,

**Verhältniswahlrecht**
Bei der Verhältniswahl erfolgt die Sitzverteilung im Parlament entsprechend dem prozentualen Stimmenanteil der Partei. Bei der Mehrheitswahl dagegen ist nur der Kandidat eines Wahlkreises gewählt, der die meisten Stimmen auf sich vereint. In der Weimarer Republik erhielt jede Partei für 60 000 gültige Stimmen ein Abgeordnetenmandat.

**Friedrich Ebert (1871–1925)**
1913–1919 Vorsitzender der SPD
1916 Vorsitzender der SPD-Fraktion im Reichstag
1918 Vorsitzender des Rats der Volksbeauftragten und Reichskanzler
1919 Wahl zum Reichspräsidenten durch die Nationalversammlung

**Paul von Hindenburg (1847–1934)**
1916–1919 Chef der Obersten Heeresleitung
1918 Hindenburg setzt sich für die Unterzeichnung eines Waffenstillstands ein.
1919 Rückzug in den Ruhestand
1925 Wahl zum Reichspräsidenten
1930 Hindenburg ernennt Brüning ohne Zustimmung des Reichstags zum Reichskanzler und leitet damit die Phase der Präsidialkabinette ein.
1932 Wiederwahl Hindenburgs zum Reichspräsidenten mit absoluter Mehrheit gegen Adolf Hitler
1933 Hindenburg ernennt Hitler zum Reichskanzler.

**Artikel 48**
Ursprünglich zur Bekämpfung von Putschversuchen und Unruhen in die Verfassung aufgenommen, wurde der Artikel in der Praxis häufig bei sozialen und wirtschaftlichen Problemen genutzt. Insgesamt wurde er 250-mal angewandt, 116-mal zwischen 1930 und 1933.

**Veto** (lat. = ich verbiete)
Das Recht, Beschlüsse zu verhindern (absolutes Veto) oder aufzuschieben (suspensives Veto), bis nach erneuter Verhandlung eine ausreichende Mehrheit im Parlament erzielt wird.

doch verlor die Länderkammer im Vergleich zum Kaiserreich an politischer Bedeutung. Der Reichsrat wirkte nur beratend an Gesetzen mit und konnte gegen ihre Verabschiedung lediglich ein aufschiebendes Veto* einlegen. Das geringe politische Gewicht der Länderkammer wurde durch den Grundsatz „Reichsrecht bricht Länderrecht" (Art. 13) betont. Im Konfliktfall konnte die Reichsregierung sogar militärisch in den Ländern eingreifen (Reichsexekution). Gegen eine Neugliederung des Reiches, die auch ein Ende der preußischen Vorherrschaft bedeutet hätte, setzten sich die Länder dagegen erfolgreich zur Wehr.

### Grundrechte

In Anlehnung an die Paulskirchenverfassung von 1849 enthielt die Weimarer Verfassung einen umfangreichen Grundrechtekatalog. Er beinhaltete traditionelle liberale Rechte wie Freiheit der Person, Rechtsgleichheit, Freizügigkeit, Recht der freien Meinungsäußerung, Glaubens- und Gewissensfreiheit sowie das Petitionsrecht. Außerdem schrieb die Weimarer Verfassung soziale Rechte und Pflichten fest, die den Einfluss der Arbeiter- und Rätebewegung erkennen lassen, z. B. Schutz des Staates für Familie, Ehe und Mutterschaft, Gleichberechtigung der Geschlechter, Schutz der Jugend gegen Ausbeutung und Verwahrlosung, Trennung von Kirche und Staat. Weitere Grundrechteartikel spiegelten ebenfalls die veränderten gesellschaftlichen Verhältnisse nach dem Ersten Weltkrieg und der Novemberrevolution wider. So sah die Verfassung beispielsweise die staatliche Anerkennung der Gewerkschaften und die staatliche Aufsicht über die Nutzung von Energie und Rohstoffen vor. Es galt der Grundsatz „Eigentum verpflichtet" (Art. 153) und zum Wohl der Allgemeinheit bestand die Möglichkeit der Enteignung von Privatunternehmen. Im Unterschied zum Grundgesetz der Bundesrepublik ließen sich die Grundrechte nicht gerichtlich einklagen, eine Verfassungsgerichtsbarkeit existierte nicht. Zudem konnten sie in Krisenzeiten durch Artikel 48 teilweise außer Kraft gesetzt werden.

### „Verfassung ohne Entscheidung"?

Als „Verfassung ohne Entscheidung" charakterisierte der Verfassungsrechtler Otto Kirchheimer bereits 1929 die Weimarer Reichsverfassung. Ihren Kompromisscharakter betonen Historiker auch heute: Sie sei ein „System politischer und sozialer Kompromisse, welche die gemäßigte Arbeiterbewegung und die demokratischen Teile des Bürgertums eingegangen waren, daher in vielen Punkten unentschieden, damit aber auch offen für eine zukünftige Weiterentwicklung" (Eberhard Kolb). Der Anteil der Verfassung am Scheitern der Weimarer Republik wird in der Geschichtswissenschaft noch immer diskutiert. Dabei stehen vor allem zwei als „Konstruktionsfehler" diagnostizierte Aspekte im Mittelpunkt: der Dualismus von parlamentarischer Demokratie und Präsidialsystem sowie Artikel 48. Kritiker der These von einer „Fehlkonstruktion" verweisen dagegen auf den Missbrauch der Verfassung durch Politiker und Parteien in der Endphase der Republik. Die Forschung stimmt heute weitgehend überein, dass die umstrittenen Verfassungsbestimmungen wie der Artikel 48, die starke Stellung des Reichspräsidenten oder die plebiszitären Elemente zwar in Krisenzeiten belastend wirken konnten, für sich genommen aber keinen entscheidenden Anteil an der Zerstörung der Demokratie hatten.

**Internettipp**
www.historisches-lexikon-bayerns.de
Die „Weimarer Reichsverfassung" und Bayern; Links zum Verfassungstext.

1 Erläutern Sie, wie die Verfassungsprinzipien Volkssouveränität und Gewaltenteilung in der Weimarer Reichsverfassung umgesetzt wurden.
2 Nehmen Sie Stellung zu der These des Historikers Eberhard Kolb, die Bestimmungen der Weimarer Reichsverfassung hätten den Reichspräsidenten als eine Art „Ersatzkaiser" konzipiert.

## M3 Die Verfassung des Deutschen Reiches von 1919 (Auswahl)

*Art. 1.* Das Deutsche Reich ist eine Republik. Die Staatsgewalt geht vom Volke aus. [...]

*Art. 20.* Der Reichstag besteht aus den Abgeordneten des deutschen Volkes.

*Art. 21.* Die Abgeordneten sind Vertreter des ganzen Volkes. Sie sind nur ihrem Gewissen unterworfen und an Aufträge nicht gebunden.

*Art. 22.* Die Abgeordneten werden in allgemeiner, gleicher, unmittelbarer und geheimer Wahl von den über zwanzig Jahre alten Männern und Frauen nach den Grundsätzen der Verhältniswahl gewählt. [...]

*Art. 25.* Der Reichspräsident kann den Reichstag auflösen, jedoch nur einmal aus dem gleichen Anlass. Die Neuwahl findet spätestens am sechzigsten Tag nach der Auflösung statt. [...]

*Art. 41.* Der Reichspräsident wird vom ganzen deutschen Volke gewählt. Wählbar ist jeder Deutsche, der das fünfunddreißigste Lebensjahr vollendet hat. Das Nähere bestimmt ein Reichsgesetz. [...]

*Art. 48.* Wenn ein Land die ihm nach der Reichsverfassung oder den Reichsgesetzen obliegenden Pflichten nicht erfüllt, kann der Reichspräsident es dazu mithilfe der bewaffneten Macht anhalten. Der Reichspräsident kann, wenn im Deutschen Reiche die öffentliche Sicherheit und Ordnung erheblich gestört oder gefährdet wird, die zur Wiederherstellung der öffentlichen Sicherheit und Ordnung nötigen Maßnahmen treffen, erforderlichenfalls mithilfe der bewaffneten Macht einschreiten. Zu diesem Zwecke darf er vorübergehend die in den Artikeln 114, 115, 117, 118, 123, 124 und 153 festgesetzten Grundrechte ganz oder zum Teil außer Kraft setzen. Von allen gemäß Abs. 1 oder Abs. 2 dieses Artikels getroffenen Maßnahmen hat der Reichspräsident unverzüglich dem Reichstag Kenntnis zu geben. Die Maßnahmen sind auf Verlangen des Reichstags außer Kraft zu setzen. [...] Das Nähere bestimmt ein Reichsgesetz[1]. [...]

*Art. 50.* Alle Anordnungen und Verfügungen des Reichspräsidenten, auch solche auf dem Gebiet der Wehrmacht, bedürfen zu ihrer Gültigkeit der Gegenzeichnung durch den Reichskanzler oder den zuständigen Reichsminister. [...]

*Art. 53.* Der Reichskanzler und auf seinen Vorschlag die Reichsminister werden vom Reichspräsidenten ernannt und entlassen.

*Art. 54.* Der Reichskanzler und die Reichsminister bedürfen zu ihrer Amtsführung des Vertrauens des Reichstags. Jeder von ihnen muss zurücktreten, wenn ihm der Reichstag durch ausdrücklichen Beschluss sein Vertrauen entzieht. [...]

*Art. 73.* Ein vom Reichstag beschlossenes Gesetz ist vor seiner Verkündung zum Volksentscheid zu bringen, wenn der Reichspräsident binnen eines Monats es bestimmt. Ein Gesetz, dessen Verkündung auf Antrag von mindestens einem Drittel des Reichstags ausgesetzt ist, ist dem Volksentscheid zu unterbreiten, wenn ein Zwanzigstel der Stimmberechtigten es beantragt. Ein Volksentscheid ist ferner herbeizuführen, wenn ein Zehntel der Stimmberechtigten das Begehren nach Vorlegung eines Gesetzentwurfs stellt. [...]

*Art. 109.* Alle Deutschen sind vor dem Gesetze gleich. Männer und Frauen haben grundsätzlich dieselben staatsbürgerlichen Rechte und Pflichten. Öffentlich-rechtliche Vorrechte oder Nachteile der Geburt oder des Standes sind aufzuheben. [...]

*Art. 114.* Die Freiheit der Person ist unverletzlich. Eine Beeinträchtigung oder Entziehung der persönlichen Freiheit durch die öffentliche Gewalt ist nur aufgrund von Gesetzen zulässig. [...]

*Art. 151.* Die Ordnung des Wirtschaftslebens muss den Grundsätzen der Gerechtigkeit mit dem Ziele der Gewährleistung eines menschenwürdigen Daseins für alle entsprechen. In diesen Grenzen ist die wirtschaftliche Freiheit des Einzelnen zu sichern. Gesetzlicher Zwang ist nur zulässig zur Verwirklichung bedrohter Rechte oder im Dienst überragender Forderungen des Gemeinwohls. [...]

*Art. 165.* Die Arbeiter und Angestellten sind dazu berufen, gleichberechtigt in Gemeinschaft mit den Unternehmern an der Regelung der Lohn- und Arbeitsbedingungen sowie an der gesamten wirtschaftlichen Entwicklung der produktiven Kräfte mitzuwirken. Die beiderseitigen Organisationen und ihre Vereinbarungen werden anerkannt. Die Arbeiter und Angestellten erhalten zur Wahrnehmung ihrer sozialen und wirtschaftlichen Interessen gesetzliche Vertretungen in Betriebsarbeiterräten sowie in nach Wirtschaftsgebieten gegliederten Bezirksarbeiterräten und in einem Reichsarbeiterrat[2].

Zit. nach: E. R. Huber (Hg.), Dokumente der Novemberrevolution und der Weimarer Republik 1918–1932, 2. Aufl., Kohlhammer, Stuttgart 1966, S. 129 ff.

1 Das hier vorgesehene Reichsgesetz ist nie ergangen.
2 Die hier vorgesehenen Bezirksarbeiterräte und der Reichsarbeiterrat wurden nicht gebildet. Es entstanden lediglich die Betriebsarbeiterräte nach Maßgabe des Betriebsratsgesetzes vom 4. 2. 1920 (RGBl. S. 147).

**1** Erläutern Sie das Verhältnis von Reichstag, Reichsregierung und Reichspräsident.

### Fächerverbindung Sozialkunde:

**2** Vergleichen Sie mit dem im Grundgesetz festgelegten Verhältnis der Verfassungsorgane der Bundesrepublik. Erläutern Sie die Unterschiede und ihre Auswirkungen auf das demokratische System.
Erste Informationen finden Sie im Internet: *www.bundestag.de*.

## 3.3 „Weimarer Koalition" ohne Chance? – Die Rolle der Parteien

**Die vier Hauptströmungen und ihre Parteien**
- Liberalismus: Deutsche Demokratische Partei (DDP), Deutsche Volkspartei (DVP)
- Konservativismus: Deutschnationale Volkspartei (DNVP)
- Sozialismus: SPD, Unabhängige Sozialdemokratische Partei (USPD), die sich 1922 auflöste
- Katholizismus: Zentrum, in Bayern: Bayerische Volkspartei (BVP)

**Parteienspektrum**

Das deutsche Parteienspektrum blieb nach dem Übergang vom Kaiserreich zur Republik im Wesentlichen erhalten. Die vier politischen Hauptströmungen* der Vorkriegszeit waren in der Nationalversammlung von 1919 (M1) in ähnlichem Verhältnis vertreten wie im 1912 gewählten Reichstag. Lediglich die Aufspaltung der Linken in SPD und USPD stellte eine Abweichung dar (s. S. 153 f.). Die Geschichtswissenschaft führt diese Kontinuität auf die von den Parteien vertretenen unterschiedlichen Weltanschauungen zurück. Dadurch war eine enge Bindung an relativ geschlossene Sozialmilieus entstanden, die auch nach der historischen Zäsur 1918/19 erhalten blieb. Dass diese sozialen Schichten einander misstrauten, sich strikt voneinander abgrenzten und teilweise bekämpften, belastete zweifellos die Weimarer Demokratie. Die Furcht der Parteien, die eigenen Wähler zu enttäuschen, verringerte ihre Kompromissbereitschaft. Dies behinderte die Zusammenarbeit im Parlament und führte zu häufig wechselnden Regierungskoalitionen, die sich nicht auf stabile Mehrheiten stützen konnten. Erschwert wurde die Konsensbildung zwischen den verschiedenen politischen Strömungen zudem durch die Auflösung des traditionellen Parteiensystems ab 1928, die sich durch den rasanten Aufstieg der NSDAP zur Massenpartei beschleunigte (M 7). Auch die Weimarer Reichsverfassung trug nicht zur Kompromissbereitschaft bei. Die Parteien wurden nur am Rande erwähnt und ihre Rolle war – anders als im Grundgesetz – nicht klar geregelt. Bestimmungen über eine demokratische Ausrichtung der Parteiprogramme und der innerparteilichen Willensbildung existierten nicht. So konnten sich die politischen Gegner der Republik organisieren und die staatlichen Institutionen nutzen, um offen das „Weimarer System" zu bekämpfen. Umstritten ist in der Wissenschaft, ob auch die Verhältniswahl ohne Sperrklausel die parlamentarische Demokratie schwächte. Einerseits erschwerte dieses Wahlrecht die Bildung mehrheitsfähiger Koalitionen, da es auch kleinen Splitterparteien den Einzug in den Reichstag ermöglichte. Andererseits wurde eine große Parteienvielfalt im Parlament am ehesten dem demokratischen Mehrheitsprinzip gerecht.

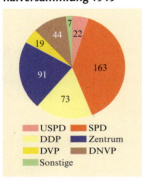

**M1** Sitze in der Nationalversammlung 1919

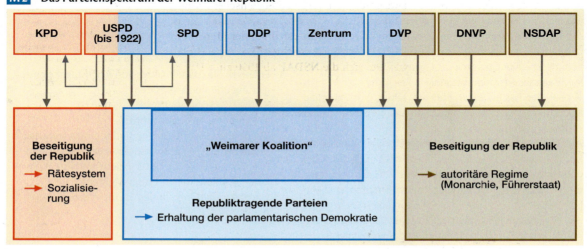

**M2** Das Parteienspektrum der Weimarer Republik

**1** Beschreiben Sie anhand der Grafik die „Parteienlandschaft" in der Anfangsphase der Weimarer Republik.

**„Weimarer Koalition"**

Bei der Wahl zur verfassunggebenden Nationalversammlung am 19. Januar 1919 wurde die SPD zwar stärkste Partei, erreichte jedoch nicht die absolute Mehrheit. Da die Radikalisierung der USPD eine Zusammenarbeit unmöglich machte, schlossen die Sozialdemokraten eine Koalition mit den bürgerlichen Parteien, die zusammen die meisten Stimmen erhalten hatten. So kam es zur Bildung der „Weimarer Koalition" aus SPD, Zentrum und der linksliberalen Deutschen Demokratischen Partei (DDP). Die drei Parteien bekannten sich in ihrer Programmatik zur parlamentarischen Republik und waren maßgeblich an der Erarbeitung der Weimarer Reichsverfassung von 1919 beteiligt. Die „Weimarer Koalition" verlor allerdings bereits bei der ersten Reichstagswahl 1920 ihre Mehrheit, die sie bis zum Ende der Republik auch nicht mehr zurückgewinnen konnte. Zentrum und DDP waren jedoch bis 1932 an allen 18 Regierungen der Weimarer Republik beteiligt, die Sozialdemokraten gehörten dagegen nur noch einmal einer Regierung an. In der Großen Koalition aus SPD, Zentrum, BVP, DDP und DVP (1928–30) stellten sie den Reichskanzler. In den 1920er-Jahren verfolgten die Sozialdemokraten jedoch häufig eine Tolerierungspolitik, indem sie Beschlüsse der bürgerlichen Minderheitskabinette unterstützten.

**M3** DDP-Wahlplakat von 1919

**Gegner der Republik**

Die politische Stabilität der Weimarer Republik war seit ihrer Gründung durch linke und rechte Gegner gefährdet. Die radikalen Linken, vor allem die KPD, versuchten zwischen 1919 und 1923 die Regierung durch bewaffnete Aufstände zu stürzen und ihre 1918 nicht erreichten Revolutionsziele durchzusetzen: eine sozialistische Räterepublik (s. S. 152) und die Umgestaltung der Gesellschaft nach sowjetischem Vorbild. Das Scheitern der Putschversuche führte zu einer Änderung der politischen Taktik. Die Kommunistische Partei gab ab 1920 ihren Wahlboykott auf und warb mit einer „Einheitsfrontpolitik" verstärkt um die Anhänger der Sozialdemokraten. Eine Zusammenarbeit mit der SPD gegen die aufsteigende NSDAP wurde durch die KPD-Führung verhindert. Sie diffamierte die Sozialdemokraten als Unterstützer des Faschismus* („Sozialfaschisten"), die bekämpft werden müssten (s. S. 154). Schwerwiegender als die Gefahr von links war die Bedrohung der Republik durch die Rechte, die im Reichstag zunächst durch die DNVP vertreten war. Sie erzielte keine politischen Mehrheiten, profitierte aber von der im Bürgertum weit verbreiteten antidemokratischen Haltung. Die rechte Propaganda gegen die Republik bediente sich antidemokratischer, antisemitischer und nationalistischer Parolen und setzte das „System Weimar" mit dem „Schandfrieden" von Versailles gleich (s. S. 140). Teile der Rechten erhofften sich die Wiederherstellung der Monarchie, andere wollten einen „völkischen", autoritären Staat errichten. Vor dem Hintergrund der Weltwirtschaftskrise entwickelte sich die NSDAP ab 1930 zum Hauptträger des Rechtsradikalismus.

**Aufstieg der NSDAP**

Der deutsche Nationalsozialismus bildete eine Variante des europäischen Faschismus und nahm sich den italienischen Faschismus zum Vorbild. Im Gegensatz zu Mussolinis faschistischer Organisation, die 1922 die Macht in Italien übernommen hatte, führte die NSDAP in der Parteienlandschaft der Weimarer Republik bis 1928 das Schattendasein einer Splitterpartei (M 6). Die Zusammenarbeit mit der DNVP und dem „Stahlhelm" (s. S. 157) beim Volksbegehren 1929 gegen den „Young-Plan", der die deutschen Reparationszahlungen insgesamt zwar begrenzte, aber eine Laufzeit bis 1988 vorsah, wertete die NSDAP beim rechts stehenden, nationalistischen Bürgertum auf. Ihr Aufstieg setzte nach dem Ende der Großen Koalition 1929 (s. S. 168) ein und manifestierte sich in einem erdrutschartigen Sieg bei der Reichs-

**Faschismus**
(von lat. *fasces* = Rutenbündel: Machtsymbol römischer Beamter in der Antike)
Ursprünglich bezeichnete „Faschismus" die seit dem Ersten Weltkrieg in Italien aufkommende nationalistische und auf imperialistische Eroberung zielende Bewegung Benito Mussolinis. Der Begriff wurde bald auf andere extrem nationalistische und totalitäre Parteien und Bewegungen in Europa ausgedehnt (Deutschland: Nationalsozialismus, Spanien: Falange unter General Franco 1939–1975). Faschistische Bewegungen verherrlichen den Militarismus, lehnen die parlamentarische Demokratie ab, wollen das Führerprinzip durchsetzen und eine Diktatur errichten, in der individuelle Freiheiten aufgehoben sind und Minderheiten ausgegrenzt werden.

tagswahl 1930. Bei den Wahlen vom Juli 1932 wurde die NSDAP zur stärksten Reichstagsfraktion. In der Zeit der Weltwirtschaftskrise verstanden es die Nationalsozialisten, mit der charismatischen Führergestalt Adolf Hitlers und einem radikalen Programm auf der Grundlage einer aggressiven und wirkungsvollen Ideologie (s. S. 184) einfache politische Lösungen anzubieten. Der Aufstieg der NSDAP war eng mit der politischen Biografie Hitlers verbunden. Hitler kam 1919 durch seine Tätigkeit als Propagandabeauftragter des Heeres zur Deutschen Arbeiterpartei (DAP), die ein Jahr später nach seinem Vorschlag in „Nationalsozialistische Deutsche Arbeiterpartei" (NSDAP) umbenannt wurde. 1921 übernahm er den Parteivorsitz, schaffte Mehrheitsbeschlüsse ab und setzte ein autoritäres Führerprinzip durch. Seine radikalen Ansichten sprachen vor allem ehemalige Soldaten an, die von der Niederlage im Ersten Weltkrieg enttäuscht waren, aber auch große Teile der vom „Weimarer System" frustrierten Bevölkerung. Seine rhetorischen Fähigkeiten und spektakulär inszenierte Massenveranstaltungen machten ihn über die bayerischen Grenzen hinaus bekannt. Nach einem gescheiterten Putschversuch in München 1923 und einem kurzen Gefängnisaufenthalt organisierte er den Neuaufbau der NSDAP und verfolgte dabei eine antirepublikanische Legalitätstaktik mit dem Ziel, breite Bevölkerungsteile für die Partei zu gewinnen (M 7). Zu einem potenziellen Koalitions- und Regierungspartner wurde die Partei spätestens seit Oktober 1931, als sie sich mit der DNVP und anderen nationalistischen Verbänden in der sogenannten Harzburger Front (M 9) zusammenschloss.

1 Interpretieren Sie das Diagramm (M 6) hinsichtlich der Entwicklung der staatstragenden Parteien der „Weimarer Koalition" zwischen 1919 und 1933.
2 **Arbeitsteilige Partnerarbeit:** Analysieren Sie die Plakate (M 3 bis M 5) mithilfe der Methodenseite (s. S. 160). Vergleichen Sie im Plenum die Stellung der Parteien zur Weimarer Republik.
3 Erläutern Sie mithilfe des Darstellungstextes, M 4 und M 5, wie die antidemokratischen Parteien von rechts und links die Republik bedrohten.
4 **Präsentation:** Stellen Sie die Parteien der Weimarer Republik genauer vor. Erläutern Sie jeweils Programmatik, Hauptziele und die Haltung zur Demokratie (Recherchehilfe: www.teachsam.de, Stichwort: Parteien).

M 4 KPD-Wahlplakat von 1932

M 5 Plakat der NSDAP von 1932

**M6** Ergebnisse der Reichstagswahlen 1919–1933

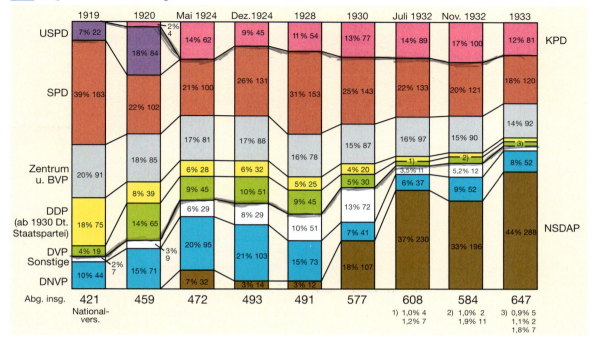

---

**M7** Joseph Goebbels über die politische Taktik der NSDAP, 1928

*Der spätere Reichspropagandaminister (seit 1933) Joseph Goebbels (1897–1945) wurde bei den Reichstagswahlen vom 20. Mai 1928 als Abgeordneter der NSDAP in den Reichstag gewählt. Zur Wahlkampferöffnung hatte er am 30. April 1928 in der von ihm gegründeten nationalsozialistischen Zeitschrift „Der Angriff" den Artikel „Was wollen wir im Reichstag?" veröffentlicht:*

Wir gehen in den Reichstag hinein, um uns im Waffenarsenal der Demokratie mit deren eigenen Waffen zu versorgen. Wir werden Reichstagsabgeordnete, um die Weimarer Gesinnung mit ihrer eigenen Unterstützung lahm zu legen.
5 Wenn die Demokratie so dumm ist, uns für diesen Bärendienst Freifahrkarten und Diäten zu geben, so ist das ihre eigene Sache. [...] Uns ist jedes gesetzliche Mittel recht, den Zustand von heute zu revolutionieren. Wenn es uns gelingt, bei diesen Wahlen sechzig bis siebzig Agitatoren unserer
10 Partei in die verschiedenen Parlamente hineinzustecken, so wird der Staat selbst in Zukunft unseren Kampfapparat ausstatten und besolden. [...]
Wir kommen als Feinde! Wie der Wolf in die Schafherde einbricht, so kommen wir. Jetzt seid ihr nicht mehr unter
15 euch!
Ich bin kein Mitglied des Reichstags. Ich bin ein Idi. Ein Idi. Ein Inhaber der Immunität, ein Inhaber der Freifahrkarte. [...] Wir sind gegen den Reichstag gewählt worden, und wir werden auch unser Mandat im Sinne unserer Auftraggeber ausüben. [...] Ein Idi hat freien Eintritt zum Reichstag, ohne 20 Vergnügungssteuer zahlen zu müssen. Er kann, wenn Herr Stresemann von Genf erzählt, unsachgemäße Zwischenfragen stellen, zum Beispiel, ob es den Tatsachen entspricht, das besagter Stresemann Freimaurer und mit einer Jüdin verheiratet ist. 25

*Der Angriff Nr. 18 vom 30. April 1928.*

**1** Charakterisieren Sie die von Goebbels skizzierte Vorgehensweise.

**2** Nehmen Sie zu Goebbels Taktik vom Standpunkt der „wehrhaften Demokratie" des Grundgesetzes Stellung.

**M 8 Der Historiker Eberhard Kolb über die Auflösung des Parteiensystems seit 1928 (2000)**

Während der zwanziger Jahre vollzog sich – im Zuge fortschreitender Industrialisierung, wachsender Mobilität und sozialer Binnendifferenzierung – eine allmähliche Erosion der traditionellen Sozialmilieus. In dem Maße, in dem die
5 Milieus an Bindekraft einbüßten, geriet das deutsche Parteiensystem, wie es jahrzehntelang bestanden hatte, in Turbulenzen. Die Bindung an die jeweiligen Sozialmilieus lockerte sich im Laufe der zwanziger Jahre zwar auch bei Zentrum und Sozialdemokratie, aber der eigentliche Zusammen-
10 bruch vollzog sich in der politischen Mitte.

Dieser Zusammenbruch erfolgte nicht über Nacht. Schon 1920 trat bei der bürgerlichen Mitte eine Tendenz nach rechts in Erscheinung, die sich 1924 verstärkte; 1928 hingegen verbuchten mittelständische und bäuerliche Interessen-
15 parteien beachtliche Wahlerfolge. Man wird sagen dürfen, dass große Teile der deutschen Mittelschichten inzwischen längst aufgehört hatten, „liberal" zu sein, und sich auf der Suche nach einer neuen politischen und parteipolitischen Heimat befanden. Die Auflösung des Parteiensystems be-
20 gann also, *bevor* die Weltwirtschaftskrise ausbrach, die Staatskrise einsetzte und die NSDAP zu einem politischen Faktor wurde; der rapide Aufstieg der NSDAP zur Massenpartei hat dann jedoch den Auflösungsprozess außerordentlich beschleunigt. 1928/29 allerdings war […] noch
25 nicht klar erkennbar, dass für das Gros des Mittelstandes die Alternative zur parlamentarischen Demokratie der Nationalsozialismus sein würde, dessen politische Werbung ja zunächst auch andere Hauptadressaten hatte. Dies änderte sich in der ökonomischen Krise. Daher verloren 1930/32 –
30 abgesehen vom Zentrum – die Mittelparteien den weitaus größten Teil ihrer Wählerschaft und verschwanden 1932 nahezu vollständig von der politischen Bildfläche.

Gerade angesichts der Tatsache, dass das deutsche Parteiensystem über sechzig Jahre hin relativ stabil geblieben war,
35 ist die Auflösung des Parteiensystems binnen weniger Jahre ein unerhört dramatischer Vorgang.

*Eberhard Kolb, Die Weimarer Republik, 5. Aufl., Oldenbourg, München 2000, S. 176f.*

1 Erarbeiten Sie anhand von M 6 und M 8 die Gründe für die Auflösung des traditionellen Parteiensystems ab 1928.
2 Erläutern Sie die Folgen dieses Prozesses.

**M 9 Rede Alfred Hugenbergs auf der Kundgebung der „Harzburger Front" am 11. Oktober 1931**

*Am 11. Oktober 1931 versammelte sich in Bad Harzburg die „nationale Opposition" aus DNVP, Stahlhelm, Teilen der DVP, vaterländischen Verbänden, NSDAP sowie prominenten Einzelpersonen wie dem früheren Reichsbankpräsidenten Hjalmar Schacht und dem ehemaligen Chef der Heeresleitung von Seeckt. Eine Großkundgebung mit riesigen Aufmärschen der paramilitärischen Verbände (vor allem Stahlhelm und SA) sollte die Kraft der antirepublikanischen Rechten und den Willen zum Sturz der Regierung Brüning (Zentrum) demonstrieren.*

Hier ist die Mehrheit des deutschen Volkes. Sie ruft den Pächtern der Ämter und Pfründen, den Machtgenießern und politischen Bonzen, den Inhabern und Ausbeutern absterbender Organisationen, sie ruft den regierenden Partei-
5 en zu: Es ist eine neue Welt im Aufstieg – wir wollen Euch nicht mehr!

In dem Volke, das in hellen Scharen hinter dieser Versammlung steht und durch sie verkörpert wird, stehen die tragenden Kräfte der Zukunft. Aus ihnen heraus wird ein neues,
10 wahres und jüngeres Deutschland wachsen. […]

Die bisherigen Machthaber hinterlassen Berge von Sünden und Scherben. Es ist die bittere und doch erhebende Aufgabe eines notgestählten Volkes, die Scherbenberge abzuarbeiten und die überkommenen Sünden zu büßen. Aber
15 dieses Volk betet nicht zu einem Gott des Schreckens und der Knechtschaft. Es betet nur zu dem wahren Gott des Friedens und der Freiheit. Ernst Moritz Arndt nannte ihn den „Gott, der Eisen wachsen ließ". Dies Volk front noch als Sklavenvolk. Aber es sehnt sich nach Arbeit – sehnt sich
20 danach, als adliges Volk vollen Rechtes im Stolz auf seine Väter für Heim und Herd des freien Mannes zu schaffen. […]

Niemand möge sich täuschen: Wir wissen, dass eine unerbittliche geschichtliche und moralische Logik auf unserer
25 Seite ficht. Aus dem Neuen, das Technik und Industrie für die Welt bedeutete, hatte sich ein Wahn mit doppeltem Gesichte entwickelt – der sogenannte internationale Marxismus und der eigentlich erst aus den marxistischen Konstruktionen heraus Wirklichkeit gewordenen internationale
30 Kapitalismus. Dieser Wahn bricht jetzt in der Weltwirtschaftskrise und in der davon scharf zu unterscheidenden deutschen Krise zusammen. Die Frage ist nur, ob daraus Zerstörung und Elend nach russischem Muster oder neuer Aufstieg nach unseren Plänen und unter unserer Führung hervorgehen soll.
35

*Zit. nach: Herbert Michaelis/Ernst Schraepler (Hg.), Ursachen und Folgen, Bd. 8, Wendler, Berlin 1963, S. 364.*

1 Analysieren Sie die Rede unter folgenden Fragestellungen:
 a) Wen macht Hugenberg für die politische und wirtschaftliche Krise verantwortlich?
 b) Welche Ziele proklamiert der Redner?
 c) Für wen spricht er?
2 **Fächerverbindung Sozialkunde:** Bereiten Sie mithilfe des Grundgesetzes einen Kurzvortrag über die Rolle der Parteien in der Bundesrepublik vor. Berücksichtigen Sie den Umgang des GG mit Verfassungsgegnern.

## 3.4 Die gespaltene Arbeiterbewegung

**Gründung von USPD und KPD**

1914 hatte die Reichstagsfraktion der Sozialdemokratischen Partei Deutschlands (SPD) der Bewilligung von Kriegskrediten im Parlament zugestimmt. Daraufhin spaltete sich der linke Flügel der SPD ab und gründete 1917 die Unabhängige Sozialdemokratische Partei Deutschlands (USPD). Ihr schloss sich der von Rosa Luxemburg und Karl Liebknecht 1916 gegründete Spartakusbund an.
Die Mehrheitssozialdemokraten (MSDP, später wieder SPD) bekannten sich zum parlamentarischen Regierungssystem. Innerhalb der USPD gingen die politischen Vorstellungen auseinander. Ein gemäßigter Flügel strebte eine parlamentarische Demokratie an, ein linksradikaler Flügel unter Führung des Spartakusbundes kämpfte für die Errichtung einer sozialistischen Räterepublik* nach russischem Vorbild. Im Dezember 1918 trennte sich der Spartakusbund von der USPD und gründete am 1. Januar 1919 zusammen mit anderen linksradikalen Gruppierungen die Kommunistische Partei Deutschlands (KPD).

**Endgültige Spaltung**

Während des Januaraufstand von 1919* vertieften sich die politischen Gräben. Jetzt standen sich nicht mehr zwei Flügel gegenüber, die mit politischen Argumenten stritten, sondern zwei feindliche Lager, die sich mit Waffen bekämpften. Die Kommunisten drängten auf einen gewaltsamen Umsturz der politischen Verhältnisse und instrumentalisierten den Januaraufstand für ihre Polemik gegen die Sozialdemokraten, denen sie Verrat an der Revolution vorwarfen. Die SPD dagegen lehnte revolutionäre Gewalt ab. Bei den Wahlen zur Nationalversammlung am 19. Januar 1919 wurde sie stärkste Partei und übernahm zusammen mit zwei bürgerlichen Parteien in der „Weimarer Koalition" die Regierungsverantwortung. Die endgültige Aufspaltung der Arbeiterbewegung in einen sozialdemokratischen und einen kommunistischen Flügel hatte damit auch den Weg frei gemacht für eine Zusammenarbeit der SPD mit der bürgerlichen Mitte, die die parlamentarische Demokratie von Weimar letztlich möglich machte. Die parteiorganisatorische Entwicklung zemen-

**M1** SPD-Plakat, 1919

**Sozialistische Räterepublik**
Form der direkten Demokratie, in der kleine gesellschaftliche Einheiten (z. B. Betriebe) Räteversammlungen als politische Vertretung wählen. Die Räte sind an die Weisungen ihrer Wähler gebunden und unterstehen deren Kontrolle. Im Gegensatz zum repräsentativen System der parlamentarischen Demokratie, gibt es keine Gewaltenteilung; die Räte vereinen exekutive, legislative und richterliche Gewalt.

**Der Januaraufstand 1919**
(„Spartakusaufstand") Ausgangspunkt war eine von USPD und KPD gemeinsam organisierte Demonstration am 5. Januar 1919 in Berlin gegen die Politik der SPD-geführten Regierungen in Preußen und im Reich. Als den Veranstaltern die Kontrolle über den Protestzug entglitt, weitete sich die Demonstration zu einer gewaltsamen Umsturzbewegung aus. Den Aufstand der Berliner Arbeiter ließ der SPD-Volksbeauftragte Noske nach tagelangen Straßenkämpfen von Regierungstruppen und Feikorpsverbänden blutig niederschlagen. Die Ermordung der beiden Spartakusführer Rosa Luxemburg und Karl Liebknecht am 15. Januar sowie das brutale Vorgehen der Truppen und Freikorps gegen die Aufständischen riefen in weiten Teilen der Bevölkerung Entsetzen hervor. Die Folge waren Streikaktionen und bewaffnete Aufstände in vielen Großstädten.

**M2** Plakat der Kommunistischen Arbeiter-Partei, Juni 1920

tierte den Spaltungsprozess: Ein Drittel der USPD-Mitglieder wechselte 1920 zur KPD, bevor sich die USDP zwei Jahre später wieder der SPD anschloss. Fortan agierten auf der linken Seite des Parteienspektrums der Weimarer Republik zwei Arbeiterparteien, die um die gleiche Zielgruppe konkurrierten.

**Die „Sozialfaschismus"-Doktrin**
übernahm die KPD von der Kommunistischen Internationale (Komintern), die unter dem Einfluss der Kommunistischen Partei der Sowjetunion (KPdSU) stand. Bereits 1924 hatte deren Parteichef Stalin die SPD als einen „Flügel des Faschismus" charakterisiert. Demnach galten die faschistischen Organisationen und die Sozialdemokratie nicht als „Antipoden", sondern als „Zwillingsbrüder". Ab 1928 wurde die unter dem Schlagwort „Sozialfaschismus" bekannt gewordene Theorie zu einer Doktrin der kommunistischen Parteien, die erst 1935 von der Komintern grundsätzlich revidiert wurde.

**Legalismus**
Bezeichnung für die politische Strategie der SPD in der Endphase der Weimarer Republik, die den Kampf gegen die NSDAP auf legalem Wege, in der parlamentarischen Auseinandersetzung führen wollte. Die KPD setzte dagegen auf die direkte, revolutionäre Aktion der Bevölkerung.

**SPD und KPD in der Endphase der Weimarer Republik**  Der Gegensatz zwischen SPD und KPD spitzte sich während der Weltwirtschaftskrise (s. S. 162 ff.) und der Auflösung des parlamentarischen Systems (s. S. 166) zu. Er zeigte sich in der unterschiedlichen politischen Reaktion auf die Entwicklung der NSDAP zur Massenbewegung und den Übergang zum Präsidialregime: Die KPD, die zunehmend zur Interessenvertretung einer wachsenden Zahl von Arbeitslosen wurde, setzte auf einen verschärften Konfrontationskurs gegenüber dem parlamentarischen System. Die SPD dagegen entschied sich für die Tolerierung des ersten Präsidialkabinetts unter Reichskanzler Brüning. Die Nationalsozialisten zogen aus der Politik beider Arbeiterparteien Nutzen. Die revolutionäre Rhetorik und die radikalen Forderungen der Kommunisten riefen in breiten Bevölkerungsschichten existenzielle Ängste hervor, die Hitler wirkungsvoll instrumentalisierte. Die Sozialdemokraten lieferten der NSDAP unfreiwillig Argumente durch die Tolerierung der unpopulären Sozialpolitik Brünings.

**Die „Sozialfaschismus"-Doktrin**  Im Mai 1929 forderten in Berlin Straßenkämpfe zwischen linksradikalen Demonstranten und Polizeieinheiten unter dem Kommando eines sozialdemokratischen Polizeipräsidenten 33 Tote und 198 Verletzte. Die KPD-Führung nutzte die von ihr als „Blutmai" bezeichneten Unruhen, um die Sozialdemokratie als „Hauptfeind" zu brandmarken und die von der Kommunistischen Internationale (Komintern) bereits 1928 verkündete „Sozialfaschismus"-Doktrin* in der Partei mehrheitsfähig zu machen. Zugleich organisierte die KPD Massenstreiks, Demonstrationen und Straßenschlachten mit der SA. Damit hob sie sich in der Endphase der Weimarer Republik vom defensiven Legalismus* der SPD deutlich ab.

**Scheitern der „Einheitsfront"**  Im Frühjahr 1932 zeigte sich die KPD zu einem Bündnis mit der SPD bereit. Die Politik der „Einheitsfront" sollte ein gemeinsames Vorgehen der kommunistischen und sozialdemokratischen Parteibasis im Kampf gegen die NSDAP ermöglichen (M 4a). Allerdings sah diese „Einheitsfrontpolitik von unten" keine Zusammenarbeit der Parteien auf Führungsebene vor. Zudem zog die KPD-Führung bereits im Sommer 1932 auf Anweisung der Komintern ihr Angebot zurück. Die SPD stand dem Bündnisangebot skeptisch gegenüber, da die KPD ihre „Sozialfaschismus"-Doktrin aufrechterhielt (M 4b). Auch nach dem Regierungsantritt Hitlers am 30. Januar 1933 konnten Sozialdemokraten und Kommunisten ihre grundsätzliche gegenseitige Ablehnung nicht überwinden. Ob die Basis von SPD und KPD für einen gemeinschaftlichen Widerstand gegen das Hitler-Regime hätten mobilisiert werden können, ist umstritten. Im Zuge des Gleichschaltungsprozesses verloren schließlich beide Arbeiterparteien jeglichen Handlungsspielraum (s. S. 178). Nach der Zerschlagung der KPD im Frühjahr 1933 folgte im Sommer 1933 das Verbot der SPD. Die Anhänger beider Parteien waren nun massiven Verfolgungen durch die Nationalsozialisten ausgesetzt, die Parteizentralen wurden ins Exil verlegt.

**M 3** SPD-Wahlplakat von 1932

1 Stellen Sie den parteiorganisatorischen, ideologischen und politischen Spaltungsprozess der Arbeiterbewegung in einer Übersicht dar.
2 Diskutieren Sie, ob eine geeinte Arbeiterbewegung die Weimarer Republik hätte retten können.

**M 4** Die „Einheitsfront" 1932 in der Parteipresse

**a) Der KPD-Vorsitzende Ernst Thälmann:**
Wir erneuern heute mit heiligem Ernst unser Einheitsfrontangebot an die SPD- und an die ADGB-Arbeiter, an die christlichen Arbeiter und deren untere Organisationen. Mit der ganzen Kraft, mit der Unterstützung aller Notleidenden gilt es, alles zu unternehmen, um den blutigen Terror der Nazis, die faschistische Unterdrückung abzuwehren. Im Lohnkampf, im Kampf der Erwerbslosen, des Massenselbstschutzes, der werktätigen Bauern, im rücksichtslosen Klassenkampf bis zur Entwicklung und Steigerung des politischen Massenstreiks kann der Faschismus auf wirksamste Art geschlagen werden. SPD-Stampfer hat zur Ablenkung von dem SPD-Verrat in Hamburg von einer Einheitsfront mit kommunistischen und sozialdemokratischen Führern gefaselt. Wir aber sagen: Zwischen dem Klasseninhalt der SPD-Politik und der unserigen bestehen gewaltige prinzipielle Unterschiede. Mit Severing, Zörgiebel und Hilferding kann niemals eine Einheitsfront zustande kommen. Zwischen uns und den SPD-Führern liegen wie Barrikaden die 33 im Berliner Blutmai von 1929 erschossenen Arbeiter. Wir wollen nicht Ärzte, sondern Totengräber des Kapitalismus sein. […] Wenn auch die Bourgeoisie die NSDAP als Tolerierungspartei heute stark heranzieht, so hat die SPD dennoch klassenmäßig ihre Verräterrolle beibehalten und ist nach wie vor die soziale Hauptstütze der Bourgeoisie, der Hauptfeind der einheitlichen antifaschistischen Massenbewegung, das Haupthemmnis der proletarischen Einheitsfront.

Ernst Thälmann, Die antifaschistische Aktion im Anmarsch, Internationale Presse-Korrespondenz vom 14. Juni 1932, S. 1553; zit. nach: Hermann Weber (Hg.), Völker hört die Signale. Der deutsche Kommunismus 1916–1966, dtv, München 1967, S. 130 f.

**b) Der SPD-Politiker Friedrich Stampfer:**
Von der proletarischen Einheitsfront wird viel geredet, aber nicht alle, die von ihr reden, verbinden mit dem Wort eine genaue Vorstellung. Eine proletarische Einheitsfront kann dadurch entstehen, dass die Kommunisten Sozialdemokraten werden oder umgekehrt die Sozialdemokraten Kommunisten, aber die Herstellung einer solchen Einheitsfront wäre, wenn überhaupt, erst nach Jahren oder Jahrzehnten möglich – *für die Gegenwart* bedeutet sie nichts anderes als erbitterten Kampf der Parteien um die Führung des Proletariats, als das Gegenteil von Einheitsfront. […] Zuzugestehen ist trotzdem, dass das, was mit der *Gegenwarts*forderung nach der Einheitsfront gemeint ist, weder in der KPD gegeben ist noch in der Sozialdemokratischen Partei. […] Die Einheitsfront von morgen ist nur möglich, wenn bei den Parteien der Wille vorhanden ist, sie zu bilden. Je nach der Intensität dieses Willens würde dann diese Einheitsfront entweder eine auf Dauer berechnete feste Phalanx oder eine losere Kombination auf Zeit darstellen. Die Einheitsfront der ersten Art ist nicht möglich, da die Gegensätze der grundsätzlichen Auffassungen viel zu groß sind. Es käme also nur eine losere Kombination auf Zeit in Frage. Aber auch die ist nur dann möglich, wenn man auf eine massive gegenseitige Bekämpfung, die mit Beschimpfungen und Verleumdungen arbeitet, verzichtet und sich über das beiderseitige Vorgehen in der nächsten Zeit einigermaßen verständigt. Um die Voraussetzungen für eine solche Einheitsfront – die allein mögliche – zu schaffen, bedarf es bei der Sozialdemokratie kaum einer Änderung ihres bisherigen Verhaltens. Ein Blick in unsere Presse zeigt, dass uns der Kampf gegen rechts alles ist, und dass wir uns gegen die Kommunisten nur dann zur Wehr setzen, wenn sie uns in diesem Kampfe behindern. Es liegt bei den Kommunisten, die Polemik zum Stillstand zu bringen oder sie auf ein Mindestmaß zu reduzieren. Die Kommunisten haben das aber bisher auf das schärfste abgelehnt.

Vorwärts, Nr. 285 vom 19. Juni 1932; zit. nach: Hermann Weber (Hg.), Völker hört die Signale. Der deutsche Kommunismus 1916–1966, dtv, München 1967, S. 222 f.

**1** Analysieren und vergleichen Sie M 4 a und b hinsichtlich der Position und der Argumentation gegenüber einer Einheitsfront von SPD und KPD.

**M 5** KPD-Plakat zur Reichstagswahl am 5. 3. 1933

**1** Analysieren Sie die Plakate (M 3, M 5) mithilfe der Methodenseite (s. S. 160).

**2** Erläutern Sie die Bedeutung der dargestellten politischen Linie für die Weimarer Demokratie. Berücksichtigen Sie die Datierung.

# 3.5 „Republik ohne Republikaner" – die Rolle der Bevölkerung

**M1** „Sie tragen die Buchstaben der Firma – aber wer trägt den Geist?", Karikatur von Thomas Theodor Heine aus dem Simplicissimus, 1927

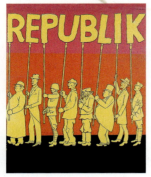

Hinweis: Die Figur außen rechts trägt eine Hakenkreuzbinde am Arm.

**Politische Polarisierung der Bevölkerung in der Weimarer Republik**
- *Demokraten:* Ihr Ziel war schon im Kaiserreich die Demokratisierung Deutschlands. Die Republik war eine Chance, ihre politischen Wünsche zu realisieren.
- *„Vernunftrepublikaner" (Friedrich Meinecke):* Sie waren bisher loyal zur Monarchie und Gegner der Revolution. Nach deren Erfolg zeigten sie sich aber bereit, die Republik zu akzeptieren und mit aufzubauen. In der Krise distanzierten sie sich zunehmend von der Weimarer Demokratie.
- *Kommunisten und Linkssozialisten:* Sie wollten die Revolution von 1918/19 fortsetzen im Sinne der Russischen Revolution von 1917. Die Republik war für sie eine Etappe auf dem Weg zum Sozialismus.
- *Rechtskonservative Nationalisten, Nationalsozialisten:* Sie sahen in der Revolution die Zerstörung der alten Herrschaftsstrukturen. Ihr Ziel war die Überwindung des „Diktatfriedens" von Versailles und der aus der Kriegsniederlage entstandenen Demokratie. Teile strebten eine Restauration der Monarchie an, andere einen faschistischen Staat.

**Republik ohne Republikaner?** Warum hatte die erste deutsche Demokratie keine Massenbasis und wurde schließlich preisgegeben? Der Historiker Heinrich August Winkler spitzt seine Antwort auf diese häufig diskutierte Frage in der These zu, die Weimarer Republik sei eine „Republik ohne Republikaner" gewesen. Diese Aussage trifft durchaus zu auf die Anhänger der radikalen rechten und linken Parteien, die offen die Beseitigung der parlamentarischen Demokratie forderten, sowie auf die alten Machteliten des Kaiserreichs. Diese hatten nach der Revolution 1918/19 ihre einflussreichen Positionen in Verwaltung, Militär und Wirtschaft größtenteils behalten. Dagegen bekannten sich die Parteien der demokratischen Mitte zur Weimarer Republik und ihrer Verfassung – und in den Anfangsjahren auch die Mehrheit der Bevölkerung. Sie wollte 1918 die parlamentarische Demokratie und unterstützte diese auch in den Krisenjahren 1919 bis 1923. Ungeachtet dessen war die politische Polarisierung der Bevölkerung* seit der Gründung der Republik 1919 ein prägendes Merkmal der Gesellschaft. Sie schwächte sich zwar in der Phase der relativen Stabilisierung von 1924 bis 1929 ab, brach jedoch in der Endphase seit 1929 vehement wieder auf und entwickelte sich zunehmend zu einer ernsthaften Bedrohung für die erste deutsche Demokratie.

**Die alten Machteliten** Militär, Justiz und Beamtenschaft sowie Großindustrie und Großagrarier bildeten neben dem Adel die gesellschaftlichen Eliten im Kaiserreich. Sie übten auch nach dem Sturz der Monarchie erheblichen politischen Einfluss aus und ihre Republikfeindschaft wurde zu einer der stärksten Belastungen für die Weimarer Demokratie. Die alten Machteliten waren geprägt durch obrigkeitsstaatliches Denken und gerieten nach 1918 in erhebliche Loyalitätskonflikte gegenüber dem aus einer Revolution hervorgegangenen neuen Staat und seiner demokratischen Verfassung. Die Unterzeichnung des Versailler Vertrags durch Vertreter des neuen Systems verfestigte ihre ablehnende Haltung. Die „Schmach von Versailles" wurde zum Schlagwort ihrer Diffamierungskampagne gegen den Weimarer Staat.
Die republikfeindliche Haltung der Justiz zeigte sich von Anfang an in der Missachtung des Grundsatzes der Gleichheit vor dem Gesetz. Rechtsradikale Straftäter konnten meist mit Wohlwollen rechnen – hinsichtlich der Aufnahme von Verfahren, der Häufigkeit von Verurteilungen und der Höhe des Strafmaßes (M 4 a). Auch in der Großindustrie waren autoritäre Staatsvorstellungen weit verbreitet, im Ruhreisenstreit 1928 traten sie offen zutage. Die harte Haltung der Industriellen (Aussperrungen, Entlassungen) in den Tarifauseinandersetzungen mit den Metallarbeitergewerkschaften richtete sich auch gegen die sozialpolitischen Errungenschaften der Republik und zielte auf die Befreiung von der „Last des Sozialstaates" und „den Fesseln des Gewerkschaftsstaates". Keine der alten Machteliten hat jedoch so früh, so aktiv und so erfolgreich die Zerstörung der Weimarer Demokratie vorangetrieben wie die Großagrarier. In der Revolution 1918/19 hatten weder der Rat der Volksbeauftragten noch die Massen der Landarbeiter und Kleinbauern die Enteignung des landwirtschaftlichen Großgrundbesitzes gefordert. Insbesondere die preußischen Rittergutsbesitzer Ostelbiens behielten daher großen politischen Einfluss und bestärkten den antiparlamentarischen Kurs des ostpreußischen Gutsbesitzers Paul von Hindenburg nach dessen Wahl zum Reichspräsidenten 1925.

Die Weimarer Republik 3

**M2** „Deutschland, Deutschland über alles!", Karikatur von Karl Arnold aus dem Simplicissimus, 1920

1914: „Meine Herren, das ganze Volk steht hinter uns! Wir haben die Macht! Wir sind das Vaterland! Darum: Se. Majestät hurra, hurra, hurra!"

1920: „Die anderen haben die Macht. Was geht uns das Vaterland der anderen an? Sollen sie den Karren nur selber aus dem Dreck ziehen! Pröstchen!"

**1** Interpretieren Sie die Karikatur.

Republikfeindlich agierte seit Gründung der Weimarer Republik auch die Reichswehr. Die republikanische Ordnung wurde von ihr zwar formell respektiert, doch unterstand sie nicht der Kontrolle des Parlaments. Sie schützte die junge Demokratie gegen die Bedrohung von links, nicht aber gegen Angriffe von rechts. Die Devise der Reichswehrführung, jede politische Aktivität vom Heer fernzuhalten, diente vor allem als Legitimation, nicht im Interesse der Republik tätig werden zu müssen (M 5 a und b). In der Endphase traten die Führung der Reichswehr ebenso wie die preußischen Junker für eine Präsidialdiktatur ein.

Die Beamten hatten größtenteils ihre berufliche und politische Sozialisation im wilhelminischen Deutschland erfahren. Die meisten behielten nach der Revolution 1918/19 ihre Posten und erlitten keinen Karrierebruch, woraus ein Loyalitätskonflikt entstand. Geprägt vom autoritären, obrigkeitsstaatlichen Rechtsempfinden des Kaiserreiches, sollten die Beamten nun der parlamentarischen Demokratie dienen, in der die Volkssouveränität erster Verfassungsgrundsatz war. Die Beamtenschaft verhielt sich zwar loyal zum neuen Staat, auf dessen Verfassung sie ihren Amtseid abgelegt hatte, doch die Akzeptanz der neuen staatlichen Grundordnung war gering. Die meisten Beamten vertraten weiterhin ein autoritäres, antidemokratisches Staatsverständnis. Maßnahmen der Regierung zur Demokratisierung des Beamtenapparats hatten nur geringen Erfolg. Das Angebot an die Staatsdiener, den Dienst für die neue Republik zu quittieren, nahmen 1918 nur wenige Richter und höhere Verwaltungsbeamte an.

**Das Bürgertum** Die ablehnende Haltung gegenüber der jungen Republik war im gesamten Bürgertum weit verbreitet, nicht nur bei einzelnen Eliten. Große Teile des Bildungs- und Besitzbürgertums waren dem „Untertanengeist" der Monarchie verhaftet, mit dem Untergang des Kaiserreichs verloren sie einen politischen Bezugspunkt. Zudem führte die gesellschaftliche Entwicklung in den 1920er-Jahren – die zunehmende Differenzierung der Sozialmilieus – zu großer Verunsicherung innerhalb des Bürgertums. Sozialer Abstieg und Entwurzelung als Folge der ökonomischen Krisen, der Aufstieg anderer sozialer Schichten und der rasche Wandel der Lebensformen weckten die

**Die Straßenkampforganisationen der Weimarer Parteien**

*Roter Frontkämpferbund*
Wehrverband der KPD
1928 über 100 000 Mitglieder
Ablehnung der Weimarer Republik

*Reichsbanner Schwarz-Rot-Gold*
Wehrverband zum Schutz der Weimarer Demokratie
1924 auf Initiative der SPD gegründet
1932: 3,3 Mio. Mitglieder

*Stahlhelm*
Veteranenverband der Konservativen und Monarchisten, der DNVP nahestehend
1934 in die SA integriert
Mitte der 1920er-Jahre: 400 000 Mitglieder

*Sturmabteilung (SA), Schutzstaffel (SS)*
Paramilitärische Kampfverbände der NSDAP
1920 als Saalschutz (SA) gegründet
1923–1925 vorübergehend verboten
1925 ging aus der SA die SS hervor
April/Mai 1932: SA und SS verboten
1932: 200 000 Mitglieder
1933: ca. 3 Mio. Mitglieder

# 3 Die Weimarer Republik

**M3** Plakat zur Reichspräsidentenwahl 1932

Die Hitler-Figur ruft (in altdeutscher Schrift): „Ich bin noch viel stärker".

Furcht vor dem Verlust des gesellschaftlichen Status. Sie äußerte sich in Ressentiments gegen die moderne Industriegesellschaft und die neue Republik. Antimoderne und antiliberale Einstellungen waren im Bürgertum weit verbreitet und häufig mit antisemitischen Vorurteilen verbunden (s. S. 181). So fanden völkische Verbände mit ihrer extrem nationalistischen Politik Zustimmung bis in die Mitte der Gesellschaft.

**Radikalisierung der Bevölkerung** Vor dem Hintergrund der Weltwirtschaftskrise 1929 (s. S. 162) kam es zu einer Radikalisierung der Bevölkerung, die sich auch in den Wahlergebnissen der extremen rechten und linken Parteien niederschlug (s. S. 150). Zunehmend sehnte sich ein Großteil der Bevölkerung nach Veränderung des Weimarer Staates, den sie für die Krise verantwortlich machte. Die Zeitgenossen, so der Historiker Detlev Peukert, stellten sich nicht die Frage, wie die Republik zu bewahren oder zu retten wäre, sondern sie wollten wissen, „was *nach* ihr kam". Die Hoffnung auf eine Überwindung der unbefriedigenden, nüchternen Gegenwart zeigte sich beispielsweise 1925 in der Wahl Paul von Hindenburgs zum Reichspräsidenten nach dem Tode seines Amtsvorgängers Friedrich Ebert. Während Ebert eine gewichtige Identifikationsfigur der Weimarer Republik war, wurde mit dem 78-jährigen Generalfeldmarschall des Ersten Weltkriegs ein Gegner des parlamentarischen Systems in das höchste Amt des Staates gewählt. Er repräsentierte die Kräfte, die sich die „gute alte Zeit" der Monarchie zurückwünschten.

Die zunehmende politische Polarisierung der Wähler in der Endphase der Republik wurde noch verstärkt durch die Straßenkampforganisationen der Parteien* (s. S. 157), die sich ab 1930 bei Demonstrationen, Aufmärschen und Versammlungen regelmäßig Saalschlachten und Straßenkämpfe lieferten. Bei Auseinandersetzungen zwischen den paramilitärischen Organisationen der NSDAP und der KPD kamen nicht nur deren Mitglieder, sondern auch Polizisten und unbeteiligte Passanten ums Leben. Die Unruhen beförderten nicht nur die Verunsicherung in der Bevölkerung, sondern auch das Vertrauen in die Autorität des Staates ging zunehmend verloren.

**1** Stellen Sie die Republikgegner und ihre Ziele in einer Übersicht dar.
**2** Diskutieren Sie die These, der Weimarer Staat sei eine „Republik ohne Republikaner" gewesen.

**M4** Justiz im Weimarer Staat – „auf dem rechten Auge blind"?

**a) Gerichtsurteil gegen Erzberger-Attentäter (1920):**
*Aus dem Urteilsspruch des Berliner Gerichts vom 21. Februar 1920 gegen Oltwig von Hirschfeld. Er hatte Finanzminister Matthias Erzberger (Zentrum) während des Prozesses gegen Helfferich (DNVP) am 26. Januar 1920 durch zwei Schüsse schwer verletzt.*

Das Gericht hat berücksichtigt, dass der Angeklagte ein junger Mensch ist, der unmittelbar aus einer Gerichtsverhandlung kam und dann auf der Straße auf den Reichsfinanzminister geschossen hat. Er ist dazu bewogen worden durch
5 die Lektüre von Zeitungen, Broschüren und den persönlichen Eindruck, den er in der Gerichtsverhandlung gewonnen hatte, und der dahin ging, dass der Minister ein Schädling sei, den er unfähig machen müsste, seines Amtes zu walten. Auch im gegenwärtigen Staatsleben kann es nicht eingeführt werden, dass man einen politischen Gegner mit 10 einer Schusswaffe beseitigt. Das ist als strafverschärfend erwogen; als strafmildernd auf der anderen Seite, dass die Schüsse nachteilige Folgen nicht gehabt haben und dass der Angeklagte jugendlich, von idealer Gesinnung und unbestraft ist. Aus diesen Gründen hat der Gerichtshof auf ein 15 Jahr sechs Monate Gefängnis unter voller Anrechnung der Untersuchungshaft in Höhe von 26 Tagen erkannt.

Zit. nach: *Schulthess Europäischer Geschichtskalender*, N. F. 36. Jahrgang, 1920, S. 24.

**1** Fassen Sie die Begründung des Urteils zusammen.
**2** Informieren Sie sich über die politische Biografie Erzbergers und Helfferichs.
**3** Diskutieren Sie den Urteilsspruch des Berliner Gerichts.

**b) Karikatur von Gerhard Holler aus der Beilage zum Berliner Tageblatt: „Ulk", 1927.**

Text links unten: „Ich werde die Republik vor Ihnen zu schützen wissen!"

Text rechts unten: „Ich werde Sie vor der Republik zu schützen wissen!"

1 Analysieren Sie die Karikatur mithilfe der Methodenseite (s. S. 258).

### M5 Reichswehr – „Staat im Staate"?

**a) Die politische Haltung General von Seeckts, Chef der Heeresleitung:**

*Aus einem Schreiben von Seeckts an den bayerischen Generalstaatskommissar von Kahr vom 5.11.1923. Die in Klammern gesetzten Teile finden sich nur in Seeckts Entwurf, nicht aber in der abgeschickten Reinschrift.*

Im Übrigen habe ich es von Anfang an für meine Aufgabe gehalten und erblicke sie auch heute noch darin, die Reichswehr zu einer (solchen) Stütze der Autorität des Reiches, nicht einer bestimmten Regierung auszugestalten. Hierin liegt auch mein Festhalten an den verfassungsmäßigen Formen und Wegen, deren Aufgabe meiner Überzeugung nach große Gefahren birgt und die deshalb nur im Falle äußerster Not aufgegeben werden sollten.

(Die Weimarer Verfassung ist für mich kein *noli me tangere*[1]; ich habe sie nicht mitgemacht, und sie widerspricht in den grundlegenden Prinzipien meinem politischen Denken. Ich verstehe daher, dass Sie ihr den Kampf angesagt haben. [...] Ich sehe klar, dass ein Zusammengehen mit der soz.dem. Partei ausgeschlossen ist, weil sie sich dem Gedanken der Wehrhaftigkeit verschließt. Ein Gleiches gilt für mich von allen Strömungen, die auch außerhalb der Sozialdemokratie pazifistisch und international eingestellt sind.

Wenn dieser Kampf gegen die Sozialdemokraten im außerbayrischen Deutschland nicht oder noch nicht mit der wünschenswerten Schärfe geführt worden ist, so liegt es an dem andersgearteten Kräfteverhältnis und vor allem an der Machtstellung der Soz.Dem. in Preußen, die ihr im Wesentlichen von den bürgerlichen Parteien ohne Not bisher eingeräumt wurde[2].)

Zit. nach: Wolfgang Michalka/Gottfried Niedhart (Hg.), Die ungeliebte Republik. Dokumentation zur Innen- und Außenpolitik Weimars 1918–1933, 3. Aufl., dtv, München 1984, S. 90 ff.

1 Lat.: „Rühr mich nicht an."
2 In Preußen regierte zwischen 1920 und 1932 eine SPD-geführte Koalition.

**b) Der Abgeordnete Stücklen (SPD) am 26.5.1925 über die Reichswehr als „Staat im Staate":**

Wir haben heute ein Heer der Republik, das, wie ich feststellen will, diesem Staate dient, dessen Leitung erklärt, wir stehen auf dem Boden der Verfassung; aber das schließt natürlich nicht aus, dass wir, wenn die Verfassung geändert, ein anderes Staatswesen aufgezogen wird, dann auch dem neuen Staatswesen dienen. Es sind aber recht deutliche Anzeichen dafür vorhanden, dass die Entwicklung der Reichswehr dahin geht, eine Art Staat im Staate zu werden. Das war [...] eine gewisse Abgeschlossenheit, ein Korpsgeist, der zur Abgeschlossenheit führen musste und letzten Endes bewirkte, dass die alte Armee wirklich ein Staat im Staate war, mit einem eigenen Ehrbegriff, ihrem eigenen Strafkodex, mit einem Wort: eine Menge Einrichtungen, die von den Einrichtungen der zivilen Bevölkerung losgelöst waren. Im Hauptausschuss wurde darauf hingewiesen, dass die Anzeichen für eine solche Entwicklung abermals vorhanden seien. Die Gefahr ist umso größer, als früher der Soldat nur zwei Jahre diente und nach zwei Jahren in die Massen des Volkes zurücktrat. [...] Heute dient der Reichswehrsoldat zwölf Jahre. Zwölf Jahre verlebt er in einer ganz anderen Umwelt. Er ist ganz anderen Einflüssen und Eindrücken preisgegeben; das führt letzten Endes dazu, dass eine gewisse Entfremdung nicht vermieden werden kann.

Zit. nach: Wolfgang Michalka/Gottfried Niedhart (Hg.), Die ungeliebte Republik. Dokumentation zur Innen- und Außenpolitik Weimars 1918–1933, 3. Aufl., dtv, München 1984, S. 220.

1 Untersuchen Sie M 5a und b im Hinblick auf das Verhältnis der Reichswehr zum Weimarer Staat.

# Methode

## Interpretation von Wahlplakaten

Plakate dienen der öffentlichen Information oder Werbung. Sie arbeiten mit „plakativen" Gestaltungsmitteln: Das Dargestellte soll auffällig und schnell zu verstehen sein und möglichst lange in Erinnerung bleiben. Um die Aufmerksamkeit des Betrachters zu erlangen, muss der Inhalt dabei verdichtet und zugespitzt werden. Aufgrund ihres appellativen Charakters sind Plakate weniger dokumentarisch als andere Bildquellen, sie geben dafür jedoch Auskunft über die Absichten und Positionen des Auftraggebers. Deshalb sind politische Plakate eine wichtige historische Quelle.

Seit dem 16. Jahrhundert werden mit Verbreitung des Buchdrucks öffentliche Anschläge als Mitteilungen üblich, neue Druck- und Gestaltungstechniken ermöglichen seit dem 19. Jahrhundert eine vielfältige Verwendung. In Deutschland beginnt die große Zeit der politischen Plakate in der Weimarer Republik. Ermöglicht vor allem durch die Durchsetzung der Pressefreiheit und unterstützt durch neue künstlerische Ausdrucksformen kämpfen die Parteien in einer Zeit, in der es noch keine Rundfunk- und TV-Wahlspots gab, vor allem mit Plakaten um Wählerstimmen. Bis heute prägen in Wahlkampfzeiten Plakate der Parteien das Straßenbild. Auf einem politischen Plakat werden die Inhalte häufig auf einen kurzen prägnanten Text (Slogan) reduziert. Die Parteien wecken mit ihren Plakaten einerseits Hoffnungen, indem sie Konzepte zur Lösung politischer, sozialer und wirtschaftlicher Probleme anbieten, und andererseits Ängste und Befürchtungen, indem sie den politischen Gegner angreifen und Feindbilder heraufbeschwören. Darüber hinaus versuchen die Parteien, ihre Kandidaten „von ihrer besten Seite" zu präsentieren. Die Wirkung von Plakaten auf das Wahlverhalten der Bürger ist umstritten, doch geben die Wahlplakate Aufschluss über das Selbstverständnis der Parteien und verweisen auf politische Grundhaltungen der Menschen in ihrer Zeit.

## Arbeitsschritte für die Interpretation

| | |
|---|---|
| 1. **Formale Merkmale** | – Wer ist der Autor bzw. Auftraggeber?<br>– Wann ist das Plakat erschienen?<br>– Aus welchem Anlass wurde das Plakat veröffentlicht?<br>– Was wird auf dem Plakat thematisiert? |
| 2. **Inhaltliche Merkmale** | – Welche Gestaltungsmittel (Schrift, Personen, Gegenstände, Symbole, Farbgebung, Perspektive, Komposition, Proportionen, Verhältnis Bild–Text) sind verwendet worden?<br>– Was bedeuten sie? |
| 3. **Historischer Kontext** | – Auf welches Ereignis bzw. auf welche historische Epoche bezieht sich das Plakat?<br>– Auf welchen Konflikt spielt das Plakat an?<br>– Welche Intention verfolgte der Auftraggeber? |
| 4. **Beurteilung des Aussagegehaltes** | – Welche Zielgruppe wird umworben?<br>– Wird auf Feindbilder zurückgegriffen?<br>– Welche vermutliche Wirkung soll (beim zeitgenössischen Betrachter) erzielt werden? |
| 5. **Fazit** | – Welche Gesamtaussage lässt sich formulieren? |

# Übungsaufgabe mit Lösungshinweisen

**M1** Plakat zur Reichstagswahl am 14. September 1930

**Person:**
Mann mit Arbeiterkleidung
→ repräsentiert die Arbeiterschaft
→ Betonung der Identität der SPD als Arbeiterpartei
→ dominante Position des Arbeiters

**Schrift:**
„Liste 1 SPD"
→ Hinweis auf Auftraggeber
→ Verweis auf Listenplatz

**Gegenstand:**
vergrößert dargestellte Listennummer
→ Metapher für einen Hammer

**Schrift:**
„GEGEN Bürgerblock und Hakenkreuz"
→ Verweis auf politische Gegner

**Gegenstand:**
Geldsack mit hoher Summe
→ symbolisiert die reiche Oberschicht

**Symbol:**
Hakenkreuzfahne
→ Emblem der NSDAP

**1** Interpretieren Sie die Quelle mithilfe der genannten Arbeitsschritte.

**1. Formale Merkmale**
– Auftraggeber: SPD
– Erscheinungsdatum: 1930
– Anlass: Die Reichstagswahl am 14. September 1930
– Thema: Die innenpolitische Situation in der Endphase der Weimarer Republik

**2. Bildinhalt**
Person:
– Arbeiter (Arbeiterkleidung und -mütze; ernster, entschlossener Gesichtsausdruck) → repräsentiert die (selbstbewusste) Arbeiterschaft
Gegenstände bzw. Symbole:
– die Zahl 1 (Listenplatz der SPD) → Metapher für einen Hammer
– Geldsack mit einer sehr hohen Summe als Aufdruck → symbolisiert die reiche Oberschicht
– Hakenkreuzfahne auf dem Geldsack → Emblem der NSDAP → Verbindung verdeutlicht die Finanzierung der NSDAP durch die Großindustrie
Text:
– „Liste 1 SPD" → Verweis auf Listenplatz der SPD
– „GEGEN Bürgerblock und Hakenkreuz" → NSDAP und Bürgerblock-Parteien als politische Gegner
Farbgebung/Komposition:
– dominante Position des Arbeiters
– Positionierung des politischen Gegners am unteren Bildrand
– Dynamik und Aggressivität in der Darstellung der Handlung des Arbeiters

**3. Historischer Kontext**
Epoche: Zeit der Weimarer Republik
Ereignis: Wahlkampf im Vorfeld der Reichstagswahl
Hintergrund:
– Bruch der Großen Koalition („Weimarer Koalition") unter Reichskanzler Müller (SPD) im März 1930
– Brüning (Zentrum) wurde neuer Reichskanzler, stützte sich auf einen „Bürgerblock" (Zentrum, DVP, BVP, DNVP) und regierte nach der Auflösung des Reichstages mit Notverordnungen ohne Zustimmung des Parlaments (Art. 48 der Reichsverfassung)
Konflikt:
– Wahlkampf der Arbeiterpartei SPD gegen ihre politischen Gegner NSDAP und die Bürgerblock-Parteien

**4. Aussageabsicht**
Intention:
– Aufforderung zur Wahl der SPD
– Appell zum Kampf gegen die politischen Gegner der SPD
– Betonung der Identität der SPD als Arbeiterpartei
Zielgruppe:
– Mitglieder, Anhänger bzw. Sympathisanten der SPD, v. a. die Arbeiter
– Gegner der bürgerlichen Parteien, der NSDAP, aber auch der KPD
Wirkung:
– Konzentration auf die beiden wesentlichen politischen Positionen
– aggressive Gestaltung in der Darstellung des Arbeiters, der auf den Geldsack schlägt, soll entschlossene Abwehrhaltung verdeutlichen

**5. Fazit**
Das Plakat der SPD zur Reichstagswahl im September 1930 verweist auf die innenpolitische Situation in der Endphase der Weimarer Republik. Ein Arbeiter, der auf dem Plakat eine dominante Stellung einnimmt, schlägt mit der vergrößert dargestellten Listennummer der SPD auf einen Geldsack. Die Verbindung von Geldsack und Schriftzug „Gegen Bürgerblock und Hakenkreuz" verdeutlicht die Finanzierung dieser Parteien durch die Großindustrie. Das Plakat ruft die sozialdemokratischen Mitglieder, Anhänger und Sympathisanten nicht nur zur Wahl der SPD bei der bevorstehenden Reichstagswahl, sondern auch zum Kampf gegen die politischen Gegner der Arbeiterpartei SPD, die Bürgerblock-Parteien und die NSDAP, auf.

# 3.6 Die Weltwirtschaftskrise und ihre Folgen

**M1** Aufgeregte Anleger vor der Börse in der New Yorker Wall Street, Oktober 1929

**Der Zusammenbruch der New Yorker Börse** erreichte am 24. Oktober 1929 („schwarzer Donnerstag") seinen Höhepunkt. Wegen der Zeitverschiebung ging dieser Börsencrash in Deutschland als „schwarzer Freitag" in die Geschichte ein. Zwischen dem 23. und 29. Oktober erlebte die New Yorker Börse einen historischen Kurseinbruch mit bis zu 90 Prozent Kursverlust der Aktien. In der Folgezeit meldeten in den USA mehr als 9000 Banken und über 100 000 Betriebe Konkurs an.

**Great Depression**
Bezeichnung für die Wirtschaftskrise in den USA seit 1929.
**Depression** bezeichnet allgemein in einer Wirtschaftskrise den Tiefpunkt des wirtschaftlichen Abschwungs im Konjunkturzyklus. Im historischen Sprachgebrauch auch Bezeichnung für den anhaltenden Rückgang der wirtschaftlichen Leistungskraft über einen längeren Zeitraum (Rezession), verbunden mit Massenarbeitslosigkeit und sinkenden Einkommen.

**Sonderweg Deutschland?** Die Auflösung des republikanischen Systems vollzog sich in Deutschland zu Beginn der 1930er-Jahre vor dem Hintergrund der Weltwirtschaftskrise. In der Geschichtswissenschaft besteht Einigkeit darüber, dass sich die politische Destabilisierung in der Endphase der Weimarer Republik und die Auswirkungen der Weltwirtschaftskrise wechselseitig verstärkten. Umstritten ist dagegen, ob der Übergang zum autoritären Präsidialregime 1930 eine zwangsläufige Folge der konjunkturellen Talfahrt war. Obwohl die Weltwirtschaftskrise alle Industriestaaten erfasste, führte sie nur in Deutschland zu einer Legitimationskrise des Staates und zu einem Systemwechsel von der Demokratie zur Diktatur. Deutschland beschritt somit „einen politischen Sonderweg", der im internationalen Vergleich einzigartig war (Klaus Schönhoven). Inwiefern besteht also ein Zusammenhang zwischen dem Scheitern der ersten deutschen Demokratie und der Weltwirtschaftskrise?

**Ursachen der Weltwirtschaftskrise** Die Weltwirtschaftskrise hatte ihren Ursprung in den USA, wo nach dem Ersten Weltkrieg eine lange Phase des wirtschaftlichen Aufschwungs zu einer Überproduktionskrise, zu übermäßigen Investitionen und kreditfinanzierten Aktienkäufen geführt hatte. Spekulationen ließen die Aktienkurse in die Höhe schnellen, die sich dadurch vom realen Unternehmenswert loslösten. Viele Anleger reagierten mit dem panikartigen Verkauf ihrer Aktien und bewirkten damit einen rapiden Kursverlust der Wertpapiere. Diese Entwicklung löste den Zusammenbruch der New Yorker Börse Ende Oktober 1929* aus. Die Börsenkrise entwickelte sich zu einer Bankenkrise und weitete sich schließlich zur „Great Depression"* aus. Die amerikanischen Banken reagierten mit einer kurzfristigen Kündigung der im Ausland gewährten Kredite. Gleichzeitig erhöhte die US-Regierung zum Schutz der amerikanischen Wirtschaft die Importzölle. Die Folge war ein weltweiter Mangel an Investitionskapital und ein Rückgang der Exporte. Diese massiven Störungen im internationalen Handels- und Finanzkreislauf führten schließlich zur Weltwirtschaftskrise.

**Auswirkungen auf Deutschland** Die Weltwirtschaftskrise traf Deutschland besonders hart. Die deutsche Wirtschaft war auch in den relativ stabilen Jahren der Weimarer Republik (1924–29) mit tief greifenden strukturellen Problemen belastet: Hohe Löhne, sinkende Investitionsraten der Unternehmen, niedrige Exportraten sowie eine hoch verschuldete Landwirtschaft hatten bereits 1928 zu einem Konjunkturrückgang, zu höheren Arbeitslosenzahlen und fallenden Aktienkursen geführt. Die Auswirkungen des New Yorker Börsencrashs im Oktober 1929 erreichten die deutsche Wirtschaft somit in einer kritischen Phase.

Zudem war Deutschland aufgrund der Folgekosten des Ersten Weltkrieges im Gegensatz zu anderen europäischen Staaten in hohem Maße vom Export und von ausländischen Krediten abhängig. Nach dem Krieg war ein Kreislauf von deutschen Reparationszahlungen, alliierten Schuldenrückzahlungen an die USA und amerikanischen Krediten entstanden. Den international zirkulierenden Geldströmen standen jedoch keine realen wirtschaftlichen Werte gegenüber. So hatte der Abzug kurzfristiger amerikanischer Darlehen fatale Folgen für die deutsche Wirtschaft: Viele Banken, die mit Krediten längerfristige Investitionsprogramme der Industrie finanziert hatten, kamen in Zahlungsschwierigkeiten und brachen zusammen. Die Geldverknappung führte zu einer Konkurswelle, die Unternehmer reagierten mit Sparmaßnahmen und Massenentlassungen. Die Krise erreichte in

## Die Weimarer Republik 3

**M2** Arbeitslosenschlange im Hof des Arbeitsamtes Hannover, 1930

Deutschland 1931/32 ihren Höhepunkt: Die Industrieproduktion ging auf die Hälfte des Standes von 1928 zurück und die Arbeitslosenzahl stieg im September 1931 auf über fünf und im Februar 1932 auf über sechs Millionen. Das Sozialsystem der Weimarer Republik* war dieser Situation in keiner Weise gewachsen. Inzwischen geht man davon aus, dass jede zweite deutsche Familie direkt oder indirekt von der Krise betroffen war (M 6). In dieser Situation ergriff die Existenzangst nahezu alle Bevölkerungskreise, was erhebliche psychologische, aber auch politische Folgen hatte. Das Vertrauen der Menschen in die parlamentarische Demokratie und deren Fähigkeit, die enormen Probleme zu bewältigen, schwand und viele begannen nach Alternativen zum republikanischen Staat zu fragen.

**Psychologische und politische Folgen** Das Gefühl der Unsicherheit in der deutschen Bevölkerung steigerte sich zu einer „allgemeinen Katastrophenstimmung" (Eberhard Kolb). Dies verstärkte die Wirtschaftskrise, was wiederum erhebliche Auswirkungen auf die politische Stimmung in Deutschland hatte. Die Massenarbeitslosigkeit bewirkte einen gefährlichen Stimmenzuwachs der radikalen Parteien, die den Weimarer Staat für die Krise verantwortlich machten. Mit ihrer hemmungslosen Agitation* gegen die demokratischen Institutionen und die regierenden Parteien gelang es den Republikgegnern von rechts und links, die in der Bevölkerung weit verbreiteten Vorbehalte gegenüber dem parlamentarischen Regierungssystem zu aktivieren. Die Republik geriet in der Endphase durch die Radikalisierung der Wählermassen immer stärker in den „Zangengriff" der radikalen Parteien, während der Handlungsspielraum der demokratischen Parteien erheblich eingeschränkt wurde. Die ökonomischen, psychologischen und politischen Folgen der Weltwirtschaftskrise verursachten in Deutschland eine schwere Legitimationskrise des demokratischen Staates. Aus der Wirtschaftskrise entwickelte sich eine Staatskrise (s. S. 166).

**Krisenreaktion im internationalen Vergleich** Die Weltwirtschaftskrise führte auch in den USA und in den westlichen Industriestaaten Europas wie Großbritannien und Frankreich zu einer Belastungsprobe für die Demokratie. Von der Krise betroffen waren fast alle europäischen Industriestaaten, doch die Auswirkungen und politischen Reaktionen unterschieden sich erheblich. Im in-

**Das Sozialsystem der Weimarer Republik**
– Ausbau der Sozialversicherungen des Kaiserreichs (Kranken-, Rentenversicherung)
– Einführung der gesetzlichen Arbeitslosenversicherung 1927. Diese konnte mit ihren Mitteln etwa 800 000 Arbeitslose unterstützen, kurzfristig bis zu 1,4 Millionen. Eine Aufstockung der Mittel war angesichts der Krise aus finanziellen und politischen Gründen nicht möglich. Daher wurden bei steigender Arbeitslosenzahl die Leistungen gekürzt und die Voraussetzungen für den Leistungsbezug verschärft. Ende 1932 bezog nur jeder siebte Arbeitslose Arbeitslosengeld. Zwei Drittel waren auf Wohlfahrtsunterstützung der Gemeinden angewiesen oder erhielten keine Hilfe. Die Verelendung vieler Menschen (Obdachlosigkeit und Hunger) gehörte während der Weltwirtschaftskrise seit 1929 zum Alltag in Deutschland.

**Agitation**
(lat. *agitare* = aufregen, aufwiegeln) aggressive Form politischer Werbung, Propaganda.

**M3** Wahlplakat der NSDAP von 1932

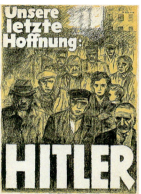

**New Deal**
(engl. = neue Runde im Kartenspiel) Wirtschafts- und Reformpolitik, mit der US-Präsident Roosevelt seit 1933 den Folgen der „Great Depression" in den USA begegnete. Die US-Wirtschaft sollte durch Arbeitsbeschaffungsmaßnahmen, Verringerung der Überproduktion in Industrie und Landwirtschaft, Arbeitszeitverkürzungen, Erhöhung der Mindestlöhne und sozialstaatliche Maßnahmen belebt werden. Die Wirtschaftspolitik des „New Deal" konnte die Krise in den USA zwar nicht überwinden, aber ihre sozialen Folgen mildern.

**Volksfrontregierung**
Politisches Bündnis zwischen linksbürgerlichen Parteien, Sozialisten, Sozialdemokraten und Kommunisten zur Verteidigung der Demokratie und zur Abwehr einer faschistischen Machtübernahme. Die „Front populaire" in Frankreich (1936–1938) versuchte der Wirtschaftskrise mit weit reichenden Sozialprogrammen und der Verstaatlichung von Unternehmen und Banken zu begegnen.

ternationalen Vergleich gehörten Deutschland und die USA zu den am stärksten betroffenen Ländern. In beiden Staaten lag der Wert der Industrieproduktion 1932 um etwa 40 Prozent unter dem Stand von 1929, in Großbritannien nur um 15, in Frankreich um 16 Prozent. Auch im Hinblick auf die Arbeitslosigkeit zeigten sich deutliche Unterschiede (M 4). Die meisten europäischen Länder verzeichneten allerdings schon relativ hohe Arbeitslosenzahlen zu Beginn der Krise: Großbritannien hatte seit Anfang der 1920er-Jahre mit einer Arbeitslosenquote von durchschnittlich 15 Prozent zu kämpfen. Die Wirtschaftskrise in den 30er-Jahren war für Großbritannien daher „das dicke Ende einer langen Krisenperiode", so die Einschätzung des britischen Historikers Robert A. C. Parker: Es gelang jedoch, die wirtschaftlichen Probleme in der Zwischenkriegszeit zu bewältigen, ohne dass die demokratische Regierungsform in Frage gestellt wurde. In den USA fand das New-Deal-Programm* zur Überwindung der Krise Ende 1932 eine breite Mehrheit. Frankreich begegnete Mitte der 1930er-Jahre einer politischen Radikalisierung mit der Bildung von Volksfrontregierungen*. Während in Deutschland die Weltwirtschaftskrise zu einer politischen Legitimationskrise führte, existierte in den westlichen Demokratien, in den USA, Großbritannien und Frankreich, ein tief in der Geschichte verwurzelter Konsens über die Werte und Grundprinzipien der Demokratie, der auch in der Krise nicht aufgegeben wurde.

1 Skizzieren Sie die Auswirkungen der Weltwirtschaftskrise auf Deutschland.
2 Erklären Sie, warum die Weltwirtschaftskrise in Deutschland zu einer Staatskrise führte.

**M 4 Arbeitslosigkeit in Deutschland 1926–1933 im internationalen Vergleich**

| Jahr | Deutschland | | | Großbritannien | USA |
| --- | --- | --- | --- | --- | --- |
| | Abhängige Erwerbspersonen (in 1000) | Arbeitslose (in 1000) | Arbeitslosigkeit (in % der abhängigen Erwerbspersonen) | (in % der Erwerbslosenversicherten) | (in % der zivilen Erwerbspersonen über 16 Jahren) |
| 1926 | 20 287 | 2 025 | 10,0 | 12,5 | 1,8 |
| 1927 | 21 207 | 1 312 | 6,2 | 9,7 | 3,3 |
| 1928 | 21 995 | 1 291 | 6,3 | 10,8 | 4,2 |
| 1929 | 22 418 | 1 899 | 8,5 | 10,4 | 3,2 |
| 1930 | 21 916 | 3 076 | 14,0 | 16,1 | 8,7 |
| 1931 | 20 616 | 4 520 | 21,9 | 21,3 | 15,9 |
| 1932 | 18 711 | 5 603 | 29,9 | 22,1 | 23,6 |
| 1933 | 18 540 | 4 804 | 25,9 | 19,9 | 24,9 |

Dietmar Petzina u. a., Sozialgeschichtliches Arbeitsbuch, Bd. 3, C. H. Beck, München 1978, S. 119; ders., Arbeitslosigkeit in der Weimarer Republik, in: Werner Abelshauser (Hg.), Die Weimarer Republik als Wohlfahrtsstaat, Wiesbaden 1987, S. 242; Willi P. Adams (Hg.), Die Vereinigten Staaten von Amerika, Frankfurt/Main 1977, S. 505.

1 Untersuchen Sie die Entwicklung der Arbeitslosigkeit in Deutschland während der Weltwirtschaftskrise im Vergleich zu Großbritannien und den USA.

**M 5 Ursachen der Weltwirtschaftskrise**

**a) Der Reichsverband der Deutschen Industrie zur Weltwirtschaftskrise am 29. September 1930:**
I. Das deutsche Volk steht vor der Erschöpfung seiner wirtschaftlichen Kräfte. […] Der Zustand der deutschen Wirtschaft ist so bitter ernst, die Kapitalzerstörung und die innere Aushöhlung der wirtschaftlichen Substanz ist so weit fortgeschritten, dass ein Ausweg nur noch möglich erscheint, wenn die Reichsregierung in kraftvoller Entschlossenheit und in voller Unabhängigkeit von Interessenten- und Parteipolitik den Weg zu sofortigem Handeln findet.
II. Die unterzeichnenden Verbände der deutschen Wirtschaft haben sich seit 1925 in zahlreichen Erklärungen und

Mahnungen bemüht, die Regierungen und die Parlamente davon zu überzeugen, dass die bisherige Politik nicht nur wirtschafts-, sondern auch volksschädlich gewirkt hat. […]
III. Die Verblendung der Politiker hat die Welt und hat Deutschland in die schwerste Not gestürzt. Die deutsche Wirtschaft ist durch die gewaltpolitischen äußeren Eingriffe eines großen Teils ihrer notwendigen Grundlagen beraubt worden. Die unheilvollen Wirkungen dieser Eingriffe sind durch die Weltwirtschaftskrise noch verschärft worden. Darüber hinaus ist die Privatwirtschaft durch zahllose, ihre nationale und soziale Leistungsfähigkeit zerstörende gesetzgebende Maßnahmen im Innern in ihrer freien Beweglichkeit gehemmt worden.

Zit. nach: Herbert Michaelis/Ernst Schraepler (Hg.), Ursachen und Folgen Bd. 8, Wendler, Berlin 1963, S. 101 ff.

**b) Außenminister Curtius über die Auswirkungen der Weltwirtschaftskrise am 12. September 1931:**

Die kapitalreichen Länder haben den kapitalarmen Ländern in einem niemals vorherzusehenden Umfang die kurzfristigen Mittel, die sie dort angelegt hatten, wieder entzogen. Die Geldgeber haben bei der Gewährung dieser Kredite, die ihnen jahrelang hohe Zinsen brachten, damit rechnen müssen, dass sie in der Wirtschaft der kapitalarmen Länder häufig nicht unmittelbar liquide angelegt werden würden. Die Empfänger der Kredite durften daher begreiflicherweise eine Art stillschweigendes Einverständnis darüber annehmen, dass ihnen diese Kredite nicht plötzlich und nicht gerade zu einer Zeit gekündigt werden würden, wo sie ihrer am meisten bedurften. Wir haben gesehen, wie schwere Zusammenbrüche von Banken und ein hierdurch notwendig gewordenes Eingreifen der Regierung in die private Bankwirtschaft die bedauerliche, aber unvermeidliche Folge gewesen ist. Diese Vorgänge haben ihren Hintergrund in der Lage der internationalen Finanzbeziehungen, die durch die bestehenden Schulden politischen Charakters geschaffen worden sind. Die gewaltigen politischen Zahlungen von Land zu Land erfolgten ohne wirtschaftliche Gegenleistung. Sie entzogen den an sich schon kapitalarmen Schuldnerländern andauernd große Kapitalmengen und zwangen diese Länder im Interesse des Schutzes ihrer Währung zu deflationistischen[1] Maßnahmen, die sich in hohen Zinssätzen, schwindender Kaufkraft, daher Fallen der Einfuhr und Steigen der Ausfuhr, äußerten. Ein Fortdauern dieser Entwicklung, das heißt, die Ermöglichung der Zahlung politischer Schulden durch Drosselung der Einfuhr und forcierte Steigerung der Ausfuhr der Schuldnerländer, müsste nicht nur für diese, sondern für die gesamte Weltwirtschaft die verderblichsten Folgen haben.

Zit. nach: Herbert Michaelis/Ernst Schraepler (Hg.), Ursachen und Folgen, Bd. 8, Wendler, Berlin 1963, S. 2 ff.

[1] Sparmaßnahmen zur Bekämpfung der Inflation: v. a. Reduzierung der in Umlauf befindlichen Geldmenge, um den Geldwert zu steigern.

1 Analysieren Sie arbeitsteilig M 5 a und b hinsichtlich der Ursachenbestimmung der Weltwirtschaftskrise.
2 Diskutieren Sie die Stichhaltigkeit der Begründungen.

**M 6 Aus den 1936 erschienenen Memoiren von Friedrich Stampfer, SPD-Reichstagsabgeordneter und Journalist bei der SPD-Parteizeitung „Vorwärts"**

Es gab in Deutschland keine Klasse und keinen Stand, die nicht von der Krise in Mitleidenschaft gezogen waren. Die Kapitalisten hatten ungeheure Verluste und sie zitterten vor weiteren wirtschaftlichen oder politischen Ereignissen, die sie vor das Nichts stellen würden. Die Großgrundbesitzer waren in Bedrängnis und schrien nach Staatshilfe. Die mittleren und kleinen Landwirte waren bis über die Ohren verschuldet und wussten nicht mehr aus und ein. Die kleinen Ladenbesitzer, müßig hinter dem Verkaufstisch stehend, bildeten einen statistisch nicht erfassbaren und sozial vernachlässigten Teil der ungeheuren Arbeitslosenarmee. Die Beamten mussten eine Gehaltsreduktion nach der anderen über sich ergehen lassen. Die Masse der tätigen Arbeiterschaft sah von ihren sozialen Errungenschaften, die sie sich bei Konjunktur mithilfe ihres politischen Einflusses erkämpft hatte, ein Stück nach dem anderen dahinschwinden. Hinter all dem stand die ungeheure Armee der Arbeitslosen, deren Unterstützung immer geringer und immer unsicherer wurde. Es war ein hoffnungsloses Absinken in drei Etappen: von der Arbeitslosenversicherung, die auf erworbenen Ansprüchen beruhte, in die öffentlich subventionierte Krisenfürsorge, von da in die gemeindliche Wohlfahrtsfürsorge und schließlich in das Nichts. Hatten in guten Zeiten alle erwachsenen Mitglieder einer Arbeiterfamilie verdient und es zu einem respektablen Gesamteinkommen gebracht, so war jetzt der Fall nicht mehr selten, dass neben einem erwerbslosen Vater die Söhne und Töchter in eine anscheinend lebenslängliche Arbeitslosigkeit hineinwuchsen. Millionen junger Menschen sahen keine Möglichkeit mehr vor sich, in geordnete Erwerbsverhältnisse zu kommen und einen eigenen Hausstand aufzubauen.

Zit. nach: Walter Steitz (Hg.), Quellen zur deutschen Wirtschafts- und Sozialgeschichte vom Ersten Weltkrieg bis zum Ende der Weimarer Republik, Wissenschaftliche Buchgesellschaft, Darmstadt 1993, S. 528.

1 Erläutern Sie anhand von M 6 die Auswirkungen der Weltwirtschaftskrise.
2 Erörtern Sie die Folgen von Arbeitslosigkeit in der Endphase der Weimarer Republik und heute. Beziehen Sie die Informationen des gesamten Kapitels mit ein.

# 3.7 Der Übergang zur Diktatur

**Die Große Koalition (1928–30)**
Bei den Reichstagswahlen am 20. Mai 1928 erzielte die SPD ihr bestes Wahlergebnis seit 1920. Als stärkste Fraktion im Reichstag gab sie ihre Oppositionsrolle auf und bildete eine Große Koalition aus DDP, Zentrum, DVP und BVP (Bayerische Volkspartei) unter Reichskanzler Hermann Müller (SPD). Innerhalb des Regierungsbündnisses gab es von Anfang an erhebliche Spannungen aufgrund gegensätzlicher Auffassungen über die Wirtschafts- und Sozialpolitik. Die Auseinandersetzungen verschärften sich mit dem Ausbruch der Weltwirtschaftskrise 1929. Am 27. März 1930 kam es zum Koalitionsbruch, da die Parteien sich nicht über die Höhe des Beitrags von Arbeitgebern bzw. Arbeitnehmern zur Arbeitslosenversicherung einigen konnten.

**Präsidialkabinett**
Bezeichnung für Regierungen in der Endphase der Weimarer Republik, die allein vom Vertrauen des Reichspräsidenten abhängig waren. Der Präsident konnte Notverordnungen mit Gesetzeskraft erlassen und jederzeit den Reichstag auflösen, um ein Misstrauensvotum des Parlaments gegen die Regierung zu umgehen.

Präsidialkabinette der Weimarer Republik:
– April 1930 bis Mai 1932: Reichskanzler Heinrich Brüning (Zentrum),
– Juni 1932 bis Dezember 1932: Reichskanzler Franz von Papen (parteilos),
– Dezember 1932 bis Januar 1933: Reichskanzler Kurt von Schleicher (parteilos).

## Von der Wirtschafts- zur Staatskrise

Die Weltwirtschaftskrise verschärfte die politischen Auseinandersetzungen in Deutschland und wurde zur Zerreißprobe für die seit 1928 regierende Große Koalition*. Im Frühjahr 1930 brach das Regierungsbündnis aus Sozialdemokraten, liberalen und bürgerlichen Parteien auseinander. Das letzte Kabinett der Weimarer Republik, das auf eine Parlamentsmehrheit gestützt regieren konnte, war gescheitert. Zudem war die Kraft des Kompromisses zwischen Sozialdemokratie und Gewerkschaften auf der einen sowie Bürgertum und Arbeitgebern auf der anderen Seite, der die Gründung der Republik erst ermöglicht hatte, offenbar erschöpft. Da es den demokratischen Parteien nicht mehr gelang, im Reichstag eine regierungsfähige Mehrheit zu bilden, geriet die Weimarer Republik in eine schwere politische Krise. Diese Situation nutzten republikfeindliche Kräfte, um einen grundsätzlichen Systemwechsel einzuleiten: Die Zusammenarbeit mit der SPD sollte endgültig beendet werden und an die Stelle der parlamentarischen Ordnung eine autoritäre Regierungsform treten. Verfechter dieses politischen Systemwechsels waren neben Reichspräsident von Hindenburg und seinen engsten Beratern die Reichswehrführung unter General von Schleicher sowie Vertreter der Großindustrie und der Großagrarier. Aber auch Teile der bürgerlichen Mitte- und Rechtsparteien (DVP und DNVP) und einige Politiker des Zentrums sympathisierten mit der Abkehr vom Parlamentarismus.

## Regieren ohne Mehrheiten

Nach dem Ende der Großen Koalition beauftragte Hindenburg Ende März 1930 den Zentrumspolitiker Heinrich Brüning mit der Bildung einer Minderheitsregierung. Das Kabinett Brüning besaß keine parlamentarische Basis und sollte nur getragen vom Vertrauen des Reichspräsidenten regieren. Hindenburg bevollmächtigte dieses erste Präsidialkabinett* der Weimarer Republik, gegebenenfalls den Artikel 48 der Weimarer Reichsverfassung als Ersatz für das normale Gesetzgebungsverfahren anzuwenden: Sollte der Reichstag einem Gesetzentwurf nicht zustimmen, konnte der Reichskanzler das Gesetz mit Zustimmung des Reichspräsidenten als Notverordnung erlassen. Eine solche Präsidialregierung sah die Weimarer Reichsverfassung nur für den Fall einer Gefährdung der öffentlichen Sicherheit und Ordnung vor. Der Artikel 48 sollte nicht dauerhaft als Mittel der Politik zur vollständigen Ausschaltung der Legislative missbraucht werden. Daher enthielt Artikel 48 auch einen Absatz, der den Reichstag berechtigte, eine Notverordnung durch Mehrheitsbeschluss wieder außer Kraft zu setzen. Sollte der Reichskanzler dem nicht nachkommen, wäre dies ein Verfassungsbruch. Im Juli 1930 lehnte der Reichstag ein umstrittenes Sparkonzept Brünings ab. Der Kanzler setzte die Gesetzesvorlagen in Form zweier Notverordnungen dennoch in Kraft. Der Reichstag machte umgehend von seinem verfassungsmäßigen Recht Gebrauch und forderte die Aufhebung der Notverordnungen. Daraufhin ließ Brüning mit der Zustimmung Hindenburgs den Reichstag nach Artikel 25 auflösen und setzte die Notverordnungen in verschärfter Form erneut in Kraft. Dieser Übergang zu einer Präsidialregierung ohne demokratische Legitimation wird in der Geschichtswissenschaft unterschiedlich beurteilt: Stellte er bereits die Vorgeschichte des Dritten Reiches dar oder bestanden 1932 noch Handlungsspielräume zur Rettung der Demokratie? Unstrittig ist, dass die Regierungspraxis der Präsidialkabinette die Verfassung aushöhlte. Der Reichstag wurde aus dem Gesetzgebungsverfahren faktisch ausgeschlossen, das von den Verfassungsgebern beabsichtigte Gleichgewicht von Präsident und Parlament wurde bewusst unterlaufen.

## M1 Funktionsmechanismus der Präsidialkabinette

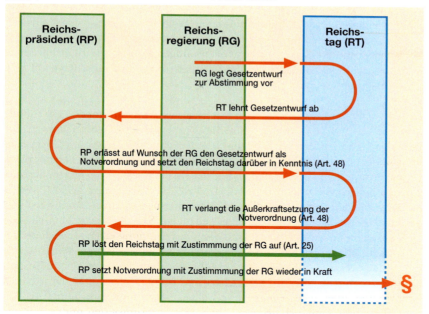

**Krise der parlamentarischen Ordnung**

Die Neuwahl des Reichstags am 14. September 1930 brachte den radikalen Parteien am rechten und linken Rand des Parteienspektrums einen großen Stimmenzuwachs. Vor allem die NSDAP profitierte von der Wirtschafts- und Staatskrise. Die Partei konnte ihr Wahlergebnis erheblich steigern und erhielt neunmal mehr Sitze im Reichstag als bei der Wahl 1928. Die KPD konnte ihr Ergebnis ebenfalls verbessern. Zentrum und BVP erzielten leichte Gewinne, während die SPD rund eine halbe Million Wählerstimmen einbüßte (s. S. 150). Das Wahlergebnis machte die Bildung einer neuen regierungsfähigen Koalition der demokratischen Parteien unmöglich. Das Präsidialkabinett Brüning blieb im Amt, doch war für eine Fortsetzung der Notverordnungspolitik die Duldung durch eine Reichstagsmehrheit erforderlich. Um eine erneute Auflösung des Reichstags und eine weitere Radikalisierung der Wähler zu verhindern, entschloss sich die SPD zu einer Tolerierungspolitik. Die Sozialdemokraten hofften, dadurch die Grundstrukturen der demokratischen Ordnung zu erhalten (M 3).

Brünings Wirtschafts- und Sozialpolitik* führte zu einer weiteren Verschärfung der Staatskrise. Innenpolitische Auseinandersetzungen wurden nun verstärkt außerhalb des Parlaments geführt: Die paramilitärischen Verbände der Parteien lieferten sich 1931/32 Straßenkämpfe mit bürgerkriegsähnlichem Charakter. Ein Verbot Brünings der Kampfverbände der NSDAP (SA und SS) im April 1932 entschärfte die Situation nicht, da nach Brünings Entlassung durch Reichspräsident von Hindenburg Ende Mai 1932 der neue, parteilose Reichskanzler Franz von Papen das Verbot sogleich wieder aufhob. Von Papen hoffte, die NSDAP durch Zugeständnisse in eine konservative Regierung einbinden zu können. In diese Richtung zielte auch der Staatsstreich in Preußen* am 20. Juli 1932. Papens Nachfolger Kurt von Schleicher scheiterte ebenfalls mit seinem Versuch, die NSDAP durch Spaltung zu instrumentalisieren. Die Vertreter der Präsidialkabinette und Hindenburg hatten zunächst Vorbehalte gegenüber der NSDAP, ihrer teilweise sozialistischen Rhetorik und dem martialischen Auftreten ihrer Kampforganisationen. Die Skepsis der alten konservativen Eliten basierte jedoch nicht auf einer republi-

**Brünings Wirtschafts- und Sozialpolitik/Deflationspolitik**
Brüning verfolgte keine aktive Strategie zur Bekämpfung der Wirtschaftskrise (z. B. durch staatliche Investitionen). Vielmehr nutzte er die Krise, um sein eigentliches Ziel zu erreichen: die Streichung der Reparationen. Dem Ausland sollte demonstriert werden, dass Deutschland trotz großer Anstrengungen nicht länger in der Lage sei, Reparationsverpflichtungen zu erfüllen. Diesem Zweck diente ein konsequenter Deflationskurs zur Verringerung der in Umlauf befindlichen Geldmenge durch: Senkung von Staatsausgaben, z. B. durch Kürzung der Beamtenbesoldung und Arbeitslosenunterstützung, Erhöhung von Steuern und Abgaben, Senkung von Preisen und Löhnen. Brüning setzte diesen Kurs mit Notverordnungen durch – ungeachtet der Verschärfung der sozialen und politischen Krise in Deutschland.

**Staatsstreich in Preußen**
Am 20. Juli 1932 ließ Reichskanzler von Papen durch eine Notverordnung des Reichspräsidenten die amtierende demokratische Landesregierung unter dem preußischen Ministerpräsidenten Braun (SPD) für abgesetzt erklären. Als Reichskommissar übernahm Papen die Regierungsgewalt in Preußen.

**M2** Das Firmenschild, Karikatur von Jacobus Belsen, erschienen in „Der wahre Jacob", 1931

Text oben links: „Das Firmenschild".
Text mitte: „Vor den Proleten".
Text unten: „und vor den zahlungsfähigen Kreisen".
Das Schild trägt die Aufschrift: „Nationalsozialistische Deutsche Arbeiter-Partei".

kanischen Haltung, die die Rettung der Demokratie zum Ziel hatte. Dahinter stand vielmehr die Furcht, durch den Aufstieg der NSDAP selbst Macht und Einfluss zu verlieren. Das Zusammentreffen von Weltwirtschaftskrise und politischer Legitimationskrise ließ nur wenig Handlungsspielraum. Während andere Länder ihn nutzten, um die Krise zu überwinden und die Demokratie zu stabilisieren, zielte das politische Handeln der Präsidialregierungen in Deutschland auf eine Demontage der Republik.

**Das Ende der Demokratie** Bei der Reichstagswahl im November 1932 musste die NSDAP Stimmenverluste hinnehmen. Die rechtskonservativen Parteien DVP und DNVP profitierten davon nicht, sie gewannen jeweils nur wenige Mandate hinzu. Dies zeigte, dass die alten konservativen Eliten auch weiterhin keinen starken Rückhalt in der Bevölkerung hatten. Massenparteien blieben NSDAP, SPD und KPD. Das Wahlergebnis der NSDAP ließ jedoch darauf schließen, dass die Partei Hitlers ihren Höhepunkt überschritten und ihr Wählerpotenzial ausgeschöpft hatte. Zudem nahmen die Straßenkämpfe Ende 1932 ab. Diese Entwicklungen ließen sowohl bei den alten Eliten als auch bei der NSDAP zur Jahreswende 1932/33 eine Kompromissbereitschaft entstehen, der sie sich bislang verweigert hatten. Der zunächst zögernde Reichspräsident Hindenburg war nach dem Rücktritt Schleichers nun bereit, Hitler am 30. Januar 1933 zum Reichskanzler zu ernennen. Hitler sollte eingerahmt werden durch ein „Kabinett der nationalen Konzentration", dem neben Papen als Vizekanzler auch der Führer der DNVP, Hugenberg, angehörte. Papen ging „in einer nahezu unüberbietbaren Verblendung" (Joachim Fest) sogar davon aus, Hitler werde sich „zähmen" lassen. Doch Hitler dachte nicht daran, sich kontrollieren zu lassen. Innerhalb weniger Monate gelang es ihm, die nationalsozialistische Diktatur zu errichten. Spätestens mit der Verabschiedung des Ermächtigungsgesetzes (s. S. 178) am 23. März 1933 war die kurze Epoche der ersten Demokratie in Deutschland beendet.

1 Erläutern Sie anhand von M1 und mithilfe des Darstellungstextes den Machtmechanismus der Präsidialkabinette.
2 Der Übergang zur Präsidialregierung wird in der Geschichtswissenschaft unterschiedlich beurteilt: Die Einschätzungen reichen vom letzten Versuch zur Rettung der Demokratie (Werner Conze) bis zum Beginn der Vorgeschichte des Dritten Reiches (Karl Dietrich Bracher) bzw. bis zur „Todesstunde" der Weimarer Republik (Arthur Rosenberg). Wählen Sie eine der Aussagen aus und nehmen Sie Stellung.

**M3** Der Tolerierungskurs der SPD

*Aus einer Erklärung der sozialdemokratischen Reichstagsfraktion am 18. Oktober 1930:*

Wenn mithilfe der sozialdemokratischen Fraktion die Misstrauensanträge gegen das Kabinett Brüning angenommen worden wären, so hätten sich folgende politische Möglichkeiten ergeben:
1. Rücktritt des Kabinetts Brüning. Es erhält vom Reichspräsidenten Hindenburg die Vollmachten zur Weiterführung der Regierungsgeschäfte. Da dieses geschäftsführende Kabinett keine Mehrheit für seine Maßnahmen findet und eine erneute Auflösung von keiner Seite befürwortet wird, weil sie so bald nach der letzten Wahl noch keine Verbesserung verspricht, so müsste es gegen den Reichstag regieren. Das bedeutet, dass sich eine solche Regierung nur unter Ausschaltung des Reichstags im Amt halten könnte. Der Diktaturartikel 48 der Reichsverfassung würde dann dauernd auf alle Gebiete des wirtschaftlichen, sozial-politischen und staatsbürgerlichen Lebens angewendet werden. Nicht nur der Reichstag, sondern auch jeder einzelne Staatsbürger würde seine durch die Verfassung garantierten Rechte verlieren. Wann sie wiedergewonnen werden könnten, ist ganz ungewiss. [...]
3. Auftrag an den deutschnationalen Parteiführer Hugenberg zur Bildung einer Rechtsregierung mit Einschluss der Nationalsozialisten. Diese Regierung wäre nur eine verschleierte Hitler-Regierung. Da auch die Rechtsparteien keine parlamentarische Mehrheit haben, könnte sich eine solche Re-

gierung nur halten, wenn sie vom Zentrum toleriert wird. Die Nationalsozialisten wollen aber gar nicht parlamentarisch regieren. [...]

Die sozialdemokratische Fraktion ist jeden Tag in der Lage, mit Nationalsozialisten, Kommunisten und Deutschnationalen die Regierung zu stürzen, sie kann aber unmöglich mit solchen Bundesgenossen gemeinsam eine neue Regierung bilden. Deshalb und weil die Sozialdemokratie von dem Gefühl der Verantwortung für die arbeitende Klasse durchdrungen ist, lehnte sie jetzt die Zustimmung zu den Misstrauensanträgen anderer Parteien ab. Und zwar solcher Parteien, die, wie die Nationalsozialisten und die Deutschnationalen, offen arbeiterfeindlich sind oder, wie die Kommunisten, durch ihre Taktik zur Sicherung der Arbeiterklasse und zur Stärkung des Faschismus beitragen.

*Zit. nach: Herbert Michaelis/Ernst Schraepler, Ursachen und Folgen, Bd. 8, Wendler, Berlin 1959, S. 115 ff.*

**1** Analysieren Sie die Erklärung im Hinblick auf die Gründe für den Tolerierungskurs der SPD. Diskutieren Sie Handlungsalternativen.

### M4 Verfassungspläne

*Der Reichskanzler und ehemalige Zentrumspolitiker Franz von Papen (1879–1969) stellte bayerischen Industriellen am 12. Oktober 1932 folgende Pläne vor:*

Wir wollen eine machtvolle und überparteiliche Staatsgewalt schaffen, die nicht als Spielball von den politischen und gesellschaftlichen Kräften hin- und hergetrieben wird, sondern über ihnen unerschütterlich steht [...]. Die Reform der Verfassung muss dafür sorgen, dass eine solche machtvolle und autoritäre Regierung in die richtige Verbindung mit dem Volke gebracht wird. An den großen Grundgesetzen [...] soll man nicht rütteln, aber die Formen des politischen Lebens gilt es zu erneuern. Die Reichsregierung muss unabhängiger von den Parteien gestellt werden. Ihr Bestand darf nicht Zufallsmehrheiten ausgesetzt sein. Das Verhältnis zwischen Regierung und Volksvertretung muss so geregelt werden, dass die Regierung und nicht das Parlament die Staatsgewalt handhabt. Als Gegengewicht gegen einseitige, von Parteiinteressen herbeigeführte Beschlüsse des Reichstags bedarf Deutschland einer besonderen Ersten Kammer mit fest abgegrenzten Rechten und starker Beteiligung an der Gesetzgebung. Heute ist das einzige Korrektiv gegen das überspitzte parlamentarische System und gegen das Versagen des Reichstags die Verordnungsgewalt des Reichspräsidenten aufgrund des Artikels 48 der Reichsverfassung. Sobald aber wieder stetige und normale Verhältnisse herrschen, wird auch kein Anlass mehr sein, den Artikel 48 in der bisherigen Weise anzuwenden. Die Reichsregierung beabsichtigt, die Verfassungsreform in engem Einvernehmen mit den Ländern durchzuführen. [...] Die Reichsregierung hat bei ihrem Antritt als oberstes Ziel ihrer Innenpolitik die Vereinigung aller wahrhaft nationalen Kräfte proklamiert. Das Ziel bleibt unverrückbar bestehen – es muss bestehen bleiben – um Deutschland willen – auch wenn die Wege heute auseinanderführen. Nichts kann das Vertrauen in den Aufstieg der Nation mehr hindern als die Unstabilität der politischen Verhältnisse, als Regierungen, die nur Treibholz sind auf den Wellen der Partei und abhängig von jeder Strömung. Diese Art der Staatsführung der Parteiarithmetik ist im Urteil des Volkes erledigt.

*Zit. nach: Heinz Hürten (Hg.), Weimarer Republik und Drittes Reich 1918–1945, Reclam, Stuttgart 1995, S. 132 ff.*

**1** Erarbeiten Sie die einzelnen Maßnahmen von Papens und seine Begründung.
**2** Überprüfen Sie von Papens Auffassung des Artikels 48 am Wortlaut der Weimarer Verfassung (s. S. 147).
**3** „Als Hitler am 30. Januar 1933 zum Reichskanzler berufen wurde, hatte er von [...] vorausgegangenen Entwicklungen profitiert. Das Verfassungsgefüge der Weimarer Republik war bereits zerstört." Beurteilen Sie diese Einschätzung des Historikers Andreas Wirsching.

### M5 „Brautvorführung", Karikatur aus dem Schweizer „Nebelspalter", Februar 1933.

Links: Vizekanzler von Papen, rechts der DNVP-Vorsitzende Hugenberg, im Hintergrund Hindenburg

**1** Analysieren Sie die Karikatur mithilfe der Methodenseite (siehe S. 258).

# 3.8 Warum scheiterte die Weimarer Republik? – Die Forschungsdiskussion

**M1** Republikanische Automaten, Gemälde von George Grosz, 1920

**M2** Das tote Parlament, Fotomontage von John Heartfield, 1930

Die Bildunterschrift lautet: „Das blieb vom Jahre 1848 übrig! So sieht der Reichstag aus, der am 13. Oktober eröffnet wird."

**Die Weimarer Republik in der Forschung**

„Niemand kann an die Republik von Weimar denken, ohne deren Scheitern mitzudenken." Diese Aussage des Historikers Hagen Schulze verweist auf den Schwerpunkt der wissenschaftlichen Auseinandersetzung mit der ersten deutschen Demokratie: Von Anfang an stand die Frage nach den Ursachen ihres Scheiterns im Mittelpunkt des historischen Interesses. Eberhard Kolb erklärt die Fokussierung auf diesen Schwerpunkt mit der weit verbreiteten Annahme, dass die Geschichte dieser Jahre nicht losgelöst von dem untersucht werden kann, was danach kam: die auf den Trümmern der ersten deutschen Demokratie errichtete nationalsozialistische Diktatur, die Zerstörung und Terror in einem bisher unvorstellbaren Ausmaß über Deutschland und Europa brachte.

Die erste deutsche Republik dient als „die große Negativfolie", auf der sich die Wirklichkeit der zweiten spiegelt, sie ist „das Menetekel unserer derzeitigen politischen Existenz" (Hagen Schulze). Die Nachkriegsgeschichte der Bundesrepublik definierte sich geradezu durch die Abgrenzung „Bonn ist nicht Weimar". Im Mittelpunkt der Auseinandersetzung mit der Weimarer Republik stand daher neben der Analyse ihres Scheiterns auch immer die Frage: Was muss, was kann aus der Geschichte dieser vierzehn Jahre gelernt werden?

**Multikausale Erklärungsversuche**

Die zentrale Frage nach den Gründen für das Scheitern der ersten deutschen Demokratie wurde von der Geschichtswissenschaft sehr kontrovers diskutiert und unterschiedlich beantwortet. Personale Erklärungsmuster wurden herangezogen, die das Fehlverhalten und Versagen einzelner Politiker in der Endphase der Republik für ihr Scheitern verantwortlich machen. Andere Forschungsansätze betonen institutionelle Schwächen der Demokratie, zum Beispiel „Konstruktionsfehler" der Weimarer Reichsverfassung. Dabei erwies sich jede monokausale Erklärung als unzulänglich. Die neuere Forschung konzentriert sich nicht mehr nur auf die politischen Prozesse, sondern weitet ihren Untersuchungsgegenstand auf andere Bereiche aus. So bieten die Wirtschafts- und Sozialgeschichte, die Frauen- und Geschlechtergeschichte sowie die Alltags- und Mentalitätsgeschichte nicht nur wichtige Erkenntnisse über ökonomische und gesellschaftliche Entwicklungen der Zwischenkriegszeit, sie machen zudem neue Bedingungsfaktoren für das Scheitern der Republik und den Weg in die Diktatur sichtbar. Die Wissenschaft ist sich heute weitgehend einig, dass ein sehr komplexes Ursachengeflecht für den Untergang der Weimarer Demokratie und die Machtübertragung an die Nationalsozialisten verantwortlich war. Die Leistung der Geschichtswissenschaft, so der Historiker Eberhard Kolb, bestehe nunmehr in der Gewichtung der verschiedenen Komponenten und ihrer Verknüpfung zu einem Gesamtbild.

1 Ordnen Sie Elemente des „Ursachengeflechts", das zum Scheitern der ersten deutschen Demokratie führte, den verschiedenen Bereichen der Geschichtswissenschaft zu. Beziehen Sie Ihre Kenntnisse aus dem gesamten Kapitel sowie das Schaubild (siehe S. 175, M 1) mit ein.
2 Nehmen Sie eine begründete Gewichtung der Bedingungsfaktoren hinsichtlich ihres Anteils am Scheitern vor.
3 Diskutieren Sie, was aus der ersten deutschen Demokratie für die Gegenwart gelernt werden kann.

### M3 Geschichte kontrovers: Scheitern der Weimarer Republik in der historischen Diskussion

#### a) Karl Dietrich Bracher (1987):

Zu einfach wäre gewiss die Auffassung, die Weimarer Republik sei, wenn nicht sogleich, so doch auf lange Sicht, zum Scheitern verurteilt gewesen, weil sie schwer wiegende Strukturfehler aufwies, die aus der unvollendeten Revolution und der starken Kontinuität vordemokratischer Elemente in Staat und Gesellschaft stammten. Wider Erwarten wurde sogar das Krisenjahr 1923 mit seinen Katastrophenereignissen überstanden, die auch eine fester verwurzelte Demokratie hätten zu Fall bringen können. Aber das Hauptproblem war und blieb: Die deutsche Demokratie, als Ergebnis der unerwarteten Niederlage empfunden, war und blieb alles andere als populär. Schon ein Jahr nach der Annahme der Verfassung, bei den ersten Reichstagswahlen von 1920, waren die sie tragenden Parteien in die Minderheit geraten. Es gab eine zunehmende Unterstützung für die extremen Parteien der Linken und der Rechten, die die Republik erbittert bekämpften. Sie sahen in ihr entweder, wie die Kommunisten, das Ergebnis eines Verrats der Sozialdemokraten und Gewerkschaften an der Arbeiterklasse: durch Kompromisse mit den Kapitalisten, der Armee und der alten Führungsschicht. Oder aber sie denunzierten die Demokratie als Produkt eines Verrats der Revolution an der kämpfenden Front im Sinne der Dolchstoßlegende und zugleich eines ausländischen Diktats über Deutschland: als eine „undeutsche", importierte Staatsform, wie die rechts stehenden Gegner der Demokratie unablässig behaupteten. Die „Kapitalistenklasse" oder aber die „Novemberverbrecher" sind schuld am deutschen Elend: Das waren die beiden Pole einer antidemokratischen Agitation, die der Republik von Anfang an machtvoll und suggestiv entgegentrat. […] Versailles und die Revolution waren die großen Stichworte, mit denen agitiert wurde: 1919 wie 1933. Dieses große antidemokratische Potenzial, das sich als das „eigentliche" Deutschland verstand, war also stets vorhanden […].

Man muss sich jene fatale Einkreisung der Demokratie durch ihre Feinde bewusst machen, um auch der Leistung der republikanischen Parteien und Politiker gerecht zu werden. Die Weimarer Republik war in Wahrheit nichts Fremdes, Importiertes, sondern der Durchbruch einer demokratischen Tradition, die von der Glorifizierung der „Realpolitik" und des starken Staates im zweiten Reich überdeckt worden war, und sie bedeutete zugleich die Wiederaufnahme einer übernationalen, „weltbürgerlichen" Kultur- und Gesellschaftstradition jenseits der nationalstaatlichen Verengung. Die Weimarer Republik war im Grunde ein Versuch, den Bismarckstaat mit 1848 und 1789 zu verbinden. Darin lag ihr teils nationalkonservativer teils liberal und sozial vorausweisender Charakter beschlossen. Er wird sichtbar in der so kurzen, so reichen Entfaltung der Kultur in den „Goldenen zwanziger Jahren", die nicht zuletzt ein Durchbruch von Vorkriegsströmungen in neuer Form waren. […]

*Karl Dietrich Bracher, Die Auflösung der Republik. Gründe und Fragen, in: Gerhard Schulz (Hg.), Ploetz. Weimarer Republik, Verlag Ploetz, Freiburg, Würzburg 1987, S. 130 ff.*

#### b) Detlev J. K. Peukert (1987):

Der Untergang der Weimarer Republik ist auf vier zerstörerische Prozesse zurückzuführen, die einzeln wohl hätten gemeistert werden können:

- Die Verengung der Handlungsspielräume, derer die Ausgestaltung der Basiskompromisse bedurfte, transformierte die sozioökonomische Strukturkrise zur *Destabilisierung* des politischen und sozialen Systems der Republik.
- Die sukzessive Zurücknahme dieser Basiskompromisse trug darüber hinaus zum *Legitimationsverlust* der neuen Ordnung bei. Schon vor Ausbruch der Weltwirtschaftskrise befand sich das politische System der Republik in einer Krise, wie sich vor allem im kontinuierlichen Anhängerschwund der bisherigen liberalen und konservativen Parteien zeigte. Der Positionsverlust der rechten Mitte trieb diese in eine umso schärfere Konfrontation mit der Sozialdemokratie, die selber wiederum durch den kommunistischen Konkurrenzdruck in ihrer Handlungsfähigkeit blockiert wurde.
- Die *Konzeption einer autoritären Wende*, die die Repräsentanten der alten Eliten Anfang der dreißiger Jahre verfolgten, wollte die Basiskompromisse von 1918 ungeschehen machen und die Machtverhältnisse des Bismarckreiches restaurieren. Die Präsidialkabinette besaßen genügend Kraft, die verfassungsmäßige Ordnung zu zerstören, versagten aber angesichts des hohen Grads von Politisierung und massenhafter Mobilisierung, den die deutsche Öffentlichkeit inzwischen erreicht hatte. Weder konnten sie das Abdriften der bisherigen Mitte-Rechts-Wählerschaft zu den Nationalsozialisten stoppen, noch konnten sie an eine dauerhafte Regierung ohne Massenbasis denken.
- Die *nationalsozialistische Alternative* profitierte von diesem fundamentalen Autoritätsverlust der alten Eliten und ihrer liberalen und konservativen Traditionsverbände gleich zweifach: Die NS-Bewegung konnte angesichts der Krise der Jahre 1930 bis 1933 die ganze Dynamik einer modernen totalitären Integrationspartei entfalten; und sie konnte Anfang 1933 die Schlüssel zur Macht aus den Händen jener alten Eliten entgegennehmen, die bei der Zerstörung der Republik nur allzu erfolgreich, zur Restaurierung der Vorkriegszustände jedoch zu schwach gewesen waren. So bot sich eine letzte, die radikalste Alternative an, als sich alle anderen Alternativen aufgebraucht hatten.

*Detlev J. K. Peukert, Die Weimarer Republik. Krisenjahre der Klassischen Moderne, Suhrkamp, Frankfurt/M. 1987, S. 269 f.*

### c) Hagen Schulze (1982):

Woran ist also Weimar gescheitert? Die Antwort ist nicht mit letzter wissenschaftlicher Präzision zu geben, aber einiges lässt sich doch ausmachen: Die wichtigsten Gründe liegen auf dem Feld der Mentalitäten, der Einstellungen und des Denkens. In der Mitte des Ursachenbündels finden sich eine Bevölkerungsmehrheit, die das politische System von Weimar auf die Dauer nicht zu akzeptieren bereit war, sowie Parteien und Verbände, die sich den Anforderungen des Parlamentarismus nicht gewachsen zeigten. Die Ursachen für diese Defekte dürften überwiegend in langfristigen, aus den besonderen Bedingungen der preußisch-deutschen Geschichte zu erklärenden Zusammenhängen zu suchen sein, verstärkt durch die Entstehungsbedingungen des Weimarer Staatswesens und seiner außenpolitischen Belastungen. Die Übertragung dieser ungünstigen Gruppenmentalitäten auf das Weimarer Regierungssystem wurde durch den Wahlrechtsmodus erheblich begünstigt; andere Merkmale der formalen Verfassungsordnung, wie ihr mangelnder normativer Charakter oder der Föderalismus, wirkten nur in zweiter Linie destabilisierend, während das starke präsidiale Moment daneben auch stabilisierende Komponenten enthielt, die allerdings letzten Endes nicht zum Zuge kamen. Die antirepublikanischen Tendenzen in Armee, Bürokratie und Justiz waren grundsätzlich beherrschbar, eine Frage des Machtbewusstseins von Parteien und Regierung. Die gesellschaftlichen und wirtschaftlichen Rahmenbedingungen waren hauptsächlich langfristig wirksam, indem sie auf die Mentalitäten von Bevölkerung und einzelnen Gruppen einwirkten; aktuelle ökonomische Krisen verstärkten die destabilisierenden Momente, verursachten sie aber nicht. Lapidar lässt sich also schließen: Bevölkerung, Gruppen, Parteien und einzelne Verantwortliche haben das Experiment Weimar scheitern lassen, weil sie falsch dachten und deshalb falsch handelten. [...] Die Chance der Gruppen wie der Einzelnen, sich für Weimar zu entscheiden und dem Gesetz der parlamentarischen Demokratie zu gehorchen, nach dem man angetreten war, hat immer bestanden.

Hagen Schulze, Weimar. Deutschland 1917–1933, 2., durchges. Aufl., Siedler, Berlin 1982, S. 425.

### d) Heinrich August Winkler (1998):

Hinter den liberalen Parteien stand, anders als bei Sozialdemokratie oder Zentrum, kein fest gefügtes „Milieu"; die Anziehungskraft nationalistischer Parolen auf ehedem liberale Wähler war so stark, dass beide liberalen Parteien seit 1930 immer mehr zu Splittergruppen absanken. Als Weimar in seine Endkrise eintrat, hatte die Sozialdemokratie einen ihrer Partner aus der parlamentarischen Gründungskoalition, den liberalen, also bereits verloren. Der andere Partner, das Zentrum, rückte immer mehr nach rechts und gab sich schließlich der Illusion hin, es sei seine Mission, die Nationalsozialisten in einer Koalition zu zähmen. Damit war die Isolierung der Sozialdemokraten komplett. Wenn es eine Hauptursache für das Scheitern Weimars gibt, liegt sie hier: Die Republik hatte ihren Rückhalt im Bürgertum weitgehend eingebüßt und ohne hinreichend starke bürgerliche Partner konnte der gemäßigte Flügel der Arbeiterbewegung die Demokratie nicht retten.

Heinrich August Winkler, Weimar 1918–1933. Die Geschichte der ersten deutschen Demokratie, durchges. Aufl., C. H. Beck, München 1998, S. 610.

### e) Eberhard Kolb (2002):

Wie wurde Hitler möglich? War die „Machtergreifung" der Nationalsozialisten unter den gegebenen Bedingungen unvermeidlich? Diese Fragen, um die alle Erörterungen über das Scheitern Weimars kreisen, werden von der bisherigen Forschung auf recht unterschiedliche Weise beantwortet. Allerdings sind die in der wissenschaftlichen Diskussion zunächst dominierenden monokausalen Erklärungsversuche, in denen der Aufstieg des Nationalsozialismus und die Machtübertragung an Hitler auf eine einzige oder eine allein ausschlaggebende Ursache zurückgeführt wurden, inzwischen ad acta gelegt worden, denn alle derartigen einlinigen Deutungen haben sich als untauglich erwiesen.
Die Historiker sind sich heute zumindest darin einig, dass das Scheitern der Republik und die nationalsozialistische „Machtergreifung" nur durch die Aufhellung eines sehr komplexen Ursachengeflechts plausibel erklärt werden können. Dabei sind vor allem folgende Determinanten zu berücksichtigen: institutionelle Rahmenbedingungen, etwa die verfassungsmäßigen Rechte und Möglichkeiten des Reichspräsidenten, zumal beim Fehlen klarer parlamentarischer Mehrheiten; die ökonomische Entwicklung mit ihren Auswirkungen auf die politischen und gesellschaftlichen Machtverhältnisse; Besonderheiten der politischen Kultur in Deutschland (mitverantwortlich z. B. für die Republikferne der Eliten, die überwiegend der pluralistisch-parteienstaatlichen Demokratie ablehnend gegenüberstanden); Veränderungen im sozialen Gefüge, beispielsweise Umschichtungen im „Mittelstand" mit Konsequenzen u. a. für politische Orientierung und Wahlverhalten mittelständischer Kreise; ideologische Faktoren (autoritäre Traditionen in Deutschland; extremer Nationalismus verstärkt durch Kriegsniederlage; Dolchstoß-Legende und Kriegsunschuldspropaganda; „Führererwartung" und Hoffnung auf den „starken Mann", wodurch einem charismatischen Führertum wie dem Hitlers der Boden bereitet wurde); massenpsychologische Momente, z. B. Erfolgschancen einer massensuggestiven Propaganda infolge kollektiver Entwurzelung und politischer Labilität breiter Bevölkerungssegmente; schließlich die Rolle einzelner Persönlichkeiten an verantwortlicher Stelle, in erster Linie zu nennen sind hier Hindenburg, Schleicher, Papen.

Eberhard Kolb, Die Weimarer Republik, 6. überarb. u. erw. Aufl., Oldenbourg, München 2002, S. 250.

**f) Hans-Ulrich Wehler (2003):**

Die atemberaubende Erfolgsgeschichte, wie ein isolierter Einzelgänger ohne jede Begünstigung durch Elitenherkunft innerhalb weniger Jahre zum vergötterten Messias in Deutschland aufsteigen konnte, ist an erster Stelle aus den politischen Traditionen und mentalen Dispositionen, den Machtverhältnissen und Elitenkoalitionen, den Verletzungen und Ressentiments der modernen deutschen Geschichte zu verstehen. Denn diese Bedingungen haben eine gesellschaftliche Erwartungshaltung geschaffen, eine sehnsüchtige Erlösungshoffnung, einen willigen Resonanzboden für radikale Forderungen aller Art – ein Politikverständnis mithin, das einem nationalen Heiland, einem „zweiten Bismarck" entgegenfieberte. Während der Staat und Gesellschaft erfassenden existenziellen Krise […] öffnete sich aufgrund dieses Bedingungsgeflechts die Chance für die Blitzkarriere eines charismatischen Volkstribuns. […]
Obwohl Hitler bis 1932 über Millionen Anhänger seiner Massenbewegung gebot, dazu über die größte Wählerschaft, die je eine deutsche Partei in so wenigen Jahren gewonnen hat, gelang ihm kein Durchbruch an die Staatsspitze aus eigener Kraft. Vielmehr waren es die Angehörigen eines einflussreichen Elitenkartells, die ihm den Weg zur Kanzlerschaft mit der Absicht ebneten, der verhassten Republik durch einen „neuen", tatsächlich aber vergangenheitsfixierten Staat ein Ende zu bereiten. […] Es entsprach der Pathologie der existenziellen Krise, dass ihn dabei dank der historischen Vorbedingungen mächtige Institutionen, gesellschaftliche Kräfte und Institutionen nachdrücklich unterstützten. Ohne ihre Hilfeleistung hätte Hitlers Werk nicht gelingen können. Das Militär vor allem und die Bürokratie stellten sich, weit über ihre Gehorsamspflicht hinaus, auf seine Seite, namentlich die Reichswehr sicherte Machtübernahme und -ausbau effektiv ab. Die größte christliche Kirche des Landes, die protestantische, schwenkte zusammen mit den Universitäten hinter dem „Führer" ein. […] Die Ergebnisse der Plebiszite, die mit erdrückender Mehrheit die Führerherrschaft bestätigten, beruhten nicht auf Fälschung, sondern spiegelten ziemlich realitätsgetreu die enthusiastische Zustimmung wider. Insofern wurde Hitler maßgeblich von Kräften jener Kontinuität, die sich in der deutschen Gesellschaft und politischen Kultur seit der Bismarckzeit, als Deutschland zum ersten Mal eine charismatische Kanzlerschaft erlebte, herausgebildet hatte, emporgetragen.

*Hans-Ulrich Wehler, Deutsche Gesellschaftsgeschichte 1914–1949, C. H. Beck, München 2003, S. 992 f.*

**1** Analysieren Sie die Texte arbeitsteilig im Hinblick auf die Gründe für das Scheitern der Weimarer Republik.
**2** Ordnen Sie die Positionen begründet einer der im Darstellungstext genannten Forschungsrichtungen zu.
**3** Vergleichen Sie die Positionen im Plenum und diskutieren Sie deren Relevanz.

**M 4 Der Historiker Heinrich August Winkler über die „Lehren aus Weimar" (1999)**

Obwohl Weimar gescheitert ist, kann das vereinte Deutschland in vielem an die erste gesamtdeutsche Demokratie anknüpfen. Ihr verdanken die Deutschen die Staatsform der Republik, das Frauenwahlrecht, die Einübung der parlamentarischen Demokratie, die Tarifautonomie, die Arbeitslosenversicherung.
Zu den fortwirkenden Lehren von Weimar gehört, dass es in einer Demokratie nicht nur wirtschaftliche Rahmenbedingungen des Sozialen, sondern auch soziale Rahmenbedingungen der Wirtschaft gibt. Neben den erfolgreichen Bonner Lehrjahren bilden die tragischen Weimarer Lehrjahre einen Teil des Fundaments an praktischer Erfahrung, auf dem die Demokratie des vereinten Deutschland aufbauen kann. Dank Weimar und Bonn ist die Berliner Republik etwas, was es bis dahin noch nicht gegeben hat: eine gelernte gesamtdeutsche Demokratie.

*Heinrich August Winkler, Weimar – Ein deutsches Menetekel, in: Ders. (Hg.), Weimar. Ein Lesebuch zur deutschen Geschichte 1918–1933, 3. Aufl., C. H. Beck, München 1999, S. 41 f.*

**1** Erläutern Sie die Einschätzung Winklers, die Bundesrepublik sei eine gelernte Demokratie.

**M 5 Sonnenfinsternis, Gemälde von George Grosz, 1926**

**1** Beschreiben Sie das Gemälde und erläutern Sie die Intention des Malers.
**2** Erörtern Sie, ob bzw. inwiefern sich Bezüge zu den Aussagen der Historiker (M 3 a bis f) herstellen lassen.

## Zusammenfassung

# Die Weimarer Republik: Demokratie ohne Demokraten?

**Grundwissen** → S. 138 f.

**Begriffe Kapitel 3**
Arbeiterbewegung → 152 ff.
Artikel 48 → S. 145
Deflationspolitik → S. 167
Dolchstoßlegende → S. 141 f.
Ebert-Groener-Abkommen → S. 153
Einheitsfront → S. 154
Faschismus → S. 149
Great Depression → S. 162
Große Koalition → S. 166
Grundrechte → S. 146
Januaraufstand → S. 153
Machteliten → S. 156
Minderheitsregierung → S. 166
New Deal → S. 164
Präsidialkabinett → S. 166
„Sozialfaschismus"-Doktrin → S. 154
Sozialistische Räterepublik → S. 152
Straßenkampforganisationen → S. 157
Verhältniswahlrecht → S. 145
Versailler Vertrag → S. 140
Veto → S. 146
Volksfrontregierung → S. 164
Weimarer Koalition → S. 148 ff.
Weimarer Reichsverfassung → S. 144 ff.
Weltwirtschaftskrise → S. 162 ff.

**Personen Kapitel 3**
Ebert, Friedrich → S. 145
Hindenburg, Paul von → S. 145

Die Weimarer Republik (1918–33) war die erste Demokratie in Deutschland. Auf das Ende des Ersten Weltkrieges (1914–18) und die Novemberrevolution von 1918/19 folgte die Auseinandersetzung um das Modell der künftigen Staatsform: kommunistisch geprägtes Rätesystem oder parlamentarische Republik? Bei der Wahl zur Nationalversammlung 1919 erzielten die gemäßigten politischen Kräfte eine große Mehrheit. Das Parlament verabschiedete im Juli 1919 eine Verfassung, die dem Volk Grundrechte garantierte und Deutschland in eine parlamentarische Demokratie umwandelte. Die junge Demokratie wurde bis 1923 durch Putschversuche der radikalen Rechten und Linken sowie durch wirtschaftliche Krisen zeitweise schwer belastet. Nach einer Phase relativer politischer Stabilisierung und wirtschaftlicher Erholung löste die Weltwirtschaftskrise 1929 in Deutschland eine tief greifende Staatskrise aus. Mit Hitlers Ernennung zum Reichskanzler am 30. Januar 1933 endete die Weimarer Republik und es begann die Errichtung der NS-Diktatur.

Die zentrale Frage nach den Gründen für das Scheitern der ersten deutschen Demokratie löste innerhalb der Geschichtswissenschaft kontroverse Debatten aus und wurde unterschiedlich beantwortet. Dabei erwies sich jede monokausale Erklärung als unzulänglich. Heute sind sich die Historiker einig, dass das Scheitern der Republik und der Aufstieg des Nationalsozialismus nur durch die Analyse eines sehr komplexen Ursachengeflechts umfassend erklärt werden kann. Neben personalen Erklärungsmustern, die das Fehlverhalten einzelner Politiker in der Endphase der Republik in den Mittelpunkt rücken, wurden institutionelle Schwächen der Weimarer Republik untersucht, z. B. „Konstruktionsfehler" der Weimarer Reichsverfassung wie Artikel 48. Weitere Forschungsschwerpunkte waren die ökonomischen Entwicklungen in der Endphase der Republik sowie gesellschaftliche Strukturen.

Die Weltwirtschaftskrise ab 1929 verschärfte die politischen Auseinandersetzungen zwischen den Parteien und führte 1930 zum Bruch der Großen Koalition. Da es den demokratischen Parteien nicht mehr gelang, im Reichstag eine regierungsfähige Mehrheit zu bilden, geriet der Weimarer Staat in eine schwere Verfassungskrise. Die geringe Kompromissbereitschaft der Parteien angesichts der politischen Krisensituation beförderte das Erstarken der radikalen, antiparlamentarischen Kräfte und die Polarisierung der Bevölkerung. Diese Entwicklung führte ab 1930 zur Bildung von Präsidialkabinetten, die mit Notverordnungen ohne Zustimmung des Reichstags regierten und damit die Verfassung weitgehend aushöhlten. Bei der Frage nach den verschiedenen Faktoren für das Scheitern der Weimarer Republik sind zudem Besonderheiten der politischen Kultur in Deutschland zu berücksichtigen. Die erste deutsche Demokratie fand keine Massenbasis und war seit ihrer Gründung gefährdet durch linke und rechte Gegner, die mit Nachdruck die Beseitigung der parlamentarischen Ordnung forderten. Besonders belastend für die junge Demokratie wirkte die Republikfeindlichkeit der alten Machteliten. Sie äußerte sich unter anderem in der Instrumentalisierung des Versailler Vertrages für eine Diffamierungskampagne gegen den Weimarer Staat und in erheblichen Loyalitätsproblemen gegenüber der demokratischen Verfassung. So blieb die Weimarer Demokratie bis zu ihrem Scheitern eine „Republik ohne Republikaner" (Heinrich August Winkler).

# Die Weimarer Republik

**M1** Warum scheiterte die Weimarer Republik? – Faktoren für einen multikausalen Erklärungsversuch

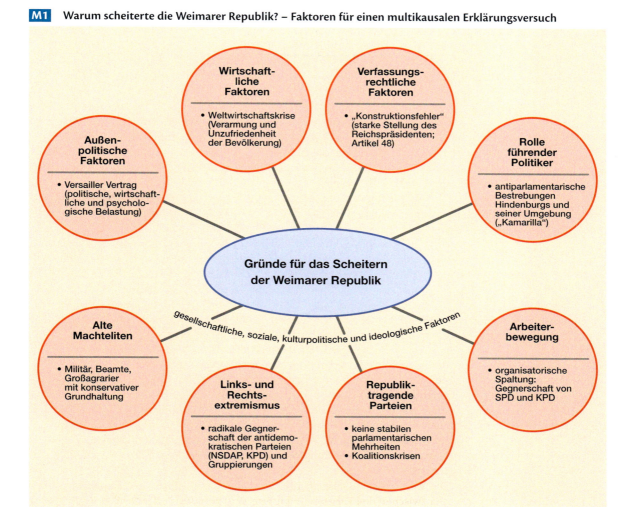

## Zeittafel

**1914–1918** Erster Weltkrieg
**1917** Spaltung der Sozialdemokraten (SPD/USPD)
**29. Oktober 1918** Matrosenaufstand in Kiel, Beginn der Novemberrevolution
**9. November 1918** Abdankung des Kaisers, Ausrufung der Republik
**10. November 1918** Ebert-Groener-Pakt
**1919 bis 1923** Krisenjahre der Republik
**1. Januar 1919** Gründung der KPD
**19. Januar 1919** Wahl zur Nationalversammlung, Bildung der „Weimarer Koalition" (SPD, Zentrum, DDP)

**1919** Versailler Vertrag
**31. Juli 1919** Verabschiedung der Weimarer Reichsverfassung
**1923** Putschversuch Hitlers in München
**1924 bis 1929** Phase „relativer Stabilisierung"
**1925** Wahl von Hindenburgs zum Reichspräsidenten
**1928** „Sozialfaschismus"-Doktrin
**1928 bis 1930** Große Koalition
**1929** Ausbruch der Weltwirtschaftskrise
**seit 1930** Radikalisierung der Bevölkerung, vermehrte Straßenkämpfe, Demonstrationen

**März 1930** Bruch der Großen Koalition (SPD, Zentrum, DDP, DVP)
**bis Januar 1933** Minderheitsregierungen
**April 1930 bis Mai 1932** Präsidialkabinett Brüning
**Oktober 1931** „Harzburger Front"
**Juni 1932 bis Dez. 1932** Präsidialkabinett Papen
**20. Juli 1932** „Preußenschlag"
**1932** „Einheitsfrontpolitik" der KPD
**Dez. 1932 bis Januar 1933** Präsidialkabinett Schleicher
**30. Januar 1933** Hitler wird Reichskanzler

# 4 Die Zeit des Nationalsozialismus: Die Deutschen und der Holocaust

M1 Am 25. April 1942 wurden 955 Juden aus Würzburg durch die Straßen der Stadt zum Bahnhof geführt und von dort über Nürnberg in die Gegend von Trawinki bei Lublin deportiert, Fotografie.

Das Foto ist Teil einer 139 Aufnahmen umfassenden Fotosammlung, die von zwei Kriminalassistenten aus Würzburg für ein Fotoalbum der Gestapo erstellt wurde.

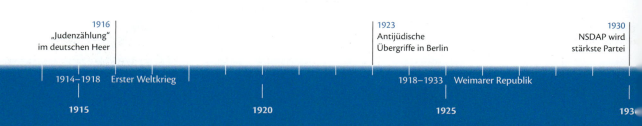

1916 „Judenzählung" im deutschen Heer

1923 Antijüdische Übergriffe in Berlin

1930 NSDAP wird stärkste Partei

1914–1918 Erster Weltkrieg

1918–1933 Weimarer Republik

1915　1920　1925　1930

Im Jahre 1996 löste der amerikanische Politikwissenschaftler Daniel Jonah Goldhagen eine leidenschaftliche Debatte über die Ursachen des welthistorisch einzigartigen Völkermords an den Juden aus, den das nationalsozialistische Deutschland während des Zweiten Weltkrieges begangen hat. Goldhagen vertrat die Auffassung, dass der Holocaust ein seit langem verfolgtes „nationales Projekt" des deutschen Volkes gewesen sei. Angetrieben von einem fanatischen Antisemitismus hätten „ganz gewöhnliche" Deutsche aus Überzeugung und damit aus freien Stücken die Entrechtung, Verfolgung und Vernichtung der europäischen Juden organisiert und durchgeführt. Der Titel seines Buches „Hitlers willige Vollstrecker. Ganz gewöhnliche Deutsche und der Holocaust" fasste seine Kernthese zusammen. Aber waren die Deutschen wirklich Hitlers „willige" Volksgenossen? Was haben sie von der Judenverfolgung und vom Holocaust gewusst? Oder wollten sie nichts wissen?

**Kompetenzerwerb: Nach Bearbeitung des Kapitels 4 können Sie …**
- beschreiben, unter welchen Bedingungen die jüdische Bevölkerung in Deutschland bis zur „Machtergreifung" 1933 lebte,
- aufzeigen, wie sich der Antisemitismus der Nationalsozialisten von früheren Formen des Antisemitismus unterschied,
- zu der Frage Stellung nehmen, welche Rolle die Ideologie der „Volksgemeinschaft" in der NS-Gesellschaft im Allgemeinen und bei der Verfolgung der Juden im Besonderen spielte,
- an Beispielen erörtern, wie die nicht jüdische Bevölkerung die Verfolgung der Juden und anderen Opfergruppen zwischen 1933 und 1945 wahrnahm und wer sich – aktiv oder passiv – an der Verfolgung und Vernichtung der Juden und anderen Opfer beteiligte,
- politische Reden interpretieren.

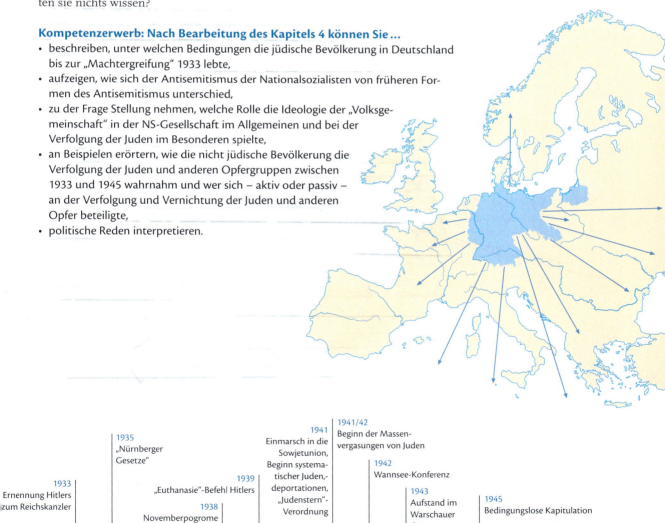

1933 Ernennung Hitlers zum Reichskanzler

1935 „Nürnberger Gesetze"

1938 Novemberpogrome

1939 „Euthanasie"-Befehl Hitlers

1941 Einmarsch in die Sowjetunion, Beginn systematischer Juden,-deportationen, „Judenstern"-Verordnung

1941/42 Beginn der Massenvergasungen von Juden

1942 Wannsee-Konferenz

1943 Aufstand im Warschauer Getto

1945 Bedingungslose Kapitulation

1933–1945 Nationalsozialistische Diktatur
1939-1945 Zweiter Weltkrieg

# Grundwissen

### Nationalsozialismus
Rechtsradikale politische Bewegung und Ideologie, die 1933 in Deutschland zum Aufbau einer Diktatur unter dem „Führer" Adolf Hitler und zum Verlust der demokratischen Freiheiten führte. Grundlegende Merkmale sind ein extremer Nationalismus, Rassismus und Expansionismus.

### „Drittes Reich"
Bezeichnung für das nationalsozialistische Deutschland (1933–1945). Mit diesem Begriff wird eine Beziehung zum Heiligen Römischen Reich Deutscher Nation (962–1806) und zum Deutschen Kaiserreich (1871–1918) hergestellt und gleichzeitig eine Vollendung der deutschen Geschichte durch den Nationalsozialismus behauptet.

### 30. Januar 1933: Hitler wird Reichskanzler
Aus den Reichstagswahlen 1932 ging die NSDAP als stärkste Partei hervor. Da die bisherigen Präsidialkabinette gescheitert waren, wollten Reichspräsident Hindenburg und seine Berater Adolf Hitler für ihre politischen Ziele einspannen und ernannten ihn zum Reichskanzler. In Hitlers Regierung waren die NSDAP-Mitglieder in der Minderheit, doch hatte Hitler jetzt auf scheinbar legalem Weg eine Position erreicht, die es ihm ermöglichte, seine Ziele umzusetzen.

### „Machtergreifung"
Der von Nationalsozialisten geprägte Begriff beschreibt die politischen Veränderungen seit 1933, die 1934 zur Durchsetzung der NS-Diktatur führten. Erste Stationen waren:
- die Ernennung Hitlers zum Reichskanzler (30. Jan. 1933),
- die „Reichstagsbrandverordnung" (28. Febr. 1933),
- das „Ermächtigungsgesetz" (23. März 1933) und
- die Gleichschaltungsgesetze (Frühjahr 1933).

Mit den Gesetzen wurden Kerninhalte der Weimarer Verfassung außer Kraft gesetzt. Geschichtswissenschaftler verwenden anstelle von „Machtergreifung" häufiger die Begriffe „Machtübertragung" und „Machtübergabe".

### 1933: „Ermächtigungsgesetz"
Das „Gesetz zur Behebung der Not von Volk und Reich" (Ermächtigungsgesetz) vom 23. März 1933 hob die Gewaltenteilung auf. Der Regierung wurde damit unumschränkte Gesetzgebungsvollmacht eingeräumt. Eine Bindung der Regierung an Parlamentsbeschlüsse gab es nicht mehr, was ein willkürliches Handeln des Staatsapparats ermöglichte.

### „Gleichschaltung"
Politisches Schlagwort aus der Zeit der „Machtergreifung". Ziel der Nationalsozialisten war es, die gesamte Bevölkerung in ihrem Denken und Handeln auf die Ziele der NSDAP einzuschwören und den Pluralismus in Staat und Gesellschaft zugunsten des Bewusstseins einer einheitlichen „Volksgemeinschaft" aufzuheben. Um dies im politischen, wirtschaftlichen, sozialen und kulturellen Leben umzusetzen, wurden 1933/34 viele Einrichtungen verboten (z. B. andere Parteien, Gewerkschaften) oder in bestehende oder neu gegründete NS-Organisationen eingegliedert.

### Antisemitismus
Antijüdische Bewegung seit der zweiten Hälfte des 19. Jh., die an die religiös begründete antike und mittelalterliche Judenfeindschaft anknüpfte. Der Rassenantisemitismus rechtfertigte die Ablehnung der Juden mit dem Hinweis auf ihre „völkisch-rassische" Fremdheit und behauptete, dass Juden „minderwertig" und nicht integrierbar seien.

### „Nürnberger Gesetze"
Die Ausgrenzung und Entrechtung der Juden im nationalsozialistischen Deutschland wurde mit vielen diffamierenden und schikanösen Maßnahmen vollzogen. Den markantesten Punkt der Entrechtung stellen die „Nürnberger Gesetze" (1935) dar, wonach eheliche Verbindungen und geschlechtliche Beziehungen zwischen Juden und sog. Ariern unter Strafe gestellt und die Juden zu Bürgern zweiter Klasse ohne volle politische Rechte gemacht wurden.

**M1** SS-Männer trennen auf der Rampe im Konzentrationslager Auschwitz Juden aus Ungarn, Fotografie, Sommer 1944. Das Foto wurde nach Kriegsende bei einem SS-Mann in der Tschechoslowakei gefunden.

### 9./10. November 1938: Pogromnacht
Dass auf die Entrechtung die Verfolgung folgen würde, musste die jüdische Bevölkerung im November 1938 schmerzlich erfahren. Neben der materiellen Schädigung, die vielen Juden die wirtschaftliche Existenz kostete, bedeuteten die Brandanschläge auf die Synagogen einen massiven Angriff auf die religiöse Identität der Juden.

### Konzentrations- und Vernichtungslager
Massenlager, in denen Menschen inhaftiert, misshandelt und ermordet wurden, die den rassistischen, ideologischen und politischen, aber auch vorgeblich sozialen Vorstellungen der Nationalsozialisten nicht entsprachen. Ab 1938 wurden Häftlinge zur Zwangsarbeit für SS und Rüstungsindustrie eingesetzt. Seit 1941 wurden in den besetzten Ostgebieten Vernichtungslager errichtet und dort bis zum Frühjahr 1945 ca. sechs Millionen Juden und eine halbe Million weiterer Personen meist in Gaskammern ermordet.

### 1. September 1939: Beginn des Zweiten Weltkrieges
Der Krieg begann mit dem Überfall deutscher Truppen auf Polen. Großbritannien und Frankreich hielten sich an die gegenüber Polen abgegebenen Garantien und erklärten Deutschland den Krieg, der sich zum Weltkrieg ausweitete.

### Systematische Vernichtung der Juden (Holocaust, Shoah)
Auf die Phasen der Entrechtung (z. B. Nürnberger Gesetze 1935) und Verfolgung (z. B. Pogromnacht 1938) folgte in konsequenter Umsetzung der NS-Rassenideologie die physische Ermordung von Millionen Juden in Vernichtungslagern. Das Lager Auschwitz wurde als ein Ort des systematischen Mordens zum Symbol der menschenverachtenden NS-Rassenpolitik. Die Deportationen der Juden in die Vernichtungslager begannen 1941, die Massenvergasungen 1942. Das Phänomen des Völkermords an den Juden haben die Nationalsozialisten mit dem Begriff „Endlösung" verschleiert. In der Geschichtsschreibung taucht häufig der Begriff Holocaust auf (griech. „totale Verbrennung"). Die überlebenden Juden sprechen meist von der Shoah (hebräisch „einzigartiges Opfer, totale Zerstörung"). Die Auseinandersetzung mit der Frage nach Schuld und Verantwortung ist eine Aufgabe auch für die heutige Generation.

### 7./9. Mai 1945: Bedingungslose Kapitulation
Nach der Umklammerung Berlins durch sowjetische Truppen beging Hitler am 30. April 1945 im Bunker der Reichskanzlei Selbstmord. Die Führung der deutschen Wehrmacht unterzeichnete am 7. Mai 1945 in Reims und wiederholend am 9. Mai 1945 in Berlin-Karlshorst die bedingungslose Kapitulation. Seit dem 8. Mai war die Kapitulation an allen Fronten in Kraft und der Untergang des „Dritten Reiches" damit besiegelt.

**M2** Plakat zur Rundfunkausstellung in Berlin 19[?]
Der 1935/36 in Firmenkooperation entwickelte erste pre[is]werte und leistungsfähige Rundfunkempfänger, der „Volksempfänger" VE 301, kostete 76 Reichsmark, was etwa dem Wochenlohn eines Facharbeiters entsprach.

## Grundwissentraining

**1 Wissen wiederholen – mithilfe einer Tabelle**
a) Legen Sie eine vierspaltige Tabelle an:
Daten – Ereignisse – Grundbegriffe – Erläuterungen
b) Ordnen Sie die Grundwissensinformationen dieser Doppelseite sinnvoll in die Tabelle ein.

**2 Zusammenhänge herstellen – mit einer Mindmap**
a) Erstellen Sie unter Verwendung der Grundwissensbegriffe eine Mindmap um den Zentralbegriff „Nationalsozialismus". Ergänzen Sie gegebenenfalls weitere Aspekte, die Ihnen wichtig erscheinen.
b) Vergleichen Sie Ihr Ergebnis mit mindestens einem Mitschüler/einer Mitschülerin.

**3 Testaufgabe**
a) Erarbeiten Sie anhand der Bilder M1 und M2 Grundelemente der nationalsozialistischen Ideologie.
b) Nehmen Sie Stellung zu der Aussage, dass die nationalsozialistische Herrschaft nicht nur auf Gewalt und Terror, sondern zugleich auf Verführung beruhte.

# 4.1 Jüdisches Leben in Deutschland vor 1933

**M1** Der Chemiker Fritz Haber (1868–1934) vor einer Konstruktionsskizze, Fotografie, undatiert

Haber entwickelte mit Carl Bosch eine Methode zur synthetischen Herstellung von Ammoniak, die Deutschland im Ersten Weltkrieg von der Einfuhr von Kunstdünger unabhängig machte. Haber erhielt 1918 den Nobelpreis für Chemie. Er verließ Deutschland 1933.

**Internettipp**
www.chotzen.de
Film-, Bild- und Textdokumente über die Geschichte der deutsch-jüdischen Familie Chotzen vom Beginn des Ersten Weltkrieges bis zur Gegenwart.

**Erster Weltkrieg**

„Als wir jüdischen Frontsoldaten in Reih und Glied mit unseren Kameraden ins Feld zogen, da wähnten wir, aller Klassen- und Glaubenshass, alle religiösen Vorurteile seien getilgt. Wir haben uns getäuscht", klagte 1919, nach dem Ersten Weltkrieg, der Vorsitzende des „Reichsbunds jüdischer Frontsoldaten", Leo Löwenstein. In der Tat hatten sich die meisten jüdischen Deutschen wie auch alle führenden jüdischen Organisationen 1914 zur „Verteidigung des Vaterlandes" bekannt. Das geschah jedoch nicht, weil sie sich durch das öffentliche Bekenntnis zum Patriotismus die ersehnte Zugehörigkeit und die Zurückdrängung antisemitischer Kräfte versprachen, sondern weil sie tatsächlich Patrioten waren. Unmittelbar nach Kriegsausbruch meldeten sich mehr als 10 000 jüdische junge Männer freiwillig zum Militärdienst. Während des Ersten Weltkrieges dienten 96 000 jüdische Soldaten in der deutschen Armee, 12 000 von ihnen verloren ihr Leben und 35 000 wurden mit Orden ausgezeichnet.

Dennoch nahm in der Armee wie in der Bevölkerung der Antisemitismus, der bereits nach der Reichsgründung 1871 aufgekeimt war, zu. Die beiden Hauptvorwürfe der antisemitischen Propaganda lauten „Drückebergerei" und „Wucher". Diese Vorurteile unterstellten den Juden, dass sie die kriegsbedingte Not ausnutzten, um übermäßige Geschäftsgewinne zu erzielen. Hinzu komme, dass sich viele Juden dem Dienst an der Waffe entzögen. Wie stark der Antisemitismus im Militär verbreitet war, zeigte sich 1916, als das Kriegsministerium eine Erhebung über die jüdische Beteiligung am Frontdienst anordnete. Diese „Judenzählung", deren Ergebnisse nie veröffentlicht wurden, löste in weiten Teilen der jüdischen Bevölkerung Verbitterung aus. Die Hoffnung, endlich als gleichberechtigt angesehen zu werden, schwand zunehmend.

**Weimarer Republik**

Während und nach der Novemberrevolution 1918 unterstellte die antisemitische Propaganda den Juden eine besondere Sympathie für die radikale politische Linke, d. h. den Kommunismus, und ein konkretes politisches Engagement aufseiten der „bolschewistischen Staatsfeinde", d. h. den Anhängern eines politischen Umsturzes nach dem Vorbild der Russischen Oktoberrevolution 1917. In Wirklichkeit stand die große Mehrheit der Juden diesen radikalen Strömungen skeptisch gegenüber. Eine Analyse der politischen Orientierungen zeigt, dass sich Juden eher in Gruppierungen der gemäßigten politischen Linken betätigten. Außerdem hatten sie herausragende Positionen in bürgerlichen Parteien bzw. Gruppierungen der politischen Mitte inne.

Die überwältigende Mehrheit der rd. 560 000 jüdischen Bürger gehörte zwischen 1919 und 1933 zu den überzeugten Anhängern der Weimarer Demokratie. Zum ersten Male fühlten sich die Juden in Deutschland „zu Hause", wie der in der Weimarer Republik aufgewachsene und während der NS-Zeit in die USA emigrierte Historiker und Psychoanalytiker Peter Gay geschrieben hat. Tatsächlich vollendete die erste deutsche Demokratie die vollständige rechtliche Gleichstellung der Juden: In der Verfassung des Deutschen Reiches aus dem Jahre 1871 war bereits ihre staatsbürgerliche Gleichberechtigung (z. B. das Wahlrecht) verankert worden. Die Weimarer Reichsverfassung ging einen Schritt weiter und verbot ihre Diskriminierung im öffentlichen Dienst (Artikel 109 und 128). Außerdem bestätigte sie die Unabhängigkeit der bürgerlichen Rechte vom religiösen Bekenntnis (Artikel 136). Da die Artikel 137 und 138 über die Religionsgemeinschaften auch für jüdische Gemeinden galten, wurden sie nunmehr als Körperschaften öffentlichen Rechts anerkannt. Die jüdischen Gemeinden besaßen damit rechtlich den Rang von „Kirchen". Allerdings betraf das nicht die jüdischen Organisationen auf Landesebene.

Die deutschsprachige Kultur verdankte in der Weimarer Zeit der jüdischen Bevölkerung herausragende Leistungen in Kunst, Literatur und Wissenschaft (M 1, M 2, M 4). Jüdische Deutsche trugen maßgeblich zum international großen Ansehen der Naturwissenschaften bei – fünf der neun in der Weimarer Zeit an deutsche Naturwissenschaftler vergebenen Nobelpreise gingen an jüdische Forscher, unter ihnen war Albert Einstein*. Aber auch auf anderen Gebieten haben Juden das kulturelle Leben außerordentlich befruchtet: so der Theaterregisseur Max Reinhardt, der Kritiker Alfred Kerr, die Schauspielerin Elisabeth Bergner, der Dirigent Otto Klemperer, der Komponist Arnold Schönberg, der Maler Max Liebermann, der Filmregisseur Fritz Lang sowie die Schriftsteller Franz Werfel, Jakob Wassermann, Alfred Döblin, Ernst Toller und Kurt Tucholsky. Insgesamt waren jedoch nur 2,5 Prozent (1930) der dem Theater, der Musik und der Literatur zuzurechnenden Persönlichkeiten Juden.

Darüber hinaus ist Vorsicht im Umgang mit der Bezeichnung „jüdisch" geboten. Ein Teil dieser Persönlichkeiten war zum Christentum übergetreten und nur der Herkunft nach jüdisch, d.h. nach einer Definition der Nationalsozialisten, nicht nach ihrem eigenen Selbstverständnis.

**Antisemitismus vor 1933** In der Weimarer Zeit setzte sich die Entwicklung fort, die in der Kaiserzeit und im Ersten Weltkrieg begonnen hatte: Die Juden sahen sich mit einem wachsenden Antisemitismus konfrontiert, der sich überdies radikalisierte. 1919 schlossen sich die zahlreichen völkischen und antisemitischen Gruppierungen auf Initiative des republikfeindlichen Alldeutschen Verbandes im Deutschvölkischen Schutz- und Trutzbund zusammen. Ihm gehörten nach 1922 etwa 160 000 bis 180 000 Mitglieder an – Angestellte in untergeordneten Stellungen, Beamte aus dem Schul-, Post- und Eisenbahndienst sowie kleinere Kaufleute, Gewerbetreibende und Handwerker. Dieser antisemitische und republikfeindliche Verband schürte nicht nur Hass gegen Juden (M 5 a–c), sondern forderte auch gewalttätige Aktionen.

Die antisemitische Hetzpropaganda verleumdete die Weimarer Demokratie als „Judenrepublik" und lastete den Juden die Niederlage des Deutschen Reiches im Ersten Weltkrieg an. Nach dieser antisemitischen Spielart der Dolchstoßlegende* hatten Juden Deutschland verraten und um den Sieg gebracht (M 3). Ein führendes Mitglied des Alldeutschen Verbandes forderte 1918 sogar zur Ermordung von Juden auf: „Schlagt sie tot, das Weltgericht fragt Euch nach den Gründen nicht." Mitglieder der Freikorps und anderer rechtsextremer Verbände ermordeten 1919 und 1922 führende Politiker, die aus jüdischen Familien stammten, z. B. die kommunistische Politikerin Rosa Luxemburg (1871–1919), das Mitglied der Münchener Räteregierung Gustav Landauer (1870–1919), den sozialdemokratischen bayerischen Ministerpräsidenten Kurt Eisner (1867–1919) und den Industriellen und Außenminister Walter Rathenau (1867–1922). Zu Beginn der 1920er-Jahre und auf dem Höhepunkt der Inflation 1923 entluden sich die Aggressionen in Anschlägen auf prominente jüdische Politiker und Publizisten, in Ausschreitungen gegen Juden und in der Plünderung jüdischer Geschäfte. Betroffen waren vor allem Oberschlesien, Bayern, hier vor allem München, sowie das Berliner Scheunenviertel im Herbst des Jahres 1923. Aber auch Proteste gegen politisch-soziale Entwicklungen der Republik besaßen oft eine antijüdische Stoßrichtung. Im Gegensatz zur Kaiserzeit wurde kriminelles und gewalttätiges Vorgehen in der Zeit der Weimarer Republik zu einer eigenständigen Dimension des Antisemitismus.

**M2** Albert Einstein (1879–1955), Begründer der Relativitätstheorie, Fotografie, undatiert

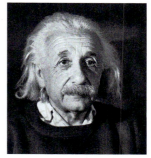

Einsteins Theorie wurde zur Grundlage der gesamten modernen Naturwissenschaft. Er emigrierte 1933 in die USA.

Dolchstoßlegende
Siehe S. 141.

**M3** „Judas' Verrat", Zeichnung von Willy Knabe zum Ersten Weltkrieg, Deutschland, 1942

## M 4 Alice Salomon (1872–1948), Sozialpolitikerin, Fotografie, undatiert

Salomon leitete von 1908 bis 1924 die Soziale Frauenschule in Berlin und von 1925 bis 1933 die Akademie für soziale und pädagogische Frauenarbeit. Sie wurde 1933 aus allen öffentlichen Ämtern gedrängt und 1937 von der Gestapo zur Emigration gezwungen.

**Lesetipp**
*Andreas Reinke, Geschichte der Juden in Deutschland 1781–1933, Darmstadt 2007. Eine knappe, übersichtliche Einführung.*

### Jüdische Organisationen

Zur Abwehr des Antisemitismus hatten besorgte Juden bereits 1893 den Centralverein deutscher Staatsbürger jüdischen Glaubens (CV) gegründet (M 6). Er blieb in der Weimarer Zeit die größte und wichtigste Interessenvertretung der deutschen Juden. 1927 gehörten ihm etwa 70 000 Einzelmitglieder an. Aufgrund der kooperativen Mitgliedschaft vieler Gemeinden und kleinerer Vereine vertrat er jedoch ungefähr 300 000 Personen. Der CV klagte die bürgerlichen Rechte seiner Mitglieder ein, ging gegen Antisemiten vor und leistete mithilfe seiner Zeitung „Im Deutschen Reich" (seit 1922 „CV-Zeitung") Aufklärungsarbeit. Gegenspieler des CV waren die Zionisten, ihr wichtigster Verband war die 1897 ins Leben gerufene Zionistische Vereinigung für Deutschland. 1927 verfügte sie über rd. 20 000 Mitglieder, die seit 1912 verpflichtet waren, den Aufbau in Palästina zu unterstützen und die Auswanderung nach Palästina in ihr persönliches Lebensprogramm aufzunehmen.

Die Abwehr des Antisemitismus scheiterte in der Weimarer Republik. Die Gründe hierfür waren vielfältig. Die jüdischen Interessenorganisationen fanden z. B. keine hinreichend starken und engagierten Bündnispartner, beispielsweise in den Parteien. Versuchten der CV und einige Zionisten bis 1929, die meinungsbildende Elite Deutschlands durch Medien und öffentliche Veranstaltungen zu erreichen, verlegten sie sich von 1930 bis 1933, in der Zeit der autoritären Präsidialkabinette, auf die Unterstützung der republiktreuen Parteien und Gruppierungen. Doch gerieten die Unterstützer der Republik zunehmend in die Defensive und der Liberalismus verfiel. Dies, so die Historikerin Kirsten Heinsohn, zeigte „einen Wertewandel in der deutschen Gesellschaft an, der genau die Werte betraf, die die erfolgreiche Emanzipation der Juden in Deutschland begünstigt hatten". Der Beginn der NS-Herrschaft, der von der Mehrheit der deutschen Gesellschaft 1933 begrüßt wurde, stellte schließlich „den Rechtsstaat zur Disposition – und damit auch die Gleichstellung der jüdischen Deutschen".

**1** Skizzieren Sie mithilfe einer Zeittafel die Lebensbedingungen der jüdischen Bevölkerung in Deutschland zwischen 1914 und 1933 anhand der Darstellung.

## M 5 Der „Deutschvölkische Schutz- und Trutzbund"

**a)** Ausschnitt aus einem Aufruf, München, 1919:

> **Die Schicksalsfrage des deutschen Volkes**
> ist durch die revolutionären Ereignisse grell in Erscheinung getreten.
>
> **Männer und Frauen**
> deutschen Blutes und deutschen Geistes, die die ungeheure Gefahr der Vorherrschaft des Judentums auf allen Gebieten unseres öffentlichen Lebens für den Bestand unseres Volkstums erkannt haben, schließen sich zusammen im
>
> **Deutschen Schutz- und Trutz-Bund**
> Zuschriften erbeten nach Hamburg 1, Postschließfach 38.

**b)** Der Bund schrieb in dem Aufruf von 1919 (siehe M 5 a) über seine Ziele:

Der Deutsche Schutz- und Trutzbund macht es sich zur Aufgabe, über Wesen und Umfang der jüdischen Gefahr aufzuklären und sie unter Benutzung aller politischen, staatsbürgerlichen und wirtschaftlichen Mittel zu bekämpfen.
Der Bund will insbesondere dahin wirken, dass auch bei den politischen Wahlen die Vorherrschaft des Judentums gebrochen und seine Beteiligung an den gesetzgebenden Körperschaften, den Gemeindevertretungen und den Behörden auf das ihm nach der Bevölkerungszahl zustehende Maß eingedämmt werde.
Nehmt teil an dem Befreiungskampf um die Erhaltung deutscher Eigenart. Wer vergisst, dass er ein Deutscher ist, dass er sein Deutschtum bekennen und beweisen muss, der versündigt sich an seinem Vaterlande, das gerade in seiner Not treuer, opferfähiger Liebe bedarf.

*Zit. nach: Helmut Berding, Moderner Antisemitismus in Deutschland, Klett, Stuttgart 1988, S. 46.*

**c) Der Geschäftsführer des Bundes, Alfred Roth, schrieb über Walter Rathenau, 1922:**

Rathenau war durch seine in eben jenen Tagen vollzogene Berufung zum Leiter der deutschen Kriegswirtschaft am Ziele seiner Wünsche angelangt. Er war der moderne „Joseph in Ägypten", und seine Rassegenossen waren erfüllt
5 von Stolz darüber, einen der ihrigen in solch mächtiger und einflussreicher Stellung zu wissen. Die Juden in Deutschland – ja wohl die der ganzen Welt – wussten wohl, was Rathenaus Berufung für sie zu bedeuten hatte. [...] Juda triumphierte schon damals.
10 Bei einem Siege Deutschlands „hätte die Weltgeschichte ihren Sinn verloren"; das war Rathenaus Überzeugung. Hätte er sie damals dem Reichskanzler und dem Kriegsminister ebenso offen ausgesprochen, wie er das nach der Revolution tat, gewiss keiner von beiden hätte ausgerechnet einem
15 solchen Manne die Organisation der deutschen Kriegswirtschaft anvertraut. Dass Rathenau gerade dazu berufen wurde, das ist Deutschland zum Verhängnis geworden. Er fand in dem Generaldirektor der Hamburg-Amerika-Linie, seinem Rassegenossen Albert Ballin, einen getreuen Helfers-
20 helfer, denn beide gemeinsam bauten das System der Kriegswirtschaft und Kriegsgesellschaften auf, dessen Auswirkungen nicht zum wenigsten den wirtschaftlichen und seelischen Zusammenbruch des deutschen Volkes verschuldet haben.
25 Ich wenigstens habe nie geglaubt, und glaube es heute weniger denn je, dass Rathenaus und Ballins Wirtschaftspläne ausgedacht worden seien, um das deutsche Volk zu stärken, seine Kräfte zu steigern und ihm den Sieg zu sichern. Der so überaus plötzlich herbeigeführte Tod Ballins in den Tagen
30 des Zusammenbruchs verstärkt für mein Empfinden die tiefere Bedeutung jener seltsamen Worte Rathenaus über den Sinn der Weltgeschichte. Auch die „Times" ließ sich anlässlich der deutschen Friedensangebote dahin vernehmen: „Die Deutschen haben noch nicht einmal den Sinn des Krie-
35 ges begriffen", als welchen der Oberste englische Gerichtshof bereits am 21. Dezember 1915 in einem Urteile kennzeichnete: „Die Zerstörung der kommerziellen Blüte Deutschlands ist Englands Kriegsziel"; und ebenso erklärte der „Daily Telegraph" am 17. Oktober 1917 in einer offiziel-
40 len Verlautbarung: „Die Amerikaner haben beschlossen, dass Deutschland in wirtschaftlicher Hinsicht erdrosselt werden muss."
In seiner Schrift „Von der Gründung des Judenstaates" aber schrieb nach dem Falle von Jerusalem der in Deutschland
45 lebende Jude Dr. L. F. Pinkus: „Tief in die Seelen der Juden gebrannt ist der Satz der russischen Zionisten, dass [...] die Interessen der jüdischen Nation identisch sind mit denen des britischen Volkes."
Was will man mehr? Engländer, Amerikaner und Juden
50 strebten dem gleichen Ziele zu: der Vernichtung Deutschlands.

Das also war der Sinn des Krieges im Bewusstsein unserer Feinde und da sie nun dank der zermürbenden Machenschaften der inneren Reichsfeinde „gesiegt haben", so ist damit auch der von Rathenau gemeinte „Sinn der Weltge-
55 schichte" erreicht. Ist da der Gedanke so abwegig, Rathenau und Ballin hätten ihre Wirtschaftspläne von vornherein auf einen solchen Ausgang des Krieges eingestellt, ja ihn durch jene zu fördern getrachtet?

Alfred Roth, Rathenau „Der Kandidat des Auslandes", Hamburg 1922, S. 5 f.

**M 6** Plakat des „Centralvereins deutscher Staatsbürger jüdischen Glaubens", München, 1919

**Die Juden**
sollen an Allem schuld sein,

so tönt es heute aus hinterhältig verbreiteten Flugblättern,
so reden es verhetzte Leute auf der Straße nach.
Wir Juden sollen schuld sein, daß der Krieg kam, aber in der Regierung und Diplomatie, in der Rüstungsindustrie und im Generalstab saßen

**keine Juden.**

Wir sollen auch schuld sein, daß der Krieg vorzeitig abgebrochen wurde.
Wir sollen schuld sein an allen Uebeln des Kapitalismus und zugleich an den Leiden der Revolution, die diese Uebel beseitigen will.
Was ein paar Führer jüdischer Herkunft gewirkt haben zum Guten und zum Bösen, haben sie selbst zu verantworten,

**nicht die jüdische Gesamtheit.**

Wir lehnen es ab, die Sündenböcke abzugeben für alle Schlechtigkeit der Welt.
Wir fordern unser Recht, wie bisher friedlich weiter zu arbeiten in unserem deutschen Vaterland, mit dessen Gedeihen in Zeiten der Macht wie der Niederlage auch unser Wohl unauflöslich verbunden ist.

Die Ortsgruppe München
des Centralvereins deutscher Staatsbürger jüdischen Glaubens.

Druck von B. Heller, München.

**1** Erläutern Sie mithilfe von M 5 a und b die gesellschaftspolitischen Vorstellungen des „Deutschvölkischen Schutz- und Trutzbundes".

**2** a) Lesen Sie M 5 c und informieren Sie sich mithilfe eines Lexikons über das Leben Walter Rathenaus.
b) Arbeiten Sie die zentralen Merkmale des Antisemitismus in M 5 c heraus. Welche Mittel wendet der Autor an, welche Ziele verfolgt er?

**3** Ordnen Sie das Plakat M 6 in den historischen Kontext ein.

**4 Referat:** Untersuchen Sie mithilfe des Internettipps, S. 180, das Leben der deutsch-jüdischen Familie Chotzen bis zum Ende der Weimarer Republik.

## 4.2 „Volksgemeinschafts"-Ideologie und Antisemitismus in der NS-Zeit

**Internettipp**
www.dhm.de/lemo/html/nazi/
Solides Internetportal des Deutschen Historischen Museums zum Nachschlagen und für Recherchen zur NS-Zeit (Informationstexte, Chroniken, Biografien, Statistiken, Schaubilder, Text-, Film- und Tondokumente, Erinnerungen von Zeitgenossen).

**„Völkisch"**
Das seit dem späten 19. Jh. gebrauchte Schlagwort bedeutete zunächst volkstümlich, wurde dann aber rassistisch aufgeladen. Der Begriff hatte neben einer ländlich-romantischen auch eine fremdenfeindliche Ausrichtung, er war mit dem Antisemitismus und einer Eroberungspolitik verbunden („Blut und Boden", „Deutschblütige", „deutsch-völkisch", „Volk ohne Raum" usw.); in der NS-Zeit oft ein Synonym für „nationalsozialistisch".

**„Arisch"**
Der Begriff „Arier" bezeichnete die Völker eines Zweiges der indogermanischen Sprachfamilie bzw. indogermanische Adelsgruppen. Die „Rassenlehre" des 19. Jh. beginnend mit Gobineau, gab dem Begriff neue Inhalte, die durch keinerlei wissenschaftliche Erkenntnisse gestützt sind. Gemeint waren nun die Angehörigen der weißen „Rasse" mit den Germanen als Krönung. Die NS-Ideologie benutzte den Begriff zur Ausgrenzung der Juden. Politisch umgesetzt wurde er
– im „Arierparagrafen" des „Gesetzes zur Wiederherstellung des Berufsbeamtentums" (1933),
– in der Forderung privater Vereine nach einem „Ariernachweis",
– in der „Arisierung", d. h. der Verdrängung der Juden aus dem Wirtschaftsleben.

**Grundlagen des Nationalsozialismus**

Am 24. Februar 1920 verkündete Adolf Hitler im Münchener Hofbräuhaus vor 2000 Besuchern das 25-Punkte-Programm der Nationalsozialistischen Deutschen Arbeiterpartei, der NSDAP. In Artikel 4 hieß es: „Staatsbürger kann nur sein, wer Volksgenosse ist. Volksgenosse kann nur sein, wer deutschen Blutes ist, ohne Rücksichtnahme auf die Konfession. Kein Jude kann daher Volksgenosse sein." Dieser Programmpunkt des 1921 für „unabänderlich" erklärten Parteiprogramms führt ins Zentrum der nationalsozialistischen Weltanschauung. Sie beruhte auf der Ausgrenzung der Juden aus der Gemeinschaft der „Volksgenossen". Der zu schaffenden „Volksgemeinschaft" durften nur Menschen „deutschen Blutes" angehören. Damit machte Hitler unmissverständlich klar, dass die Nationalsozialisten eine völkische*, rassistische und antisemitische Ideologie vertraten. Sie teilte die Menschen in eine „Wir-Gruppe" von Zugehörigen zur „Volksgemeinschaft", der allein „Arier"* angehören durften. Juden sowie andere ethnische und soziale Gruppierungen, z. B. Sinti und Roma, bildeten die „Sie-Gruppe" der „Anderen", der Ausgeschlossenen.

Grundlage dieser radikalen Unterscheidung bildete die Auffassung von der Ungleichwertigkeit der Menschen. Damit war nicht etwa die soziale Ungleichheit von Klassen und Schichten, d.h. von Einkommens- oder Bildungsunterschieden, gemeint. Für die Nationalsozialisten stand fest, dass bestimmte Menschen unabänderlich weniger wert seien als andere. Den jüdischen oder den slawischen „Untermenschen" stellte die nationalsozialistische Bewegung die „germanischen Herrenmenschen" gegenüber, die zur Herrschaft bestimmt seien. Diese inhumane Spaltung der Menschheit bestimmte nicht nur die nationalsozialistische Ideologie, sondern auch die Herrschaftspraxis. Nach der Ausgrenzung, Entrechtung und Beraubung der Juden zwischen 1933 und 1939 folgten während des Zweiten Weltkrieges 1939 bis 1945 die Deportation und Vernichtung.

**Ursprünge des Begriffs „Volksgemeinschaft"**

Die Nationalsozialisten haben den Begriff der „Volksgemeinschaft" nicht „erfunden"; er entstand vielmehr im 19. Jahrhundert. Wurde das Wort zunächst von Gelehrten verwendet, gewann es im kaiserlichen Deutschland (1871–1918) zunehmend an Bedeutung in der politischen Sprache. Allmählich ersetzte der Begriff „Volksgemeinschaft" den der „Volksnation". Nach diesem Verständnis war die deutsche Nation eine einheitliche ethnische Abstammungsgemeinschaft, deren Wurzeln angeblich bis zu den Germanen zurückverfolgt werden könnten.

Die Verheißung, einer eingeschworenen nationalen Gemeinschaft anzugehören, die alle Klassengegensätze und Interessenkonflikte überwunden habe, entfaltete im Ersten Weltkrieg besondere Wirkung. Als der damalige deutsche Kaiser, Wilhelm II., am 1. August 1914 einer großen Menschenmenge vor dem Berliner Schloss verkündete: „In dem jetzt bevorstehenden Kampf kenne ich in meinem Volk keine Parteien mehr. Es gibt unter uns nur noch Deutsche", erntete er von den Zuhörern brausenden Jubel. Der im Krieg ständig wiederholte Appell an diesen „Geist von 1914" sollte den Durchhaltewillen der Bevölkerung auch dann noch stärken, als der anfänglichen Kriegsbegeisterung die Ernüchterung folgte. Die Verschmelzung aller sozialen Gruppen zu einem Ganzen und die Unterordnung des Einzelnen unter dieses Ganze galten als unabdingbare Voraussetzung, um jedem Feind zu trotzen.

# Nationalsozialismus 4

**Der Begriff „Volksgemeinschaft" in der Weimarer Zeit**

In der Weimarer Republik verschwand der Begriff der „Volksgemeinschaft" nicht aus dem politischen Vokabular. Im Gegenteil: Fast alle Parteien versicherten, die Einheit und Geschlossenheit des Volkes zu fördern. Allerdings verbanden die Parteien der Linken andere Vorstellungen mit dem Wort „Volk" als die politische Rechte. Wenn die Sozialdemokraten von der Gemeinschaft des Volkes sprachen, forderten sie die Solidarität aller abhängig beschäftigten Menschen gegen wenige „Monopolkapitalisten" mit dem Ziel, eine Gesellschaft ohne Ausbeutung zu schaffen. Zwar präsentierten sich auch die Nationalsozialisten als klassenübergreifende Partei, die keine Einzelinteressen, sondern das gesamte Volk vertreten wollte. Unter „Volk" verstanden sie aber die mythische Einheit einer nach der Rassenlehre gestalteten nationalen Gemeinschaft. Die Sozialdemokraten hingegen dachten an den Zusammenschluss der werktätigen Bevölkerung bzw. der abhängig Beschäftigten. Hinzu kam ein weiterer Unterschied: Die Rechte beschäftigte weniger die Frage, wer zur Volksgemeinschaft gehörte, als vielmehr, wer nicht zu ihr gehören durfte – dazu zählten sie allen voran die Juden.

**NS-„Volksgemeinschafts"-Ideologie**

Tatsächlich zielte der „nationale Sozialismus", den die NSDAP vertrat, nicht auf die sozialistische Umgestaltung der wirtschaftlichen und sozialen Verhältnisse, wie sie von den Arbeiterparteien und den Gewerkschaften angestrebt wurde. Die Nationalsozialisten lehnten im Gegenteil Sozialismus und Kommunismus ab, weil diese Anschauungen nur Zwietracht ins deutsche Volk brächten. Die „nationale Wiedergeburt" des Deutschen Reiches konnte nach ihrer Auffassung nur gelingen, wenn Staat und Gesellschaft nicht länger von Klassenkampf und Parteienzwist bestimmt würden. Als Alternative zu sozialistischen und liberal-demokratischen Ordnungsvorstellungen formulierte die NS-Propaganda das Ideal der „Volksgemeinschaft", in der

**M1** Plakat der Deutschen Arbeitsfront (DAF)* zu den Vertrauenswahlen 1934

**Deutsche Arbeitsfront (DAF)**
Sie wurde nach Auflösung der Gewerkschaften im Mai 1933 von den Nationalsozialisten ins Leben gerufen. Alle Arbeiter- und Angestelltenverbände wurden ihr eingegliedert und die Vermögen übernommen, die Arbeitgebervereine aufgelöst und die Tarifautonomie beseitigt. Die DAF entwickelte sich zu einer riesigen Propagandaorganisation mit 44 000 hauptamtlichen und 1,3 Mio. ehrenamtlichen Mitarbeitern. Sie war auf allen Sozialgebieten aktiv (Wohnungsbau, Versicherungen, Freizeit- und Reiseangebote u. a.).

**M2** „Rassekundlicher" Unterricht in einem Schulungslager für Schulhelferinnen in Nürtingen, Fotografie, 1943

1 Erläutern Sie ausgehend von M 2 den Rassismus in der NS-Zeit. Ziehen Sie M 3 und M 4 mit hinzu.

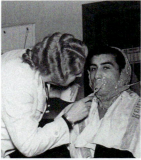

**M 3** Kopfmodelle von Sinti und Roma, hergestellt von „Rasseforschern", Fotografien, um 1937

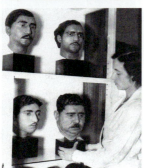

alle sozialen Gruppen – außer den „Gegnern", die ausgegrenzt werden müssten (M 8–M 10), – zu einem einheitlichen ethnischen Verband zusammengeschlossen seien. Damit jeder seinen natürlichen Platz in der Gesellschaft einnehmen könne (M 5), sollten alle sozialen Unterschiede eingeebnet werden. In einer Rede zum Heldengedenktag erklärte Hitler am 10. März 1940: „Über Klassen und Stände, Berufe, Konfessionen und alle übrige Wirrnis des Lebens hinweg erhebt sich die soziale Einheit der deutschen Menschen ohne Ansehen des Standes und der Herkunft, im Blute fundiert, durch ein tausendjähriges Leben zusammengefügt, durch das Schicksal auf Gedeih und Verderb verbunden. [...] Unser Wille ist der Sieg der nationalsozialistischen Volksgemeinschaft!"

Die Verheißung der Nationalsozialisten, die deutsche Bevölkerung zu einer „Volksgemeinschaft" zusammenzuführen, war nach dem Ersten Weltkrieg ein wirksames Propagandamittel, um die Enttäuschten und Unzufriedenen für die NSDAP zu gewinnen (M 6). Nach der Machtübernahme 1933 trat ein anderes wesentliches Ziel in den Vordergrund: Die Nationalsozialisten betrachteten die Schaffung einer homogenen und starken deutschen Nation als unabdingbare Voraussetzung für ihre Kriegs- und Expansionspolitik. Erst eine von allen inneren Konflikten und Schwächen befreite „Volksgemeinschaft" besaß für Hitler und die NS-Bewegung die Kraft und Willensstärke, den in ihren Augen erforderlichen „Lebensraum" im Osten gegen eine Welt äußerer Feinde zu erobern (M 1).

### Rassismus

Der Rassismus war einer der Grundpfeiler der nationalsozialistischen „Volksgemeinschafts"-Ideologie. Das Wort „Rasse" gehörte nicht nur zu den Kernbegriffen der nationalsozialistischen Weltanschauung, sondern an allen Schulen und Universitäten wurde auch das Fach „Rassenkunde" gelehrt (M 2, M 3). Kennzeichnend für rassistisches Denken ist erstens die pseudo-wissenschaftliche Auffassung, dass biologische und damit erbliche Merkmale das gesamte menschliche, also auch das politisch-gesellschaftliche Verhalten bestimmen. Zweitens unterstellt der Rassismus die Höher- bzw. Minderwertigkeit unterschiedlicher „Rassen". Mit dieser Annahme untrennbar verbunden ist eine sozialdarwinistische Interpretation der Geschichte: Sie erscheint als ein ständiger Kampf der Individuen und Völker, der Staaten und „Rassen", wobei sich stets die Stärkeren gegenüber den Schwächeren durchsetzen.

Der Rassismus war keine „Erfindung" der Nationalsozialisten, sondern hatte sich im späten 19. Jahrhundert entwickelt. Damals entstand aus einer Verbindung von Wissenschaftsgläubigkeit, Erbbiologie und Medizin die Lehre von der „Rassenhygiene". Ihr lag der Glaube zugrunde, dass biologische Erkenntnisse über das Wesen des Menschen gesellschaftliche Prozesse beeinflussen könnten. Die von der modernen Rassenlehre ausgehende Biologisierung des Sozialen, d. h. des Zusammenlebens der Menschen, hatte einschneidende Folgen: Unter Berufung auf die Naturwissenschaften konnten christliche oder humanistische bzw. auf dem liberal-demokratischen Gleichheitspostulat beruhende Forderungen nach besonderer Hilfe für Schwache und Bedürftige abgewehrt werden. Die Anhänger der Rassenhygiene brauchten nur auf die „schlechten" Erbanlagen dieser Menschen zu verweisen, die die Weiterentwicklung des Volkes oder sogar der Menschheit angeblich bedrohten. Die Rassenlehre gab das Recht auf Unversehrtheit des Lebens preis, zugunsten des vermeintlich höheren Wertes der „Volksgemeinschaft" (M 11). Die Rassenhygiene war unter Wissenschaftlern vor 1933 als Ideologie tief verwurzelt. Aus diesen wissenschaftlichen Eliten – Biologen, Genetikern, Medizinern, Kriminologen, Hygienikern, Psychiatern, Pädagogen, Juristen – rekrutierten sich nach 1933 die „Expertenstäbe" der nationalsozialistischen Vernichtungspolitik.

**M 4** Plakat zur Ausstellung „Der ewige Jude" in München, November 1937

# Nationalsozialismus 4

**Antisemitismus in der NS-Zeit**

Rassismus und Antisemitismus verbanden sich in der NS-Ideologie zum **Rassenantisemitismus**, dessen Wurzeln ins 19. Jahrhundert zurückreichen. Anders als in früheren Jahrhunderten wurde eine Ablehnung von Juden seitdem nicht mehr allein mit religiösen oder sozialen Gründen gerechtfertigt. Rassenantisemiten versuchten eine jüdische „Rasse" zu konstruieren, die gegenüber der „arischen" bzw. germanischen minderwertig sei und sich nur der geistigen und materiellen Güter höherstehender Rassen bediene. Sie betrachteten daher „das Judentum" als Feind der Menschheit (M 4).

Mit der NS-Machtübernahme wurde der Rassenantisemitismus zum Inhalt staatlicher Politik, zum Dreh- und Angelpunkt staatlichen Handelns. Deswegen bezeichnet der Historiker Michael Wildt den nationalsozialistischen Judenhass auch als **„Antisemitismus der Tat"**, weil darin der Unterschied zum Antisemitismus der Kaiserzeit lag. Die Ideen von gesetzlichen Einschränkungen oder die bereits vorhandenen Erwägungen, Juden physisch zu vernichten, wie sie z. B. der Philosoph und Antisemit Karl Eugen Düring (1833–1921) angestellt hatte, waren da, blieben aber Theorie. In der NS-Zeit hingegen wurden daraus Aufrufe zur Tat und staatliche Politik, die das Ziel verfolgte, die „Volksgemeinschaft" herzustellen. „Unsere Sorge muss es sein", sagte Hitler, „das Instinktmäßige gegen das Judentum in unserem Volke [...] aufzuwiegeln, solange bis es zum Entschluss kommt, der Bewegung sich anzuschließen, die bereit ist, die Konsequenzen daraus zu ziehen."

**Lesetipp**
Michael Wildt, Geschichte des Nationalsozialismus, UTB, Göttingen 2008. Gut gegliederte, kurze Darstellung mit der „Volksgemeinschaft" als Leitproblem.

1 Benennen Sie die Grundlagen des NS-Welt- und Menschenbildes (Darstellung).
2 Skizzieren Sie in Form einer Mindmap die zentralen Merkmale der NS-„Volksgemeinschafts"-Ideologie. Beziehen Sie M 1 mit ein.
3 Erläutern Sie den Begriff „Rassenantisemitismus" (Darstellung, M 2–M 4).
4 Interpretieren Sie M 5 unter dem Aspekt der NS-Herrschaftsideologie. Gehen Sie auch auf Geschlechterfragen ein und ziehen Sie M 8 hinzu.

### M 5 Hans Toepper, Deutsche Symphonie, ca. 1938

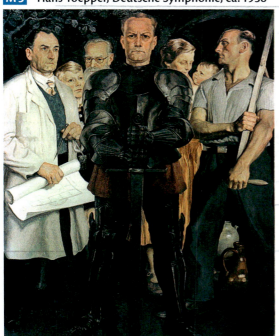

### M 6 NS-„Volksgemeinschafts"-Ideologie

*Aus der Rede von Adolf Hitler „Warum sind wir Antisemiten?", gehalten am 13. August 1920 auf einer NSDAP-Versammlung im Festsaal des Münchener Hofbräuhauses. In der Rede wurde erstmals der Begriff „Volksgemeinschaft" verwendet:*

Was heißt eigentlich Arbeit? [...] Zunächst der rein instinktmäßige Selbsterhaltungstrieb. Wir finden ihn nicht nur beim Menschen, sondern auch beim Tier, und erst dieser instinktmäßige Selbsterhaltungstrieb hat sich später ausgebaut zu einer weiteren Form von Arbeit, nämlich zur Arbeit aus purem Egoismus. Auch diese zweite Stufe der Arbeit wurde allmählich überwunden und es kam die dritte: die Arbeit aus sittlich-moralischem Pflichtgefühl, die der einzelne nicht macht, vielleicht nur weil er dazu gezwungen ist, sondern die wir heute auf Schritt und Tritt verfolgen können, [...] und wir können es erleben, dass Millionen Menschen heute überhaupt nicht sein können ohne irgendeine Beschäftigung. [...] Diese drei Errungenschaften: das erkannte Prinzip der *Arbeit als Pflicht*, [...] zweitens die unbedingte körperliche *Gesundheit* und dadurch die geistige normale Gesundheit, und drittens das *tief-innerliche* Seelenleben hat diesen nordischen Rassen die Möglichkeit gegeben, staatenbildend über die übrige Welt zu ziehen. [...]

Diese Rassen nun, die wir als Arier bezeichnen, waren in Wirklichkeit die Erwecker all der späteren großen Kulturen, die wir in der Geschichte heute noch verfolgen können. Wir wissen, dass Ägypten durch arische Einwanderer auf seine Kulturhöhe gebracht wurde, ebenso Persien, Griechenland; die Einwanderer waren blonde, blauäugige Arier, und wir wissen, dass außer diesen Staaten überhaupt keine Kulturstaaten auf dieser Erde gegründet wurden. […]

Warum hat nun der Arier diese Kraft zur Staatenbildung besessen? Sie liegt nahezu ausschließlich in seiner Auffassung des Begriffes Arbeit. Die Rassen, die zum ersten Mal diese Tätigkeit nicht als Zwang ansahen, sondern als durch Jahrzehntausende notgeborene Notwendigkeit, mussten von vornherein den anderen überlegen sein, und endlich ist es die Arbeit überhaupt, die den Menschen zwang, zusammen zu kommen, die Teilung der Arbeit. Wir wissen, […] dass, wo Teilung der Arbeit erfolgt, der Zusammenschluss größerer Menschengruppen notwendig wurde. […]

Wenn wir als erste Notwendigkeit zur Staatenbildung die Auffassung der Arbeit als soziale Pflicht ansehen müssen, dann ist die zweite Notwendigkeit, die Voraussetzung hierzu: Rassen-Gesundheit und Rassenreinheit, und nichts kam diesen nordischen Eroberern so sehr zugute als ihre geläuterte Kraft gegenüber den morschen faulen Südrassen. […]

Wie steht nun der Jude zur Staatenbildung? Besitzt auch der Jude die Kraft, Staaten zu bilden usw.? Da müssen wir erst unbedingt prüfen seine Stellung zur Arbeit. […]

Arbeit ist ihm […] nicht die selbstverständliche sittliche Pflicht, sondern nur ein Mittel höchstens zur Erhaltung seines eigenen Ich. […] Und wir wissen, dass diese Arbeit einst bestand im Ausplündern wandernder Karawanen und dass sie heute besteht im planmäßigen Ausplündern verschuldeter Bauern, Industrieller, Bürger usw. Und dass sich die Form wohl geändert hat, dass aber das Prinzip das gleiche ist. Wir nennen das nicht Arbeit, sondern Raub […]. Wenn uns schon dieser erste grundlegende Begriff trennt, so trennt uns auch sofort ein zweiter. Ich erklärte Ihnen vorhin, dass diese große Periode im Norden die Rassen rein gezüchtet hat. Das ist so zu verstehen, dass alles Minderwertige, Schwächliche allmählich aus diesen Rassen abgestorben ist und dass nur die gesündesten Körper übrig blieben. Auch hier unterscheidet sich der Jude; denn er ist nicht rein gezüchtet […]. Endlich fehlt dem Juden noch das dritte: das innerliche seelische Erleben. […]

Wir sehen, dass hier schon in der Rasse zwei große Unterschiede liegen: Ariertum bedeutet sittliche Auffassung der Arbeit und dadurch das, was wir heute so oft im Munde führen: Sozialismus, Gemeinsinn, Gemeinnutz vor Eigennutz – Judentum bedeutet egoistische Auffassung der Arbeit und dadurch Mammonismus und Materialismus, das konträre Gegenteil des Sozialismus […]. Und in dieser Eigenschaft, über die er nicht hinaus kann, die in seinem Blute liegt, er selbst erkennt das an, in dieser Eigenschaft allein schon liegt die Notwendigkeit für den Juden, unbedingt staatenzerstörend auftreten zu müssen. Er kann nicht anders, ob er will oder nicht. Er ist dadurch nicht mehr befähigt, einen eigenen Staat zu bilden, denn der setzt mehr oder weniger stets viel Sozialgefühl voraus. Er ist dadurch nur mehr in der Lage, als Parasit zu leben in den anderen Staaten, er lebt als Rasse in anderen Rassen, als Staat in anderen Staaten, und wir sehen hier ganz genau, dass die Rasse an und für sich noch nicht staatenbildend wirkt, wenn sie nicht ganz bestimmte Eigenschaften besitzt, die in der Rasse liegen müssen, die ihr aufgrund ihres Blutes angeboren sein müssen, und dass umgekehrt eine Rasse, die diese Eigenschaften nicht besitzt, rassen- und staatenzerstörend wirken muss, gleichviel ob der Einzelne gut ist oder böse. […]

Der Jude ist bemüht, all das zu beseitigen, von dem er weiß, dass es irgendwie krafterzeugend, muskelstärkend wirkt, und vor allem das zu beseitigen, von dem er weiß […], dass es entschlossen ist, nationale Volksverbrecher, d.h. Schädlinge an der Volksgemeinschaft, nicht unter sich zu dulden.

Zit. nach: Eberhard Jäckel u. a. (Hg.), Hitler. Sämtliche Aufzeichnungen 1905–1924, DVA, Stuttgart 1980, S. 184–195.

1 Untersuchen Sie, welche Merkmale Hitler „Ariern" zuschreibt und wie er Juden charakterisiert (M 6).
2 Erläutern und diskutieren Sie von diesen Merkmalen ausgehend die NS-„Volksgemeinschafts"-Ideologie.

### M7 „Volksgemeinschaft" und Freiheit?

*Friedrich Schmidt, Leiter des Hauptschulungsamtes der NSDAP, schrieb 1940 in einem Buch über Erziehungziele:*

Frei ist der deutsche Mensch in höchstem Maße dann, wenn er sich den Gebundenheiten einer göttlichen Ordnung zu unterwerfen bereit ist. So ist auch nicht der frei, welcher tun kann, was er tun will, sondern frei ist der, welcher das tut, was er tun soll. Somit ist der Mensch, der aus Erkenntnis der Gebundenheit seines Blutes an die Ewigkeit seiner Ahnen heute bereit ist, für diese ewige Gemeinschaft werktätig zu sein, im besten Sinne des Wortes ein freier Mensch. Der höchste Freiheitsbegriff des Mannes liegt in der Bereitwilligkeit, für die Ewigkeit der Nation in den Tod zu gehen. Der höchste Freiheitsbegriff für das Weib aber wird immer bestehen in der Bereitwilligkeit, für die Ewigkeit des Volkes als der göttlichen Welt- und Gemeinschaftsordnung zu gebären.

Zit. nach: Michael Schneider, Unterm Hakenkreuz, J. H. W. Dietz Nachf., Bonn 1999, S. 349 f.

1 **Fächerverbindung Sozialkunde:** Zeigen Sie am Freiheitsbegriff, inwiefern die NS-Ideologie liberaldemokratischen Werten widersprach (M 7; Darstellung; Grundrechte im Grundgesetz: *www.bundestag.de/wissen*).

**M 8** Am 7. Februar 1941 wurden einer jungen Frau auf dem Altenburger Marktplatz die Haare abgeschnitten, Fotografien.

Vorgeworfen wurden der Frau intime Kontakte zu einem Polen. Gestapo-Beamte hatten sie für die Aktion aus dem Gefängnis geholt. Plakattext: „Ich bin aus der Volksgemeinschaft ausgestoßen!"

**M 9** Aus den Deutschlandberichten der Exilsozialdemokraten (SoPaDe) über die Jugend, 1934

Die Jugend ist nach wie vor für das System, das Neue: das Exerzieren, die Uniform, das Lagerleben, dass Schule und Elternhaus hinter der jugendlichen Gemeinschaft zurücktreten, all das ist herrlich. Große Zeit ohne Gefahr. Viele glauben, dass ihnen durch Juden- und Marxistenverfolgungen wirtschaftliche Wege geöffnet sind. Je mehr sie sich begeistern, umso leichter sind die Examen, umso eher gibt es eine Stellung, einen Arbeitsplatz. Die bäuerliche Jugend lebt in der HJ und in der SA zum ersten Male mit dem Staat. Auch junge Arbeiter machen mit: „Vielleicht kommt doch eines Tages der Sozialismus, man versucht ihn eben auf eine neue Art, die anderen haben ihn bestimmt nicht gebracht, Volksgemeinschaft ist doch besser als unterste Klasse sein", so etwa denken sie.

*Deutschlandberichte der SoPaDe, 1. Jg., 1934, Zweitausendeins, Frankfurt/M. 1980, S. 117.*

**M 10** Fritz Stern (geb. 1926 in Breslau, Emigration in die USA 1938), schreibt in seinen Memoiren, 2007

Ich war ab April 1936 über zwei Jahre am Maria-Magdalena-Gymnasium, und mit jedem Halbjahr wurde es unangenehmer, wuchs mein Gefühl des Ausgeschlossenseins. Die meisten Klassenkameraden waren in der Hitlerjugend, und an besonderen Tagen (beispielsweise am Führergeburtstag) erschienen sie in Uniform. Auch ohne Uniform ließen sie einen spüren, dass sie auf Deutschland und den Nationalsozialismus stolz waren und sich freuten, einer Gemeinschaft anzugehören. Gelegentlich war ich Zielscheibe verbaler und – auf dem Schulhof – physischer Attacken. Einmal habe ich mich zur Wehr gesetzt und dem Tyrannen unserer Klasse, der andere schikanierte, eine verpasst. (Für diese Tat bekam ich ein Geschenk von meinem Vater.) Die Schule war schon anstrengend genug, und durch das hinzukommende Ausgeschlossensein und die Bedrohung wurde es noch schlimmer.

*Fritz Stern, Fünf Deutschland und ein Leben. Erinnerungen, Übers. Friedrich Giese, C. H. Beck, München 2007, S. 152.*

**1** Erörtern Sie anhand von M 8–M 10 die Folgen der „Volksgemeinschafts"-Propaganda.

**M 11** Kritik an der „Volksgemeinschafts"-Ideologie?

*Aus einer Predigt des katholischen Bischofs von Münster, Clemens August Graf von Galen, in der er am 3. August 1941 die „Euthanasie"-Morde (s. Kapitel 4.7, S. 216) anprangerte:*

Ich hatte bereits am 26. Juli bei der Provinzialverwaltung der Provinz Westfalen, der die Anstalten unterstehen, der die Kranken zur Pflege und Heilung anvertraut sind, schriftlich ernstesten Einspruch erhoben. Es hat nichts genützt. Der erste Transport der schuldlos zum Tode Verurteilten ist von Marienthal abgegangen. Und aus der Heil- und Pflegeanstalt Warstein sind, wie ich höre, bereits 800 (achthundert) Kranke abtransportiert. So müssen wir damit rechnen, dass die armen, wehrlosen Kranken über kurz oder lang umgebracht werden. Warum? Nicht weil sie ein todeswürdiges Verbrechen begangen haben, nicht etwa, weil sie ihren Wärter oder Pfleger angegriffen haben, sodass diesem nichts anderes übrig blieb, als dass er zur Erhaltung des eigenen Lebens in gerechter Notwehr dem Angreifer entgegentrat. Das sind Fälle, in denen neben der Tötung des bewaffneten Landesfeindes im gerechten Krieg Gewaltanwendung bis zur Tötung erlaubt und nicht selten geboten ist.

Nein, hier handelt es sich um Menschen, unsere Mitmenschen, unsere Brüder und Schwestern – arme Menschen, kranke Menschen – „unproduktive Menschen" meinetwegen. Aber haben sie damit das Recht auf das Leben verwirkt? Hast du, habe ich nur so lange das Recht zu leben, als wir produktiv sind, so lange wir als produktiv von anderen anerkannt werden? Wenn man den Grundsatz aufstellt und anwendet, dass man den „unproduktiven Menschen" töten darf, dann wehe uns allen, wenn wir alt und altersschwach werden! Wenn man die „unproduktiven Menschen" gewaltsam beseitigen darf, dann wehe unseren braven Soldaten, die als Schwerkriegsverletzte, als Krüppel, als Invaliden in die Heimat zurückkehren!

*Zit. nach: Herbert Michaelis/Ernst Schraepler, Ursachen und Folgen, Bd. 19, Wendler, Berlin 1975, S. 518 f.*

**1** Untersuchen Sie die Predigt M 11 unter der Frage, inwieweit sie eine Kritik an der „Volksgemeinschafts"-Ideologie darstellt.

# 4.3 Führerkult, Propaganda und inszenierte Lebenswelten im NS-Staat

**M1** Plakat für deutsche Behörden und Schulräume seit 1938/39

**Adolf Hitler (1889–1945)**
**1919** Eintritt in die Deutsche Arbeiterpartei (DAP; seit 1920: NSDAP)
**1921–1945** NSDAP-Vorsitzender
**1923** Gescheiterter Putsch gegen die Reichsregierung
**1924** Festungshaft in Landsberg; Aufgabe der österr. Staatsbürgerschaft, staatenlos
**1925** Neugründung der NSDAP; „Mein Kampf", Bd. 1
**1927** „Mein Kampf", Bd. 2
**1932** Dt. Staatsbürger
**1933** Reichskanzler
**1934** „Führer und Reichskanzler"
**1938** Übernahme des Oberbefehls über die gesamte Wehrmacht
**1941** Oberbefehlshaber des Heeres
**1945** Selbstmord

**Führerkult**

„Das ist das Wunder dieser Zeit, dass ihr mich gefunden habt [...] unter so vielen Millionen! Und dass ich Euch gefunden habe, das ist Deutschlands Glück!" Dieses Zitat aus einer Rede, die Adolf Hitler 1936 unter dem Jubel Hunderttausender auf dem Reichsparteitag in Nürnberg hielt, beschreibt anschaulich den NS-Führerkult. Geschickt nutzte Hitler die Hochstimmung in der Bevölkerung nach dem außerordentlichen Prestigegewinn Deutschlands während der Olympischen Spiele in Berlin 1936 (M 4), um sich als nationaler Heilsbringer zu feiern und feiern zu lassen. Aber auch die NS-Propaganda versuchte von Anfang an, die Begeisterung für Hitler zu kulthafter Verehrung zu steigern. Sie überhöhte ihn zu einer messianischen Gestalt, die nicht nur jeder Aufgabe gewachsen war, sondern auf allen Gebieten Überragendes leistete – als Staatsmann oder Feldherr, Künstler oder Bauherr. Der Mythos vom willensstarken, weitsichtigen und tatkräftigen „Führer" wurde ergänzt durch eine andere, ebenso wirkungsmächtige Inszenierung: Hitler stellte sich als „Mann des Volkes" dar, als „einer von uns". Dabei betonte die Propaganda, dass er seinen Aufstieg als Einzelgänger und politischer Außenseiter gemacht habe. Der „Führer" wurde als eine „instinktiv" richtig handelnde Persönlichkeit dargestellt, die ausgetretene Pfade verlasse, Neues wage und das Unvorhergesehene tue.

Tatsächlich war Adolf Hitler* die zentrale Gestalt des Nationalsozialismus (M 1). Bereits vor 1933 herrschte er fast unumschränkt über die NSDAP. Sie verdankte seinem Rednertalent den Aufstieg von einer lokalen Splitterpartei zur stärksten politischen Kraft und zur Regierungspartei. Auch nach der „Machtergreifung" 1933 blieb Hitler für seine Partei ein unersetzlicher Magnet, sodass die NSDAP weiterhin von ihm abhängig war.

Im „Führerstaat" wurde Autorität in der Staats- und Parteiorganisation von oben nach unten ausgeübt, Verantwortung von unten nach oben verlagert (M 6). Das Führerprinzip verlangte die bedingungslose Unterwerfung des Einzelnen unter die Ziele von Staat und Partei. Opposition war daher strikt verboten. Der „Führer" vereinte in sich die oberste vollziehende, gesetzgebende und richterliche Gewalt, er bedurfte dafür keiner Legitimation und forderte unbedingten Gehorsam. Das NS-Regime kannte keine Gewaltenteilung.

Die Ideologie der „Volksgemeinschaft" (s. S. 184 ff.) und das Führerprinzip ergänzten sich. Der Erhöhung Hitlers zum allmächtigen „Führer" entsprach die Verklärung des Volkes zu einer Bluts-, Schicksals- und Willensgemeinschaft, wobei jedoch die NS-Rassenlehre über Zugehörigkeit und Ausschluss entschied.

**Propaganda**

Die NS-Herrschaft beruhte auf Gewalt, Terror und Unterdrückung, aber auch auf Verführung. Durch glanzvolle Feiern und Inszenierungen sollten die Mitglieder und Anhänger der NSDAP in ihrem Glauben an die siegreiche Mission der Partei und ihres Führers bestärkt werden (M 2); gleichzeitig wollte man diejenigen Teile der Bevölkerung, die dem Regime skeptisch oder gleichgültig gegenüberstanden, für sich gewinnen. Denn die Nationalsozialisten wussten, dass sie mit Zwang allein ihre Herrschaft nicht sichern konnten. Das wichtigste Mittel zur Mobilisierung der öffentlichen Meinung war die Propaganda. Das Wort (lat. *propagare* = ausbreiten) war um 1900 ein Synonym für Wirtschaftswerbung. Erst seit den 1920er-Jahren bezeichnete es die Verbreitung politischer Lehren und Ideen, insbesondere die werbende und einseitige Beeinflussung der öffentlichen Meinung.

# Nationalsozialismus 4

Die NSDAP hatte bereits für ihren Aufstieg neue Werbemedien zur Mobilisierung der Bevölkerung zu nutzen gewusst. Wirkungsvoll inszenierte Großkundgebungen mit großen Lautsprecheranlagen, spektakuläre Flugzeugreisen, die Hitler bei seinen reichsweiten Wahlkampfeinsätzen in wenigen Stunden von einer Stadt zur anderen brachten, der Einsatz der Plakatkunst (M 4, M 5) sowie eine aufwändige Parteipresse kennzeichnen den Stil der NS-Propaganda vor 1933.
Hitler und Propagandaminister Joseph Goebbels*, die wirkungsvollsten Redner der Partei, erhoben unter Ausnutzung der Mechanismen der Massenpsychologie Volkstümlichkeit und extreme Vereinfachung zur Grundlage von Parteisprache und Propaganda (M 7). Die Beschränkung auf wenige einprägsame Merksprüche, die reklamehafte Wiederholung, die Wahl eingängiger Symbole, die Benutzung von Freund-Feind-Bildern sowie eine zwischen Einfühlsamkeit und Gewalttätigkeit pendelnde Sprache sollten zur Identifikation mit der anscheinend allmächtigen NSDAP und ihrem Führer beitragen. Gleich nach Hitlers Machtübernahme wurde im März 1933 das Propagandaministerium gegründet und die Propaganda zur Unterstützung der NS-Politik in allen Lebensbereichen eingesetzt. Über die Medien, d.h. in der Presse (z. B. im „Völkischen Beobachter"*), im Rundfunk und in Filmen, hämmerte die NS-Propaganda der Bevölkerung ihre Ideologie ein – bis zur totalen Niederlage des „Dritten Reiches" im Mai 1945.

**Joseph Goebbels (1897–1945)**
1926 NSDAP-Gauleiter Berlin
seit 1930 Reichspropagandaleiter der NSDAP
1933 Reichspropagandaminister
1944 Bevollmächtigter für den totalen Kriegseinsatz
1945 Gemeinsamer Selbstmord mit seiner Frau in der Reichskanzlei, nachdem er zuvor seine Kinder vergiftet hatte

**„Völkischer Beobachter"**
1920 von der NSDAP erworbenes Propagandaorgan, das aus dem völkischen „Münchener Beobachter" hervorgegangen war. Seit 1933 war es praktisch ein Regierungsorgan, dessen Verlautbarungen offiziellen Charakter besaßen.

**Gemeinschaftserziehung und -erlebnis**

Die Ausgrenzung der politischen Gegner und „Gemeinschaftsfremden" aus der „Volksgemeinschaft" war die eine Seite des Nationalsozialismus. Die andere Seite bildeten Gemeinschaftserlebnisse, in denen sich die deutsche Bevölkerung als Einheit erleben und feiern durfte. Denn für die NS-Ideologie war das Volk nicht eine Summe von Individuen, sondern ein biologischer Personenverband („Blutsgemeinschaft"), der Klassen-, Stände- und Gruppeninteressen überwinden sollte. Den Nationalsozialisten war stets bewusst, dass die Erziehung zur „Volksgemeinschaft" eine zentrale politisch-ideologische Aufgabe war. Sie sollte von den NS-Organisationen organisiert und kontrolliert werden.

**M 2** „Lichtdom" auf dem Reichsparteitag der NSDAP, Nürnberg 1937, Fotografie

1 Beschreiben Sie ausgehend von M 2, mit welchen Mitteln die Nationalsozialisten die Parteitage in Nürnberg inszeniert haben.
2 Erörtern Sie Aufgaben und Funktionen dieser Inszenierungen.
3 Vergleichen Sie mit Parteitagen moderner demokratischer Parteien heute.

**Internettipp**
*www.reichsparteitagsgelaende.de*
Internetportal des Dokumentationszentrums Nürnberg, das die Propagandafunktion der Reichsparteitage veranschaulicht.

# 4 Nationalsozialismus

**Hitlerjugend (HJ)**
Sie wurde 1926 als Jugendorganisation der NSDAP gegründet und nach 1933 staatlicher Jugendverband. Das „Gesetz über die Hitlerjugend" von 1936 verfügte die Zusammenfassung aller Jugendlichen in der HJ; 1939 leitete die NS-Regierung daraus eine Jugenddienstpflicht für alle Jugendlichen zwischen 10 und 18 Jahren ab (vergleichbar dem Arbeitsdienst und der Wehrpflicht). Fehlten Jugendliche auf HJ-Veranstaltungen, konnten die Eltern bestraft werden.

**Bund Deutscher Mädel (BDM)**
Als Organisation der NSDAP 1930 für die weibliche Jugend gegründet, wurde der Bund 1933 dem „Reichsjugendführer" Baldur von Schirach unterstellt und zur Staatsjugend. Ab 1939 galt daher für Mädchen zwischen 14 und 18 Jahren eine Dienstpflicht. Die Teilnahme an Heimabenden, Sportnachmittagen, Fahrten und Lagern war gesetzlich vorgeschrieben.

**„Kraft durch Freude" (KdF)**
KdF wurde im November 1933 als Unterorganisation der Deutschen Arbeitsfront (s. S. 185) gegründet. Insbesondere das KdF-Amt „Reisen, Wandern, Urlaub" entwickelte sich mit seinem Ausflugs-, Urlaubsreise- und Kreuzfahrtangebot rasch zum zweitgrößten deutschen Reiseunternehmen und erzielte eine große propagandistische Wirkung. Mit Ausbruch des Krieges 1939 wurde die Tätigkeit eingestellt.

**M3 KdF-Seebad Prora auf Rügen, Fotografie, 2001**

**Internettipp**
www.dokumentationszentrum-prora.de
Fotos und Informationen über den 1936 begonnenen Bau des KdF-Seebades Prora auf Rügen.

Um die Erziehung zur „Volksgemeinschaft" so effektiv wie möglich zu gestalten, kümmerte sich das NS-Regime besonders um die deutsche Jugend. Sie sollte von Kindheit an zum bedingungslosen „Glauben" an den Führer erzogen werden. Erlebnisfahrten, Lagerleben und Rituale dienten der Stärkung des Gemeinschaftsgeistes und boten den geeigneten Rahmen, um die Jugend zu Gehorsam, Disziplin und Kampfeswillen zu erziehen. Ein weiteres Betätigungsfeld war die Freizeit.

**HJ – BDM – KdF** Für einen großen Teil der Jugendlichen waren die NS-Jugendorganisationen attraktiv. Sie ermöglichten es ihnen, unabhängig von Elternhaus und Schule Erfahrungen zu sammeln und ihren Erlebnishunger zu befriedigen (M 9). Das galt für Jungen und Mädchen. Mit der Verfestigung von bürokratischen Strukturen in Hitlerjugend (HJ)* und Bund Deutscher Mädel (BDM)* ließ allerdings die Attraktivität für Jugendliche nach, zumal besonders in der HJ der militärische Drill zunahm. So lässt sich seit Ende der 1930er-Jahre in den Großstädten vermehrt eine Ablehnung der NS-Organisationen unter Jugendlichen feststellen, die wilde Cliquen gründeten und eigene Formen von Jugendkultur praktizierten.

Im Hinblick auf die Freizeitgestaltung standen die Nationalsozialisten vor einer doppelten Aufgabe: Erstens kamen sie nach der Zerschlagung der Gewerkschaften und deren Sozial- und Hilfseinrichtungen nicht umhin, ein Ersatzangebot zu unterbreiten. Zweitens mussten sie nach der Zerschlagung der Arbeiterparteien versuchen, deren Anhänger für das NS-Regime zu gewinnen. Große Popularität erlangte das Freizeitangebot der NS-Organisation „Kraft durch Freude" (KdF)*, das von Arbeitsplatzverschönerungen über Konzerte und Ausstellungen bis hin zu Ausflügen, Ferienreisen und Kreuzfahrten reichte. Mit rund 78 000 Betriebswarten stand ein einzigartiges Vertriebs- und „Propaganda"-Netz zur Verfügung. KdF warb damit, erstmals erschwingliche Urlaubsreisen für Arbeiter anzubieten (M 3, M 5, M 8). Auch konnte KdF im Gegensatz zu anderen Anbietern Dumpingpreise bei Unterkunfts- und Transportanbietern durchsetzen und für die Teilnahme an seinen Reisen teilweise Sonderurlaub erwirken. Anspruch und Wirklichkeit klafften aber auseinander. Mit KdF reisten überwiegend Angestellte und Beamte.

**Ideologie und Wirklichkeit** Welche Wirkung hatte die nationalsozialistische „Volksgemeinschafts"-Ideologie? War sie mehr als nur eine von der Propaganda erzeugte Scheinwirklichkeit? Gewiss haben die Nationalsozialisten nie die gesamte deutsche Bevölkerung für sich gewinnen können. Doch spricht vieles dafür, dass das NS-Regime weite Teile der Bevölkerung, auch der Arbeiterschaft, an sich binden konnte. Das gilt besonders für die Zeit zwischen 1933 und 1939. Die wirtschaftliche Aufwärtsentwicklung, der Abbau der Arbeitslosigkeit, wachsende Konsummöglichkeiten, die Verbreitung des Gefühls sozialer Gleichheit und individueller Aufstiegschancen sowie die sozialpolitischen Aktivitäten und Ankündigungen des NS-Staates stärkten bei vielen Deutschen die Loyalitätsgefühle zum Nationalsozialismus, vor allem aber zum „Führer", der alle Erfolge für sich reklamierte. Hinzu kamen die außenpolitischen Erfolge des NS-Regimes, die den nationalen Wiederaufstieg des Deutschen Reiches glaubhaft demonstrierten. Die Nationalsozialisten befreiten Deutschland von den „Fesseln" des Versailler Vertrages und schufen 1938 mit der „Eingliederung" Österreichs und des Sudetenlandes ins Deutsche Reich entscheidende Voraussetzungen für die Schaffung des Großdeutschen Reiches.

Bei Beginn des Zweiten Weltkrieges waren die Deutschen weder kriegsbereit noch zogen sie begeistert in den Kampf. Viele teilten die Furcht, der Krieg könnte alles Erreichte zunichte machen. Nicht der Sieg über Polen 1939, sondern erst der erfolgreiche Feldzug gegen Frankreich ließ die Kritiker verstummen. Seit dem triumphalen Einmarsch deutscher Truppen in Paris am 14. Juni 1940 entwickelte sich Kriegsbegeisterung, Hitler erlebte den Höhepunkt der Verehrung. Obwohl der Sieg der Roten Armee in der Schlacht vor Moskau im Dezember 1941 das Scheitern der deutschen „Blitzkriegs"-Strategie offenbarte, veränderte erst der „Untergang" der 6. deutschen Armee in Stalingrad zu Jahresanfang 1943 die Wahrnehmung des Krieges. Das Vertrauen in den „Führer" nahm nach dem Schock von Stalingrad ab, die Zweifel an den Fähigkeiten der politischen und militärischen Führung mehrten sich. Angesichts der wachsenden Not und Last des Krieges wandelte sich die „selbstherrliche, chauvinistische ‚Volksgemeinschaft'" zur „Notgemeinschaft der Erschöpften und Verzweifelten" (Norbert Frei). Zwar wurde von nun an jede Ungerechtigkeit schmerzlich empfunden, aber es gab bis hinein in die letzten Wochen des Krieges kein großes Aufbegehren, geschweige denn Aufstände.

**Lesetipps**
Michael H. Kater, Hitler-Jugend, Darmstadt 2005.
Gisela Müller-Kipp, „Der Führer braucht mich". Der Bund Deutscher Mädel (BDM), Weinheim 2007.

1 Skizzieren Sie mithilfe der Darstellung, was unter der „Inszenierung der Volksgemeinschaft" zu verstehen ist. Gehen Sie dabei auf den NS-Führerkult, die NS-Propaganda und Erlebnisangebote der Nationalsozialisten ein.
2 Erörtern Sie anhand der Darstellung die Frage, ob es den Nationalsozialisten gelang, ihre „Volksgemeinschafts"-Ideologie zu verwirklichen.
3 **Arbeitsteilige Partnerarbeit:** Beschreiben Sie die Gestaltung der Plakate M 4 und M 5 und erläutern Sie deren Aufgaben und Funktionen im NS-Staat.

**M4** Werbeplakat der deutschen Fremdenverkehrszentrale für die Olympischen Spiele 1936 in Berlin

**M5** „Auch Du kannst jetzt reisen!", Werbeplakat des KdF-Amtes „Reisen, Wandern, Urlaub", 1937

## M 6 Adolf Hitler in seiner Schrift „Mein Kampf" über die Grundlagen des „Führerstaates", 1925

Die junge Bewegung ist ihrem Wesen und ihrer inneren Organisation nach antiparlamentarisch, d. h., sie lehnt im Allgemeinen wie in ihrem eigenen inneren Aufbau ein Prinzip der Majoritätsbestimmung ab, in dem der Führer nur zum Vollstrecker des Willens und der Meinung anderer degradiert wird. Die Bewegung vertritt im Kleinsten wie im Größten den Grundsatz der unbedingten Führerautorität, gepaart mit höchster Verantwortung.

Die praktischen Folgen dieses Grundsatzes in der Bewegung sind nachstehende:

Der erste Vorsitzende einer Ortsgruppe wird durch den nächsthöheren Führer eingesetzt, er ist der verantwortliche Leiter der Ortsgruppe. Sämtliche Ausschüsse unterstehen ihm und nicht er umgekehrt einem Ausschuss. Abstimmungs-Ausschüsse gibt es nicht, sondern nur Arbeits-Ausschüsse. Die Arbeit teilt der verantwortliche Leiter, der erste Vorsitzende, ein. Der gleiche Grundsatz gilt für die nächsthöhere Organisation, den Bezirk, den Kreis oder den Gau. Immer wird der Führer von oben eingesetzt und gleichzeitig mit unbeschränkter Vollmacht und Autorität bekleidet. Nur der Führer der Gesamtpartei wird aus vereinsgesetzlichen Gründen in der Generalmitgliederversammlung gewählt. Er ist aber der ausschließliche Führer der Bewegung. Sämtliche Ausschüsse unterstehen ihm und nicht er den Ausschüssen. Er bestimmt und trägt damit aber auch auf seinen Schultern die Verantwortung. Es steht den Anhängern der Bewegung frei, vor dem Forum einer neuen Wahl ihn zur Verantwortung zu ziehen, ihn seines Amtes zu entkleiden, insofern er gegen die Grundsätze der Bewegung verstoßen oder ihren Interessen schlecht gedient hat. An seine Stelle tritt dann der besserkönnende, neue Mann, jedoch mit gleicher Autorität und mit gleicher Verantwortlichkeit. Es ist eine der obersten Aufgaben der Bewegung, dieses Prinzip zum bestimmenden nicht nur innerhalb ihrer eigenen Reihe, sondern auch für den gesamten Staat zu machen.

Adolf Hitler, Mein Kampf, München 1942, S. 378 f.

**1** Erläutern Sie das „Führerprinzip" der Nationalsozialisten (M 6; s. auch M 1).

**2** Erarbeiten Sie ausgehend von M 6 die Unterschiede zwischen dem NS-Führerprinzip und den Grundsätzen demokratischer Entscheidungsfindung.

## M 7 Hitler in „Mein Kampf" über Propaganda, 1925

Die Macht […], die die großen historischen Lawinen religiöser und politischer Art ins Rollen brachte, war seit urewig nur die Zauberkraft des gesprochenen Wortes. Die breite Masse eines Volkes vor allem unterliegt immer nur der Gewalt der Rede. […]

Die Aufgabe der Propaganda ist […] nicht ein Abwägen der verschiedenen Rechte, sondern das ausschließliche Betonen des einen eben durch sie zu vertretenden. Sie hat nicht objektiv auch die Wahrheit, soweit sie den anderen günstig ist, zu erforschen, um sie dann der Masse in doktrinärer Aufrichtigkeit vorzusetzen, sondern ununterbrochen der eigenen zu dienen. […] Das Volk ist in seiner überwiegenden Mehrheit so feminin veranlagt und eingestellt, dass weniger nüchterne Überlegung, vielmehr gefühlsmäßige Empfindung sein Denken und Handeln bestimmt. Diese Empfindung aber ist nicht kompliziert, sondern sehr einfach und geschlossen. Es gibt hierbei nicht viel Differenzierungen, sondern ein Positiv oder ein Negativ, Liebe oder Hass, Recht oder Unrecht, Wahrheit oder Lüge.

Adolf Hitler, Mein Kampf, München 1942, S. 116 ff.

**1** Erläutern Sie die Grundsätze, nach denen Hitler die NS-Propaganda gestaltet wissen wollte (M 7).

**2** Ordnen Sie die Quelle M 7 mithilfe der Darstellung in Theorie und Praxis der NS-Propaganda ein.

## M 8 Erlebnisangebote: „Kraft durch Freude"

**a) Aus einem Rundschreiben des KdF-Amtes „Reisen, Wandern, Urlaub" an die KdF-Gaureferenten vom 23. Januar 1934:**

Die Verhandlungen mit der Reichsbahn über die Fahrverbilligung sind abgeschlossen. Mit Rücksicht auf den besonders propagandistischen Zweck, der mit den Urlaubsfahrten im Monat Februar [1934] verbunden ist, hat sich die Reichsbahn bereit erklärt, unter der Voraussetzung, dass an der oben genannten Zahl der Urlauberzüge festgehalten wird, kostenlose Beförderung zu gewähren. Dies gilt innerhalb der 100-Kilometer-Grenze auch für den Zubringerdienst. Presseveröffentlichungen über diese Tatsache haben unter allen Umständen zu unterbleiben. Die gleichen Vergünstigungen gewährt die Reichspost für die etwa notwendig werdende Beförderung am Unterkunftsort zur Verteilung in die Quartiere und umliegenden Ortschaften mit Kraftomnibussen.

**b) Aus einem Bericht des Sicherheitsdienstes (SD) über eine einwöchige KdF-Reise im Juni 1937 in die Sächsische Schweiz, 2. Juli 1937:**

Vor Beginn der Urlaubsfahrt wurden die Teilnehmerlisten mit den Urlaubern aus Pommern in Bezug auf ihre politische Einstellung bei der Stapoleitstelle Stettin überprüft. […] Von der Stapoleitstelle wurden zur Beobachtung der KdF-Fahrt zwei Beamte kommandiert. […]

Die Stimmung unter den Urlaubern war während der ganzen Zeit ausgezeichnet. Es herrschten offensichtlich Freude und Ausgelassenheit. Die Einrichtungen der KdF-Veranstaltungen und -Reisen wurden allgemein als eine anerkennenswerte Maßnahme insbesondere für den Arbeiter bezeichnet. Es ist leider bedauerlich, dass noch so wenig Arbeiter an den KdF-Reisen teilnehmen. Unter den Teilnehmern an dieser Fahrt befanden sich tatsächlich nur sehr wenig ausgesprochene Arbeiter, überwiegend setzten sich die Teilnehmer aus Angestellten, Büroarbeitern und Verkäufern zusammen. Davon wiederum waren die Mehrzahl Frauen. Der Arbeiter ist noch nicht in der Lage, die Kosten für die an sich schon billige Reise aufzubringen. Die vorhandenen Arbeiter waren entweder von ihren Betriebsführern geschickt worden oder es waren die Kosten aus den z. T. bestehenden Betriebsurlaubskassen entnommen worden. Nur vereinzelte Arbeiter, insbesondere ledige, hatten die Kosten für die Reise durch KdF-Urlaubssparmarken zusammengetragen.

*M 8 a und b zit. nach: Christine Keitz, Reisen als Leitbild. Die Entstehung des modernen Massentourismus in Deutschland, dtv, München 1997, S. 241 und 256 f.*

**1** Analysieren Sie M 8 a und b unter der Frage, wie die Bevölkerung auf die NS-Freizeitangebote reagierte.

**M 9** Erlebnisangebote: Hitlerjugend (HJ) und Bund Deutscher Mädel (BDM)

**a) Zeltlager der HJ 1939, Fotografie**

**b) BDM-Mädchen bei einem HJ-Aufmarsch an der Rheinbrücke in Köln, 15. Oktober 1933, Fotografie**

**c) Erinnerungen eines Abiturienten an die HJ, 1950:**
Diese Kameradschaft, das war es auch, was ich an der Hitlerjugend liebte. Als ich mit zehn Jahren in die Reihen des Jungvolks eintrat, war ich begeistert. Denn welcher Junge ist nicht entflammt, wenn ihm Ideale, hohe Ideale wie Kameradschaft, Treue und Ehre entgegengehalten werden. Ich weiß noch, wie tief ergriffen ich dasaß, als wir die Schwertworte des Pimpfen lernten: „Jungvolkjungen sind hart, schweigsam und treu; Jungvolkjungen sind Kameraden; des Jungvolkjungen Höchstes ist die Ehre!" Sie schienen mir etwas Heiliges zu sein. – Und dann die Fahrten! Gibt es etwas Schöneres, als im Kreis von Kameraden die Herrlichkeiten der Heimat zu genießen? Oft zogen wir am Wochenende in die nächste Umgebung von K. hinaus, um den Sonntag dort zu verleben. Welche Freude empfanden wir, wenn wir an irgendeinem blauen See Holz sammelten, Feuer machten und darauf dann eine Erbsensuppe kochten! […] Diese Stunden waren wohl die schönsten, die uns die Hitlerjugend geboten hat. Hier saßen dann Lehrlinge und Schüler, Arbeitersöhne und Beamtensöhne zusammen und lernten sich gegenseitig verstehen und schätzen.

*Zit. nach: Kurt Haß (Hg.), Lebensberichte junger Deutscher 1946–1949, Wegner Verlag, Hamburg 1950, S. 61 ff.*

**d) Aufzeichnungen für eine BDM-Tagung, um 1935:**
Die vielen Kameradinnen, die in den Fabriken arbeiten, müssen in ihren Ferien herausgeholt werden aus den Betrieben und in eines der Freizeitlager des BDM gebracht werden. Gemeinsame Arbeit und Spiel verbindet sie dort alle miteinander und lässt sie für einige Zeit ihre Arbeit vergessen. Dort erleben sie auch die Kameradschaft. Mit dem Guten und Schönen, das sie in einem solchen Lager aufgenommen haben, können sie mit neuer Kraft an ihre schwere Arbeit gehen. Und dann sind da noch die Umschulungslager des BDM. Die Mädchen aus Fabrik und Büro lernen dort die Arbeiten des Haushalts oder der Landwirtschaft kennen. Die Lagerleitung sorgt für gute Unterbringung der Mädchen in geprüften Haushalten, wo sie sich dann nutzbringend in einer ihrer Art entsprechenden Arbeit betätigen können. Ihr alle, die ihr keine feste Beschäftigung habt, lasst eure Kraft nicht brachliegen, wendet euch an die Sozialreferentin des BDM, meldet euch zu einem Umschulungskurs in eines unserer Lager! Ihr werdet viel Freude an der neuen Arbeit haben!

*Zit. nach: Margarete Hannsmann, Der helle Tag bricht an. Ein Kind wird Nazi, Goldmann, München 1984, S. 74.*

**1** Diskutieren Sie über die Attraktivität der HJ für damalige männliche Jugendliche (M 9 a und c).
**2** Charakterisieren Sie die Ziele des Bundes Deutscher Mädel (M 9 b und d).
**3** Erläutern Sie die Bedeutung der „inszenierten Lebenswelten" für das NS-Regime (M 3–M 9).

## 4.4 Jüdisches Leben 1933 bis 1935: Diskriminierung und Ausgrenzung

M1 Ortsschild, undatiert (ca. 1930er-Jahre)

**Lesetipp**
*Michael Wildt, Volksgemeinschaft als Selbstermächtigung. Gewalt gegen Juden in der deutschen Provinz 1919 bis 1939, Hamburg 2007. Eine Darstellung mit vielen anschaulichen Quellenauszügen.*

**NS-Regime und Wertewandel** Im Frühjahr 1933 verging in Deutschland kaum ein Tag, an dem nicht irgendein Aspekt der „Judenfrage" thematisiert wurde. Was jüdischen Deutschen in dieser Zeit passierte, listet der Historiker Saul Friedländer auf (1998): „Im März 1933 untersagte die Stadt Köln Juden die Benutzung städtischer Sportanlagen. [...] Am 4. April schloss der deutsche Boxer-Verband alle jüdischen Boxer aus. Am 8. April sollten alle jüdischen Dozenten und Assistenten an Universitäten des Landes Baden unverzüglich entlassen werden. [...] Am 19. April wurde der Gebrauch des Jiddischen auf Viehmärkten in Baden verboten. Am 24. April wurde die Verwendung jüdischer Namen zum Buchstabieren im Telefonverkehr untersagt. Am 8. Mai verbot es der Bürgermeister von Zweibrücken Juden, auf dem nächsten Jahrmarkt Stände zu mieten. Am 13. Mai wurde die Änderung jüdischer Namen in nicht jüdische verboten. Am 24. Mai wurde die restlose Arisierung der Deutschen Turnerschaft angeordnet, wobei die vollständige arische Abstammung aller vier Großeltern gefordert wurde. [...] Und so ging es weiter Tag für Tag."

Diese unvollständige Aufzählung antijüdischer Maßnahmen unmittelbar nach der Machtübernahme der Nationalsozialisten verdeutlicht, wie rasch die Diskriminierung und Ausgrenzung der Juden im nationalsozialistischen Deutschland begann und wie zielstrebig sie durchgeführt wurde. Für das NS-Regime war die Herstellung eines „judenfreien" großdeutschen Reiches sowohl Ziel ihrer Politik als auch Mittel des angestrebten Umsturzes der liberal-demokratischen und bürgerlichen Ordnung. Die auf der „Volksgemeinschafts"-Ideologie (s. S. 184 ff.) beruhende Vorstellung, dass die Erniedrigung und Verfolgung anderer Menschen notwendig und gut sei, widerspricht grundsätzlich bürgerlichen Werten und Normen. Denn diese garantieren die Menschen- und Bürgerrechte sowie die Rechtsgleichheit der Staatsbürger. Die neue Ordnung hingegen, die die Nationalsozialisten

M2 Kaufhaus „Woolworth" in Wuppertal-Barmen am 1. April 1933, Fotografie

schaffen wollten, verachtete dieses Rechtsdenken und strebte einen radikalen Wandel der das gesamte menschliche Handeln bestimmenden moralisch-sittlichen Leitideen an. Der Sozialpsychologe Harald Welzer hat in diesem Zusammenhang von einer „nationalsozialistischen Moral" gesprochen (2005). Diese sei im Kern von der Gewissheit getragen, dass alles gut und sinnvoll sei, was zur sogenannten „Lösung der Judenfrage" beitrage.

**Diskriminierung im Alltag und April-Boykott 1933**
Der Verfolgungsprozess setzte unmittelbar mit der Machtübernahme der Nationalsozialisten Anfang 1933 ein und radikalisierte sich schrittweise. Am Beginn standen Rempeleien und Handgreiflichkeiten gegen Juden auf offener Straße durch SA-Trupps. Nach der antisemitischen Propagandakampagne bei den Reichstagswahlen vom 5. März 1933 kam es zu Ausschreitungen und blutigen Unruhen. Dabei setzten sich nicht „erregte Menschenmengen" gegen das „mächtige Judentum" zur Wehr, wie die NS-Presse behauptete, sondern örtliche Anhänger der NSDAP terrorisierten gezielt jüdische Geschäftsleute, Ärzte und Juristen.

Der Regierung kamen diese Unruhen ungelegen, weil sie die Konsolidierung ihrer Herrschaft stören konnten. Noch musste Hitler Rücksicht auf seine bürgerlich-konservativen Koalitionspartner nehmen: den Reichspräsidenten von Hindenburg, die Reichswehr, die staatliche Verwaltung und die Wirtschaft, deren Vertrauen er gewinnen wollte. Die antisemitischen Gewalttätigkeiten belasteten zudem die Beziehungen zum westlichen Ausland (Proteste, Boykottaufrufe) und schränkten die außenpolitischen Handlungsspielräume der neuen Regierung ein. Um den auf antijüdische Aktionen drängenden Gruppen entgegenzukommen, entschloss sich Hitler daher am 1. April 1933 zu einem straff organisierten Boykott jüdischer Geschäfte sowie der Praxen jüdischer Ärzte und Rechtsanwälte (M 2 bis M 4).

Bereits vor 1933 hatten mit der NSDAP verbundene Gruppen wie die „Kampfgemeinschaft gegen Warenhaus und Konsumverein" in Oberbayern oder der „Kampfbund des gewerblichen Mittelstandes" solche Aktivitäten entfaltet (M 6). Am 1. April 1933 hinderten Boykottposten überall in Deutschland Kunden am Betreten jüdischer Geschäfte, warfen Fensterscheiben ein oder beschmierten Schaufenster mit antisemitischen Parolen, wie z. B.: „Wer beim Juden kauft, ist ein Volksverräter". Bald danach gingen Gruppen der NSDAP, SA oder HJ dazu über, Kunden beim Betreten jüdischer Geschäfte zu fotografieren und diese Fotos in großen, grellrot gestrichenen Kästen zu veröffentlichen. Es ging den Nationalsozialisten nicht nur darum, die jüdischen Deutschen zu isolieren und für rechtlos zu erklären, sondern auch Solidarität und Mitleid mit den Verfolgten zu brandmarken (M 10).

**Verdrängung**
Im April 1933 verabschiedete die Regierung verschiedene Gesetze und Verordnungen, die mithilfe des „Arierparagrafen" den Ausschluss der Juden aus bestimmten Berufen vorantrieben. Der NS-Staat schloss jüdische Ärzte von der Zulassung zu den Krankenkassen aus und verbot jüdischen Rechtsanwälten, Richtern und Staatsanwälten die Berufsausübung. Mit dem „Gesetz zur Wiederherstellung des Berufsbeamtentums" vom 7. April 1933 versperrte das Regime den Juden die Beamtenlaufbahn bzw. es ordnete ihre Versetzung in den Ruhestand an. Auf die Intervention Hindenburgs hin wurden jedoch ehemalige Frontsoldaten von dieser Regelung ausgenommen. Außerdem schränkten die Nationalsozialisten die Ausbildungs- und Studienmöglichkeiten für Juden stark ein. Ihr Anteil durfte an den einzelnen Schulen und Universitäten nicht mehr als 5 Prozent und im gesamten Reichsgebiet nicht mehr als 1,5 Prozent betragen.

**M 3** Boykott des Geschäftes des jüdischen Kaufmanns Richard Stern in Köln, Marsilstein, 1. April 1933

Stern protestierte gegen die Aktion, indem er sich mit seinem Eisernen Kreuz, das ihm im Ersten Weltkrieg „wegen Tapferkeit vor dem Feind" verliehen worden war, vor seinen Laden stellte.

**M 4** Eine Käuferin, die den April-Boykott in Mittweida (Sachsen) missachtet, wird fotografiert, vermutlich 1. April 1933

## 4 Nationalsozialismus

**M 5** Plakat der Kreisleitung der NSDAP Miesbach, 1935

Plakattext: „Bekanntmachung. Auf Grund verschied. Ausschreitungen und herausfordernden Benehmens der deutschen Bevölkerung gegenüber verlange ich, dass die als Kurgäste hier verweilenden Juden binnen 24 Stunden Rottach-Egern verlassen und aus den Bayer. Bergen verschwinden. Nach diesem Termin kann für ihre Sicherheit keine Garantie mehr übernommen werden. Miesbach, den 16. August 1935. Kreisleitung der N.S.D.A.P. Miesbach, [...] Kreisleiter."

**„Nürnberger Gesetze" (1935)** Mit den „Nürnberger Gesetzen" begann die systematische Ausgrenzung aller Juden, indem sie zu Staatsbürgern minderen Rechts herabgestuft wurden. Das „Reichsbürgergesetz" vom 15. September 1935 nahm den Juden alle politischen Bürgerrechte; sie waren nur noch „Staatsangehörige", nicht mehr „Reichsbürger". Gleichzeitig verbot das Regime im „Gesetz zum Schutz des deutschen Blutes und der deutschen Ehre" („Blutschutzgesetz") die Mischehe sowie außereheliche Beziehungen zwischen „Ariern" und Juden. Übertretungen des Verbots galten als „Rassenschande" und wurden mit Zuchthaus bestraft (M 7, M 8).

Mit einer Vielzahl von Sondergesetzen und -verordnungen setzte der NS-Staat in den nächsten Jahren die Diskriminierung und Ausgrenzung der deutschen Juden aus dem öffentlichen Leben fort. Die Nationalsozialisten schränkten die Lebensmöglichkeiten der jüdischen Bevölkerung immer mehr ein. Die Juden wurden vollständig aus Beamtenpositionen entfernt und die bereits Entlassenen verloren ihre Pensionen. Jüdische Geschäftsleute und Industrielle bekamen keine Aufträge mehr oder wurden von Rohstofflieferungen abgeschnitten, sodass viele von ihnen ihre Unternehmen aufgeben mussten. Der NS-Staat entzog den Juden jeglichen Rechtsschutz. Verträge, die mit Juden abgeschlossen worden waren, wurden von Gerichten für ungültig erklärt. Juden durften nicht mehr in Hotels oder Pensionen übernachten, Theater-, Konzert- und Filmbesuche, ja sogar das Betreten von Parkanlagen wurde ihnen verboten (M 1, M 5).

**Reaktionen 1933–1935** Eine breite Protestbewegung gegen die Judenverfolgung gab es in der deutschen Bevölkerung nicht. Aber die Deutschen waren in diesen Jahren in ihrer Gesamtheit auch nicht Hitlers willige „Volksgenossen". Zunehmend größer wurde indes die soziale Distanz zwischen Juden und Nichtjuden, was auf die seit 1935 schärfer werdende NS-Kampagne gegen „Rassenschande" zurückzuführen war (M 9–M 11).

1 Beschreiben Sie mithilfe der Darstellung den Wertewandel, den die Nationalsozialisten seit ihrer Machtübernahme 1933 eingeleitet haben.
2 a) Erstellen Sie eine Zeittafel zur NS-Judenpolitik zwischen 1933 und 1935.
b) Datieren Sie die Bildquelle M 1 auf ein Jahr. Begründen Sie Ihre Zuordnung.

**M 6** Flugblatt der NSDAP Elbing, Dezember 1932

Deutscher Volksgenosse! Es ist richtig, Du hast Pflichten Deiner Familie gegenüber, aber noch mehr Pflichten hast Du Deinem Volke gegenüber. Du liebst Deinen Sohn und Deine Tochter und willst ihnen eine Freude machen. Du
5 sollst aber auch Deinen deutschen Bruder lieben und ihn nicht verhungern lassen! Sieh ihn Dir an, Deinen deutschen Bruder! Sieh ihn Dir an, den kleinen Kaufmann und den Handwerker! Er war einstmals eine der festesten Säulen des Staates, der kleine Mittelstand. Heute ist er verproletarisiert.
10 Er ist zugrunde gegangen durch die Schleuderkonkurrenz der Warenhäuser. Und wer hat geholfen, ihn zugrunde zu richten? Du! sein deutscher Bruder. [...] Vielleicht hättest Du heute noch Arbeit, wenn Du nicht den Juden, sondern den deutschen Bruder unterstützt hättest und wenn alle ande-
15 ren das auch getan hätten. [...] Was schert Dich der dreckige Jude? Er hat in Deinem Vaterlande nichts zu suchen. Verachte ihn und lass ihn nichts verdienen, dann verschwindet er von alleine und Dein deutscher Bruder kann wieder leben. [...] Hast Du einmal etwas vom „Dolchstoß" gehört?
20 1918 erdolchten Schufte mit galizischem Namen die deutsche Front von hinten. Du hast in Empörung von diesem Dolchstoß gesprochen. Du selbst bist aber auch ein solcher Dolchstößer, wenn Du die deutsche Volksgemeinschaft dadurch verrätst, dass Du Dein Geld zum Juden trägst. Deut-
25 scher Volksgenosse, besinne Dich! Kauf nicht bei Juden, sondern bei Deutschen!

Zit. nach: Michael Wildt, Volksgemeinschaft als Selbstermächtigung, Hamburger Edition, Hamburg 2007, S. 147 f.

1 Erläutern Sie mithilfe von M 6 die politische Bedeutung von Boykottaufrufen für die Nationalsozialisten.
2 Nennen Sie Boykott-Beispiele aus der Gegenwart (Ziele, Mittel) und vergleichen Sie mit M 6.
3 Erörtern Sie die Wirkung des April-Boykotts anhand der Quellen M 2–M 4, M 9 und der Darstellung.

**M7** Auszug aus den Rassengesetzen des „Reichsparteitages der Freiheit" in Nürnberg 1935 („Nürnberger Gesetze")

**a) „Reichsbürgergesetz" vom 15. September 1935:**
§ 1 (1) Staatsangehöriger ist, wer dem Schutzverband des Deutschen Reiches angehört und ihm dafür besonders verpflichtet ist.
(2) Die Staatsangehörigkeit wird nach den Vorschriften des Reichs- und Staatsangehörigkeitsgesetzes erworben.
§ 2 (1) Reichsbürger ist nur der Staatsangehörige deutschen oder artverwandten Blutes, der durch sein Verhalten beweist, dass er gewillt und geeignet ist, in Treue dem deutschen Volk und Reich zu dienen.
Das Reichsbürgerrecht wird durch Verleihung des Reichsbürgerbriefes erworben.
Der Reichsbürger ist der alleinige Träger der vollen politischen Rechte nach Maßgabe der Gesetze.
§ 3 Der Reichsminister des Innern erlässt im Einvernehmen mit dem Stellvertreter des Führers die zur Durchführung und Ergänzung des Gesetzes erforderlichen Rechts- und Verwaltungsvorschriften.

*Reichsgesetzblatt, Jg. 1935, Teil 1, Nr. 100, S. 1146 f.*

**b) Auszug aus dem „Gesetz zum Schutze des deutschen Blutes und der deutschen Ehre" vom 15. September 1935:**
Durchdrungen von der Erkenntnis, dass die Reinheit des deutschen Blutes die Voraussetzung für den Fortbestand des deutschen Volkes ist, und beseelt von dem unbeugsamen Willen, die deutsche Nation für alle Zukunft zu sichern, hat der Reichstag einstimmig das folgende Gesetz beschlossen, das hiermit verkündet wird:
§ 1 (1) Eheschließungen zwischen Juden und Staatsangehörigen deutschen oder artverwandten Blutes sind verboten. Trotzdem geschlossene Ehen sind nichtig, auch wenn sie zur Umgehung dieses Gesetzes im Ausland geschlossen sind. […]
§ 2 Außerehelicher Verkehr zwischen Juden und Staatsangehörigen deutschen oder artverwandten Blutes ist verboten.
§ 3 Juden dürfen weibliche Staatsangehörige deutschen oder artverwandten Blutes unter 45 Jahren in ihrem Haushalt nicht beschäftigen.
§ 4 (1) Juden ist das Hissen der Reichs- und Nationalflagge und das Zeigen der Reichsfarben verboten.
(2) Dagegen ist ihnen das Zeigen der jüdischen Farben gestattet. Die Ausübung dieser Befugnis steht unter staatlichem Schutz.
§ 5 (1) Wer dem Verbot des § 1 zuwiderhandelt, wird mit Zuchthaus bestraft.
Der Mann, der dem Verbot des § 2 zuwiderhandelt, wird mit Gefängnis oder mit Zuchthaus bestraft.
Wer den Bestimmungen der §§ 3 oder 4 zuwiderhandelt, wird mit Gefängnis bis zu einem Jahr und mit Geldstrafe oder mit einer dieser Strafen bestraft.

*Reichsgesetzblatt, Jg. 1935, Teil 1, Nr. 100, S. 1146 f.*

**M8** Aus dem juristischen Kommentar zu den „Nürnberger Gesetzen" von Staatssekretär Wilhelm Stuckart (1902–1953) und Ministerialrat Hans Globke (1898–1973), 1935

Die nationalsozialistische Staatsführung hat den unerschütterlichen Glauben, im Sinne des allmächtigen Schöpfers zu handeln, wenn sie den Versuch macht, die ewigen ehernen Gesetze des Lebens und der Natur, die das Einzelschicksal wie das der Gesamtheit beherrschen und bestimmen, in der staatlich-völkischen Ordnung des Dritten Reiches wieder zum Ausdruck zu bringen, soweit dies mit den unvollkommenen, Menschen zu Gebote stehenden Mitteln möglich ist. Die Rechts- und Staatsordnung des Dritten Reiches soll mit den Lebensgesetzen, den für Körper, Geist und Seele des deutschen Menschen ewig geltenden Naturgesetzen wieder in Einklang gebracht werden. Es geht also bei der völkischen und staatlichen Neuordnung unserer Tage um nicht mehr und nicht weniger als um die Wiederanerkennung der im tiefsten Sinne gottgewollten organischen Lebensordnung im deutschen Volks- und Staatsleben. […]

Das Blutschutzgesetz zieht die Trennung zwischen jüdischem und deutschem Blut in biologischer Hinsicht. Der in dem Jahrzehnt vor dem Umbruch um sich greifende Verfall des Gefühls für die Bedeutung der Reinheit des Blutes und die damit verbundene Auflösung aller völkischen Werte ließ ein gesetzliches Eingreifen besonders dringend erscheinen. Da hierfür dem deutschen Volk nur vonseiten des Judentums eine akute Gefahr drohte, bezweckt das Gesetz in erster Linie die Verhinderung weiterer Blutmischung mit Juden. […] Kein nach der nationalsozialistischen Revolution erlassenes Gesetz ist eine so vollkommene Abkehr von der Geisteshaltung und der Staatsauffassung des vergangenen Jahrhunderts wie das Reichsbürgergesetz. Den Lehren von der Gleichheit aller Menschen und von der grundsätzlich unbeschränkten Freiheit des Einzelnen gegenüber dem Staate setzt der Nationalsozialismus hier die harten, aber notwendigen Erkenntnisse von der naturgesetzlichen Ungleichheit und Verschiedenartigkeit der Menschen entgegen: Aus der Verschiedenartigkeit der Rassen, Völker und Menschen folgen zwangsläufig Unterscheidungen in den Rechten und Pflichten der Einzelnen. Diese auf dem Leben und den unabänderlichen Naturgesetzen beruhende Verschiedenheit führt das Reichsbürgergesetz in der politischen Grundordnung des deutschen Volkes durch.

*Zit. nach: Gerhard Schoenberner, Der gelbe Stern. Judenverfolgung in Europa 1933–1945, Bertelsmann, München 1978, S. 11.*

# 4 Nationalsozialismus

1 Arbeiten Sie die Folgen des „Reichsbürgergesetzes" (M 7 a) für deutsche Juden heraus.
2 Untersuchen Sie die Konsequenzen des Gesetzes M 7 b für das Zusammenleben der Bevölkerung.
3 a) Charakterisieren Sie die ideologischen Grundlagen der „Nürnberger Gesetze" (M 8).
   b) Erörtern Sie das Verständnis von „Naturgesetz", das dem Kommentar M 8 zugrunde liegt.

### M 9 Auszüge aus den Tagebüchern von Victor Klemperer, 1933–1935

*Victor Klemperer, 1881 als Sohn eines Rabbiners geboren, heiratete 1906 die nicht jüdische Pianistin Eva Schlemmer und konvertierte 1912 zum Protestantismus. Nach seiner Zeit als Kriegsfreiwilliger im Ersten Weltkrieg wurde er 1919 Professor für Romanistik in Dresden. Nach der Bombardierung der Stadt am 13./14. Februar 1945 floh er mit seiner Frau nach Bayern, kehrte aber nach Kriegsende zurück und starb 1960.*

*1933, 31. März, Freitagabend:* Am Dienstag im neuen „Universum"-Kino in der Prager Straße. […] Gespräch, als eine Alsbergreklame lief. Er: „Eigentlich sollte man nicht beim Juden kaufen. Sie: „Es ist aber so furchtbar billig." Er: „Dann ist es schlecht und hält nicht." Sie, überlegend, ganz sachlich, ohne alles Pathos: „Nein, wirklich, es ist ganz genau so gut und haltbar, wirklich ganz genauso wie in christlichen Geschäften – und so viel billiger." Er: schweigt.

*1933, 3. April, Montagabend:* Am Sonnabend rote Zettel an den Geschäften: „Anerkannt deutschchristliches Unternehmen". Dazwischen geschlossene Läden, SA-Leute davor mit dreieckigen Schildern: „Wer beim Juden kauft, fördert den Auslandsboykott und zerstört die deutsche Wirtschaft." – Die Menschen strömten durch die Prager Straße und sahen sich das an. Das war der Boykott. „Vorläufig nur Sonnabend – dann Pause bis Mittwoch." Banken ausgenommen. Anwälte, Ärzte einbegriffen. Nach einem Tage abgeblasen – der Erfolg sei da und Deutschland „großmütig". Aber in Wahrheit ein unsinniges Schwenken. Offenbar Widerstand im Aus- und Inland, und offenbar von der anderen Seite Druck der nationalsozialistischen Straße. […] Am Sonnabend Abend in Heidenau bei Annemarie und Dr. Dressel. Beide rechtsstehend, beide anti-nationalsozialistisch und entsetzt. Aber beide isoliert in der Stimmung ihres Johanniter-Krankenhauses. […]

*1933, 7. April, Freitagmorgen:* […] Gestern schrieb mir Albert Hirsch aus Frankfurt am Main: „beurlaubt" nach dreizehnjährigem Dienst. Unklar, wovon leben. Zieht mit Frau und zwei Kindern zu Schwiegereltern. […] *Ein* Fall von Tausenden, Abertausenden.

*1933, 10. April, Montag:* Das neue Beamten-„Gesetz" lässt mich als Frontkämpfer im Amt – […] vorläufig. […]

*1934, 13. Mai, Sonntag:* […] Wir hören immer mehr, gerade von den „Kleinen Leuten", auf die sie sich stützen – unsere kleinbürgerlichen Nachbarn in Dölzschen, unseren Händler Kuske usw. usw. –, wie sehr die Unzufriedenheit wächst. Die Regierung selber treibt immer mehr ins Bolschewistische. […]

*1935, 30. April, Dienstag:* Ich habe einen besonderen koketten Ruhm darein gesetzt, heute eine Seite (Lesage/Marivaux) an meinem *18ième* zu schreiben, heute, wo ich kein Kolleg zu lesen brauche, weil ich durch die Post meine Entlassungsurkunde erhielt.

*1935, 20. Juni, Donnerstag:* […] Der ungeheure außenpolitische Erfolg des Flottenabkommens mit England festigt Hitlers Stellung aufs bedeutendste. Schon vorher hatte ich in letzter Zeit den Eindruck, dass viele sonst wohlmeinende Menschen, abgestumpft gegen inneres Unrecht und speziell das Judenunglück nicht recht erfassend, sich neuerdings halbwegs mit Hitler zufriedengeben.

*1935, 19. Oktober, Sonnabend:* […] Georg schrieb […], er wandere aus. Es koste ihn drei Viertel seines ersparten Vermögens, aber er wolle nach Nürnberg nicht „unter dem Fallbeil" leben. Was mit mir sei? – Aber er ist besser daran. Wie könnte ich in USA „praktizieren"? […]
Ein neuer Punkt in der Sprache des 3. Reiches zu berücksichtigen: die jetzt eingeführten Schülercharakteristiken, worin über ihre Eignung zur Volksgemeinschaft ausgesagt wird.

Victor Klemperer, Ich will Zeugnis ablegen bis zum letzten. Tagebücher 1933-1941, Aufbau, Berlin 1995, S. 16-20, 104 f., 123, 195, 206, 224.

1 Ordnen Sie die Tagebucheinträge Klemperers in M 9 mithilfe der Darstellung historisch ein und stellen Sie dar, wie er die NS-Judenpolitik 1933–1935 erlebte.
2 Erörtern Sie anhand von M 10 die These von S. 197: „Es ging den Nationalsozialisten nicht nur darum, die jüdischen Deutschen zu isolieren und für rechtlos zu erklären, sondern auch Solidarität und Mitleid mit den Verfolgten zu brandmarken."

### M 10 Straßenszene in München, 1933, Fotografie.

Ein jüdischer Rechtsanwalt, der die Polizei um Hilfe gebeten hatte, wird von SS-Angehörigen in Unterhosen durch die Straßen geführt.

### M 11 Aus den Lebenserinnerungen des Publizisten Sebastian Haffner, 2002

*Der junge Gerichtsassessor Haffner (1907–1999) sitzt im März 1933 in der Bibliothek des Berliner Kammergerichts, als SA-Leute das Gericht nach jüdischen Mitarbeitern durchsuchen. In seinen Erinnerungen beschreibt Haffner die Veränderungen, die mit der Errichtung der NS-Diktatur einsetzen:*

Freitag, der 31. März [1933]. […] Ich ging in die Bibliothek, als wäre dies ein Tag wie alle Tage. […] Draußen in den Gängen hörte man Getrappel, vielschrittiges grobes Laufen die Treppen herauf, dann fernes unentwirrbares Getöse, Rufen, Türenschlagen. Ein paar standen auf, gingen zur Tür, öffneten sie, spähten hinaus und kamen zurück. Ein paar traten zu den Wachtmeistern und sprachen mit ihnen, immer noch gedämpft – in diesem Raum durfte nur gedämpft gesprochen werden. Draußen der Lärm wurde stärker. Einer sagte in die vorhaltende Stille hinein: „SA". Darauf sagte ein anderer, mit nicht besonders erhobener Stimme: „Die schmeißen die Juden raus", und zwei oder drei Leute lachten dazu. Dieses Lachen war im Augenblick erschreckender als der Vorgang selbst: Es ließ blitzhaft daran denken, dass ja auch in diesem Raum, wie sonderbar, Nazis saßen. […]
Kurz darauf erschien jemand am Eingang, vielleicht eine Art Oberwachtmeister, und rief laut, aber mit besonnener Stimme, in den Raum: „Die SA ist im Haus. Die jüdischen Herren tun besser daran, für heute das Haus zu verlassen." Zugleich hörte man von draußen, wie zur Illustration, rufen: „Juden raus!" Eine Stimme antwortete: „Sind schon raus", und wieder hörte ich die zwei oder drei Lacher von vorhin kurz und fröhlich aufglucksen. Ich sah sie jetzt. Es waren Referendare wie ich. […] Inzwischen waren die Eindringlinge auch bei uns. Die Tür wurde aufgerissen, braune Uniformen quollen herein, und einer, offenbar der Anführer, rief mit schallender, strammer Ausruferstimme: „Nichtarier haben sofort das Lokal zu verlassen!" […] Mir schlug das Herz. Was konnte man tun, wie wahrte man seine Haltung? Ignorieren, sich gar nicht stören lassen! Ich senkte mich auf mein Aktenstück. Ich las mechanisch irgendwelche Sätze: „Unrichtig, aber auch unerheblich ist die Behauptung des Beklagten …" Keine Notiz nehmen! Indem kam eine braune Uniform auf mich zu und macht Front vor mir: „Sind Sie arisch?" Ehe ich mich besinnen konnte, hatte ich geantwortet: „Ja." Ein prüfender Blick auf meine Nase – und er retirierte. Mir aber schoss das Blut ins Gesicht. Ich empfand, einen Augenblick zu spät, die Blamage, die Niederlage. Ich hatte „ja" gesagt! Nun ja, ich war ein „Arier", in Gottes Namen. Ich hatte nicht gelogen. Ich hatte nur viel Schlimmeres geschehen lassen. Welche Demütigung, Unbefugten auf Befragen pünktlich zu erklären, ich sei arisch – worauf ich übrigens keinen Wert legte. Welche Schande, damit zu erkaufen, dass ich hier hinter meinem Aktenstück in Frieden gelassen würde! Überrumpelt auch jetzt noch! Versagt in der ersten Prüfung! Ich hätte mich ohrfeigen können.

– Als ich das Kammergericht verließ, stand es grau, kühl und gelassen da wie immer, vornehm abgerückt von der Straße hinter seinen Parkbäumen. Man sah ihm keineswegs an, dass es soeben als Institution zusammengebrochen war. *Wenige Monate später, in einem „Gemeinschaftslager" für Referendare in Jüterbog, erlebt Haffner das Folgende:*
Am Abend saßen wir dann alle in derselben Kantine und hörten Hitler aus dem Radio tönen, während sein großes Bildnis schmollend auf uns nieder sah. Die SA-Leute beherrschten jetzt die Szene und lachten oder nickten an den passenden Stellen beinah so gut wie Reichstagsabgeordnete. Wir saßen oder standen eng zusammengepfercht, und in dieser Enge lag eine scheußliche Unentrinnbarkeit. Man war den Worten, die da aus dem Radio kamen, ausgelieferter als sonst, so eingeklemmt zwischen Nachbarn, von denen man nicht recht wusste, wes Geistes Kind sie waren. Einige waren offensichtlich begeistert. Andere blickten undurchdringlich. Reden tat nur einer: der Unsichtbare im Radio.
Als er ausgeredet hatte, kam das Schlimmste. Die Musik signalisierte: Deutschland über alles, und alles hob die Arme. Ein paar mochten, gleich mir, zögern. Es hatte so etwas scheußlich Entwürdigendes. Aber wollten wir unser Examen machen oder nicht? Ich hatte, zum ersten Mal, plötzlich ein Gefühl so stark wie ein Geschmack im Munde – das Gefühl: „Es zählt ja nicht. Ich bin es ja gar nicht, es gilt nicht." Und mit diesem Gefühl hob auch ich den Arm und hielt ihn ausgestreckt in der Luft, ungefähr drei Minuten lang. So lange dauern das Deutschland- und Horst-Wessel-Lied. Die meisten sangen mit, zackig und dröhnend. Ich bewegte ein wenig die Lippen und markierte Gesang, wie man es in der Kirche beim Choralsingen tut. Aber die Arme hatten alle in der Luft, und so standen wir vor dem augenlosen Radioapparat, der nur die Arme hochzog wie ein Puppenspieler die Arme seiner Marionetten, und sangen oder taten so, als ob wir sangen; jeder die Gestapo des andern.

Sebastian Haffner, Geschichte eines Deutschen, DVA, Sonderausgabe, München 2006, S. 151–155 und 268 f.

**1** Untersuchen Sie anhand der Erinnerungen Haffners (M 11) den Verhaltens- und Wertewandel, den die Nationalsozialisten 1933 in Gang gesetzt haben: a) Beschreiben Sie die von Haffner geschilderten Situationen. b) Erörtern Sie seine Handlungsspielräume. c) Erklären und bewerten Sie sein Verhalten.

**2** Diskutieren Sie die These des Historikers Peter Longerich zur NS-Judenpolitik 1933–1935 (2006): „Dass es den Nationalsozialisten gelungen sein sollte, in […] weniger als drei Jahren für diese radikal-antisemitischen Forderungen eine breite Mehrheit in der Bevölkerung hinter sich zu bringen, ist höchst unwahrscheinlich – zumal […] sich das Regime insgesamt gesehen noch keineswegs konsolidiert hatte." S. auch Grundwissen (S. 178 f.) und Zeittafel (S. 229).

# 4.5 NS-Judenpolitik 1936 bis 1939: von der Entrechtung zur Vertreibung

**M1** Die Münchener Hauptsynagoge in der Herzog-Max-Straße 7, Fotografie, 1938

**1815** Gründung der israelitischen Kultusgemeinde München und Bau einer Synagoge

**1887** Einweihung der neuen Münchener Hauptsynagoge in der Herzog-Max-Straße

**7. Juni 1938** Hitler gibt den Befehl, die Hauptsynagoge abzureißen.

**8. Juni 1938** Der Vorsitzende der israelitischen Kultusgemeinde München wird ins bayerische Innenministerium geladen und zum Verkauf der Synagoge unter Preis gezwungen.

**9. Juni 1938** Beginn des Abrisses der Hauptsynagoge aus angeblich „verkehrstechnischen" Gründen

**Pogrom**
Der Begriff bezeichnet ursprünglich Judenverfolgungen im zaristischen Russland, die mit Plünderungen und Mord einhergingen; im 20. Jh. allgemein gewaltsame Ausschreitungen gegen Minderheiten, insbesondere Juden.

**„Schicksalsjahr 1938?"** „Das Jahr 1938 bedeutet im Schicksal der Juden einen historischen Wendepunkt." Mit diesem Urteil leitete die Reichsvertretung der Juden in Deutschland ihren Anfang 1939 verfassten Abschlussbericht ein – und bezog damit eine andere Position als zum Beispiel der Historiker Avraham Barkai (1988), der die Ereignisse von 1938 rückblickend als eine „verschärfte", aber gleichwohl geradlinie Fortentwicklung der früheren NS-Politik betrachtet.

Während der Olympiade 1936 hatte sich die Verfolgungspolitik des NS-Staates vorübergehend verlangsamt, da das Regime die prestigeträchtige internationale Sportveranstaltung in Berlin auf keinen Fall gefährden wollte. Besonders einige Amerikaner hatten mit ihrem Fernbleiben gedroht. Doch unmittelbar nach Beendigung der Spiele forcierte das Regime wieder seine antijüdischen Maßnahmen. Die von den Nationalsozialisten geplanten Pogrome* im November 1938 und die damit einhergehenden Maßnahmen – wie die Vertreibung der Juden ins Ausland und die Enteignung jüdischer Vermögen und Unternehmen – zeigen dreierlei: den unverhüllten Vernichtungswillen des NS-Regimes, die inzwischen vollständige Rechtlosigkeit der Juden in Deutschland und die weitgehende Passivität der deutschen Bevölkerung.

**Novemberpogrom** Der von den Nationalsozialisten geplante und durchgeführte reichsweite Pogrom gegen die Juden in der Nacht vom 9./10. November 1938 zielte nicht mehr allein auf Diskriminierung und Ausgrenzung der deutschen Juden. Es ging jetzt auch um die Vertreibung und um die Auslöschung jüdischer Kultur in Deutschland. Er führte den Zeitgenossen vor Augen, dass die deutschen Juden mittlerweile völlig rechtlos, ja vogelfrei waren.

Zum Anlass nahmen die Nationalsozialisten das Attentat des 17-jährigen Juden Herschel Grynszpan auf den Gesandtschaftsrat in der deutschen Botschaft in Paris am 7. November 1938. Aufgehetzt durch Propagandaminister Joseph Goebbels, der sein Vorgehen mit Hitler abgesprochen hatte, zerstörten NS-Trupps 267 Synagogen durch Brandstiftung, 7500 Geschäfte, zahlreiche Wohnungen und jüdische Friedhöfe. Sie richteten einen Sachschaden von mindestens 25 Millionen Reichsmark an. Mehr als 20 000 vermögende Juden wurden verhaftet und in die Konzentrationslager (KZ) Buchenwald, Sachsenhausen und Dachau eingeliefert. Viele jüdische Mitbürger wurden misshandelt, manche gar ermordet: Die offizielle Statistik meldete 91 Tote. Nach diesem brutalen Vorgehen bürdete das NS-Regime den Juden als „Sühneleistung" eine Sondersteuer von über einer Milliarde Reichsmark sowie die Kosten für die entstandenen Schäden auf. Außerdem mussten sie zugunsten des Reiches auf ihre Versicherungsansprüche für jene Schäden verzichten, die die Nationalsozialisten während der Pogrome angerichtet hatten (M 4 a und b, M 7 a).

**Fortgesetzte Entrechtung** Dass das Jahr 1938 eine weitere Verschärfung der Judenverfolgung in Deutschland bedeutete, lässt sich an den zahlreichen Gesetzen und Verordnungen ablesen, die das Leben der Juden immer mehr erschwerten. Mit dem „Gesetz über die jüdischen Kulturvereinigungen" vom Januar verloren diese ihre rechtliche Stellung als Körperschaften des öffentlichen Rechts. Jüdische Zahnärzte mussten ebenfalls im Januar 1938 ihre

Krankenkassenzulassung zurückgeben. Im August verpflichtete der NS-Staat alle Juden ohne einen vom Innenministerium anerkannten „jüdischen" Namen dazu, den Namenszusatz „Israel" (für Männer) und „Sara" (für Frauen) anzunehmen. Im September untersagte die NS-Regierung Juden die Tätigkeit als Rechtsanwalt. Ab Oktober wurden die Reisepässe von Juden mit einem roten „J" abgestempelt (M 2). Jüdische Ärzte büßten im Oktober ihre Approbation ein, sie wurden aus den Ärzteregistern gestrichen und durften – bis auf Widerruf – nur noch die jüdische Bevölkerung behandeln. Rund 17 000 polnische Juden wurden im Oktober verhaftet und nach Polen deportiert.

Eine Anordnung des Reichserziehungsministers schloss im November Juden vom Besuch deutscher Schulen und Hochschulen aus. Eine Polizeiverordnung schränkte im gleichen Monat die Bewegungsfreiheit (räumlich und zeitlich) der Juden im Deutschen Reich stark ein. Und im Dezember 1938 verfügte eine Anordnung der NS-Regierung den Führerscheinentzug für Juden. Die österreichischen Juden wurden sofort nach dem „Anschluss" im März 1938 in alle Maßnahmen einbezogen.

**Enteignung**

Der nationalsozialistische Vernichtungswille wurde zusätzlich unterstrichen durch die Enteignung und Ausplünderung der noch in Deutschland lebenden jüdischen Bevölkerung, die damit ihre wirtschaftliche Existenzgrundlage verlor. Hauptziel dieser Maßnahme war die Aneignung jüdischer Vermögen und Wirtschaftsbetriebe. Die Nationalsozialisten deklarierten diese planmäßige und praktisch entschädigungslose Enteignung der Juden als „Arisierung"*.

Die nationalsozialistische „Arisierungspolitik" begann nicht erst 1938, sondern setzte bereits 1933 ein. Bis 1937 sollten die von den Nationalsozialisten inszenierten Boykotte die Besitzer von Einzelhandelsgeschäften, mittleren und kleineren Betrieben entweder zu „freiwilligen" Verkäufen unter Wert zwingen oder in den Ruin treiben. Von den 1933 existierenden 100 000 jüdischen Unternehmen gehörte zu Beginn des Jahres 1938 nur noch ein Drittel ihren ursprünglichen Eigentümern. Von den mehr als 50 000 Einzelhandelsgeschäften aus der Zeit vor 1933 waren bis dahin nur 9000 übriggeblieben. Nach und nach schloss das nationalsozialistische Regime Juden auch aus dem öffentlichen Dienst und den freien Berufen aus.

In den Jahren 1937/38 systematisierte der NS-Staat die „Arisierungspolitik" (M 5, M 6, M 7 b). Um die beschleunigte Aufrüstung Deutschlands zu finanzieren, ordnete der für den Vierjahresplan zuständige Minister Hermann Göring* an, dass die im Rahmen des „Entjudungsprogramms" auf Sperrkonten einzufrierenden jüdischen Vermögen dem staatlichen Rüstungshaushalt zufließen sollten. Seit April 1938 mussten alle Juden ihre Werte und Vermögen über 5000 Reichsmark anmelden und seit Juni war die Registrierung jüdischer Gewerbebetriebe vorgeschrieben. Ihre Scheinübertragung an nicht jüdische Geschäftspartner stand unter Strafe.

Nach dem Novemberpogrom des Jahres 1938 beschloss die nationalsozialistische Regierung die entschädigungslose Zwangsenteignung jüdischer Unternehmen. Die „Verordnung über den Einsatz des jüdischen Vermögens" vom 3. Dezember 1938 schrieb die „Zwangsarisierung" bzw. Stilllegung all der jüdischen Betriebe in Deutschland zum 1. Januar 1939 vor, die bis dahin noch nicht verkauft oder aufgelöst worden waren. Wertpapiere und -gegenstände mussten zu amtlich festgelegten Preisen, die unter dem Handelswert lagen, bei staatlichen Stellen abgegeben werden. Der Staat verbot den Juden praktisch die Ausübung aller Berufe. Bei ihrer Entlassung verloren sie alle Ansprüche auf Rente, Pension und Versicherungen.

**M 2** Pässe jüdischer Bürger aus München aus der Zeit nach 1938, Fotografie, 2002

„Arisierung"
NS-Begriff, der den Prozess der Entfernung der deutschen Juden aus dem Wirtschafts- und Berufsleben bezeichnete. Er umfasste die Enteignung jüdischen Besitzes und Vermögens zugunsten von Nichtjuden, sog. „Ariern", den direkten Zugriff auf jüdische Vermögen und die Einschränkung jüdischer Erwerbstätigkeit.

**Hermann Göring (1893–1946)**
1923 Teilnahme am Hitlerputsch
1932 Reichstagspräsident
1933 Reichsminister für Luftfahrt
1936 Vierjahresplan-Beauftragter
1938 Feldmarschall
1940 Reichsmarschall
1941 Hitler überträgt ihm zu Beginn des Russlandfeldzuges alle Kompetenzen zur wirtschaftlichen Ausbeutung der besetzten Gebiete.
1946 Entzieht sich der Hinrichtung durch das Urteil im Nürnberger Prozess durch Selbstmord

# 4 Nationalsozialismus

**M3** Arthur Kaufmann, Die geistige Emigration, Gemälde (Ausschnitt), 1938/1965

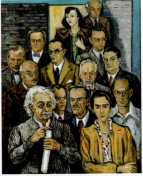

Abgebildet sind jüdische und nicht jüdische Emigranten, z. B. Einstein und Mitglieder der Familie Mann.

**Emigration**
Bezeichnung für meist erzwungene Auswanderung aus wirtschaftlichen, politischen oder religiösen Gründen.

**Widerstand, Vertreibung, Exil**

Innerhalb der jüdischen Organisationen stand zwar kurz zur Debatte, dem Regime organisierten Widerstand zu leisten, doch wurde die Idee wegen der Aussichtslosigkeit bald verworfen. Als Reaktion auf die NS-Judenverfolgung beschlossen hingegen viele, die finanziell dazu in der Lage waren, auszuwandern. Die jüdischen Organisationen versuchten, durch Informationen und Gegenpropaganda im Rahmen der noch vorhandenen Möglichkeiten auf das Unrecht hinzuweisen, das ihnen widerfuhr. Den Prozess der fortschreitenden Diskriminierung, Ausgrenzung und Entrechtung konnten sie aber nicht aufhalten.

Bereits 1933, im Jahr der NS-Regierungsübernahme, verließen 37 000 jüdische Deutsche ihr Heimatland. Danach sank die Zahl der jährlichen Auswanderer auf etwa 20 000, stieg jedoch nach den „Nürnberger Gesetzen" 1935 erneut an. Bei der Verwirklichung ihres Ziels, die Juden im Jahre 1938 durch eine verschärfte wirtschaftliche und physische Verfolgung zu einer beschleunigten Auswanderung zu veranlassen, hatten die Nationalsozialisten großen Erfolg (M 3). Im Jahr des Novemberpogroms flohen 40 000 Juden aus Deutschland, im Jahre 1939 erreichte ihre Zahl mit 78 000 den Höhepunkt. Insgesamt gelang es 270 000 Juden, durch Emigration* der nationalsozialistischen Judenverfolgung zu entgehen. Davon wählten 55 000 Palästina als Zufluchtsort, rund 113 000 suchten in den USA eine neue Heimat.

1 Vervollständigen Sie mithilfe der Darstellung Ihre Zeittafel zur nationalsozialistischen Judenverfolgung (s. Aufgabe 2 a, S. 198) für die Jahre 1936–1939.

**M4** Novemberpogrom 1938

**a) Blitzfernschreiben von Reinhard Heydrich, München, 10. November 1938, 1 Uhr 20:**

*Heydrich (1904–1942) war seit 1936 in Personalunion Chef des Sicherheitsdienstes (SD) der SS und Chef der Sicherheitspolizei. Reichsführer der SS und Chef der Deutschen Polizei war seit 1936 Heinrich Himmler (1900–1945).*

An alle Staatspolizeileit- und Staatspolizeistellen.
An alle SD-Oberabschnitte und SD-Unterabschnitte.
Dringend! Sofort dem Leiter oder seinem Stellvertreter vorlegen! Betr.: Maßnahmen gegen Juden in der heutigen
5 Nacht.
Aufgrund des Attentats gegen … vom Rath in Paris sind im Laufe der heutigen Nacht – 9. auf 10. 11. 1938 – im ganzen Reich Demonstrationen gegen die Juden zu erwarten. Für die Behandlung dieser Vorgänge ergehen die folgenden An-
10 ordnungen:
1) Die Leiter der Staatspolizeistellen oder ihre Stellvertreter haben sofort nach Eingang dieses Fernschreibens mit den für ihren Bezirk zuständigen politischen Leitungen – Gauleitung oder Kreisleitung – fernmündlich Verbindung aufzu-
15 nehmen und eine Besprechung über die Durchführung der Demonstrationen zu vereinbaren, zu der der zuständige Inspekteur oder Kommandeur der Ordnungspolizei zuzuziehen ist. In dieser Besprechung ist der politischen Leitung mitzuteilen, dass die Deutsche Polizei vom Reichsführer SS
20 und Chef der Deutschen Polizei die folgenden Weisungen erhalten hat, denen die Maßnahmen der politischen Leitungen zweckmäßig anzupassen wären:
a) Es dürfen nur solche Maßnahmen getroffen werden, die keine Gefährdung deutschen Lebens oder Eigentums mit
25 sich bringen (z. B. Synagogenbrände nur, wenn keine Brandgefahr für die Umgebung vorhanden ist).
b) Geschäfte und Wohnungen von Juden dürfen nur zerstört, nicht geplündert werden. Die Polizei ist angewiesen, die Durchführung dieser Anordnung zu überwachen und
30 Plünderer festzunehmen.
c) In Geschäftsstraßen ist besonders darauf zu achten, dass nicht jüdische Geschäfte unbedingt gegen Schäden gesichert werden.
d) Ausländische Staatsangehörige dürfen – auch wenn sie
35 Juden sind – nicht belästigt werden.
2) Unter der Voraussetzung, dass die unter 1) angegebenen Richtlinien eingehalten werden, sind die stattfindenden Demonstrationen von der Polizei nicht zu verhindern, sondern nur auf die Einhaltung der Richtlinien zu überwachen.
40 3) Sofort nach Eingang dieses Fernschreibens ist in allen Synagogen und Geschäftsräumen der Jüdischen Kultusgemeinden das vorhandene Archivmaterial polizeilich zu beschlagnahmen, damit es nicht im Zuge der Demonstrationen zerstört wird. Es kommt dabei auf das historisch
45 wertvolle Material an, nicht auf neuere Steuerlisten usw. Das Archivmaterial ist an die zuständigen SD-Dienststellen abzugeben.
4) Die Leitung der sicherheitspolizeilichen Maßnahmen

hinsichtlich der Demonstrationen gegen Juden liegt bei den Staatspolizeistellen, soweit nicht die Inspekteure der Sicherheitspolizei Weisungen erteilen. Zur Durchführung der sicherheitspolizeilichen Maßnahmen können Beamte der Kriminalpolizei sowie Angehörige des SD, der Verfügungstruppe und der Allgemeinen SS zugezogen werden.

5) Sobald der Ablauf der Ereignisse dieser Nacht die Verwendung der eingesetzten Beamten hierfür zulässt, sind in allen Bezirken so viele Juden – insbesondere wohlhabende – festzunehmen, als in den vorhandenen Hafträumen untergebracht werden können. Es sind zunächst nur gesunde männliche Juden nicht zu hohen Alters festzunehmen. Nach Durchführung der Festnahme ist unverzüglich mit den zuständigen Konzentrationslagern wegen schnellster Unterbringung der Juden in den Lagern Verbindung aufzunehmen. Es ist besonders darauf zu achten, dass die aufgrund dieser Weisung festgenommenen Juden nicht misshandelt werden.

6) Der Inhalt dieses Befehls ist an die zuständigen Inspekteure und Kommandeure der Ordnungspolizei und an die SD-Oberabschnitte und SD-Unterabschnitte weiterzugeben mit dem Zusatz, dass der Reichsführer SS und Chef der Deutschen Polizei diese polizeiliche Maßnahme angeordnet hat. Der Chef der Ordnungspolizei hat für die Ordnungspolizei einschließlich der Feuerlöschpolizei entsprechende Weisungen erteilt. In der Durchführung der angeordneten Maßnahmen ist engstes Einvernehmen zwischen der Sicherheitspolizei und der Ordnungspolizei zu wahren. Der Empfang dieses Fernschreibens ist von den Stapoleitern oder deren Stellvertretern durch FS an das Geheime Staatspolizeiamt – z. Hd. SS-Standartenführer Müller – zu bestätigen.

Zit. nach: Heinz Lauber, Judenpogrom: „Reichskristallnacht" November 1938 in Großdeutschland, Bleicher, Gerlingen 1981, S. 80–82.

### b) Ludolf Herbst, Historiker, über die Hintergründe der Ereignisse vom 9./10. November 1938, 1996:

Am 8. und 9. November versammelte sich in München jedes Jahr die Parteiprominenz, um des gescheiterten Putsches vom November 1923 zu gedenken. Alles, was Rang und Namen in der NSDAP hatte und eine Führungsposition bekleidete, befand sich in München. Am Nachmittag des 9. November verstarb der [am 7. November niedergeschossene] Gesandtschaftsrat Ernst vom Rath. Die Nachricht wurde Hitler um 21 Uhr während eines NSDAP-Kameradschaftsabends im „Alten Rathaus" in München überbracht. Er unterhielt sich daraufhin im Flüsterton mit dem neben ihm sitzenden Goebbels und begab sich anschließend in seine Wohnung in der Prinzregentenstraße. Worüber die beiden sprachen, wissen wir nicht.

Kurz nach Hitlers Abgang, um 22 Uhr, teilte Goebbels der Versammlung den Tod vom Raths mit und hielt eine wüste antisemitische Brandrede. Er wies dabei auf die antisemitischen Demonstrationen hin, die am Abend des 8. November hier und da bereits begonnen hatten, und fügte vielsagend hinzu: „Der Führer habe […] entschieden, dass derartige Demonstrationen von der Partei weder vorzubereiten noch zu organisieren seien; soweit sie spontan entstünden, sei ihnen aber auch nicht entgegenzutreten." Offenbar begriff, stellte das Oberste Parteigericht später fest, die Mehrheit der Anwesenden dies als Aufforderung zur Organisation sogenannter „spontaner" Aktionen des „Volkszorns": Die Partei solle „nach außen nicht als Urheber von Demonstrationen in Erscheinung treten, sie in Wirklichkeit aber organisieren und durchführen".

Gegen 23 Uhr begaben sich die Parteifunktionäre und SA-Führer in ihre Quartiere und riefen die „Heimatorganisationen" an, die Gauleitungen, Gaupropagandaleitungen und SA-Gruppen. Die mündlich erteilten Befehle forderten zum Vorgehen gegen jüdische Geschäfte und Synagogen auf. Etwa um Mitternacht liefen die Aktionen überall im Reich an. Da es keine genauen Instruktionen gab, vielmehr jeder den Auftrag etwas anders verstand, kam es nicht zu einem einheitlichen Vorgehen. In manchen Fällen agierten SA-Trupps und Parteifunktionäre in Uniform, in anderen zogen sie zuvor Zivil an. Erst gegen zwei Uhr morgens trat Goebbels erneut in Aktion und gab den regionalen Instanzen seines Parteipropagandaapparates, den Propagandaämtern, die Weisung, die Durchführung der Aktion zu leiten. Zu diesem Zeitpunkt brannte aber bereits eine ganze Reihe von Synagogen.

Ludolf Herbst, Das nationalsozialistische Deutschland 1933–1945, Suhrkamp, Frankfurt/M. 1996, S. 207 f.

**1** Untersuchen Sie anhand von M 4 a, b und M 1 den Novemberpogrom 1938. Gehen Sie auf Vorgeschichte, Durchführung und Verantwortung ein.

### M 5 Protokoll der Besprechung Hermann Görings mit Leitern der Obersten Reichsbehörden am 12. November 1938

*Göring:* Meine Herren, die heutige Sitzung ist von entscheidender Bedeutung. Ich habe einen Brief bekommen, den mir der Stabsleiter des Stellvertreters des Führers, Bormann, im Auftrag des Führers geschrieben hat, wonach die Judenfrage jetzt einheitlich zusammengefasst werden soll und so oder so zur Erledigung zu bringen ist. Durch telefonischen Anruf bin ich gestern vom Führer noch einmal darauf hingewiesen worden, jetzt die entscheidenden Schritte zentral zusammenzufassen.

Da das Problem in der Hauptsache ein umfangreiches wirtschaftliches Problem ist, wird hier der Hebel angesetzt werden müssen. Selbstverständlich ergeben sich daraus auch eine Reihe rechtlicher Maßnahmen, die sowohl in das Gebiet des Justizministers wie des Innenministers fallen, dann die daraus zu folgernden Propagandamaßnahmen, die in das Gebiet des Herrn Propagandaministers fallen, selbstverständlich auch Maßnahmen des Finanzministers und des Wirtschaftsministers. […]

Denn, meine Herren, diese Demonstrationen habe ich satt. Sie schädigen nicht den Juden, sondern schließlich mich, der ich die Wirtschaft als letzte Instanz zusammenzufassen habe. Wenn heute ein Geschäft zertrümmert wird, wenn Waren auf die Straße geschmissen werden, dann ersetzt die Versicherung dem Juden den Schaden – er hat ihn gar nicht –, und zweitens sind Konsumgüter, Volksgüter zerstört worden. Wenn in Zukunft schon Demonstrationen, die unter Umständen notwendig sein mögen, stattfinden, dann bitte ich nun endgültig, sie so zu lenken, dass man sich nicht in das eigene Fleisch schneidet. Denn es ist irrsinnig, ein jüdisches Warenhaus auszuräumen und anzuzünden, und dann trägt eine deutsche Versicherungsgesellschaft den Schaden, und die Waren, die ich dringend brauche – ganze Abteilungen Kleider und was weiß ich alles –, werden verbrannt und fehlen mir hinten und vorn. Da kann ich gleich die Rohstoffe anzünden, wenn sie hereinkommen. […]

Mir wäre lieber gewesen, ihr hättet 200 Juden erschlagen und hättet nicht solche Werte vernichtet. […]

*Heydrich:* Bei allem Herausnehmen des Juden aus dem Wirtschaftsleben bleibt das Grundproblem letzten Endes doch immer, dass der Jude aus Deutschland herauskommt. Darf ich dazu einige Vorschläge machen? Wir haben in Wien auf Weisung des Reichskommissars eine Judenauswanderungszentrale eingerichtet, durch die wir in Österreich immerhin 50 000 Juden herausgebracht haben, während im Altreich in der gleichen Zeit nur 19 000 Juden herausgebracht werden konnten, und zwar ist uns das durch Zusammenarbeit mit dem zuständigen Wirtschaftsministerium und den ausländischen Hilfsorganisationen gelungen. […]

*Göring:* Wie war das möglich?

*Heydrich:* Wir haben das in der Form gemacht, dass wir den reichen Juden, die auswandern wollten, bei der jüdischen Kulturgemeinde eine gewisse Summe abgefordert haben. Mit dieser Summe und Devisenzuzahlungen konnte dann eine Anzahl der armen Juden herausgebracht werden. Das Problem war ja nicht, den reichen Juden herauszukriegen, sondern den jüdischen Mob.

*Göring:* Aber, Kinder, habt ihr euch das einmal überlegt? Es nützt doch auch nichts, dass wir vom jüdischen Mob Hunderttausende herauskriegen. Habt ihr euch überlegt, ob dieser Weg nicht letzten Endes so viele Devisen kostet, dass er auf die Dauer nicht gangbar ist?

*Heydrich:* […] Darf ich vorschlagen, dass wir eine ähnliche Zentrale im Reich unter Beteiligung der zuständigen Reichsbehörden einrichten? […]

*Göring:* Einverstanden.

*Heydrich:* Das Zweite, um die Juden herauszubekommen, müsste eine Auswanderungsaktion für das Judentum im übrigen Reich sein, die sich auf mindestens 8 bis 10 Jahre erstreckt. Wir kriegen im Jahr nicht mehr als höchstens 8000 bis 10 000 Juden heraus. Es bleibt also eine Unzahl Juden drin. Durch die Arisierung und die sonstigen Beschränkungen wird natürlich das Judentum arbeitslos. Wir erleben eine Verproletarisierung des zurückbleibenden Judentums. Ich muss also in Deutschland solche Maßnahmen treffen, dass sie auf der einen Seite den Juden isolieren, damit er nicht in den normalen Lebenskreis des Deutschen eintritt. Ich muss aber auf der anderen Seite Möglichkeiten schaffen, die den Juden auf einen engsten Kundenkreis beschränken, aber eine bestimmte Betätigung zulassen, in der Rechtsanwaltsfrage, Arztfrage, Friseurfrage usw. […] Für die Isolierung möchte ich einige Vorschläge kurz unterbreiten, die auch wegen ihres psychologischen Einflusses auf die öffentliche Meinung von Wert sind. Z. B. die persönliche Kennzeichnung des Juden, indem man sagt: Jeder Jude im Sinne der Nürnberger Gesetze muss ein bestimmtes Abzeichen tragen. Das ist eine Möglichkeit, die viele andere Dinge erleichtert – in Bezug auf Ausschreitungen sehe ich keine Gefahr –, die uns auch das Verhältnis zum ausländischen Juden erleichtert.

*Göring:* Eine Uniform!

*Heydrich:* Ein Abzeichen […].

*Göring:* […] Wenn das Deutsche Reich in irgendeiner absehbaren Zeit in außenpolitischen Konflikt kommt, so ist es selbstverständlich, dass auch wir in Deutschland in allererster Linie daran denken werden, eine große Abrechnung an den Juden zu vollziehen.

Zit. nach: Kurt Pätzold (Hg.), *Verfolgung Vertreibung Vernichtung. Dokumente des faschistischen Antisemitismus 1933 bis 1942*, Reclam, Leipzig 1987, S. 175–180.

**1** Erörtern Sie anhand der Quelle M 5 Motive, Ziele, Folgen und Schärfe der Judenverfolgung 1938.

**M 6** Geschäftspostkarte, München, 1939

**1** Analysieren Sie Motive und Ziele der Postkarte M 6 vor dem Hintergrund der NS-Judenverfolgung und der „Volksgemeinschafts"-Ideologie.

## M 7 Die Deutschen und die Judenverfolgung 1938

### a) Die Historikerin Marion Kaplan schreibt über Reaktionen auf den Novemberpogrom 1938, 2001:

Der Novemberpogrom bietet Beispiele für das widersprüchliche Verhalten der Deutschen gegenüber den Juden – eine Mischung aus zügelloser Brutalität, gezielter Unwissenheit und gelegentlicher Freundlichkeit. Viele Leute schlossen sich den Nazis an, um jüdische Wohnungen, Betriebe und Synagogen anzugreifen und zu verbrennen. Andere zogen es vor, ihre jüdischen Nachbarn auszunutzen. In Bayern etwa bot ein „arischer" Nachbar einer jüdischen Frau und ihrer Mutter nach der Verhaftung ihrer Ehemänner ein „Geschäft" an. Die jüdischen Frauen sollten ihm die Besitzurkunde ihres Hauses überschreiben und Deutschland verlassen. [...] Ingeborg Hechts Nachbarin versuchte es mit Entschuldigungen: „Der Führer weiß das nicht", sagte sie und gab Ingeborg ein großes Lebensmittelpaket für deren Vater, als dieser aus [dem KZ] Sachsenhausen zurückkehrte. Mally Dienemann [...] war tief berührt, als ihre nicht jüdische Vermieterin ihr dabei half, die Wohnung zu reinigen: „[...] Diese einfachen Leute [...] brachten mir, als ich allein war, Blumen."

Marion Kaplan, Der Mut zum Überleben, Übers. Christian Wiese, Aufbau/© M. Kaplan, Berlin 2001.

### b) Der Historiker Christoph Nonn über Verhaltensweisen der Käufer bei den „Arisierungen", 2008:

Eine der ersten und besten Arbeiten dazu ist die Untersuchung von Frank Bajohr über Hamburg. Bajohr hat idealtypisch drei verschiedene Verhaltensweisen der Käufer jüdischer Geschäfte identifiziert. Eine Gruppe nutzte die Notlage der Verkäufer aus. Eine andere Gruppe bereicherte sich nicht nur besonders rücksichtslos auf Kosten der Juden, sondern trieb auch durch eigene Initiativen die „Arisierung" aktiv voran. Eine dritte Gruppe schließlich, die zu großen Teilen aus Mitgliedern der Handelskammer-Elite und älteren Unternehmern bestand, setzte der „Arisierung" zunächst im politischen Bereich hinhaltenden Widerstand entgegen. Als es dann doch zum Ausverkauf der jüdischen Geschäfte kam, griffen auch ihre Angehörigen zu, erstatteten den verkaufenden Juden aber häufig die Differenz zwischen verordneten Schleuderpreisen und tatsächlichem Wert der Betriebe unter der Hand oder ließen ihnen heimlich Wertsachen oder Pensionen zukommen. Denken in traditionellen Moralbegriffen einer unternehmerischen Ehre spielten für das Handeln [...] ebenso eine Rolle wie persönliche Verbundenheit alten jüdischen Geschäftsfreunden gegenüber.

Christoph Nonn, Antisemitismus, Wissenschaftliche Buchgesellschaft, Darmstadt 2008, S. 90.

### c) Der Historiker Peter Longerich schreibt über das Verhalten der deutschen Bevölkerung 1938, 2006:

Die Politik des Regimes, den vollständigen Ausschluss der Juden aus dem wirtschaftlichen und gesellschaftlichen Leben mit dem Pogrom vom November 1938 zu vervollkommnen und durch Terror eine Massenflucht der Juden aus Deutschland auszulösen, nahm die Bevölkerung letztlich zwar hin, aber mit erheblichem Widerwillen, der sich vor allem gegen die Gewalttätigkeiten und Zerstörungen richtete. Trotz der vom Regime öffentlich gepflegten Interpretation der passiven Hinnahme als Zustimmung lässt sich an der unmittelbar nach dem Novemberpogrom gestarteten Propagandakampagne ablesen, dass aus Sicht der Verantwortlichen Rechtfertigungsbedarf bestand und der öffentlich zur Schau gestellte Antisemitismus noch zu wünschen übrig ließ.

Diese Propagandakampagne konnte nur unter großen Anstrengungen und Schwierigkeiten über den Winter 1938/39 hinweg aufrechterhalten werden. Die Tatsache, dass die Zeitungsredaktionen die Weisungen des Propagandaministeriums nicht so recht umsetzen wollten, hatte mehrere Ursachen: Zum einen zeigte sich, dass nach sechs Jahren NS-Judenverfolgung die weitere Hervorhebung einer „jüdischen Gefahr" in Deutschland propagandistisch wenig glaubwürdig war. Zum anderen erwies sich der Anfang 1939 eingeschlagene Kurs, die international angeblich dominierende Stellung der Juden zu betonen, als außenpolitisch riskant. Und: Wir können annehmen, dass die relativ starke Ablehnung, auf die die Gewaltaktionen vom 9. November bei der deutschen Bevölkerung trafen, ein Klima geschaffen hatte, das für die Rezeption einer scharfen antisemitischen Propagandakampagne nicht günstig war. Die Strategie, die Gewaltaktion im Nachhinein propagandistisch zu rechtfertigen und gerade die Schichten der deutschen Gesellschaft, die sich über den Pogrom so empört gezeigt hatten – insbesondere das Bildungsbürgertum –, unter Druck zu setzen, fruchtete letztlich wenig.

Die den Stimmungsberichten des Jahres 1939 zu entnehmende Indifferenz der Bevölkerung in der „Judenfrage" ist daher nicht glaubwürdig. Dieses Desinteresse scheint eher Ausdruck einer Übersättigung mit antisemitischer Propaganda zu sein. Außerdem hatten die Parteidienststellen und staatlichen Behörden kein Interesse daran, nach der vollzogenen Ausschaltung der Juden aus Wirtschaft und Gesellschaft das Thema in den Stimmungsberichten weiter übermäßig zu strapazieren. Die Zeichen waren auf „Beruhigung" der Situation gesetzt.

Peter Longerich, „Davon haben wir nichts gewusst!" Die Deutschen und die Judenverfolgung 1933–1945, Siedler, München 2006, S. 323.

---

**1** Arbeiten Sie aus M 7 a–c Gemeinsamkeiten und Unterschiede in den Reaktionen der deutschen Bevölkerung auf die NS-Judenpolitik heraus.

**2** Verfassen Sie eine Stellungnahme zum Thema: Die Deutschen und die Judenverfolgung 1938. Gehen Sie dabei auch auf die Historikerurteile (M 7 a–c) ein.

## 4.6 Der Völkermord an den Juden im Zweiten Weltkrieg (1939–1945)

**Zweiter Weltkrieg**
**1. Sept. 1939** Überfall deutscher Truppen auf Polen
**Mai/Juni 1940** Frankreich-Krieg
**Juni 1941** Überfall deutscher Truppen auf die UdSSR
**Dez.** Kriegserklärung an die USA
**Winter 1941/42** Scheitern der „Blitzkriegs"-Strategie in der UdSSR
**1943/44** Flächenbombardements der Alliierten (seit April 1942)
**Jan. 1943** Niederlage in Stalingrad
**Febr.** Rede Goebbels zum „totalen Krieg"
**Juni 1944** Landung der Alliierten in Frankreich
**20. Juli** Attentat auf Hitler misslingt
**7./9. Mai 1945** Bedingungslose Kapitulation Deutschlands

**Völkermord (Genozid)**
Der Begriff bezeichnet Handlungen, die in der Absicht begangen werden, eine nationale, ethnische, „rassische" oder religiöse Gruppe ganz oder teilweise zu zerstören.

**Reinhard Heydrich (1904–1942)/ Reichssicherheitshauptamt**
**1931** Eintritt Heydrichs in NSDAP und SS
**1932** Heydrich wird Chef des Sicherheitsdienstes (SD) der SS, d.h. einer nicht staatlichen Einrichtung.
**1936** Heydrich wird neben seiner SS-Funktion zugleich Leiter der Sicherheitspolizei (Gestapo und Kriminalpolizei), d.h. einer staatlichen Dienststelle.
**Sept. 1939** SD und Sicherheitspolizei werden im Reichssicherheitshauptamt (RSHA) zusammengelegt und Heydrich unterstellt.
**1941** Göring beauftragt Heydrich mit der „Endlösung" der Judenfrage.
**1942** Leitung der Wannsee-Konferenz durch Heydrich
**Juni 1942** Tod Heydrichs durch ein Attentat des tschechischen Widerstands

**Einzigartigkeit der Judenvernichtung**

Das zentrale Ziel des vom nationalsozialistischen Deutschland entfesselten Zweiten Weltkrieges bestand in der Eroberung von „Lebensraum" im Osten. Diese „Lebensraumpolitik" verband sich bei Hitler eng mit der Rassenpolitik und führte zu einem bis dahin unvorstellbaren Ausmaß der Zerstörung von Menschenleben sowie zur globalen Ausdehnung des Krieges.
Die Systematisierung des Rassenkrieges erreichte mit der Vernichtung der jüdischen Bevölkerung ihren mörderischen Höhepunkt. Zuerst trieben die Nationalsozialisten die Juden in Gettos zusammen, um sie später planmäßig in die Vernichtungslager im Osten Europas zu deportieren (M 6). Etwa **sechs Millionen Juden** wurden umgebracht: durch Hungerrationen, durch Exekutionen und durch Gas, allein in Auschwitz etwa eine Million Menschen (s. S. 178, M 1). An dieser Tötung haben in Deutschland und in Europa Hunderttausende mitgewirkt: Ärzte, Polizisten, Eisenbahner, Hersteller und Lieferanten von Giftgas, Soldaten, SS-Lagerpersonal. Nur wenige haben protestiert.
Der **Völkermord*** an den Juden ist historisch einzigartig: Er schloss alle Juden vom Säugling bis zu den Alten ein und richtete sich nicht nur gegen die Juden im eigenen Lande, sondern gegen alle in Europa lebenden Juden. Dieses Verbrechen, möglichst alle Juden zu töten, wurde mit der Autorität eines Staates beschlossen, angekündigt und schließlich mit allen staatlichen Machtmitteln in die Tat umgesetzt.

**Pläne zur „territorialen Endlösung" 1939–1941**

Das Schicksal der europäischen Juden war aufs engste mit dem Verlauf des Zweiten Weltkrieges verbunden. Koordiniert wurde diese letzte Phase der Judenverfolgung von **Reinhard Heydrich***, der als Leiter des im September 1939 geschaffenen **Reichssicherheitshauptamtes (RSHA)*** eine Schlüsselstellung innehatte.
Die im „Altreich" überlebenden Juden wurden im Juli 1939 in der „Reichsvereinigung der Juden in Deutschland" zwangsvereinigt und außerhalb der staatlichen Sphäre allein der SS-Kontrolle unterstellt.
Vom Überfall auf Polen 1939 bis zum Stocken des deutschen Vormarsches an der russischen Front Ende 1941 verfolgten die NS-Machthaber verschiedene Pläne zur **Deportation** der Juden aus Deutschland und den eroberten Gebieten. Zunächst planten sie die Zwangsumsiedlung der Juden nach Polen, wo sie in Gettos nach dem Muster von Warschau, Lodz und Lublin zusammengefasst und isoliert werden sollten. Nach dem Sieg über Frankreich 1940 schlug Heydrich eine „territoriale Endlösung der Judenfrage", den **„Madagaskar-Plan"**, vor: Heydrich wollte die Juden auf die Insel Madagaskar im Indischen Ozean umsiedeln, die Frankreich an Deutschland abtreten und die der Reichsführer SS verwalten sollte. Das hätte die Schaffung eines Großgettos unter nationalsozialistischer Herrschaft bedeutet. Doch dieses Vorhaben zerschlug sich mit dem Überfall auf die UdSSR 1941, der Millionen von Juden in die deutsche Machtsphäre brachte. Zwar überlegten die nationalsozialistischen Machthaber zeitweilig, die Juden nach Sibirien umzusiedeln. Aber die Ausweitung der deutschen Herrschaft in Europa machte schon allein wegen der völlig neuen quantitativen Dimension, d.h. der großen Zahl von Juden, die unter nationalsozialistische Herrschaft gerieten, alle Umsiedlungsprojekte zunichte.

### Eskalation des Terrors und Beginn des Völkermords

Am 30. Januar 1939 hatte Hitler vor dem Reichstag davon gesprochen, dass ein künftiger Krieg die „Vernichtung der jüdischen Rasse in Europa" zur Folge haben werde. Tatsächlich war mit dem Übergang vom außenpolitischen Aggressionskurs zum Weltkrieg (1936: Ausrichtung des Vierjahresplans auf den Krieg; 1938: Besetzung Österreichs; 1938/39: Zerschlagung der Tschechoslowakei) eine Eskalation von Gewalt und Terror verbunden, die dem Völkermord an den Juden den Weg ebnete. Schon während der Eroberung Polens hatten SS-Einsatzgruppen hinter den Frontlinien mit Massenerschießungen von Juden begonnen. Den Gräueltaten dieser SS-Gruppen fielen in den ersten sechs Kriegswochen etwa 5000 Juden zum Opfer. Die Nationalsozialisten nahmen diese Praxis der „möglichst restlosen Beseitigung des Judentums", wie es in einem mündlichen Befehl Heydrichs an die Einsatzgruppen hieß, beim Krieg gegen die Sowjetunion wieder auf und verschärften sie. Die Tötungsaktionen wurden in der Hauptsache von der SS durchgeführt. Doch waren auch andere Einrichtungen am Massenmord beteiligt. Hierzu gehörten z. B. die sogenannten Reserve-Polizeibataillone. Sie rekrutierten sich aus Männern, die zu alt für den Dienst in der Wehrmacht waren. Sie kamen aus allen Bevölkerungsschichten und bestanden aus „ganz normalen Männern" (Christopher Browning), die keineswegs immer zu den engagierten Anhängern des Nationalsozialismus zählten. Hinzu traten bei den Vernichtungsaktionen weitere zivile und militärische Stellen sowie verbündete Truppen, besonders aus Weißrussland und Rumänien, die entsetzliche Massaker anrichteten. Von den insgesamt 4,7 Millionen Juden, die im Sommer 1941 auf dem Territorium der Sowjetunion lebten, verloren bis zum Ende des Jahres 1942 2,2 Millionen, also fast die Hälfte, bei diesen Terrormaßnahmen ihr Leben.

Den Hausrat deportierter oder emigrierter Juden ließen deutsche Gemeinden öffentlich versteigern. Jüdischer Besitz aus Westeuropa wurde während des Krieges vor allem in zerstörte Städte West- und Norddeutschlands transportiert, bis August 1944 insgesamt 18 665 Waggons (s. M 4, S. 224).

**M1** Ein ausgehungertes, sterbendes Kind im Warschauer Getto, 19. September 1941, Fotografie

**M2** **Massenmord an Juden in der Ukraine, Juni und September 1941, Fotografie, undatiert.** Das Foto wurde in der Uniform eines Soldaten gefunden.

# 4 Nationalsozialismus

**M3** Eisenacher Juden am 9. Mai 1942 auf dem Weg zum Deportationszug, der sie in das zum Getto umfunktionierte polnische Dorf Belzyce brachte, Fotografie.
Das Foto entstand im Auftrag der Stadt für eine kommunale Chronik.

**Internettipp**
www.wannsee-konferenz.de
Originaldokumente und Hintergrundinformationen der Gedenkstätte „Haus der Wannsee-Konferenz" in Berlin.

**Heinrich Himmler (1900–1945)**
**1923** Eintritt in die NSDAP; Teilname am Hitlerputsch
**seit 1929** Reichsführer der SS und
**seit 1936** Zugleich oberster Chef der Deutschen Polizei; damit lag der gesamte NS-Überwachungs- und Terrorapparat in seiner Hand.
**1945** Selbstmord in britischer Kriegsgefangenschaft

**Rudolf Höß (1900–1947)**
**1922** Eintritt in die NSDAP
**1923** Beteiligung am Mord an dem Volksschullehrer Walter Kadow
**1934** Eintritt in die SS, Block- und Rapportführer im KZ Dachau
**1938** Lagerkommandant im KZ Sachsenhausen
**1940** Lagerkommandant im KZ Auschwitz
**1947** Vom Obersten Polnischen Volksgericht in Warschau zum Tode verurteilt und erhängt

**Internettipp**
www.auschwitz.org.pl
Dokumentationsseite der staatlichen Gedenkstätte Auschwitz-Birkenau mit Foto- und Textmaterialien.

## Wannsee-Konferenz (Januar 1942)

Bis zum Frühjahr 1941 kann man noch nicht von einem „planmäßigen" Vorgehen gegen die Juden sprechen. Deportationen, Umsiedlungen, Arbeitslager, Gettoisierung und Massenerschießungen liefen unkoordiniert nebeneinander her (M1–M3). Zur besseren Organisation der Judenverfolgung beauftragte Göring am 31. Juli 1941 Heydrich im Namen des „Führers" mit den „Vorbereitungen für eine Gesamtlösung der Judenfrage im deutschen Einflussbereich in Europa". Kurze Zeit später, am 1. September 1941, wurden alle Juden in Deutschland zum Tragen des „Judensterns" verpflichtet, und im Oktober erging ein Auswanderungsverbot für jüdische Deutsche. Auf Einladung Heydrichs trafen sich dann am 20. Januar 1942 in Berlin-Wannsee die Staatssekretäre der betroffenen Stellen (Partei- und Reichskanzlei, Innen-, Justiz- und Ostministerium, Auswärtiges Amt, Organisation des Vierjahresplans und das Amt des Generalgouverneurs), um die weiteren Maßnahmen zu beraten. Die Konferenz führte zu dem Beschluss, die Juden in ganz Europa zunächst als Arbeitskräfte auszubeuten und sie anschließend zu ermorden (M4).

Der Völkermord war zum Zeitpunkt der Konferenz bereits in vollem Gange. Im Juni 1941 hatte Heinrich Himmler* dem Kommandanten des KZ Auschwitz, Rudolf Höß*, befohlen, große, im „Euthanasie"-Programm (s. S. 216) erprobte Vergasungsanlagen zu besorgen, und im Herbst 1941 begann dort die physische Vernichtung der Juden Europas. Nach Auschwitz-Birkenau folgten im Frühjahr/Sommer 1942 die Vernichtungslager Belzec, Sobibor und Treblinka und im Oktober 1942 erhielt das KZ Majdanek eine Vergasungsanlage. Zu den Lagern, in denen jüdisches Leben technisch-fabrikmäßig vernichtet wurde, gehörte zudem Chelmno (M6). Die Wannsee-Konferenz hatte die organisatorischen Voraussetzungen für diesen Massenmord geschaffen, indem sie die Bürokratie auf die bevorstehende „Endlösung" einschwor und das reibungslose Zusammenspiel von Ministerien und Reichsbehörden sicherte.

## Die Deutschen und der Völkermord

In der nicht jüdischen deutschen Bevölkerung formierte sich auch während des Krieges keine geschlossene, politisch oder moralisch ausgerichtete Gegenbewegung gegen die Verfolgung der und den Völkermord an den Juden. Während des Zweiten Weltkrieges war der Holocaust zwar ein öffentliches Geheimnis. Die von der NS-Propaganda geschürte Angst vor der „jüdischen Rache" sollte den Durchhaltewillen der Bevölkerung stärken. Forscherinnen und Forscher gehen daher inzwischen von der begründeten Annahme aus, dass im Laufe des Jahres 1942 im Reichsgebiet zunehmend Gerüchte über die Ermordung der Juden im Umlauf waren (M 7). Doch angesichts der immer wahrscheinlicher werdenden Niederlage seit dem Russlandfeldzug verdrängten viele Menschen die grausame Realität und flüchteten sich in eine zur Schau gestellte Ahnungslosigkeit.

**Lesetipp**
*Bernward Dörner, Die Deutschen und der Holocaust. Was niemand wissen wollte, aber wissen konnte, Berlin 2007. Eine umfangreiche und detaillierte, aber gut lesbare Studie.*

1 Vervollständigen Sie anhand der Darstellung Ihre Zeittafel zum Verlauf der NS-Vernichtungspolitik während des Zweiten Weltkrieges (s. S. 198 und 204).
2 Formulieren Sie auf der Basis der Fotografien M 1 bis M 3 eine erste Hypothese zu der Frage: Was wussten die Deutschen vom Holocaust? Benennen Sie auch Probleme, die bei der Interpretation der Fotos auftauchen.

### M 4 Auszug aus dem Protokoll der „Wannsee-Konferenz" vom 20. Januar 1942

Anstelle der Auswanderung ist nunmehr als weitere Lösungsmöglichkeit nach entsprechender vorheriger Genehmigung durch den Führer die Evakuierung der Juden nach dem Osten getreten. Diese Aktionen sind jedoch lediglich als Ausweichmöglichkeiten anzusprechen, doch werden hier bereits jene praktischen Erfahrungen gesammelt, die im Hinblick auf die kommende Endlösung der Judenfrage von wichtiger Bedeutung sind.
Im Zuge dieser Endlösung der europäischen Judenfrage kommen rund 11 Millionen Juden in Betracht. [...]
Unter entsprechender Leitung sollen im Zuge der Endlösung die Juden in geeigneter Weise im Osten zum Arbeitseinsatz kommen. In großen Arbeitskolonnen, unter Trennung der Geschlechter, werden die arbeitsfähigen Juden Straßen bauend in diese Gebiete geführt, wobei zweifellos ein Großteil durch natürliche Verminderung ausfallen wird. Der allfällig endlich verbleibende Restbestand wird, da es sich bei diesen zweifellos um den widerstandsfähigsten Teil handelt, entsprechend behandelt werden müssen, da dieser, eine natürliche Auslese darstellend, bei Freilassung als Keimzelle eines neuen jüdischen Aufbaus anzusprechen ist. (Siehe die Erfahrung der Geschichte.)
Im Zuge der praktischen Durchführung der Endlösung wird Europa von Westen nach Osten durchgekämmt. Das Reichsgebiet, einschließlich Protektorat Böhmen und Mähren, wird allein schon aus Gründen der Wohnungsfrage und sonstiger sozial-politischer Notwendigkeiten vorweggenommen werden müssen.

*Zit. nach: Leon Poliakov/Josef Wulf (Hg.), Das Dritte Reich und die Juden, Ullstein, Berlin 1955, S. 119 ff.*

1 Erarbeiten Sie die Kernaussagen des Protokolls der „Wannsee-Konferenz" in M 4.
2 Analysieren Sie Sprache und Stil des Protokolls.
3 Erläutern Sie den historischen Stellenwert von M 4.

### M 5 Rudolf Höß schrieb nach seiner Inhaftierung durch britisches Militär in einer Erklärung am 5. April 1946 über das KZ Auschwitz

4. Massenhinrichtungen durch Vergasung begannen im Laufe des Sommers 1941 und dauerten bis zum Herbst 1944. Ich beaufsichtigte persönlich die Hinrichtungen in Auschwitz bis zum 1. Dezember 1943 und weiß aufgrund meines laufenden Dienstes in der Überwachung der Konzentrationslager WVHA[1], dass diese Massenhinrichtungen wie vorerwähnt sich abwickelten. Alle Massenhinrichtungen durch Vergasung fanden unter dem direkten Befehl, unter der Aufsicht und Verantwortlichkeit der RSHA [= Reichssicherheitshauptamt] statt. Ich erhielt unmittelbar von der RSHA alle Befehle zur Ausführung dieser Massenhinrichtungen. [...]
6. Die „Endlösung" der jüdischen Frage bedeutete die vollständige Ausrottung aller Juden in Europa. Ich hatte den Befehl, Ausrottungserleichterungen in Auschwitz im Juni 1942 zu schaffen. Zu jener Zeit bestanden schon drei weitere Vernichtungslager im Generalgouvernement: Belzec, Treblinka und Wolzek[2]. Diese Lager befanden sich unter dem Einsatzkommando der Sicherheitspolizei und des SD. Ich besuchte Treblinka, um festzustellen, wie die Vernichtungen ausgeführt wurden. Der Lagerkommandant von Treblinka sagte mir, dass er 80 000 im Laufe eines halben Jahres liquidiert hätte. Er hatte hauptsächlich mit der Liquidierung aller Juden aus dem Warschauer Getto zu tun. Er wandte Monoxid-Gas an und nach seiner Ansicht waren seine Methoden nicht sehr wirksam. Als ich das Vernichtungsgebäude in Auschwitz errichtete, gebrauchte ich also Zyclon B, eine kristallisierte Blausäure, die wir in die Todeskammer durch eine kleine Öffnung einwarfen. Es dauerte 3 bis 15 Minuten, je nach den klimatischen Verhältnissen, um die Menschen in der Todeskammer zu töten. Wir wussten, wann die Menschen tot waren, weil ihr Kreischen aufhörte. Wir warteten gewöhnlich eine halbe Stunde, bevor wir die Türen öffneten und die Leichen entfernten. Nachdem die

Leichen fortgebracht waren, nahmen unsere Sonderkommandos die Ringe ab und zogen das Gold aus den Zähnen der Körper.

7. Eine andere Verbesserung gegenüber Treblinka war, dass wir Gaskammern bauten, die 2000 Menschen auf einmal fassen konnten, während die 10 Gaskammern in Treblinka nur je 200 Menschen fassten. Die Art und Weise, wie wir unsere Opfer auswählten, war folgendermaßen: Zwei SS-Ärzte waren in Auschwitz tätig, um die einlaufenden Gefangenentransporte zu untersuchen. Die Gefangenen mussten bei einem der Ärzte vorbeigehen, der bei ihrem Vorbeimarsch durch Zeichen die Entscheidung fällte. Diejenigen, die zur Arbeit taugten, wurden ins Lager geschickt. Andere wurden sofort in die Vernichtungsanlagen geschickt. Kinder im zarten Alter wurden unterschiedslos vernichtet, da aufgrund ihrer Jugend sie unfähig waren zu arbeiten. Noch eine andere Verbesserung, die wir gegenüber Treblinka machten, war diejenige, dass in Treblinka die Opfer fast immer wussten, dass sie vernichtet werden sollten, während in Auschwitz wir uns bemühten, die Opfer zum Narren zu halten, indem sie glaubten, dass sie ein Entlausungsverfahren durchzumachen hätten. Natürlich erkannten sie auch häufig unsere wahren Absichten und wir hatten deswegen manchmal Aufruhr und Schwierigkeiten. Sehr häufig wollten Frauen ihre Kinder unter den Kleidern verbergen, aber wenn wir sie fanden, wurden die Kinder natürlich zur Vernichtung hinein gesandt. Wir sollten diese Vernichtungen im Geheimen ausführen, aber der faule und Übelkeit erregende Gestank, der von der ununterbrochenen Körperverbrennung ausging, durchdrang die ganze Gegend, und alle Leute, die in den umliegenden Gemeinden lebten, wussten, dass in Auschwitz Vernichtungen im Gange waren. [...]

9. Von Zeit zu Zeit führten wir medizinische Experimente an weiblichen Insassen aus, zu denen Sterilisierung und den Krebs betreffende Experimente gehörten. Die meisten dieser Menschen, die unter diesen Experimenten starben, waren schon durch die Gestapo zum Tode verurteilt worden.

Leon Poliakov/Josef Wulf (Hg.), Das Dritte Reich und die Juden, Ullstein, Berlin 1955, S. 127 ff.

1 WVHA: SS-Wirtschafts-Verwaltungshauptamt, das seit dem Frühjahr 1942 für die Inspektion der KZs zuständig war.
2 Wolzek: Welches Lager damit gemeint ist, ist unklar.

1 Beschreiben Sie das Verhalten von Höß (M 5).
2 Erörtern Sie, welches Ziel Höß (M 5) verfolgte.
3 Charakterisieren Sie am Beispiel Auschwitz (M 5) die Methoden des Massenmords an den Juden. Ziehen Sie M 1, S. 178, mit hinzu.
4 a) Untersuchen Sie (Karte M 6), welche Länder am stärksten von der Judenvernichtung betroffen waren.
b) Erklären Sie Ihre Ergebnisse, indem Sie den Kriegsverlauf und die NS-Ideologie einbeziehen.

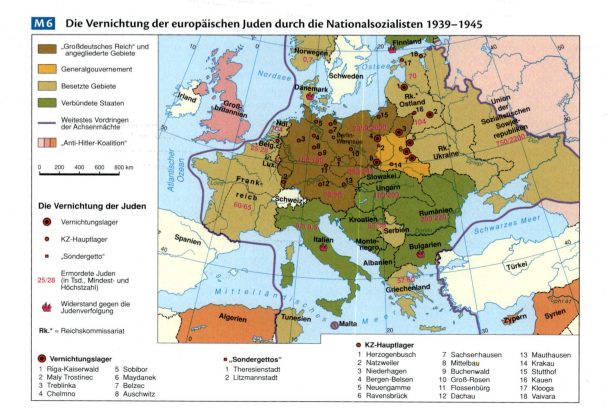

**M 6** Die Vernichtung der europäischen Juden durch die Nationalsozialisten 1939–1945

## M7 Forschungsergebnisse des Historikers Peter Longerich zu der Frage, was zwischen 1939 und Kriegsende über den Judenmord bekannt war, 2006

Im Laufe des Jahres 1942 machten im Reichsgebiet zunehmend Gerüchte über die Ermordung der Juden die Runde. Vor allem über Erschießungen wurde häufig spekuliert, und vielen war klar, dass die Deportierten dem Tod entgegensahen. Gemutmaßt wurde auch über den Massenmord mit Giftgas, konkrete Informationen über Vernichtungslager waren indes kaum in Umlauf. Ab Mitte 1942 begann das Regime, auf die zunehmenden Gerüchte über die Ermordung der Juden offensiv zu reagieren. Im Oktober erließ die Partei-Kanzlei eine parteiinterne Sprachregelung, in der sie in einer Weise Stellung zu Gerüchten über die Erschießungen im Osten nahm, die als Bestätigung gelesen werden konnte. Gleichzeitig versuchte das Regime, die immer offener propagierte Vernichtung der Juden zu rechtfertigen: Man komme damit der jüdischen Vernichtungsabsicht zuvor. [...]

Die öffentliche Handhabung des Themas durch das Regime in der zweiten Jahreshälfte 1942 lief also darauf hinaus, die umlaufenden Gerüchte indirekt zu bestätigen; dahinter stand offenkundig das Kalkül, die deutsche Bevölkerung zu Zeugen und Mitwissern des Massenmordes an den Juden zu machen. Die „Judenfrage" wurde so zu einem öffentlichen Geheimnis; umgeben von einer Aura des Unheimlichen, handelte es sich um etwas, worüber man besser nicht sprach, das im allgemeinen Bewusstsein jedoch deutlich präsent war. Die vorhandenen Informationen zu einem Gesamtbild vom wirklichen Umfang der Judenverfolgung [...] zusammenzusetzen, war in dieser Atmosphäre für die meisten offenbar außerordentlich schwierig. [...]

1943 versuchte das Regime [...] noch einmal, die von ihm gesteuerte Öffentlichkeit mithilfe der „Judenfrage" neu auszurichten. Der Bevölkerung wurde klar gemacht, dass sie im Falle einer Niederlage für die Verbrechen des Regimes als dessen Mitwisser und Komplizen zur Rechenschaft gezogen werden würde; Angst vor Vergeltung sollte die letzten Reserven mobilisieren und den Durchhaltewillen der Bevölkerung zum Fanatismus steigern. Dabei wurde insbesondere der Luftkrieg als jüdischer Terror und Vorgeschmack auf das, was dem deutschen Volk nach einem alliierten Sieg drohe, dargestellt. [...]

Die Botschaft des Regimes, an der „Judenfrage" entscheide sich nicht nur die Existenz des „Dritten Reiches", sondern auch die des deutschen Volkes, wurde in der Bevölkerung durchaus verstanden – und gleichzeitig sperrte man sich offenkundig gegen die Vorstellung einer kollektiven Haftung für die verübten Verbrechen. Je wahrscheinlicher diese Niederlage wurde, desto größer war das Bedürfnis, sich dem Wissen über das offensichtlich vor sich gehende Verbrechen zu entziehen. [...] Hatte das Regime zwischen Spätsommer 1941 und Frühjahr 1943 auf den deutlichen Unwillen der Bevölkerung in der „Judenfrage" mit verstärkter antisemitischer Propaganda reagiert und sich immer offener zur Vernichtung und Ausrottung der Juden bekannt, so wurde die „Endlösung" ab Mitte 1943 mehr und mehr zum Un-Thema. Die Tatsache, dass Goebbels Ende 1943 Schlägertrupps der Partei in die Berliner Kneipen entsandte, um möglicher Kritik schlagkräftig zu begegnen, charakterisiert die Situation: Äußerungen, die sich außerhalb des vom Regime verordneten Rahmens bewegten, wurden gewaltsam unterdrückt.

In dieser von Angst – sowohl vor der „jüdischen Rache" als auch vor Erörterung der zum Tabu gewordenen „Endlösung" – erfüllten Atmosphäre der zweiten Kriegshälfte war die Bevölkerung offenbar mehr oder weniger unwillig, sich weiterhin mit Details der „Judenfrage" zu befassen und die bruchstückhaft vorhandenen Einzelinformationen und offiziellen Stellungnahmen des Regimes zu einem Gesamtbild zusammenzusetzen. Damit hätte man sich eingestehen müssen, dass der Massenmord an den Juden ein Jahrhundertverbrechen darstellte, das sich wesentlich von den an anderen vertilgten Gruppen und unterjochten Völkern verübten Verbrechen unterschied. Zwischen Wissen und Unwissen gab es also eine breite Grauzone, gekennzeichnet durch Gerüchte und Halbwahrheiten, Imagination, verordnete und selbst auferlegte Kommunikationsbeschränkungen, Nicht-Wissen-Wollen und Nicht-Begreifen-Können. Die Tatsache, dass das Thema in den letzten beiden Kriegsjahren eine wesentlich geringere Rolle in der Propaganda des Regimes wie in der Deutschlandpropaganda der Alliierten spielte als im Zeitraum 1941 bis Mitte 1943, beförderte die Tendenz zur Verdrängung noch.

Die einfachste und vorherrschende Haltung war daher sichtbar zur Schau getragene Indifferenz und Passivität gegenüber der „Judenfrage" – eine Einstellung, die nicht mit bloßem Desinteresse an der Verfolgung der Juden verwechselt werden darf, sondern als Versuch gesehen werden muss, sich jeder Verantwortung für das Geschehen durch ostentative Ahnungslosigkeit zu entziehen. Es scheint, als habe die nach Kriegsende zur stereotypen Floskel gewordene Redewendung, man habe „davon" nichts gewusst, ihre Wurzeln in eben dieser Verweigerungshaltung der zweiten Kriegshälfte: in der Flucht in die Unwissenheit.

*Peter Longerich, „Davon haben wir nichts gewusst!" Die Deutschen und die Judenverfolgung 1933–1945, Siedler, München 2006, S. 324–328.*

1 Arbeiten Sie aus M 7 heraus, welche Art der Information über die Judenvernichtung zu welchem Zeitpunkt vermutlich in Deutschland bekannt war.
2 Untersuchen Sie mithilfe des Textes von Longerich die Informationspolitik des NS-Regimes über die Judenverfolgung und -vernichtung (M 7).
3 In einer Debatte um den Holocaust hat ein Historiker behauptet, „Indifferenz" (M 7, Z. 82) sei „passive Komplizenschaft". Nehmen Sie dazu Stellung.

## Methode

# Politische Reden als Text- und Tondokumente

**M1 Heinrich Himmler, (1900–1945), Fotografie, undatiert.** Siehe S. 210.

**Besonderheiten politischer Reden als historische Quellen**

Reden liegen meist als geschriebene Texte vor, seit dem 20. Jahrhundert auch als Tondokumente. Als historische Quellen weisen sie einige Besonderheiten auf:
- Politische Reden wollen beeinflussen. Das heißt, sie wollen beim Adressaten eine Veränderung der Einstellungen oder ein bestimmtes Verhalten bewirken.
- Politische Reden werden häufig über Massenmedien verbreitet, d. h. Zeitungen (seit dem 19. Jh.), Rundfunk (seit Beginn des 20. Jh.), Fernsehen (seit den 1950er-Jahren) oder das Internet (seit den 1990er-Jahren). Sie zielen also nicht nur auf das unmittelbar anwesende Publikum, den direkten Adressaten, sondern auch auf eine breite Masse, den indirekten Adressaten. Der indirekte Adressat kann manchmal wichtiger sein als der direkte Adressat.
- Die unmittelbare Wirkung der Vortragsweise auf den direkten Adressaten kann man nur anhand des Tondokuments analysieren, es sei denn, es liegen Berichte von Teilnehmern vor. Die vom Redner beabsichtigte Wirkung ist auch anhand der Textfassung zu ermitteln. Dafür muss man den Redetext in den historischen Zusammenhang, den Kontext, einordnen.
- Bei der Beurteilung sind kurzfristige und langfristige Folgen zu unterscheiden.
- Die Bewertung einer Rede sollte auf die Wertvorstellungen des Redners eingehen und diese mit den eigenen Wertmaßstäben abgleichen. Zu beachten ist, dass Wertvorstellungen nur aus ihrer Zeit heraus begriffen werden können.

## Arbeitsschritte

**1. Formale Merkmale**
- Wer ist der Autor/die Autorin bzw. der Redner/die Rednerin (Amt, Stellung)?
- Wann und wo wurde die Rede gehalten?
- Welche Art der Rede liegt vor (z. B. Geheimrede, Wahlkampfrede, Parteitagsrede)?
- Was ist das Thema der Rede?
- Wer ist der direkte bzw. indirekte Adressat?
- Wurde die Textfassung verändert (Kürzungen, Schnitte, eingefügte Kommentare)?

**2. Inhalt und Sprache**
- Wie ist die Rede gegliedert?
- Welches sind die zentralen Aussagen und Argumente?
- Welche stilistischen Mittel werden eingesetzt?
- Welche Zusammenhänge gibt es zwischen dem Inhalt und der gewählten Form?

**3. Vortragsweise**
- Wie ist die Tonlage (z. B. emotional, sachlich, emphatisch, distanzierend, ironisch)?
- Wo gibt es Betonungen (z. B. Lautstärke, Sprechtempo, Akzentsetzungen, Pausen)?

**4. Historischer Kontext**
- In welchen geschichtlichen Zusammenhang lässt sich die Rede einordnen?
- Auf welche Ereignisse oder Entwicklungen bezieht sie sich?
- ggf. Vergleich mit anderen Reden/Texten des Autors/aus der Zeit

**5. Beurteilung**
- Welcher politische/ideologische Standpunkt wird vertreten?
- Welche Absicht wird verfolgt?
- Prüfung der Rede im Hinblick auf Glaubwürdigkeit, Widersprüche, Schlüssigkeit
- Welche unmittelbare oder langfristige Wirkung hat die Rede?
- Welche historische Bedeutung hat die Rede?

# Übungsaufgabe mit Lösungshinweisen

### M 2  Aus einer Rede Heinrich Himmlers, 1943

Am 4. Oktober 1943 hielt Himmler bei der SS-Gruppenführertagung im Posener Rathaus eine mehrstündige Rede vor 92 SS-Offizieren, die er auf Schallplatte aufnehmen ließ. Abwesenden Gruppenführern wurde sie als leicht veränderte Textfassung zugesandt. M 2 folgt dem Text der Tonaufnahme:

Ich will auch ein ganz schweres Kapitel, will ich hier vor Ihnen in aller Offenheit nennen. Es soll zwischen uns ausgesprochen sein, und trotzdem werden wir nicht in der Öffentlichkeit darüber reden. Ich meine die Judenevakuie-
5 rung; die Ausrottung des jüdischen Volkes. Es gehört zu den Dingen, die man leicht ausspricht. – „Das jüdische Volk wird ausgerottet", sagt Ihnen jeder Parteigenosse, „ganz klar, steht in unserem Programm drin, Ausschaltung der Juden, Ausrottung, machen wir. Ha, Kleinigkeit!" Und dann kommen
10 sie alle, alle die braven 80 Millionen Deutschen, jeder hat seinen anständigen Juden, sagt, alle anderen sind Schweine, der ist 'n prima Jude. Und zugesehen, es durchgestanden hat keiner. Von Euch werden die meisten wissen, was es heißt, wenn 100 Leichen beisammen liegen, wenn 500 daliegen
15 oder wenn 1000 daliegen. Und dies durchgehalten zu haben und dabei – abgesehen von menschlichen Ausnahmeschwächen – anständig geblieben zu sein, hat uns hart gemacht und ist ein niemals genanntes und niemals zu nennendes Ruhmesblatt. Denn wir wissen, wie schwer wir uns
20 täten, wenn wir heute noch in jeder Stadt – bei den Bombenangriffen, bei den Lasten des Krieges und bei den Entbehrungen –, wenn wir da noch die Juden als geheime Saboteure, Agitatoren und Hetzer hätten. Wir würden wahrscheinlich in das Stadium des Jahres [19]16/17 jetzt ge-
25 kommen sein, wenn die Juden noch im deutschen Volkskörper säßen.

Die Reichtümer, die sie hatten, haben wir ihnen abgenommen. Und ich habe einen strikten Befehl gegeben, den [SS-]Obergruppenführer Pohl[1] durchgeführt hat, wir haben die-
30 se Reichtümer restlos dem Reich, dem Staat abgeführt. Wir haben uns nichts davon genommen. Einzelne, die sich verfehlt haben, werden gemäß einem von mir gegebenen Befehl bestraft, den ich am Anfang gab: „Wer sich auch nur eine Mark davon nimmt, ist des Todes." Eine Anzahl SS-
35 Männer haben sich dagegen verfehlt – es sind nicht sehr viele – und sie werden des Todes sein, gnadelos. Wir haben das moralische Recht, wir hatten die Pflicht unserem Volk gegenüber, das zu tun, dieses Volk, das uns umbringen wollte, umzubringen. Wir haben aber nicht das Recht, uns auch
40 nur mit einem Pelz, mit einer Mark, mit einer Zigarette, mit einer Uhr, mit sonst etwas zu bereichern. Das haben wir nicht. Denn wir wollen nicht am Schluss, weil wir den Bazillus ausrotten, an dem Bazillus krank werden und sterben.

*Zit. nach: Erlebte Geschichte Nationalsozialismus, Cornelsen, Berlin 2005.*

1 Oswald Pohl (1892–1951), Chef des SS-Wirtschafts- und Verwaltungshauptamtes, das seit Frühjahr 1942 für die KZ-Inspektion zuständig war.

**Hinweis zur vollständigen Schriftfassung von M 2:**
www.nationalsozialismus.de/dokumente/heinrich-himmler-posener-rede-vom-04-10-1943-volltext.html

**Hinweis zu M 2 als Tondokument:**
M 2 findet sich als originales Tondokument in „Forum Geschichte Bayern 11 – Handreichungen für den Unterricht mit CD-ROM", Berlin 2009.

**1. Formale Merkmale**
*Autor:* „Reichsführer SS" Heinrich Himmler; Lebenslauf: s. S. 210.
*Ort und Zeit der Rede:* Posener Schloss, 4. Oktober 1943.
*Art:* Geheimrede, mehrstündig, wurde auf Schallplatte mitgeschnitten.
*Thema des Auszuges:* Völkermord an den europäischen Juden.
*Adressaten:* 92 SS-Offiziere, Textfassung für abwesende Gruppenführer.
*Änderungen:* nachträgliche Änderungen in der schriftlichen Fassung.

**2. Inhalt und Sprache**
*Gliederung:* Verpflichtung auf Geheimhaltung, Hinweise auf Massenmord und Legitimierung aus ideologischen Gründen und angesichts der Kriegssituation, Enteignungen zugunsten des Staates, Erfüllung der „Pflicht unserem Volk gegenüber" als biologische Notwendigkeit bei gleichzeitiger Wahrung moralischer Integrität.
*Zentrale Aussagen, Argumentation:* Legitimierung des Massenmordes als Notwendigkeit „bei den Lasten des Krieges"; Argumentation: politisch-militärisch (Kriegslasten, Juden als „Saboteure, Agitatoren, Hetzer"), historisch (Erfahrungen aus dem Ersten Weltkrieg), biologistisch (Vergleich mit Krankheit, „Bazillus"), moralische Legitimierung durch Notwehr und persönlichen Anstand („nicht bereichern").
*Sprachstil:* Verschleierungstechniken, Euphemismen („Judenevakuierung" für Massenmord), Umschreibungen („100 Leichen beisammen liegen"), insistierende Wiederholungen („niemals ... niemals"), abwertende biologische Metaphern („Bazillus", „krank werden"), Selbstaufwertung („Ruhmesblatt"), Umkehrungen durch Polarisierungen (Opfer vs. Täter), apodiktische (= keinen Widerspruch duldende) Sprache, Versachlichung (Zahlenangaben).

**3. Vortragsweise**
Überwiegend ruhiger, z. T. vertraulicher Tonfall, Ironisierung der Haltung der Deutschen gegenüber Juden, Tempowechsel bei der Darstellung der Morde, Pausen bei der Darstellung der eigenen Haltung.

**4. Historischer Kontext**
*Anlass:* Gruppenführertagung in Posen.
*Historische Bezüge:* erste Schritte zur „Endlösung" im Herbst 1941, Schaffung der organisatorischen Voraussetzungen auf der „Wannsee-Konferenz" (20. Jan. 1942); Einrichtung von Vernichtungslagern; Deportationen der europäischen Juden; 1943 ist der Völkermord in vollem Gange, zugleich Wende im Kriegsverlauf mit dem seit 1942 stockenden Russlandfeldzug und der Bombardierung deutscher Städte; s. S. 208 ff.
*Folgen:* Vernichtung bis 1944 mit ca. 6 Mio. jüdischen Opfern.

**5. Beurteilung**
*Standpunkt:* NS-Ideologe, Rassenantisemit, Unmenschlichkeit und Pervertierung aller Werte (Anspruch auf Recht und Moral, „anständig" in Verbindung mit Völkermord).
*Absicht, Glaubwürdigkeit:* Legitimierung der NS-Verbrechen, Stärkung des Gemeinschaftsgefühls, Entlastung und Motivierung; ideologische Verschleierungen, historisch-politische Scheinargumente und Mythen.
*Wirkung, Bedeutung:* Beleg für den Völkermord an den Juden, die Verantwortung der SS und die konsequente Umsetzung der NS-Ideologie.

# 4.7 Weitere Opfer des NS-Rassismus

**Internettipp**
www.ns-gedenkstaetten.de
Die Seite führt zu Internetportalen zahlreicher NS-Gedenkstätten und NS-Dokumentationszentren in Deutschland (Suchmöglichkeiten: Bundesländer, Orte, Einrichtungen, Themengebiete).

**Verfolgung und Vernichtung** Die NS-Rassenpolitik (s. S. 186 f.) zielte nicht nur auf die Verfolgung der Juden, sondern zählte auch andere Gruppen zu den „rassisch Minderwertigen", die aus der „Volksgemeinschaft ausgemerzt" werden sollten: Homosexuelle, „Asoziale", Kriminelle und unheilbar Kranke, ferner Sinti und Roma, die Minderheiten der Afrodeutschen (Afrikaner aus ehemaligen deutschen Kolonien und die Kinder farbiger Soldaten der französischen Besatzungstruppen im Rheinland), Kaschuben, Sorben und Masuren, alle slawischen Völker (Polen, Russen u. a.) sowie generell alle Menschen, die nicht zu der angeblich überlegenen „nordisch-germanischen Herrenrasse" gehörten oder mit ihr verwandt waren.

Nur wenigen Deutschen war bewusst, dass die Kategorie „lebensunwertes Leben" eines Tages jeden hätte treffen können – z. B. auch den Soldaten, der als überzeugter Nationalsozialist für das Vaterland in den Krieg zog, aber als Kriegsversehrter zurückkehrte.

**M1 Clemens August Graf von Galen (1878–1946), Fotografie, undatiert**

Von Galen war katholischer Priester und seit 1933 Bischof von Münster. Er trat nachdrücklich gegen die NS-Rassenpolitik auf, unter anderem in einer berühmten Predigt, die er am 3. August 1941 (s. S. 189, M 11) gehalten hatte.

**„Euthanasie"** Zu den ersten Opfern der NS-Rassenpolitik gehörten die körperlich, seelisch und geistig Behinderten in Deutschland. Gleich nach Kriegsbeginn prüften Ärztekommissionen ihre „Arbeitstauglichkeit". Wer als nicht arbeitsfähig galt, wurde im Rahmen der „T 4"-Aktion (benannt nach der Adresse der Tarnorganisation in der Berliner Tiergartenstraße 4) in Vernichtungsanstalten ermordet, die als „Heil- und Pflegeheime" getarnt waren: in Brandenburg, Bernburg, Grafeneck, Hadamar, Hartheim und Sonnenstein. Die „Euthanasie" war eine konsequente Folge der „Rassenhygiene". Doch gegen die Tötung der hilflosesten Mitglieder der Gesellschaft regte sich Widerstand, vor allem bei den Angehörigen und bei Kirchenvertretern, z. B. Bischof von Galen* (M 1). Die Vergasungen wurden daher im August 1941 offiziell eingestellt, obwohl Ärzte Behinderte weiterhin mit Giftspritzen töteten. Bis 1945 wurden ca. 200 000 Behinderte ermordet (M 2–M 6).

**Sinti und Roma** Die SS begann 1933 mit der Erfassung der aufgrund ihrer „Rasse" abgewerteten Sinti und Roma (s. S. 186). Das 1936 im Reichsgesundheitsamt gegründete „Rassenhygiene-Institut" sollte der Ausgrenzung und Verfolgung dieser Minderheit eine wissenschaftliche Grundlage geben. Arbeitsgruppen des Instituts erstellten unter Leitung von Dr. Robert Ritter etwa 24 000 pseudowissenschaftliche „Gutachten", in denen die Sinti und Roma vom „reinrassigen" bis zum „Achtelzigeuner" klassifiziert wurden. Die Gutachten dienten als Grundlage für spätere Deportationen, deren Voraussetzungen im Dezember 1938 vom „Chef der deutschen Polizei", Heinrich Himmler, geschaffen wurden.

Nach Kriegsausbruch kündigte Himmler im Oktober 1939 an, dass die „Zigeunerfrage binnen kurzem im gesamten Reichsgebiet geregelt" werde; kein „Zigeuner" dürfe seinen Wohnort verlassen. Wie die Juden wurden im Verlauf des Krieges auch die Sinti und Roma zunehmend entrechtet, schließlich deportiert und ermordet. Die genaue Zahl der Opfer ist schwer zu bestimmen, da in allen von Deutschland besetzten Gebieten Europas Massenerschießungen stattgefunden haben, über die es kaum Quellen gibt. Nach Schätzungen wurden ca. 500 000 Sinti und Roma ermordet (M 7–M 11).

**Lesetipp**
Till Bastian, Sinti und Roma im Dritten Reich, München 2001.

**1** Charakterisieren Sie mithilfe der Darstellung die NS-Rassenlehre und „Volksgemeinschafts"-Ideologie am Beispiel nicht jüdischer Opfergruppen.

**M2** Ermächtigungsschreiben zur sogenannten „T 4"-Aktion, ausgestellt Ende Oktober 1939, aber rückdatiert auf den 1. September 1939.
Handschriftliche Abzeichnung: Reichsjustizminister Dr. Franz Gürtner. – Philipp Bouhler: Chef der „Kanzlei des Führers" und führendes SS-Mitglied. – Karl Brandt: Hitlers Begleitarzt und führendes SS-Mitglied.

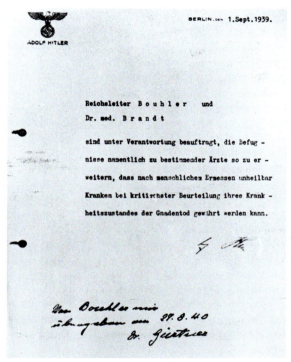

1 Erläutern Sie die Bedeutung des Dokuments M 2 im Kontext der nationalsozialistischen „Euthanasie"-Morde.

**M 3** Die „Euthanasie"-Morde

### a) Eine Einführung in „rassenhygienische" Ideen von 1929

Seit Ende des 19. Jahrhunderts hatte sich die „Rassenhygiene" als eine Variante der Erbgesundheitslehre entwickelt und sowohl in der Wissenschaft als auch in der Öffentlichkeit Einfluss gewonnen. Der folgende Beitrag von 1929, in der Zeitschrift „Das kommende Geschlecht. Zeitschrift für Familienpflege und geschlechtliche Volkserziehung auf biologischer und ethischer Grundlage" veröffentlicht, zeigt die Argumentation derjenigen, die von „lebensunwertem Leben" sprachen. Sein Autor war der Jesuitenpater Dr. Hermann Muckermann (1877–1962), der Biologie und Mathematik studiert hatte und bis 1933 die Abteilung Eugenik im Kaiser-Wilhelm-Institut für Anthropologie, menschliche Erblehre und Eugenik in Berlin leitete:

Besonders bemerkenswert ist die Zahl der erblich Geisteskranken, die zum großen Teil in Heil- und Pflegeanstalten aufbewahrt werden. Es dürften z. Zt. auf 100 000 Einwohner etwa 400 Geisteskranke und Geistesschwache in Heil- und Pflegeanstalten kommen. Bei den Naturvölkern würden diese ohne weiteres untergehen. In der Kulturwelt wird nicht einmal der Ausschluss von der Fortpflanzung in jedem Fall sichergestellt. Wir haben in Deutschland noch kein Bewahrungsgesetz. Und ganz allgemein wird, wie ich schon angedeutet habe, gerade der Minderwertigkeit, wo immer sie auftritt, ein hohes Maß von Fürsorge zugewendet. Die Summen, die man wegen der wachsenden Fürsorgebedürftigkeit aus den Steuern der Gesunden und sittlich Treuen ausgibt, sind so maßlos gewachsen, dass man begreift, warum die schlichtesten Probleme zur Erhaltung der Gesundheit – ich erinnere nur an das Wohnungsproblem – nicht gelöst werden können. So wird in tragischem Kreislauf die Zahl der Gesunden vermindert und die der Minderwertiger vermehrt. Und wie viele sind im Volk, die man wegen ihrer Zahl niemals in eigene Anstalten sammeln könnte. Sie sind indessen vorhanden und vermehren sich zum Teil ungehemmt, weil jedes Verantwortungsbewusstsein fehlt.
[...] Ein viel umstrittener Vorschlag [...] bezieht sich auf das operative Auslöschen von Erblinien zur allmählichen Ausmerzung der vorhandenen Minderwertigkeit. [...] Vom ethischen Standpunkt aus ist [...] kein Einspruch zu erheben, vorausgesetzt, dass ein auf anderem Wege unheilbarer Notstand das Staatswohl bedroht und dass die Kriterien für den Einzelfall mit genügender Sicherheit wissenschaftlich umschrieben und praktisch angewandt werden können.
[...] Doch was die anderen angeht, deren Leben wirklich ‚lebensunwert' erscheint, zumal alle jene, auf denen die Nacht des Todes ruht, noch ehe sie starben, so können und dürfen wir nicht mehr tun, als sie auf würdige Art bis zu ihrem Begräbnis aufzubewahren. Die Liebe zum Volk zwingt zur nüchternen Unterscheidung. Wir können nicht in dem gleichen Ausmaß wie einst für hoffnungslos Belastete die Mittel hergeben, die die Träger des Volkes der Zukunft unbedingt benötigen.

Hermann Muckermann, Rassenforschung und Volk der Zukunft. Ein Beitrag zur Einführung in die Frage vom biologischen Werden der Menschheit, zit. nach: Ernst Klee (Hg.), Dokumente zur „Euthanasie", Fischer, Frankfurt/M. 1985, S. 45 f.

### b) Aus dem „Gesetz zur Verhütung erbkranken Nachwuchses", 14. Juli 1933:

§ 1 (1) Wer erbkrank ist, kann durch chirurgischen Eingriff unfruchtbar gemacht (sterilisiert) werden, wenn nach den Erfahrungen der ärztlichen Wissenschaft mit großer Wahrscheinlichkeit zu erwarten ist, dass seine Nachkommen an schweren körperlichen und geistigen Erbschäden leiden werden.
(2) Erbkrank im Sinne dieses Gesetzes ist, wer an einer der folgenden Krankheiten leidet:
1. angeborenem Schwachsinn,
2. Schizophrenie,

3. zirkulärem (manisch-depressivem) Irresein,
4. erblicher Fallsucht,
5. erblichem Veitstanz (Huntingtonsche Chorea),
6. erblicher Blindheit,
7. erblicher Taubheit,
8. schwerer körperlicher Missbildung

(3) Ferner kann unfruchtbar gemacht werden, wer an schwerem Alkoholismus leidet.

Zit. nach: Dieter Pohl, Verfolgung und Massenmord in der NS-Zeit 1933–1945, Wissenschaftliche Buchgesellschaft, Darmstadt 2003, S. 13f.

**c) Aussage von Dr. Albert Widmann über eine Konferenz, die 1939 im Reichskriminalamt stattgefunden hatte (nach 1945; Auszug):**

Während meiner Tätigkeit als Leiter der Chemischen Abteilung des Reichskriminalpolizeiamtes wurde ich Ende 1939 zum Amtschef gerufen – ich war damals in Abwesenheit von Dr. Heess dessen Vertreter –, wo ich mit einem mir namentlich nicht mehr bekannten Vertreter der Kanzlei des Führers bzw. Reichskanzlei zusammentraf. Bei dieser Zusammenkunft waren also ich, der Vertreter der Reichskanzlei und der Chef des Reichskriminalpolizeiamtes zugegen. […]
Bei der Unterredung stellte mein Amtschef als erste Frage: „Widmann, kann das Kriminaltechnische Institut (KTI) in größeren Mengen Gift beschaffen?"
Daraufhin erfolgte meine Gegenfrage: „Wozu? Zum Töten von Menschen?"
Zur Antwort bekam ich: „Nein."
Welcher meiner beiden Gesprächspartner „Nein" sagte, kann ich heute nicht mehr sagen.
Meine Frage: „Zum Töten von Tieren?"
Antwort: „Nein."
Meine Frage: „Wozu dann?"
Antwort: „Zum Töten von Tieren in Menschengestalt, und zwar von Geisteskranken […]."
[…] Im Verlauf des weiteren Gesprächs wurde unter Beteiligung von uns drei Gesprächspartnern die Frage erörtert, welche Gifte benutzt werden sollen. In Erwägung gezogen wurde Kohlenoxyd, Morphium und Scopolamin, Zyankali, wie ich mich heute noch erinnere.

Zit. nach: Ernst Klee (Hg.), Dokumente zur „Euthanasie", 6. Aufl., Fischer, Frankfurt/M. 2007, S. 60f. und 69f.

**1** Untersuchen Sie in M 3 a und b, welche Menschen von den Nationalsozialisten als „minderwertig" und damit als „lebensunwert" angesehen wurden.

**2** Erläutern Sie das NS-Menschenbild anhand von M 3 a, c und ordnen Sie es in den Zusammenhang der NS-Ideologie ein. Ziehen Sie Plakat M 5 mit hinzu.

**M 4 Auszug aus einer Denkschrift des Direktors der Heil- und Pflegeanstalt Schönbrunn in Oberbayern, Steininger, aus dem Jahre 1962**

*Die Denkschrift war Bestandteil des Verfahrens Ks/66 vor dem Landgericht Frankfurt/Main.*

Ende Februar 1941 kam ein eingeschriebener Brief der Regierung von Oberbayern. Schon vor Öffnung des Briefes sagte uns eine ganz bestimmte Ahnung, was der Brief verlangte. In diesem Brief beauftragte uns der Landesfürsorgeverband Oberbayern, auf Anordnung des Reichsverteidigungskommissars, 177 männliche Pfleglinge in die Anstalt Eglfing zu überbringen. Das war ein furchtbarer Tag für uns, den wir unser Leben lang nicht vergessen werden! – Da die angeforderten 177 Pfleglinge nicht mit Namen genannt waren, weigerten wir uns, dieselben selbst zu bestimmen. Wir teilten das dem Landesfürsorgeverband mit. Daraufhin kam ein Arzt aus Eglfing und wählte 177 Pfleglinge zum Abtransport nach Eglfing aus. […]
Am 20. März 1941 – einen Tag nach Josefi – kamen morgens um 6 Uhr große Omnibusse aus dem KZ-Lager Dachau. Die Chauffeure waren SS-Männer. Selbst diese Männer empörten sich über diese Verlegung der Pfleglinge. Sie wussten jedenfalls aus ihren Unterrichtsstunden, was mit diesen Menschen, die als lebensunwert galten, geschehen wird. Zur Beruhigung der Pfleglinge fuhren auch die Abteilungsschwestern mit nach Eglfing. […]
Insgesamt mussten 582 Pfleglinge Schönbrunn verlassen. Sie wurden jedesmal von den Eglfinger Ärzten ausgewählt; einer dieser Ärzte, Herr Dr. Eidam, der diese Aufgabe immer sehr rücksichtsvoll löste, hat bei Kriegsende Selbstmord begangen. Das böse Gewissen und die Furcht vor der schrecklichen Verantwortung trieben ihn dazu. Zweimal war der Direktor von Eglfing, Dr. Pfannmüller, selbst in Schönbrunn, um hier Henkerdienste zu leisten. Das waren für uns furchtbare zwei Tage. Er gab sich nach außen hin höflich, ließ sich aber in der Auswahl der zu verlegenden Pfleglinge nicht das Geringste einreden. Er war unerbittlich in der Verfolgung seines Zieles, welches in der Ausmerzung, d. h. Tötung des sog. lebensunwerten Lebens bestand. […]
Herr Dr. Pfannmüller ist in unseren Augen ein tausendfacher Mörder. Er ist inzwischen körperlich zusammengebrochen. Das Gericht verurteilte ihn nur zu etlichen Jahren Gefängnis; es konnte ihm gerichtlich eine Tötungsabsicht nicht nachgewiesen werden. Er hätte aber eine hohe Strafe schon deswegen verdient, weil Tausende von armen Pfleglingen infolge seiner Maßnahmen in ständiger Todesangst leben mussten.

Zit. nach: Ernst Klee (Hg.), Dokumente zur „Euthanasie", 6. Aufl., Fischer, Frankfurt/M. 2007, S. 109f.

**1** Beschreiben Sie den Umgang mit den Behinderten im NS-Staat anhand von M 4.

**2** Erörtern Sie das Verhalten des Pflegepersonals.

**M5** Plakat, abgedruckt in der Zeitschrift „Neues Volk. Die Monatshefte des Rassenpolitischen Amtes der NSDAP", um 1937

**M6** Aus einem Schreiben des Bischofs von Limburg, Antonius Hilfrich (1873–1947), an den Reichsjustizminister vom 13. August 1941

Bezug nehmend auf die von dem Vorsitzenden der Fuldaer Bischofskonferenz, Herrn Kardinal Dr. Bertram, eingereichte Denkschrift vom 16. Juli […] halte ich mich verpflichtet, betr. Vernichtung sogenannten „lebensunwerten Lebens" das Folgende als konkrete Illustration zu unterbreiten.
Etwa 8 km von Limburg entfernt ist in dem Städtchen Hadamar auf einer Anhöhe unmittelbar über dem Städtchen eine Anstalt, die früher zu verschiedenen Zwecken, zuletzt als Heil- und Pflegeanstalt gedient hat, umgebaut bzw. eingerichtet als eine Stätte, in der nach allgemeiner Überzeugung oben genannte Euthanasie seit Monaten – etwa seit Februar 1941 – planmäßig vollzogen wird. […]
Öfter in der Woche kommen Autobusse mit einer größeren Anzahl solcher Opfer in Hadamar an. Schulkinder der Umgebung kennen diese Wagen und reden: „Da kommt wieder die Mordkiste." Nach der Ankunft solcher Wagen beobachten dann die Hadamarer Bürger den aus dem Schlot aufsteigenden Rauch. […]
Alle gottesfürchtigen Wesen empfinden diese Vernichtung hilfloser Wesen als himmelschreiendes Unrecht. […] Es ist in der Bevölkerung unfasslich, dass planmäßige Handlungen vollzogen werden, die nach § 211 StGB mit dem Tode zu bestrafen sind! […] Die obrigkeitliche Autorität als sittlicher Begriff erleidet durch die Vorgänge eine furchtbare Erschütterung. Die amtlichen Mitteilungen, dass NN. an einer ansteckenden Krankheit gestorben sei und deshalb die Leiche hätte verbrannt werden müssen, finden keinen Glauben mehr. […] Beamte der Geh. Staatspolizei suchen, wie man hört, das Reden über die Hadamarer Vorgänge mit strengen Drohungen zu unterdrücken. Es mag im Interesse der öffentlichen Ruhe gute Absicht sein. Das Wissen und die Überzeugung und Entrüstung der Bevölkerung werden damit nicht geändert. […]
Ich bitte Sie ergebenst, Herr Reichsminister, im Sinne der Denkschrift des Episkopates vom 16. Juli d. J. weitere Verletzungen des fünften Gebotes verhüten zu wollen.

*Zit. nach: Wolfgang Michalka (Hg.), Deutsche Geschichte 1933–1945, Fischer, Frankfurt/M. 1993 S. 267 f.*

**1** Untersuchen Sie anhand von M 6 die Argumente, mit denen die Kirche die „Euthanasie" ablehnte.
**2** Ziehen Sie (M 6) Schlussfolgerungen zu der Frage, was die Bevölkerung über die „Euthanasie" wusste.
**3** Der Journalist Klaus Franke schrieb in einem „Spiegel"-Artikel 2001 über die „Euthanasie"-Morde, dass „die moderne Gentechnik […] eine Rückkehr eugenischer Zuchtphantasien fördere". Diskutieren Sie diesen Gegenwartsbezug vor dem Hintergrund der aktuellen Debatten über die Gentechnologie.

**M7** Die Verfolgung der Sinti und Roma in der Zeit des Nationalsozialismus

**a)** Aus dem Runderlass Heinrich Himmlers vom 8. Dezember 1938:

§ 1 (1) Die bisher bei der Bekämpfung der Zigeunerplage gesammelten Erfahrungen und die durch die rassenbiologischen Forschungen gewonnenen Erkenntnisse lassen es angezeigt erscheinen, die Zigeunerfrage aus dem Wesen dieser Rasse heraus in Angriff zu nehmen.
Erfahrungsgemäß haben die Mischlinge den größten Anteil an der Kriminalität der Zigeuner. Andererseits hat es sich gezeigt, dass die Versuche, die Zigeuner sesshaft zu machen, gerade bei den rassereinen Zigeunern infolge ihres starken Wandertriebes misslungen sind. Es erweist sich deshalb als notwendig, bei der endgültigen Lösung der Zigeunerfrage die rassereinen Zigeuner und die Mischlinge gesondert zu behandeln.
(2) Zur Erreichung dieses Zieles ist es zunächst erforderlich, die Rassenzugehörigkeit der einzelnen im Deutschen Reich lebenden Zigeuner und der nach Zigeunerart umherziehenden Personen festzustellen.

*Ministerialblatt des Reichs- und Preußischen Ministeriums des Innern, Jg. 99, Nr. 51.*

**b) Aus einem Erlass des Reichsinnenministers Wilhelm Frick vom 3. Januar 1936:**

*Erlass zur ersten Ausführungsverordnung zum „Blutschutzgesetz" betreffend das Verbot der Eheschließung zwischen „Deutschblütigen" und „Zigeunern" sowie Farbigen:*

Nach § 6 der Ersten Ausführungsverordnung zum Blutschutzgesetz soll eine Ehe nicht geschlossen werden, wenn aus ihr eine die Reinhaltung des deutschen Blutes gefährdende Nachkommenschaft zu erwarten ist. Diese Vorschrift verhindert Eheschließungen zwischen Deutschblütigen und solchen Personen, die zwar keinen jüdischen Bluteinschlag aufweisen, aber sonst artfremden Blutes sind. […]

Dem deutschen Blute artverwandt ist das Blut derjenigen Völker, deren rassische Zusammensetzung der deutschen verwandt ist. Das ist durchweg der Fall bei den geschlossenen in Europa siedelnden Völkern und denjenigen ihrer Abkömmlinge in anderen Erdteilen, die sich nicht mit artfremden Rassen vermischt haben. Zu den artfremden Rassen gehören alle anderen Rassen, das sind in Europa außer den Juden regelmäßig nur die Zigeuner.

Zit. nach: Wolfgang Wippermann, Geschichte der Sinti und Roma, 3. Aufl., Berliner Institut für Lehrerforbildung, Berlin 1997, S. 77 f.

**M 8 Erinnerungen der Auschwitz-Überlebenden Roma Elisabeth Guttenberger (geb. 1926), 1995**

1926 wurde ich in Stuttgart geboren. Ich hatte vier Geschwister, die auch dort zur Welt kamen. Meine Eltern waren schon längere Zeit in Stuttgart ansässig. Wir wohnten in einem sehr schönen Stadtteil mit vielen Gärten und Grünflächen. Mein Vater verdiente seinen Unterhalt mit Antiquitäten und Streichinstrumenten. Mit unseren Nachbarn lebten wir friedlich zusammen. Niemand hat uns diskriminiert. Alle waren freundlich zu uns. Wenn ich an diese Zeit zurückdenke, so muss ich sagen, dass sie die schönste in meinem Leben war. […] *Über die Jahre nach 1933 berichtet sie:*

In der Schule erlebte ich jetzt zum ersten Mal offenen Rassenhass. Eine Mitschülerin, eine BDM-Führerin, fiel eines Tages mit der halben Klasse über mich her. Gemeinsam schlugen sie mich blutig. Ich wehrte mich, so gut ich konnte, mit meinem Schirm. Am nächsten Tag ließ mich der Rektor zu sich holen. Er empfing mich mit den Worten: „Was hast du dir denn gestern erlaubt?" Und er gab mir mit dem Rohrstock sechs Tatzen auf die ausgestreckten Hände. Ich war fast ohnmächtig vor Schmerz. Zum Glück hatte ich eine sehr couragierte Lehrerin. Sie war eine ehemalige Reichstagsabgeordnete und Gegnerin des Hitler-Regimes. Sie nahm mich in Schutz und hielt den anderen Mädchen eine Moralpredigt. Am Ende erlaubte sie sich sogar die Worte: „Habt ihr diese Frechheit etwa im BDM gelernt?" Und keiner wagte, ihr zu widersprechen, selbst der Rektor nicht, der ein Nazi war.

Zit. nach: Romani Rose (Hg.), Der nationalsozialistische Völkermord an den Sinti und Roma, Wunderhorn, Heidelberg 1999, S. 100 und 202.

**M 9 Das „Zigeunergetto" in Lodz, Fotografie, undatiert (ca. 1941/42).**

Das Getto befand sich neben dem Judengetto.

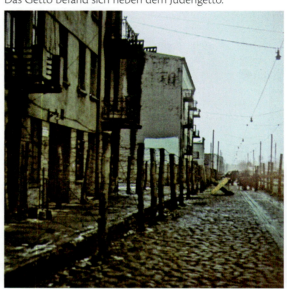

**M 10 Aus den Erinnerungen Rom Eichwald Roses**

*Der Bericht ist in den Dokumenten des Nürnberger Kriegsverbrecherprozesses überliefert:*

[Geboren am 3. Mai 1908 in Elgut, Krs. Oppeln/Oberschlesien] war ich im Geschäft meines Vaters, der Pferdehändler in Stettin war, bis 1938 beschäftigt.

Im Juni 1938 wurde ich von der Polizei in Stettin abgeholt, weil ich ein Verhältnis mit einem arischen Mädchen hatte. Man hat mich in das Konzentrationslager Sachsenhausen transportiert, wo ich, trotzdem ich Zigeuner-Mischling bin, in der Judenabteilung untergebracht wurde. Mein Vater war Zigeuner, meine Mutter Halbjüdin, ihr Vater war auch Zigeuner. Ich blieb im Lager Sachsenhausen bis Dezember 1940 und wurde, wie alle anderen Lagerinsassen, schlecht behandelt. Im Dezember 1940 meldete ich mich freiwillig zum Suchen von Blindgängern und wurde zu diesem Zweck der Luftwaffe überwiesen, wo ich unter Bewachung von SS-Leuten Blindgänger ausgrub. […] Als Belohnung für meine Tätigkeit bei dem Kommando wurde ich vor Weihnachten 1940 nach Stettin entlassen, unter der Bedingung, dass ich mich einer Unfruchtbarmachung im Krankenhaus Wendorf bei Stettin unterzog. Ich habe einen Schein bei der Gestapo unterzeichnen müssen, dass ich mich freiwillig der Sterilisation unterwerfe. Wenn ich das nicht getan hätte, wäre ich wieder zurück ins Lager gebracht worden. Die Operation hat im Mai 1941 auf Anordnung von Dr. Ritter im Gesundheitsamt Stettin im Krankenhaus Wendorf stattgefunden […].

Nach meiner Operation wurde ich im Jahre 1941 als Landarbeiter vom Arbeitsamt Stettin nach Pommern (Lauenburg) verschickt. […] Im September 1942 wurde ich wieder von der Gestapo mit meinem Vater, vier Brüdern und zwei Schwestern und anderen Zigeunern aus dem Gau Pommern verhaftet. Ich allein wurde in das Konzentrationslager Sachsenhausen eingeliefert, während alle anderen nach Auschwitz versandt worden sind und bis auf einen Bruder von mir nicht mehr zurückgekehrt sind.

Während meiner zweiten Inhaftierung in Sachsenhausen wurde auch meine damals 12-jährige Tochter Martha von der Gestapo abgeholt und im Stettiner Krankenhaus sterilisiert. […] Ich hatte Glück, dadurch, dass ich nicht im Außendienst, sondern in der Schneiderei beschäftigt worden bin, konnte ich mit den kärglichen Nahrungsmitteln auskommen und den Aufenthalt bis zu meiner Befreiung überstehen.

*Zit. nach: Donald Kenrick/Grattan Puxon, Sinti und Roma – die Vernichtung eines Volkes im NS-Staat, Übers. Astrid Stegelmann, Gesellschaft für bedrohte Völker, Göttingen 1981, S. 134.*

1 Erarbeiten Sie die ideologischen Grundlagen der Verfolgung von Sinti und Roma anhand von M 7a, b.
2 a) Schildern Sie die Erfahrungen, die Frau Guttenberger in der NS-Zeit gemacht hat (M 8).
b) Beurteilen Sie das Verhalten der Lehrerin und des Schuldirektors in Quelle M 8.
3 Stellen Sie anhand von M 8 bis M 10 die Praxis der Verfolgung von Sinti und Roma in der Zeit des Nationalsozialismus dar.
4 **Präsentation:** Berichten Sie über den Stand der Entwicklung und die Debatten zur Errichtung eines offiziellen Denkmals, das an die in der NS-Zeit ermordeten Sinti und Roma erinnern soll (Internetrecherche).
5 Interpretieren Sie Quelle M 11 mithilfe der systematischen Arbeitsschritte auf der Methodenseite S. 40 im Kontext des nationalsozialistischen Rassismus (Hilfen: s. S. 186 und 216).

**M 11** Meldung eines Höheren SS- und Polizei-Führers aus dem Jahr 1941 über Erschießungen

**Abschrift.**

Der Höh.-SS-u.Pol.-Führer  St.Qu., den 15. 10. 41.
    Rußland Mitte
beim Befehlshaber d. rückw. H.-G. Mitte
Ia

**Als Kurierpost.**

Betr.: Exekutionen.
Bez. : Funkspruch Chef O.P. Nr. 31 v. 13.9.41.

In der Zeit vom 12.10. bis 14.10.41 wurden folgende Exekutionen durchgeführt.

| Formationen | russische Soldaten | Kommunisten | Zigeuner | Juden |
|---|---|---|---|---|
| Pol.Rgt.Mitte | 62 | 4 | 3 | 10 |
| Stab des Hssupf. Rußl.Mitte |  |  | 50 |  |
| zus. | 62 | 4 | 53 | 10 |

I.A. gez. Unterschrift.
Major der Sch.

Verteiler:
RFss.          1
Kdo.-Stab d.Rfss.  1
Chef O.P.      1
               3

F.d.R.d.A.

# 4.8 Die Deutschen und der Holocaust: Ursachenforschung – Kontroversen

M1 Denkmal für die ermordeten Juden Europas in Berlin, errichtet 2005, Teilansicht, Fotografie

**Ursachen des Völkermords an den Juden**

Die Geschichtswissenschaft führt seit Jahrzehnten eine intensive Debatte über die Ursachen, die Verantwortlichen und die Rahmenbedingungen des Völkermords. Die Historikerinnen und Historiker nehmen dabei nicht nur Täter und Opfer in den Blick, sondern betten den Holocaust in umfassende Zusammenhänge ein. Zu nennen sind hier beispielsweise:
- das Verhältnis von Judenmord und Kriegsverlauf,
- die Bevölkerungs- und Umsiedlungspolitik der Nationalsozialisten,
- die Mitwirkung der Staatsbürokratie oder
- die Rolle der deutschen Bevölkerung und ihre Haltung zum NS-Staat.

Eine Vielzahl von Fragen kommt dabei zur Sprache: Lässt sich die systematische Ausrottung der europäischen Juden auf den Judenhass des „Führers" Adolf Hitler zurückführen, der seinen „Vernichtungsplan" während der NS-Herrschaft planmäßig durchführte? Oder kam sie ohne den Willen oder einen Befehl Hitlers zustande? War der Holocaust das Ergebnis einer allmählichen Radikalisierung der NS-Politik, bei der viele Faktoren, z. B. der Kriegsverlauf oder eventuelle Interessengegensätze zwischen Einrichtungen des Staates, der Partei und der Wirtschaft, bedeutsam waren? Welche Rolle spielte insgesamt der Antisemitismus?

Weitere Probleme bereiten die Auswahl und Auswertung der Quellen, beispielsweise die Analyse von Zeitzeugeninterviews (M 3, M 5 a, b) oder Fotografien (M 2, M 4).

**Ansätze zur Erklärung des Holocausts**

Über die zeitliche Abfolge der Ereignisse und das Ausmaß des Völkermords, wie es auch in den vorherigen Kapiteln dargestellt wurde, ist sich die Geschichtswissenschaft einig. Meinungsverschiedenheiten gibt es jedoch nach wie vor darüber, wie die Ursachen des Verfolgungs- und Vernichtungsprozesses zu gewichten und zu beurteilen sind, um zu einer Erklärung zu gelangen (M 7 a, b; M 8 a, b). Dabei sollte man sich, wie der Historiker Helmut Berding vorschlägt, in der Regel mit vier Ursachenbereichen auseinandersetzen:

(1) Der Völkermord an den Juden kann nicht ohne die zentrale Bedeutung der Weltanschauung, insbesondere des Rassenantisemitismus gedacht werden.

(2) Personen dürfen nicht außer Acht gelassen werden, so z. B. die herausragende Stellung und Verantwortung Hitlers, aber auch das Wirken anderer „NS-Größen".

(3) Starke Impulse gingen vom Herrschaftssystem aus. Einerseits spielte das „Führerprinzip" eine wichtige Rolle. Andererseits gab es auch im „Führerstaat" mehrere Herrschaftszentren (z. B. Partei, Staat, Wirtschaft), die miteinander konkurrierten (Polykratie = griech. Vielherrschaft).

(4) Nicht jede Verfolgungsmaßnahme entsprang rassenpolitischen Motiven. Auch das technokratische Denken und unterwürfige Verhalten von NS-Funktionären und Staatsdienern trug zur „Endlösung" bei. Diesen Faktor hat die Philosophin Hannah Arendt treffend die „Banalität des Bösen" genannt.

1 Benennen Sie mithilfe der Darstellung, worüber in der Holocaust-Forschung Einigkeit besteht und zu welchen Fragen es Meinungsverschiedenheiten gibt.
2 Erläutern Sie anhand der Darstellung die vier Ursachenbereiche, die man bei der Erklärung des Völkermords an den Juden berücksichtigen sollte.

**M2** Mitarbeiter der Hamburger Werft Blohm & Voss während eines Stapellaufes, 1936, Fotografie.
Der Arbeiter in der Bildmitte (Kreis) ist August Landmesser. Seine Ehe mit einer Jüdin, aus der zwei Kinder hervorgingen, galt als „Rassenschande", für die er 1938 zu zweieinhalb Jahren Zuchthaus verurteilt wurde.

1 Begründen Sie, welcher Begriff die Haltung des Arbeiters Landmesser (M 2, Bildmitte) zum NS-Staat angemessen wiedergibt: Zustimmung – Indifferenz – Nonkonformität – Verweigerung – Protest – Widerstand.

**M3** Wie gelangen Historiker zu Aussagen über die Haltungen der Deutschen zum Holocaust?
*Der Historiker Harald Welzer schreibt über Probleme der Auswahl und der Auswertung von Quellen, 2007:*
[Im Hinblick auf die Frage], was die Deutschen vom Holocaust wussten und wie es um die Zustimmung zum Regime im Verlaufe seiner Herrschaft stand [...], zeichnet sich ab, dass diese Zustimmung in den Jahren nach 1933 bis zum
5 Überfall auf die Sowjetunion kontinuierlich anwuchs, sodass es an der Zeit wäre, die gesellschaftliche Wirklichkeit des „Dritten Reiches" als ein soziales Parallelogramm zu beschreiben, in dem sich die [...] Lage der nicht jüdischen Deutschen in dem Maße verbesserte, wie sich die Situation
10 der „Nichtarier" verschlechterte [...]. Das bedeutet aber zugleich, dass man sich von der Vorstellung freimachen muss, es gebe bei Gesellschaftsverbrechen auf der einen Seite Täter, die Verbrechen planen, vorbereiten und ausführen, und auf der anderen Seite Unbeteiligte oder Zuschauer, die in
15 mehr oder weniger großem Umfang von diesen Taten „wissen". [...]
Aber wie kann man rekonstruieren, was die Deutschen über den Führer, ihr Land und die Politik der Vernichtung gedacht haben? Eine moderne Umfrageforschung gab es [...] noch nicht, und die offiziellen Stimmungs- und Lageberich- 20
te, die das Regime regelmäßig erhob, sind von nur begrenzter Aussagekraft, da sie erstens stark die subjektiven Auffassungen der Berichterstatter spiegeln und zweitens [...] als Steuerungsinstrument der öffentlichen Stimmung gedacht waren und insofern erheblich verzerrt sind. 25
Man wird sich daher mit einem Patchwork ganz unterschiedlicher Datenquellen begnügen müssen, das die Zustimmung zur Politik des Regimes, insbesondere zur Judenpolitik, in unterschiedlichen Farbtönen abbildet und das aus Beobachtungen des Alltagsverhaltens der Volksgenossin- 30
nen und Volksgenossen, aus Daten zum Wissen über den Vernichtungsprozess sowie aus retrospektiven Interview- und Umfragedaten zusammengefügt ist. [...]
*Wissen über die Massentötungen*
[...] Schließlich gab es zwei Nachrichtenquellen ganz gegen- 35
sätzlicher Natur, die Wissen über die Massenmorde verbreiteten: Es handelte sich zum einen um die alliierten Rundfunksender, namentlich die deutschsprachigen Sendungen der BBC sowie ab Ende 1942 erscheinende Artikel in der amerikanischen Presse über die systematische Vernichtung 40
der Juden, zum anderen um immer andeutungsreichere Artikel und Reden vonseiten der Führungselite des „Dritten Reiches".
Vor dem Hintergrund zahlreicher Einzelbeobachtungen und -belege solcher Art kann man mit einiger Plausibilität 45
davon ausgehen, dass sich ab etwa Mitte 1942 ein aus Gerüchten, Andeutungen, Augenzeugenberichten und Teilinformationen bestehendes Wissen allgemein verbreitet hat-

te. [...] Nun war das verbreitete Wissen um die Vernichtung der europäischen Juden eben kein lexikalisches und von irgendeiner Instanz beglaubigtes Wissen, sondern hatte die [...] Form des offenen Geheimnisses. [...] Kommunikation in der Form des offenen Geheimnisses stellt es dem auf diese Weise Wissenden frei, die Informationen als glaubhaft oder phantastisch, als authentisch oder als Feindpropaganda einzuschätzen. Es gibt ihm auch die Möglichkeit, sich im Nachhinein indifferent gegenüber dieser Art von Wissen zu verhalten. [...]

Die Urheber [einer Befragung Mitte der 1990er-Jahre] sind übrigens unterschiedlicher Auffassung darüber, wie [ihre] Zahlen zu interpretieren sind, und gehen schließlich von einer konservativen Schätzung von etwa einem Drittel und einer weniger konservativen von etwa der Hälfte der Bevölkerung aus, die Kenntnis von den Massenmorden hatten. [...]

Eine weitere Möglichkeit, [...] Systemvertrauen, Skepsis oder Stimmung retrospektiv zu messen, besteht darin, Verhalten zu ermitteln. [...] So hat Götz Aly mittels einer „Adolf-Kurve" erhoben, wie sich die Namensvorlieben von 1932 bis 1945 wandelten, wie die Zahl der Kirchenaustritte schwankte, wie sich das Sparverhalten änderte und in welchem Ausmaß der feine Unterschied im Heldentod markiert wurde. Mit den Ergebnissen solcher Untersuchungen lässt sich plausibel argumentieren, dass die Stimmung der Volksgenossinnen und -genossen zwischen 1937 und 1939 den Gipfel erreichte und erst ab 1941 rapide zu sinken begann.

Harald Welzer, Die Deutschen und ihr „Drittes Reich", in: Aus Politik und Zeitgeschichte, hg. von der Bundeszentrale für politische Bildung, Nr. 14/15, 2007, S. 21–28.

**M4** Hausrat von Juden aus Westeuropa im Sammellager Oberhausen, Mühlheimer Straße/Ecke Brücktorstraße, Fotografie (Ausschnitt), 1943

1 Zeigen Sie, warum Welzer (M3) bei der Untersuchung von Gesellschaftsverbrechen gegen die Vorstellung votiert, es gäbe nur Täter und Unbeteiligte.
2 a) Benennen Sie anhand von M3, was die Deutschen vom Holocaust wussten und welche Haltung zum NS-Regime vorherrschte.
b) Vergleichen Sie die Forschungsergebnisse in M3 mit Ihren Hypothesen aus Aufgabe 2, S. 211.
3 Erläutern Sie anhand von M3, vor welchen Quellenproblemen Historiker stehen, wenn sie die Haltung der Deutschen zum Holocaust untersuchen wollen. Ziehen Sie M4 sowie M9, S. 200, mit hinzu.

**M5** Zeitzeugenerzählungen über die NS-Zeit als historische Quellen erläutern und interpretieren

**a)** Der Historiker Peter Longerich erläutert den Satz „Davon haben wir nichts gewusst!", 2006:

„Davon haben wir nichts gewusst!" Der Satz ist allgemein bekannt: Es ist die Antwort, die man wohl am häufigsten hört, wenn man Deutsche der älteren Generation befragt, was sie denn als Zeitgenossen seinerzeit über die Verfolgung und Ermordung der europäischen Juden durch das NS-Regime in Erfahrung gebracht haben. Ein Satz, der viele Fragen aufwirft.

Nicht selten wird er entschieden oder sogar entrüstet vorgebracht; er dient häufig dazu, den in der Frage nach der damaligen Kenntnis mitschwingenden oder auch nur vermuteten Vorwurf der Mitwisserschaft oder gar Mitschuld zurückzuweisen. Das Subjekt des Satzes, das „wir" – häufig heißt es auch „man" habe nichts gewusst, selten wird das „ich" gebraucht –, deutet schon darauf hin, dass hier eine kollektive, im Laufe der Zeit zur Abwehr verfestigte Haltung vorliegt. Doch was genau hat man nicht gewusst? Das „davon" klingt zwar sehr bestimmt, so, als wisse man genau, was man damals nicht gewusst habe – allerdings bezeichnet dieses „davon" etwas, das der Sprecher offenbar nicht näher benennen oder beschreiben will. Handelt es sich um das Grauen der Vernichtungslager, um das Massensterben in Gettos oder Arbeitslagern, um die Deportationen oder um das Gesamtausmaß der Verfolgung?

Schließlich muss das Verb des Satzes unsere Aufmerksamkeit erregen: Geleugnet wird bezeichnenderweise meist nicht, dass man nicht etwas gehört oder geahnt hätte, sondern das damalige Wissen. Die kategorische Feststellung, man habe nichts *gewusst* – oder, auf Nachfrage, *wirklich* nichts gewusst –, schließt indes nicht aus, dass Gerüchte, Hinweise und Teilinformationen über den Judenmord eben doch bekannt waren, die aber, aus den verschiedensten Gründen, flüchtig blieben und sich nicht zu einem Gesamtbild, zum Wissen, verdichten.

Peter Longerich, „Davon haben wir nichts gewusst!" Die Deutschen und die Judenverfolgung 1933–1945, Siedler, München 2006, S. 7.

### b) Auszug aus einem Zeitzeugeninterview, 1997:

*Eine Forschergruppe des Historikers Harald Welzer interviewte 1997 im Rahmen einer Studie eine alte Frau, die zu Beginn des Interviews mitteilte, von der Judenverfolgung seinerzeit nichts wahrgenommen zu haben. Im Weiteren erzählte sie:*

Ja, wir hatten ja wenig Juden. Die Geschäfte, die geschlossen wurden, daraus war ja noch nicht zu entnehmen, was in den Gaskammern geschah. Also, ja, wir hatten ganz ganz wenig Juden. Im Grunde genommen fiel das nicht so auf. Erschütternd war diese Kristallnacht, und an unserer Schule war dann plötzlich die Tochter des Rabbiners nicht mehr da. Aber das war die einzige Jüdin an unserem Oberlyceum, die ich kannte. Und die konnte ja auch ausgewandert sein oder sonst wie. Es ist ja etlichen auch gelungen. Ob die nun inhaftiert war oder ausgewandert, das konnten wir nicht feststellen. Wir hatten ja auch keinen persönlichen Kontakt, die war sechs Jahre älter, in einer anderen, also die kannte ich nicht, und sie hätte mich auch nicht gekannt.

Zit. nach: Harald Welzer, Die Deutschen und ihr „Drittes Reich", in: Aus Politik und Zeitgeschichte, hg. von der Bundeszentrale für politische Bildung, Nr. 14/15, 2007, S. 28.

1. Untersuchen Sie M 5 b unter der Frage, was die Frau in der NS-Zeit über den Holocaust wusste.
2. Prüfen Sie anhand der Quelle M 5 b die These Welzers, das Wissen um die Judenvernichtung sei ein „offenes Geheimnis" gewesen (M 3, Z. 52).

### M 6 Zivilcourage in der NS-Zeit?

*In einer Rezension des 2003 von Wolfgang Benz herausgegebenen Buches über Helfer im „Dritten Reich" fasst der Rezensent die Ergebnisse der Forschungen zusammen:*

Lediglich 10 000 bis 15 000 [Juden] tauchten in Deutschland unter, von denen 3000 bis 5000 überlebten, davon 1500 in Berlin. Ihre Rettung verdanken sie nicht jüdischen Helfern, die das Risiko auf sich nahmen, wegen der „Judenbegünstigung" vor Gericht gestellt zu werden. Dort erwartete sie zwar kein Todesurteil, wohl aber „Schutzhaft" und gesellschaftliche Ächtung. […]

Die Motivation der Helfer ist von Fall zu Fall verschieden; sie reicht von christlicher Nächstenliebe bis zu schnöder Habsucht. Unter den Helfern finden sich Menschen aus allen Schichten der Bevölkerung, vom überzeugten Sozialisten oder Kommunisten bis zum Mitglied der NSDAP, vom Anhänger der Bekennenden Kirche bis zum anständigen Menschen aus der Nachbarschaft. Beispielhaft der schlichte Hauswart aus Berlin. Befragt, warum er sich entschlossen habe, verfolgten Menschen zu helfen, antwortet er: „Ich weiß nicht, es gab ja keine Entschließung, es gab ja überhaupt gar nichts was – wo ich fragen konnte, ob das Recht ist oder Unrecht." Maria Pfürtner fragt sich: „Können wir uns noch in die Augen sehen, wenn wir hier nicht das tun, was uns möglich ist?" Oder das Ehepaar Helmrich: „Wenn wir erwischt werden und nur zwei Menschen gerettet haben, sind wir mit Hitler quitt. Jedes darüber hinaus gerettete Leben ist schierer Gewinn." Vor das Dilemma gestellt, Verfolgte zu beschützen oder die eigenen Kinder in Gefahr zu bringen, kamen sie zu dem Schluss: „Besser, die Kinder haben tote Eltern als feige Eltern."

Daneben gibt es Grenzsituationen. Dass die Nonnen die in ihren Klöstern versteckten kleinen Judenkinder im katholischen Glauben erzogen, diente vornehmlich dem Schutz vor der Gestapo. Dass sie ihre Täuflinge auch nach der Befreiung manchmal nicht „freigeben" wollten, könnte als Seelenfang, aber auch als echte Sorge um ihr Seelenheil bewertet werden. Und wenn manche Helfer Geld oder Sachwerte für ihre Rettungsaktion forderten, so ist zu bedenken, dass die Beschaffung von Lebensmitteln, Unterkunft und falschen Ausweispapieren mit erheblichen Kosten verbunden war. […] Weder das Verhalten der Opfer noch das ihrer Retter lässt sich auf einen Nenner bringen. In diesem Buch wird das unterschiedliche Verhalten von Menschen unter dem Druck extremer Verhältnisse aufgezeigt. Und dem Leser drängt sich die Gewissensfrage auf: „Was hätte ich in einer ähnlichen Lage getan?"

Robert Schopflocher, Zivilcourage im Dritten Reich, in: Spiegel Special Nr. 3, 2003, S. 81 f.

1. Skizzieren Sie anhand von M 6 die Motive von Menschen, die im NS-Staat verfolgten Juden halfen.
2. Beurteilen Sie die in M 6 aufgeführten Befunde über Helfer jüdischer Verfolgter im NS-Staat.
3. Diskutieren Sie die Schlussfrage in M 6.
4. **Präsentation:** „Retter und Helfer" – Untersuchen Sie die Lebensgeschichten von Menschen, die in der NS-Diktatur verfolgten Juden halfen. Recherchehilfe: *www.swr.de/nicht-alle-waren-moerder*

### M 7 Geschichte kontrovers: Erklärungsansätze zum Holocaust vergleichen

#### a) Der Historiker Hans-Ulrich Wehler, 2003:

*Hans-Ulrich Wehler (geb. 1931) schreibt im dritten Band seiner „Deutschen Gesellschaftsgeschichte":*

Manche „Intentionalisten"[1] haben den Judenmord auf die seit langem bekundeten, schließlich […] zielstrebig verwirklichten Absichten Hitlers zurückgeführt. In einer langwierigen Kontroverse […] haben dagegen bekannte Zeithistoriker eine […] entgegengesetzte Deutung ins Feld geführt. Ihr zufolge sei durch einen Prozess „kumulativer[2] Radikalisierung" eine Konstellation heraufgeführt worden, unter der eine Vielzahl von Bedingungen […] – die Bevölkerungsverschiebung etwa, die Gettoüberfüllung, die Handlungsbereitschaft örtlicher SS-Führer und Dienststellenleiter, die Beflissenheit, dem „Führer entgegenzuarbeiten", die Siege und Rückschläge im Russlandkrieg usw. – [...] zusammengewirkt und die Steigerung der Judenpolitik bis hin zur „Endlösung" herbeigeführt haben, ohne dass es dazu der expliziten[3] Planung eines Entscheidungszentrums bedurft hätte. [...]

Weil ein von Hitlers Deutschen verübtes beispielloses Menschheitsverbrechen zur Debatte steht, muss klargestellt werden [...]:

Im Hinblick auf die nationalsozialistische Judenpolitik führt kein Weg daran vorbei, dass in dem von Hitler repräsentierten [...] Weltbild ein radikalisierter biologistischer Antisemitismus [...] eine Schlüsselposition besaß. [...]

Dank seiner Sonderstellung als charismatischer „Führer" besaß Hitler frühzeitig in allen Weltanschauungsfragen ein absolutes Interpretationsmonopol. Auch wenn keineswegs jede Initiative von Hitler ausging, blieb er doch die letzte Entscheidungsinstanz im Besitz der Kompetenzkompetenz. [...] Ohne die Machtkompetenz und Sanktionsgewalt des „Führers" hätten die Himmler, Heydrich und Konsorten, allein für sich genommen, den Holocaust als europaweit angelegte Mordaktion nicht organisieren, ausführen und rechtfertigen können.

Hitler als personales Entscheidungszentrum auch für den Judenmord anzuerkennen [...], bedeutet nicht, dass allein ihm die Gesamtschuld am Holocaust zugerechnet werden sollte. Charismatische Herrschaft ist eine soziale Dauerbeziehung, und das hervorgehobene Individuum hängt stets von der [...] Folgebereitschaft seiner Gesellschaft ab. Daher bleiben die Hunderttausende von Aktivisten und Millionen von bereitwilligen Helfern, die am Judenmord beteiligt waren, ein zentrales Problem. Aber noch einmal: [...] ihre Durchsetzungsfähigkeit gewann die antijüdische Vernichtungspolitik, weil sie als „Auftrag", als „Werk", als „Wille" des „Führers" ausgegeben werden konnte.

Hans-Ulrich Wehler, Deutsche Gesellschaftsgeschichte, Bd. 4: 1914–1949, C. H. Beck, München 2003, S. 883–885.

1 Intention = Absicht
2 kumulativ = anhäufend
3 explizit = ausdrücklich

### b) Der Historiker Götz Aly, 2005:

*Götz Aly (geb. 1947) schreibt in seinem Buch „Hitlers Volksstaat. Raub, Rassenkrieg und nationaler Sozialismus":*

[Der] Holocaust erschließt sich [...] nicht allein aus den Schriftstücken, die das Rubrum [= Aufschrift] „Judenfrage" auf dem Aktendeckel tragen. [...]

Die NSDAP stützte sich auf die Lehre von der Ungleichheit der Rassen und versprach den Deutschen im selben Atemzug mehr Chancengleichheit, als es sie während des Kaiserreichs und noch während der [Weimarer] Republik in Deutschland gegeben hatte. In der Praxis geschah das auf Kosten anderer, mit den Mitteln des Raub- und Rassenkrieges. [...] Hitler sprach vom „Aufbau des sozialen Volksstaats", eines „Sozialstaats", der vorbildlich sein werde [...]. Von Anfang an förderte der NS-Staat die Familien, stellte Unverheiratete wie Kinderlose schlechter und schützte die Bauern vor den Unwägbarkeiten des Weltmarkts oder des Wetters. [...]

*Der Raubmord an den Juden*

[...] Die Frage, wie hoch die deutsche Ausbeute aus der Liquidierung jüdischer Vermögen während des Zweiten Weltkriegs insgesamt gewesen ist, lässt sich derzeit nur unbefriedigend grob beantworten. [...] Einschließlich der im Deutschen Reich noch nach dem 1. Spetember 1939 erzielten Arisierungserlöse werden es zwischen 15 und 20 Milliarden Reichsmark gewesen sein [...].

Da in die Löhnung deutscher Soldaten überall im besetzten Ausland mal kleine, mal größere Geldströme aus verwertetem jüdischem Vermögen einflossen, wurde die nach Köln versandte Butter oder der ärmellose Pulli aus Antwerpen und jede einzelne Zigarette zu einem mehr oder weniger geringen Anteil auch mit den Hinterlassenschaften der enteigneten und ermordeten Juden bezahlt. Dasselbe gilt für Lebensmittellieferungen aus den besetzten und abhängigen Ländern. [...] Betrachtet man die Ausbeutung der jüdischen Zwangsarbeiter und Zwangsarbeiterinnen, dann flossen seit 1940 an die 50 Prozent ihres Lohnes in die Staatskasse und von dort als kleiner Bestandteil in die Unterhaltszahlung an deutsche Frauen und Kinder, selbstverständlich auch in die Waffenproduktion. Das System war zum allgemeinen deutschen Vorteil angelegt. Am Ende hatte jeder Herrenmensch – und das waren nicht allein irgendwelche NS-Funktionäre, sondern 95 Prozent der Deutschen – Anteil von dem Geraubten in Form von Geld in der Tasche oder als importierte [...] Lebensmittel auf dem Teller. Bombenopfer trugen Kleider der Ermordeten und atmeten in deren Betten auf, dankbar, noch einmal davongekommen zu sein, dankbar auch dafür, dass Staat und Partei so schnell geholfen hatten.

Der Holocaust bleibt unverstanden, sofern er nicht als der konsequenteste Massenraubmord der modernen Geschichte analysiert wird.

Götz Aly, Hitlers Volksstaat. Raub, Rassenkrieg und nationaler Sozialismus, 4. Aufl., Fischer, Frankfurt/M. 2005, S. 11, 20, 317 f.

---

**1** Vergleichen Sie die Erklärungen des Holocausts bei Wehler und Aly (M 7 a und b):

a) Lesen Sie beide Texte und klären Sie unbekannte Begriffe (Fremdwörterbuch, Internet-/Lexikon).

b) Skizzieren Sie, worin sich beide Ansätze grundlegend unterscheiden (Hilfe: siehe Darstellung, S. 222).

c) Erläutern Sie die Position jedes Autors: Erklären Sie zentrale Aussagen und Begriffe. Zeigen Sie, wogegen sich die Autoren abgrenzen. Führen Sie Zitate an.

d) Erörtern Sie die Stichhaltigkeit der Argumente und Thesen von Wehler und Aly.

## M8 Geschichte kontrovers: Die Deutschen und der Holocaust – ein nationales Projekt?

*1996 löste der amerikanische Politikwissenschaftler Daniel Jonah Goldhagen (geb. 1959) mit seiner Dissertation „Hitlers willige Vollstrecker. Ganz gewöhnliche Deutsche und der Holocaust" eine Debatte über das Verhältnis der Deutschen zur Judenverfolgung in der NS-Zeit aus. Die Materialien M 8 a und b bieten Auszüge aus dem Buch Goldhagens sowie eine Gegenposition des deutschen Historikers Ulrich Herbert (geb. 1951).*

### a) Der Politikwissenschaftler Daniel Jonah Goldhagen, 1996:

Die antisemitischen Auffassungen der Deutschen waren die zentrale Triebkraft für den Holocaust. […] Nicht wirtschaftliche Not, nicht die Zwangsmittel eines totalitären Staates, nicht sozialpsychologisch wirksamer Druck, nicht unveränderliche psychische Neigungen, sondern die Vorstellungen, die in Deutschland seit Jahrzehnten über Juden vorherrschten, brachten ganz normale Deutsche dazu, unbewaffnete, hilflose, jüdische Männer, Frauen und Kinder zu Tausenden systematisch und ohne Erbarmen zu töten. […]

Man kann […] mit dem kritischen Auge des Anthropologen bislang Unbekanntes entdecken […]. Nur so kann man diese Kultur verstehen, ihre charakteristischen Verhaltensmuster, ihre kollektiven Projekte und Produkte. […] Man muss das Wesen der deutschen Gesellschaft in der NS-Zeit einer neuen Betrachtung unterziehen. […]

Es ist klar, dass der in der NS-Zeit allgegenwärtige eliminatorische Antisemitismus nicht wie aus dem Nichts entsprungen kam. Dass sich das eliminatorische Programm der Dreißiger- und Vierzigerjahre verwirklichen ließ, verweist auf bereits existierende antisemitische Muster, die Hitler nur freisetzen und dann immer weiter anheizen musste. […]

Es waren also die immer gleichen Vorstellungen, die bereits zum Zeitpunkt der Machtübernahme Hitlers den Deutschen eigen waren und diese dazu brachten, den antisemitischen Maßnahmen der Dreißigerjahre zuzustimmen und sie zu unterstützen.

Mehr noch: Sie bereiteten nicht nur all jene, die durch die Umstände, durch Zufall oder in freier Entscheidung zu Tätern wurden, auf ihre Aufgabe vor, sondern sie veranlassten auch die große Mehrheit der Deutschen, die totale Vernichtung des jüdischen Volkes zu verstehen, ihr beizupflichten und sie nach Möglichkeit zu fördern.

Man muss den Tatsachen ins Auge sehen: Die deutsche Politik und Kultur hatte sich bis zu einem Punkt entwickelt, an dem die meisten Deutschen hätten werden können, was eine ungeheure Zahl ganz gewöhnlicher Deutscher tatsächlich wurde: Hitlers willige Vollstrecker.

*Daniel Jonah Goldhagen, Hitlers willige Vollstrecker. Ganz gewöhnliche Deutsche und der Holocaust, Übers. Klaus Kochmann, Siedler, Berlin 1996, S. 22, 29 f., 40, 517 f. und 531.*

### b) Der Historiker Ulrich Herbert, 2001:

Zur Hinnahme der nationalsozialistischen Vernichtungspolitik bedurfte es womöglich gar nicht der eines so weitgreifenden ideologischen Fanatismus, einer Massenhysterie, eines „nationalen Projekts" […]. Das verbreitete Desinteresse, der ausgeprägte Mangel an einem Wertekanon, in welchem der Schutz von Minderheiten als zentrale ethische Norm einer zivilisierten Gesellschaft angesehen wurde, Gleichgültigkeit, Abstumpfung und Verdrängung erwiesen sich hierbei vielmehr als völlig ausreichend. In gewisser Weise ist dieser Befund der eskalierenden Gleichgültigkeit als Kennzeichen des Verhältnisses der deutschen Gesellschaft zur nationalsozialistischen Vernichtungspolitik viel alarmierender, als wenn wir eine durch und durch antisemitische, hasserfüllte Bevölkerung erkennen könnten, für die die Politik gegenüber den Juden im Mittelpunkt ihrer Erwartungen und Forderungen stand. Denn die Einhegung der Voraussetzungen für den Genozid auf den deutschen Sonderfall, auf die historische Einmaligkeit der deutschen Wahnvorstellungen gegenüber den Juden hat ja auch etwas Beruhigendes; erscheint doch auf diese Weise Völkermord in Zukunft ausgeschlossen, solange nur sichergestellt ist, dass dieser deutsche Wahn entweder unterdrückt wird oder, wie jüngst postuliert wurde, in den Nachkriegsjahren ganz verschwunden ist.

Wenn aber nicht so sehr ein aktives, ideologisch motiviertes, fanatisches Verhalten, ein kollektiver Mordwille die Haltung der deutschen Gesellschaft in ihrer Breite prägten, sondern Gleichgültigkeit, Desinteresse und ein eklatantes Defizit an moralisch fundierten Normen, dann verweist der Völkermord eben nicht nur auf jene historisch einmalige Situation und jene spezifische deutsche Gesellschaft der 1930er- und 1940er-Jahre, sondern wird auf eine beklemmende Weise aktuell und brisant – nicht nur, aber eben vor allem hier in Deutschland.

*Ulrich Herbert, Vernichtungspolitik. Neue Antworten und Fragen zur Geschichte des „Holocaust", in: ders. (Hg.), Nationalsozialistische Vernichtungspolitik 1939–1945. Neue Forschungen und Kontroversen, 4. Aufl., Fischer, Frankfurt/M. 2001, S. 64–66.*

---

**1** a) Geben Sie die Grundposition Goldhagens (M 8 a) zu der oben (M 8) formulierten Leitfrage wieder.
b) Zeigen Sie an der Argumentation Herberts in M 8 b, dass er eine Gegenposition zu M 8 a einnimmt.

**2 Essay:** Entwickeln Sie ausgehend von M 8 a und b sowie auf der Basis dieses Kapitels eine eigene Position zum Thema „Die Deutschen und der Holocaust".

### Weiterführende Arbeitsanregung

**3 Fächerverbindung Sozialkunde:** Die Menschenrechte und ihre Achtung bzw. Missachtung sind eine zentrale Kategorie zur Unterscheidung von Demokratien und Diktaturen. Zeigen Sie dies an dem historischen Beispiel der NS-Diktatur.

# Zusammenfassung

# Die Zeit des Nationalsozialismus: Die Deutschen und der Holocaust

**Grundwissen** → S. 178 f.

**Begriffe Kapitel 4**
„Arisch" → S. 184
„Arisierung" → S. 203
Bund Deutscher Mädel (BDM) → S. 192
Deutsche Arbeitsfront (DAF) → S. 185
Dolchstoßlegende → S. 181
Emigration → S. 204
„Euthanasie" → S. 216
Führerkult → S. 190
Hitlerjugend (HJ) → S. 192
„Kraft durch Freude" (KdF) → S. 192
Pogrom → S. 202
Propaganda → S. 190 f.
Reichssicherheitshauptamt (RSHA) → S. 208
Völkermord (Genozid) → S. 208
„Völkisch" → S. 184
„Völkischer Beobachter" → S. 191
„Volksgemeinschaft" → S. 184 ff.
Wannsee-Konferenz → S. 210

**Personen Kapitel 4**
Einstein, Albert → S. 181
Galen, Clemens August Graf von → S. 216
Goebbels, Joseph → S. 191
Göring, Hermann → S. 203
Haber, Fritz → S. 180
Heydrich, Reinhard → S. 208
Himmler, Heinrich → S. 210
Hitler, Adolf → S. 190
Höß, Rudolf → S. 210
Salomon, Alice → S. 182

In der Weimarer Republik sahen sich die jüdischen Deutschen – die mit der Gründung des Kaiserreichs 1871 die vollständige rechtliche Gleichstellung erhalten hatten –, einem wachsenden Antisemitismus gegenüber. Ungeachtet der Tatsache, dass sich die meisten jüdischen Deutschen in Deutschland „zu Hause" fühlten und dass sie zu den Anhängern der Weimarer Demokratie gehörten, begann sich der Antisemitismus in den 1920er-Jahren zu radikalisieren.

Als die Nationalsozialisten 1933 an die Macht kamen, wollten sie Demokratie und bürgerliche Gesellschaftsordnung abschaffen. Das Zusammenleben sollte auf der Grundlage der NS-„Volksgemeinschafts"-Ideologie völlig neu gestaltet werden. Interessengegensätze und Parteienkonkurrenz durften nicht länger Staat und Gesellschaft bestimmen. Vielmehr galt das deutsche Volk als eine Gemeinschaft, die sich dem Willen des „Führers" Adolf Hitler unterzuordnen hatte. Das „Führerprinzip" und die „Volksgemeinschafts"-Ideologie rechtfertigten während der NS-Herrschaft das Verbot von Interessenorganisationen wie Gewerkschaften und aller Parteien (außer der NSDAP). Und es legitimierte die Verfolgung von politischen Gegnern und Minderheiten, insbesondere der Juden.

Unter Berufung auf ihre Rassenlehre definierten die Nationalsozialisten das deutsche Volk als „Blutsgemeinschaft" der „arischen Herrenrasse". Nach dieser pseudo-wissenschaftlichen Anwendung der biologischen Unterscheidung von menschlichen Gruppen ähnlicher erblicher Merkmale auf das gesellschaftlich-politische Leben waren die Juden zu „entfernen". Darin lag das Besondere des NS-Rassenantisemitismus. Der auf das 19. Jahrhundert zurückgehende Rassismus, der die Höher- bzw. Minderwertigkeit verschiedener „Rassen" behauptete, erfuhr in der NS-Zeit mit der systematischen Verfolgung und Vernichtung der Juden seine bisher fürchterlichste Konsequenz. Die NS-Judenverfolgung entwickelte sich schrittweise, wobei sie sich Schritt für Schritt radikalisierte:

- 1933 bis 1935: Nach dem Boykott jüdischer Geschäfte und der Praxen von jüdischen Ärzten und Rechtsanwälten sowie der Entfernung jüdischer Beamter aus dem öffentlichen Dienst im April 1933 begann 1935 mit den „Nürnberger Gesetzen" die systematische Ausgrenzung aller Juden, die zu Staatsbürgern minderen Rechts herabgestuft wurden.
- 1936 bis 1939: Die Juden wurden praktisch vollständig aus dem Berufs- und Kulturleben verdrängt, jüdische Schülerinnen und Schüler mussten die allgemein bildenden Schulen verlassen. Die von der NSDAP und der SA initiierten und durchgeführten Pogrome gegen die Juden am 9./10. November 1938 verschärften die Verfolgung: Es ging nun nicht mehr allein um Diskriminierung, Verdrängung und Ausgrenzung, sondern um umfassende Entrechtung, Enteignung und Vertreibung aus Deutschland. Die völlige „Arisierung" jüdischen Besitzes nach den Novemberpogromen sollte die Juden zur Auswanderung veranlassen.
- 1939 bis 1945: Der Weltkrieg wurde zum Motor für die Vernichtung von ca. sechs Millionen europäischen Juden und vielen anderen verfolgten Gruppen (Behinderte, Sinti und Roma, Homosexuelle, nationale Minderheiten u. a.).

Die nicht jüdische Bevölkerung reagierte auf die NS-Judenverfolgung, besonders auf die Radikalisierung und Gewaltanwendung, mit Unverständnis und Skepsis, blieb aber weitgehend passiv. Es gab nur wenige Helfer und kaum Widerstand. Im Weltkrieg wurde der Holocaust seit ca. 1942 zum offenen Geheimnis.

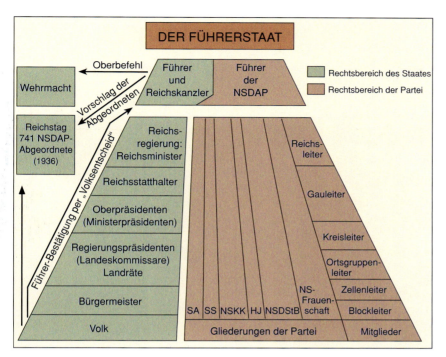

**M1** Struktur des NS-Staates.
NSKK: Nationalsozialistisches Kraftfahrerkorps,
HJ: Hitlerjugend,
NSDStB: Nationalsozialistischer Deutscher Studentenbund.
Der Partei angeschlossene Organisationen:
Deutsches Frauenwerk,
Deutsche Arbeitsfront,
NS-Volkswohlfahrt,
NS-Kriegsopferversorgung,
NSD-Ärztebund,
NS-Lehrerbund,
NS-Rechtwahrerbund,
Reichsbund der Deutschen Beamten.

# Zeittafel

**1916** „Judenzählung" im dt. Heer
**1919** Gründung der Jüdischen Volkspartei; Gründung des Reichsbundes jüdischer Frontsoldaten
**1923** Antijüdische Übergriffe in Berlin
**1930** NSDAP wird stärkste Partei
**Jan. 1933** Hitler wird Reichskanzler
**Febr.** Einschränkung der Pressefreiheit; Gewaltaktionen der SA; SA und SS in Preußen Hilfspolizei; „Reichstagsbrandverordnung" (Aufhebung der Grundrechte); Errichtung erster KZs
**März** Reichstagswahl (NSDAP 44 %); „Ermächtigungsgesetz"; „Gleichschaltung" der Länder
**April** Boykott-Aktionen gegen jüdische Geschäfte, Ärzte und Rechtsanwälte; „Gesetz zur Wiederherstellung des Berufsbeamtentums" (Juden dürfen keine Beamten mehr sein); 1. Mai wird gesetzlicher Feiertag
**Mai** Auflösung der Gewerkschaften und Gründung der Deutschen Arbeitsfront
**Mai–Juli** Verbot bzw. Selbstauflösung aller Parteien außer der NSDAP
**Nov.** Gründung von „KdF"
**Juli 1934** „Röhm-Putsch" (Abschluss der Gleichschaltung durch Ermordung innerparteilicher Gegner wie z. B. SA-Chef Röhm)
**Aug.** Tod Hindenburgs, Hitler wird Staatsoberhaupt und Oberbefehlshaber der Wehrmacht
**Sept. 1935** „Nürnberger Gesetze" (Diskriminierung, Entrechtung der Juden)
**Jan. 1936** Einbeziehung von Sinti, Roma und Farbigen in das „Blutschutzgesetz" vom Sept. 1935
**Aug.** Olympische Spiele in Berlin
**Sept.** Vierjahresplan zur Aufrüstung
**März 1938** „Anschluss" Österreichs
**Juni** Massenverhaftungen vorbestrafter Juden bei der „Asozialen"-Aktion
**Sept.** Münchner Konferenz (Abtretung sudetendeutscher Gebiete)
**Nov.** Pogrome gegen Juden
**März 1939** Einmarsch in die Rest-Tschechoslowakei
**Sept.** Beginn des Zweiten Weltkrieges mit dem deutschen Überfall auf Polen;
Einsatzgruppen der SS übernehmen in den besetzten Gebieten die Erfassung, Deportation und Erschießung von Juden
**Okt.** „Euthanasie"-Befehl Hitlers (Beginn der Ermordung Behinderter in der „T 4"-Aktion im Reich)
**Juni 1941** Einmarsch in die Sowjetunion, Beginn des ideologischen Vernichtungskrieges und systematischer Judendeportationen aus dem Reich
**Sept.** „Judenstern"-Verordnung im Reich
**1941/42** Beginn der Massenvergasungen von Juden
**Jan. 1942** „Wannsee-Konferenz"
**April/Mai 1943** Aufstand im Warschauer Getto
**Juni 1944** Landung der Alliierten in Frankreich
**Juli** Gescheitertes Attentat auf Hitler
**Mai 1945** Bedingungslose Kapitulation der deutschen Wehrmacht

# 5 Die frühe Bundesrepublik Deutschland: Erfolg der Demokratie durch Wohlstand?

**M1** Sonntagsausflug in die Eifel, Fotografie von Josef Heinrich Darchinger (geb. 1925), 1957

1945 Bedingungslose Kapitulation, Potsdamer Konferenz
1945/46 Nürnberger Prozess, Vertreibungen
1947 Beginn des Kalten Krieges, Bizone
1948 Marshallplan, Währungsreform
1948/49 Berlin-Blockade
1949 Gründung der Bundesrepublik, Grundgesetz
1952 Wiedergutmachungsabkommen mit Israel, Lastenausgleichsgesetz, Stalin-Noten
1955 Volle Souveränität, NATO-Beitritt
1956 Verbot der KPD
1957 Rentenreform, Hallstein-Doktrin
1958 Gleichberechtigungsgesetz, EWG-Gründungsmitglied
1949–1963 Regierung Adenauer (CDU)

Der Historiker Werner Abelshauser hat einmal geschrieben, dass die Geschichte der Bundesrepublik Deutschland vor allem ihre Wirtschaftsgeschichte sei: „Nichts hat den westdeutschen Staat stärker geprägt als seine wirtschaftliche Entwicklung. Auf keinem anderen Gebiet sind seine Leistungen greifbarer als dort: Ihnen verdankt die zweite, die westdeutsche Republik jene Stabilität und Handlungsfreiheit, die der Republik von Weimar gefehlt haben." Tatsächlich entwickelte sich die Bundesrepublik in den ersten beiden Jahrzehnten nach ihrer Gründung 1949 zu einer ökonomisch stabilen und politisch freiheitlichen Demokratie, die sich bis heute als verlässlicher und berechenbarer Partner in der westlichen Staatengemeinschaft erwiesen hat. Wie ist dieser Wandel Deutschlands nach der nationalsozialistischen Barbarei und dem Zivilisationsbruch des Holocausts, die in Kapitel 4 untersucht worden sind, zu erklären? War es wirklich „nur" der durch das „Wirtschaftswunder" der 1950er-Jahre entstandene Wohlstand, der die Deutschen in der Bundesrepublik mit dem demokratischen Verfassungsstaat versöhnte? Oder gibt es andere Ursachen dafür, dass sich während der Ära Adenauer im westlichen deutschen Nachkriegsstaat eine „geglückte Demokratie" (Edgar Wolfrum) entwickelte?

### Kompetenzerwerb: Nach Bearbeitung des Kapitels 5 können Sie …

- begründen, in welchem Maße die weltpolitischen Rahmenbedingungen des Kalten Krieges dazu beitrugen, dass sich die Bundesrepublik in die demokratische Staaten- und Wertegemeinschaft des Westens einordnete,
- die Lehren erklären, die die Deutschen nach 1945 aus dem Scheitern der Weimarer Demokratie und der Errichtung der NS-Diktatur zogen,
- die Rolle erläutern, die der Antikommunismus und die Ablehnung der von der Sowjetunion durchgesetzten kommunistischen Herrschaft in der DDR in der Bundesrepublik spielten,
- beurteilen, welche Bedeutung der Wirtschaftsaufschwung und die sozialpolitische Absicherung der Bevölkerung gegen Lebensrisiken besaßen,
- die Normen und Werte charakterisieren, die das gesellschaftliche Leben in der frühen Bundesrepublik Deutschland bestimmt haben,
- Karikaturen als historische Quellen analysieren.

um 1960
Vollbeschäftigung

1961
Bau der Berliner Mauer

1963
Elysée-Vertrag

1966/67
Wirtschaftsrezession

1966–1969
Studentenbewegung/
Außerparlamentarische
Opposition/APO)

1963–1966 Regierung Erhard (CDU)

1966–1969 Regierung Kiesinger (Große Koalition)

1969–1974 Regierung Brandt (SPD)

960　　　　　　　　　　　1965　　　　　　　　　　1970　　　　　　　　　　1975

# Grundwissen

**Potsdamer Konferenz**
Die Sowjetunion, die USA und Großbritannien vereinbarten auf der Potsdamer Konferenz (17. Juli bis 2. August 1945): Deutschland wird in vier Besatzungszonen geteilt, die Hauptstadt Berlin in vier Sektoren. In den einzelnen Zonen haben die jeweiligen Militärbefehlshaber die oberste Gewalt. Ein Alliierter Kontrollrat fällt Entscheidungen, die Deutschland als Ganzes betreffen. Reparationen entnimmt jede Besatzungsmacht aus ihrer Zone (Demontage, Geldleistungen aus Guthaben oder laufender Produktion). Die deutsche Bevölkerung aus den Gebieten östlich der Oder-Neiße-Grenze (polnische Verwaltung) und Nordostpreußen (sowjetische Verwaltung) wird nach Deutschland umgesiedelt. In Deutschland soll in begrenztem Umfang ein politisches Leben entstehen: Parteien, Gewerkschaften und Verbände werden zugelassen. Voraussetzung ist die gründliche Entnazifizierung der Bevölkerung.

**Besatzungszonen**
Noch während des Zweiten Weltkrieges hatten Roosevelt (USA), Churchill (GB) und Stalin (UdSSR) vereinbart, Deutschland nach dessen bedingungsloser Kapitulation in drei Besatzungszonen aufzuteilen. Großbritannien und die USA traten aus ihrem Anteil Gebiete für eine vierte, die französische Zone, ab. Berlin wurde in vier Sektoren geteilt.

**M1** Plakat, Bundesrepublik Deutschland, 1952

**Entnazifizierung**
Nach dem Zweiten Weltkrieg versuchten die Siegermächte, die deutsche Gesellschaft vom Nationalsozialismus zu säubern. Maßnahmen waren neben der gerichtlichen Verfolgung von Kriegsverbrechern (Nürnberger Prozesse) u. a. die Entfernung ehemaliger Nationalsozialisten aus einflussreichen Positionen und die Umerziehung der Bevölkerung durch Schule und Medien. Bis 1954 wurde die Entnazifizierung durch „Schlussgesetze" beendet.

**Flucht und Vertreibung**
Im Herbst 1944 begann die Flucht der deutschen Bevölkerung nach Westen aus Furcht vor der Sowjetarmee und als Opfer „wilder" Vertreibungen. Die planmäßige Umsiedlung der Deutschen östlich von Oder und Neiße, aus Ungarn und der Tschechoslowakei begann 1946. Dazu kam eine Fluchtwelle aus der UdSSR in die westlichen Besatzungszonen. Insgesamt verloren ca. 18 Mio. Deutsche ihre Heimat.

**Währungsreform**
Im Juni 1948 führten die Westalliierten in ihren Zonen und in Berlin (West) die Deutsche Mark, unmittelbar darauf die sowjetischen Machthaber in der SBZ und Berlin (Ost) die DM-Ost als neue Währungen ein. In den Westzonen gilt die Währungsreform als wichtiger Faktor für die positive wirtschaftliche Entwicklung im Westen Deutschlands. Die Währungsreformen vertieften die sich anbahnende Spaltung Deutschlands in Ost und West.

**23. Mai 1949: Grundgesetz**
Am 23. Mai 1949 trat das Grundgesetz der Bundesrepublik in Kraft. Es schreibt die Grundsätze der Menschenwürde, des demokratischen Rechtsstaates und der Bundesstaatlichkeit fest. Ursprünglich nur als Provisorium bis zur Wiedererlangung der staatlichen Einheit Deutschlands gedacht, ist es seit 1990 (mit Veränderungen) weiter gültig.

**1949: Gründung der beiden deutschen Staaten**
1949 kam es als Ausdruck des Ost-West-Gegensatzes auf Initiative der Besatzungsmächte zur Gründung von zwei Staaten auf deutschem Boden. Auf die Inkraftsetzung des Grundgesetzes und die Entstehung der Bundesrepublik als parlamentarisch-demokratischer Staat im Mai 1949 antwortete die Sowjetunion mit der Gründung der Deutschen Demokratischen Republik (DDR) im Oktober 1949 auf dem Gebiet der sowjetisch besetzten Zone. Unter der Zielsetzung des Aufbaus einer sozialistischen Gesellschaft wurde die DDR zu einer zentralistisch regierten Parteidiktatur der Sozialistischen Einheitspartei Deutschlands (SED).

**Konrad Adenauer (1876–1967)**
Adenauer war von 1917 bis 1933 als Mitglied der Zentrumspartei Oberbürgermeister von Köln. In der NS-Zeit

**M2** „Bonn – Die neue deutsche Republik", Karikatur aus der Tageszeitung „Baltimore Sun", USA, 1948

wurde er mehrmals verhaftet, 1945 durch die Amerikaner wieder eingesetzt, jedoch erneut durch die Briten aus dem Amt entlassen. 1946 wurde er Vorsitzender der CDU in der britischen Zone, 1948/49 leitete er als Präsident den Parlamentarischen Rat. Er war Bundeskanzler von September 1949 bis zu seinem Rücktritt 1963 und gilt als wichtigster Politiker in den Anfangsjahren der Bundesrepublik Deutschland.

**Kalter Krieg**
Phase des Ost-West-Konflikts zwischen 1947 und 1990/91 (Auflösung des Ostblocks). Im Kern wird der Kalte Krieg als Auseinandersetzung („Nicht-Frieden") zwischen zwei unvereinbar erscheinenden Weltanschauungen mit ihren politischen, gesellschaftlichen und wirtschaftlichen Systemen gesehen. Auf der einen Seite stand die liberal-demokratische USA, auf der anderen die kommunistische UdSSR.

**Westintegration**
Nach der Gründung der Bundesrepublik 1949 strebte Bundeskanzler Adenauer die baldige Integration in die westliche Staatengemeinschaft an, um so für den neuen Staat die Souveränität zu erlangen. 1955 erhielt die Bundesrepublik in den Pariser Verträgen die innere Unabhängigkeit und trat dem westlichen Militärbündnis NATO bei. Jedoch behielten sich die drei Westalliierten die Entscheidung in allen Fragen vor, die Deutschland als Ganzes betrafen.

## Grundwissentraining

1 **Wissen wiederholen – mit einem Zeitbalken**
   a) Legen Sie für den durch die Grundwissensbegriffe abgedeckten Zeitraum einen Zeitbalken an (im Querformat). Achten Sie dabei auf einen sinnvollen Maßstab.
   b) Ordnen Sie die Grundwissensbegriffe chronologisch ein. Ergänzen Sie jeweils Erläuterungen in Stichpunkten.

2 **Zusammenhänge herstellen – anhand von Plakaten**
   a) Bilden Sie Kleingruppen in der Klasse. Jeder Kleingruppe wird ein Grundwissensbegriff zugewiesen.
   b) Sammeln Sie zu Ihrem Begriff Bildmaterial (Internet, Lexikon, Fachbücher) und gestalten Sie ein aussagekräftiges Plakat.
   c) Bereiten Sie die nächste Geschichtsstunde selbstständig vor, indem Sie die Plakate im Klassenraum in einer sinnvollen Ordnung aufhängen.

3 **Testaufgabe**
   a) Ordnen Sie das Plakat M1 in den historischen Zusammenhang ein.
   b) Überprüfen Sie, inwieweit die Karikatur M2 die Haltung der Siegermächte bei der Gründung der Bundesrepublik Deutschland zutreffend wiedergibt.

# 5 Bundesrepublik Deutschland

## 5.1 Der Kalte Krieg und die Westbindung der Bundesrepublik

**Deutschland in der Besatzungszeit**
**7./9. Mai 1945** Kapitulation; Einteilung in Besatzungszonen
**17. Juli 1945–2. Aug. 1946** Potsdamer Konferenz
**1945/46** Nürnberger Prozess
**März 1946** Churchill prägt den Begriff vom „Eisernen Vorhang"
**1946/47** „Hungerwinter"
**Jan. 1947** Brit.-amerik. Bizone
**Juni 1947** Treffen aller deutschen Ministerpräsidenten in München
**März 1948** Austritt der UdSSR aus dem Alliierten Kontrollrat; die Westmächte befürworten die Schaffung eines westdeutschen Teilstaats.
**Juni 1948** Währungsreformen
**Juni 1948–Mai 1949** Berlin-Blockade, brit.-amerik. Luftbrücke

**Besatzungsherrschaft in Deutschland**

„Im Anfang waren die Alliierten" – mit dieser einfachen These charakterisierte die Politikwissenschaftlerin Helga Haftendorn die Machtverhältnisse im besiegten Deutschland am Ende des Zweiten Weltkrieges (1939–1945). Sie wollte deutlich machen, dass die militärische Niederlage des Deutschen Reiches nicht nur das Ende der nationalsozialistischen Herrschaft besiegelte, sondern dass die Besiegten auch die Staatsgewalt an die Sieger übergeben mussten. Die alliierten Sieger, das waren die USA und die Sowjetunion, Großbritannien und Frankreich.

Für Deutschland endete der Zweite Weltkrieg mit der vollständigen militärischen Niederlage. Die Siegermächte verlangten im Mai 1945 vom Deutschen Reich die bedingungslose Kapitulation. Sie wurde an zwei Tagen vollzogen: am 7. Mai in Reims und am 9. Mai im sowjetischen Machtbereich in Berlin-Karlshorst. Während der sowjetische Diktator Josef W. Stalin (1879–1953) erst jetzt seine eigene Siegerproklamation herausgab, hatte US-Präsident Harry S. Truman (Reg. 1945 bis 1953) bereits am 8. Mai gemeinsam mit dem britischen Premierminister

**M1** Deutschland und Mitteleuropa 1945–1948

234

Winston Churchill die deutsche Kapitulation bekannt gegeben. Sie trat an diesem Tag um 23.01 Uhr an allen Fronten in Kraft.

Die Siegermächte eroberten das Gebiet des Deutschen Reiches vollständig und teilten es in vier Besatzungszonen auf – eine sowjetische, amerikanische, britische und französische – bzw. Berlin in vier Sektoren (M 1). In ihrer „Erklärung in Anbetracht der Niederlage Deutschlands" machten die Sieger im Juni 1945 in Berlin öffentlich bekannt, dass ihre Regierungen die Hoheitsrechte über Deutschland übernommen hatten. Damit verkündeten die vier Alliierten nicht nur die Übernahme der obersten Regierungsgewalt in Deutschland, sondern auch den Willen zur gemeinsamen Ausübung ihrer Herrschaftsrechte. Das dafür zuständige Gremium war der Alliierte Kontrollrat, der aus den vier Oberbefehlshabern der Siegermächte bestand. Bei seiner Regierungs- und Verwaltungstätigkeit sollte der Kontrollrat zwei sich ergänzenden Grundsätzen folgen: Die Oberbefehlshaber übten in ihrer jeweiligen Besatzungszone die oberste Gewalt aus und waren dabei allein ihrer Regierung verantwortlich; „in allen Deutschland als ein Ganzes betreffenden Angelegenheiten" waren sie zur Zusammenarbeit verpflichtet (M 8).

Die Siegermächte konnten sich von Anfang an nicht auf eine konkrete Gesamtkonzeption für ganz Deutschland einigen. Seit 1946/47 nahmen die Spannungen und Konflikte zwischen den Westalliierten einerseits und der Sowjetunion andererseits derart zu, dass die Westzonen und die Sowjetische Besatzungszone (SBZ) immer weiter auseinanderdrifteten. Die USA, Großbritannien und Frankreich entschlossen sich in dieser Situation zum politischen, gesellschaftlichen und wirtschaftlichen Wiederaufbau ihrer Zonen, aus denen 1949 die Bundesrepublik Deutschland hervorging. Wer diesen Prozess der Entstehung der Bundesrepublik und ihre Verankerung in der westlichen Staaten- und Wertegemeinschaft erklären will, muss sich daher auch mit der Verschärfung des Ost-West-Gegensatzes* zum Kalten Krieg beschäftigen.

**Der Kalte Krieg und Deutschland**

Im 20. Jahrhundert verlor Europa im Zuge des Ost-West-Konflikts immer mehr an weltpolitischem Gewicht. Dagegen bestimmten die beiden „Flügelmächte" USA und Sowjetunion immer stärker die internationale Politik. Das zeigte sich auch im und nach dem Zweiten Weltkrieg. Nach dem Angriff des nationalsozialistischen Deutschland auf die Sowjetunion 1941 stellten die liberal-demokratischen USA und die kommunistische Sowjetunion ihre politisch-ideologischen Interessengegensätze zurück. Ihr „unnatürliches Bündnis" innerhalb der „Anti-Hitler-Koalition" beruhte auf der Überzeugung, dass das NS-Regime für beide Staaten die größere Gefahr darstelle. Bis zur Kapitulation Deutschlands 1945 blieb der Sieg über den Nationalsozialismus der wichtigste gemeinsame Nenner der politisch ungleichen Bündnispartner. Nach dem Zweiten Weltkrieg bauten die USA und die Sowjetunion jeweils ihre weltpolitische Stellung aus. Zwar erklärten beide Staaten bei Kriegsende 1945, dass sie in enger Zusammenarbeit eine neue Weltordnung schaffen wollten. Aus der Kooperation während des Weltkrieges entwickelte sich jedoch innerhalb weniger Jahre eine immer schärfer werdende Konfrontation. Ende der 1940er- und Anfang der 1950er-Jahre führte sie zur Abgrenzung der beiden Supermächte und der von ihnen beherrschten Machtblöcke. So sprach z. B. Stalin in einer Rede am 9. Februar 1946 von einer fortdauernden Gegenüberstellung von Kapitalismus und Kommunismus, die erst mit dem „weltweiten kommunistischen Triumph" überwunden werden könne. Ein Berater von US-Präsident Truman, George F. Kennan, schrieb wiederum am 22. Februar 1946: „Der Weltkommunismus ist ein bösartiger Parasit, der sich nur noch von krankem Gewebe ernährt."

Amerikaner und Sowjets konnten und wollten sich bei der Gestaltung der Nachkriegsordnung immer weniger zu einer gemeinsamen Position durchringen. Ihre

**M2** Churchill, Truman und Stalin in Potsdam 1945, Fotografie

**Ost-West-Gegensatz**

Gegnerschaft zweier Weltanschauungen bzw. Machtblöcke, die die Weltpolitik zwischen 1917 (Russische Revolution, Eintritt der USA in den Ersten Weltkrieg) und 1990/91 (Ende der UdSSR) maßgeblich beeinflusst haben. Zum „Westen" gehörten die demokratisch und marktwirtschaftlich verfassten Länder unter Führung der USA, zum „Osten" die diktatorisch regierten Länder der kommunistischen und planwirtschaftlich organisierten Staatenwelt unter Führung der UdSSR. Weil sich nach 1945 beide Seiten als hochgerüstete Militärblöcke gegenseitig bedrohten, wird der Zeitraum 1945–1990/91 auch als Kalter Krieg bezeichnet.

**M3** Flüchtlingsfrau in Köln, Fotografie, 1945

Bei Kriegsende waren in deutschen Großstädten mehr als die Hälfte der Wohnungen zerstört, in Würzburg z. B. 80 Prozent. Millionen Menschen waren unterwegs: Flüchtlinge, Vertriebene, ehemalige Soldaten, Zwangsarbeiter, Kriegsgefangene, KZ-Häftlinge, evakuierte Frauen und Kinder. In der Wirtschaft entstand der „Schwarzmarkt" als „zweite Ökonomie". Die Ernährungslage war im kalten „Hungerwinter" 1946/47 besonders schwer.

# 5 Bundesrepublik Deutschland

**Ausdehnung des sowjetischen Machtbereiches in Osteuropa**
**1944/45** Polen: Forcierung einer prokommunistischen Regierung
**1946–1948** Errichtung kommunistischer „Volksdemokratien" in Bulgarien, Ungarn und Rumänien
**Febr. 1948** Tschechoslowakei: Einsetzung einer kommunistischen Regierung durch einen Staatsstreich
**1948/49** Berlin-Blockade
**1953** DDR: Niederschlagung des Volksaufstandes vom 17. Juni
**1956** Ungarn: Niederschlagung des Volksaufstandes

**M 4** Plakat, Bundesrepublik, 1950

**Marshallplan**
Das nach dem US-Außenminister bezeichnete wirtschaftliche Hilfsprogramm zum Wiederaufbau Europas hieß offiziell *European Recovery Program* (ERP). Durch die Stärkung der europäischen Wirtschaft sollten auch die politischen Verhältnisse stabilisiert und so die Anfälligkeit dieser Länder für den Kommunismus vermindert werden.

**Aufteilung der Marshallplan-Hilfsmittel 1948/49 (in Mio. US-$)**

| | |
|---|---:|
| Österreich | 217 |
| Belgien/Luxemburg | 250 |
| Dänemark | 110 |
| Triest (amer.-brit. Zone) | 18 |
| Frankreich | 989 |
| Deutschland: Bizone | 414 |
| Deutschland: frz. Zone | 100 |
| Griechenland | 146 |
| Island | 11 |
| Irland | 79 |
| Italien | 601 |
| Niederlande | 496 |
| Norwegen | 84 |
| Schweden | 47 |
| Türkei | 50 |
| Großbritannien | 1263 |

Nach: Europa Archiv, 1948, S. 1718.

Vorstellungen über die zukünftige Organisation von Staat, Gesellschaft und Wirtschaft klafften zu stark auseinander und waren grundsätzlich verschieden:
- parlamentarische Demokratie im Westen *versus* Einparteienstaat im Osten,
- pluralistisch-freiheitliche *versus* kommunistische Gesellschaft,
- marktwirtschaftlich-kapitalistische Wirtschaftsordnung *versus* Planwirtschaft.

Das wachsende Misstrauen, das zum Auseinanderbrechen ihrer Kriegsallianz führte, erhielt zusätzliche Nahrung durch die Angst des Westens vor kommunistischer Expansion bzw. die Furcht der UdSSR vor kapitalistischer Einkreisung.

**Deutschlandpolitik der Westalliierten: Grundzüge** Bereits während des Zweiten Weltkrieges hatten sich die Westalliierten mit der Zukunft des besiegten Deutschland beschäftigt (Ende 1943 in Teheran; im Februar 1945 in Jalta). Die USA schwankten zwischen Plänen, die das Deutsche Reich wirtschaftlich und politisch nachhaltig schwächen sollten, und Vorschlägen, Deutschland zu demokratisieren und wirtschaftlich wieder aufzubauen. Mit den Amerikanern diskutierten die Briten seit der Atlantik-Charta 1941 Konzeptionen zur Zerstückelung und Verkleinerung Deutschlands, das den Weltfrieden nie mehr stören dürfe. Die Haltung Frankreichs gegenüber Deutschland, die durch ein extremes Sicherheitsbedürfnis bestimmt war, zielte ebenfalls auf eine Niederhaltung des mächtigen und unruhigen Nachbarn.

Aber schon in den letzten beiden Kriegsjahren nahm in den Regierungen der USA und Großbritanniens die Skepsis gegenüber diesen deutschlandpolitischen Konzeptionen zu, die auf eine nachhaltige Bestrafung des Deutschen Reiches hinausliefen. Außen- und Kriegsministerium bewegten US-Präsident Roosevelt 1944 dazu, vom Morgenthau-Plan abzurücken, der die Umwandlung Deutschlands in ein Agrarland vorsah. Und ein britischer Planungsstab kam im Herbst 1944 zu dem Ergebnis: „Eine Zerstückelung würde eine Verarmung Deutschlands zur Folge haben, die Erholung der ganzen Welt von den Kriegsschäden verlangsamen und somit auf lange Sicht auch den britischen Wirtschaftsinteressen schaden."

Allmählich setzte sich die Ansicht durch, dass ein in Kleinstaaten zerteiltes Deutschland für die Sieger eine wirtschaftliche Belastung und für die Neuordnung Europas eine schwere Bürde darstelle. Eine kontrollierte deutsche Industrie würde bei gleichzeitiger Entmilitarisierung Deutschlands den Sicherheits- und Wirtschaftsinteressen der Alliierten besser entsprechen. Außerdem nahm bei Amerikanern und Briten die Furcht vor dem Kommunismus zu. Sie beruhte auf der Annahme, dass die Politik der UdSSR immer noch auf den Untergang der kapitalistischen Marktwirtschaft und die Eroberung des gesamten europäischen Kontinents ausgerichtet sei.

**Deutschlandpolitik der Westalliierten seit 1946/47** Als 1946/47 die Spannungen zwischen der Sowjetunion einerseits und den Westalliierten andererseits wuchsen, leiteten Briten und Amerikaner eine deutschlandpolitische Wende ein, um ein „Bollwerk gegen den Kommunismus" zu errichten. Auf ihre Politik des Wiederaufbaus im Westen Deutschlands schwenkte auch Frankreich ein. Im September 1946 kündigte US-Außenminister Byrnes den raschen politischen und wirtschaftlichen Wiederaufbau der drei Westzonen an (M 10). Außerdem beschlossen die USA und Großbritannien zum 1. Januar 1947 die wirtschaftliche Verschmelzung der ihnen unterstellten Zonen zur Bizone. Auf diese Weise sollte der wirtschaftliche Aufschwung in ihren Zonen beschleunigt werden. Im Juni 1947 verkündeten die USA den Marshallplan* (M 4). Dieses Hilfsprogramm zum Wiederaufbau Europas versprach 1948 allen kooperationswilligen Staaten, also auch

Deutschland, amerikanische Wirtschafts- und Finanzhilfe. Kurz zuvor hatten die USA bereits im Rahmen der Truman-Doktrin* allen von der Sowjetunion bedrohten Völkern Unterstützung angeboten und eine Politik der „Eindämmung"* des Kommunismus eingeleitet. Ein Jahr später übernahm die neu gegründete NATO (North Atlantic Treaty Organization) die militärische Sicherheitsgarantie für die westeuropäischen Staaten. 1948 bereiteten die Westmächte mit deutschen Verwaltungsstellen unter strengster Geheimhaltung eine Währungsreform vor, die das Fundament für den ökonomischen Wiederaufbau Westdeutschlands legen sollte. Die wachsende Ost-West-Konfrontation und das zunehmende Auseinanderdriften der Westzonen und der SBZ trat während der Berlin-Blockade 1948/49 offen zutage. Um die Währungsreform im Westen zu verhindern und die Westmächte zu zwingen, ihre Pläne zur Bildung eines West-Staates aufzugeben, verfügte die Sowjetische Militäradministration (SMAD) im Juni 1948 eine totale Blockade aller Land- und Wasserwege zu den Westsektoren Berlins (M 11). Das konnten und wollten die westlichen Alliierten nicht hinnehmen, da sie damit ihre Herrschaftsrechte beschnitten sahen. Die USA entschieden sich gegen einen militärischen Konflikt mit der UdSSR. Stattdessen versorgten Amerikaner und Briten Berlin über eine Luftbrücke. An der anglo-amerikanischen Gegenwehr und dem Durchhaltewillen der Westberliner Bevölkerung scheiterte schließlich 1949 die Blockade. „Die Konsequenz des Westens hatte sich ausgezahlt", urteilt der Historiker Heinrich August Winkler. „Die Westberliner waren vor der sowjetischen Erpressung nicht zurückgewichen. Beides zusammen trug dazu bei, dass sich die Deutschen, die in politischer Freiheit lebten, zunehmend als Teil des Westens zu fühlen begannen."

**Truman-Doktrin**
Die Truman-Doktrin von 1947 drückt die Entschlossenheit der USA aus, den vom Kommunismus und von der UdSSR bedrohten Staaten Hilfe zu leisten. Sie wurde benannt nach Harry S. Truman, 1945–1953 US-Präsident und Mitglied der Demokraten.

**„Eindämmung" (= Containment)**
Mit dieser Strategie wollten die USA seit 1946/47 die Ausbreitung der als aggressiv und expansionistisch beurteilten Politik der Sowjetunion verhindern. Einer ihrer Hauptbefürworter war der Diplomat George F. Kennan.

### Westbindung der Bundesrepublik

Der Kalte Krieg und die von den USA eingeleitete Politik der „Eindämmung" des Kommunismus waren wesentliche Bedingungen für die Entstehung der Bundesrepublik Deutschland. Die Gründung dieser zweiten deutschen Demokratie im Mai 1949 und deren feste Bindung an die westlichen Staaten wurden dem jungen Staat aber nicht von außen aufgezwungen, sondern entsprachen auch den Interessen der großen Mehrheit der westdeutschen Bevölkerung, die nicht unter kommunistische bzw. sowjetische Herrschaft geraten wollte (s. S. 255 f.).
Einer der herausragenden Repräsentanten einer engen Westbindung Deutschlands war der erste Bundeskanzler der Bundesrepublik, Konrad Adenauer* (M 5). Wie kaum ein anderer hat er sich schon 1945 für die Westorientierung der Deutschen stark gemacht (M 9). Unter Westbindung verstand er jedoch stets mehr als die wirtschaftliche, politische und militärische Integration der Bundesrepublik Deutschland in die westeuropäische und atlantische Staaten- und Wertegemeinschaft. Adenauer wollte die Souveränität der jungen Bundesrepublik erreichen und er war entschlossen, die Idee der liberalen Demokratie im Denken und Handeln seiner westdeutschen Landsleute fest zu verankern. Und er brach bewusst mit politischen Vorstellungen von einer besonderen Rolle Deutschlands zwischen Ost und West. Der westdeutsche Teilstaat musste in seinen Augen ein verlässlicher Partner sowohl der USA als auch der westeuropäischen Staaten sein. Die Politik der Westbindung war an mehreren Stationen ablesbar:
(1) Sie zeigte sich z. B. in den 1950er-Jahren bei den heftigen und kontroversen Debatten um die Wiederbewaffnung der Bundesrepublik und ihren NATO-Beitritt (beides erfolgte 1955; s. S. 255). Adenauer und seine Anhänger gaben der Westbindung Vorrang vor der Wiedervereinigung. Sie betonten die Sicherheitsinteressen der zweiten deutschen Demokratie und das Bedürfnis der Bundesbürger nach einem Leben in politischer Freiheit. Die gleichberechtigte Integration des westlichen deutschen Teilstaates in das westliche Bündnis diente der Adenauer-Regie-

**M 5** Konrad Adenauer (1876–1967)

**1917–1933** Oberbürgermeister von Köln
**1918–1932** Vorsitzender des Provinzialausschusses der Rheinprovinz
**1920–1933** Präsident des Preußischen Staatsrates
**1933** Von den Nationalsozialisten aller Ämter enthoben
**1945** (Mai–Oktober) Oberbürgermeister von Köln
**1946–1949** CDU-Vorsitzender in der britischen Besatzungszone
**1946–1950** Mitglied des Landtages von Nordrhein-Westfalen
**1948/49** Vorsitzender des Parlamentarischen Rates
**1949–1967** Bundestagsmitglied
**1949–1963** Bundeskanzler
**1950–1966** Vorsitzender der CDU
**1951–1955** Bundesminister des Auswärtigen

**M6** Deutsch-französische Aussöhnung, Fotografie, 1962

Das Foto zeigt Staatspräsident de Gaulle und Bundeskanzler Adenauer in Bonn 1962. Um 1960 hatte ein deutsch-französischer Annäherungsprozess begonnen, der aus dem bewussten politischen Willen resultierte, die vermeintliche „Erbfeindschaft" beider Länder zu beenden. Die Annäherung gipfelte 1963 im „Vertrag über die deutsch-französische Zusammenarbeit" (Elysée-Vertrag), der u. a. die Einrichtung von Städtepartnerschaften gefördert hat.

rung außerdem dazu, der Bundesrepublik größere internationale politische Mitsprache zu garantieren. Die oppositionelle SPD unter ihrem Vorsitzenden Kurt Schumacher (1895–1952) stellte hingegen das nationale Ziel der Wiedervereinigung in den Vordergrund.

(2) Der Konflikt um Westbindung und Wiedervereinigung lässt sich auch an den Reaktionen auf eine Note ablesen, die der sowjetische Diktator Josef W. Stalin am 10. März 1952 an die drei Westalliierten sandte. In der „Stalin-Note" bot er Verhandlungen über die deutsche Frage unter Beteiligung einer (nicht frei gewählten) gesamtdeutschen Regierung an. Der beigefügte Entwurf eines Friedensvertrags sah unter anderem die Neutralisierung Deutschlands und den Abzug der Alliierten vor. Die Westmächte lehnten ebenso wie die Regierung Adenauer das Angebot ab. Sie beurteilten es als Störmanöver, das die Westbindung der jungen Bundesrepublik Deutschland verzögern oder verhindern sollte (M 12 a–c). Adenauer vertraute zudem darauf, dass es über kurz oder lang aufgrund der wirtschaftlichen und sozialen Anziehungskraft der Bundesrepublik zu einer Wiedervereinigung nach westlichen Bedingungen kommen müsse. Er hatte sich damit die „Magnettheorie" Schumachers zu eigen gemacht.

(3) Eine weitere Station auf dem Weg zur Westbindung war die Mitgliedschaft der jungen Bundesrepublik in der 1951 auf französische Initiative hin gegründeten Europäischen Gemeinschaft für Kohle und Stahl (EGKS). Aus diesem „Europa der Sechs" (Frankreich, Belgien, Italien, Luxemburg, Niederlande, Bundesrepublik) ging nach hartnäckigen Verhandlungen im Jahre 1958 die Europäische Wirtschaftsgemeinschaft (EWG) hervor, in die die Bundesrepublik unter Adenauer seither fest eingebunden war.

(4) Verstärkt wurde die Westbindung auch durch den politischen Willen zur Aussöhnung mit dem vermeintlichen „Erbfeind" Frankreich. Sowohl der französische Staatspräsident Charles de Gaulle als auch Adenauer haben die Annäherung um 1960 bewusst vorangetrieben (M 6).

1 Zeigen Sie anhand der Darstellung die deutschlandpolitischen Ziele der Westalliierten im Zweiten Weltkrieg und nach 1945 auf.
2 Erläutern Sie, warum nach 1945 in den Westzonen ein Interesse an einer Politik der Westbindung bestand (Darstellung).

**M7** „Michele: ‚… aber doch bitte den kürzesten, meine Herren!'", Karikatur aus dem „Fränkischen Tag", 3. April 1952

1 Erläutern Sie mithilfe von M 7 die Kontroverse über die außen- und innenpolitische Grundorientierung der Bundesrepublik in den 1950er-Jahren.

**M 8** Potsdamer Kommuniqué, 2. August 1945

Es ist nicht die Absicht der Alliierten, das deutsche Volk zu vernichten oder zu versklaven. Die Alliierten wollen dem deutschen Volke die Möglichkeit geben, sich darauf vorzubereiten, sein Leben auf einer demokratischen und friedlichen Grundlage von neuem wieder aufzubauen. Wenn die eigenen Anstrengungen des deutschen Volkes unablässig auf die Erreichung dieses Zieles gerichtet sein werden, wird es ihm möglich sein, zu gegebener Zeit seinen Platz unter den freien und friedlichen Völkern der Welt einzunehmen. […] A. Politische Grundsätze

1. Entsprechend der Übereinkunft über das Kontrollsystem in Deutschland wird die höchste Regierungsgewalt in Deutschland durch die Oberbefehlshaber der Streitkräfte der Vereinigten Staaten von Amerika, des Vereinigten Königreichs, der Union der Sozialistischen Sowjetrepubliken und der Französischen Republik nach den Weisungen ihrer entsprechenden Regierungen ausgeübt, und zwar von jedem in seiner Besatzungszone sowie gemeinsam in ihrer Eigenschaft als Mitglieder des Kontrollrates in den Deutschland als Ganzes betreffenden Fragen.

2. Soweit dieses praktisch durchführbar ist, muss die Behandlung der deutschen Bevölkerung in ganz Deutschland gleich sein.

3. Die Ziele der Besetzung Deutschlands, durch welche der Kontrollrat sich leiten lassen soll, sind:

(I.) Völlige Abrüstung und Entmilitarisierung Deutschlands und die Ausschaltung der gesamten deutschen Industrie, welche für eine Kriegsproduktion benutzt werden kann, oder deren Überwachung. […]

(II.) Das deutsche Volk muss überzeugt werden, dass es eine totale militärische Niederlage erlitten hat und dass es sich nicht der Verantwortung entziehen kann für das, was es selbst dadurch auf sich geladen hat, dass seine eigene mitleidlose Kriegsführung und der fanatische Widerstand der Nazis die deutsche Wirtschaft zerstört und Chaos und Elend unvermeidlich gemacht haben.

(III.) Die Nationalsozialistische Partei mit ihren angeschlossenen Gliederungen und Unterorganisationen ist zu vernichten; […] es sind Sicherheiten dafür zu schaffen, dass sie in keiner Form wieder auferstehen können […].

(IV.) Die endgültige Umgestaltung des deutschen politischen Lebens auf demokratischer Grundlage und eine eventuelle friedliche Mitarbeit Deutschlands am internationalen Leben sind vorzubereiten. […]

5. Kriegsverbrecher und alle diejenigen, die in der Planung oder Verwirklichung nazistischer Maßnahmen, die Gräuel oder Kriegsverbrechen nach sich zogen […], teilgenommen haben, sind zu verhaften und dem Gericht zu übergeben. Nazistische Parteiführer, einflussreiche Nazianhänger und die Leiter der nazistischen Ämter und Organisationen und alle anderen Personen, die für die Besetzung und ihre Ziele gefährlich sind, sind zu verhaften und zu internieren. […]

9. Die Verwaltung Deutschlands muss in Richtung auf eine Dezentralisation der politischen Struktur und der Entwicklung einer örtlichen Selbstverwaltung durchgeführt werden. […]

(II.) In ganz Deutschland sind alle demokratischen politischen Parteien zu erlauben und zu fördern. [..]

(IV.) Bis auf weiteres wird keine zentrale deutsche Regierung errichtet werden. […]

B. Wirtschaftliche Grundsätze

12. In praktisch kürzester Frist ist das deutsche Wirtschaftsleben zu dezentralisieren mit dem Ziel der Vernichtung der bestehenden übermäßigen Konzentration der Wirtschaftskraft, dargestellt insbesondere durch Kartelle, Syndikate, Trusts und andere Monopolvereinigungen. […]

14. Während der Besatzungszeit ist Deutschland als eine wirtschaftliche Einheit zu betrachten.

Zit. nach: Ernst Deuerlein (Hg.), Potsdam 1945. Quellen zur Konferenz der „Großen Drei", dtv, München 1963, S. 354 ff.

**1** Arbeiten Sie aus Quelle M 8 die zentralen Ziele der Alliierten für Deutschland heraus. Erläutern Sie, was USA und UdSSR jeweils darunter verstanden.

**2** Erörtern Sie den Charakter der Quelle M 8: Ging es um eine Bestrafung oder um einen Neuanfang?

**M 9** Konrad Adenauer in einem Brief vom Oktober 1945 zur Lage Deutschlands und Europas

Russland hat in Händen: die östliche Hälfte Deutschlands, Polen, den Balkan, anscheinend Ungarn, einen Teil Österreichs. Russland entzieht sich immer mehr der Zusammenarbeit mit den anderen Großmächten und schaltet in den von ihm beherrschten Gebieten völlig nach eigenem Gutdünken. In den von ihm beherrschten Ländern herrschen schon jetzt ganz andere wirtschaftliche und politische Grundsätze als in dem übrigen Teil Europas. Damit ist eine Trennung in Osteuropa, das russische Gebiet, und Westeuropa eine Tatsache. In Westeuropa sind die führenden Großmächte England und Frankreich. Der nicht von Russland besetzte Teil Deutschlands ist ein integrierender Teil Westeuropas. Wenn er krank bleibt, wird das von schwersten Folgen für ganz Westeuropa, auch für England und Frankreich sein. Es liegt im eigensten Interesse nicht nur des nicht von Russland besetzten Teiles Deutschlands, sondern auch von England und Frankreich, Westeuropa unter ihrer Führung zusammenzuschließen, den nicht russisch besetzten Teil Deutschlands politisch und wirtschaftlich zu beruhigen und wieder gesund zu machen.

Zit. nach: Konrad Adenauer, Briefe 1945–1947, hg. v. Rudolf Morsey/Hans-Peter Schwarz, Siedler, Berlin 1983, S. 130.

**1** Geben Sie die Lageanalyse Adenauers wieder (M 9).

**2** Überprüfen Sie die Analyse Adenauers anhand von Geschichtskarten und historischen Handbüchern.

# 5 Bundesrepublik Deutschland

**M 10** **Zur Besatzungspolitik der Westalliierten**

*Aus der Rede des amerikanischen Außenministers James F. Byrnes in Stuttgart, 6. September 1946:*

Es liegt weder im Interesse des deutschen Volkes noch im Interesse des Weltfriedens, dass Deutschland eine Schachfigur oder ein Teilnehmer in einem militärischen Machtkampf zwischen dem Osten und dem Westen wird. [...]
Die jetzigen Verhältnisse in Deutschland machen es unmöglich, den Stand der industriellen Erzeugung zu erreichen, auf den sich die Besatzungsmächte als absolutes Mindestmaß einer deutschen Friedenswirtschaft geeinigt hatten. Es ist klar, dass wir, wenn die Industrie auf den vereinbarten Stand gebracht werden soll, nicht weiterhin den freien Austausch von Waren, Personen und Ideen innerhalb Deutschlands einschränken können. Die Zeit ist gekommen, wo die Zonengrenzen nur als Kennzeichnung der Gebiete angesehen werden sollten, die aus Sicherheitsgründen von den Streitkräften der Besatzungsmächte besetzt gehalten werden, und nicht als eine Kennzeichnung für in sich abgeschlossene wirtschaftliche oder politische Einheiten. [...]
Wir treten für die wirtschaftliche Vereinigung Deutschlands ein. Wenn eine völlige Vereinigung nicht erreicht werden kann, werden wir alles tun, was in unseren Kräften steht, um eine größtmögliche Vereinigung zu sichern.
Die amerikanische Regierung steht auf dem Standpunkt, dass jetzt dem deutschen Volk innerhalb ganz Deutschlands die Hauptverantwortung für die Behandlung seiner eigenen Angelegenheiten bei geeigneten Sicherungen übertragen werden sollte. [...]
Die Vereinigten Staaten treten für die baldige Bildung einer vorläufigen deutschen Regierung ein. [...]
Während wir darauf bestehen, dass Deutschland die Grundsätze des Friedens, der gutnachbarlichen Beziehungen und der Menschlichkeit befolgt, wollen wir nicht, dass es der Vasall irgendeiner Macht oder irgendwelcher Mächte wird oder unter einer in- oder ausländischen Diktatur lebt. Das amerikanische Volk hofft ein friedliches und demokratisches Deutschland zu sehen, das seine Freiheit und seine Unabhängigkeit erlangt und behält. [...]
Die Vereinigten Staaten können Deutschland die Leiden nicht abnehmen, die ihm der von seinen Führern angefangene Krieg zugefügt hat. Aber die Vereinigten Staaten haben nicht den Wunsch, diese Leiden zu vermehren oder dem deutschen Volk die Gelegenheit zu verweigern, sich aus diesen Nöten herauszuarbeiten, solange es menschliche Freiheit achtet und vom Wege des Friedens nicht abweicht. Das amerikanische Volk wünscht, dem deutschen Volk die Regierung Deutschlands zurückzugeben. Das amerikanische Volk will dem deutschen Volk helfen, zurückzufinden zu einem ehrenvollen Platz unter den freien und friedliebenden Nationen der Welt.

*Zit. nach: Rolf Steininger, Deutsche Geschichte, Bd. 1: 1945–1947, Fischer, Frankfurt/M. 2002, S. 264 ff.*

1 Arbeiten Sie mithilfe von M 10 die zentralen deutschlandpolitischen Ziele der Amerikaner heraus. Ziehen Sie das Plakat M 4 mit hinzu.
2 Erörtern Sie anhand von M 10 und der Darstellung die Folgen der amerikanisch-britischen Politik für die Westzonen und das gesamte Deutschland.
3 Analysieren Sie M 11 im Kontext der Westbindung der Bundesrepublik (s. auch Methodenseite 258 f.).

**M 11** „Berlin", Karikatur aus den USA, 1948

**M 12** **Geschichte kontrovers:** Westbindung oder Wiedervereinigung? Die Auseinandersetzung um die Stalin-Note[1] vom 10. März 1952

**a)** Aus der Stalin-Note vom 10. März 1952:

Politische Leitsätze [für einen zukünftigen Friedensvertrag]:
Deutschland wird als einheitlicher Staat wiederhergestellt. Damit wird der Spaltung Deutschlands ein Ende gemacht und das geeinigte Deutschland gewinnt die Möglichkeit, sich als unabhängiger, demokratischer, friedliebender Staat zu entwickeln.
Sämtliche Streitkräfte der Besatzungsmächte müssen spätestens ein Jahr nach Inkrafttreten des Friedensvertrages aus Deutschland abgezogen werden. Gleichzeitig werden sämtliche ausländischen Militärstützpunkte auf dem Territorium Deutschlands liquidiert.
Dem deutschen Volk müssen die demokratischen Rechte gewährleistet sein, damit alle unter deutscher Rechtsprechung stehenden Personen, ohne Unterschied der Rasse, des Geschlechts, der Sprache oder Religion, die Menschenrechte und die Grundfreiheiten genießen, einschließlich der Redefreiheit, der Pressefreiheit, der politischen Überzeugung und der Versammlungsfreiheit.
In Deutschland muss den demokratischen Parteien und Or-

ganisationen freie Betätigung gewährleistet sein; sie müssen das Recht haben, über ihre inneren Angelegenheiten frei zu entscheiden, [...] Versammlungen abzuhalten, Presse- und Publikationsfreiheit zu genießen.

Auf dem Territorium Deutschlands dürfen Organisationen, die der Demokratie und der Sache der Erhaltung des Friedens feindlich sind, nicht bestehen.

Allen ehemaligen Angehörigen der deutschen Armee, einschließlich der Offiziere und Generale, allen ehemaligen Nazis, mit Ausnahme derer, die nach Gerichtsurteil eine Strafe für von ihnen begangene Verbrechen verbüßen, müssen die gleichen bürgerlichen und politischen Rechte wie allen anderen deutschen Bürgern gewährt werden zur Teilnahme am Aufbau eines friedlichen, demokratischen Deutschlands.

Deutschland verpflichtet sich, keinerlei Koalitionen oder Militärbündnisse einzugehen, die sich gegen irgendeinen Staat richten, der mit seinen Streitkräften am Krieg gegen Deutschland teilgenommen hat. Das Territorium Deutschlands ist durch die Grenzen bestimmt, die durch die Beschlüsse der Potsdamer Konferenz der Großmächte festgelegt wurden. [...]

Militärische Leitsätze:

Es wird Deutschland gestattet sein, eigene nationale Streitkräfte (Land-, Luft- und Seestreitkräfte) zu besitzen, die für die Verteidigung des Landes notwendig sind.

Deutschland wird die Erzeugung von Kriegsmaterial und -ausrüstung gestattet werden, deren Menge oder Typen nicht über die Grenzen dessen hinausgehen dürfen, was für die Streitkräfte erforderlich ist, die für Deutschland durch den Friedensvertrag festgesetzt sind.

*Zit. nach: Bundesministerium für gesamtdeutsche Fragen (Hg.), Die Bemühungen der Bundesrepublik um Wiederherstellung der Einheit Deutschlands durch gesamtdeutsche Wahlen, Teil 1, 4. Aufl., Bonn 1958, S. 85 ff.*

1 Neuere Forschungen vom Beginn des 21. Jh., die auf bisher nicht bekannten Quellen aus Moskauer Archiven beruhen, haben die Stalin-Note als Taktik entlarvt, die darauf abzielte, die DDR bzw. das kommunistische Lager unter Leitung der Sowjetunion zusammenzuschweißen und so zu stabilisieren. Nach der Ablehnung der Note durch den Westen konnte die Führung in der DDR z. B. behaupten, dass sie mit dem Aufbau einer eigenen Armee nur auf den Westen „reagiere".

### b) Aus den Memoiren Konrad Adenauers, 1968:

Sowjetrussland versuchte offensichtlich die Integration Europas zu hemmen mit all den Konsequenzen, die sich daraus ergeben würden. Das beste Mittel, dies zu erreichen, war tatsächlich die von sowjetischer Seite geplante Neutralisierung Deutschlands. Ohne Deutschland war die Integration Europas von Anfang an zum Scheitern verurteilt. Der von allen als richtig erkannte und allein in eine bessere Zukunft weisende Gedanke, dass die europäischen Völker sich auf gleicher Grundlage zusammenschließen müssten, wenn sie ihre Freiheit und Wohlfahrt bewahren wollten, würde aufgegeben werden müssen. Der Rückfall in einen unzeitgemäßen, unfruchtbaren Nationalismus wäre unvermeidlich. Die Folgen wären mit einiger Sicherheit vorauszusehen: Angesichts der kleinlichen europäischen Händel und der Unmöglichkeit, ein vereintes Europa zu schaffen, würde sich das amerikanische Volk enttäuscht von Europa abwenden. Ein wichtiges Ziel Sowjetrusslands wäre erreicht. Der Weg für eine schrittweise erfolgende kommunistische Unterminierung der einzelnen europäischen Staaten läge frei. Das Endergebnis wäre die völlige Abhängigkeit Europas von der Sowjetunion. [...]

Die sowjetische Note stellte ferner einen Versuch dar, auf den deutschen Nationalismus einzuwirken. Man bemühte sich, uns Deutsche in der Note dadurch zu locken, dass man sagte: Ihr Deutsche sollt nationale Streitkräfte bekommen [...]. Ein wieder vereinigtes, neutralisiertes Deutschland würde aber weder wirtschaftlich noch aufgrund unseres Zurückbleibens in der modernen Forschung in der Lage sein, durch eigene Streitkräfte sein Territorium zu schützen.

### c) Aus einem Brief Kurt Schumachers an Adenauer vom 22. April 1952:

Meines Erachtens ist es notwendig, den Regierungen der drei Westmächte als gemeinsamen deutschen Standpunkt vorzutragen, dass nichts unversucht bleiben darf, festzustellen, ob die Sowjetnote eine Möglichkeit bietet, die Wiedervereinigung Deutschlands in Freiheit durchzuführen. [...] Für die zur Gewährleistung der gleichen Bedingungen in allen vier Zonen und Berlin erforderliche internationale Kontrolle sollten von deutscher Seite einige Alternativmöglichkeiten zur Diskussion gestellt werden. Solche Möglichkeiten wären:

Die vier Mächte nehmen die guten Dienste der Vereinten Nationen (UN) zur internationalen Kontrolle der Wahlen in Anspruch. Die vier Mächte einigen sich auf eine aus neutralen Staaten zusammenzusetzende Kommission zur Durchführung der internationalen Kontrolle der Wahlen.

Falls die vier Mächte selbst die Kontrolle ausüben wollen, kommt es darauf an, zu gewährleisten, dass keine der vier Mächte eine deutsche Partei benachteiligen oder bevorzugen kann.

*M 12 b und c zit. nach: Konrad Adenauer, Erinnerungen 1953–1955, DVA, Stuttgart 1968, S. 70 f. und 84 f.*

1 Geben Sie den Inhalt der Stalin-Note (M 12 a) wieder.
2 **Gruppenarbeit:** Analysieren Sie die Argumente Adenauers bzw. Schumachers (M 12 b, c).
3 Erörtern Sie die Chancen und Risiken der politischen Vorschläge Adenauers und Schumachers.
4 **Referate:** Untersuchen Sie die Westbindung der Bundesrepublik in der Ära Adenauer am Beispiel
   a) der Anfänge der europäischen Integration,
   b) der Entstehung der Bundeswehr oder
   c) der Aussöhnung mit Frankreich (M 6).

## 5.2 Lehren aus Weimar und der NS-Zeit: das Grundgesetz der Bundesrepublik

**Entstehung des Grundgesetzes**
**1. Juli 1948** Auftrag der westlichen Militärgouverneure an die Ministerpräsidenten der Länder, eine verfassunggebende Versammlung einzuberufen
**10.–23. Aug. 1948** Verfassungskonvent auf Herrenchiemsee
**1. Sept. 1948–23. Mai 1949** Tagung des Parlamentarischen Rates
**23. Mai 1949** offizielle Verkündung des Grundgesetzes

**M1** **Abgeordnetenausweis des Parlamentarischen Rates für Theodor Heuss, 1948.** Heuss war der erste Bundespräsident (Reg. 1949–1959).

**Totalitäre Herrschaft**
Der Begriff kennzeichnet moderne Diktaturen wie den deutschen Nationalsozialismus oder den Stalinismus in der Sowjetunion. Als Hauptmerkmal gilt die totale Unterwerfung von Gesellschaft und Individuen unter einen Staat, dessen Macht weder durch Gewaltenteilung noch durch Grundrechte eingeschränkt ist. Der Begriff lässt sich daher auch als Gegenbegriff zur modernen westlichen Demokratie verstehen, die Gewaltenteilung und Menschenrechte garantiert.

„Lehren aus der Geschichte"

Am 23. Mai 1949 wurde das Grundgesetz für die Bundesrepublik Deutschland offiziell verkündet und der Tag damit zum Gründungsdatum der Bundesrepublik Deutschland. „Mit Verfassungen ist fast immer die Hoffnung auf eine gute und gerechte politische Ordnung verbunden", schreibt der Politikwissenschaftler Hans Vorländer mit Blick auf die ersten modernen Verfassungen, die in der Amerikanischen und der Französischen Revolution entstanden sind: „Neue Ordnungen mussten hier wie dort geschaffen werden. Und mit den Verfassungen, so war die allseitige Erwartung, war der Wechsel auf eine bessere, freiheitliche und demokratische Zukunft ausgestellt." Das trifft auch auf das Grundgesetz für die Bundesrepublik Deutschland zu. Diese Verfassung stellte nach dem Scheitern der Weimarer Republik (s. S. 170 ff.) den zweiten Versuch dar, in Deutschland einen demokratischen Verfassungsstaat zu verwirklichen.

Der Parlamentarische Rat, der 1948/49 das Grundgesetz erarbeitete (M 2), wollte in zweifacher Weise Lehren aus der deutschen Geschichte ziehen: Erstens sollte die zu schaffende Verfassung Sicherungen enthalten, die eine erneute Zerstörung der Demokratie unmöglich machen und sie vor inneren Feinden schützen würde. Das Bundesverfassungsgericht hat daher den Staat des Grundgesetzes einmal als eine „streitbare, wehrhafte Demokratie" bezeichnet, gestaltet „aus den bitteren Erfahrungen mit dem Schicksal der Weimarer Demokratie". Zweitens sollte diese „streitbare Demokratie" zugleich als Schutzwall gegen die damalige kommunistische Bedrohung dienen. Als der Parlamentarische Rat 1948 zusammentrat, war den Abgeordneten diese Bedrohung Europas stets bewusst. Ihnen wie auch dem Westen allgemein dienten sowohl der kommunistische Umsturz in der Tschechoslowakei 1948 als auch die im gleichen Jahr begonnene Blockade Berlins durch die Sowjetunion (s. S. 237) als weitere Belege für die sowjetische Strategie globaler Machteroberung. Eine der Grundfragen in den Verfassungsberatungen lautete daher: Wie lässt sich die zu schaffende Demokratie gegen die Zerstörung durch radikale Gegner von links wirkungsvoll schützen? Aber es ging vor dem Hintergrund der Erfahrungen aus dem Nationalsozialismus (s. Kap. 4) auch um die Abwehr radikaler Gegner von rechts. Fachwissenschaftler sprechen daher vom „antitotalitären Geist" des Grundgesetzes, der aus der doppelten Abwehr der totalitären Herrschaften* entstanden ist (M 10a, b).

Zur Entstehungsgeschichte des Grundgesetzes

Den Anstoß zur Erarbeitung einer Verfassung gaben die Alliierten. Seit Beginn des Kalten Krieges 1947 entschlossen sich die Westmächte zum politischen und wirtschaftlichen Neuaufbau in ihren Besatzungszonen, da mit der Sowjetunion keine gemeinsame Deutschlandpolitik mehr betrieben werden konnte (s. S. 235 f.). Überzeugt von der Notwendigkeit, das politische Leben Deutschlands in einer Verfassung zu regeln, beauftragten die Militärgouverneure am 1. Juli 1948 die Ministerpräsidenten ihrer Länder, eine verfassunggebende Versammlung einzuberufen. Diesen Auftrag konkretisierten sie in den „Dokumenten zur künftigen politischen Entwicklung Deutschlands", den „Frankfurter Dokumenten", die die Ausarbeitung einer demokratischen Verfassung mit einem ausgeprägten Föderalismus verlangten (M 8). Gegenüber der reinen Besatzungsherrschaft war diese Entwicklung zu größerer politischer Selbstständigkeit der Deutschen ein Fortschritt. Das würdigten die Ministerpräsidenten, die sich im Jahr 1948 auf mehreren Konferenzen mit der politischen Zukunft Deutschlands beschäftigten. Die neue Verfassung sollte aus ihrer Sicht zwei Ziele verfolgen: Ein handlungsfähiger und in absehbarer Zeit auch souveräner westdeutscher Teilstaat sollte entstehen, eine spätere gesamtdeutsche Lösung aber nicht verbaut werden. Der von den Ministerpräsidenten eingesetzte „Verfassungskonvent auf Herrenchiemsee" legte im August 1948 die Kriterien für die Wahlen zum Parlamentarischen Rat fest, einigte sich auf Bonn als Tagungsort, berief ein vorbereitendes Expertengremium ein und formulierte im „Bericht von Herrenchiemsee" einen Entwurf, der Umrisse des Grundgesetzes sichtbar machte. Der Parlamentarische Rat, der von September 1948 bis Mai 1949 tagte, arbeitete das Grundgesetz aus. Zu seinem Präsidenten wählte er den CDU-Politiker Konrad Adenauer. Er und der SPD-Politiker Carlo Schmid (1896–1979), der den Vorsitz im wichtigen Hauptausschuss innehatte, prägten die Verfassungsberatungen nachhaltig. Die drei Militärregierungen beobachteten die Beratungen aufmerksam und hielten engen Kontakt zu den Abgeordneten.

Am 8. Mai 1949, genau vier Jahre nach der Kapitulation, verabschiedete der Parlamentarische Rat mit 53 zu 12 Stimmen das „Grundgesetz" (M 2). Um den provisorischen Charakter bewusst herauszustellen, hatte man den Begriff „Verfassung" bewusst vermieden. Die Militärgouverneure genehmigten das Grundgesetz vier Tage später, sicherten sich aber die Zuständigkeit für Westberlin. Das am 20. September 1949 in Kraft getretene alliierte Besatzungsstatut beschränkte jedoch die Souveränität der Bundesrepublik: Die Westmächte besaßen danach das Recht, in die Politik des jungen Staates ohne deutsche Zustimmung einzugreifen. Das galt für die Bereiche Außenpolitik, Abrüstung und Entmilitarisierung, Reparationen, Dekartellierung und Devisenbeschaffung. Nachdem die Landesparlamente – mit Ausnahme Bayerns, das die föderalen Elemente gestärkt wissen wollte (M 10) – das Grundgesetz ratifiziert hatten, wurde es am 23. Mai 1949 verabschiedet. „Provisorische Bundeshauptstadt" wurde Bonn (M 3).

**M 2** Der Parlamentarische Rat am 8. Mai 1949 nach der Abstimmung über das Grundgesetz, Fotografie

**Internettipp**
www.dhm.de/lemo/html/
Nachkriegsjahre/EntstehungZweier
DeutscherStaaten/grundgesetz.html
Interessante Ton-, Film-, Bild- und Textmaterialien zur Entstehungsgeschichte des Grundgesetzes.

### Das Amt des Bundespräsidenten

Als Lehre aus dem Scheitern der ersten deutschen Demokratie wies der Parlamentarische Rat dem Bundespräsidenten eine andere Rolle zu als seinem Weimarer Vorgänger. Es bestand Einigkeit darin, dass der direkt vom Volk gewählte Weimarer Reichspräsident eine

**M 3** Ansichten des Bonner Regierungsviertels, Postkarte, Juni 1959.
In der Mitte der Plenarsaal mit dem Bundesadler des Bildhauers Ludwig Gies von 1953.

**1** Diskutieren Sie, welches Bild von der neuen Bundesrepublik M 3 vermittelt.

**M4** Plakat der CDU zur Kommunalwahl in Schleswig-Holstein, 1946

**M5** Plakat der FDP zur Bundestagswahl 1953

**1** Arbeiten Sie die „Lehren aus der Geschichte" heraus, die die Plakate M4–M5 thematisieren.

Art „Ersatzkaiser" gewesen sei. Dem greisen Reichspräsidenten Hindenburg lastete man die Ernennung Hitlers zum Reichskanzler an. Außerdem habe er das dem Reichspräsidenten zustehende Notverordnungsrecht der Weimarer Verfassung (Artikel 48) missbraucht, um Hitler und die Nationalsozialisten zu stützen. Der Bundespräsident besitzt dagegen vorwiegend repräsentative Aufgaben. Er hat die Aufgabe, die Bevölkerung zu integrieren, und vertritt den demokratischen Staat nach innen und außen. In die praktische Politik kann er nur in wenigen Fällen unmittelbar eingreifen. Ein Notverordnungsrecht besitzt er nicht. Außerdem wird der Bundespräsident nicht vom Volk, sondern von der Bundesversammlung ohne Aussprache gewählt. In der Weimarer Zeit ernannte der Reichspräsident den Reichskanzler. Das Grundgesetz verlagert dagegen die Regierungsbildung ins Parlament. Bei der Wahl des Bundeskanzlers besitzt der Bundespräsident nur das Vorschlagsrecht für den ersten Wahlgang. Er ist verpflichtet, den mit Mehrheit gewählten Bundeskanzler zu ernennen. Erhält der Kandidat des Bundespräsidenten nicht die Mehrheit, geht das Vorschlagsrecht für den Kanzler auf die Bundestagsfraktionen über. Dadurch soll sichergestellt werden, dass der Kanzler über eine Parlamentsmehrheit verfügt. Das war in Weimar, besonders in der Zeit der Präsidialkabinette 1930–1932, nicht der Fall. In der Weimarer Republik besaß der Reichspräsident das praktisch unbegrenzte Recht, den Reichstag aufzulösen. Das hatte zwischen 1930 und 1933 zu mehreren unnötigen Neuwahlen geführt. Der Parlamentarische Rat erschwerte aus diesem Grund vorzeitige Parlamentsauflösungen (Artikel 63 und 68).

**Die Rollen von Parlament und Kanzler** Entschiedener als die Weimarer Reichsverfassung stellte das Grundgesetz das Parlament ins Zentrum des politischen Entscheidungsprozesses. In der Weimarer Zeit stand dem Reichstag ein mächtiger Reichspräsident gegenüber, sodass ein Nebeneinander von präsidentiellem und parlamentarischem System herrschte. Hinzu kam, dass die Weimarer Verfassung starke plebiszitäre Elemente enthielt, die von Gegnern der Demokratie ausgenutzt wurden. Den Volksentscheid zum Young-Plan 1929 nutzten die Nationalsozialisten z. B. für große Propagandafeldzüge. Der Parlamentarische Rat zog daraus die Konsequenz und verzichtete auf Bundesebene auf Plebiszite. Der Gesetzgeber ist der Bundestag. Er stellt den Haushaltsplan fest, wählt den Bundeskanzler und kontrolliert Regierung wie Verwaltung.

Im Vergleich zum Reichskanzler besitzt der Bundeskanzler eine relativ starke Position. Ihm fällt innerhalb der Regierung eine unbestreitbare Führungsrolle zu. Denn er ist als einziges Regierungsmitglied vom Bundestag gewählt und entscheidet über die Berufung und Entlassung der Minister. Die Bildung eines Präsidialkabinetts ist unmöglich geworden. Anders als der Reichstag kann der Bundestag nicht mehr einzelne Minister durch Misstrauensvotum aus dem Kabinett entfernen und so die Regierung destabilisieren. Und mit dem konstruktiven Misstrauensvotum sollten die häufigen Regierungswechsel der Weimarer Zeit (1919 bis 1932 gab es 20 Kabinettswechsel) vermieden werden: Ein Kanzler kann nur durch die Wahl eines neuen Kanzlers gestürzt werden.

**Die Verantwortung der Parteien** In der Weimarer Zeit galten die Parteien als gesellschaftliche Organisationen der politischen Interessenvertretung. Ihre Aufgaben und Funktionen wurden in der Weimarer Verfassung nicht eigens genannt. Dagegen räumt das Grundgesetz den Parteien in Artikel 21 ausdrücklich das Recht ein, zur politischen Willensbildung beizutragen. Parteien und Parlamentsfraktionen sollen auf diese Weise davon abgehalten werden, als reine Weltanschauungsparteien zu agieren und ideologischer Prinzipientreue Vorrang vor der Verantwortung für Regierung, Staat und Gesellschaft zu geben. Wer die Regierung stellt, soll seine Ziele am politisch Machbaren ausrichten, Kompromisse schließen und Koalitionen erproben.

Der Parlamentarische Rat suchte auch nach Lösungen, die Parteienzersplitterung der Weimarer Zeit zu verhindern. Die Ursache sah der Rat im reinen Verhältniswahlrecht und entschied sich daher für ein personalisiertes Verhältniswahlrecht: Mit der ersten Stimme wählt der Wähler einen Wahlkreiskandidaten nach den Grundsätzen des Mehrheitswahlrechts, mit einer zweiten Stimme eine Partei nach dem Verhältniswahlrecht. Um kleinen Parteien den Einzug in die Volksvertretung zu erschweren, müssen die Parteien seit 1953 mindestens fünf Prozent der Stimmen auf sich vereinigen (Fünfprozentklausel).

**M6** Leo Haas, Karikatur zum Verbot der KPD durch das Bundesverfassungsgericht, DDR, 1956

Dargestellt sind u. a.: ein Paragrafengitter mit der Aufschrift „Verbot der KPD"; ein seichter Seegrund. – Das Gericht berief sich bei dem Verbot auf die Erfahrungen aus der Weimarer Republik. Es verwies auf die Notwendigkeit, „gewisse Grundprinzipien der Staatsgestaltung" als „absolute Werte" gegen alle Angriffe zu verteidigen. – Haas saß in der NS-Zeit im KZ und lebte in den 1950er-Jahren in der DDR.

### Schutz der Demokratie

Im Parlamentarischen Rat bestand weitgehend Einigkeit darin, dass die Weimarer Demokratie maßgeblich durch radikale Kräfte von links und rechts zerstört worden sei. Aus dieser Einsicht heraus zeigte man sich bereits zu Beginn der Verfassungsberatungen fest entschlossen, das sich „jener nicht auf die Grundrechte berufen dürfe, der von ihnen Gebrauch machen will zum Kampf gegen die Demokratie und die freiheitliche Grundordnung" (Carlo Schmid). Zwar gab es auch in der Weimarer Zeit Staatsschutzgesetze. Die vom Parlamentarischen Rat geschaffene „wehrhafte Demokratie" geht jedoch weit darüber hinaus: Einige Artikel des Grundgesetzes dienen allein dem Ziel, die Beseitigung der Demokratie zu verhindern. Hierzu gehört der Artikel 18, der Personen die mögliche Verwirkung von Grundrechten (z. B. Presse- und Meinungsfreiheit) androht, wenn sie diese zum Kampf gegen die freiheitliche demokratische Grundordnung missbrauchen. Der Parlamentarische Rat dachte bei diesem Artikel, der noch nie wirksam geworden ist, an NS-Demagogen wie Hitler oder Goebbels. Ist die freiheitliche demokratische Grundordnung bedroht, können zu ihrem Schutz die bewaffnete Polizei mehrerer Bundesländer und die Bundeswehr eingesetzt werden (Artikel 91 und 87). Das Grundgesetz sieht außerdem die Möglichkeit des Verbots verfassungswidriger Parteien und Vereinigungen vor (Artikel 21 und 9). Bisher wurden über 100 Vereinigungen verboten und zwei Parteien, die rechtsradikale Sozialistische Reichspartei (SRP) 1952 und die Kommunistische Partei Deutschlands (KPD) 1956 (M 6). Auch können Beamte vom öffentlichen Dienst ausgeschlossen werden (Artikel 33). Schließlich erlaubt das Grundgesetz das „Recht zum Widerstand" gegen jeden, der es unternimmt, die verfassungsmäßige Ordnung zu beseitigen – vorausgesetzt, dass Abhilfe anders nicht mehr möglich ist (Artikel 20).

### Schutz der Menschen- und Grundrechte

Die bitteren Erfahrungen mit der NS-Diktatur, die Millionen Menschen aufgrund ihrer politischen, religiösen und moralischen Überzeugungen oder ihrer „Rasse" ermordet hat, verdeutlichte den „Verfassungsvätern" und „Verfassungsmüttern" (M 7), wie wichtig der Kampf um die Einhaltung der Menschen- und Grundrechte für ein menschenwürdiges Leben in Freiheit und Selbstbestimmung ist. Diese Erkenntnis liegt auch dem Grundgesetz der Bundesrepublik zugrunde. Es beginnt daher nicht nur mit einem umfangreichen Menschenrechtskatalog, sondern Artikel 79 („Ewigkeitsklausel") verbietet dessen Abschaffung oder Veränderung. Hinzu kommt, dass alle Staatsorgane – und nicht nur die Exekutive wie in der Weimarer Zeit – zur Einhaltung der Menschen- und Grundrechte verpflichtet sind. Darüber wacht in der Bundesrepublik Deutschland das Bundesverfassungsgericht.

**M7** Die vier Frauen des Parlamentarischen Rates, Fotografie, 1948/49

Von links: Helene Wessel, Helene Weber, Friederike Nadig, Elisabeth Selbert. Erst durch massiven öffentlichen Druck gelang es Elisabeth Selbert 1949, die Gleichstellung von Mann und Frau im Grundgesetz zu verankern – und nicht nur, wie in der Weimarer Verfassung, die staatsbürgerliche Gleichstellung (z. B. beim Wahlrecht). Eine Reform des Familienrechts kam in der Bundesrepublik nicht vor 1958 zustande, das Leitbild der „Hausfrauenehe" wurde erst 1976 gesetzlich aufgehoben.

1 Erstellen Sie eine zweispaltige Tabelle: Tragen Sie mithilfe der Darstellung in die linke Spalte die Missstände ein, die der Parlamentarische Rat in der deutschen Vergangenheit gesehen hat, und in die rechte Spalte die Konsequenzen, die daraus 1949 im Grundgesetz gezogen worden sind.

### M 8  Die „Frankfurter Dokumente", 1. Juli 1948

In Übereinstimmung mit den Beschlüssen ihrer Regierungen autorisieren die Militärgouverneure der amerikanischen, britischen und französischen Besatzungszone in Deutschland die Ministerpräsidenten der Länder ihrer Zonen, eine verfassunggebende Versammlung einzuberufen, die spätestens am 1. September 1948 zusammentreten sollte. […]
Die verfassunggebende Versammlung wird eine demokratische Verfassung ausarbeiten, die für die beteiligten Länder eine Regierungsform des föderalistischen Typs schafft, die […] geeignet ist, die gegenwärtig zerrissene deutsche Einheit schließlich wiederherzustellen, und die Rechte der beteiligten Länder schützt, eine angemessene Zentralinstanz schafft und die Garantien der individuellen Rechte und Freiheiten enthält. […]
Die Militärgouverneure werden den deutschen Regierungen Befugnisse der Gesetzgebung, der Verwaltung und der Rechtsprechung gewähren und sich solche Zuständigkeiten vorbehalten, die nötig sind, um die Erfüllung des grundsätzlichen Zwecks der Besatzung sicherzustellen. Solche Zuständigkeiten sind diejenigen, welche nötig sind, um die Militärgouverneure in die Lage zu setzen:
Deutschlands auswärtige Beziehungen vorläufig wahrzunehmen und zu leiten;
das Mindestmaß der notwendigen Kontrollen über den deutschen Außenhandel […] auszuüben, um zu gewährleisten, dass die Verpflichtungen, welche die Besatzungsmächte in Bezug auf Deutschland eingegangen sind, geachtet werden und dass die für Deutschland verfügbar gemachten Mittel zweckmäßig verwendet werden;
vereinbarte oder noch zu vereinbarende Kontrollen, wie z. B. in Bezug auf die Internationale Ruhrbehörde, Reparationen, Stand der Industrie, Dekartellisierung, Abrüstung und Entmilitarisierung und gewisse Formen wissenschaftlicher Forschung, auszuüben. […]
Jede Verfassungsänderung ist den Militärgouverneuren zur Genehmigung vorzulegen. Sofern nicht anders bestimmt, […] treten alle Gesetze und Bestimmungen der föderativen Regierung ohne weiteres innerhalb von 21 Tagen in Kraft, wenn sie nicht von den Militärgouverneuren verworfen werden.

Zit. nach: Johannes Hohlfeld (Hg.), Dokumente der deutschen Politik und Geschichte, Bd. 6, Wendler, Berlin u. a. 1955, S. 320 ff.

**1** Untersuchen Sie den Auftrag in M 8 unter der Frage, welche Grundentscheidungen darin für die zukünftige Verfassung gefällt worden sind.

### M 9  Die Debatte im bayerischen Landtag über das Grundgesetz im Mai 1949, Pressebericht von 1979

Die CSU wollte vor allem eine Gleichberechtigung von Bundestag und Bundesrat bei einer Reihe von Gesetzgebungsakten, eine „klare Sicherung der Konkordate und Verträge mit den evangelischen Kirchen", damit nicht „eines Tages kulturkämpferische Neigungen mithilfe ungeklärter Verfassungsparagrafen" entfacht werden könnten. Die Hauptgefahr, so [der bayerische Ministerpräsident] Ehard, liege in den durch das Grundgesetz offengelassenen Möglichkeiten, „einer zentralistischen Handhabung Tür und Tor zu öffnen". Dies sei auch bei der Weimarer Verfassung schon so gewesen und habe den Nationalsozialismus begünstigt.
Die Erfahrungen aus dieser Zeit reklamierten freilich auch SPD und FDP für ihre Argumentation. Der Sozialdemokrat Waldemar von Knoeringen hielt Ehard und seinen Parteifreunden entgegen, nicht die Weimarer Verfassung, die „freien Geist" geatmet habe, sei Wegbereiter des Nationalsozialismus gewesen, „sondern die Missachtung dieser Verfassung und die mangelnde Bereitschaft der deutschen Rechten und des bayerischen Föderalismus, die großen Gedanken dieser Verfassung von Weimar in der praktischen Politik und im Leben zu verwirklichen und für ihre Reinhaltung zu kämpfen". […]
Die FDP […] warf durch Thomas Dehler der CSU vor, „nur das Negative, den Zweifel, das Misstrauen hervorzukehren und die Augen vor dem Positiven, Gesunden, Richtigen des Grundgesetzes" zu verschließen. Der Kampf gegen das Reich […] sei gleichzeitig der Kampf gegen die Demokratie gewesen.

Zit. nach: Arnd Bauerkämper, Gemeinsam getrennt. Deutschland 1945–1990, Wochenschau, Schwalbach/Ts. 2004, S. 46 f.

**1** Arbeiten Sie die Argumente heraus, die die Parteien für bzw. gegen das Grundgesetz vorbrachten (M 9).

**2** Vergleichen Sie in M 9 die Vorstellungen, die die Parteien von einem demokratischen Staatswesen bzw. von den Aufgaben einer Verfassung hatten.

### M 10  Geschichte kontrovers: Das Grundgesetz im Urteil der Fachwissenschaft

**a)** Karlheinz Niclauß, Politikwissenschaftler, 1982:
Die Nachkriegsdiskussion über den Wiederaufbau demokratischer Institutionen stand unter dem Eindruck des Unterganges der Weimarer Republik. Nach 1945 vertraten Politiker und Verfassungsrechtler die Ansicht, dass neben anderen Faktoren auch die Konstruktion der Weimarer Reichsverfassung für die nationalsozialistische Machtergreifung verantwortlich war. Die Verfassung von 1919 habe die wirksame Regierungstätigkeit der demokratischen Parteien behindert und Hitler den Weg in das Amt des Reichskanzlers erleichtert. Vor der Einberufung des Parlamentarischen Rates bestand zwischen den westdeutschen Parteien bereits Übereinstimmung, dass man die Lehren aus dem Scheitern der Weimarer Demokratie beim politischen Neuaufbau Westdeutschlands berücksichtigen müsse. Die neue Verfassung sollte dem Angriff antidemokratischer Kräfte größeren

Widerstand leisten als die Reichsverfassung von 1919. Der sozialdemokratische Abgeordnete Rudolf Katz erklärte hierzu bei den Bonner Grundgesetzberatungen: „Wir wissen genau, dass hinter der Krise des demokratischen Systems der Diktator lauert." In diesem Sinne ist das Grundgesetz als „Gegenverfassung" zur Weimarer Verfassung anzusehen.

Die Nachkriegspolitiker hatten bei ihren Überlegungen vor allem die Jahre 1930 bis 1932 vor Augen – einen Zeitraum, den sie selbst miterlebt und teilweise in verantwortlicher Position in Parlamenten, Verwaltung und Wissenschaft mitgestaltet hatten. Als Auftakt zum Untergang der Republik bewerteten sie das Auseinanderbrechen der letzten Mehrheitsregierung unter dem Ministerpräsidenten Müller (SPD) im März 1930. Den Anlass für ihren Rücktritt gab damals die Kontroverse um die Beiträge zur Arbeitslosenversicherung, die durch die Folgen der Weltwirtschaftskrise zu erhöhten Ausgaben gezwungen war. Nach 1945 fragte man sich, ob die demokratischen Parteien damals nicht allzu bereitwillig den Bruch der „Großen Koalition" (im Sprachgebrauch der Weimarer Republik: DVP, DDP, Zentrum, Bayerische Volkspartei, SPD) in Kauf nahmen, obwohl sie damit rechnen mussten, dass die nächste Regierung unter Umgehung parlamentarischer Koalitionsverhandlungen gebildet würde. Die letzten Kabinette der Republik waren auf die Machtmittel des Reichspräsidenten angewiesen und konnten sich nicht auf die Mehrheit des Reichstages stützen. Das Recht des Reichspräsidenten zur Ernennung des Reichskanzlers und zur Auflösung des Parlaments sowie seine Notverordnungsbefugnisse ermöglichten schließlich im Jahre 1933 die scheinlegale Machtergreifung der Nationalsozialisten, obwohl diese Partei bei den letzten freien Reichstagswahlen im November 1932 nur 33 Prozent erreicht hatte.

Karlheinz Niclauß, „Restauration" oder Renaissance der Demokratie? Die Entstehung der Bundesrepublik Deutschland 1945–1949, Colloquium Verlag, Berlin 1982, S. 84 f.

**b) Wolfgang Rudzio, Politikwissenschaftler, 2003:**

Nach seiner Auflösung im Dritten Reich ist der Rechtsstaat, wie er bereits im Kaiserreich verwirklicht war, in der Bundesrepublik wiederhergestellt worden. Ihm entsprechen die Unabhängigkeit der Gerichte, die Gleichheit vor dem Gesetz, der Grundsatz des gesetzlichen Richters, das Verbot rückwirkenden Strafrechts und die richterliche Überprüfung von Festnahmen; auch darf die staatliche Exekutive nur aufgrund und im Rahmen von Gesetzen handeln.

Die Bundesrepublik Deutschland will jedoch mehr als nur traditioneller Rechtsstaat sein. Das Neuartige der Rechtsstaatskonstruktion des Grundgesetzes besteht in der herausgehobenen Rolle von Grundrechten und in der Errichtung eines Bundesverfassungsgerichts. In Abwendung von dem positivistischen Rechtsverständnis vor 1933, das Recht allein an der formellen Korrektheit des Rechtsetzungsverfahrens maß, sucht nämlich das Grundgesetz durch Grundrechte „Recht" bis zu einem gewissen Grade auch inhaltlich festzuschreiben und Mehrheitsentscheiden zu entziehen. Zwar hat auch die Weimarer Reichsverfassung Grundrechte und einen Staatsgerichtshof gekannt. Deren andersartiger Stellenwert in der Bundesrepublik wird jedoch darin deutlich, dass im Unterschied zur Weimarer Verfassung

– die Grundrechte betont an den Anfang des Grundgesetzes gestellt sind [...];
– die Grundrechte mit verfassungsändernder 2/3-Mehrheit verändert werden können, als menschenrechtliches Prinzip aber unantastbar sind (Art. 19 GG);
– die Grundrechte „unmittelbar geltendes Recht" sind, über die Gerichtsinstanzen einklagbar bis hin zum Bundesverfassungsgericht (Art. 1 GG);
– das Bundesverfassungsgericht verbindlich auch über die Verfassungsmäßigkeit von Gesetzen und nicht nur über Rechtsstreitigkeiten zwischen Verfassungsorganen entscheidet (Art. 93 GG).

Materiell hingegen stellen die Grundrechte nichts Neues dar. Sie gehören in die westliche, auf die englische Verfassungsentwicklung, die Amerikanische und die Französische Revolution zurückgehende liberal-demokratische Tradition und lassen sich im Wesentlichen in zwei Gruppen gliedern:

– liberale „Abwehrrechte" gegenüber dem Staat, so Persönlichkeitsschutz und Menschenwürde, Glaubensfreiheit, Freizügigkeit, Berufsfreiheit, Wehrdienstverweigerung, Unverletzlichkeit der Wohnung, Eigentum, Staatsangehörigkeit, Postgeheimnis, Gleichheit vor dem Gesetz. Neben diesen Individualrechten zählen zu dieser Gruppe noch als [...] Rechte der Schutz der Familie und das Elternrecht.
– demokratische „Mitwirkungsrechte" am öffentlichen Leben, so Meinungs-, Versammlungs- und Vereinigungsfreiheit, Petitions- und Wahlrecht.

Wolfgang Rudzio, Das politische System der Bundesrepublik Deutschland, 6. Aufl., Leske & Budrich, Opladen 2003, S. 56 f.

**1** Arbeiten Sie die Gemeinsamkeiten und Unterschiede in den Beurteilungen des Grundgesetzes bei Niclauß und Rudzio heraus (M 10 a, b).

**2** Schreiben Sie, z. B. anlässlich eines Jubiläumstages des Grundgesetzes, einen Kommentar zur historischen Bedeutung des Grundgesetzes (Darstellung, M 10 a, b). Beziehen Sie M 7 mit ein.

**3** Der SPD-Politiker Carlo Schmid sagte im Parlamentarischen Rat: „Die Grundrechte müssen das Grundgesetz regieren", sie dürften nicht wieder ein „Anhängsel der Verfassung" bilden wie zur Weimarer Zeit. Erklären Sie diese Aussage.

**4 Fächerverbindung Sozialkunde:** Diskutieren Sie, in welchem Punkt das Grundgesetz aus Ihrer Sicht heute gegebenenfalls weiterentwickelt werden müsste.

## 5.3 Die Auseinandersetzung mit der NS-Vergangenheit in der Bundesrepublik

**M1** Wilhelm Schubert, (1889–1962), Plakatentwurf zum Nürnberger Prozess, Dresden-Hellerau, 1945/46

Verdrängt oder aufgearbeitet?

„Eine Vergangenheit bewältigen heißt, sie nicht ignorieren, heißt, nicht die Augen vor ihr zu verschließen, sondern heißt, sie herzhaft anpacken, der Wahrheit ins Auge schauen und alles tun, damit sich das Unheil nicht wiederholt." Mit diesen Worten appellierte der CDU-Abgeordnete Ferdinand Friedensburg in einer Rede vor dem Deutschen Bundestag am 18. Februar 1960 an seine Landsleute, die Erinnerung an den Nationalsozialismus wachzuhalten, damit sich die Nazi-Barbarei nicht wiederhole. Anlass für diese Bundestagsdebatte war die Schändung der Kölner Synagoge am 24. Dezember 1959, die in den folgenden Monaten eine Vielzahl von Nachahmungstaten, sogenannte Hakenkreuzschmiereien, auslöste. In der jungen bundesrepublikanischen Demokratie machte sich deswegen die Sorge vor einem neuen Antisemitismus breit, den es zu bekämpfen galt.

Bis heute gibt es eine intensive öffentliche Debatte, ob die deutsche Vergangenheitsbewältigung gelungen oder gescheitert sei. Lange Zeit standen sich zwei Deutungen unversöhnlich gegenüber. Die eine lobte die Bundesrepublik für ihre gründliche Auseinandersetzung mit der NS-Geschichte. Die zweite Richtung kritisierte, dass die NS-Vergangenheit besonders in den 1950er- und 1960er-Jahren verdrängt, verschwiegen oder verleugnet worden sei. In den letzten Jahrzehnten haben die Historiker zu einer differenzierteren Beurteilung gefunden: Von der Gründung der Bundesrepublik bis in die 1960er-Jahre habe es eine viel größere Bandbreite an Auseinandersetzungen gegeben als bisher angenommen.

**M2** Die Hauptangeklagten des Nürnberger Prozesses, Fotografie, 1945/46

Entnazifizierung und „Umerziehung"

In den ersten Nachkriegsjahren lag das Gesetz des Handelns bei der Abrechnung mit der NS-Diktatur auf Seiten der Siegermächte, die diesem Ziel oberste Priorität einräumten. Zu den ersten Maßnahmen gehörten die Auflösung der NSDAP sowie die Verhaftung und Internierung führender Parteifunktionäre, SS-Offiziere und leitender Beamter. Vom 20. November 1945 bis zum 1. Oktober 1946 verhandelte der Internationale Militärgerichtshof in Nürnberg – aus symbolischen Gründen wählten die Alliierten die Stadt der NS-Reichsparteitage (s. S. 191) – gegen führende NS-Größen wie Göring, Heß, von Ribbentrop und Speer (M1, M2). Die Siegermächte legten diesen Hauptkriegsverbrechern die Vorbereitung und Führung eines Angriffskrieges, Kriegsverbrechen und Völkermord zur Last. Zwölf Todesurteile verkündeten die Richter, langjährige Haftstrafen und drei Freisprüche. Während des Prozesses zeigten die Anklagevertreter deutsche Filmaufnahmen aus Konzentrationslagern sowie Aufnahmen, die die Alliierten nach der Befreiung der Lager gemacht hatten. Der Prozess führte der deutschen und der Weltöffentlichkeit erstmals die grausamen Ausmaße der NS-Diktatur vor Augen.

In allen vier Besatzungszonen gab es eine große Zahl weiterer Gerichtsverfahren gegen NS-Täter, die jedoch alle in die Zuständigkeit der jeweiligen Besatzungsmacht fielen. Die bis 1949 durchgeführten zwölf Nürnberger Nachfolgeprozesse fanden vor US-Militärgerichten statt. Angeklagt waren weitere 184 hohe Funktionsträger des NS-Staates, unter ihnen Juristen, Mediziner, Beamte, Generäle, Diplomaten, Unternehmer und Wirtschaftsmanager.

Die umfassende Entnazifizierung umfasste auch die zeitweilige Internierung von mehreren Hunderttausenden NS-Funktionären sowie die Entlassung ehemaliger NSDAP-Mitglieder aus Schulen, Unternehmen und der staatlichen Verwaltung. Darüber hinaus wurden Millionen Deutsche mithilfe eines Fragebogens auf ihren beruflichen und politischen Werdegang in der NS-Zeit durchleuchtet. In den Westzonen stuften Spruchkammern in einem prozessähnlichen Verfahren die erfassten Personen je nach dem Grad ihrer individuellen Verantwortung in fünf Kategorien ein – Hauptschuldige, Belastete, Minderbelastete, Mitläufer und Entlastete – und verhängten Strafen, die von Haft über Vermögenseinzug und Geldbußen bis zum Entzug des Wahlrechts reichten. Ab 1946/47 übertrugen die Militärbehörden die Entnazifizierung deutschen Spruchkammern. Diese hoben nicht nur manche Entlassung aus dem öffentlichen Dienst wieder auf, sondern ließen noch ausstehende Verfahren immer öfter mit dem Spruch „Mitläufer" oder „Unbelasteter" enden. Ein Historiker hat die Entnazifizierung in den Westzonen daher einmal als „Mitläuferfabrik" bezeichnet. Diese Schwäche der westlichen Entnazifizierungspolitik darf aber nicht im Sinne ihres völligen Scheiterns interpretiert werden. Die Alliierten hatten durchaus Erfolge vorzuweisen.

Darüber hinaus wollten die Westmächte die deutsche Bevölkerung mit den Spielregeln einer modernen westlichen Demokratie vertraut machen. Hierzu entwarfen die USA das Konzept zur Reeducation („Umerziehung"), dessen Schwerpunkte in der Umgestaltung des Kultur- und Bildungswesens lagen (M 6).

### Amnestierung und Integration

Die politischen Säuberungen der Siegermächte stießen seit den späten 1940er-Jahren in der westdeutschen Bevölkerung zunehmend auf Ablehnung. Viele Deutsche äußerten unüberhörbar den Wunsch nach einem „Schlussstrich". Diese „vitale Vergesslichkeit", wie der Politikwissenschaftler Dolf Sternberger die Verdrängung der Nazi-Barbarei einmal nannte, reichte von der individuellen Verleugnung der NS-Verbrechen über offenes Verständnis für manche angeblichen Verfehlungen Einzelner bis hin zur Amnestie für frühere Nazis (M 7, M 8).

Gegen Bedenken der Siegermächte, aber mit breiter Zustimmung in allen Parteien, verabschiedete der Bundestag 1949 das „Straffreiheitsgesetz". Es amnestierte alle vor dem 15. September 1949 begangenen Straftaten, die mit bis zu sechs Monaten Gefängnis bzw. bis zu einem Jahr auf Bewährung geahndet worden waren. Die Masse der rund 800 000 Personen, die von diesem Gesetz profitierten, hatte sich wirtschaftliche Delikte aus der Not- und Schwarzmarktzeit (1945–1949) zuschulden kommen lassen. Die Amnestie betraf aber auch viele, möglicherweise Zehntausende, die sich wegen nicht verjährter politischer Straftaten aus der NS-Zeit hätten verantworten müssen und die teils unter falschen Namen lebten.

Das zweite Straffreiheitsgesetz (1954) erweiterte die Amnestie von 1949, indem es eine Strafbefreiung auch für „Taten während des Zusammenbruchs" aussprach. Das betraf diejenigen, die zwischen dem 1. Oktober 1944 und dem 31. Juli 1945 bei der „Ausübung ihrer Amtspflichten" oder aufgrund eines Befehls schweres Unrecht begangen hatten und mit Strafen bis zu drei Jahren rechnen mussten.

Nach Debatten verabschiedete der Bundestag im Dezember 1950 fast einstimmig Richtlinien zum Abschluss der Entnazifizierung, die an die Adresse der dafür zuständigen Bundesländer gerichtet waren. Zwar sollten „NS-Aktivisten" weiterhin zur Rechenschaft gezogen werden, aber tatsächlich ging damit die von den Alliierten eingeleitete Entnazifizierung zu Ende.

1951 ermöglichte das sogenannte 131er-Gesetz* die Versorgung und Wiedereinstellung praktisch all jener Beamten und Berufssoldaten in den öffentlichen Dienst, die die Alliierten 1945 aus dem Dienst entfernt hatten.

Die Frage, ob die Amnestie und die Verdrängung der NS-Vergangenheit während der Adenauerzeit zwischen 1949 und 1963 der jungen bundesrepublikanischen Demokratie genutzt oder geschadet haben, wird in der historisch-politischen Auseinandersetzung kontrovers beurteilt (M 9a, b).

---

**M 3** Ein Gestapospitzel muss sich vor Opfern verantworten, Dessau, 1945, Fotografie

1 Schildern Sie, welche Eindrücke von der Auseinandersetzung mit der NS-Vergangenheit Bildquelle M 3 vermittelt.

---

**„131er"-Gesetz**
Bundesgesetz vom April 1951, das seinen Namen dem Grundgesetzartikel 131 verdankt. Es beinhaltete eine Regelung der Rechtsverhältnisse ehemaliger Berufsbeamter und Soldaten. Betroffen waren mehr als 300 000 Beamte und Soldaten, die von den Siegermächten nach 1945 aus ihren Stellungen entfernt worden waren. Eine beträchtliche Minderheit von ihnen war durch Verstrickung mit NS-Verbrechen belastet. Das Gesetz sorgte dafür, dass an die Stelle der von den Alliierten zwischenzeitlich vorgesehenen Abschaffung des Berufsbeamtentums die beinahe vollständige Wiedereingliederung der „131er" und die Fortführung der deutschen Tradition des Berufsbeamtentums trat.

**M4** Grundsteinlegung des Denkmals für die Opfer des 20. Juli 1944 im Bendlerblock in Berlin, Fotografie, 1952

Im Zweiten Weltkrieg war im Bendlerblock der Sitz des Oberkommandos des Heeres und das Zentrum des Widerstands um Graf von Stauffenberg. – Am 20. Juli 1952 legte Eva Olbricht, die Witwe des am 20. Juli 1944 beteiligten Generals Friedrich Olbricht, den Grundstein für ein Ehrenmal im Innenhof des Gebäudes, das am 20. Juli 1953 enthüllt wurde. 1955 benannte die Stadt Berlin die Bendlerstraße in Stauffenbergstraße um.

**Internettipp**
www.gdw-berlin.de
Dokumente über die Gedenkfeiern und Reden zum 20. Juli seit 1952.

**Theodor Heuss**
(1884–1963), Nationalökonom, 1. Bundespräsident der Bundesrepublik (Reg. 1949–1959; FDP). 1924–1933 war Heuss Mitglied des Reichstags, 1933 verlor er sein Mandat und wurde als Hochschullehrer entlassen; arbeitete bis 1945 als Publizist. 1948/49 gehörte er dem Parlamentarischen Rat an (s. S. 242 f.).

**M5** Adenauer und der Ministerpräsident Israels, David Ben Gurion, in New York, Fotografie, 1960

Nach Israel fuhr Adenauer das erste Mal 1966. Es war ein Wiedersehen mit dem ebenfalls aus dem Amt geschiedenen Ben Gurion. Der erste amtierende Bundeskanzler, der in Israel zu einem Staatsbesuch empfangen wurde, war Willy Brandt.

### Die Diskussion um den 20. Juli 1944

Das „Beschweigen" der NS-Vergangenheit betraf auch den Widerstand gegen den Nationalsozialismus. Die Siegermächte tabuisierten in der unmittelbaren Nachkriegszeit die Erinnerung an den deutschen Widerstand. Und in der deutschen Bevölkerung hielten sich lange Zeit zahlreiche Vorurteile, die bereits in der NS-Zeit entstanden waren. Das galt besonders für das von hohen Offizieren, Diplomaten und Staatsbediensteten unterstützte Attentat des Oberst Claus Graf Schenk von Stauffenberg vom 20. Juli 1944 (M 4); Reichspropagandaminister Goebbels hatte es nach dem Scheitern der Tat als Verrat einer kleinen „Clique" ehrgeiziger und „feiger" Offiziere hingestellt. Meinungsumfragen belegen, dass viele Deutsche bis weit in die 1950er-Jahre hinein die Tat negativ beurteilten. Stauffenberg galt als „Verräter", sein Attentat wurde als „Anschlag" hoher Offiziere missbilligt, die im letzten Augenblick ihre Haut hätten retten und die Macht in Deutschland an sich reißen wollen. Erst allmählich setzte sich eine positivere Bewertung durch, befördert z. B. durch Veröffentlichungen ehemaliger Widerstandskämpfer. Wesentlichen Anteil an der Neubewertung hatte auch Bundespräsident Theodor Heuss*, der in seinen Reden den Widerstand gegen das NS-Unrechtsregime zu einem ehrenvollen Kampf um die Wahrung von Anstand und sittlichen Prinzipien aufwertete. Große Wirkung auf die öffentliche Debatte erzielte 1948 die Darstellung des Historikers Hans Rothfels über „Die deutsche Opposition gegen Hitler". Rothfels wollte den ehemaligen Kriegsgegnern wie der eigenen Bevölkerung verdeutlichen, dass nicht alle Deutschen Nazis gewesen seien. Es habe, argumentierten er und seine Mitstreiter aus dem Widerstand, auch das „andere Deutschland" gegeben und diese NS-Gegner seien Patrioten, nicht aber Verräter gewesen. Vielmehr hätten sie aus moralischer Überzeugung ihr Leben riskiert, um in einem totalitären Staat die Hoffnung auf Freiheit und Demokratie wachzuhalten. Allerdings wiesen einige Historiker in den 1960er-Jahren darauf hin, dass der Widerstand um Stauffenberg keine liberaldemokratische Ordnung angestrebt habe. Die Verschwörer des 20. Juli 1944 und ihre Anhänger hätten der modernen Massendemokratie misstraut und autoritäre politische Vorstellungen geteilt.

### Das deutsch-israelische Verhältnis

Die Bundesregierung unter Kanzler Adenauer bemühte sich schon früh um eine Aussöhnung mit den Juden im In- und Ausland. So erklärte Adenauer bereits im November 1949 in einem Interview mit der „Allgemeinen Wochenzeitung der Juden in Deutschland": „Das deutsche Volk ist gewillt, das Unrecht, das in seinem Namen durch ein verbrecherisches Regime an den Juden verübt wurde, so weit wiedergutzumachen, wie dies nur möglich ist, nachdem Millionen Leben unwiederbringlich vernichtet sind." Adenauer betrachtete dies als eine moralische Pflicht, die die Anerkennung von Schuld, den Kampf gegen Rassismus und Antisemitismus sowie die Erfüllung finanzieller Forderungen einschließe.

Ein Vorstoß der israelischen Regierung von 1951, die Wiedergutmachung an den Juden wie ein Reparationsproblem zu behandeln (was nur im Rahmen eines – allerdings nicht zustande gekommenen – umfassenden Friedensvertrages möglich gewesen wäre), scheiterte am Widerstand der Alliierten und Adenauers. Danach kam es allerdings zu geheimen Verhandlungen zwischen Vertretern Israels und der bundesrepublikanischen Regierung. Adenauer sagte dabei dem Sprecher des Weltjudenrates, Nahum Goldmann, auf eigene Verantwortung die weitgehende Erfüllung israelischer Forderungen zu und setzte sich damit über Bedenken seines Finanzministers hinweg. Mit dieser Wiedergutmachungspolitik erhöhte er nicht nur seine moralische und persönliche Autorität und die deutsche Glaubwürdigkeit. Er legte darüber hinaus das Fundament für eine Annäherung zwischen der Bundesrepublik Deutschland und Israel, die sich allmählich miteinander aussöhnten und „besondere Beziehungen" zueinander entwickelten (M 5, M 10). Im September 1952 wurde das deutsch-israelische Wiedergutmachungsabkommen in Luxemburg unterzeichnet, das der Bundestag nach lebhaften Debatten unter Zustimmung auch der Sozialdemokraten ratifizierte. Das Gesetz verpflichtete die Bundesrepublik zehn Jahre lang zur Zahlung von 300 Millionen DM (= 154 Mio. Euro) jährlich. Den Anhängern dieser Politik blieb stets bewusst, dass „Wiedergutmachung" ein problematischer Begriff sei. Die Verbrechen seien angesichts des individuellen Schicksals der Betroffenen nicht „wiedergutzumachen". Durch Geldleistungen an die Opfer und ihre Hinterbliebenen wolle man die materiellen Folgen geschehenen Unrechts lindern, entzogenes Eigentum zurückerstatten und andere Schäden (Amtsenthebung oder Berufsverbot) ersetzen.

1 Erstellen Sie anhand der Darstellung eine Zeittafel zu den Themen Entnazifizierung, „Umerziehung" und Amnestie in Westdeutschland.
2 Benennen Sie mithilfe der Darstellung Verhaltensweisen und Handlungsmuster, die den Umgang mit der NS-Zeit in der Ära Adenauer kennzeichnen.

### M 6 Dennis Meyer, Historiker, über die *Reeducation* („Umerziehung") durch die Alliierten, 2007

Die Maßnahmen der *Reeducation* umfassten die durchgehende Akademisierung des Lehrerberufs, Lehrmittel- und Schulgeldfreiheit, die neunjährige Schulpflicht sowie die Umstrukturierung von Presse und Rundfunk. Nach der deutschen Kapitulation wurden zunächst alle Adolf-Hitler-Schulen, NS-Ordensburgen und die Nationalpolitischen Erziehungsanstalten geschlossen, Lehrkörper, -mittel und -pläne entnazifiziert […]. Am 1. 10. 1945 wurde der reguläre Schulunterricht wieder aufgenommen. Aufgrund des durch die Entnazifizierung entstandenen Lehrermangels (örtlich waren bis zu zwei Drittel der Lehrerschaft entlassen worden) wurden Pensionäre und zu sogenannten „Schulhelfern" ausgebildete Studenten eingestellt; als Lehrmaterial dienten von den Alliierten bereits vor Kriegsende nachgedruckte Schulbücher aus der Weimarer Republik.

Das kulturelle Leben wurde schnell wieder aufgenommen. […] Hinsichtlich der Presse- und Rundfunkpolitik herrschte große Uneinigkeit unter den Alliierten. Nach dem dreimonatigen Presseverbot, dem sogenannten „Black Out", wurden in den vier Zonen Presselizenzen ausschließlich an Verleger vergeben, die vor 1945 noch nicht publizistisch tätig gewesen waren. In der US-Zone waren nur überparteiliche Zeitungen erlaubt, in der britischen hingegen wurden auch Parteirichtungszeitungen zugelassen. […] Beim Neuaufbau des Rundfunkwesens setzten die Amerikaner auf föderalistische Strukturen und errichteten Sender auf Länderebene. Briten, Franzosen […] bauten nur jeweils eine Rundfunkanstalt in ihren Zonen auf. Mithilfe der neu errichteten Massenmedien sollte die demokratische […] Erziehung vorangetrieben werden.

Die *Reeducation* umfasste jedoch nicht nur die Reformierung des Bildungs- und Kultursektors, sondern auch Maßnahmen, die direkt bei der Bevölkerung ansetzten. Vor allem die amerikanischen und britischen Alliierten versuchten, durch Aufklärung die Geisteshaltung der Deutschen zu verändern. In Filmvorführungen, Hörfunksendungen, Zeitungsartikeln und an Informationsabenden wurde die Bevölkerung mit den grausamen Verbrechen konfrontiert. Ein Fernbleiben von den Veranstaltungen, auf denen meist erschreckende Bilder von NS-Opfern gezeigt wurden, hatte mitunter Kürzungen der Rationierung zur Folge. Als besonders drastische *Reeducation*-Maßnahme gilt die von den amerikanischen Besatzern angeordnete Besichtigung der Leichenberge im Konzentrationslager Buchenwald durch die Einwohner Weimars. […]

In der zeitgenössischen Diskussion hatte der deutsche Begriff „Umerziehung" […] eine eindeutig negative Konnotation, wurde den Deutschen dadurch doch die moralische Niederlage, ja eine geistige Unterlegenheit vor Augen gehalten. Insbesondere beim älteren Teil der Bevölkerung erfolgte weniger eine Umerziehung als eine Anpassung an die neuen politischen Tatsachen. Für die junge bundesdeutsche Generation bedeutete die Reeducation jedoch – im Verbund mit der Aufnahme der Bundesrepublik in die westliche Staatengemeinschaft – eine Möglichkeit zur Überwindung der Vergangenheit: An die Stelle des nationalsozialistischen konnte ein demokratisches und zunehmend pluralistisches Weltbild treten. Die Reeducation stellt somit ein fundamentales Element der nachkriegsdeutschen Demokratie dar. Bedingt durch den sich abzeichnenden Kalten Krieg und das Bestreben, die Bundesrepublik als „Bollwerk gegen den Kommunismus" aufzubauen, wurden viele Maßnahmen allerdings bereits Ende der 1940er-Jahre eingestellt.

Dennis Meyer, Artikel „Reeducation", in: Torben Fischer u. a. (Hg.), Lexikon der „Vergangenheitsbewältigung" in Deutschland, transcript, Bielefeld 2007, S. 20.

1 Arbeiten Sie aus M 6 die wichtigsten Maßnahmen der *Reeducation*-Politik der Westalliierten heraus.
2 Erörtern Sie, ob sich Entnazifizierung und „Umerziehung" ergänzten oder widersprachen.

## 5 Bundesrepublik Deutschland

**M 7** „Er hat mir's doch befohlen", Karikatur, Deutschland, 1946

**M 8** Deutschland 1950 – ein zeitgenössischer Bericht

*Erstmals nach ihrer Flucht aus Deutschland 1933 besuchte die deutsche Jüdin und Philosophin Hannah Arendt (sie erhielt 1951, nach 17 Jahren Staatenlosigkeit, die US-Staatsbürgerschaft) 1949/50 Deutschland und schrieb darüber einen Bericht für die Commission On Jewish Cultural Reconstruction:*

Doch nirgends wird dieser Alptraum von Zerstörung und Schrecken weniger verspürt und nirgendwo wird weniger darüber gesprochen als in Deutschland. Überall fällt einem auf, dass es keine Reaktion auf das Geschehene gibt, aber es
5 ist schwer zu sagen, ob es sich dabei um eine irgendwie absichtliche Weigerung zu trauern oder um den Ausdruck einer echten Gefühlsunfähigkeit handelt. […]
Diese Gleichgültigkeit und die Irritation, die sich einstellt, wenn man dieses Verhalten kritisiert, kann an Personen mit
10 unterschiedlicher Bildung überprüft werden. Das einfachste Experiment besteht darin, expressis verbis festzustellen, was der Gesprächspartner schon von Beginn der Unterhaltung an bemerkt hat, nämlich dass man Jude sei. Hierauf folgt in der Regel eine kurze Verlegenheitspause; und danach
15 kommt – keine persönliche Frage, wie etwa: „Wohin gingen Sie, als Sie Deutschland verließen?", kein Anzeichen von Mitleid, etwa dergestalt: „Was geschah mit Ihrer Familie?" – sondern es folgt eine Flut von Geschichten, wie die Deutschen gelitten hätten (was sicher stimmt, aber nicht hierherge-
20 hört); und wenn die Versuchsperson dieses kleinen Experiments zufällig gebildet und intelligent ist, dann geht sie dazu über, die Leiden der Deutschen gegen die Leiden der anderen aufzurechnen, womit sie stillschweigend zu verstehen gibt, dass die Leidensbilanz ausgeglichen sei und dass man
25 nun zu einem ergiebigeren Thema überwechseln könne. Ein ähnliches Ausweichmanöver kennzeichnet die Standardreaktion auf die Ruinen. Wenn es überhaupt zu einer offenen Reaktion kommt, dann besteht sie aus einem Seufzer, auf welchen die halb rhetorische, halb wehmütige Frage folgt:
30 „Warum muss die Menschheit immer nur Krieg führen?" Der Durchschnittsdeutsche sucht die Ursachen des letzten Krieges nicht in den Taten des Naziregimes, sondern in den Ereignissen, die zur Vertreibung von Adam und Eva aus dem Paradies geführt haben. Eine solche Flucht vor der Wirklich-
35 keit ist natürlich auch eine Flucht vor der Verantwortung. Hierbei stehen die Deutschen nicht allein da […], für ihr Missgeschick Kräfte verantwortlich zu machen, die außerhalb ihres Einflussbereichs liegen […].
Aber die Wirklichkeit der Nazi-Verbrechen, des Krieges und
40 der Niederlage beherrschen, ob wahrgenommen oder verdrängt, offensichtlich noch das gesamte Leben in Deutschland, und die Deutschen haben sich verschiedene Tricks einfallen lassen, um den schockierenden Auswirkungen aus dem Weg zu gehen.
45 Aus der Wirklichkeit der Todesfabriken wird eine bloße Möglichkeit: die Deutschen hätten nur das getan, wozu andere auch fähig seien (was natürlich mit vielen Beispielen illustriert wird) oder wozu andere künftig in der Lage wären; deshalb wird jeder, der dieses Thema anschneidet, […] der
50 Selbstgerechtigkeit verdächtigt. In diesem Zusammenhang wird die Politik der Alliierten in Deutschland oft als erfolgreicher Rachefeldzug dargestellt. […]
Die Schnelligkeit, mit der in Deutschland nach der Währungsreform wieder der Alltag einkehrte und überall mit
55 dem Wiederaufbau begonnen wurde, war Gesprächsstoff in ganz Europa. […] Unter der Oberfläche hat die Einstellung der Deutschen zur Arbeit einen tiefen Wandel erfahren. Die alte Tugend, unabhängig von den Arbeitsbedingungen ein möglichst vortreffliches Endprodukt zu erzielen, hat einem
60 blinden Zwang Platz gemacht, dauernd beschäftigt zu sein […]. Beobachtet man die Deutschen, wie sie geschäftig durch die Ruinen ihrer tausendjährigen Geschichte stolpern und für die zerstörten Wahrzeichen ein Achselzucken übrig haben oder wie sie es einem verübeln, wenn man sie an die
65 Schreckenstaten erinnert, welche die ganze übrige Welt nicht loslassen, dann begreift man, dass die Geschäftigkeit ihre Hauptwaffe bei der Abwehr der Wirklichkeit geworden ist. Und man möchte aufschreien: Aber das ist doch alles nicht wirklich – wirklich sind die Ruinen; wirklich ist das ver-
70 gangene Grauen, wirklich sind die Toten, die Ihr vergessen habt.

Hannah Arendt, Besuch in Deutschland, Übers. Eike Geiseln, Rotbuch Verlag, Berlin 1993, S. 24–35.

**1** Arbeiten Sie die Symptome der Verdrängung heraus, die die Autorin von M 8 1949/50 beobachtet hat.

## M9 Geschichte kontrovers: „Vergangenheitsbewältigung" und demokratischer Neubeginn

### a) Peter Graf Kielmansegg, Politologe, 1989:

Wir wissen nicht, wie viele Parteimitglieder überzeugte Nationalsozialisten gewesen und wie viele überzeugte Nationalsozialisten über den Schock der Niederlage mit allem, was sie zutage förderte, hinaus Nationalsozialisten geblieben sind. Man wusste es auch damals nicht. Aber so viel war klar: Den Millionen Deutschen, die in irgendeiner Form „mitgemacht" hatten, das Bürgerrecht der Demokratie zu geben, hieß auf bestimmte Formen politischer und moralischer Abrechnung mit der Vergangenheit zu verzichten. [...]
Nicht dass das öffentliche, eindeutige und einmütige Urteil über den Nationalsozialismus, das zu den Fundamenten der neuen Demokratie gehörte, abgeschwächt oder gar in Frage gestellt worden wäre. Rücksicht nehmen hieß, dem offenkundigen Bedürfnis der Wähler, die Vergangenheit Vergangenheit sein zu lassen, Rechnung zu tragen. [...]
War diese uns befremdende, ja ärgerliche Vorsicht im Umgang mit der Vergangenheit, wie sie das erste Jahrzehnt der Bundesrepublik bestimmt hat, der Preis, den die Demokratie zahlen musste, damit aus den Untertanen Hitlers Bürger der Demokratie werden konnten? [...]
[S]o viel kann nicht ernsthaft strittig sein: Wenn man denn Demokratie wollte, war es undenkbar, die Deutschen, eine Mehrheit von ihnen oder auch nur eine einigermaßen beträchtliche Minderheit für längere Zeit unter politische Quarantäne zu stellen, um jenen „Riss im Material" ausheilen zu lassen, unter die Vormundschaft oder Halb-Vormundschaft der Siegermächte oder – noch weniger vorstellbar – von Deutschen, die die Prüfung des Dritten Reiches bestanden hatten. Eine solche Quarantäne hätte nie heilend wirken können, sie hätte zu einer Brutzeit für Ressentiments, Verbitterung, Demokratieverachtung werden müssen. Man musste also den Mut haben, Demokratie mit den Deutschen zu beginnen, die vorher die Deutschen des Dritten Reiches gewesen waren. [...] Von dieser Demokratie aber [...] konnte man schwerlich erwarten, sie werde die Vergangenheit ihrer Bürger als eine ständige und heftige Anklage gegen ihre Bürger thematisieren.

*Peter Graf Kielmansegg, Lange Schatten, Corso/Siedler, Berlin 1989, S. 16–19.*

### b) Der Historiker Norbert Frei, 2005:

Anfang der fünfziger Jahre [wurde] eine beispiellose Strategie der Verharmlosung, Leugnung und Irreführung aufgeboten, die am Ende selbst ruchlosesten NS-Verbrechern zur Freiheit verhalf; sogar Einsatzgruppenführer, die Tausende von Menschen auf dem Gewissen hatten, kamen damals aufgrund massiven politischen und gesellschaftlichen Drucks frei. Besonders auffällig erscheint, dass es zunächst vor allem die Kirchen waren, die sich in dieser Sache exponierten – und zwar nicht etwa aus christlich motivierter Gegnerschaft gegen die von den Alliierten anfangs durchaus häufig verhängte und auch vollstreckte Todesstrafe, sondern aus kaum verhülltem nationalem Ressentiment gegenüber einer angeblichen „Siegerjustiz". [...] [D]ie Freilassung verurteilter Kriegsverbrecher Mitte der fünfziger Jahre [bekräftigte] die bei den Deutschen ohnehin bestehende Neigung, den fundamentalen Unrechtscharakter des NS-Regimes und seines Eroberungskrieges aus dem kollektiven Bewusstsein auszublenden. Geradezu fatale Konsequenzen zeigte diese Neigung in der Justiz, zumal dort bekanntlich eine besonders starke personelle Kontinuität zur NS-Zeit gegeben war: Unter dem Eindruck der Gnadenwelle und nachdem der Bundestag im Sommer 1954 – wiederum fast einstimmig – ein zweites Straffreiheitsgesetz verabschiedet hatte, sank die Bereitschaft, in NS-Strafsachen überhaupt noch zu ermitteln und zu ahnden, nahezu auf null.
Dies ist denn auch der Punkt, an dem die negativen Folgen der Verdrängung am deutlichsten zu greifen sind: Denn dieser faktische Stillstand bei der Ahndung von NS-Verbrechen bedeutete nicht nur eine aktive Begünstigung der Täter, sondern auch die Perpetuierung [= Fortsetzung] eines moralischen Zerrüttungszustands durch bewussten Verzicht auf das Bemühen um die Herstellung von Gerechtigkeit.
Nun mag man argumentieren, wie schon damals argumentiert worden ist: dass nämlich dieser Verzicht auf weitere Strafverfolgung zur Befriedung der Gesellschaft und damit zur politischen Stabilisierung beigetragen habe. Dem wäre freilich entgegenzuhalten, dass Mitte der fünfziger Jahre nichts dafür sprach, die gesellschaftlichen und politischen Verhältnisse in der Bundesrepublik noch als sonderlich prekär zu betrachten. Die übergroße Mehrheit der „Ehemaligen" war vielmehr längst im Begriff, sich in dem neuen System pragmatisch einzurichten und im aufblühenden Wirtschaftswunder ihre Chancen zu nutzen.
Wenn also schon nicht der strafrechtliche Ahndungsstillstand die politische Integration eines vergleichsweise kleinen Rests von Ehemaligen befördert hat, dann vielleicht die immerhin schon Anfang der fünfziger Jahre betriebene Wiedereinstellung des Heers der „131er" die Stabilisierung der Demokratie? Auch dies lässt sich leicht behaupten, aber schwer beweisen. Mindestens ebenso gut kann man die gegenteilige These vertreten: dass diese Beamten sich zu Unrecht in ihrer tradierten, für die Demokratie erwiesenermaßen problematischen Amtsauffassung bestätigt fühlten – und dass [...] dem Aufbau einer demokratischen Staatsverwaltung eine schwere Hypothek aufgebürdet wurde.

*Norbert Frei, Deutsche Lernprozesse, in: ders., 1945 und Wir, C. H. Beck, München 2005, S. 31–34.*

---

1 **Partnerarbeit:** Arbeiten Sie die Kernthese und die zentralen Argumente aus M 9 a bzw. b heraus.
2 Diskutieren Sie die Stärken und Schwächen der Positionen (s. auch M 6–M 8 und die Darstellung).

## M 10 Die deutsch-israelischen Beziehungen

*Avi Primor, von 1993 bis 1999 Botschafter des Staates Israel in Deutschland, schreibt über die Adenauer-Zeit, 2000:*

Dass die Bundesrepublik sich keineswegs ausschließlich zu Barzahlungen an Israel verpflichtete, ist wenig bekannt. Schiffe, Lokomotiven, Werkzeug- und andere Maschinen bildeten den Grundstock von Warenlieferungen aller Art,
5 die sich über zwölf Jahre erstreckten. Ihr damaliger Gesamtwert lag bei etwa 3,4 Milliarden Mark. Daneben liefen Entschädigungszahlungen an überlebende Opfer des Nazi-Regimes.

Die Vereinbarungen über Güter- und Warenlieferungen
10 lagen in beiderseitigem Interesse. Israel versprach sich davon – wie sich zeigte, zu Recht – eine Stärkung seines wirtschaftlichen Potenzials, während die deutsche Industrie in den Aufträgen einen weiteren Ansporn für ihre sich im Zeichen des „Wirtschaftswunders" erneuernde Leistungs-
15 kraft sah. Aus der Erfüllung des Wiedergutmachungsabkommens ergab sich zwischen beiden Ländern allmählich eine immer vertrauensvollere Zusammenarbeit. [...]

Es vergingen Jahre, bis sich die israelische Bevölkerung mit dem Gedanken an Sachleistungen aus Deutschland unter
20 dem Rubrum „Wiedergutmachung" abfand. Im Hebräischen gibt es keinen entsprechenden Begriff. Viele Israelis stellten sich deshalb zunächst vor, der entsprechende Vertrag regele die wirkliche oder zumindest symbolische Rückgabe von geraubtem jüdischem Eigentum. Die Frage, ob das über-
25 haupt möglich sei, fand man in Zusagen der eigenen Regierung beantwortet. Diese hatte sich nämlich im Gegenzug zu den Leistungen der Bundesrepublik ebenfalls zu einer Art Wiedergutmachung verpflichtet: Sie entschädigte ihren Vertragspartner für den Verlust deutscher Konsulatsliegen-
30 schaften in Haifa, Jaffa und Jerusalem, die während des Krieges von den Briten beschlagnahmt worden und 1948 automatisch in den Besitz des jüdischen Staats übergegangen waren. Auch Immobilien, die der katholischen Kirche gehört hatten, fielen unter die Entschädigung. Die Vergütungssum-
35 me betrug damals immerhin 54 Millionen Mark.

[...] Die Absicht, Experten nach Deutschland zu schicken oder Fachkräfte von dort nach Israel kommen zu lassen, traf auf wechselnden Widerstand, genauer auf Furcht, Vorurteile, verborgene Berührungsängste. Trotzdem ließen sich
40 solche persönlichen Kontakte nicht vermeiden, jedenfalls nicht über einen längeren Zeitraum. Die Beziehungen, die sich daraus entwickelten, reichten bald über die nötige technische Kooperation hinaus. Mehr und mehr wurden sie zum Gradmesser der Veränderungen des Klimas zwischen
45 Israel und der Bundesrepublik, hoffnungsvolle Zeichen jenes sich allmählich vollziehenden Wandels, der auch auf anderen Ebenen im Verhältnis beider Staaten zum Ausdruck kam. Vorläufiger Höhepunkt dieses Prozesses war das erste Treffen Konrad Adenauers mit David Ben Gurion 1960 in
50 New York.

Ließ sich von diesem Zeitpunkt an schon von halbwegs normalen Beziehungen zwischen Deutschland und Israel sprechen? Die gegenseitige Wertschätzung der beiden ehrwürdigen Staatsmänner, die oft freundschaftlichen Kontakte
55 zwischen israelischen und deutschen Technikern oder Wirtschaftsexperten, die Lockerungen im Reiseverkehr, der Abschluss von Kreditabkommen und die sich anbahnende Kooperation auf wissenschaftlichem Gebiet – alles dies war, so positiv es sich ausnahm, noch weit entfernt von span-
60 nungsloser Normalität, die – mit Vorbehalten und Einschränkungen – der internationale Maßstab für die Art ist, in der demokratisch regierte Völker miteinander umgehen. 1962 meldete sich in den deutsch-israelischen Beziehungen die Vergangenheit zurück. Die Nachricht von der Mitarbeit
65 deutscher Wissenschaftler an der Entwicklung ägyptischer Raketen löste in Israel weithin Empörung aus, während sich die Bundesrepublik eifrig um ein rasches Ende des Skandals bemühte, vorerst erfolglos. Erst drei Jahre später gaben die hochbezahlten Spezialisten ihre buchstäblich brisante Tätig-
70 keit auf und kehrten in die Bundesrepublik zurück, da aber war bereits viel politisches Porzellan zerschlagen.

Ob dieser Störfall vermeidbar gewesen wäre oder nicht, er sorgte für Unruhe und Irritationen, zumal er zeitlich mit dem Prozess gegen Adolf Eichmann zusammenfiel, der Ende
75 1961 in Jerusalem eröffnet worden war. Noch einmal wurde die planmäßige Perfektion enthüllt, mit der die Nazis die Ausrottung der europäischen Juden betrieben hatten. In Israel aber unterschied man jetzt ziemlich genau zwischen der Schuld der Haupttäter und ihrer Helfer und dem Ver-
80 söhnungswillen eines inzwischen mehrheitlich geläuterten deutschen Volkes. Die anfänglichen Befürchtungen der Bundesregierung, der weltweit beachtete Eichmann-Prozess könnte der alten These von der deutschen Kollektivschuld neuen Auftrieb geben, haben sich nicht erfüllt. Die israeli-
85 schen Medien berichteten sachlich und fair. Deutschen Beobachtern und Korrespondenten, die den Prozessverlauf verfolgten, wurde seitens der Behörden jede nur erdenkliche Hilfe zuteil.

*Avi Primor, Europa, Israel und der Nahe Osten, Suhrkamp, Frankfurt/M. 2000, S. 99–101.*

1 **Charakterisieren Sie** (M 10) die deutsch-israelischen Beziehungen in den 1950er-/60er-Jahren (s. a. M 5).

### Weiterführende Arbeitsanregungen

2 **Präsentation:** Untersuchen Sie die Reaktionen auf den Eichmann-Prozess (s. M 10, Z. 77 ff.), der 1961 in Jerusalem eröffnet worden war, in der zeitgenössischen deutschen Presse. Recherche: Lokalzeitungen. Literaturtipp: *Peter Krause: Der Eichmann-Prozess in der deutschen Presse, Frankfurt/M. 2006.*

3 **Referat:** Das Gedenken an den 20. Juli 1944 in der Ära Adenauer im Spiegel der offiziellen Gedenkfeiern und Reden (Recherche: s. Internettipp S. 250).

# 5.4 Antikommunismus in der frühen Bundesrepublik Deutschland

**Abgrenzung gegen den Kommunismus**

Die demokratische Verfassungsordnung der Bundesrepublik beruhte von Anfang an auf den Lehren, die man aus dem Scheitern der Weimarer Republik und aus der NS-Diktatur gezogen hatte (s. S. 242 ff.). Neben diese beiden Aspekte trat als Drittes der Antikommunismus*, der das Selbstverständnis der Bundesrepublik geprägt hat. Die antikommunistische bzw. antitotalitäre Kritik richtete sich nach 1945 in erster Linie gegen die stalinistische Sowjetunion. Die Anhänger der westlichen Demokratie prangerten besonders den Terror und die Gewalt der Kommunistischen Partei der Sowjetunion gegen das eigene Volk an. Gleichzeitig verurteilten sie die sowjetische Expansion nach dem Zweiten Weltkrieg in Osteuropa (s. S. 236).

Der Antikommunismus war von 1945 bis 1949 in den Westzonen und seit 1949 in der Bundesrepublik das politisch-ideologische Fundament, aus dem heraus die Sowjetisierung der östlichen Besatzungszone und die Gründung der kommunistischen DDR strikt abgelehnt wurden. Die Einparteiendiktatur der SED in der DDR (s. S. 280 f.) wurde scharf gegen das westdeutsche Bekenntnis zur freiheitlich-liberalen Ordnung und zur Westintegration abgegrenzt. Diese Abgrenzung festigte im Westen die Zustimmung zur Demokratie und zu einer sozialen Form der Marktwirtschaft. Auf einer antikommunistischen Staatsauffassung beruhte auch das 1956 vom Bundesverfassungsgericht ausgesprochene Verbot der KPD (M 3). Der Antikommunismus hatte als Integrationsideologie in allen demokratischen Parteien und Gruppen der Bundesrepublik Verbreitung gefunden. In christlich-konservativen Kreisen spielte die Vorstellung von einer besonderen Mission des christlichen Abendlandes im Kampf gegen den „asiatisch-atheistischen" Kommunismus eine wichtige Rolle. Die Sozialdemokraten verteidigten ihre freiheitliche Spielart des demokratischen Sozialismus, der sich zum Verfassungs- und Rechtsstaat mit Gewaltenteilung und Menschenrechten bekannte, gegen die kommunistische Einparteiendiktatur. Die Anhänger des politischen Liberalismus verurteilten die Unfreiheit kommunistischer Länder und Bewegungen, weil diese persönliche Freiheitsrechte, Privateigentum, Toleranz und Pluralismus ablehnten. Geistig vorgeprägt war der Antikommunismus der frühen Bundesrepublik durch die antikommunistische Komponente der NS-Ideologie (s. S. 185).

**Höhepunkte und Abflauen des Antikommunismus**

In der westlichen Welt stieß der Antikommunismus immer dann auf große Zustimmung, wenn die Sowjetunion eine aggressive Außenpolitik betrieb, z. B. in der Berlin-Blockade 1948/49 oder im Koreakrieg 1950–1953, oder wenn sie in ihrem Machtbereich Freiheitsbewegungen mit Gewalt unterdrückte, wie in Ungarn 1956. In Deutschland verstärkte die Niederschlagung des Volksaufstandes vom 17. Juni 1953 in der DDR durch sowjetische Truppen die antikommunistische Stimmung.

Abgeschwächt hat sich der Antikommunismus in der Bundesrepublik erst nach der Erlangung der Souveränität und der Wiederbewaffnung* (1955). Je mehr sich die Bundesrepublik stabilisierte, desto geringer sei ihr Bedürfnis gewesen, „sich gegen etwas festzulegen" (Alfred Grosser). Hinzu kam, dass nach der Kubakrise 1962, die die USA und die Sowjetunion fast an den Rand einer militärischen Auseinandersetzung gebracht hatte, eine Entspannungsphase im Kalten Krieg eintrat, die den Antikommunismus auch in der Bundesrepublik abflauen ließ.

---

**Antikommunismus**
Kämpferische Haltung gegen kommunistische Ideologien und Bewegungen, Parteien und Staaten, die wegen ihres totalitären Herrschaftsverständnisses strikt abgelehnt werden. Der Kommunismus, argumentierten die Gegner, sei gegen freiheitlich-demokratische Verfassungen, er lehne freie Wahlen, richterliche Unabhängigkeit und die Menschenrechte ab. Stattdessen befürworte er eine totalitäre Diktatur, in der das Volk mithilfe des Gewaltmonopols und einer Geheimpolizei unterdrückt und mithilfe eines Informationsmonopols manipuliert werde.

**M1** **Plakat des Deutschland-Union-Dienstes der CDU, 1953**

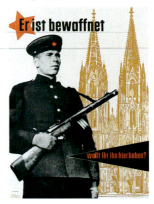

**Wiederbewaffnung**
**Nov. 1949** Der Bundestag lehnt eine Wiederbewaffnung ab.
**1950** Nach Ausbruch des Koreakrieges äußert die Bundesregierung den Wunsch nach Verteidigungstruppen als Gegengewicht zur Kasernierten Volkspolizei der DDR.
**1951** Bundesgrenzschutz gegründet
**1952** Die Bundesrepublik tritt der Europäischen Verteidigungsgemeinschaft (EVG) bei.
**1954** Die EVG scheitert; Aufnahme der Bundesrepublik in NATO und Brüsseler Pakt
**1955** Souveränität der Bundesrepublik, Wiederbewaffnung

---

**1** Erläutern Sie den Begriff „Antikommunismus" am Beispiel der Bundesrepublik.

## M2 Konrad Adenauer über die Gründung der DDR und die Grundlagen seiner Politik, 1949

In der Sowjetzone gibt es keinen freien Willen der deutschen Bevölkerung. Das, was jetzt dort geschieht, wird nicht von der Bevölkerung getragen und damit legitimiert.
Die Bundesrepublik Deutschland stützt sich dagegen auf die
5 Anerkennung durch den frei bekundeten Willen von rund 23 Millionen stimmberechtigten Deutschen. Die Bundesrepublik Deutschland ist somit bis zur Erreichung der deutschen Einheit insgesamt die alleinige legitimierte staatliche Ordnung des deutschen Volkes. [...]
10 Die Bundesrepublik Deutschland fühlt sich auch verantwortlich für das Schicksal der 18 Millionen Deutschen, die in der Sowjetzone leben. Sie versichert sie ihrer Treue und Sorge. Die Bundesrepublik Deutschland ist allein befugt, für das deutsche Volk zu sprechen. Sie erkennt Erklärungen der
15 Sowjetzone nicht als verbindlich für das deutsche Volk an. Das gilt insbesondere auch für die Erklärungen, die in der Sowjetzone über die Oder-Neiße-Linie abgegeben worden sind.

Zit. nach: Johannes Hohlfeld (Hg.), Dokumente der deutschen Politik und Geschichte von 1848 bis zur Gegenwart, Bd. 6, Wendler, Berlin 1955, S. 443 f.

## M3 Aus der Begründung des Urteils des Bundesverfassungsgerichts zum KPD-Verbot, 1956

Die Diktatur des Proletariats ist mit der freiheitlichen demokratischen Ordnung des Grundgesetzes unvereinbar. Beide Staatsordnungen schließen einander aus; es wäre nicht denkbar, den Wesenskern des Grundgesetzes aufrechtzuer-
5 halten, wenn eine Staatsordnung errichtet würde, die die kennzeichnenden Merkmale der Diktatur des Proletariats trüge. Die Vertreter der KPD haben das in der mündlichen Verhandlung selbst betont: „Natürlich kann man einen solchen Staat jetzt nicht an den einzelnen Grundsätzen des
10 Grundgesetzes messen. Dem widerspricht er." „Der Beweisantritt also, der sich zum großen Teil damit beschäftigt, sozusagen die unüberbrückbaren Gegensätze oder den Widerspruch zwischen einem staatlichen System der Diktatur des Proletariats und dem Grundgesetz nachzuweisen,
15 schlägt – wenn ich mal so sagen darf – völlig ins Leere. Eine derartige Übereinstimmung hat noch niemals jemand behauptet, es wäre auch grotesk, das zu behaupten, und ich meine, es offenbart doch schon einen seltenen Grad politischer Anmaßung, eine solche Erwägung überhaupt anstel-
20 len zu wollen."
Müßig ist jede Auseinandersetzung darüber, ob die Diktatur des Proletariats, wie die KPD behauptet, als „Demokratie", ja sogar als die „höchste Form der Demokratie" bezeichnet werden kann oder muss. Das hängt von den Begriffen und
25 Maßstäben ab. In der modernen Demokratie muss das Volk, von dem alle Staatsgewalt ausgeht, irgendwie repräsentiert werden, damit der „allgemeine Wille" sich bei der Führung der Staatsgeschäfte jeweils in konkreten Entschlüssen manifestieren kann. Wenn man einmal den Begriff Demokratie
30 aus seiner Verbindung mit dem liberalrechtsstaatlichen Gedanken gelöst hat, lässt sich schließlich für jede Art von Repräsentation, sogar für die durch einen im Wege der Akklamation von den Volksmassen bestätigten „Führer", noch die Bezeichnung „Demokratie" in einem formalen Sinn in An-
35 spruch nehmen. Es wird dann eben dem jeweiligen Repräsentanten die Fähigkeit und die Berechtigung zugesprochen, den „wahren" Volkswillen zum Ausdruck zu bringen. So haben denn auch faschistische Führer ihre Diktatur gern als „reinste Form der Demokratie" bezeichnet, und Lenin konn-
40 te sagen, dass „nicht der geringste prinzipielle Widerspruch zwischen dem sowjetischen (d. h. dem sozialistischen) Demokratismus und der Anwendung der diktatorischen Macht einzelner Personen" besteht (Lenin, „Die nächsten Aufgaben der Sowjetmacht", Ausgewählte Werke II, S. 384).
45 Die Demokratie, die in der Diktatur des Proletariats bestehen soll, ist jedenfalls nicht die der Prinzipien des Grundgesetzes.

Zit. nach: Helmut Krause/Karlheinz Reif (Bearb.), Die Welt seit 1945, bsv, München 1980, S. 203 f.

1 Erläutern Sie die Grundlagen von Adenauers Politik (M 2).
2 Untersuchen Sie die Argumente des Bundesverfassungsgerichts zur Begründung des KPD-Verbots (M 3).
3 Erläutern Sie, inwiefern man die dem Urteil M 3 zugrunde liegende Rechts- und Staatsauffassung als antikommunistisch bezeichnen kann.
4 Erläutern Sie anhand der Bilder M 4 bis M 7 Motive und Ziele der antikommunistischen Abgrenzung in der Bundesrepublik gegenüber der SBZ und der DDR:
 a) Was wird den Kommunisten jeweils vorgeworfen?
 b) Welche gesellschaftspolitischen und moralischen Überzeugungen und Gefühle werden jeweils angesprochen?
 c) Welche Werte und Normen werden jeweils verteidigt?
 Ziehen Sie die Methodenseite 160 f. mit hinzu.
5 Beschreiben Sie das Feindbild, das die Bilder M 4–M 7 und die Karikatur M 2 auf der Methodenseite 259 von der SBZ bzw. der DDR entwerfen.
6 Diskutieren Sie, inwieweit das in M 1 sowie M 4–M 7 dargestellte Feindbild zur Festigung der Demokratie in der Bundesrepublik Deutschland beigetragen hat.

**M4** Broschüre des Volksbundes für Frieden und Freiheit, erstellt im Auftrag des Bundesministeriums für gesamtdeutsche Fragen, um 1951

**M5** „CDU schützt vor Enteignung", Wahlplakat der CDU, Bundestagswahl 1953

**M6** „Moskau will das Ruhrgebiet", Plakat, erstellt im Auftrag des „Stoßtrupps gegen bolschewistische Zersetzung", Fürth, um 1952

**M7** „Alle Wege des Marxismus führen nach Moskau", CDU-Wahlplakat, Bundestagswahl 1953

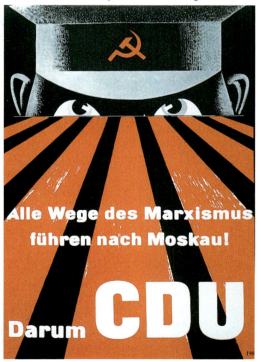

## Methode

# Karikaturen analysieren

**M1** „Spieglein, Spieglein ...", Karikatur aus „Die Zeit", Hamburg, 7. Oktober 1948

Der Begriff „Karikatur" stammt aus dem Italienischen. Die deutsche Übersetzung des Wortes *caricare* lautet „übertreiben", „verzerren". Damit sind bereits wesentliche Merkmale der Karikatur genannt, die der Historiker Joachim Rohlfes einmal so definiert hat: „Karikaturen sind Denkanstöße. Sie leben nicht allein von der zeichnerischen Ausdruckskraft, sondern mindestens so sehr von dem zündenden Einfall, der witzigen Pointe. Karikaturen sind gezeichnete Witze; [...] das Vergnügen des Betrachters hängt entscheidend davon ab, dass er die Anspielungen und Parallelisierungen vollständig versteht."

Historische Karikaturen, also Karikaturen aus vergangenen Zeiten, sind für uns eine interessante Quelle, weil sie, wie jedes Bild, in Bezug zu realen Personen, Geschehnissen oder Zuständen ihrer Zeit stehen. Karikaturisten übertreiben Aspekte der Wirklichkeit, um auf Missstände hinzuweisen und diese Wirklichkeit zu verändern.

Für das Verständnis einer Karikatur ist die Einbettung in den jeweiligen zeithistorischen Kontext unabdingbar. Während uns dies heute bei tagespolitischen Ereignissen meist schnell gelingt, müssen wir Karikaturen aus anderen Epochen erst mithilfe von Darstellungen, Handbüchern und anderen Quellen in den historischen Kontext einbetten und auf diese Weise erschließen.

## Arbeitsschritte

1. **Formale Merkmale**
   - Wer ist der Zeichner bzw. Auftraggeber?
   - Wann ist die Karikatur entstanden?
   - Wo, wann und von wem wurde die Karikatur veröffentlicht?
   - Aus welchem Anlass wurde die Karikatur veröffentlicht?

2. **Inhalt und Stil**
   - Was wird in der Karikatur thematisiert?
   - Welche Gestaltungsmittel (Schrift, Personen, Gegenstände, Symbole, Farbgebung, Komposition, Proportionen) sind verwendet worden?
   - Was bedeuten diese Gestaltungsmittel?

3. **Historischer Kontext**
   - Auf welche Person, welches Ereignis, welche Zustände oder welche Konflikte bezieht sich die Karikatur?

4. **Aussageabsicht**
   - Welche Absichten bzw. Ziele verfolgt der Karikaturist bzw. sein Auftraggeber?
   - Welche Zielgruppe wird angesprochen?
   - Für wen ergreift der Karikaturist Partei (Perspektivität)?
   - Welche vermutliche Wirkung sollte beim (zeitgenössischen) Betrachter erzielt werden?

5. **Fazit**
   - Welche Gesamtaussage lässt sich formulieren?

# Übungsaufgabe mit Lösungshinweisen

**M2** Felix Mussil (geb. 1921), „... getragen vom Willen des Volkes!", Karikatur aus der „Hannoverschen Presse" vom 8. Oktober 1949

### 1. Formale Merkmale
*Autor:* Der Autor ist Felix Mussil, ein westdeutscher Karikaturist.
*Datum der Publikation:* Die Karikatur wurde am 8. Oktober 1949, also einen Tag nach Gründung der DDR veröffentlicht.
*Ort der Publikation:* Die Karikatur ist erstmals in der „Hannoverschen Presse", also in der Bundesrepublik, erschienen; die Zeitung befand sich im Eigentum der SPD und war bis nach Göttingen und Hamm verbreitet.
*Anlass:* Die Gründung der DDR am 7. Oktober 1949.

### 2. Inhalt und Stil
*Thema der Karikatur:* Eine Kritik am gesellschaftspolitischen Anspruch der DDR, die sich als „Volksdemokratie" verstand, aus bundesrepublikanischer Sicht. Die DDR wird an den liberal-demokratischen Maßstäben westlicher Demokratien gemessen.
*Gestaltungsmittel:* Zeichnung; ein dominierender, martialischer Stiefel mit Hammer-und-Sichel-Emblem (von der Flagge der UdSSR); der Ansatz eines Hosenbeins ist noch zu erkennen; Schwarz-Weiß-Kontraste; verzerrte Proportionen von Personen und Gegenständen; ein kurzer Schriftzug auf einem Wimpel.
*Bedeutung der Gestaltungsmittel:* Drei zentrale Elemente der DDR-Herrschaft – das Volk (unter der Platte) – die Regierung (die Figur auf dem Stiefel) – die sowjetische Besatzungsmacht (der Stiefel) – sind plakativ herausgestellt und zugespitzt; der dominierende Stiefel erdrückt das darunter stehende Volk; die Bedeutung des Ausdrucks „... getragen vom Willen des Volkes!" erhält im Kontext der Bildelemente eine ironische Zuspitzung.

### 3. Historischer Kontext
*Bezüge:* Das Ereignis, auf das sich M 2 bezieht, ist die DDR-Gründung. Die Karikatur macht deutlich, dass die DDR ein Geschöpf der Sowjetunion ist, die ihre militärische Macht zur Gründung von Satellitenstaaten nutzte.

### 4. Aussageabsicht
*Absichten:* Der die Karikatur beherrschende sowjetische Militärstiefel soll zeigen, dass das sowjetische Militär bzw. die Sowjetmacht in der DDR, nicht jedoch die deutsche Bevölkerung das Sagen in der DDR hat. Das herausgeputzte, lächelnde kleine Männchen, das für die Regierung steht, sitzt auf der Stiefelspitze, wird also von der Besatzungsmacht getragen. Zudem agiert es nur als Marionette der Sowjetmacht (erkennbar an den Fäden, an denen es hängt), ist also von ihr abhängig. Diese Abhängigkeit wird zusätzlich betont durch den Schriftzug „Ostzonen-Regierung", wodurch die Besatzungsherrschaft herausgestrichen wird. Das Volk bleibt für das Publikum unsichtbar, es ist gezwungen, die Gewalthaber zu tragen.
*Zielgruppe:* Die Menschen in der am 23. Mai 1949 (Verkündung des Grundgesetzes) gegründeten Bundesrepublik Deutschland.
*Perspektivität:* Der Karikaturist ergreift Partei für die Bevölkerung der DDR, der aus seiner Sicht ein undemokratisches und unmenschliches Herrschaftssystem aufgezwungen wurde, das auf Gewalt und Unterdrückung beruht.
*Wirkungsziele:* Der DDR-Staat soll als undemokratisches Unrechts- und Gewaltregime entlarvt werden, das ein Demokrat nicht akzeptieren kann und soll.

### 5. Fazit
Die „Volksdemokratie" der DDR ist nach Ansicht des Karikaturisten keine wirkliche Demokratie, die auf dem Willen des Volkes beruht bzw. den Volkswillen verwirklicht. Im Gegenteil: In der DDR wird das eigene Volk brutal und gewaltsam von den eigentlichen Herrschern im Land, der Sowjetunion und ihrem Militär, ausgebeutet und unterdrückt.

## 5.5 „Wirtschaftswunder" und politische Stabilität in der frühen Bundesrepublik

**Internettipp**
www.hdg.de/index.php?id=5682
Datenbank des Hauses der Geschichte in Bonn mit Texten, Abbildungen von gegenständlichen Quellen, weiterführenden Recherchelinks u.a. zur Wirtschaftsgeschichte der Bundesrepublik.

**M1** Gemüseanbau vor dem Reichstag in Berlin, Fotografie, 1945

**M2** Lebensmittelkarte, Bayern, ca. 1946

**Die Ausgangslage: Deutschland 1945**

Deutschland war bei Kriegsende ein verwüstetes Land, in dem große Not herrschte. Ruinen bestimmten das Bild vieler Städte. In Westdeutschland war etwa ein Viertel der Wohnungen völlig zerstört. Die Verteilung von Nahrungs- und Versorgungsmitteln gehörte zu den schwierigsten Aufgaben (M 1), da 40 Prozent der Eisenbahnlinien und anderer Transportwege nicht mehr funktionsfähig waren. Und mit den seit April 1945 unter polnischer Verwaltung stehenden Ostgebieten verlor Deutschland ein Viertel seiner bisherigen landwirtschaftlichen Nutzfläche, 17 Prozent der Steinkohlevorkommen und 6 Prozent der Industrieanlagen. Kälte und Hunger prägten das Alltagsleben der Menschen – besonders im „Hungerwinter" 1946/47. Viele lebten in der Nachkriegszeit am Rande des Existenzminimums oder darunter. Mindestens 2000 Kalorien täglich für jeden wären notwendig gewesen, doch 1946 betrug die amtliche Zuweisung in der US-Zone lediglich 1330 Kalorien, in der britischen 1056, in der französischen 900. Die Unterernährung führte zu Mangelkrankheiten sowie zu einer erhöhten Sterblichkeit. Viele Stadtbewohner fuhren zum „Hamstern" aufs Land, um sich dort mit dem Notwendigsten einzudecken. Die Rationierung der Lebensmittel (M 2) und der Mangel an Brennstoffen ließen einen Schwarzmarkt entstehen, wo knappe Güter gegen hohe Preise oder gegen Naturalien getauscht wurden und Zigaretten als heimliche „Währung" galten.

In dieses Land strömten bis zum Oktober 1946 über zwölf Millionen Menschen – Vertriebene aus Ost- und Ostmitteleuropa, Flüchtlinge auf der Suche nach Sicherheit vor der Roten Armee und der Herrschaft Stalins (s. S. 269 ff.). Am Ende des Krieges befanden sich außerdem 9 bis 10 Millionen Zwangsarbeiter, Kriegsgefangene und KZ-Häftlinge verschiedener Nationalitäten in Deutschland. Noch 1947 gab es eine Million solcher *displaced persons* in den vier Besatzungszonen. Nach Hause wollten auch die während des Krieges aus bombengefährdeten Städten evakuierten 10 Millionen Deutschen, überwiegend Frauen und Kinder, und die in Kriegsgefangenschaft geratenen Soldaten.

**„Wirtschaftswunder"**

Nach den Jahren der Not erschien der rasche und kräftige Wirtschaftsaufschwung, den die Bürger der Bundesrepublik Deutschland in den 1950er-Jahren erlebten und der bis weit in die 1960er-Jahre andauerte, vielen Menschen als „Wirtschaftswunder". Die Industrieproduktion stieg an, die Arbeitslosigkeit sank, die Kaufkraft der neuen DM und das Einkommen nahmen zu (M 3). Das alles bewirkte eine nachhaltige Verbesserung des Lebensstandards der Bundesbürger. Anhand von Haushaltsrechnungen einer westdeutschen Durchschnittsfamilie lässt sich zeigen, dass man zu Beginn der 1950er-Jahre nicht nur die Grundbedürfnisse befriedigen, sondern sich auch einmal „etwas leisten" konnte. Kaffee oder Apfelsinen galten noch als „Luxus"-Lebensmittel. Seit Mitte des Jahrzehnts war der Wohlstand bereits so angestiegen, dass eine wachsende Zahl von Haushalten größere Konsumartikel wie etwa Staubsauger, Kühlschränke und Fernseher anschaffen oder das erste Mal in den Urlaub fahren konnte (M 4, M 9). Der Wirtschaftsaufschwung wurde begleitet von „Konsumwellen" – von der Fresswelle über die Bekleidungswelle und die Haushaltswelle bis hin zur Verkehrs- und Reisewelle. Diese Entwicklung darf jedoch nicht als automatische Abfolge des Kaufs von Konsumprodukten angesehen werden, die von Durchschnittsverbrauchern in ähnlicher Weise gekauft und verbraucht wurden. Der Wohlstand war und blieb ungleich verteilt (M 10).

## M3 Wirtschaftswachstum der Bundesrepublik 1950–1989 (in Prozent)

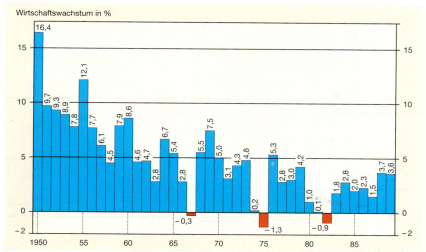

### Ursachen des Aufschwungs I: Die Ausgangsbedingungen

Das „Wirtschaftswunder" war weder vorhersehbar noch die zwangsläufige Folge einzelner wirtschaftspolitischer Maßnahmen, sondern das Ergebnis einer Vielzahl von Entscheidungen, Entwicklungen und Ereignissen. Bereits vor der Gründung der Bundesrepublik Deutschland hatte die Währungsreform von 1948 die wirtschaftlichen Rahmenbedingungen grundlegend verändert: Mit ihr endeten Zwangsbewirtschaftung und Rationierung, der freie Markt bestimmte seitdem das wirtschaftliche Denken und Handeln. Preise und Löhne wurden nicht länger festgesetzt, die Waren standen nunmehr zur freien Verfügung. Das großzügige Hilfsprogramm des Marshallplans, das als Auslandshilfegesetz 1948 vom US-Kongress verabschiedet worden und als Hilfe zur Selbsthilfe gedacht war (s. S. 236), versetzte die westdeutsche Wirtschaft in die Lage, aus eigener Kraft Fortschritte zu machen. Zwar war die wirtschaftliche Situation nach Kriegsende verheerend – die Industrieproduktion betrug in der zweiten Jahreshälfte 1945 nur noch 20 Prozent des Standes von 1936 –, aber die Ausgangsbedingungen für einen erfolgreichen Wiederaufbau der Wirtschaft waren günstig. Trotz der Zerstörungen verfügte die westdeutsche Wirtschaft über ein hoch entwickeltes Produktionspotenzial. Die Kriegsschäden an Fabriken und Maschinen waren weniger stark als zunächst befürchtet. Hinzu kam, dass die Kriegswirtschaft bereits einen Modernisierungsschub bewirkt hatte, der sich nach dem Zweiten Weltkrieg fortsetzte. Die zerstörten oder demontierten alten Produktionsanlagen wurden durch moderne ersetzt. Und mit den Millionen von Flüchtlingen und Vertriebenen sowohl aus den ehemaligen deutschen Ostgebieten als auch aus der DDR kamen gut ausgebildete, flexible und aufstiegswillige Menschen in die Bundesrepublik Deutschland (M 8). Viele von ihnen nahmen niedrigere Löhne in Kauf und waren bereit, hart zu arbeiten, wodurch Kapital für Investitionen freigesetzt wurde.

### Ursachen des Aufschwungs II: „Soziale Marktwirtschaft"

Eine entscheidende Voraussetzung für den Wirtschaftsaufschwung war außerdem der Wandel der ökonomischen Leitideen, der Wirtschaftsordnung und der Wirtschaftspolitik. Im Westen Deutschlands setzte sich das von Ludwig Erhard* und seinem Mitarbeiter und späteren Staatssekretär im Wirtschaftsministerium, Alfred Müller-Armack (1901–1978), vertretene Ordnungsmodell der Sozialen Marktwirtschaft durch (M 5, M 11, M 13). Mit dieser Wirtschaftsordnung, in der Freiheit und soziale Ge-

### M4 Westdeutsche Familie auf einer Urlaubsreise am Gardasee in Italien, Fotografie, 1955

**Ludwig Erhard (1897–1977)**
**1928–1942** Wissenschaftlicher Assistent und Leiter des Instituts für Industrieforschung der Handelshochschule in Nürnberg
**ab 1945** Wirtschaftlicher Berater der US-Militärregierung
**1945/46** Bayerischer Wirtschaftsminister
**1948/49** Verwaltungsdirektor der Bizone
**1949–1976** Bundestagsmitglied
**1949–1963** Bundeswirtschaftsminister
**1963–1966** Bundeskanzler
**1966/67** CDU-Vorsitzender.
Erhard setzte die Soziale Marktwirtschaft um und gilt als „Vater" des „Wirtschaftswunders", d. h. des wirtschaftlichen Wiederaufbaus in Westdeutschland.

M5 Schaufensterauslage eines Textilgeschäftes, Bundesrepublik, 1949/50

rechtigkeit zu Wohlstand für alle führen sollten, wurde sowohl einem reinen liberalkapitalistischen Wirtschaftssystem als auch einer Planwirtschaft nationalsozialistischer wie kommunistischer Herkunft eine entschiedene Absage erteilt. In der Sozialen Marktwirtschaft hatte sich die Produktion an der Nachfrage auszurichten und nicht umgekehrt. Allein die freie Preisbildung durch den Markt garantierte nach dieser Wirtschaftsauffassung die beste Befriedigung der individuellen Bedürfnisse der Verbraucher. Allerdings sollte der Markt einer gesetzlichen Rahmenordnung unterworfen werden, um Absprachen zwischen den Unternehmern und damit Wettbewerbsverzerrungen zu verhindern, die zulasten der Verbraucher gehen würden. Daher verbot ein Gesetz 1957 Wettbewerbsbeschränkungen durch marktwidrige Absprachen und Kartelle. Um das Konkurrenz- und Leistungsprinzip zu erhalten, war der Markt grundsätzlich für neue Bewerber offenzuhalten. Die Aufgabe des Staates bestand in der Sozialen Marktwirtschaft vor allem darin, den freien Wettbewerb durch kontrollierende Institutionen und eine aktive Wirtschaftspolitik zu gewährleisten. Dazu gehörte die Geldwertstabilität, für die nach einem Gesetz aus dem Jahre 1957 die an Weisungen der Regierung nicht gebundene, also politisch unabhängige Deutsche Bundesbank zu sorgen hatte. Zu den wesentlichen Bedingungen eines funktionierenden Leistungswettbewerbs gehörten überdies das grundgesetzlich garantierte Recht auf Privateigentum an Produktionsmitteln, die Berufs- und Gewerbefreiheit sowie die Konsum- und Vertragsfreiheit einschließlich freier Preisgestaltung.

M6 Koreakrieg: Ein US-Flugzeug beim Angriff auf Nordkorea, Fotografie, April 1951

Ursachen des Aufschwungs III: die Weltwirtschaft

Wenige Jahre nach der Gründung der Bundesrepublik Deutschland 1949 löste der Koreakrieg (1950 bis 1953; M 6) eine weltweite Hochkonjunktur, den „Korea-Boom", aus und eröffnete auch der deutschen Wirtschaft neue Exportmärkte. Mit dem Koreakrieg schnellte besonders die Nachfrage nach westdeutschem Stahl in die Höhe, wodurch das Wirtschaftswachstum stark anstieg.

Der deutsche Wirtschaftsaufschwung wurde darüber hinaus begünstigt durch eine Liberalisierung des Weltmarkts, die Stabilität der Wechselkurse und eine geringe Inflation. Bis in die 1970er-Jahre war die Deutsche Mark (DM) im Rahmen der in Bretton Woods 1944 festgelegten internationalen Währungsordnung in einem System fester Wechselkurse mit relativ geringen Schwankungen eingebunden. 1951 trat die Bundesrepublik dem 1947 abgeschlossenen Allgemeinen Zoll- und Handelsabkommen (GATT; seit 1995 WTO) bei, das bis heute den freien Welthandel durch Zollsenkungen und den Abbau anderer Außenhandelsbeschränkungen fördern will.

Der westliche deutsche Teilstaat profitierte auch von der europäischen Integration: Mit der Gründung der Europäischen Gemeinschaft für Kohle und Stahl („Montanunion") 1951 und der Europäischen Wirtschaftsgemeinschaft (EWG) 1958 wurde ein Wirtschaftsraum geschaffen, der die Ausweitung der Wirtschaft und die Anhebung des Lebensstandards ermöglichte.

### Sozialpolitik als Integrationsklammer

Die westdeutsche Gesellschaft wurde in den späten 1940er- und frühen 1950er-Jahren entscheidend durch die Folgen des Zweiten Weltkrieges geprägt. Breite Bevölkerungsschichten drohten zu verarmen, weil sie ihre Existenzgrundlage verloren hatten und soziale Sicherheiten verloren gegangen waren. In dieser Notzeit kam der staatlichen Sozialpolitik* im „Sozialstaat" Bundesrepublik Deutschland ein besonderer Stellenwert zu: Die Politik hatte die Notlage vieler Menschen zu entschärfen, um eine politische Radikalisierung zu vermeiden bzw. um die Gesellschaft zusammenzuhalten und den sozialen Frieden zu sichern. Diesen Zielen dienten zahlreiche Maßnahmen. Zu den herausragenden zählten das Lastenausgleichsgesetz und die Rentenreform.

Das Lastenausgleichsgesetz 1952, das seit Kriegsende gefordert und heftig diskutiert worden war (M 7), gehört zu den wichtigsten Mitteln zur Eingliederung der Vertriebenen, Flüchtlinge und Spätaussiedler sowie anderer Gruppen (z. B. Kriegssachgeschädigte, Evakuierte, Inflations- und Währungsreformgeschädigte) in die bundesrepublikanische Gesellschaft. Es sah die Entschädigung der Menschen für kriegsbedingte Vermögensverluste vor. Zwar profitierten lediglich 22 Prozent der Vertriebenen von den finanziellen Leistungen. Aber von diesem Gesetz ging eine große psychologische Wirkung aus. Die Neuankömmlinge und viele andere Betroffene fühlten sich nicht allein gelassen mit ihren Sorgen und Nöten, sondern spürten, im Gegenteil, im Alltagsleben die Solidarität von Politik und Gesellschaft.

Ein weiterer Meilenstein im Bereich der Sozialpolitik bildete die von Regierung und Opposition gemeinsam erarbeitete Rentenreform 1957, die die Not im Alter verminderte (M 12). Kern der Reform war die „Dynamisierung" der Renten, die seitdem den durchschnittlichen Lohn- und Gehaltserhöhungen folgen. Gleichzeitig trat an die Stelle des bis dahin gültigen Versicherungsprinzips, d. h. der Rentenzahlung aus angesparten Versicherungsbeiträgen, der „Generationenvertrag". Danach werden die Renten aus den aktuellen Versicherungsbeiträgen der Arbeitnehmer finanziert.

### „Wirtschaftswunder" und politische Stabilität

Der Aufbau einer demokratischen politischen Ordnung in der Bundesrepublik Deutschland fiel zusammen mit dem „Wirtschaftswunder", das den Westdeutschen wachsenden Wohlstand und zunehmende soziale Sicherheit verschaffte. Hierin liegt ein entscheidender Unterschied zur Weimarer Republik. Sie war bereits in ihren Anfangsjahren bis zu der Inflation von 1923 gefährdet und verlor während der Weltwirtschaftskrise zu Beginn der 1930er-Jahre an Zustimmung in der Bevölkerung, was schließlich mit zu ihrem Scheitern beitrug (s. S. 136 ff.). Sicherlich ist der Wirtschaftsaufschwung der 1950er-Jahre eine wesentliche Bedingung für den Erfolg der zweiten deutschen Demokratie nach 1949 (M 14a, b). Angesichts des Zusammentreffens günstiger wirtschaftlicher, politischer und gesellschaftlicher Ent-

---

**Sozialpolitik in der frühen Bundesrepublik Deutschland**

**1949** Tarifvertragsgesetz: Abschluss von Tarifverträgen durch Gewerkschaften und Arbeitgeber; Tarifverträge sind geltendes Recht und werden dem Arbeitsminister mitgeteilt.

**1950** Bundesversorgungsgesetz: Versorgung der Kriegsbeschädigten und -hinterbliebenen

**1952** Lastenausgleichsgesetz; Wohnungsbauprämiengesetz: Förderung des Bausparens durch staatliche Zulagen

**1954** Wiedereinführung des von den Alliierten abgeschafften Kindergeldes ab dem 3. Kind, seit 1961 ab dem 2. Kind

**1957** Lohnfortzahlung im Krankheitsfall für Arbeiter; Rentenanpassungsgesetz: „Dynamisierung" der Renten, d. h. Anpassung an die Lohnentwicklung

**1959** Sparprämiengesetz: Förderung des Sparens durch staatliche Zulagen; 5-Tage-Woche im Steinkohlebergbau erreicht

**1961** Vermögensbildungsgesetz (312-DM-Gesetz): staatliche Zulagen für Arbeitnehmer bei langfristigem Sparen; Sozialhilfegesetz: Bedürftige erhalten erstmals einen einklagbaren Rechtsanspruch auf Unterstützung.

**1967** 40-Stundenwoche erreicht

**1969** Lohnfortzahlung stellt Arbeiter und Angestellte gleich.

**M 7** Lastenausgleich, Karikatur von H. M. Brockmann, 1947

wicklungen stellen sich allerdings bis heute manche die Frage, ob die Zustimmung der bundesrepublikanischen Bevölkerung zur Demokratie von der Wirtschaftslage abhängig ist. War und ist die Bundesrepublik Deutschland eine „Schönwetterdemokratie", die nur bei günstiger Wirtschaftskonjunktur Bestand hat? Oder läuft die Demokratie in wirtschaftlichen Krisenzeiten Gefahr, an Rückhalt bei den Staatsbürgern zu verlieren?

1 Erläutern Sie Begriff und Entstehung des „Wirtschaftswunders" in der Bundesrepublik Deutschland (Darstellung).
2 Ordnen Sie die sozialpolitischen Maßnahmen der frühen Bundesrepublik anhand der Darstellung in den historischen Kontext ein.
3 Erläutern Sie, wie in der Karikatur M 7 das Prinzip des Lastenausgleichs bewertet wird.

**M 8** Beschäftigungssituation in Westdeutschland und in der frühen Bundesrepublik 1944/45–1976

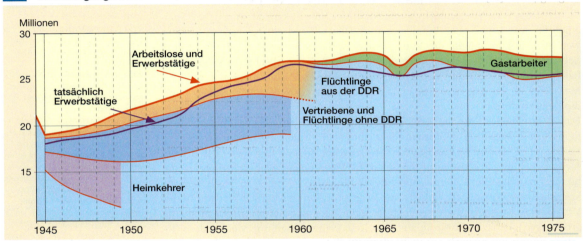

**M 9** Langlebige Konsumgüter in Haushalten der Bundesrepublik: Bestand 1962 (in Prozent aller Haushalte) und Anschaffungen 1949–1962 (in Prozent des Bestandes 1962)

| Konsumgut | Bestand 1962 | Anschaffungen | | | | |
|---|---|---|---|---|---|---|
| | | vor 1949 | 1949–1952 | 1953–1957 | 1958–1960 | 1961–1962 |
| Fernsehgerät | 34 | – | – | 15 | 52 | 32 |
| Radio | 80 | 6 | 22 | 40 | 22 | 8 |
| Plattenspieler | 18 | 1 | 7 | 32 | 40 | 19 |
| Kühlschrank | 52 | 1 | 4 | 25 | 45 | 24 |
| Staubsauger | 65 | 7 | 14 | 36 | 29 | 12 |
| Waschmasch. | 25 | 2 | 8 | 38 | 34 | 16 |
| Tiefkühltruhe | 3 | – | 1 | 16 | 50 | 31 |
| Fotoapparat | 42 | 9 | 14 | 30 | 31 | 14 |

Nach: Werner Abelshauser, Die langen Fünfziger Jahre, Schwann, Düsseldorf 1987, S. 88.

**M 10** Besitz langlebiger Konsumgüter in Haushalten der Bundesrepublik Deutschland 1968 in Abhängigkeit von sozialer Schicht und Jahreseinkommen (in Prozent)

| Konsumgut | PKW | | Fernseher | |
|---|---|---|---|---|
| Jahreseinkommen (in DM) | 7 200 bis unter 9 600 | 9 600 bis unter 18 000 | 7 200 bis unter 9 600 | 9 600 bis unter 18 000 |
| Arbeiter | 27 | 45 | 82 | 84 |
| Angestellte | 33 | 56 | 65 | 85 |

Nach: Christian Kleinschmidt, Konsumgesellschaft, Vandenhoeck & Ruprecht, Göttingen 2008, S. 140.

1 Beschreiben Sie das Wirtschaftswachstum der frühen Bundesrepublik anhand von M 3 (s. S. 261).
2 Erläutern Sie die wirtschaftliche Entwicklung der frühen Bundesrepublik Deutschland (M 3, M 8–M 10).
3 Erklären Sie ausgehend von Ihren Ergebnissen aus Aufgabe 2 den Begriff des „Wirtschaftswunders".

**M 11** Alfred Müller-Armack schrieb 1948 über die Grundgedanken der Sozialen Marktwirtschaft

Liegt also bereits in der Produktivität der Marktwirtschaft ein starkes soziales Moment beschlossen, so wird es gleichwohl notwendig sein, mit aller Entschiedenheit eine Reihe von Maßnahmen durchzuführen, die eine soziale Sicherheit gewährleisten und die durchaus im Rahmen einer Marktwirtschaft zu verwirklichen sind. […]
a) Schaffung einer sozialen Betriebsordnung, die den Arbeitnehmer als Mensch und Mitarbeiter wertet […].
b) Verwirklichung einer als öffentliche Aufgabe begriffenen Wettbewerbsordnung […].
c) Befolgung einer Antimonopolpolitik […].
d) Durchführung einer konjunkturpolitischen Beschäftigungspolitik […].
e) Marktwirtschaftlicher Einkommensausgleich […] durch Besteuerung und durch Familienzuschüsse […].
f) sozialer Wohnungsbau […].
g) Förderung kleinerer und mittlerer Betriebe […].
h) Einbau genossenschaftlicher Selbsthilfe […].
i) Ausbau der Sozialversicherung.
j) Städteplanung.
k) Minimallöhne und Sicherung der Einzellöhne durch Tarifvereinbarungen auf freier Grundlage.

Zit. nach: Richard Löwenthal u.a. (Hg.), Die zweite Republik, Seewald, Stuttgart 1974, S. 146 f.

**1** Erarbeiten Sie anhand von M 11 Ziele und Kerninhalte der Sozialen Marktwirtschaft.

**M 12** Bundestagsdebatte zur Rentenreform, 1956

*Storch, Bundesminister für Arbeit (CDU):* Ich sagte bereits, dass die Diskussion um die Sozialreform sich vor allem mit dem Funktionswandel beschäftigte, den das System der sozialen Sicherung in der jüngsten Vergangenheit durchgemacht hat. […]
Seit der Zeit der Schaffung der deutschen Sozialversicherung [unter Bismarck] ist die Mehrheit der Bevölkerung von der ländlichen Lebens- und Arbeitsweise zu einer städtisch und industriell geprägten Lebensführung übergegangen. […] Es entsprach also den damaligen Gegebenheiten, wenn man die Rente aus der sozialen Rentenversicherung entsprechend der Vorstellungswelt, wie sie um die Jahrhundertwende herrschte, als einen Zuschuss zur Lebenshaltung ansah. Inzwischen ist aus der damaligen Minderheit der abhängigen Beschäftigten eine überwiegende Mehrheit geworden. Die Menschen haben sich vereinzelt. Die wirtschaftliche Einbettung in den Schoß der Familie kann nicht mehr als Regel gelten. Auch hohe und wachsende Einkommen schützen den Menschen nicht mehr vor der Unsicherheit des Daseins. Eher ist sogar das Gegenteil richtig. Je besser man verdient, umso härter empfindet man den Verlust eines regelmäßigen Arbeitsentgeltes.

Wir könnten also feststellen, dass sich mit zunehmendem Wohlstand auch ein zunehmendes Sicherheitsbedürfnis geltend macht. […] Deshalb gilt es, eine gesellschaftspolitische Entscheidung zu fällen. Es entspricht unserer heutigen Auffassung von der Würde des Menschen und seiner Arbeit, wenn wir uns bemühen, ein Auseinanderfallen von Verdienenden und Nichterwerbstätigen zu beseitigen und für die Zukunft zu verhindern. Wir müssen dabei helfen, dass sichergestellt wird, dass jeder Rentenbezieher am Aufstieg seines Standes oder seines Berufes teilnimmt, und zwar nach Maßgabe seiner individuellen Position im Sozialgefüge, die er sich und den Seinen während der Dauer seines Arbeitslebens erarbeitet hat.
Wenn wir uns vergegenwärtigen, dass die alten Menschen in der Zeit, als sie selbst noch im arbeitsfähigen Leben standen, das Ihrige zur Verbesserung der allgemeinen Lebensverhältnisse beigetragen haben und dass die gegenwärtig schaffende Bevölkerung zum Teil von ihren Vorleistungen zehrt, dann ist es, glaube ich, selbstverständlich, dass auch sie im Ruhestand an den Früchten der gemeinsamen Anstrengungen der Generationen teilhaben. Die Sicherstellung des einmal erworbenen Lebensstandards ist dann nicht ein Akt der Barmherzigkeit seitens der jeweils Erwerbstätigen oder gar des Staates, sondern die Erfüllung einer geschuldeten Pflicht und der Ausdruck einer von den Umständen begründeten Solidarität zwischen den Generationen. Auf diesem Wege wird es uns gelingen, den Riss, der sich in unserer Gesellschaft zwischen den Verdienenden und den nicht mehr Verdienenden abzuzeichnen droht, zum Verschwinden zu bringen. So wie die Gemeinschaft das Eigentum des Einzelnen schützt, muss sie auch das Arbeitseinkommen schützen. Unser Ziel muss sein, den Menschen das Bewusstsein zu geben, dass sie sich auch nach Ausscheiden aus dem Arbeitsleben den Lebensunterhalt selbst verdient haben. *(Beifall in der Mitte.)*
Ich hoffe, hiermit deutlich gemacht zu haben, dass es uns um mehr als um die Lösung des Problems des Alters- und Invalidenrentners und der Hinterbliebenen geht. […]
*Dr. Schellenberg (SPD):* […] Ich nehme davon Abstand, hier die Unterschiede zwischen dem Grundentwurf vom April – angeblich nach eingehender Vorarbeit erarbeitet – und dem Regierungsentwurf vom Mai im Einzelnen darzulegen. […] Ich stelle lediglich fest, dass das Bundesarbeitsministerium jedenfalls teilweise unserer Bitte entsprochen hat, nämlich bei nochmaliger Bearbeitung der Materie den Gesetzentwurf der SPD zurate zu ziehen, und einige, wenn auch viel zu wenige Gedanken noch nachträglich in den Grundentwurf hineingearbeitet hat. *(Beifall bei der SPD)* Viel zu wenige! […]
*Dr. Dehler (FDP):* […] Der Regierungsentwurf zur Reform der gesetzlichen Rentenversicherung packt ebenso, wie es die Vorlage der sozialdemokratischen Fraktion bereits getan hat, eines der überfälligen sozialpolitischen Probleme an.

Die beiden Lösungsversuche, die uns vorgelegt werden, decken sich, man kann fast sagen, überraschend in der Grundkonzeption. [...] Aber beide Entwürfe wenden sich von dem bisherigen System der deutschen Sozialversicherung grundlegend ab. Beide Entwürfe überbieten sich nach meinem Gefühl im Angebot angeblicher „sozialer Sicherung". Beide Entwürfe setzen sich, wie es die Bundesregierung in der Begründung ihres Entwurfes auch selbst hervorhebt, nur oder doch wenigstens überwiegend sozialpolitische Ziele, ohne die zu erwartenden, ich möchte meinen, zu befürchtenden wirtschaftlichen Folgen hinreichend zu bedenken.

Wir, die Freien Demokraten, begrüßen den Willen, die gegenwärtig unzureichenden Renten aufzubessern.

Wir sind aber betroffen, meine Damen und Herren, über die Unbedenklichkeit, über die Unbekümmertheit, mit der gerade auch die Regierung in ihrer Vorlage der besorgniserregenden Neigung unserer Zeit zu kollektiver Sicherung um jeden Preis nachgibt und die individuelle Selbstverantwortung, dieses große soziale Stimulans, preiszugeben bereit ist. Wir wissen von der Hilflosigkeit der Menschen unserer Zeit gegenüber der Forderung „Sorge dich um deine Zukunft, sichere dich vor Not!". Daraus wird aber in den Vorlagen nicht etwa der Schluss gezogen: „Ich, die Gemeinschaft, der Staat, helfen dir mit allen unseren Möglichkeiten, damit du dir selbst helfen kannst." Nein, man will durch immer weitergehende Ausdehnung der Versicherungspflicht den Menschen zur Unselbstständigkeit zwingen, selbst da, wo ein Schutzbedürfnis nicht mehr gegeben ist. Das ist ein wesentlicher Einwand, den wir gegen die Grundtendenz der beiden Vorlagen erheben. Beide Vorlagen haben einen gefährlichen Zug zu dem, was man – etwas schlagwortartig und vielleicht auch etwas irreführend – als „Vermassung" bezeichnet; sie wissen nichts von dem Geheimnis des Lebens, das dem Menschen sagt: du findest weder Wohlstand noch Glück noch Freiheit, wenn du nicht bereit bist, das Risiko der eigenen Verantwortung, der eigenen Entscheidung und der eigenen Leistung auf dich zu nehmen; *(Beifall bei der FDP)* willst du die eigene Verantwortung, die eigene Entscheidung, die eigene Leistung auf fremde Schultern abwälzen, dann kommen sie als Gebote und Verbote einer bösen Apparatur zu dir zurück und unterjochen dich.

Zit. nach: Werner Abelshauser, Die langen Fünfziger Jahre, Schwann, Düsseldorf 1987, S. 141–143.

**1** Arbeiten Sie die zentralen Argumente der Befürworter und Gegner der Rentenreform heraus (M 12).
**2** Bewerten Sie die Motive und Ziele der Rentenreform unter Berücksichtigung der Zeitumstände (M 12).
**3** In seiner ersten Regierungserklärung sagte Adenauer 1949: „Die beste Sozialpolitik ist eine gesunde Wirtschaftspolitik." Diskutieren Sie diese These am Beispiel der frühen Bundesrepublik (M 11, M 12).

**M 13** Plakat zur Bundestagswahl 1957, herausgegeben von „Die Waage – Gemeinschaft zur Förderung des sozialen Ausgleichs". Ziel der 1962 von Unternehmern gegründeten „Waage" war es, über die Soziale Marktwirtschaft und ihre Erfolge zu informieren, den sozialen Frieden zwischen Arbeitgebern und Arbeitnehmern zu fördern und das Unternehmeransehen zu verbessern. Von 1952 bis 1965 schaltete die Waage 30 Werbekampagnen.

**1** Interpretieren Sie M 13 im Kontext der Geschichte der frühen Bundesrepublik (s. Methodenseite 160).

**M 14** **Geschichte kontrovers:** Über die Ursachen des Demokratieerfolgs in der Bundesrepublik

**a)** Karlheinz Niclauß, Politikwissenschaftler, 2004:
Obwohl wichtige wirtschaftspolitische Entscheidungen bereits gefallen waren, als sich die Bundesrepublik konstituierte, lässt sich hieraus kaum ein Vorrang der Wirtschaft gegenüber der Politik ableiten. Es ist auch keineswegs so, dass mit der Währungsreform und der Weichenstellung zur Wettbewerbswirtschaft die politische Entwicklung Westdeutschlands präjudiziert [= vorherbestimmt] wurde. Politische und wirtschaftliche Faktoren griffen vielmehr ineinander. Auch nach Gründung der Bundesrepublik beeinflussten die politischen Entscheidungen in Bonn durch Steuerpolitik und planende Elemente den Wiederaufbau der westdeutschen Wirtschaft und die Verteilung des Wohlstands. Die

allgemeine Zustimmung zur Wirtschaftspolitik der Fünfzigerjahre erweckte den Eindruck, in der prosperierenden Bundesrepublik hätten die Unterschiede der Klassen und Schichten an Bedeutung verloren. Die vermeintlich gleichen Startbedingungen am Tage der Währungsreform mit 40 DM „Kopfgeld" schienen in der Einheitlichkeit des Konsums und des Lebensstils ihre Fortsetzung zu finden. […]

Das „Wirtschaftswunder" der Fünfzigerjahre verführt zu der Annahme, die politische Stabilität der Bundesrepublik sei auf günstige ökonomische Bedingungen zurückzuführen. Eine genauere Untersuchung der Ausgangssituation von 1949/50 zeigt allerdings ein differenzierteres Verhältnis von Politik und Wirtschaft. Obwohl der wirtschaftliche Aufstieg eine wichtige Grundlage der Kanzlerdemokratie bildete, kann diese Frage kaum im Sinne einer einseitigen Kausalität beantwortet werden. Ein Blick auf den Ablauf der Ereignisse zeigt vielmehr, dass man die Eigendynamik des politischen Systems und den Einfluss führender Politiker nicht unterschätzen darf: Als Mitte 1952 mit der Auslastung der westdeutschen Industrie, mit dem Rückgang der Arbeitslosigkeit und mit steigenden Einkommen der wirtschaftliche „Durchbruch zu einem sich selbst tragenden Wachstum" erfolgte, war der Regierungstyp der Kanzlerdemokratie in Bonn bereits fest etabliert. Konrad Adenauer bestimmte zu diesem Zeitpunkt mit Unterstützung einer sicheren parlamentarischen Mehrheit die Richtlinien der inneren und äußeren Politik. Unabhängig von der Steigerung des Lebensstandards deutete sich hier bereits ein „Regierungswunder" an, welches den Unterschied zwischen der Bonner und der Weimarer Demokratie deutlich erkennen ließ. Dass die politischen Parteien eine Mehrheitsregierung bilden konnten, die über eine volle Legislaturperiode im Amt blieb, war in Deutschland eine völlig neue Erfahrung. Die Zustimmung der Westdeutschen zur zweiten Republik wurde durch das Funktionieren der politischen Institutionen im gleichen Maße gefördert wie durch den wirtschaftlichen Wiederaufstieg.

*Karlheinz Niclauß, Kanzlerdemokratie. Regierungsführung von Adenauer bis Gerhard Schröder, Schöningh, Paderborn 2004, S. 23 f.*

**b) Hans-Ulrich Wehler, Historiker, 2008:**

Statt [nach 1945] einem Horrorszenario beizuwohnen, konnte man jedoch bereits zehn Jahre nach dem Kriegsende die Bundesrepublik als gefestigtes, leistungsfähiges Gemeinwesen auf dem Weg nach oben beobachten.
Vergegenwärtigt man sich die chaotischen Verhältnisse der letzten Kriegs- und der ersten Nachkriegsjahre, wird die Antwort auf die Frage nach den Gründen für die Abwendung der befürchteten Desintegration umso dringender.
1. An erster Stelle der Ursachenerklärung steht das beispiellose Wirtschaftswachstum, das im Gefolge des Korea-Booms in den Jahren zwischen 1950 und 1965 zu einer jährlichen Steigerung des Bruttosozialprodukts um durchschnittlich 5,6%, manchmal sogar um 8% führte. […] Die Arbeitslosigkeit sank von 1950 = 1,9 Millionen auf 1960 nur mehr 1,3% der Erwerbstätigen, sodass faktisch die Vollbeschäftigung erreicht wurde. Insofern trug das „Wirtschaftswunder", das Weimar versagt geblieben war, das „Demokratiewunder" der zweiten Republik.
2. Die ökonomische Erfolgswelle unterstützte die antikommunistische Abgrenzung vom Osten, der so evident unfähig blieb, den westlichen Vorsprung einzuholen. Der grelle Kontrast zwischen der Bundesrepublik und der Diktatur der deutschen Bolschewiki nährte das Selbstbewusstsein der Westdeutschen, die Wohlstandsdiffusion belebte ihre Zuversicht und ihren Zukunftsoptimismus, der bedrohliche Protestneigungen auflöste.
3. Die politische Verfassungsordnung erwies ihre Funktionstüchtigkeit. Man kann ihre Integrationsstärke etwa daran ablesen, dass die drei dominierenden Parteien, CDU/CSU, SPD und FDP, bis 1961 volle 94% der Wählerschaft an sich zu binden vermochten. […]
4. Die effektive staatliche Machtausübung auf dem weiten Feld der Innen- und Außenpolitik mit ihren furchterregenden Problemen wurde als weiterer Beweis politischer Leistungsfähigkeit angesehen.
5. Die politische Führung durch die Bundesregierung, häufig personalistisch als zielbewusste Leitung der Kanzlerdemokratie durch den rheinischen Patriarchen [Adenauer] wahrgenommen, flößte ganz so Vertrauen ein wie die Gewöhnung an eine neue politische Kultur. Vor allem die denkwürdigen sozialstaatlichen Leistungen auf den Gebieten der Rentenpolitik mit dem Höhepunkt um 1957, als die dynamische Rente die Altersarmut faktisch beseitigte, des Lastenausgleichs mit seiner historisch beispiellosen Umverteilung der materiellen Kriegsbelastungen, der Neuregulierung des Verhältnisses von Kapital und Arbeit im „rheinischen Kapitalismus" durch die Mitbestimmung wirkten entspannend; hinzu kam die eindrucksvolle Leistungsbilanz im Zeichen des Kalten Krieges, die politische Neuorientierung hin auf ein zusammenwachsendes Europa, der Ausgleich mit Frankreich und die Integration in das westliche Bündnissystem, die Aufwertung als Wirtschaftspartner und der Vorstoß in die Führungsgruppe der Handelsmächte auf dem Weltmarkt. Die Gesamtwirkung dieser günstigen Rahmenbedingungen für den auffälligen Entwicklungsschub eines extrem gefährdeten Neustaates lief auf eine erstaunliche Integration […] hinaus.

*Hans-Ulrich Wehler, Deutsche Gesellschaftsgeschichte, Bd. 5, C. H. Beck, München 2008, S. 15 f.*

1 **Partnerarbeit:** Erarbeiten Sie aus M 14 a, b den Stellenwert, den die Autoren dem „Wirtschaftswunder" als Faktor der Demokratisierung beimessen.
2 **Essay:** Regierungswunder oder Wirtschaftswunder? Erörtern Sie die Ursachen des Demokratieerfolgs in der Bundesrepublik.

## 5.6 Gesellschaftlicher Wandel in der frühen Bundesrepublik Deutschland

**M1** „Der Förster vom Silberwald", Filmplakat, 1954

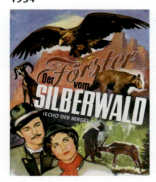

**Wandel der Mentalitäten**

In der unmittelbaren Nachkriegszeit und bis in die 1950er-Jahre hinein konzentrierten sich die Menschen in der Bundesrepublik auf die Überwindung der unmittelbaren Not und das eigene Fortkommen. Dieser Rückzug ins Private war bei vielen verbunden mit einem Desinteresse an der Politik (M1). Der Schweizer Publizist Fritz René Allemann schrieb dazu 1954: „Ein Volk, das hungert, strebt zuallererst einmal danach, satt zu werden, nicht die Welt umzugestalten; eines, das friert, entwickelt mehr Interesse an Kohlen als an neuen Gemeinschaftsformen; eines, das kein Dach über dem Kopf hat, wendet seine Energien dem Bau von Häusern und nicht dem sozialer Systeme zu." Die Ausrichtung des Lebens auf Arbeit sowie den privaten und häuslichen Bereich darf nicht mit Demokratiefeindschaft verwechselt werden. Vielleicht hat mancher Bundesbürger insgeheim Vorbehalte gegenüber der Demokratie gehegt. Es mag auch sein, dass sich viele Westdeutsche erst mit dem Funktionieren eines modernen parlamentarisch-demokratischen Regierungssystems vertraut machen mussten. Aber mit Bundeskanzler Adenauer und seinem patriarchalischen Regierungsstil war die Mehrheit der Bürger einverstanden. Und er gewöhnte, wie der Publizist Sebastian Haffner einmal schrieb, die Deutschen an den Gedanken, „dass Autorität und Demokratie nicht unvereinbar sind".

Ende der 1950er-Jahre setzte in der Bundesrepublik ein Liberalisierungsschub ein, der mit den Begriffen Verwestlichung bzw. Westernisierung* oder Amerikanisierung* charakterisiert wird. Elemente des *American way of life* – von Coca Cola, Jeans und Rock'n'Roll über den Supermarkt zur Selbstbedienungstankstelle – gelangten über die amerikanischen Besatzungssoldaten nach Westdeutschland und bestimmten allmählich das Alltagsleben vor allem junger Menschen (M2, M8). Aber auch alte obrigkeitsstaatliche Denk- und Verhaltensmuster verschwanden zunehmend und wurden durch freiheitlich-liberale Einstellungen und Handlungsweisen ersetzt. Meinungsumfragen zeigen, dass außerdem Normen und Werte wie Disziplin, Gehorsam und Unterordnung immer mehr an Bedeutung verloren, während Selbstentfaltungsideale wie Emanzipation, Mitbestimmung und Individualismus das Leben zunehmend bestimmten (M10).

**Amerikanisierung/Westernisierung**
Amerikanisierung bezeichnet die Übernahme US-amerikanischer Leitbilder und Konsumartikel in das Alltagsleben. Beginnend nach dem Ersten Weltkrieg, ist sie in Westdeutschland vor allem nach 1945 spürbar. In ihrer potenziell globalen Prägekraft unterscheidet sich der Begriff der Amerikanisierung von dem der Westernisierung (= Verwestlichung), das heißt: von der Übernahme politisch-ideeller Denkmuster, die teils amerikanischen, teils aber auch europäischen Ursprungs sind (z. B. freiheitlich-liberale Einstellungen, Individualismus).

**M2** Rock'n'Roll, Fotografie, 1950er-Jahre

**Frauen**

Überall verrichteten Frauen in der Nachkriegszeit Schwerstarbeit, so bei der Schuttbeseitigung („Trümmerfrauen"), in Fabriken und auf dem Bau. Die Familie, oftmals die einzige Institution, die Schutz und emotionalen Halt bot, war aufs Äußerste belastet: Nicht selten reduzierte sie sich auf eine verwandtschaftliche Zwangsgemeinschaft und ökonomische Notgemeinschaft, in der die Frauen die Verantwortung für das „Durchkommen" trugen. Die aus dem Krieg heimkehrenden Männer, durch Betriebszerstörungen, Flucht und Vertreibung häufig ohne Arbeit und nicht mehr in der Rolle des Familienernährers, fühlten sich oft überflüssig. Die Zahl der Ehescheidungen stieg zunächst stark an. Gleichwohl war das Frauenideal in der Bundesrepublik der 1950er- und frühen 1960er-Jahre die nicht berufstätige Hausfrau, die in der Sorge für ihren Ehemann und ihre Kinder aufging (M7) – ein Ideal, das die in den Kriegs- und Nachkriegsjahren extrem belasteten Frauen auch als Entlastung empfanden.

Die Reformen des Ehe- und Familienrechts von 1957 und 1959 entzogen dem Patriarchat in der Familie die Rechtsgrundlage. Doch erst die Ehe- und Familienrechtsreform von 1976 gab die Hausfrauenehe als Leitbild auf.

**M 3** Der bayerische Staatsminister Alois Schlögl übergibt in Rothenburg ob der Tauber den tausendsten Bauernhof an einen Bauern aus Siebenbürgen, Fotografie, 1950

**Flüchtlinge und Vertriebene: Die Ausgangslage**

Die Integration der am Ende des Zweiten Weltkrieges aus den verlorenen Ostprovinzen Deutschlands vertriebenen 12 Millionen Menschen (andere Schätzungen sprechen von 14 Millionen) und der Flüchtlinge* aus der sowjetischen Besatzungszone bzw. der späteren DDR stellt eine der bedeutendsten Leistungen der jungen Bundesrepublik Deutschland dar. Doch dieser Prozess verlief nicht immer reibungslos und konfliktfrei. Sicherlich hofften einige Vertriebene und Flüchtlinge aus Osteuropa in der unmittelbaren Nachkriegszeit auf eine Rückkehr in die Heimat. Das galt vor allem für die über Sechzigjährigen, denen eine berufliche Neuorientierung nicht mehr zuzumuten war und die sich nicht nur deswegen schwer an ihre neue Umgebung gewöhnen konnten. Doch nahm in dieser stark heimatverbundenen Gruppe (M 4) wie auch bei allen übrigen Vertriebenen und Flüchtlingen die Rückkehrbereitschaft ständig ab. Denn in ihren Herkunftsländern herrschten nunmehr von der Sowjetunion abhängige kommunistische Parteien. Ein Leben in einer kommunistischen Diktatur lehnte man fast einhellig ab. Hinzu kam, dass sich alle großen Parteien der Bundesrepublik Deutschland um die Eingliederung der neuen Mitbürger bemühten (M 5). Für eine Rückkehr in die alte Heimat kämpfte hingegen der 1950/51 gegründete „Bund der Heimatvertriebenen* und Entrechteten" (seit 1952 „Gesamtdeutscher Block"), der in den 1950er-Jahren in einigen Landtagen und zeitweilig auch im Deutschen Bundestag vertreten war. Mit der zunehmenden Integration der Vertriebenen und Flüchtlinge in die westdeutsche Gesellschaft verlor er jedoch an politischer Bedeutung.

Nach dem Unglück von Flucht und Vertreibung trafen die Heimatlosen, die buchstäblich alles – Heimat, Hab und Gut – verloren hatten, bei den Einheimischen häufig auf Ablehnung. Nicht wenige von ihnen galten die Vertriebenen als Eindringlinge, die von der Kommune per Einquartierungsschein in ihre Wohnungen „gesetzt" wurden. Das Zusammentreffen von Menschen unterschiedlicher Herkunft, Konfession und Bildung führte teils zu heftigen Spannungen (M 12).

**Flüchtlinge und Vertriebene: Die Eingliederung**

In der Endphase des Zweiten Weltkrieges und der unmittelbaren Nachkriegszeit siedelten die Behörden die Flüchtlinge und Vertriebenen zu rund achtzig Prozent in Landgemeinden und Kleinstädten an. Für diese häufig wirtschaftlich strukturschwachen Gebiete bedeutete das zusätzliche Belastungen. Um die Eingliederung der neuen Mitbürger in das Wirtschaftsleben voranzutreiben, sorgte der Staat während der 1950er-

**Flüchtlinge/Heimatvertriebene**
Die UNO bezeichnet als Flüchtlinge Personen, die sich „aus wohlbegründeter Furcht vor Verfolgung" „außerhalb des Landes ihrer Nationalität befinden". Der Begriff Heimatvertriebene ist enger und meint alle Deutschen aus den ehemaligen deutschen Ostgebieten, aus Ostmittel- und Südosteuropa, die ihre Heimat gegen Ende und nach dem Zweiten Weltkrieg durch Flucht oder Vertreibung verloren haben. Seit 1945 werden die Worte „Flüchtling", „Vertriebener", „Heimatvertriebener" oder „Ausgewiesener" synonym verwendet und umfassen also auch die aus der DDR in den Westen geflohenen Menschen.

**M 4** Egerländertreffen in Schwäbisch Hall, Fotografie, 1950

**M5** CSU-Wahlplakat, 1946

**Klassengegensatz**
Marxistischer Begriff zur Beschreibung von Gesellschaften. Demnach besteht jede Gesellschaft aus Klassen, die sich mit ihren Interessen unversöhnlich gegenüberstehen: Auf der einen Seite stehen die Besitzenden und Herrschenden (Bourgeoisie), auf der anderen Seite die ausgebeuteten abhängig Beschäftigten (Proletariat). Aufgehoben werden könnten diese Gegensätze nach marxistischer Auffassung nur durch eine Revolution, die zu einer klassenlosen Gesellschaft führt.

**Lesetipp**
Edgar Wolfrum, Die 50er Jahre. Kalter Krieg und Wirtschaftswunder, Darmstadt 2006.
Eine solide Darstellung mit zahlreichen Abbildungen.

Jahre für eine erneute Umsiedelung in Regionen mit wachsendem Arbeitskräftebedarf, z. B. in das Ruhrgebiet in Nordrhein-Westfalen. Das „Wirtschaftswunder" sowie staatliche Wohnungsbauprogramme und zahlreiche Eingliederungshilfen für Vertriebene und Flüchtlinge erleichterten und beschleunigten die Integration der Neuankömmlinge. Damit nahmen gleichzeitig die sozialen Konflikte zwischen Einheimischen und Neuankömmlingen ab. Doch trugen auch die Vertriebenen selbst mit ihrem unbedingten Aufbau- und Aufstiegswillen zum Integrationserfolg bei und leisteten mit ihrem Fleiß und ihrer Arbeit einen entscheidenden Beitrag zur Modernisierung von Wirtschaft und Gesellschaft. Bereits während der 1950er-Jahre verbesserte sich ihre materielle Situation nachhaltig (M 11). Allerdings waren viele, allen voran die Frauen, bereit, bei der wirtschaftlichen und gesellschaftlichen Eingliederung Nachteile in Kauf zu nehmen. Ein zentrales Mittel zur Eingliederung der Vertriebenen und Flüchtlinge in der Bundesrepublik war auch das Lastenausgleichsgesetz von 1952 (s. S. 263).

**Abschied von der Klassengesellschaft?**

In der Bundesrepublik haben „Wirtschaftswunder" und Sozialpolitik nicht nur zu einer allgemeinen Wohlstandssteigerung geführt (s. S. 260 ff.), sondern auch die Klassengegensätze* weitgehend abgeschwächt, die mit der Industrialisierung im 19. Jahrhundert (s. S. 68 ff.) entstanden waren. Von der Verbesserung des Lebensstandards und der stärkeren sozialen Absicherung profitierte besonders die Arbeiterschaft. Proletarische Minderwertigkeitsgefühle wurden zunehmend abgebaut, das Selbstwertgefühl vieler Arbeiter stieg. Immer mehr Menschen nahmen die Verbesserung des Realeinkommens als sozialen Aufstieg („Fahrstuhl-Effekt") wahr und ordneten sich selbst den Mittelschichten zu. Der Soziologe Helmut Schelsky hat daher die westdeutsche Gesellschaft 1953 als „nivellierte Mittelstandsgesellschaft" bezeichnet. Die Unterschiede seien abgebaut (nivelliert = eingeebnet) und die vorherrschenden Verhaltensmuster seien nicht mehr proletarisch oder bürgerlich, sondern insgesamt kleinbürgerlich-mittelständisch.

Diese Deutung der bundesrepublikanischen Gesellschaft ist schon früh zurückgewiesen worden. Die Sozialstruktur eines Landes, sagten die Kritiker, dürfe nicht vorwiegend auf den Selbsteinschätzungen der Menschen beruhen. Es müssten auch objektive Daten wie Einkommens- und Vermögensunterschiede berücksichtigt werden, die für die frühe Bundesrepublik nach wie vor bestehende soziale Ungleichheiten bezeugten. Die Bundesrepublik Deutschland sei eine „Schichtungsgesellschaft", argumentierte 1965 der Soziologe Ralf Dahrendorf, in der es soziale Unterschiede und ein Oben und Unten gebe (M 13).

Tatsächlich führte die allmähliche Entproletarisierung der Gesellschaft in den 1950er-Jahren nicht zum Wegfall der gesellschaftlichen Unterschiede (M 6). Bürgertum und Arbeiterschaft trennte trotz „Wirtschaftswunder" noch vieles voneinander. Wenngleich die Arbeiter wegen der hohen Lohnzuwächse ihre Sonderexistenz mit eigenen Arbeiterkultureinrichtungen am unteren Rand der Gesellschaft zunehmend verlassen konnten, blieben die beiden zentralen Elemente der Proletarität – körperliche Arbeit und weitgehende Fremdbestimmung am Arbeitsplatz – erhalten. Im Unterschied zur herkömmlichen Klassengesellschaft ermöglichte die moderne westdeutsche Gesellschaft allerdings die Überwindung von Ungleichheit durch Bildung, Beruf und Leistung. Diese Offenheit war ein Zeichen für eine gelungene Modernisierung der Gesellschaft.

**1** Beschreiben Sie mithilfe der Darstellung, welche sozialen Probleme die frühe Bundesrepublik zu bewältigen hatte und wie sie sie gelöst hat.

**2** Erörtern Sie mithilfe der Darstellung, ob in der westdeutschen Gesellschaft der 1950er- und frühen 1960er-Jahre Wandel oder Beharrung vorherrschte.

**M6** Einkommensverteilung in Deutschland 1928 bis 1974 (in Prozent des Gesamteinkommens; ab 1950: Bundesrepublik Deutschland)

| Jahr | Die obersten 10% der Einkommensbezieher | Die mittleren 40% der Einkommensbezieher | Die unteren 50% der Einkommensbezieher |
|------|------|------|------|
| 1928 | 37 | 38 | 25 |
| 1936 | 39 | 43 | 18 |
| 1950 | 34 | 46 | 20 |
| 1961 | 38 | 40 | 22 |
| 1965 | 35 | 43 | 22 |
| 1974 | 33 | 45 | 22 |

Nach: Werner Abelshauser, Deutsche Wirtschaftsgeschichte seit 1945, Bundeszentrale für pol. Bildung, Bonn 2004, S. 345 (© C. H. Beck, München).

**M7** Rede des Familienministers Franz-Josef Würmeling (1900–1986; CDU) zum Muttertag 1959

Die Doppelbelastung unserer Hausfrauen und Mütter in Familie und Beruf ist keine „fortschrittliche Lösung", sondern erzwungenes Unheil. […] Mutterberuf ist daher – auch im Blick auf die gemeinsame europäische Zukunft – Hauptberuf und wichtiger als jeder Erwerbsberuf. […] Stattdessen sind gegen unsere Familien eine Vielzahl von Mächten aufgestanden, die in verhängnisvoller Weise mit ihrer Erziehung konkurrieren und eindeutig gegen sie wirken: die sogenannten „geheimen Miterzieher und Einflüsterer", wie Film, Funk, Fernsehen, Illustrierte, Reklamen. […] So ist die Mutter daheim, zumal der Vater weithin nicht daheim ist, heute noch vielfach wichtiger als früher. Eine Mutter daheim ersetzt vielfach alle Fernsehgeräte, Autos, Musiktruhen und Auslandsreisen, die doch allzu oft mit ihrer den Kindern gestohlenen Zeit bezahlt werden. Auch Europa kann nicht bloß leben von Auto, Bildschirm und technischem Fortschritt, […] Europa wird leben von dem, was mütterliche Herzen in Liebe, Sorge, Aufopferung und Verzicht in die Seelen unserer heranwachsenden Europäer hineingesenkt haben.

Zit. nach: Franz-Josef Würmeling, Familie – Gabe und Aufgabe, Luthe Verlag, Köln 1963, S. 73 f.

**M8** Der deutsche Rockstar Udo Lindenberg (geb. 1946) über seine Jugend, 1980

Damals, 1957, ich war elf, schoss aus dem Radio Elvis Presley mit „Tutti Frutti", und die ersten Takte verbannten meine bisherigen Lieblingslieder „Ave Maria", „Was hat der Hans mit der Grete getan", „Der lachende Vagabund" und sogar „Marina" schlagartig aus meinem Frischlingsherzen. Worum es ging, verstand ich nicht, aber der Schluckaufgesang und die elektrisierende Musik rockten mich durch, und ich rannte in die Küche, schnappte Töpfe und Kochlöffel, trommelte die letzte Minute von „Tutti Frutti" mit, und damit war die für mich damals gerade aktuelle Berufsentscheidung zwischen Seefahrer und Trommler gefallen. Elvis Presley hatte mich angezündet, und ich dachte: Jetzt ist Erdbeben. […] Er hat uns gegen unsere Eltern, denen ja sonst alles gehörte, etwas Eigenes gegeben. Bis jetzt hatten wir immer nur zu hören bekommen: „Dafür bist du noch zu jung." Mit Elvis in den Ohren konnten wir zurückbrüllen: „Dafür seid ihr schon zu alt." Wo kam dieses Dynamit her? Wo gab's noch mehr davon? So kriegte ich durch Elvis auch Bill Haley mit, den es schon vorher gab, und bald hatte ich eine Sammlung von Platten mit „Amigeheul" und „Negermusik", und meine Oma fiel in Ohnmacht. Ich weiß auch noch, wie schwierig es war, den Schlacker-Schlotter-Gummibein-Tanz mit Schleuderdame zu lernen. Ich gestehe, dass ich bis heute Elvis' Bravour nicht ganz erreiche. […] Elvis hat die Startbahn mitgeplant, auf der viele Musiker, und später ich auch, mit ihrem eigenen Jet abhoben.

Zit. nach: Götz Eisenberg/Hans-Jürgen Linke (Hg.), Fuffziger Jahre, Fokus Verlag, Gießen 1980, S. 235 f.

1 Charakterisieren Sie die Einkommensverteilung in der Bundesrepublik in den 1950er-Jahren (M 6).
2 Untersuchen Sie die Textquellen M 7 und M 8 im Hinblick auf Kontinuität und Wandel der Mentalitäten in der frühen Bundesrepublik Deutschland. Ziehen Sie die Bildquellen M 1 und M 2 mit hinzu.
3 Beurteilen Sie die Präsenz von Frauen im politischen Leben der frühen Bundesrepublik (M 9).

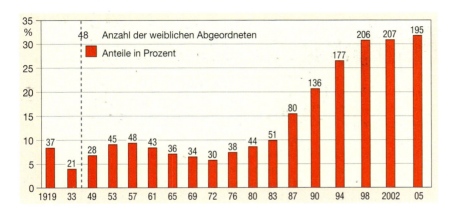

**M9** Frauen im deutschen Parlament (1919–1933: Reichstag; 1949–2005: Bundestag)

**M 10** Der Historiker Dominik Geppert über den Mentalitätswandel in der bundesrepublikanischen Gesellschaft der 1950er-/60er-Jahre, 2007

[In den 1950er-Jahren] begann sich die Nachkriegsmentalität der bundesrepublikanischen Gesellschaft aufzulösen und machte sukzessive anderen – pluralistischeren, individualistischeren, stärker konsum- und freizeitorientierten, auch zukunftsfreudigeren – Einstellungen und Werthaltungen Platz. Das hatte zunächst damit zu tun, dass der Krieg in weitere Ferne rückte – und zwar sowohl die Erinnerung an den Zweiten Weltkrieg als auch die Sorge vor dem Ausbruch eines Dritten Weltkriegs, die angesichts weltpolitischer Entspannungstendenzen und eines sich langsam abzeichnenden Arrangements der beiden Supermächte allmählich nachließ. Im Wissen um das atomare Patt zwischen den USA und der Sowjetunion richtete man sich inzwischen eher auf einen langfristigen Wettstreit der Systeme ein als auf einen baldigen Krieg. Eine zweite Entwicklung, die sich in den Meinungsumfragen gegen Ende der fünfziger Jahre abzeichnete, war das langsame Verblassen autoritärer Führungsideale. Das galt für die Familie, wo die Ehen allmählich etwas gleichberechtigter und partnerschaftlicher wurden und wo Kinder nicht mehr nur gehorchen – „parieren" – mussten, sondern dann und wann auch Erklärungen und Argumente der Eltern einfordern konnten. Immer mehr Erwachsene tendierten dazu, jugendlichen Ungehorsam psychologisch zu erklären, vielleicht sogar zu tolerieren, anstatt ihn als Aufsässigkeit zu bekämpfen. Die nachlassende Attraktivität autoritären Führungsstils machte sich auch in der politischen Arena bemerkbar, wo Adenauers einsame Entschlüsse zunehmend heftige Proteste hervorriefen. Nicht zufällig trug ein polemischer Essay in der Illustrierten „Stern" aus dem Herbst 1963, der besonders scharf mit dem Kanzler ins Gericht ging, den Titel „Die Deutschen brauchen keine großen Männer".

Auf breitere Bevölkerungskreise wirkte, was sich gleichzeitig – und unabhängig von der sog. Hochkultur – in der Populärkultur veränderte. Einflüsse der amerikanischen Kulturindustrie waren zwar kein völlig neues Phänomen in Deutschland. Sie nahmen jedoch nach dem Zweiten Weltkrieg, insbesondere mit der Besatzungsherrschaft und Umerziehungspolitik deutlich zu. Nun gab es in beinahe allen Kinos amerikanische Filme zu sehen. Radiostationen spielten Jazz-Musik, später auch Rock 'n' Roll. Filmstars wie James Dean (1931–1955) und Musiker wie Elvis Presley (1935–1977) avancierten für viele junge Männer zu Vorbildern, was Haarschnitt, Kleidung und lässiges Benehmen anging. Junge Frauen orientierten sich an Marilyn Monroe (1926–1962) oder Audrey Hepburn (1929–1993). Im Hinblick auf den mentalitätsgeschichtlichen Umbruch am Ende der fünfziger Jahre sind in diesem Zusammenhang zwei Aspekte interessant. Zum einen haben neuere Forschungen gezeigt, dass man sich davor hüten sollte, den amerikanischen Einfluss auf die Sozialkultur der fünfziger Jahre überzubewerten. Lange Zeit dominierten der Heimatfilm und deutsche Schlagermusik. Sonja Ziemann (geb. 1926) und Rudolf Prack (1905–1981) waren der Deutschen bevorzugtes Leinwandliebespaar, (noch) nicht Grace Kelly (1929–1982) und Cary Grant (1904–1986). Der Schlagersänger Freddy Quinn (geb. 1931) verkaufte in der zweiten Hälfte der fünfziger Jahre mit seinen Heimatschnulzen und Seemannsliedern in Deutschland ungleich mehr Langspielplatten als Jazz-Musiker wie Louis Armstrong (1900–1971). Selbst der Rock 'n' Roll eines Bill Haley (1927–1981) wurde bei weiteren Kreisen in der Bundesrepublik erst populär, nachdem Interpreten wie Peter Kraus (geb. 1939) ihn gleichsam gezähmt und den deutschen Verhältnissen angepasst hatten. Erst gegen Ende der Dekade und u. a. in den sechziger Jahren kann man – nicht zuletzt dank der raschen Verbreitung des Fernsehens – von einer „Amerikanisierung" der deutschen Populärkultur sprechen. […] Zum anderen ist die Reaktion deutscher Politiker, Kirchenführer und Intellektueller auf die amerikanische Konsumkultur von Interesse. Bis weit in die fünfziger Jahre hinein überwogen Abwehrreflexe, häufig gespeist aus tief verwurzelten antiamerikanischen Ressentiments und dem kulturellen Überlegenheitsgefühl des alten, bürgerlichen Europa gegenüber der angeblich geschichts- und kulturlosen USA. Modetänze wie der Boogie-Woogie oder Rock 'n' Roll galten, wie schon der Jazz der Zwischenkriegszeit, als primitiv oder schlicht als „Negermusik". Von den sogenannten Halbstarkenprotesten des Jahres 1955, als Jazz-Fans in Hamburg einen Konzertsaal demolierten und sich Straßenschlachten mit der Polizei lieferten, fühlten sich viele in ihrer Einschätzung bestätigt. Erst gegen Ende des Jahrzehnts setzte sich, wenn auch beileibe nicht allerorten, eine tolerantere Haltung durch. Kulturkonservative verloren gegenüber jenen Liberalen an Boden, die gerade in der kulturellen Vielfalt und Offenheit den entscheidenden Vorzug des Westens gegenüber dem Ostblock erblickten und keine prinzipiellen Einwände gegen die Massenkultur aus den USA hatten.

*Dominik Geppert, Die Ära Adenauer, 2. Aufl., Wissenschaftliche Buchgesellschaft, Darmstadt 2007, S. 86–88.*

1. a) Erarbeiten Sie die Befunde und Thesen Gepperts zu den Mentalitäten in der frühen Bundesrepublik.
   b) Prüfen Sie die Befunde und Thesen in M 10 anhand Ihrer Quellenauswertung (Aufgaben, S. 271).
2. **Präsentation:** Alltagskultur in der frühen Bundesrepublik – am Beispiel eines Sängers, eines Filmstars, der Mode oder der Wohnungseinrichtung.
3. Erörtern Sie, ob die Begriffe „Westernisierung" und „Amerikanisierung" die Gesellschaft in der frühen Bundesrepublik angemessen kennzeichnen.
4. **Fotodokumentation:** „Zur Geschichte der frühen Bundesrepublik" (Literatur: s. Anhang, S. 362 f.).

# Bundesrepublik Deutschland

**M 11** Statistiken zur Eingliederung der Vertriebenen in der Bundesrepublik Deutschland

| Bundesland | Ewerbspersonen in (a) Land-/Forstwirt., (b) Industrie/Handw., (c) Handel/Verk. (in %) | | | Arbeitslosigkeit unter den Vertriebenen (in %) | | Wohnverhältnisse in Untermiete (auf je einen Nichtvertriebenen entfallen ... Vertriebene) | | Wahl einer Interessenpartei bei der Bundestagswahl (je 100 Vertriebene) | | | Ehen zwischen Vertriebenen und Nichtvertriebenen (je 100 Vertriebene) | |
|---|---|---|---|---|---|---|---|---|---|---|---|---|
| | (a) | (b) | (c) | 1950 | 1954 | 1950 | 1956 | 1953 | 1957 | 1961 | 1950 | 1960 |
| Schleswig-Hol. | 29 | 34 | 16 | 13 | 6 | 2,3 | 2,1 | 41 | 30 | 14 | 69 | 87 |
| Hamburg | 4 | 40 | 33 | 2 | 3 | 1,7 | 1,3 | 24 | 14 | 7 | 77 | 90 |
| Niedersachsen | 35 | 33 | 15 | 8 | 4 | 2,5 | 2,0 | 42 | 30 | 24 | 70 | 85 |
| Bremen | 4 | 40 | 29 | 4 | 3 | 1,9 | 1,4 | 29 | 15 | 25 | 78 | 87 |
| Nordrhein-Westf. | 15 | 51 | 17 | 2 | 1 | 2,2 | 1,4 | 21 | 18 | 6 | 77 | 85 |
| Hessen | 30 | 37 | 15 | 5 | 3 | 2,4 | 1,7 | 36 | 31 | 22 | 74 | 86 |
| Rheinland-Pfalz | 43 | 31 | 13 | 6 | 2 | 2,8 | 1,7 | 20 | 19 | 5 | 74 | 89 |
| Baden-Württ. | 39 | 34 | 11 | 3 | 2 | 2,8 | 1,7 | 34 | 28 | 15 | 58 | 81 |
| Bayern | 37 | 34 | 14 | 8 | 4 | 2,7 | 2,0 | 40 | 35 | 21 | 66 | 85 |
| Bundesgebiet | 29 | 39 | 15 | 7 | 3 | 2,5 | 1,8 | 34 | 26 | 15 | 67 | 83 |

**M 12** „Weißblaues Tagebuch", Karikatur von Wigg Siegl aus dem „Simplicissimus", 1955.

Bildunterschrift: „Hast as g'lesen von dem neuen Wunder bei uns in Altötting – da hat a Einheimischer an Baukredit kriagt und a Flüchtling 's Heimweh?"

1. Erläutern Sie mithilfe von M 3, M 5 und der Darstellung die Initiativen zur Vertriebenenintegration.
2. Analysieren Sie anhand der Bildquellen M 4 und M 12 Wünsche und Situation der Vertriebenen.
3. Bestimmen Sie anhand der Statistik M 11 Umfang und Tempo der Vertriebenenintegration. Unterscheiden Sie zwischen der sozialen, der wirtschaftlichen und der politischen Eingliederung.
4. Diskutieren Sie die Argumente, die M 13 gegen die „nivellierte Mittelstandsgesellschaft" vorbringt.

**M 13** Der Soziologe Ralf Dahrendorf über die These von der „nivellierten Mittelstandsgesellschaft", 1965

Die Rede von der „relativen Angleichung der wirtschaftlichen Positionen" ist [...] leichtfertig, wenn wir an die 12 000 Einkommens-Millionäre und die 90% mit einem Jahreseinkommen von weniger als 12 000 DM im Jahre 1960 in der Bundesrepublik denken. [...] Die „Vereinheitlichung der sozialen und kulturellen Verhaltensformen und Daseinswünsche" dürfte weitgehend eine optische Täuschung sein, der diejenigen verfallen, [... die] meinen, jedes Auto gleiche dem anderen, jeder Urlaubsort sei eben ein Urlaubsort und sonst nichts, und der Wunsch nach einem höheren Lebensstandard bedeute für den Umwalzer dasselbe wie für den Oberinspektor, den Prokuristen und den Universitätsprofessor. [...] Kann man eine solche Behauptung [von der Steigerung der sozialen Mobilität] ernstlich aufrechterhalten in einer Gesellschaft, in der allenfalls jedes zehnte Arbeiterkind die Chance des Aufstiegs hat und jedes zehnte Akademikerkind um ein paar Sprossen der Statusleiter absteigt?
Schelskys These dokumentiert eine verblüffende Verengung der Perspektive. Sie [...] beurteilt die Gesellschaft aus dem Blickwinkel der Dienstklasse. Realitäten jenseits ihrer Grenzen werden einfach nicht als solche wahrgenommen. [...] Es gibt soziale Gruppen, denen nicht nur die Spannungen der Klassen, sondern auch die Unterschiede der Schichten unheimlich sind. [...] Die Theorie der klassenlosen Gegenwart verschafft so nicht nur der leicht verängstigten Dienstklasse ein sanftes Ruhekissen; auch die Eliten können hinter dem Schirm dieser Ideologie ungestört [...] ihren Geschäften nachgehen, die [...] der Erhaltung der eigenen Herrschaftsposition und [...] des sozialen Status quo dienen.

*Zit. nach: Ralf Dahrendorf, Gesellschaft und Demokratie in Deutschland (1965), dtv, München 1972, S. 139 f.*

## Zusammenfassung

# Die frühe Bundesrepublik Deutschland: Erfolg der Demokratie durch Wohlstand?

**Grundwissen** → S. 232 f.

**Begriffe Kapitel 5**
Antikommunismus → S. 255
Amerikanisierung → S. 268
„Eindämmung" (Containment) → S. 237
Flüchtlinge → S. 269
Heimatvertriebene → S. 269
„131er"-Gesetz → S. 249
Klassengegensatz → S. 270
Lastenausgleich → S. 263
Marshallplan → S. 236
Ost-West-Gegensatz → S. 235
Parlamentarischer Rat → S. 242
Soziale Marktwirtschaft → S. 261 f.
Stalin-Note → S. 238
Totalitäre Herrschaft → S. 242
Truman-Doktrin → S. 237
„Umerziehung" (Reeducation) → S. 248 f.
Westernisierung → S. 268
Wiederbewaffnung → S. 255
„Wiedergutmachung" → S. 251
„Wirtschaftswunder" → S. 260

**Personen Kapitel 5**
Adenauer, Konrad → S. 237
Erhard, Ludwig → S. 261
Heuss, Theodor → S. 250

Nach der bedingungslosen Kapitulation des Deutschen Reiches 1945 übernahmen die Siegermächte USA, Großbritannien und Frankreich die Herrschaft in den westlichen Besatzungszonen Deutschlands. Als sie sich mit Beginn des Kalten Krieges 1947 nicht länger mit der Sowjetunion auf eine gemeinsame Deutschlandpolitik einigen konnten, leiteten sie in ihren Zonen die Entstehung eines liberal-demokratischen und marktwirtschaftlich verfassten Staates ein. Die 1949 gegründete Bundesrepublik Deutschland entsprach den Interessen der überwältigenden Mehrheit der westdeutschen Bevölkerung, die nicht unter kommunistische bzw. sowjetische Herrschaft geraten wollte. Deshalb betrieb der erste Bundeskanzler Konrad Adenauer eine konsequente Politik der Westbindung. Oberste Priorität besaßen für Adenauer und die Mehrheit der Westdeutschen Sicherheitsinteressen und das Bedürfnis nach einem Leben in politischer Freiheit.

Der Parlamentarische Rat, der 1948/49 das Grundgesetz erarbeitete, wollte mit dieser Verfassung Lehren aus dem Scheitern der Weimarer Demokratie 1933 und der Durchsetzung der NS-Diktatur ziehen. Die neue Verfassung sollte Sicherungen enthalten, die eine erneute Zerstörung der Demokratie unmöglich machten; auch sollte sie vor inneren Feinden geschützt werden. Diese „streitbare Demokratie" diente aber auch als Schutzwall gegen die kommunistische Bedrohung. Aus diesen Gründen garantierte das Grundgesetz den Staatsbürgern die Gleichheit vor dem Gesetz, parlamentarisch-demokratische Formen der politischen Mitsprache sowie die unbedingte Einhaltung der Menschen- und Bürgerrechte. Die Verfassung erklärte bestimmte Rechte und Prinzipien für unabänderlich: Grundrechte, Rechts-, Sozial- und Bundesstaatlichkeit, Gewaltenteilung und freie Wahlen.

Eine andere Lehre aus der Geschichte zog die Bundesregierung unter Adenauer, als sie sich schon früh um eine Aussöhnung mit den Juden im In- und Ausland bemühte („Wiedergutmachung").

Die öffentliche Auseinandersetzung mit der NS-Vergangenheit und die Bestrafung der Täter kamen in den 1950er-Jahren nur langsam in Gang. Viele Deutsche wollten einen „Schlussstrich" sowohl unter die politischen Säuberungen der Siegermächte (Entnazifizierung) als auch unter die schlimme NS-Zeit ziehen.

Die antikommunistische Abgrenzung von der totalitären Diktatur in der SBZ bzw. der DDR, die von der Sowjetunion abhängig war, stärkte die junge Demokratie. Der Kontrast zwischen der freiheitlichen Bundesrepublik mit ihrem hohen Wohlstandsniveau einerseits und der Einparteiendiktatur und Mangelwirtschaft in der DDR andererseits stärkte das Selbstbewusstsein der Westdeutschen.

Nach den Jahren der Not erschien der rasche und kräftige Wirtschaftsaufschwung seit den 1950er-Jahren vielen Menschen als „Wirtschaftswunder". Grundlage für die Entstehung einer erfolgreichen Wohlstandsgesellschaft war die Liberalisierung der Wirtschaftsverfassung auf der Basis der Sozialen Marktwirtschaft. Aber nicht nur wachsender Wohlstand stärkte das Vertrauen der Bundesbürger in ihre junge Demokratie, sondern auch die Sozialpolitik der Regierung Adenauer, die die Risiken der Marktwirtschaft für den Einzelnen abfederte.

Die freiheitlich-demokratischen Werte und Normen des Westens, allen voran der USA, prägten zunehmend das soziale und kulturelle Leben der Bundesrepublik. Die Bürger freundeten sich seit Ende der 1950er-Jahre mit einer liberalen politischen Kultur an, die Ideale wie Emanzipation, Mitbestimmung und Individualismus schätzte. Eine große Leistung der frühen Bundesrepublik war auch die Integration der Flüchtlinge und Vertriebenen in Staat und Gesellschaft.

# Bundesrepublik Deutschland

**M1** Ursachen und Folgen des „Wirtschaftswunders" (1949–1966) in der Bundesrepublik Deutschland

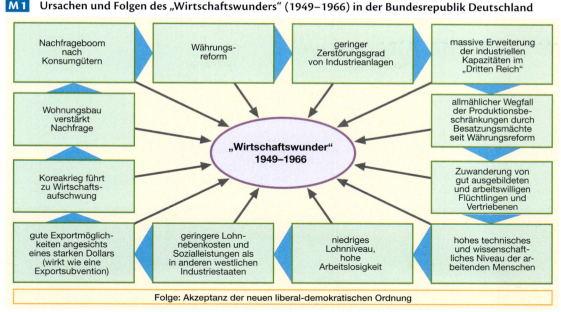

Nach: Herbert Krohl/Hartmann Wunderer, Von der Quelle zum Tafelbild, Bd. 1, Wochenschau, Schwalbach/Ts. 2008, S. 69.

# Zeittafel

**Mai 1945** Bedingungslose Kapitulation des Dritten Reiches
**Aug.** Beschluss der Potsdamer Konferenz zur Demokratisierung, Entmilitarisierung, Entnazifizierung, Dezentralisierung Deutschlands; Einrichtung des Alliierten Kontrollrats
**1945/46** Vertreibungen aus den dt. Ostgebieten; Nürnberger Prozess
**Sept. 1946** Byrnes-Rede in Stuttgart
**1946/47** „Hungerwinter"
**1947** Beginn des Kalten Krieges
**Jan.** Brit.-amerik. Bizone
**Juni** Treffen aller deutschen Ministerpräsidenten in München
**1948** Marshallplan in Kraft
**März** Scheitern der Londoner Sechsmächtekonferenz über Deutschland; Westmächte befürworten westdeutschen Teilstaat; Austritt der UdSSR aus dem Alliierten Kontrollrat
**Juni** Währungsreform
**Juni 1948–Mai 1949** Berlin-Blockade durch die Sowjetunion
**Juli** Auftrag der westlichen Militärgouverneure an die Ministerpräsidenten der Länder, eine verfassunggebende Versammlung einzuberufen
**Aug.** Verfassungskonvent auf Herrenchiemsee
**Sept. 1948–Mai 1949** Tagung des Parlamentarischen Rates zur Ausarbeitung des Grundgesetzes
**Mai 1949** Verkündung des Grundgesetzes: Gründung der Bundesrepublik Deutschland
**Aug.** Wahlen zum 1. Bundestag
**Sept.** Besatzungsstatut
**1949–1959** Theodor Heuss (FDP) 1. Bundespräsident
**1949–1963** Regierung unter Konrad Adenauer (CDU): „Ära Adenauer"
**1951** Gründung der EGKS; GATT-Beitritt der Bundesrepublik
**März 1952** Stalin-Noten
**Mai** Deutschlandvertrag zwischen Bundesrepublik und Westmächten
**Juli** Lastenausgleichsgesetz
**Sept.** Wiedergutmachungsabkommen mit Israel
**1954** „Wunder von Bern": Gewinn der Fußballweltmeisterschaft
**1955** Inkrafttreten der Pariser Verträge: Beendigung des Besatzungsregimes; volle Souveränität der Bundesrepublik; Beitritt der Bundesrepublik zur NATO; Moskau-Reise Adenauers: Freilassung dt. Kriegsgefangener
**1956** Verbot der KPD
**1957** Eingliederung des Saarlandes; Rentenreform („Generationenvertrag")
**1958** Gleichberechtigungsgesetz; die Bundesrepublik ist Gründungsmitglied der Europäischen Wirtschaftsgemeinschaft (EWG)
**1959** SPD: Godesberger Programm
**um 1960** Vollbeschäftigung
**1961** Bau der Berliner Mauer
**1962** „Spiegel"-Affäre
**1963** Elysée-Vertrag mit Frankreich
**1963–1966** Regierung unter Ludwig Erhard (CDU)
**1966/67** Wirtschaftsrezession
**1966–1969** Große Koalition unter Kurt Georg Kiesinger (CDU, SPD)
**1966–1969** Studentenbewegung/ Außerparlamentarische Opposition
**1968** Notstandsgesetze
**1969–1974** Sozialliberale Koalition unter Willy Brandt (SPD, FDP)

# 6 Die Deutsche Demokratische Republik – eine deutsche Alternative?

**M1** Fotografie aus Greifswald von Siegfried Wittenburg (geb. 1952), 1990.
Dargestellt sind u.a.: eine typische Inschrift der ehemaligen kommunistischen Machthaber der DDR; Werbung einer westdeutschen Firma aus der Zeit kurz vor der Währungs-, Wirtschafts- und Sozialunion zwischen beiden deutschen Teilstaaten am 1. Juli 1990. Das Foto stammt von dem Fotodesigner Siegfried Wittenburg. Er war seit 1981 künstlerisch tätig und gehörte zu denjenigen Fotografen in der DDR, die seit den 1980er-Jahren mit ihrer Arbeit Kritik an der Wirklichkeit im „real existierenden Sozialismus" übten.

- 1948 Währungsreform in der SBZ
- 1949 Gründung der DDR
- 1950 Gründung der „Stasi", Fünfjahresplan, RGW-Beitritt
- 1952 Sperrzone zur BRD, „Planmäßiger Aufbau des Sozialismus"
- 17. Juni 1953 Volksaufstand
- 1954 Jugendweihe
- 1955 Beitritt zum Warschauer Pakt, offizielle Souveränität
- 1961 Bau der Berliner Mauer
- 1963 „Neues System der ökonomischen Planung und Leitung"
- 1952–1960 Kollektivierung der Landwirtschaft
- 1949–1971 Ära Ulbricht

Der Vorsitzende der Sozialistischen Einheitspartei Deutschlands (SED), Wilhelm Pieck, verkündete auf der 10. Tagung des Parteivorstandes im Jahre 1948: Die „Lebensverhältnisse der Bevölkerung in unserer Zone [werden] sich demnach sehr bald verbessern, was wiederum einen starken Einfluss auf die Volksmassen im Weststaat ausüben wird. Es ist damit zu rechnen, dass auch damit der Wille zur Einheit Deutschlands nicht einschlafen, sondern sich verstärken wird." Dieser Anspruch, dass die Kommunisten in der Sowjetischen Besatzungszone (SBZ) und der späteren DDR eine attraktive Alternative zur parlamentarischen Demokratie und Marktwirtschaft im Westen aufgebaut hätten, prägte das Selbstverständnis des östlichen deutschen Teilstaates seit seiner Gründung 1949. Dieser kommunistische Staat war nach seiner eigenen Propaganda die bessere demokratische Republik und sollte sich deswegen zur Heimat für alle Deutschen entwickeln. Die Wirklichkeit sah ganz anders aus: Bereits in den 1950er-Jahren entstand im Westen eine stabile demokratische Ordnung, die in der Bevölkerung auf breite Zustimmung stieß. Diese Legitimität blieb der kommunistischen Einparteiendiktatur in der DDR versagt. Vom Anfang bis zum Ende trennte ein tiefer Graben die Bevölkerung und die diktatorisch herrschende SED. Das westliche Staats-, Gesellschafts- und Wirtschaftssystem übte auf die Mehrheit der Menschen in der DDR eine große Anziehungskraft aus. Den Konkurrenzkampf um das bessere, menschenfreundlichere System (Systemkonkurrenz) entschied die Bundesrepublik zu ihren Gunsten. Mit der friedlichen Revolution in der DDR 1989 und der Vereinigung 1990 endete die Geschichte der DDR.

### Kompetenzerwerb: Nach Bearbeitung des Kapitels 6 können Sie …

- die von den kommunistischen Machthabern der DDR erhobenen programmatischen Ansprüche mit der Wirklichkeit vergleichen,
- aufzeigen, mit welchen wirtschafts- und sozialpolitischen Mitteln die DDR-Führung die Bevölkerung für das kommunistische System zu gewinnen suchte,
- erklären, wie sich die Beziehungen beider deutscher Teilstaaten, die gegensätzlichen politischen Lagern angehörten, entwickelten,
- die Wirtschafts- und Sozialpolitik in der Endphase der DDR darstellen,
- die Ziele, die Parteien und Gruppen in der DDR während der Revolution und der Vereinigung 1989/90 verfolgten, erläutern,
- Erinnerungen an die DDR-Vergangenheit beurteilen,
- Fotografien auswerten.

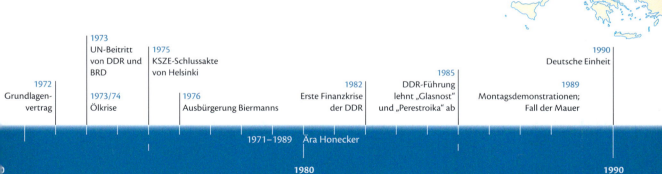

## Grundwissen

### 17. Juni 1953: Aufstand gegen das DDR-Regime
Ausgehend von Arbeiterstreiks kam es am 17. Juni 1953 in vielen Orten der DDR zu Demonstrationen gegen die Führung der Sozialistischen Einheitspartei Deutschlands (SED) unter Walter Ulbricht, die den Aufstand durch sowjetische Truppen niederschlagen ließ. Die SED-Führung reagierte auf den Aufstand mit einem flächendeckenden Ausbau des Spitzelwesens (d. h. dem Ausbau des 1950 gegründeten Ministeriums für Staatssicherheit [„Stasi"]). Die Fluchtbewegung konnte sie aber nicht eindämmen. In der Bundesrepublik war der 17. Juni bis 1990 Nationalfeiertag („Tag der Deutschen Einheit").

### 1961: Mauerbau
Im August 1961 ließ die DDR-Regierung eine Mauer zwischen Ostberlin und den Westsektoren errichten, um die anhaltende Massenflucht von DDR-Bürgern zu beenden. Kurz darauf wurde die gesamte innerdeutsche Grenze für Westreisen gesperrt. Der Mauerbau wurde von Seiten der DDR-Führung offiziell mit „Revanchepolitik" und „Menschenhandel" Westdeutschlands begründet. Tatsächlich war er jedoch ein Offenbarungseid des Systems der DDR, die die Menschen nicht ohne Zwang in ihrem Staat halten konnte. Die Mauer wurde zum Symbol der deutschen Teilung, führte aber in den folgenden Jahren zur inneren Stabilisierung der DDR.

### Deutsche Frage
Die Aufteilung Deutschlands 1945 und die in der Folgezeit sich abzeichnende dauerhafte Teilung des Landes rückte die im 19. Jh. aufgekommene Deutsche Frage als das Problem einer nationalen Einheit der Deutschen wieder in den Blickpunkt der Politik. Die Aufforderung des Grundgesetzes der Bundesrepublik von 1949, „in freier Selbstbestimmung die Einheit und Freiheit Deutschlands zu vollenden", konnte vor allem wegen der jahrzehntelangen Ost-West-Konfrontation erst im Jahre 1990, nach der friedlichen Revolution in der DDR, erfüllt werden.

**M1** Demonstrationszug Ostberliner Arbeiterinnen und Arbeiter durch das Brandenburger Tor in Berlin am 17. Juni 1953, Fotografie

### Entspannungspolitik
Nach der ersten Phase des Kalten Krieges kam es 1963 bis 1979 zu Vertragsabschlüssen in Fragen der Rüstungsbegrenzung und -kontrolle zwischen den beiden Weltmächten USA und Sowjetunion und den von ihnen angeführten Machtblöcken sowie zu Sicherheitsvereinbarungen auf der Konferenz für Sicherheit und Zusammenarbeit in Europa (KSZE). International führten die Abschlüsse zu einer Entspannung zwischen den beiden Machtblöcken. In der ersten Hälfte der 1980er-Jahre verschärften sich die Ost-West-Spannungen jedoch wieder.

### 1972: Grundlagenvertrag
Vertrag vom 21. Dezember 1972 über die Grundlagen der Beziehungen zwischen beiden deutschen Staaten. Er sollte den „gutnachbarlichen Beziehungen" auf der Grundlage der Gleichberechtigung dienen, u. a. durch Gewaltverzicht, Achtung der bestehenden Grenze sowie der Regelung praktischer und humanitärer Fragen.

### Ostverträge
Die von der Bundesregierung Brandt in den 1970er-Jahren aufgrund der „Neuen Ostpolitik" geschlossenen Verträge mit der Sowjetunion (Moskauer Vertrag 1970), Polen (Warschauer Vertrag 1970) und der Tschechoslowakei (Prager Vertrag 1973). Wie beim Grundlagenvertrag war das politische Ziel der Ostverträge Wandel durch Annäherung.

### Ab 1985: Reformpolitik in der UdSSR
Massive Krisenerscheinungen in Staat, Gesellschaft und Wirtschaft der UdSSR führten ab 1985 unter dem neuen Generalsekretär der Kommunistischen Partei der UdSSR (KPdSU), Michail Gorbatschow, zu einem Kurswechsel. Grundlegende Reformen innerhalb des sozialistischen Systems (Glasnost und Perestroika; s. u.) scheiterten jedoch an den starren Herrschafts- und Wirtschaftsstrukturen des kommunistischen Systems. Erst die Auflösung dieses Systems schuf die Voraussetzungen für eine mögliche Entwicklung von Demokratie und Marktwirtschaft.

### Glasnost und Perestroika
Von Michail Gorbatschow zur Beschreibung seiner Reformpolitik (s. o.) verwendete zentrale Begriffe.
Glasnost (Offenheit): Transparenz der Entscheidungen in den Staats- und Parteiorganen und öffentliche Diskussion der Probleme und Aufgaben.
Perestroika (Umbau): Ursprünglich als Modernisierung der Führungsrolle der KPdSU gedacht, führte sie, verschärft durch Machtkämpfe, Wirtschaftsprobleme und Nationalitätenkonflikte, zum Zerfall der Sowjetunion.

### 1989: Umbruch in Osteuropa
Ausgehend von inneren Oppositionsbewegungen in den Ostblockländern (zuerst in Polen), den Ergebnissen der KSZE-Konferenz in Helsinki (s. o. „Entspannungspolitik") und der Reformpolitik Gorbatschows in der UdSSR (s. o.) kam es ab 1989 zur Beseitigung des sozialistischen Herrschafts- und Wirtschaftssystems in allen osteuropäischen Staaten.

### 9. Nov. 1989: Öffnung der innerdeutschen Grenze
Die Öffnung der Grenzübergänge in Berlin am 9. November 1989 („Fall der Mauer") sowie in anderen Teilen der DDR gilt vor allem als symbolischer Schritt, der ein Jahr später zur Deutschen Einheit führte.

### 3. Okt. 1990: „Tag der Deutschen Einheit"
Tag des Beitritts der fünf neuen Länder (aus der ehemaligen DDR) zur Bundesrepublik Deutschland nach der friedlichen Revolution in der DDR und der Öffnung der innerdeutschen Grenze (s. o.). Seit 1990 ist der 3. Oktober gesetzlicher Feiertag.

## Grundwissentraining

**1 Wissen wiederholen – mit einem Grundwissenquiz**
a) Entwerfen Sie für jeden Grundwissensbegriff zwei Quizfragen und notieren Sie auf Karteikarten jeweils vorne die Frage und auf der Rückseite die Antwort.
b) Führen Sie in der nächsten Geschichtsstunde mit Ihren Mitschülern ein Quiz durch.
c) Erweitern Sie den Fragenkatalog mit Grundwissensbegriffen aus anderen Kapiteln.

**2 Zusammenhänge herstellen – durch Gestaltung einer Folie**
a) Entwerfen Sie in Kleingruppen zu den Grundwissensbegriffen ein aussagekräftiges Schaubild (vgl. Wiederholung zu Kapitel 1, S. 15) und übertragen Sie dieses auf eine Folie (oder ein anderes Präsentationsmedium).
b) Präsentieren Sie Ihre Arbeitsergebnisse vor der Klasse.

**3 Testaufgabe**
a) Interpretieren Sie die von den Arbeiterinnen und Arbeitern mitgeführten Fahnen vor der deutschlandpolitischen Situation im Entstehungsjahr der Fotografie M 1.
b) Informieren Sie sich, bei welchen weiteren Grundwissensdaten dieses und anderer Kapitel das Brandenburger Tor eine besondere Rolle spielte, und sammeln Sie entsprechendes Bildmaterial.

# 6.1 Demokratie im „Arbeiter- und Bauernstaat": Anspruch und Wirklichkeit

**Internettipp**
www.dhm.de/lemo/home.html
Solides Internetportal des Deutschen Historischen Museums zum Nachschlagen und für Recherchen zur Geschichte Deutschlands nach 1945 (Informationstexte, Chroniken, Biografien, Statistiken, Schaubilder, Text-, Film- und Tondokumente, Erinnerungen von Zeitgenossen).

**M1 Walter Ulbricht (1893–1973)**

1912 Mitglied der SPD
1919 Mitbegründer der KPD
1928–1933 Mitglied des Reichstags
1933 Emigration
1936–1938 Exil in Paris und Prag
1938–1945 Aufenthalt in der Sowjetunion, Mitbegründer des „Nationalkomitees Freies Deutschland"
1945–1949 Rückkehr nach Deutschland („Gruppe Ulbricht"), führend bei der Bildung der SED und dem Aufbau der SED-Diktatur
1949–1960 Stellvertretender Ministerpräsident der DDR
1950–1971 Generalsekretär bzw. Erster Sekretär der SED
seit 1953 Ausschaltung politischer Konkurrenten
1960–1973 Vorsitzender des Staatsrates und des Nationalen Verteidigungsrates

**Besatzungspolitik der Sowjetunion** Nach der bedingungslosen Kapitulation des Deutschen Reiches 1945 strebte die Sowjetunion als Maximalziel die politische und wirtschaftliche Vorherrschaft über ein vereinigtes und von westlichen Einflüssen befreites Deutschland an, das sich eng an die Sowjetunion anlehnen sollte. Wenn sich eine solche gesamtdeutsche Lösung nicht verwirklichen ließ, wollte Moskau auf die Minimallösung setzen und in der **Sowjetischen Besatzungszone (SBZ)** ein kommunistisches System aufbauen. Es sollte derartig attraktiv auf den Westen wirken, dass sich dieser ebenfalls zum kommunistischen Gesellschaftsmodell bekennen und auf einen deutschen Gesamtstaat nach sowjetischem Muster hinarbeiten würde.

Auf die Staatsbildung im Osten drängten jedoch vor allem die deutschen Kommunisten. An erster Stelle sind dabei die Exilkommunisten zu nennen, die wie die **„Gruppe Ulbricht"** im Moskauer Exil auf ihre Chance gewartet haben und nach der Rückkehr im April 1945 die **Sowjetische Militäradministration in Deutschland (SMAD)** bei ihrer Arbeit unterstützten. Als das sowjetische Militär im Juli 1945 mit dem Aufbau einer deutschen Länder- und einer Zentralverwaltung begann, erhielten Kommunisten entscheidende Positionen. Die SMAD setzte mit Befehlen vom Oktober 1945 die Beschlagnahmung des gesamten Eigentums des deutschen Staates, der NSDAP und ihrer Amtsleiter sowie der Wehrmacht in der SBZ durch. Überdies legte sie die Grundlagen für eine sozialistische Wirtschaftsordnung: 1945 wurden zahlreiche schwerindustrielle Betriebe in Sowjetische Aktiengesellschaften überführt, Banken und Sparkassen verstaatlicht und andere Wirtschaftsunternehmen 1946 den deutschen Verwaltungsorganen unterstellt. Die SMAD war ebenfalls die treibende Kraft bei der Enteignung der Großgrundbesitzer, die 1945 den Kern der **Bodenreform** bildete.

Diese Strukturreformen, die die Grundlagen legten für ein kommunistisches System, beruhten auf der Überzeugung, dass die Herrschaft des Nationalsozialismus eine Folge der kapitalistischen Wirtschaftsordnung gewesen sei. Um die Grundlagen der NS-Politik zu beseitigen, mussten nach dieser Auffassung der Kapitalismus abgeschafft und eine kommunistische Ordnung aufgebaut werden. Die deutschen Kommunisten teilten diese Auffassung vorbehaltlos (M 3).

**Politik der deutschen Kommunisten** Die Losung der deutschen Kommunisten für die Umgestaltung Ostdeutschlands gab **Walter Ulbricht*** (M 1) aus: „Es muss demokratisch aussehen, aber wir müssen alles in der Hand haben." Die überraschend frühe Zulassung von politischen Parteien durch die SMAD im Juni 1945 sollte der Besatzungsmacht nicht nur die volle Kontrolle über das entstehende parteipolitische Leben garantieren, sondern auch der KPD einen Vorsprung sichern, deren Neuaufbau bereits in vollem Gange war. Sie musste aber schon bald erkennen, dass sie ihre führende Position im freien Konkurrenzkampf mit anderen Parteien nicht behalten konnte. Immer mehr Menschen wandten sich von der Partei ab, die sich vorbehaltlos mit der unbeliebten sowjetischen Besatzungsmacht identifizierte. Von der zunehmenden Distanz der Bevölkerung gegenüber der KPD profitierte besonders die SPD, die die große Massenpartei in der SBZ war. Das wollten SMAD und KPD nicht hinnehmen und drängten auf einen Zusammenschluss von SPD und KPD. Unter dem Druck der Besatzungsmacht vollzogen beide Parteien im April 1946 ihre Vereinigung zur **Sozialistischen Einheitspartei Deutschlands (SED)**, die nach dem sowjetischen

Vorbild zu einer kommunistischen „Partei neuen Typs"* umgeformt wurde. Die Vereinigung war eine Zwangsvereinigung, da viele Sozialdemokraten die Fusion der beiden Arbeiterparteien ablehnten.

### Gründung der DDR

Um den Westalliierten zu zeigen, dass es sich bei der „antifaschistischen Demokratie" in der SBZ wirklich um eine Demokratie handelte, setzte die sowjetische Besatzungsmacht 1946 Wahlen an. Diese Wahlergebnisse machten SMAD und SED deutlich, dass ihre ständig propagierte „führende Rolle" im politischen Leben alles andere als gesichert war. Die Vorherrschaft der kommunistischen Kräfte war jedoch für eine grundlegende Umgestaltung von Politik, Gesellschaft und Wirtschaft in ihrem Sinne unabdingbar.

Um ihre Vormachtstellung zu erhalten und auszubauen, organisierte die SED die Volkskongressbewegung, die den Weg ebnete zum zentralistischen Einheitsstaat in der SBZ bzw. zur Gründung der DDR. Der „Erste Deutsche Volkskongress für Einheit und gerechten Frieden" im Dezember 1947 sollte zeigen, dass dem Aufruf der SED Vertreter aller Parteien, Massenorganisationen* und Betriebe aus der SBZ und teilweise auch aus den Westzonen folgten. Der Mitte März 1948 zusammengetretene Zweite Volkskongress, der sich aus knapp 2000 Delegierten der verschiedenen Parteien und Massenorganisationen zusammensetzte, wählte aus seiner Mitte einen aus 400 Mitgliedern bestehenden „Deutschen Volksrat". Dieser sollte eine Verfassung für „eine unteilbare deutsche demokratische Republik" ausarbeiten. Im März 1949 verabschiedete der Volksrat seinen Verfassungsentwurf, der anschließend von der SMAD genehmigt wurde.

Nachdem das Grundgesetz für die Bundesrepublik Deutschland in Kraft getreten war, wählte die Bevölkerung der SBZ Mitte Mai 1949 den Dritten Volkskongress. Zur Wahl standen allerdings nicht einzelne Kandidaten oder Parteien. Die Wähler besaßen lediglich die Möglichkeit, einer Einheitsliste von Parteien und Massenorganisationen zuzustimmen oder diese abzulehnen. Am 30. Mai 1949 trat dieser so gewählte Dritte Volkskongress zusammen und bestimmte den zweiten „Deutschen Volksrat". Dieser erklärte sich am 7. Oktober 1949 zur „Provisorischen Volkskammer", d. h. zur legitimen Volksvertretung, zum Parlament. Nach der Bestätigung durch den Volkskongress setzte er die „Verfassung der Deutschen Demokratischen Republik" in Kraft. Damit war die DDR gegründet (M 2), Deutschland war staatsrechtlich in zwei Staaten geteilt.

### Das Konzept der „Volksdemokratie"

„Wenn wir eine Regierung gründen, geben wir sie niemals wieder auf, weder durch Wahlen noch durch andere Methoden." Mit diesen Worten charakterisierte Gerhart Eisler auf der Sitzung der SED-Parteiführung am 4. Oktober 1949 die Ziele seiner Partei. Wie vertrug sich diese diktatorische Machtstrategie der SED mit dem Anspruch, eine „Deutsche Demokratische Republik" zu verwirklichen, die Vorbild sein sollte für ein später wiedervereinigtes kommunistisches Gesamtdeutschland (M 3)? Die sowjetischen wie auch die deutschen Kommunisten haben die westlichen Demokratien abgelehnt, da sie Ausdruck des Klasseninteresses der Bourgeoisie seien. Während in den „bürgerlichen Demokratien" eine kleine Minderheit, nämlich die wirtschaftlich herrschende Klasse, die Macht ausübe, herrsche in einer „Volksdemokratie"* die Mehrheit über die Minderheit.

Das Konzept von der DDR als „Arbeiter- und Bauernstaat" beruhte auf der Ideologie des Marxismus-Leninismus. Auf Karl Marx geht die Überzeugung zurück, dass das Proletariat nach seinem revolutionären Sieg über die Bourgeoisie vorübergehend eine Diktatur errichten müsse; diese Diktatur habe jedoch auf ihre eigene Überwindung in eine klassenlose Gesellschaft abzuzielen. In der klassen-

---

**„Partei neuen Typs"**
Bezeichnung für die SED nach ihrer 1946/48 erfolgten Umformung zur marxistisch-leninistischen Kaderpartei sowjetischer Prägung. Sie war streng hierarchisch aufgebaut („demokratischer Zentralismus"); an der Spitze stand ein „Politbüro"; Beschlüsse der Partei waren für die Parteimitglieder in Parlamenten, Regierung und Verwaltung bindend; Gruppenbildungen innerhalb der Partei waren verboten.

**Massenorganisationen**
1948 erfolgte die Umformung bisher unabhängiger sozialer Verbände in der SBZ zu kommunistischen Massenorganisationen, in deren Statuten die Führungsrolle der SED verankert war. Die wichtigsten Organisationen in der SBZ bzw. DDR waren:
– Freier Deutscher Gewerkschaftsbund (FDGB),
– Freie Deutsche Jugend (FDJ),
– Demokratischer Frauenbund Deutschlands (DFD),
– Kulturbund (KB).
Ziel war es, alle Bürger zu erfassen und ihnen die Möglichkeit zu geben, ihre Interessen zu formulieren, aber nur unter Kontrolle der SED. Nach einem festen Schlüssel erhielten die Organisationen Volkskammersitze.

**„Volksdemokratie"**
Nach dem bulgarischen Kommunistenführer Georgi Dimitroff (1882 bis 1949) eine „Staatsform der politischen Herrschaft der Arbeiterklasse in der Übergangsperiode des Sozialismus". Tatsächlich waren die „Volksdemokratien", die auf Druck der UdSSR seit 1944/45 in Osteuropa errichtet wurden (s. S. 236), Parteidiktaturen. Merkmale sind:
– Herrschaft einer Partei oder einer Einheitsfront aus Parteien und Organisationen;
– zentrale Steuerung der Wirtschaft durch den Staat (Planwirtschaft);
– Kontrolle und Steuerung der Gesellschaft durch die Staatspartei;
– Macht- und Meinungsmonopol bei der kommun. Staatspartei;
– Geheimpolizei, Unterdrückung der Opposition durch Terror.

# 6 Deutsche Demokratische Republik

**M2** Fahrzeugflagge des Präsidenten der DDR, 1949

losen Gesellschaft würden die Menschen dann nach ihren eigenen Bedürfnissen leben und ihre Geschichte wieder selbst machen. Die zeitweilige weltweite Verführungskraft der Utopie der klassenlosen Gesellschaft beruhte wesentlich auf dieser Idealisierung des Kommunismus. Aus diesem Grund hat er auch zeitweilig eine große Anziehungskraft auf bürgerliche Intellektuelle ausgeübt. Wladimir I. Lenin ergänzte den Marxismus um die Theorie der revolutionären Avantgarde (= Vorkämpfer), ohne die es keine erfolgreiche proletarische Revolution geben könne. Die Aufgabe dieser Vorkämpfer für den Kommunismus bestehe in der Führung und Erziehung der Arbeiterklasse zum Klassenkampf. Die SED verstand sich als eine solche Avantgarde. Mithilfe der Sowjetunion wollte sie in Deutschland den Nationalsozialismus ausrotten und die Voraussetzungen für eine kommunistische Gesellschaft schaffen (M 10, M 11). Dabei wurde sie teils auch von bürgerlich-liberalen Denkern unterstützt (M 13, M 14).

**Artikel 6 der DDR-Verfassung**
Der Artikel definierte die „Verbrechen im Sinne des Strafgesetzbuches" und wurde zur Unterdrückung jeder Opposition genutzt. Verbrechen waren u. a. die Bekundung von Glaubens-, Rassen- und Völkerhass, Kriegshetze und die „Boykotthetze gegen demokratische Einrichtungen und Organisationen [...] und alle sonstigen Handlungen, die sich gegen die Gleichberechtigung richten".

### Der SED-Staat

Nach der Verfassung von 1949 war die DDR ein zentralistischer Staat, in dem es keine Gewaltenteilung gab; alle Gewalt war beim Parlament konzentriert, d. h. der Volkskammer als „höchstem Organ der Republik". Gelenkt und bestimmt wurde das Parlament von der SED. Zwar garantierte die DDR-Verfassung die bürgerlichen Grundrechte (Rede-, Presse-, Versammlungs-, Religionsfreiheit, Postgeheimnis usw.), die „allgemeine, gleiche, unmittelbare und geheime Wahl" der Abgeordneten und das Streikrecht der Gewerkschaften. Die Verfassungswirklichkeit sah aber anders aus: Die SED schaltete jede Opposition aus und vereinigte die Macht im Staate in ihren

**M3** Sammelkarte der Nationalen Front, DDR, 1950

**1** Erarbeiten Sie aus M3 Ansprüche und Ziele des Herrschaftssystems der DDR.

Händen. Für die strafrechtliche Verfolgung jeder Opposition nutzte sie **Artikel 6 der DDR-Verfassung\***.

Die Bürger der 1949 gegründeten DDR mussten ihr politisches und gesellschaftliches Leben nach dem Muster der Sowjetunion ausrichten. Politische Herrschaft wurde hier nicht, wie in den westlichen Demokratien, nach den Prinzipien der Gewaltenteilung und des Schutzes der Menschen vor staatlicher Willkür ausgerichtet. Stattdessen übernahm in der DDR die SED die alleinige Macht (M 3). Im Inneren war die Partei nach dem Prinzip des **„demokratischen Zentralismus"** organisiert. Das bedeutete erstens die Ausrichtung der gesamten Partei an der vom **Politbüro**, dem höchsten SED-Parteigremium und eigentlichen Machtzentrum der DDR, vorgegebenen Parteilinie; zweitens hieß dies Kontrolle der Funktionäre und Mitglieder durch den Parteiapparat. Die SED besaß das Macht- und Meinungsmonopol im Staate und erhob den Anspruch auf den alleinigen Besitz der Wahrheit. Zur Durchsetzung und Sicherung ihres Machtmonopols wandte die SED mehrere Methoden an. Hierzu gehörten: Terror oder die Androhung von Terror; die Lenkung der Nicht-SED-Organisationen, der Parteien außerhalb der SED **(Blockparteien\*)** und der Presse; die Etablierung einer neuen, auf den Kommunismus eingeschworenen Elite in Staat, Kultur und Wirtschaft. Die zentral vom Staat gelenkte **Planwirtschaft\***, in der Angebot, Preisfestsetzung und Verteilung der Güter nach gesamtwirtschaftlichen Plänen vorgenommen wurden, entwickelte sich in der Praxis zu einer Mangelwirtschaft. Dass die DDR westlichen Ansprüchen an eine Demokratie nicht genügte, zeigen die Wahlen. Die **Nationale Front** (Dachverband aller Parteien und gesellschaftlichen Gruppen) stellte für Wahlen eine **Einheitsliste** auf (M 4), bei der die Mandate nach einem festen Schlüssel im Voraus zugeteilt waren. Von der Möglichkeit, auf der Liste Kandidaten zu streichen und damit andere „hochzuwählen", machten nur wenige Gebrauch. Nach dem Gesetz konnte geheim gewählt werden, erwartet wurde aber das öffentliche Einwerfen des unveränderten Stimmzettels. Nach den offiziellen, von der SED verkündeten Wahlergebnissen stimmten immer fast 99 Prozent für den „gemeinsamen Wahlvorschlag der Nationalen Front". Abgesehen davon, dass die politische Führung die Wahlergebnisse wahrscheinlich fälschen ließ, erschöpften sich Wahlen in der DDR im „Zettelfalten".

**Blockparteien**
Siehe S. 309.

**Planwirtschaft**
Siehe S. 303.

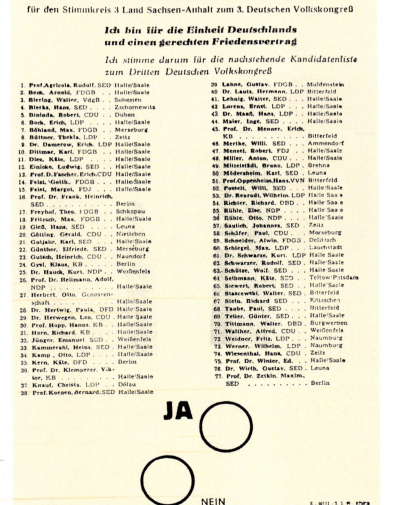

**M 4** Stimmzettel für die Volkskongresswahlen im Mai 1949

# 6 Deutsche Demokratische Republik

**M5** Präsidium des III. Parteitages der SED in Berlin (Ost), Fotografie, 1950.
Vorderste Reihe, stehend: Wilhelm Pieck (erster DDR-Präsident), Walter Ulbricht (SED-Generalsekretär bis 1971), Otto Grotewohl (erster DDR-Ministerpräsident), Erich Honecker (SED-Generalsekretär 1971–1989).

**M6** Briefkastenobservation zur Postkontrolle, DDR, Stasi-Fotografie, undatiert

**Internettipp**
www.bstu.bund.de
Die Behörde der Bundesbeauftragten für die Unterlagen des Staatssicherheitsdienstes der ehemaligen DDR arbeitet die Geschichte des MfS wissenschaftlich auf. Auf ihrer Internetseite stellt sie Hintergrundwissen und Aktenfallbeispiele zur Verfügung.

KSZE-Schlussakte von Helsinki
Siehe S. 299.

### Der Überwachungsstaat: die „Stasi"

Kommunistische Diktaturen waren und sind in der Regel Überwachungsstaaten, in denen eine Geheimpolizei das gesamte gesellschaftliche Leben kontrolliert. Diese Aufgabe übernahm in der DDR das im Februar 1950 gegründete Ministerium für Staatssicherheit (MfS; inoffiziell Stasi), das direkt dem Politbüro der SED unterstellt war. Mithilfe eines weit verzweigten Netzes von Agenten spionierte die Stasi das öffentliche und private Leben der Bürger aus (M6, M15, M16). Jede Opposition gegen den SED-Staat sollte auf diese Weise entdeckt, im Keim erstickt und „ausgeschaltet" werden. Das MfS, das von Anfang an bis zu seiner Auflösung 1989 unter der Führung und Kontrolle sowjetischer Geheimdienste und Sicherheitsorgane stand, wurde in den 1950er-Jahren rasch und systematisch ausgebaut. Gehörten ihm 1950 1000 Mitarbeiter an, arbeiteten 1957 bereits 17 500 Menschen für die Staatssicherheit. Am Ende der DDR beschäftigte das MfS 91 000 hauptamtliche und 189 000 Inoffizielle Mitarbeiter (IM).

### Opposition I: Aufstand, Massenflucht, Kritik

Der ausgedehnte und allgegenwärtige Überwachungsapparat zeigte, dass sich die SED während ihrer gesamten Herrschaft nie der Loyalität der Bevölkerungsmehrheit sicher sein konnte. Das verdeutlichte der Volksaufstand vom 17. Juni 1953, als in der gesamten DDR eine Protestbewegung entstand, die nicht nur die Rücknahme erhöhter Arbeitsnormen verlangte. Diese Bewegung erhob von Anfang an auch politische Forderungen wie Rücktritt der Regierung, Wiederherstellung der Einheit Deutschlands auf der Grundlage freier Wahlen, die Freilassung politischer Gefangener sowie die Zulassung freier Parteien und Gewerkschaften (s. S. 278). Sowjetische Panzer beendeten den Aufstand blutig.

Ein untrügliches Indiz für die Ablehnung der SED-Herrschaft und der kommunistischen Mangelwirtschaft durch weite Teile der Bevölkerung war auch die Massenflucht aus der DDR in die Bundesrepublik Deutschland. Mit dem Bau der Berliner Mauer am 13. August 1961 beendete die DDR diese „Abstimmung mit den Füßen" und schottete sich weitgehend vom Westen ab (s. S. 290f.).

Es gehörte Mut dazu, in der DDR öffentlich Kritik am SED-Regime zu äußern. Seine Gegner bekamen den Druck des Staates zu spüren und nahmen empfindliche Nachteile in Kauf. Einer der bekanntesten Dissidenten war der Physiker Robert Havemann. Die vorsichtige Öffnung des Systems als Folge der Entspannungspolitik (s. S. 297 ff.) und der KSZE-Schlussakte von Helsinki* 1975 ermunterte ihn zur Forderung nach einer Liberalisierung des politisch-gesellschaftlichen und kulturellen Lebens in der DDR. 1976 verlangte Havemann die Zulassung unabhängiger Oppositionsparteien und Zeitungen. Das im Westen erschienene Buch des Dissidenten Rudolf Bahro „Die Alternative" erregte Aufsehen, weil es vom marxistischen Standpunkt aus eine radikale Kritik am „real existierenden Sozialismus" der DDR formulierte. Die Unzufriedenheit ließ 1976 ca. 10 000 DDR-Bürger einen Antrag auf Übersiedelung in die Bundesrepublik stellen. Die SED reagierte erneut mit Repression: Havemann wurde unter Hausarrest gestellt, Bahro zu acht Jahren Zuchthaus verurteilt, der Dichter und Liedermacher Wolf Biermann 1976 nach einem Konzert in Köln ausgebürgert. Proteste von Künstlern gegen die Ausbürgerung Biermanns (M 7) wurden bestraft und 1979 wurde das politische Strafrecht verschärft.

**Opposition II: Ausreise, Kirche, politische Gruppen**

Grundsätzlich lassen sich in der DDR drei Formen von Widerstand oder Distanz unterscheiden: Ausreisebegehren, praktiziertes Christentum und politische Opposition. Zwischen den Gruppen bestand ein spannungsreiches Miteinander, manchmal auch Gegeneinander. Die Ausreisewelle nahm in den 1980er-Jahren eine neue Qualität an. Die Zahl der Anträge auf „Entlassung aus der Staatsbürgerschaft" stieg. Ausreisewillige schlossen sich in Gruppen zusammen, suchten die Öffentlichkeit oder besetzten spektakulär Botschaften westlicher Staaten (M 8).

Die Kirchen bildeten von jeher den einzigen relativ „staatsfreien" Raum in der DDR. Sie wurden von der SED zwar nicht geliebt, aber anders als in der Sowjetunion im Großen und Ganzen geduldet, solange sie sich auf kirchliche und karitative Aufgaben beschränkten. 1989 gehörte noch mehr als ein Drittel der DDR-Bürger einer Kirche an, allein 30 Prozent der evangelischen. Ihrem Verständnis von der Aufgabe der Christen in der Welt folgend, ließ sich die evangelische Kirche die Grenzen ihres Handelns nicht von der SED vorschreiben, geriet immer wieder in Konflikt mit der „Obrigkeit" der DDR. Es waren hauptsächlich Proteste aus den Reihen der Kirche, die die DDR dazu bewogen, 1964 als einziger Ostblockstaat eine Art zivilen Ersatzdienst einzuführen. Statt als Soldaten wurden religiös motivierte Pazifisten als „Bausoldaten" eingesetzt. Bis 1969 bildeten die evangelischen Kirchen Deutschlands in der EKD sogar noch eine gesamtdeutsche Einheit, erst dann erfolgte mit der Gründung des „Bundes der evangelischen Kirchen in der DDR" eine kirchliche Spaltung in Ost und West. Seit 1971 benutzten die kirchlichen Vertreter die mehrdeutige Formel „Kirche im Sozialismus". Das eröffnete Freiräume der Kritik, auch am „real existierenden Sozialismus". Und obwohl die meisten evangelischen Gemeinden sich eher als „unpolitisch" verstanden, engagierte sich eine wachsende Zahl überwiegend jüngerer Menschen in kirchlichen Bürgerrechts-, Ökologie- und Friedensgruppen. Kirchengruppen und -leitungen forderten Reisefreiheit sowie die Achtung von Menschenrechten und entwickelten sich so zum Kristallisationspunkt oppositionellen Verhaltens. Seit Ende der 1970er-Jahre entstanden auch unabhängige Oppositionsgruppen, so z. B. das Netzwerk „Frauen für den Frieden" oder die „Initiative Frieden und Menschenrechte". 1989 wurde das „Neue Forum" gegründet (M 9).

**M 7** Flugblatt aus der DDR, beschlagnahmt von der Stasi im November 1976

**M 8** Flüchtlinge und Übersiedler aus der DDR in die Bundesrepublik Deutschland 1961–1989

| | |
|---|---:|
| 1961 (bis 13. 8.) | 155 402 |
| 1961 (ab 14. 8.) | 51 624 |
| 1971 | 17 408 |
| 1981 | 15 433 |
| 1984 | 40 974 |
| 1987 | 18 958 |
| 1988 | 39 845 |
| 1989 | 343 854 |

Nach: Christoph Kleßmann, Zwei Staaten, eine Nation, Vandenhoek & Ruprecht, Göttingen 1988, S. 558.

**M 9** Bärbel Bohley (geb. 1945), Fotografie, undatiert.
Bohley war u. a. Mitbegründerin der „Initiative Frieden und Menschenrechte" und des „Neuen Forums".

1 Erörtern Sie anhand der Darstellung Anspruch und Wirklichkeit kommunistischer Politik auf dem Weg zur Gründung der DDR.
2 Erläutern Sie, ausgehend von den Begriffen „Volksdemokratie" und „Arbeiter- und Bauernstaat", das Selbstverständnis der politischen Führung in der DDR (Darstellung, M 3, M 5).
3 Prüfen Sie anhand der Beispiele Wahlen, Dissidenten und Repression (s. M 4, M 6, M 7, M 8 und Darstellung), ob die DDR eine Demokratie oder eine Diktatur war.

**M 10** Aus den Grundsätzen des SED-Vereinigungsparteitages vom 21. April 1946

Das Ziel der Sozialistischen Einheitspartei Deutschlands ist die Befreiung von jeder Ausbeutung und Unterdrückung, von Wirtschaftskrisen, Armut, Arbeitslosigkeit und imperialistischer Kriegsdrohung. Dieses Ziel, die Lösung der nationalen und sozialen Lebensfragen unseres Volkes, kann nur durch den Sozialismus erreicht werden.

Die Sozialistische Einheitspartei Deutschlands kämpft für die Verwandlung des kapitalistischen Eigentums an den Produktionsmitteln in gesellschaftliches Eigentum, für die Verwandlung der kapitalistischen Warenproduktion in eine sozialistische, für und durch die Gesellschaft betriebene Produktion. In der bürgerlichen Gesellschaft ist die Arbeiterklasse die ausgebeutete und unterdrückte Klasse. […] Erst mit dem Sozialismus tritt die Menschheit in das Reich der Freiheit und des allgemeinen Wohlergehens ein.

Die grundlegende Voraussetzung zur Errichtung der sozialistischen Gesellschaftsordnung ist die Eroberung der politischen Macht durch die Arbeiterklasse. Dabei verbündet sie sich mit den übrigen Werktätigen.

Die Sozialistische Einheitspartei Deutschlands kämpft um diesen neuen Staat auf dem Boden der demokratischen Republik.

Die gegenwärtige besondere Lage in Deutschland, die mit der Zerbrechung des reaktionären staatlichen Gewaltapparates und dem Aufbau eines demokratischen Staates auf neuer wirtschaftlicher Grundlage entstanden ist, schließt die Möglichkeit ein, die reaktionären Kräfte daran zu hindern, mit den Mitteln der Gewalt und des Bürgerkrieges der endgültigen Befreiung der Arbeiterklasse in den Weg zu treten. Die Sozialistische Einheitspartei Deutschlands erstrebt den demokratischen Weg zum Sozialismus; sie wird aber zu revolutionären Mitteln greifen, wenn die kapitalistische Klasse den Boden der Demokratie verlässt.

*Zit. nach: Matthias Judt (Hg.), DDR-Geschichte in Dokumenten, Ch. Links, Berlin 1997, S. 51.*

**M 11** „10 Gebote", verkündet von Walter Ulbricht auf dem V. Parteitag der SED am 10. Juli 1958

10 Gebote für den neuen sozialistischen Menschen

1. Du sollst Dich stets für die internationale Solidarität der Arbeiterklasse und aller Werktätigen sowie für die unverbrüchliche Verbundenheit aller sozialistischen Länder einsetzen.
2. Du sollst Dein Vaterland lieben und stets bereit sein, Deine ganze Kraft und Fähigkeit für die Verteidigung der Arbeiter- und Bauernmacht einzusetzen.
3. Du sollst helfen, die Ausbeutung des Menschen durch den Menschen zu beseitigen.
4. Du sollst gute Taten für den Sozialismus vollbringen, denn der Sozialismus führt zu einem besseren Leben für alle Werktätigen.
5. Du sollst beim Aufbau des Sozialismus im Geiste der gegenseitigen Hilfe und der kameradschaftlichen Zusammenarbeit handeln, das Kollektiv achten und seine Kritik beherzigen.
6. Du sollst das Volkseigentum schützen und mehren.
7. Du sollst stets nach Verbesserung Deiner Leistungen streben, sparsam sein und die sozialistische Arbeitsdisziplin festigen.
8. Du sollst Deine Kinder im Geiste des Friedens und des Sozialismus zu allseitig gebildeten, charakterfesten und körperlich gestählten Menschen erziehen.
9. Du sollst sauber und anständig leben und Deine Familie achten.
10. Du sollst Solidarität mit den um ihre nationale Befreiung kämpfenden und den ihre nationale Unabhängigkeit verteidigenden Völkern üben.

*Zit. nach: Dieter Vorsteher (Hg.), Parteiauftrag: Ein neues Deutschland, Ausstellungsbuch, DHM, Berlin 1996, S. 37.*

**M 12** Partei und Staat in der DDR (Stand: Ende der 1970er-Jahre)

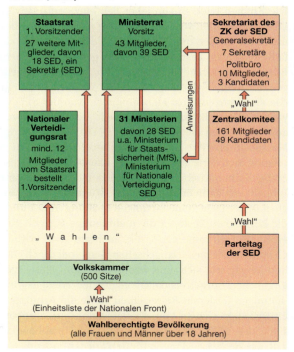

1. Arbeiten Sie aus M 10 und M 11 die Hauptziele der SED heraus. Bestimmen Sie dabei, wie Staat und Gesellschaft nach Ansicht der SED organisiert sein sollten.
2. Bestimmen Sie anhand der Grafik M 12 das Verhältnis von Partei, Volk und Staat in der DDR.
3. Erläutern Sie mithilfe der Grafik M 12 den Begriff des „demokratischen Zentralismus" (s. Darstellung).

## M 13  Suche nach einer „deutschen Alternative"

*Der Romanistikprofessor Victor Klemperer (s. S. 200) über seinen Eintritt in die KPD im November 1945:*

20. November, Dienstagabend: [...] Die Antragsformulare zur Aufnahme in die KPD liegen auf dem Schreibtisch. Bin ich feige, wenn ich *nicht* eintrete – (Seidemann[1] behauptet es); bin ich feige, wenn ich eintrete? Habe ich zum Eintritt ausschließlich egoistische Gründe? Nein! Wenn ich schon in eine Partei muss, dann ist diese das kleinste Übel. Gegenwärtig zum mindesten. Sie allein drängt wirklich auf radikale Ausschaltung der Nazis. Aber sie setzt neue Unfreiheit an die Stelle der alten! Aber das ist im Augenblick nicht zu vermeiden. – Aber vielleicht setze ich persönlich auf das falsche Pferd? Ganz unbegreiflich ist mir nicht, was so viele Pg's[2] sagen: „bloß in keine Partei mehr! Einmal hereingefallen zu sein, genügt ..." Aber ich muß nun wohl Farbe bekennen. – E.[3] tendiert zum Eintritt, u. ich bin eigentlich dafür entschieden. Aber es kommt mir wie eine Komoedie vor: Genosse Kl.! Wessen Genosse?

23. November, Freitagmorgen: Heydebroek[4] schreibt unter dem 16. Nov., der Brief war aber erst vorgestern hier: „Die Urkunde Ihrer Ernennung ist bei mir eingegangen. Ich bitte Sie, dieselbe bei mir in Empfang zu nehmen, damit ich Sie in den Lehrkörper aufnehmen u. in Ihre Tätigkeit einweisen kann." – Ich gehe heute hin. Gleichzeitig gebe ich heute meinen Antrag auf Aufnahme in die KPD ab. Der sehr kurze Lebenslauf schließt nach wenigen Daten mit diesen Sätzen: „Ich habe nie einer Partei angehört, mich aber gesinnungsmäßig u. als Wähler zu den Freisinnigen gehalten; man kann das auch aus meinen Publikationen herauslesen. Wenn ich ohne eine Änderung dieser Tendenz, was die philosophische u. besonders geschichtsphilosophische Grundanschauung anlangt, dennoch um Aufnahme in die Kommunistische Partei bitte, so geschieht das aus folgenden Gründen: ich glaube, dass Parteilosbleiben heute einen Luxus bedeutet, den man mit einigem Recht als Feigheit oder mindestens allzu große Bequemlichkeit auslegen könnte. Und ich glaube, dass wir nur durch allerentschiedenste Linksrichtung aus dem gegenwärtigen Elend hinausgelangen u. vor seiner Wiederkehr bewahrt werden können. Ich habe als Hochschullehrer aus nächster [Nähe] mit ansehen müssen, wie die geistige Reaction immer weiter um sich griff. Man muss sie wirklich u. von Grund aus zu beseitigen suchen. Und den ganz unverklausulierten Willen hierzu sehe ich nur bei der KPD."

*Victor Klemperer, So sitze ich denn zwischen allen Stühlen. Tagebücher 1945–1949, Aufbau, Berlin 1999, S. 146 f.*

1 Erich Seidemann: Vorsitzender der örtlichen KPD-Gruppe
2 Pg: Abkürzung für Parteigenosse
3 Klemperers Ehefrau Eva
4 Enno Heidebroek: 1945–1947 Rektor der TH Dresden

**1** Erklären Sie die Motive Klemperers, in die KPD einzutreten (M 13). Welchen politischen Stellenwert misst er der KPD nach dem Ende der NS-Zeit zu?

## M 14  Karikatur von Karl Holtz (1899–1978), 1947.

Bildunterschrift: „Der rechte Weg – Der linke Weg scheint doch der rechte zu sein, denn rechts haben wir uns bisher immer die Knochen blutig gelaufen ..." Holtz wurde von einem sowjetischen Militärgericht für eine stalinkritische Karikatur, die er 1949 in der Schweiz veröffentlicht hatte, zu 25 Jahren Haft verurteilt.

**1** Analysieren Sie die Aussage der Karikatur M 14:
a) Vergleichen Sie die Argumente, die Klemperer und Holtz in M 13 und M 14 in der Nachkriegszeit für einen „linken" politischen Weg vorbringen.
b) Bewerten Sie die Positionen in M 13 und M 14.

## M 15  Der Überwachungsstaat der DDR

*Lagebericht des Ministeriums für Staatssicherheit über die Motive für Ausreiseanträge und „Republikflucht", 1989:*

Die zu diesem Komplex in den letzten Monaten zielgerichtet erarbeiteten Erkenntnisse beweisen erneut, dass die tatsächlichen Handlungsmotive zum Verlassen der DDR sowohl bei Antragstellungen auf ständige Ausreise als auch für das ungesetzliche Verlassen im Wesentlichen identisch sind. [...] Im Wesentlichen handelt es sich um ein ganzes Bündel im Komplex wirkender Faktoren. Es zeigt sich, dass diese Faktoren unter dem Einfluss [...] des Gegners, insbesondere über die Massenmedien, und durch andere westliche Einflüsse – zunehmend vor allem über Rückverbindungen von ehemaligen Bürgern der DDR, Besuchsaufenthalte von DDR-Bürgern im westlichen Ausland bzw. von Personen des nicht sozialistischen Auslandes in der DDR usw. – bei einer nicht unerheblichen Anzahl von Bürgern der DDR als Gründe/Anlässe sowohl für Bestrebungen zur ständigen Ausreise als auch des ungesetzlichen Verlassens der DDR genommen werden. Die überwiegende Anzahl dieser Personen wertet Probleme und Mängel in der gesellschaftlichen Entwicklung, vor allem im persönlichen Umfeld, in den persönlichen Lebensbedingungen und bezogen auf die sogenannten täglichen Unzulänglichkeiten, im Wesentlichen negativ und kommt, davon ausgehend, insbesondere durch Vergleiche mit den Verhältnissen in der BRD und in Westberlin, zu einer negativen Bewertung der Entwicklung in der DDR.

Die Vorzüge des Sozialismus, wie z. B. soziale Sicherheit und Geborgenheit, werden zwar anerkannt, im Vergleich mit aufgetretenen Problemen und Mängeln jedoch als nicht mehr entscheidende Faktoren angesehen. Teilweise werden sie auch als Selbstverständlichkeiten betrachtet und deshalb in die Beurteilung überhaupt nicht mehr einbezogen oder gänzlich negiert. Es kommt zu Zweifeln bzw. zu Unglauben hinsichtlich der Realisierbarkeit der Ziele und der Richtigkeit der Politik von Partei und Regierung, insbesondere bezogen auf die innenpolitische Entwicklung, die Gewährleistung entsprechender Lebensbedingungen und die Befriedigung der persönlichen Bedürfnisse. Das geht einher mit Auffassungen, dass die Entwicklung keine spürbaren Verbesserungen für die Bürger bringt, sondern es auf den verschiedensten Gebieten in der DDR schon einmal besser gewesen sei.

Derartige Auffassungen zeigen sich besonders auch bei solchen Personen, die bisher gesellschaftlich aktiv waren, aus vorgenannten Gründen jedoch „müde" geworden seien, resigniert und schließlich kapituliert hätten.

Es zeigt sich ein ungenügendes Verständnis für die Kompliziertheit des sozialistischen Aufbaus in seiner objektiven Widersprüchlichkeit, wobei aus ihrer Sicht nicht erreichte Ziele und Ergebnisse sowie vorhandene Probleme, Mängel und Missstände dann als fehlerhafte Politik interpretiert und gewertet werden. Diese Personen gelangen in einem längeren Prozess zu der Auffassung, dass eine spürbare, schnelle und dauerhafte Veränderung ihrer Lebensbedingungen [...] nur in der BRD oder Westberlin realisierbar sei. [...] Als wesentliche Gründe/Anlässe für Bestrebungen zur ständigen Ausreise bzw. das ungesetzliche Verlassen der DDR – die auch in Übereinstimmung mit einer Vielzahl Eingaben an zentrale und örtliche Organe/Einrichtungen stehen – werden angeführt: Unzufriedenheit über die Versorgungslage; Verärgerung über unzureichende Dienstleistungen; Unverständnis für Mängel in der medizinischen Betreuung und Versorgung; eingeschränkte Reisemöglichkeiten innerhalb der DDR und nach dem Ausland; unbefriedigende Arbeitsbedingungen und Diskontinuität im Produktionsablauf; Unzulänglichkeiten/Inkonsequenz bei der Anwendung/Durchsetzung des Leistungsprinzips sowie Unzufriedenheit über die Entwicklung der Löhne und Gehälter; Verärgerung über bürokratisches Verhalten von Leitern und Mitarbeitern staatlicher Organe, Betriebe und Einrichtungen sowie über Herzlosigkeit im Umgang mit den Bürgern; Unverständnis über die Medienpolitik der DDR.

Zit. nach: Dieter Grosser u. a. (Hg.), Deutsche Geschichte, Bd. 11, Reclam, Stuttgart 1996, S. 320–323.

**M 16** Als Kühltransporter getarntes Beobachtungsfahrzeug der Stasi, Fotografie, undatiert

Das Fahrzeug ist mit einer getarnten Kamera (hinter dem Luftschlitz vorne), einer Lichtschranke (als „Türhalter") und zwei Außenmikrofonen (als „Lochtarnung") ausgestattet.

1 Stellen Sie ausgehend von M 16 den Unterdrückungsapparat in der DDR dar (s. a. Darstellung).
2 Bewerten Sie die Lageanalyse der Stasi in M 15 unter der Frage, ob und inwieweit sie die Kritik am SED-Regime und die Motive der ausreisewilligen Menschen angemessen erfasst hat (Darstellung).

**M 17** Geschichte kontrovers: **Die DDR – eine totalitäre Herrschaft?**

**a)** Der Politikwissenschaftler Klaus Schroeder, 2000:
Der von der stalinistischen Sowjetunion implantierte Sozialismus hatte anfangs zweifellos eine totalitäre Gestalt. Spätestens ab Anfang der fünfziger Jahre erfüllte die SBZ/DDR alle von der klassischen Totalitarismustheorie aufgestellten Kriterien: eine allgemeinverbindliche Ideologie mit endzeitlichem Anspruch; eine hierarchisch und oligarchisch organisierte Monopolpartei als ausschließlicher Träger der Macht; ein von der Partei und ihrer Geheimpolizei organisiertes und kontrolliertes physisches und psychisches Terrorsystem; ein nahezu vollkommenes Monopol der Massenkommunikationsmittel; ein Gewaltenmonopol sowie eine zentrale Kontrolle und Lenkung der gesamten Wirtschaft.

Auch wenn vor allem die frühe DDR die meisten dieser Eigenschaften mit dem nationalsozialistischen Deutschland gemein hatte, verbietet sich doch eine einfache Gleichsetzung beider Systeme. Weder hat der SED-Staat Millionen Menschen nahezu fabrikmäßig umgebracht, noch hat er einen Weltkrieg entfesselt. Die rechtstotalitäre Diktatur war zudem „hausgemacht", die linkstotalitäre fremdbeherrscht. [...]. Angebracht und sinnvoll bleibt dagegen die Betonung von Analogien zwischen stalinistischer Sowjetunion und nationalsozialistischem Deutschland – bei allen auch hier gegebenen Unterschieden. Beide strebten nach einer – ideologisch verschieden begründeten – Weltherrschaft, unterwarfen – mit unterschiedlicher Intensität und Dauer sowie unterschiedlichem Erfolg – Staat und Gesellschaft der Parteiherrschaft, und beide setzten zur Erreichung ihres Zieles terroristische Mittel ein. Der rassistische Vernichtungswahn des NS-Regimes war sicher systematischer als Unterdrückung und Ermordung in der stalinistischen Sowjetunion. Die Zahl der Opfer war hingegen in beiden Fällen historisch beispiellos. Die DDR als von der Sowjetunion dominierter und abhängiger Staat konnte allein aufgrund dieser Rahmenbedingung den totalitären Macht- und Gestaltungsanspruch nur im Inneren durchsetzen. Dies allerdings betrieb die SED unter dem Schutz der sowjetischen Besatzungsmacht mit erheblicher Energie und Erfolg. Erste Voraussetzung hierfür war die Gründung der aus der Vereinigung von SPD und KPD hervorgegangenen SED und deren Formierung als marxistisch-leninistische Kader- und Massenpartei. […] Das Politbüro der SED avancierte zum unumstrittenen Führungszentrum in Staat und Gesellschaft. Wie eine Spinne zog die Parteiführung ein dichtes, ideologisch gewebtes Netz über Partei, Staat und Gesellschaft. […]

Die Fundamente des Staates waren auf Gewalt und Zwang sowie auf Fremdherrschaft gegründet, gleichzeitig konnte sich die Parteiführung auf eine große Zahl von Partei- und Staatsfunktionären verlassen, die zumeist ihren schnellen sozialen Aufstieg der rabiaten sozialistischen Umgestaltung und der damit einhergehenden Vertreibung der alten Funktionseliten verdankten. Doch die Wirkungsmöglichkeiten der totalitären SED-Politik waren in den fünfziger Jahren durch die offene Grenze zur Bundesrepublik begrenzt. Vertreibung und Flucht von Millionen seiner Einwohner beeinträchtigte die Funktionsfähigkeit des Staates und zwang die SED zur vollständigen Schließung der Westgrenzen der DDR. […] Auch in der zweiten Hälfte der Ulbricht-Ära blieb die DDR, wenn auch nach 1961 mit abnehmender gewaltsamer Energie, ein totalitärer Staat, der die „neue Gesellschaft" mit Zwang und Gewalt und ideologischem Eifer aufbauen wollte und sich hierbei auf eine neuentstandene sozialistische Dienstklasse stützen konnte. […]

Mit dem Übergang vom Kalten Krieg zur Entspannungspolitik veränderten sich auch für die DDR die äußeren Rahmenbedingungen. Sie erhielt endlich die langersehnte internationale Anerkennung, musste hierfür jedoch den Preis der zumindest formalen Anerkennung international verbindlicher Bürger- und Menschenrechte und der Beobachtung durch die Weltöffentlichkeit, vor allem die westdeutschen Medien, zahlen. […] Trotz internationaler Anerkennung und der ihren Staat eher stabilisierenden westdeutschen Politik ließ die SED unter Honecker auch weiterhin keinen wirtschaftlichen, sozialen oder politischen Pluralismus zu. Im Gegenteil: Sie zog das Netz über Staat und Gesellschaft weiter zu und erstickte damit jeden Reformansatz.

*Klaus Schroeder, Der SED-Staat, Propyläen, München 2000, S. 644–646.*

**b) Der Historiker Wolfgang Wippermann, 1997:**
Tatsächlich werden innerhalb der neuen DDR-Forschung bereits Vergleiche zwischen der DDR und dem Dritten Reich insgesamt oder zwischen einigen Politikbereichen wie der Rolle der jeweiligen Jugendorganisationen oder der Funktion der Terrororgane gezogen. Dabei wurde unter anderem festgestellt, dass die FDJ über mehr Einfluss verfügte als die HJ, weil sie auch in den Schulen präsent war. Andererseits war die Anziehungskraft der FDJ schon deshalb geringer, weil ihre Funktionäre teilweise schon ein recht hohes Alter erreicht hatten, während im NS-Staat das Prinzip „Jugend führt Jugend" galt. Unterschiede und Gemeinsamkeiten gibt es auch zwischen Gestapo und Stasi. Während die Stasi ein Heer von „informellen Mitarbeitern" unterhielt, konnte sich die Gestapo auf die Denunziationsbereitschaft der „Partei-" und „Volksgenossen" verlassen. Dabei muss man jedoch wissen, dass die Funktion der Stasi im Dritten Reich keineswegs nur von der Gestapo, sondern auch vom SD, der militärischen Abwehr und Teilen der Kriminalpolizei erfüllt wurde.

Wenn man diese und andere Vergleiche anstellt, abstrahiert man vom nationalsozialistischen Rassenkrieg und Rassenmord, für den es in der DDR kein Äquivalent gab. Kann und darf man von Auschwitz abstrahieren? Führen Vergleiche zwischen der kleinen DDR und dem „Großdeutschen Reich" nicht automatisch zu einer strukturellen Relativierung der Schrecken des nationalsozialistischen „Rassenstaates"? Ich meine, dass dies so ist, und plädiere daher dafür, von diesen Vergleichen Abstand zu nehmen oder zumindest eine Theorie aufzustellen, durch die die Möglichkeiten und Grenzen derartiger Diktaturvergleiche bestimmt werden.

Da die alten Totalitarismustheorien gerade dies nicht leisten, muss eine neue entwickelt werden. Sie darf keinen idealtypisch statischen Charakter haben, weil sich gezeigt hat, dass auch totalitäre Diktaturen wandlungsfähig sind. Sie muss die unterschiedlichen Voraussetzungen und konträren ideologischen Zielsetzungen der einzelnen „totalitären" Regime berücksichtigen. Sie muss der historischen Bedeutung des Holocaust gerecht werden und darf nicht zu aufrechnenden Vergleichen zwischen den Verbrechen der jeweiligen Totalitarismen führen oder diese begünstigen. Diese verbietet der Respekt vor den Opfern.

*Wolfgang Wippermann, Totalitarismustheorien, Wissenschaftliche Buchgesellschaft, Darmstadt 1997, S. 116 f.*

**1** a) Analysieren Sie die Haltung Schroeders (M 17 a) zur Frage, ob die DDR eine totalitäre Herrschaft war.
b) Untersuchen Sie, ob das DDR-System nach Ansicht von Schroeder einen Wandel durchlief.
c) Vergleichen Sie die Argumente und Thesen Schroeders und Wippermanns zu der Frage in M 17.
**2** Erörtern Sie, ob die Kritik Wippermanns an den Totalitarismustheorien berechtigt ist (M 17 a, b).

Methode

## Fotografien als historische Quellen

**M1** Die Berliner Mauer in Berlin-Neukölln/Treptow, Fotografie, 1961 (Ausschnitt)

**Internettipp**
*www.chronik-der-mauer.de*
Gemeinsames Themenportal zur Mauer, betreut vom Zentrum für Zeithistorische Forschung Potsdam, der Bundeszentrale für politische Bildung und Deutschlandradio.

„Es ist fotografiert worden, also existiert es!"
Inwieweit kann der Historiker dieser plakativen Äußerung des bedeutenden österreichischen Fotografen Karl Pawlek zustimmen? Sicherlich dokumentiert jedes Foto Wirklichkeit. Was nicht existiert, kann auch nicht fotografiert werden. Aber gibt die Fotografie die Wirklichkeit objektiv wieder? Das darf bezweifelt werden, denn ein Fotograf bestimmt nicht nur das Motiv, sondern auch die Perspektive, aus der er seinen Bildinhalt darstellt. Dennoch sind Fotografien wichtige Quellen für die Geschichtsforschung, weil sie vergangene Ereignisse im Bild festhalten, diese dadurch für die Nachwelt bewahren. Fotografen haben die politische Geschichte der letzten hundert Jahre nicht nur illustrierend und interpretierend begleitet, sondern ihre Fotos auch mit der Absicht erstellt, politische Propaganda zu betreiben. Daher muss auch die Herkunft des Bildes überprüft werden: Wann und wo ist die Fotografie entstanden? Wer hat das Foto gemacht und weiterverbreitet? Foto M 2 verdeutlicht darüber hinaus, dass man für eine Interpretation auch den historischen Kontext eines Bildes kennen sollte.
Bei der Interpretation von Fotografien sind daher, wie bei jeder anderen Quelle, die Methoden der Quellenkritik zu beachten. Die Arbeitsschritte unten bieten eine systematische Anleitung, wie man von der Untersuchung der formalen Merkmale bis zur Formulierung einer Gesamtaussage gelangt.

## Arbeitsschritte

**1. Formale Merkmale**
– Wer ist der Fotograf/die Fotografin bzw. der Auftraggeber/die Auftraggeberin?
– Wann ist die Fotografie entstanden?
– Wann, wo und von wem ist das Foto veröffentlicht worden?
– Für welche(n) Adressaten ist das Foto gemacht worden?
– Welche Funktion besitzt das Foto (Gebrauchs- oder professionelle Fotografie, z. B. von Fotoreportern, Modefotografen, Amateurfotografie, Kunstwerk)?

**2. Bildinhalt**
– Was wird auf dem Foto gezeigt?
– Welche Inhalte/Motive werden in den Vordergrund gerückt?
– Welchen Bildausschnitt und welchen Blickwinkel hat der Fotograf bestimmt?
– Wie hat der Fotograf das Objekt zur Geltung gebracht (Nähe oder Ferne bzw. Dehnung oder Stauchung des Objektes)?
– Welche Retuschierung wurde möglicherweise vorgenommen?

**3. Historischer Kontext**
– Auf welches Ereignis, welche Epoche, welchen Konflikt bezieht sich das Foto?

**4. Aussageabsicht**
– Welche Absichten bzw. Ziele verfolgen Fotograf und/oder Auftraggeber?
– Welche mögliche Wirkung sollte (beim zeitgenössischen Betrachter) erzielt werden?

**5. Fazit**
– Welche Gesamtaussage lässt sich formulieren?

# Übungsaufgabe mit Lösungshinweisen

**M 2** An der Berliner Mauer, Bernauer Straße/Ecke Schwedter Straße, Fotografie, 26. Mai 1962.

Die Fotoagentur dpa schreibt zu M 2, dass unter Bewachung von sowjetischen Grenzpolizisten Bauarbeiter Sprengstoffschäden beseitigen. Eine Explosion kurz nach Mitternacht riss ein zwei Meter breites Loch in die Mauer, zwei Minuten zuvor hatte es eine ähnliche Detonation am Gleimtunnel im Sowjetsektor gegeben. Eine dritte Explosion hörten Westberliner Grenzposten etwa eine Stunde später aus der Gegend hinter dem Weddinger Bahngelände zwischen Bernauer und Gleimstaße.

1. Interpretieren Sie M 2 mithilfe der Arbeitsschritte und der Lösungshinweise. Gehen Sie dabei auf die Frage ein, ob M 2 als ein Dokument des Mauerbaus zu deuten ist.
2. Interpretieren Sie nach der Übungsaufgabe 1 die Fotografie M 3 selbstständig. Vergleichen Sie dabei auch die Aussageabsichten der beiden Fotografien M 3 und M 2.

**M 3** Norwegische Schülerreisegruppe an der Gedenkstätte der Berliner Mauer an der Bernauer Straße, Fotografie, 9. November 2006

**1. Formale Merkmale von M 2**
*Fotograf/Auftraggeber:* unbekannt. *Entstehung:* 26. Mai 1962, nach Sprengstoffanschlägen auf die Mauer. *Umstände:* unbekannt. *Adressat:* nicht näher bekannt. *Funktion:* Pressefoto.

**2. Bildinhalt von M 2**
Zwei Maurer, die eine Mauer hochziehen, ein Soldat mit Gewehr im Anschlag hinter ihnen; Stacheldraht, etliche Spanische Reiter und ein Straßenschild „Bernauer Straße". Bild ist im Vordergrund zweigeteilt: links die hochaufragende fertige Mauer, rechts die vom Soldaten bewachten Maurer bei der Arbeit. Bildausschnitt ist so gewählt, dass das Straßenschild die Authentizität des Geschehens absichert. Fotograf steht leicht erhöht (Aufsicht) – „Überblick". Keine Anzeichen für Retusche.

**3. Historischer Kontext zu M 2**
Ausbesserungsarbeiten an der Berliner Mauer nach einem Sprengstoffanschlag, ein dreiviertel Jahr nach dem Mauerbau.

**4. Aussageabsicht von M 2**
Es gibt gewaltsamen Widerstand gegen den Mauerbau in der DDR; die Schutzmacht Sowjetunion befürwortet und sichert den Mauerbau. Foto soll beim westdeutschen Betrachter Wut auf das SED-Regime und deren Schutzmacht Sowjetunion auslösen, evtl. Mitleid mit den DDR-Bewohnern.

**5. Fazit zu M 2**
Unmenschlichkeit und mangelnde Legitimität des SED-Staates.

## 6.2 Deutschlandpolitische Grundhaltungen in Ost und West – ein Überblick

**Internettipp**
www.dhm.de/lemo/html/teilung/
DieZuspitzungDesKaltenKrieges/
StaatsmannAdenauer/
alleinvertretungsanspruch.html
Informationen des Deutschen Historischen Museums zum Alleinvertretungsanspruch.

**Hallstein-Doktrin**
Außenpolitische Maxime der Bundesrepublik von 1955, benannt nach dem Staatssekretär im Auswärtigen Amt (1951–1957), Walter Hallstein. Sie erklärte die Aufnahme diplomatischer Beziehungen mit der DDR durch dritte Staaten als „unfreundlichen Akt" gegenüber der Bundesrepublik, der den Abbruch diplomatischer Beziehungen nach sich ziehe. Bereits 1957 wurde die Doktrin gegenüber Jugoslawien angewandt. Die Sowjetunion als Siegermacht des Zweiten Weltkriegs war davon ausgenommen. Im Zuge der Neuen Ostpolitik (s. S. 297 ff.) wurde die Doktrin aufgegeben.

**M1** H. E. Köhler, „Sie kommen aus Deutschland und Sie bleiben in Deutschland", Karikatur, Bundesrepublik, 1954

### Grundhaltungen in der Bundesrepublik

Überzeugt von der politisch-ökonomischen Überlegenheit und der Anziehungskraft der westlichen Demokratie, betrieb die Regierung der Bundesrepublik seit ihrer Gründung 1949 eine selbstbewusste Deutschlandpolitik. Diese Politik beruhte auf der Erwartung, dass ein starker, attraktiver Weststaat das von der Sowjetunion gestützte DDR-System destabilisieren könne. Entweder werde das kommunistische System von alleine zusammenbrechen oder die Sowjets würden unter dem Druck des Westens ihr Satellitenregime in Deutschland aufgeben.

Eng verbunden mit dieser „Politik der Stärke" war die Ablehnung des DDR-Regimes. Dem SED-Staat fehlte nach Ansicht der Regierung Adenauer die demokratische Legitimation durch freie und geheime Wahlen. Daher erhob die Bundesrepublik den Alleinvertretungsanspruch für Gesamtdeutschland, der durch die Hallstein-Doktrin* außenpolitisch untermauert wurde (M 1).

Diese deutschlandpolitische Grundhaltung nahm die Bonner Regierung auch nach dem Mauerbau 1961 ein. Allerdings diskutierten Bundeskabinett, Bundestag und politische Parteien, wie der nationale Zusammenhalt zwischen beiden deutschen Teilstaaten unter den veränderten Bedingungen aufrechterhalten werden könne. Soll man auch weiterhin direkte Gespräche zu den Machthabern der DDR ablehnen oder nicht doch formelle Kontakte aufnehmen? Die Große Koalition (1966–1969) unter Bundeskanzler Kiesinger (CDU) leitete einen vorsichtigen Wandel ein, der sich mit dem Schlagwort „Alleinvertretung ohne Bevormundung" charakterisieren lässt. Am 13. Dezember 1966 erklärte Kiesinger vor dem Deutschen Bundestag: „Wir wollen [...] Gräben überwinden und nicht vertiefen. Deshalb wollen wir die menschlichen, wirtschaftlichen und geistigen Beziehungen mit unseren Landsleuten im anderen Teil Deutschlands mit allen Kräften fördern." Und Außenminister Willy Brandt (SPD), der energisch auf eine Neuorientierung in der Deutschlandpolitik drängte, erklärte 1969 vor dem Deutschen Bundestag: „Wir streben ein geregeltes Nebeneinander in Deutschland an, das geeignet sein kann, eine weitergehende Lösung der Deutschlandfrage vorzubereiten." Die Große Koalition dachte dabei zunächst an eine verstärkte wirtschaftliche und verkehrspolitische Zusammenarbeit sowie an einen wissenschaftlichen, technischen und kulturellen Austausch. Dies erschien als Voraussetzung für spätere Verhandlungen auf Verwaltungs- und Regierungsebene.

Die sozial-liberale Koalition (1969–1974) Brandt/Scheel (SPD/FDP) reagierte auf die Entspannung der internationalen Beziehungen zwischen den USA und der Sowjetunion seit Beginn der 1970er-Jahre mit ihrer Neuen Ostpolitik, die von der bisherigen starren Abgrenzungspolitik gegenüber der DDR abrückte (s. S. 297 ff.). Einen tiefen Einschnitt in den innerdeutschen Beziehungen bedeutete in diesem Prozess der Grundlagenvertrag von 1972 (s. S. 297 f.). Darin akzeptierte die Bundesrepublik Deutschland die DDR als zweiten deutschen Staat, vermied aber deren völkerrechtliche Anerkennung als Ausland. Der Vertrag markierte den Übergang vom Alleinvertretungsanspruch zum Status der Gleichberechtigung zwischen beiden deutschen Staaten. Diese Politik war verbunden mit der Hoffnung auf gutnachbarliche Beziehungen zwischen beiden Staaten (M 6).

Auf dieser Grundlage entwickelten die sozial-liberalen Regierungen (1974–1982) unter Bundeskanzler Helmut Schmidt (SPD) und die christlich-liberale Koalition (1982–1998) unter Helmut Kohl (CDU) das innerdeutsche Verhältnis pragmatisch weiter (M 2). Sie intensivierten die deutsch-deutschen Beziehungen, hielten aber grundsätzlich daran fest, dass die völkerrechtliche Anerkennung der DDR nicht auf der politischen Tagesordnung stehe. Die „Deutsche Frage", wiederholte Kohl die Position der Bundesregierung, sei „rechtlich offen". Und er betonte die grundlegenden Unterschiede zwischen der Bundesrepublik Deutschland und der DDR: Freiheit und Verwirklichung der Menschenrechte im Westen, Unfreiheit und fehlende Durchsetzung der Menschenrechte im Osten. In seinem ersten „Bericht zur Lage der Nation im geteilten Deutschland" betonte Kohl am 23. Juni 1983, dass die deutsche Einheit für ihn nur in Freiheit denkbar sei, wobei Deutschland fest in der Staatengemeinschaft Europas verankert sein sollte.

M2 Empfang des DDR-Staats- und Parteichefs Erich Honecker durch Bundeskanzler Helmut Kohl in Bonn 1987, Fotografie

Honecker wurde in Bonn wie ein Staatsgast mit allen protokollarischen Ehren empfangen: zwei Fahnen, zwei Staatssymbole, zwei Hymnen. Für die SED ging damit der lang ersehnte Wunsch in Erfüllung, von der Bundesrepublik anerkannt zu werden.

**Grundhaltungen in der DDR** Das deutschlandpolitische Denken der SED-Regierung war seit 1949 durch einen Grundwiderspruch geprägt. Auf der einen Seite bekannte sie sich zur Wiedervereinigung. Die kommunistische DDR galt ihr dabei als „deutsches Kerngebiet" in einem „einheitlichen demokratischen Deutschland", das in den Augen der SED-Machthaber kommunistisch sein sollte. Der designierte Ministerpräsident, Otto Grotewohl, notierte im September 1949: „Das eigentliche Deutschland [ist] die sowjetische Besatzungszone." Darum handele es sich bei der Gründung der DDR „nicht um eine ostdeutsche Staatenbildung [...], sondern um eine Regierung für Gesamtdeutschland". Auf der anderen Seite verfolgte das SED-Regime eine scharfe Abgrenzung vom Westen, indem es im Osten das kommunistische System festigte und damit die Spaltung Deutschlands vertiefte.

Mit dem Mauerbau 1961 schottete sich die DDR gänzlich von der Bundesrepublik ab. Die SED legitimierte nun die DDR als „historisch gesetzmäßiges" Ergebnis der deutschen Geschichte. 1967 erklärte Ulbricht die Vereinigung als „nicht real", sie werde „es erst im Sozialismus geben". Die Ostberliner Regierung konzentrierte sich immer stärker darauf, aus ihrer diplomatischen Isolierung auszubrechen und die völkerrechtliche Aufwertung der DDR voranzutreiben. Sie betrachtete die deutsche Teilung als endgültig (M 8). Ihre Folgen könnten allein durch die völkerrechtliche Anerkennung der DDR durch die Bundesrepublik gemindert werden. „Unter die Grenze der formellen Anerkennung und der normalen Beziehungen können wir [...] nicht hinuntergehen", erklärte Ulbricht.

Dieses Ziel erreichte die DDR während ihres Bestehens nicht. Ihre Beziehungen zur Bundesrepublik blieben auch nach Unterzeichnung des Grundlagenvertrages 1972 „besondere", also keine völkerrechtlichen Beziehungen. Das schlug sich in der Errichtung Ständiger Vertretungen (M 5) im jeweils anderen deutschen Teilstaat nieder – anstelle der von der DDR gewünschten Botschaften. Insgesamt kam das SED-Regime aber der Aufwertung des DDR-Staates näher, je länger es existierte. 1973 erfolgte für die Bundesrepublik und die DDR die gemeinsame Aufnahme in die UNO. Die DDR konnte damit gleichberechtigt an internationalen Konferenzen teilnehmen: Der Eintritt in die internationale Staatenwelt war gelungen.

M3 Abzeichen der DDR, undatiert (um 1980)

**Die SED und die „deutsche Nation"** Das SED-Regime wollte in der eigenen Bevölkerung auf jeden Fall den Eindruck vermeiden, dass Entspannung und „Normalisierung" in den deutsch-deutschen Beziehungen zu einer Annäherung der beiden deutschen Teilstaaten führten. Die SED unternahm daher besondere Anstrengungen, um solche nationalen Einstellungen in ihrer Bevölkerung abzubauen und das kommunistische DDR-System scharf von der demokratischen Bundesrepublik abzugrenzen (M 3, M 7).

Die SED tilgte in der Verfassung von 1974 das Bekenntnis zur deutschen Nation (M 8). Außerdem sorgte sie durch eine Welle von Umbenennungen dafür, dass die Begriffe „deutsch" bzw. „Deutschland" aus vielen Namen und Bezeichnungen verschwanden. In Leipzig wurde das „Hotel Deutschland" in „Hotel am Ring" umbe-

## 6 Deutsche Demokratische Republik

nannt. Lediglich die SED, ihr Zentralorgan, die vier Blockparteien, die Massenorganisationen und die wegen internationaler Verträge bis 1989 gebundene „Deutsche Reichsbahn" trugen das „deutsch" in ihren Namen. Darüber hinaus behalf man sich mit Abkürzungen. Zum Beispiel stand auf den Briefmarken in der Regel nicht mehr die vollständige Staatsbezeichnung, sondern nur noch das Kürzel „DDR".

Das Stichwort „Deutschland" wurde aus der zweiten Ausgabe von „Meyers Neuem Lexikon" ganz gestrichen. In die folgende vierbändige Ausgabe von 1978 rückte die Redaktion aber wieder eine siebenzeilige Definition ein: „Deutschland: bis 1945 Land in Mitteleuropa, dann von ausländischen und deutschen Imperialisten systematisch gespalten. Seit 1945 existieren auf dem Territorium des ehemaligen D. die Deutsche Demokratische Republik und die Bundesrepublik Deutschland, zwei Staaten mit gegensätzlicher politisch-gesellschaftlicher Ordnung." Es folgten Verweise auf deutsche Geschichte, Kunst und Literatur. Die gespaltene Haltung der SED zu den deutschen Nationalsymbolen erlebte ihren Höhepunkt im Umgang mit der DDR-Nationalhymne (M 4): Wegen der Zeile „Deutschland, einig Vaterland" wurde sie seit 1974 weder gesungen noch gedruckt.

Während der friedlichen Revolution und der Wiedervereinigung 1989/90 zeigte es sich jedoch, dass die SED mit ihrer antinationalen Propaganda gescheitert war. Die vierzig Jahre deutscher Teilung unter gegensätzlichen Systembedingungen reichten nicht aus, bei den Deutschen in der DDR das Gefühl nationaler Zusammengehörigkeit verschwinden zu lassen (s. S. 312 f.).

### M 4 Erste Strophe der DDR-Hymne, 1949

Auferstanden aus Ruinen
und der Zukunft zugewandt,
lass uns Dir zum Guten dienen,
Deutschland, einig Vaterland.
Alte Not gilt es zu zwingen,
und wir zwingen sie vereint,
denn es muss uns doch gelingen,
dass die Sonne schön wie nie
über Deutschland scheint.

*Text: Johannes R. Becher.*
*Vertonung: Hanns Eisler.*

Seit den 1970er-Jahren durfte die Hymne nur noch instrumental vorgetragen werden.

**1** Stellen Sie die zentralen deutschlandpolitischen Grundhaltungen in der DDR und in der Bundesrepublik 1949–1989 tabellarisch zusammen (Darstellung).

### M 5 „Ständige Vertretungen" der DDR und der Bundesrepublik, Fotografien, Bonn und Ostberlin, um 1975

**1** Erklären Sie, warum die DDR und die Bundesrepublik im jeweils anderen Teilstaat keine Botschaften, sondern „Ständige Vertretungen" einrichteten (M 5).

**M 6  Bundeskanzler Willy Brandt über die deutschlandpolitische Position der Bundesrepublik, 1971**

*In einer Bundestagsrede vom 28. Januar 1971 erläuterte Brandt die westdeutsche Haltung und setzte sich mit der Unterscheidung der SED-Führung zwischen „bürgerlicher Nation" und „sozialistischer Nation" auseinander:*

Diese Regierung geht davon aus, dass die Fragen, die sich für das deutsche Volk aus dem Zweiten Weltkrieg und aus dem nationalen Verrat durch das Hitler-Regime ergeben haben, abschließend nur in einer europäischen Friedensordnung beantwortet werden können. Niemand kann uns jedoch ausreden, dass die Deutschen ein Recht auf Selbstbestimmung haben wie alle anderen Völker auch. Aufgabe der praktischen Politik in den jetzt vor uns liegenden Jahren ist es, die Einheit der Nation dadurch zu wahren, dass das Verhältnis zwischen den Teilen Deutschlands aus der gegenwärtigen Verkrampfung gelöst wird. […] 25 Jahre nach der bedingungslosen Kapitulation des Hitler-Reiches bildet der Begriff der Nation das Band um das gespaltene Deutschland […]. Die Nation gründet sich auf das fortdauernde Zusammengehörigkeitsgefühl der Menschen eines Volkes. Niemand kann leugnen, dass es in diesem Sinn eine deutsche Nation gibt und geben wird, soweit wir vorauszudenken vermögen. […]

Es ist der SED-Führung vorbehalten geblieben, die „bürgerliche Nation" von einer „sozialistischen Nation" zu unterscheiden, wobei bemerkenswerterweise davon gesprochen wird, dass in der Bundesrepublik „Reste der alten bürgerlichen deutschen Nation" erhalten geblieben seien. Um die Dinge noch komplizierter zu machen, spricht man in der DDR seit Anfang 1970 sowohl vom „sozialistischen Staat deutscher Nation" wie vom „sozialistischen deutschen Nationalstaat", wodurch der Fortbestand der einen deutschen Nation gleichermaßen bestätigt und abgestritten wird.

Diese Feststellungen und Hinweise zeigen, wie schwierig Gespräche sind, wenn der Partner zwei Dinge zu gleicher Zeit haben und sein will. Denn wenn auch die DDR immer wieder unter Berufung auf den „sozialistischen deutschen Nationalstaat" erklärt, dass es keine „besonderen Beziehungen" zwischen den beiden deutschen Staaten geben könne, so nimmt die gleiche Führung für sich das Recht in Anspruch, „eine offensive Politik" – wie man es dort nennt – „der friedlichen Koexistenz gegenüber der BRD" zu führen. […] Und nun frage ich: Ist dies nicht die von der Führung der DDR sonst so gerne angeprangerte Einmischung in die inneren Verhältnisse eines anderen Staates? Und geht das nicht oft bis zur Aufforderung an unsere Bürger, sich gegen die innere Ordnung ihres Staates aufzulehnen? Ich sage das nicht nur im Sinne der notwendigen Abgrenzung. Ich möchte auch deutlich machen, dass eine solche Haltung, wenngleich negativ, das besondere Interesse an dem in der Bundesrepublik lebenden Teil des deutschen Volkes zeigt. Hier geht es, um es deutlich zu sagen, um ein Interesse besonderer Art, um die ungewollte Dokumentation der „besonderen Beziehungen", die sonst abgestritten werden. […]

Von der anderen Seite werden so oft die politischen Realitäten beschworen. Deshalb sei an dieser Stelle in aller Eindringlichkeit festgestellt: Freiheit, Demokratie und soziale Gerechtigkeit sind für uns keine formalen Begriffe. *(Beifall bei den Regierungsparteien.)* Sie sind Aufträge unserer Verfassung, des Grundgesetzes, und bilden die unveräußerliche Grundlage unserer staatlichen und gesellschaftlichen Existenz. Wir stellen uns gern jedem Wettbewerb, bei dem es um mehr persönliche Freiheit und um mehr soziale Gerechtigkeit geht. *(Beifall bei den Regierungsparteien.)*

Aber in einem Punkt sind wir mit Herrn Ulbricht, dem Staatsratsvorsitzenden und Ersten Sekretär, einig, wenn er von Abgrenzung spricht: Es kann weder ideologisch noch gesellschaftlich eine Vermischung der Gegensätze, noch kann es eine Verniedlichung der Meinungsunterschiede geben; das gilt – leider – gerade für die beiden Staaten in Deutschland, die so verschiedenen Systemen angehören. Aber auch diese beiden Staaten müssten ein friedliches Nebeneinander erreichen können, bei dem keiner den anderen bevormundet, sondern beide untereinander und nach außen ein Beispiel geben, dass friedliche Zusammenarbeit auch zwischen so unterschiedlichen politischen und gesellschaftlichen Systemen möglich ist.

Nation ist eine Frage von Bewusstsein und Willen. Die Polemik in Ostberlin gegen die Nation bestätigt die Existenz von Bewusstsein und Willen, die auch drüben weithin erhalten geblieben sind. […] Allerdings müssen beide Seiten respektieren, dass die Vier Mächte Kompetenzen für Deutschland als Ganzes und Berlin haben und behalten werden. Diese Situation ist kein Hindernis für die Absicht der Bundesregierung, Abkommen mit der DDR jene klare Verbindlichkeit zu geben, die auch sonst zwischen Staaten üblich und erforderlich ist.

Die Regierung in Ostberlin hat es für richtig gehalten, unsere Bemühungen um ein friedliches Nebeneinander und um die Regelungen sachlicher Fragen anzuzweifeln oder gar zu diffamieren. Die Bundesregierung wird sich dadurch nicht beirren lassen; sie bleibt dabei, dass die internationalen Beziehungen der DDR dann auf weniger Hindernisse stoßen, wenn sich in Bezug auf die Lage in Deutschland selbst die erforderlichen Regelungen erzielen lassen werden.

Zit. nach: Carl Christoph Schweitzer (Hg.), Die deutsche Nation, 2. Aufl., Verlag Wissenschaft und Politik, Köln 1979, S. 475–477.

1  a) Geben Sie den Gedankengang Brandts wieder.
   b) Ordnen Sie M 6 in den historischen Kontext ein.
2  Erläutern Sie ausgehend von M 6 die deutschlandpolitischen Positionen der DDR und der Bundesrepublik.
3  Beurteilen Sie ausgehend von M 6 die deutschlandpolitische Grundhaltung in der westdeutschen Politik seit Beginn der 1970er-Jahre (s. a. Darstellung).

**M7 DDR-Informationsbroschüre, DDR, um 1969.**
Der Ährenkranz mit Hammer und Zirkel wurde der DDR-Staatsflagge erst 1959 hinzugefügt. Bis dahin war die Staatsflagge schwarz-rot-gold.

**M8 Auszüge aus den Präambeln und Artikeln 1 der DDR-Verfassungen vom 7. Oktober 1949, 6. April 1968 und 7. Oktober 1974**

*Präambel, 1949:* Von dem Willen erfüllt, die Freiheit und die Rechte des Menschen zu verbürgen, das Gemeinschafts- und Wirtschaftsleben in sozialer Gerechtigkeit zu gestalten, dem gesellschaftlichen Fortschritt zu dienen, die Freundschaft mit allen Völkern zu fördern und den Frieden zu sichern, hat sich das deutsche Volk diese Verfassung gegeben.

*Präambel, 1968:* Getragen von der Verantwortung, der ganzen deutschen Nation den Weg in eine Zukunft des Friedens und des Sozialismus zu weisen, in Ansehung der geschichtlichen Tatsache, dass der Imperialismus unter Führung der USA im Einvernehmen mit Kreisen des westdeutschen Monopolkapitals Deutschland gespalten hat, um Westdeutschland zu einer Basis des Imperialismus und des Kampfes gegen den Sozialismus aufzubauen, was den Lebensinteressen des Volkes widerspricht, hat sich das Volk der [DDR], fest gegründet auf den Errungenschaften der antifaschistisch-demokratischen und der sozialistischen Umwälzung der gesellschaftlichen Ordnung, einig in seinen werktätigen Klassen und Schichten das Werk der Verfassung vom 7. Oktober 1949 in ihrem Geiste fortführend und von dem Willen erfüllt, den Weg des Friedens, der sozialen Gerechtigkeit, der Demokratie, des Sozialismus und der Völkerfreundschaft in freier Entscheidung unbeirrt weiterzugehen, diese sozialistische Verfassung gegeben.

*Präambel, 1974:* In Fortsetzung der revolutionären Traditionen der deutschen Arbeiterklasse und gestützt auf die Befreiung vom Faschismus hat das Volk der [DDR] in Übereinstimmung mit den Prozessen der geschichtlichen Entwicklung unserer Epoche sein Recht auf sozial-ökonomische, staatliche und nationale Selbstbestimmung verwirklicht und gestaltet die entwickelte sozialistische Gesellschaft. Erfüllt von dem Willen, seine Geschicke frei zu bestimmen, unbeirrt auch weiter den Weg des Sozialismus und Kommunismus, des Friedens, der Demokratie und der Völkerfreundschaft zu gehen, hat sich das Volk der [DDR] diese sozialistische Verfassung gegeben.

*Artikel 1, 1949:* Deutschland ist eine unteilbare Republik; sie baut auf den deutschen Ländern auf. [...] Es gibt nur eine deutsche Staatsangehörigkeit.

*Artikel 1, 1968:* Die [DDR] ist ein sozialistischer Staat deutscher Nation. Sie ist die politische Organisation der Werktätigen in Stadt und Land, die gemeinsam unter Führung der Arbeiterklasse und ihrer marxistisch-leninistischen Partei den Sozialismus verwirklichen.

*Artikel 1, 1974:* Die [DDR] ist ein sozialistischer Staat der Arbeiter und Bauern. Sie ist die politische Organisation der Werktätigen in Stadt und Land unter Führung der Arbeiterklasse und ihrer marxistisch-leninistischen Partei.

Zit. nach: Matthias Judt (Hg.), DDR-Geschichte in Dokumenten, Ch. Links, Berlin 1997, S. 508 f.

---

**1** Erläutern Sie den Wandel der deutschlandpolitischen Grundhaltungen der DDR-Führung (M 8 a, b):
a) Gehen Sie auf die jeweilige deutschlandpolitische Position für 1949, 1968 und 1974 ein.
b) Berücksichtigen Sie Kontinuitäten und Wandel.

**2** Analysieren Sie die deutschlandpolitische Haltung, die in M 7 zum Ausdruck kommt.
b) Vergleichen Sie die Haltung in M 7 mit M1, S. 282.

**3 Essay:** Diskutieren Sie anhand von Beispielen, ob es in der DDR eine eigene Staatsidentität gegeben hat. Stellen Sie Anspruch und Wirklichkeit gegenüber und berücksichtigen Sie mögliche Wandlungen.

## 6.3 Die sozial-liberale Deutschland- und Ostpolitik und ihre Folgen für die DDR (1969–1990)

**Verständigung mit dem Osten: Ziele und Schritte**

Die 1960er-/70er-Jahre waren geprägt durch internationale Entspannung zwischen den USA und der Sowjetunion. Diese Entschärfung des Ost-West-Konfliktes wirkte sich auch auf die innerdeutschen Beziehungen aus und ermöglichte eine neue Deutschland- und Ostpolitik. Sie ergänzte die Politik der Westbindung Adenauers (s. S. 237f.) und legte das Fundament für die Verständigung mit der Sowjetunion, mit Polen und mit der DDR. Verträge und Konferenzen bildeten die Grundlage für die Begegnung der Bürgerinnen und Bürger, die die Möglichkeit erhielten, gegenseitige Feindbilder und Vorurteile abzubauen.

Die Deutschland- und Ostpolitik der sozial-liberalen Koalition (1969–1974) unter Bundeskanzler **Willy Brandt*** (SPD) verfolgte zwei grundlegende Ziele: Erstens sollten die durch den Zweiten Weltkrieg in Europa geschaffenen Realitäten anerkannt werden. Zweitens ging es darum, die politischen, wirtschaftlichen und kulturellen Beziehungen zwischen Ost und West zu vertiefen, um dadurch die immer deutlicher werdende Entfremdung zwischen den Menschen aufzuhalten. Ein „geregeltes Nebeneinander" zwischen den Machtblöcken bot außerdem die Chance, die Spannungen zwischen den Militärallianzen zu vermindern und ein Klima des Vertrauens für Verhandlungen und gesellschaftliche Veränderungen im Ostblock zu schaffen. **Egon Bahr*** (SPD), ein enger Mitarbeiter Brandts und „Architekt" der neuen Deutschland- und Ostpolitik, hat für die Ziele dieser Politik die Formulierung **„Wandel durch Annäherung"** geprägt (M 6).

Zwischen 1969 und 1979 vereinbarten die sozial-liberalen Regierungen – 1974 bis 1982 übernahm Helmut Schmidt (SPD) das Bundeskanzleramt – mit allen Ostblockstaaten die Aufnahme diplomatischer Beziehungen und regelten in mehreren Verträgen die Deutschland- und Ostpolitik neu. Grundlage aller Verträge war der Verzicht auf Gewalt zur Durchsetzung von Grenzveränderungen. Im **Moskauer Vertrag** vom August 1970 erkannte die Bundesrepublik Deutschland gegen-

**Internationale Entspannungspolitik in den 1960er-/70er-Jahren**
**1963** „Heißer Draht" zwischen Washington und Moskau; Teilstopp von Atomwaffentests
**1968** Atomwaffensperrvertrag zur Verhinderung der Weiterleitung von Kernwaffen
**1970** Moskauer Vertrag zwischen der Bundesrepublik und der UdSSR; Warschauer Vertrag zwischen der Bundesrepublik und Polen
**1971** Viermächteabkommen über Berlin
**1972** SALT-I-Vertrag zur Rüstungsbeschränkung; Grundlagenvertrag zwischen der Bundesrepublik und der DDR
**1973** Prager Vertrag zwischen der Bundesrepublik und der ČSSR; USA und UdSSR beschließen, bei Gefahr eines Nuklearkrieges sofort Gespräche aufzunehmen
**1975** KSZE-Schlussakte von Helsinki

**M 1** Bundeskanzler Willy Brandt kniet vor dem Denkmal der Gefallenen des Warschauer Getto-Aufstandes nieder, Fotografie, Warschau, Dezember 1970

1 Erläutern Sie Brandts Kniefall (M 1) im Hinblick auf die Beziehungen zwischen der Bundesrepublik und Polen bzw. den osteuropäischen Staaten.

**M2** Egon Bahr, Willy Brandt, Fotografie, ca. 1970

**Willy Brandt (1913–1992)**
**seit 1930** SPD-Mitglied
**1933** Emigration nach Norwegen
**1938** Ausbürgerung durch den NS-Staat
**1940–1945** Exil in Schweden
**1945** Rückkehr nach Deutschland
**1947** Einbürgerung in Deutschland
**1949–1957, 1969–1983** Mitglied des Deutschen Bundestages
**1955–1957** Präsident des Westberliner Abgeordnetenhauses
**1957–1966** Regierender Bürgermeister von Westberlin
**1964–1987** SPD-Vorsitzender
**1966–1969** Bundesaußenminister und Vizekanzler
**1969–1974** Bundeskanzler
**1971** Friedensnobelpreis
**1976–1992** Präsident der Sozialistischen Internationale
**seit 1977** Vorsitzender der Nord-Süd-Kommission
**1979–1983** Mitglied des Europäischen Parlaments

**Egon Bahr (geb. 1922)**
**1960–1966** Leiter des Presseamtes des Regierenden Bürgermeisters von Westberlin, Willy Brandt
**1963** Rede „Wandel durch Annäherung"
**1969–1972** Staatssekretär im Bundeskanzleramt, maßgebliche Beteiligung an den Ostverträgen
**1974–1976** Bundesminister für wirtschaftliche Zusammenarbeit
**1976–1981** Bundesgeschäftsführer der SPD
**1980er-Jahre** Direktor des Instituts für Friedens- und Sicherheitspolitik, Vorsitzender der Sicherheitspolitischen Kommission der SPD

über der Sowjetunion die bestehenden Grenzen in Europa einschließlich der Oder-Neiße-Grenze und der Demarkationslinie zwischen beiden deutschen Staaten faktisch an. Die UdSSR verzichtete ihrerseits auf das ihr als Siegermacht noch zustehende Interventionsrecht in der Bundesrepublik.

Die im Moskauer Vertrag enthaltene Erklärung, dass die Bundesrepublik Deutschland keinerlei Gebietsansprüche habe und dass die Grenze zwischen Polen und Deutschland „unverletzlich" sei, bildete dann auch den Kern des **Warschauer Vertrages**. Vielleicht noch wichtiger als der Vertrag selbst, der im Dezember 1970 zwischen Westdeutschland und Polen abgeschlossen wurde, war eine weltweit beachtete spontane Geste von Willy Brandt: Er kniete vor dem Denkmal nieder, das an den Warschauer Getto-Aufstand von 1943 erinnerte. Brandts Kniefall (M 1) verhalf der neuen Ostpolitik praktisch zum Durchbruch. Zwar gab es in der Bundesrepublik noch heftige Diskussionen über die Ratifizierung der Verträge von Moskau und Warschau. Doch immer mehr Menschen im Westen wurde bewusst, dass sie endlich die Folgen des Zweiten Weltkrieges anerkennen mussten. Dieser schreckliche Krieg war von Deutschland begonnen und vor allem in Osteuropa mit beispielloser Brutalität geführt worden.

Ende 1972 folgte schließlich der **Grundlagenvertrag** zwischen beiden deutschen Staaten. Auf der Grundlage der Gleichberechtigung regelte er u. a. praktische und humanitäre Fragen (M 3).

**M3** Folgen des Grundlagenvertrags für die Menschen in Deutschland

| Situation vor dem Grundlagenvertrag | Situation nach dem Grundlagenvertrag |
| --- | --- |
| Besuche in der DDR nur einmal jährlich bis zu 30 Tagen. | Mehrere Reisen im Jahr bis zu 30 Tagen möglich. |
| Einreisegenehmigungen nur für einen Landkreis in der DDR. | Einreisegenehmigungen für die gesamte DDR. |
| Benutzung des Pkw nur bei Geschäftsreisen. | Benutzung des Pkw ohne Angabe von Gründen. |
| Keine westdeutschen Journalisten in der DDR zugelassen. | Akkreditierung von Journalisten möglich. |
| DDR-Flüchtlinge galten nach DDR-Recht weiter als DDR-Bürger. | Bestimmungen fortgefallen. |
| Stundenlanges Warten auf Telefonverbindungen mit der DDR. | Teilweise telefonische Durchwahl möglich. |
| Keine Reisen für Westberliner in die DDR. | Reisen für Westberliner in die DDR wieder erlaubt. |
| Häufige Störungen des Transitverkehrs nach Westberlin durch die DDR. | Vereinfachte Abfertigung für Transitreisende, Verplombung der Güter im Lkw-Verkehr. |
| Bundestagssitzungen und Wahlen des Bundespräsidenten in Westberlin möglich (bis 1965). | Nur noch Fraktions- und Ausschusssitzungen im Berliner Reichstagsgebäude; Berliner Amtssitz des Bundespräsidenten bleibt erhalten. |
| Private Reisen von DDR-Bürgern in die Bundesrepublik Deutschland nur für Rentner. | Neben Rentnerreisen jetzt auch bei „dringenden Familienangelegenheiten" für andere Personenkreise, aber nur für ein Familienmitglied. |
| Keine westdeutsche Vertretung in der DDR, keine DDR-Vertretung in der Bundesrepublik Deutschland. | Einrichtung von „Ständigen Vertretungen" in Bonn und Ostberlin. DDR-Bürger können sich von der Vertretung der Bundesrepublik beraten lassen. |
| Keine Möglichkeit für Bewohner der Grenzgebiete in beiden Staaten zu persönlichen Kontakten. | „Kleiner Grenzverkehr", d. h. kurzfristige Besuchsreisen von Westdeutschen in grenznahe DDR-Orte möglich. |

**1** Prüfen Sie anhand von M 3, inwieweit das zentrale Ziel der neuen Deutschland- und Ostpolitik der Bundesrepublik, für „menschliche Erleichterungen" zu sorgen, mit dem Grundlagenvertrag von 1972 eingelöst wurde.

# Deutsche Demokratische Republik 6

**M 4** „Menschliche Erleichterungen", Karikatur zu den Ostverträgen, Bundesrepublik, 1973

**1** Interpretieren Sie M 4 im Hinblick auf die Frage, welche Bedeutung der Zeichner den Ostverträgen beimisst.

**Folgen für die deutsch-deutschen Beziehungen**

Die DDR passte seit Beginn der 1970er-Jahre ihre Deutschlandpolitik der internationalen Großwetterlage an und ging mit der Unterzeichnung des Grundlagenvertrages Ende 1972 (s. oben) auf die Entspannungspolitik der Bundesregierung unter Willy Brandt ein. Allerdings besaß die Normalisierung der deutsch-deutschen Beziehungen für die DDR eine gefährliche Kehrseite: Die Zunahme der innerdeutschen Kontakte sowie die Unterzeichnung der **Helsinki-Schlussakte*** 1975 (M 7) stärkte die **Opposition** in der DDR (s. S. 284 f.). Die Oppositionellen forderten nun eine Liberalisierung der SED-Herrschaft und größere Freizügigkeit, etwa bei den Reisemöglichkeiten zwischen Ost und West. Zahlreiche DDR-Bürger verlangten außerdem ihre „Entlassung aus der DDR-Staatsbürgerschaft" bzw. die Übersiedlung in die Bundesrepublik Deutschland.

Die Machthaber in Ostberlin reagierten darauf mit Maßnahmen, die die Erinnerung an die deutsche Nation aus dem Gedächtnis der Bevölkerung verbannen sollten (s. S. 293 f.), und sie behinderten die deutsch-deutschen Kontakte. Mit neuen Durchführungsbestimmungen zur **Journalistenverordnung** von 1973 erschwerte das Regime 1979 die Berichterstattung westlicher Korrespondenten in der DDR. Und im Oktober 1980 erhöhte die DDR den **Devisenzwangsumtausch** – westliche Besucher mussten bestimmte Summen ihrer Währung in Mark der DDR umtauschen – drastisch. Das richtete sich gegen ein zentrales Ziel der Bundesregierung, nämlich die Erleichterung des individuellen Reise- und Besuchsverkehrs.

Ungeachtet mancher Verschärfungen seitens der DDR wurde das Geflecht zwischen beiden deutschen Staaten enger. Die Regierung unter Bundeskanzler Helmut Kohl (seit 1982) intensivierte die deutsch-deutschen Beziehungen (s. S. 292): Im Mai 1986 wurde ein **Kulturabkommen** geschlossen, 1983 und 1984 folgten „vertrauensbildende Maßnahmen", darunter auch Bürgschaften für **Milliardenkredite** westlicher Banken an die DDR. Die finanzielle Großzügigkeit trug mit zur Stabilisierung der DDR-Wirtschaft bei und kam damit auch der Bevölkerung im Osten zugute.

**Die Folgen der Ostpolitik im Urteil**

Die Folgen der neuen Deutschland- und Ostpolitik für die DDR lassen sich nicht auf eine einfache Formel bringen. Auf der einen Seite stabilisierte diese Politik das reformunfähige kommunistische System: Die DDR galt seitdem als gleichberechtigter zweiter

**KSZE-Schlussakte von Helsinki**
Abschlussdokument der Konferenz für Sicherheit und Zusammenarbeit in Europa (KSZE), 1975 unterzeichnet von 35 Staaten Europas und Nordamerikas. Vereinbart wurden der Status quo in Europa (woran die Ostblockstaaten großes Interesse hatten) und die Einhaltung der Menschenrechte (was im Interesse des Westens lag). Vor allem die Oppositionsgruppen in den Ostblockstaaten beriefen sich seither darauf, dass ihre Länder die Akte unterzeichnet hatten, und konnten öffentlich die Einhaltung der Menschenrechte einfordern.

## M5 Treffen von Bundeskanzler Willy Brandt und DDR-Ministerpräsident Willy Stoph in Erfurt 1970, Fotografie

deutscher Staat und erhielt endlich die lang ersehnte internationale Anerkennung. Außerdem verhinderten die von der Bundesregierung gewährten wirtschaftlichen und finanziellen Hilfen den Kollaps der maroden DDR-Wirtschaft. Kritiker der sozial-liberalen Deutschland- und Ostpolitik argumentieren, dass sie die deutsche Teilung zementiert habe.

Auf der anderen Seite intensivierte die Ostpolitik die Kontakte zwischen Ost und West und führte zu „menschlichen Erleichterungen". Von der Stabilisierung der DDR-Wirtschaft profitierten nicht nur die kommunistischen Machthaber, sondern auch die Bürgerinnen und Bürger. Vor allem aber stärkten Entspannung und Normalisierung der internationalen und innerdeutschen Beziehungen die Opposition in der DDR und bewirkten dadurch langfristig eine Destabilisierung des SED-Staates. Manche Politiker und Historiker vertreten heute die Auffassung, dass die neue Deutschland- und Ostpolitik wichtige Voraussetzungen für die Revolution in der DDR und die deutsche Vereinigung 1989/90 geschaffen habe.

1 Benennen Sie die Ziele und zentralen Schritte der neuen Deutschland- und Ostpolitik durch die Bundesrepublik (Darstellung).
2 Stellen Sie in einer Grafik die kurzfristigen und langfristigen Ergebnisse dar.

## M6 Egon Bahr über die Motive und Ziele der neuen Deutschland- und Ostpolitik, 1963

*Aus dem Referat des Leiters des Presse- und Informationsamtes des Landes Berlin, Egon Bahr, vor der Evangelischen Akademie Tutzing am 15. Juli 1963:*

Die Änderung des Ost-West-Verhältnisses, die die USA versuchen wollen, dient der Überwindung des Status quo, indem der Status quo zunächst nicht verändert werden soll. Das klingt paradox, aber es eröffnet Aussichten, nachdem
5 die bisherige Politik des Drucks und Gegendrucks nur zu einer Erstarrung des Status quo geführt hat. Das Vertrauen darauf, dass unsere Welt die bessere ist, die im friedlichen Sinne stärkere, die sich durchsetzen wird, macht den Versuch denkbar, sich selbst und die andere Seite zu öffnen und
10 die bisherigen Befreiungsvorstellungen zurückzustellen. […] Die erste Folgerung, die sich aus einer Übertragung der Strategie des Friedens auf Deutschland ergibt, ist, dass die Politik des „Alles oder nichts" ausscheidet. Entweder freie Wahlen oder gar nicht, entweder gesamtdeutsche Entscheidungs-
15 freiheit oder ein hartes Nein, entweder Wahlen als erster Schritt oder Ablehnung, das alles ist nicht nur hoffnungslos antiquiert und unwirklich, sondern in einer Strategie des Friedens auch sinnlos. Heute ist klar, dass die Wiedervereinigung nicht ein einmaliger Akt ist, der durch einen histori-
20 schen Beschluss an einem historischen Tag auf einer historischen Konferenz ins Werk gesetzt wird, sondern ein Prozess mit vielen Schritten und vielen Stationen. Wenn es richtig ist, was Kennedy sagte, dass man auch die Interessen der anderen Seite anerkennen und berücksichtigen müsse, so ist
25 es sicher für die Sowjetunion unmöglich, sich die Zone zum Zwecke einer Verstärkung des westlichen Potenzials entreißen zu lassen. Die Zone muss mit Zustimmung der Sowjets transformiert werden. Wenn wir so weit wären, hätten wir einen großen Schritt zur Wiedervereinigung getan. […] Das
ist eine Politik, die man auf die Formel bringen könnte: Wan- 30
del durch Annäherung.

Ich bin fest davon überzeugt, dass wir Selbstbewusstsein genug haben können, um eine solche Politik ohne Illusion zu verfolgen, die sich außerdem nahtlos in das westliche Konzept der Strategie des Friedens einpasst, denn sonst 35
müssten wir auf Wunder warten, und das ist keine Politik.

*Zit. nach: Archiv der Gegenwart 33, 1963, S. 10 700 f.*

1 Untersuchen Sie die Aussagen Bahrs (M6) unter den Aspekten a) politische Grundpositionen, b) Beurteilung der „Deutschen Frage", c) politische Strategie.

## M7 Aus einer Einschätzung der KSZE-Schlussakte durch das DDR-Außenministerium, 28. Juli 1975

Der große Erfolg für die Staaten der sozialistischen Gemeinschaft ist die Ausarbeitung und Aufnahme des Prinzips der Unverletzlichkeit der Grenzen als selbstständiges Prinzip in den Prinzipienkatalog. [Es] enthält die klare Aussage, dass es
nicht allein um den Ausschluss der Gewaltanwendung, son- 5
dern um jegliche Forderungen und Handlungen geht, die darauf gerichtet sind, Grenzen anderer Staaten zu verletzen oder sich des Territoriums anderer Staaten zu bemächtigen. Nicht verhindert werden konnte die Aufnahme eines Satzes
über das Ändern von Grenzen. Die von diesem Satz ausge- 10
hende negative Wirkung konnte aber dadurch abgeschwächt werden, indem er nicht, wie von der BRD angestrebt, dem Prinzip über die Unverletzlichkeit der Grenzen zugeordnet wurde. Außerdem konnte bei den Verhandlungen über den deutschen Wortlaut dieses Satzes erreicht 15
werden, dass die BRD zu keinem der Prinzipien eine interpretative Erklärung im Sinne des sogenannten Briefes zur deutschen Einheit abgibt.

Von weitreichender Bedeutung ist die klare Ausgestaltung des Prinzips der Nichteinmischung in die inneren und äußeren Angelegenheiten. In diesem Zusammenhang ist bedeutsam die Feststellung über die Rechte jedes Teilnehmerstaates, sein System und seine Gesetze und Verordnungen zu bestimmen. [...]

Die kapitalistischen Staaten sind mit sehr weitgehenden Forderungen insbesondere in den Fragen des Prinzipienkatalogs, der vertrauensfördernden Maßnahme und der „Freizügigkeit von Menschen und Ideen" in die Konferenz gegangen und haben diese hartnäckig verfolgt. Sie nutzten ihre Möglichkeiten und unser Interesse an einem erfolgreichen Abschluss der Konferenz aus, um insbesondere in den Prinzipien und den Bereichen Information und Kontakte einige detailliertere Aussagen durchzusetzen, als von uns ursprünglich beabsichtigt war. Diese Aussagen sind jedoch so abgesichert, um unmittelbar negative Auswirkungen auf unsere gesellschaftlichen Verhältnisse auszuschließen. [...]

Die vertrauensfördernden Maßnahmen konnten im Wesentlichen auf die Ankündigung größerer militärischer Manöver und den Austausch von Manöverbeobachtern beschränkt werden. Die dazu getroffenen Festlegungen schließen Elemente der politischen Kontrolle über militärische Aktivitäten aus und berücksichtigen die Sicherheitsinteressen der Staaten des Warschauer Vertrages. Das von den westlichen Staaten, insbesondere der BRD verfolgte Ziel der „Transparenz der militärischen Aktivitäten" konnte damit durchkreuzt werden. [...] Die Ankündigung größerer militärischer Manöver sowie die Einladung von Manöverbeobachtern erfolgt im Einzelfall auf der Grundlage der Freiwilligkeit und wird demzufolge ausdrücklich in die Souveränität des Staates gestellt. Die von westlichen Staaten angestrebte Verpflichtung, über große Truppenbewegungen zu informieren, wurde zurückgewiesen. [...]

Im Bereich der Kontakte, insbesondere bei familiären Begegnungen, Familienzusammenführung, Eheschließung und Reisen aus persönlichen und beruflichen Gründen wurde [aus westlichen Vorschlägen] die Verpflichtung übernommen, jeweilige Anträge „wohlwollend" zu behandeln. Das innerstaatliche Genehmigungsverfahren bleibt unberührt. [...] Alle westlichen Vorschläge, die auf eine „freie" Ein- und Ausreise ausländischer Bürger im Gastland abzielten, konnten zurückgewiesen werden. [...]

Im Bereich Kultur und Bildung konnten alle jene Elemente, die auf eine ideologische Diversion hinausliefen, wie die Einrichtung ausländischer Kinos, Lesesäle, Bibliotheken usw., ausgeschlossen werden.

*Zit. nach: Matthias Judt (Hg.), DDR-Geschichte in Dokumenten, Ch. Links, Berlin 1997, S. 518f.*

**1** Setzen Sie sich mit der Beurteilung der Helsinki-Schlussakte durch die DDR auseinander (M 7): Welche Ergebnisse werden gewürdigt, welche kritisiert?

### M 8 Die neue Ostpolitik im historischen Urteil

**a) Ein Rückblick Egon Bahrs, 2008:**

Korb III [der Schlussakte von Helsinki] mit der Verpflichtung zur Gewährung von mehr Menschen- und Bürgerrechten hat natürlich den Menschen im ganzen Ostblock ein bisschen mehr Luft zum Atmen gegeben. Die Sowjets haben damals akzeptiert, dass es ohne die Beteiligung der USA keine sicherheitspolitischen Regelungen in Europa geben wird. Und es ist natürlich kein Zufall, dass zwei Jahre später in Prag die Charta 77 verfasst wurde. Und es ist kein Zufall, dass im Sommer 1980 in Polen die Gewerkschaft Solidarität gegründet wurde. In Helsinki wurde ein Prozess in Gang gesetzt, der weit über das hinausging, was die Russen und auch die Westmächte erwartet hatten. Und die einzigen, die gehofft haben, es würde mit der KSZE ein Prozess eingeleitet, an dessen Ende die deutsche Einheit stehen könne, das waren ein paar Verrückte in der sozial-liberalen Koalition in Bonn!

*Zit. nach: Süddeutsche Zeitung, 22./23. November 2008, S. 6.*

**b) Der Historiker Stefan Wolle, 1999:**

Insgesamt darf man wohl feststellen, dass die Abkommen der Bundesrepublik mit der Sowjetunion, Polen und der DDR den Schutt der deutschen Vergangenheit gründlich beiseite geschaufelt hatten. 25 Jahre nach Kriegsende machte die völkerrechtliche Anerkennung der territorialen Realitäten in Europa endlich den Weg für ein normales Verhältnis zwischen Bonn und dem gesamten Ostblock frei. Gleichzeitig eröffnete sie längerfristig aber auch Spielräume für den dortigen inneren Wandel. Die Entschärfung der Konfrontation bot den Satellitenstaaten die Chance einer allmählichen und vorsichtigen Lockerung ihrer Bindungen zur Hegemonialmacht. Der zunächst lautstark, später nur noch verdeckt vorgebrachte Verdacht der SED-Führung, die Ostpolitik der sozial-liberalen Regierung sei eine „Aggression auf Filzlatschen", traf insofern den Kern der Sache, als der gesamte Entspannungskurs auf die Dauer doch die kommunistische Herrschaft unterminierte. Ob ihre Vordenker und Vollstrecker dies im Sinn hatten oder ob es sich hier um eine spezielle „List der Vernunft" handelte, ist vom Ergebnis her letztlich belanglos. Auch wenn die Vertragspolitik zu einer kurzfristigen Stabilisierung des Sowjetimperiums geführt hat, kann kein Zweifel daran bestehen, dass der friedliche Wandel der Jahre 1989 und 1990 unter den Bedingungen des Kalten Krieges und einer potenziellen Bedrohung der territorialen Integrität Polens und der Tschechoslowakei durch die Bundesrepublik nicht möglich gewesen wäre.

*Stefan Wolle, Die heile Welt der Diktatur, Econ/List, München 1999, S. 95.*

**1** Erörtern Sie mithilfe von M 8 a, b die langfristigen Folgen der neuen Deutschland- und Ostpolitik.

**2** Diskutieren Sie am Beispiel der Ostpolitik, ob eine Demokratie eine Diktatur von außen verändern kann.

## 6.4 Niedergang und Krise der DDR – eine Folge wirtschaftlicher Unzufriedenheit?

**Wirtschaftsgeschichte der DDR**
**Sommer 1945** Bodenreform
**1945/46** Schwerindustrielle Betriebe in Sowjetische Aktiengesellschaften überführt, Verstaatlichungen
**Okt. 1947** Deutsche Wirtschaftskommission (DWK): erste zentrale Planungsbehörde der SBZ
**Juni 1948** Währungsreform
**Okt. 1949** Gründung der DDR: Planwirtschaft, Recht auf Arbeit
**1951** Erster Fünfjahresplan
**1952–1960** Zwangskollektivierung der Landwirtschaft
**Mai 1953** Normerhöhung um 10%
**1958** Einführung des „Unterrichtstages in der Produktion"
**1963** „Neues System der ökonomischen Planung und Leitung"
**1968** „Ökonomisches System des Sozialismus"
**1971** Ausbau der Sozialpolitik unter Honecker
**1973/74** Weltweite Ölkrise
**1980** Zwangsumtausch für westliche Reisende in die DDR erhöht
**1982** Finanzkrise der DDR
**1983/84** Milliardenkredite der BRD

**M 1** Erich Honecker (1912–1994), Fotografie

**1929** Eintritt in die KPD
**1930** Intern. Lenin-Schule Moskau
**1931–1935** Funktionär im Kommunistischen Jugendverband Dtls.
**1935–1945** Verhaftung, Zuchthaus
**1949–1989** Mitglied im Zentralkomitee der SED
**1958–1989** SED-Politbüromitglied
**1971–1989** Als Nachfolger Ulbrichts Erster Sekretär, ab 1976 Generalsekretär der SED
**seit 1976** Vorsitzender des Staatsrats
**18. Okt. 1989** Sturz durch eine Gruppe innerhalb der SED

### Die DDR in der Krise

Der politische, wirtschaftliche und soziale Niedergang und Verfall der DDR seit den ausgehenden 1970er-Jahren mündete in den 1980er-Jahren in eine allgemeine Systemkrise. Sie konnte lange Zeit verschleiert werden durch die Routine des Partei- und Staatsapparats. Dieser milderte die wirtschaftlichen Schwierigkeiten oder die wachsende Staatsverschuldung durch die Wirtschaftsbeziehungen zur Bundesrepublik, denen die Europäische Gemeinschaft (EG) einen privilegierten Status eingeräumt hatte. Aber auch glanzvolle Ereignisse wie die Eröffnung der wiederaufgebauten Semper-Oper in Dresden 1985 oder der Besuch Erich Honeckers* (M 1) in Bonn 1987 lenkten von den Problemen ab (s. S. 293).

(1) Die Systemkrise zeigte sich erstens als Wirtschaftskrise. Schon 1982 drohte der DDR ein finanzieller Ruin, der 1983 und 1984 durch Milliardenkredite bundesdeutscher Banken, für die die Bundesregierung bürgte, abgewendet werden konnte. Diese materielle Unterstützung verhinderte jedoch nicht den ökonomischen Niedergang der veralteten und technologisch rückständigen DDR-Industrie und auch nicht die sich ausweitende Umweltkatastrophe, weil für Umweltschutz kein Geld vorhanden war. Die Bürger verdienten zwar gut, hochwertige Konsumgüter waren aber teuer und nur schwer zu bekommen.

(2) Die Unzufriedenheit der DDR-Bürger mit der wirtschaftlichen und sozialen Situation führte zweitens zu einer Glaubwürdigkeitskrise (M 2, M 6). Viele Bürger gaben die Hoffnung auf bessere Verhältnisse auf. Die politische Distanz zum Staat wuchs, vor allem bei den Jüngeren. Mitverantwortlich dafür waren die „bedarfsgerecht" gelenkte Berufsausbildung und die eingeschränkte Möglichkeit zu studieren. 1972 gab es insgesamt rund 150 000 Studierende in der DDR, 1984 nur noch 130 000. Junge Menschen fühlten sich um ihre Zukunft betrogen: Weder sozialen Aufstieg wie den Älteren noch die Verwirklichung individueller Lebensentwürfe gestand ihnen das SED-Regime zu. Es wurde immer deutlicher, dass die kommunistischen Machthaber nicht in der Lage waren, die Versprechungen auf eine Verbesserung der allgemeinen Lage einzulösen.

(3) Die innere Krise wurde drittens verstärkt durch die zunehmende außenpolitische Isolierung der DDR. Ängstlich auf ihre Macht bedacht, vergaß die kommunistische Elite, wer diese Macht garantierte: die Sowjetunion. Zwar begrüßte die SED die vom sowjetischen Parteichef Michail Gorbatschow 1985 eingeleitete neue Runde der Entspannungspolitik, weigerte sich aber, die innenpolitischen Reformen, „Perestroika" und „Glasnost", auf die DDR zu übertragen. Staats- und Parteichef Honecker war bewusst, dass eine Öffnung der DDR das Ende dieses Staates einläuten würde. Er propagierte den „Sozialismus in den Farben der DDR", also die Fortsetzung eines dogmatischen Staatssozialismus. Und die SED gab die Devise aus: „Keine Fehlerdiskussion". Damit begab sich die DDR-Führung in einen ideologischen Zweifrontenkrieg. Wie sollte sie ihren Bürgern klarmachen, dass nicht nur der „imperialistische Westen", sondern auch die „brüderliche Schutzmacht" Sowjetunion eine Gefahr für die DDR darstellte?

### Mangelwirtschaft

Die Unzufriedenheit der DDR-Bürger mit der wirtschaftlichen und sozialen Situation war also nicht die alleinige, wohl aber eine wesentliche Ursache für den Zusammenbruch des Systems 1989/90. Zwar verbesserte sich der Lebensstandard in der DDR seit den 1950er-Jahren kontinuierlich, er blieb jedoch weit hinter dem der Westdeutschen

**M2** Hans-Joachim Jordan, „Abstimmungsmaschine", Karikatur, DDR, 1979.

Die Zeichnung, die 1979 auf einer Karikaturenausstellung in Leipzig gezeigt werden sollte, musste auf Verlangen der SED-Kulturfunktionäre vor der Eröffnung entfernt werden. Sie durfte gezeigt werden, nachdem Jordan den Kontext durch Ergänzungen in einen westlichen Aufsichtsrat umgewandelt hatte.

zurück. Die Planwirtschaft* der DDR mit ihren hohen staatlichen Subventionen* für Waren und Güter des täglichen Bedarfs war und blieb eine Mangelwirtschaft* (M 3–M 6), die an die Leistungen der westdeutschen Markt- und Konsumgesellschaft* nicht heranreichte. Um die Unzufriedenheit der DDR-Bürger abzubauen, beschritt Erich Honecker in den 1970er-Jahren neue Wege. Die von ihm propagierte „Einheit von Wirtschafts- und Sozialpolitik" (M 7) diente dem Ziel, die Versorgungslage und den Lebensstandard der Bevölkerung anzuheben. So stiegen der allgemeine Wohlstand in der DDR, doch gleichzeitig auch die Staatsverschuldung. Diese wurde zusätzlich vergrößert durch die wirtschaftlichen Veränderungen seit der Ölkrise 1973/74. Die Sowjetunion verlangte jetzt von der „Brudernation" DDR für Erdöl- und Erdgaslieferungen den Weltmarktpreis in Dollar. Die DDR musste aus diesem Grund den Westhandel einschränken, sodass auch die ohnehin knappen Devisenvorräte für eine Modernisierung der DDR-Industrie zurückgingen.

Gegen Ende der 1980er-Jahre hatten die Wirtschaftsprobleme in der DDR Ausmaße erreicht, die ohne grundlegende Strukturreformen nicht mehr zu bewältigen waren. Die Planwirtschaft erwies sich als unfähig, die Bevölkerung flexibel mit den benötigten Gütern und Waren zu versorgen. Ohne den Lebensstandard der Bevölkerung drastisch abzusenken, hätte die DDR ihre hohen Schulden im Westen nicht mehr bezahlen können. Hinzu kam, dass viele Wohnungen kaum oder nicht mehr bewohnbar waren und die Städte zunehmend verfielen. Außerdem nahmen aufgrund der wachsenden Umweltprobleme die Sorgen vieler Menschen um ihre Gesundheit zu. Dieser Niedergang von Wirtschaft und Gesellschaft beschleunigte das Ende der kommunistischen Diktatur in der DDR dramatisch (M 8, M 9).

**Planwirtschaft**
Wirtschaftsordnung, in der Produktion, Preise und Löhne nach Mehrjahresplänen zentral vom Staat festgelegt werden. Es gibt keinen freien Wettbewerb von Angebot und Nachfrage wie in der Marktwirtschaft. Ziel ist es, die Wirtschaftsproduktion mit dem vom Staat definierten gesellschaftlichen Bedarf in Einklang zu bringen.

**Staatliche Subventionen**
Hilfsleistungen des Staates an die Wirtschaft, um die Marktpreise für politisch erwünschte Zwecke künstlich zu senken. Der SED-Staat subventionierte zum Beispiel
– Nahrungsmittel mit 46 %,
– Verkehrsleistungen mit 65 %,
– Wohnungsmieten mit 70 %.

**Mangelwirtschaft**
Westlicher Begriff für die Wirtschaftsordnung realsozialistischer Staaten. Während nachgefragte Waren fehlen, ist Geld zum Kauf von Waren genügend vorhanden.

**Konsumgesellschaft**
Siehe S. 81.

**1** Stellen Sie die wirtschaftliche und soziale Situation der DDR in den 1980er-Jahren ausgehend vom Begriff der „Krise" mithilfe einer Mindmap dar.

# 6 Deutsche Demokratische Republik

**M3** Käuferschlange vor einer Fleischerei in Leipzig, Fotografie, 1980

**Foto- und Lesetipps**
Siegfried Wittenburg, Stefan Wolle, Die sanfte Rebellion der Bilder. DDR-Alltag in Fotos und Geschichten, Darmstadt 2008.

Edgar Wolfrum, Die DDR. Eine Geschichte in Bildern, Darmstadt 2008.

**M4** Konsumgüter in Privathaushalten der DDR 1960–1987 im Vergleich zur Bundesrepublik (in %)

| Konsumgut | DDR | | | | BRD |
|---|---|---|---|---|---|
| | 1960 | 1970 | 1980 | 1987 | 1987 |
| Pkw | 3 | 16 | 37 | 50 | 95 |
| Fernseher, davon | 17 | 69 | 88 | 95 | 100 |
| – Farbfernseher | – | 0 | 17 | 47 | 91 |
| Kälteschränke, davon | 6 | 56 | 99 | 99 | 100 |
| – Gefrierschränke | – | 1 | 13 | 38 | 76 |
| Waschmaschinen | 6 | 54 | 80 | 97 | 98 |
| Telefone | – | 10 | 12 | 16 | 97 |

Nach: Werner Weidenfeld/Hartmut Zimmermann (Hg.), Deutschland-Handbuch, Bonn 1989, S. 300.

**M5** Aus einem Bericht der „Frankfurter Rundschau" über die DDR-Wirtschaft, 1980

„Aushalten" und „Durchstehen": Daran haben sich die Bürger […] in 30 Jahren DDR durchaus gewöhnt. Man weiß längst, dass die beste Qualitätsarbeit der Betriebe des Landes nie auf den heimischen Markt kommt. Beliefert wird in
5 der Regel in dieser Reihenfolge: Armee, NSW (nicht sozialistisches Wirtschaftsgebiet, also westliche Länder), Sowjetunion, SW (sozialistisches Wirtschaftsgebiet), DDR. Mit anderen Worten: Die DDR-Betriebe liefern ihre beste Qualitätsware […] für den Westexport oder in die Sowjet-
10 union, sieht man einmal von der Armee ab.

Frankfurter Rundschau, 18. Februar 1980.

1 a) Beschreiben Sie mithilfe von M4 die Entwicklung der Verbreitung von Konsumgütern in der DDR.
  b) Vergleichen Sie mit der Bundesrepublik.
2 Zeigen Sie anhand von M3–M6, inwieweit in der DDR eine Mangelwirtschaft herrschte.

**M6** Wolfgang Hinkeldey (geb. 1952 in Jena), Zwei Gedichte zur Planwirtschaft, undatiert

a) „ERFOLGSMELDUNG"
Auch in diesem Jahr traten
Beim Zersägen unserer Bretter
Keinerlei Späne auf

b) „ERFOLG UNSER"
ERFOLG UNSER, der
Du stehst in der Zeitung
Geheiligt werde dein Wortlaut
Deine Ziffer melde
Dein Optimismus blühe                     5
Wie im Rundfunk
Also auch im Fernsehen
Unser ruhiges Gewissen
Gib uns täglich
Und vergib uns unsere Kritik              10
Wie wir vergeben
Unseren Kritikern
Und führe uns
Nicht in Versuchung
Sondern erlöse uns                        15
Von allen Zweifeln
Denn dein ist die Genehmigung
Und unsere Karriere
Also auch unser Beifall
In Ewigkeit                               20
Hurra

Thomas Auerbach, DDR-Konkret, Olle & Wolter, Berlin 1984, S. 61.

1 Skizzieren Sie die Kritik in den Gedichten M6a und b.
2 Erklären Sie die Ursachen für die Unzufriedenheit der DDR-Bürger (M2–M6).

### M7 Der Historiker Günther Heydemann über die Wirtschafts- und Sozialpolitik von Erich Honecker, 2003

Tatsächlich bestand in der Steigerung sozialpolitischer Leistungen durchaus eine gewisse Chance, sich die Loyalität oder zumindest Neutralität der Bevölkerungsmehrheit zu sichern. Auf dieser Basis beschloss der VIII. Parteitag im Juni 1971 ein ganzes Bündel derartiger Maßnahmen. Es sah als Kernstück die Verbesserung der Wohnbedingungen durch ein umfassendes Bauprogramm vor. Weiterhin gehörten dazu: die Erhöhung der Mindestlöhne und Mindestrenten; die Arbeitszeitverkürzung für Frauen, insbesondere mit Kindern, einschließlich verlängertem Mutterschaftsurlaub und Geburtenbeihilfe, um Berufstätigkeit und Mutterschaft besser vereinbaren zu können; großzügige, z. T. zinslose Kredite sowie bevorzugte Wohnungszuteilung bei Eheschließungen; eine Verbesserung der medizinischen Versorgung und Betreuung und schließlich Ausbau und Ausweitung des Erholungswesens.

Das eigentliche Problem dieses sozialpolitischen Leistungskonzeptes lag jedoch in seiner Finanzierbarkeit. Denn das Ansinnen, durch Intensivierung des Arbeitseinsatzes und des Produktionsprozesses, „sozialistische Rationalisierung" genannt, den erhöhten Finanzbedarf abzudecken, war mit einem enormen Risiko behaftet. Bereits im Herbst 1971, nur ein halbes Jahr nach Honeckers Machtübernahme, hatte die Staatliche Plankommission (SPK) zu konstatieren, dass der Export von DDR-Waren in westliche, Devisen bringende Länder wahrscheinlich um 390 Millionen Mark verfehlt werden würde, Importe in die DDR aber um 100 Millionen Valutamark über dem Plan lägen. Zunächst jedoch wurde das Defizit durch Kredite aus dem nicht sozialistischen Wirtschaftsbereich (NSW) gedeckt.

Im Frühjahr 1972 ließ Honecker die rasche Verstaatlichung der letzten noch bestehenden, rund 11 400 mittelständischen Industriebetriebe durchführen. Zwar besaßen diese – unter ihnen ca. 6500 halbstaatliche Betriebe – nur noch etwa 10 Prozent Anteil an der Gesamtproduktion, aber in der Textil- und Bekleidungsindustrie, bei Leder-, Schuh- und Rauchwaren nahmen sie mit ca. 30 Prozent noch immer eine beachtliche Position ein. Das Ziel einer verbesserten Versorgung durch Unterstellung dieser Betriebe unter die staatliche Planung wurde jedoch verfehlt.

*Günther Heydemann, Die Innenpolitik der DDR, Oldenbourg, München 2003, S. 29.*

1 Erläutern Sie anhand von M 7 die Konzeption von Honeckers „Einheit von Wirtschafts- und Sozialpolitik".
2 Prüfen Sie, ob Honeckers Konzeption von der „Einheit von Wirtschafts- und Sozialpolitik" (M 7) zur Stabilisierung oder zur Krise der DDR beitrug (s. Darstellung, M 2 – M 6).

### M8 Die wirtschaftliche und soziale Situation der DDR Ende der 1980er-Jahre

*Aus einem Bericht führender Wirtschaftsfunktionäre der DDR (Gerhard Schürer, Gerhard Beil, Alexander Schalck-Golodkowski, Ernst Häfner, Arno Donda), 27. Oktober 1989:*

Infolge der Konzentration der Mittel [auf den Wohnungsneubau] wurden […] dringendste Reparaturmaßnahmen nicht durchgeführt und in solchen Städten wie Leipzig und besonders in Mittelstädten wie Görlitz u. a. gibt es Tausende von Wohnungen, die nicht mehr bewohnbar sind. […]

Die Feststellung, dass wir über ein funktionierendes System der Leitung und Planung verfügen, hält einer strengen Prüfung nicht stand. [Es] entwickelte sich ein übermäßiger Planungs- und Verwaltungsaufwand. Die Selbstständigkeit der Kombinate und wirtschaftlichen Einheiten sowie der Territorien wurde eingeschränkt. […] Die vorgegebene Strategie, dass die Kombinate alles selbst machen sollten, führte zu bedeutenden Effektivitätsverlusten. […] Dadurch trat u. a. eine Tendenz der Kostenerhöhung ein, wodurch die internationale Wettbewerbsfähigkeit abnahm. Das bestehende System der Leitung und Planung hat sich hinsichtlich der notwendigen Entwicklung der Produktion der „1000 kleinen Dinge" sowie der effektiven Leitung und Planung der Klein- und Mittelbetriebe […] nicht bewährt, da ökonomische und Preis-Markt-Regelungen ausblieben. […] Im […] Vergleich der Arbeitsproduktivität liegt die DDR gegenwärtig um 40 % hinter der BRD zurück. […] Die Verschuldung im nicht sozialistischen Wirtschaftsgebiet [NSW] ist seit [1971] auf eine Höhe gestiegen, die die Zahlungsfähigkeit der DDR in Frage stellt. […]

Die Konzentration der ohnehin zu geringen Investitionen auf ausgewählte Zweige hat zum Zurückbleiben in anderen Bereichen, darunter der Zulieferindustrie, geführt. Dazu kommt, dass große Investitionsobjekte mit bedeutendem Aufwand nicht den geplanten Nutzen erbracht haben. […] In bestimmten Bereichen der Volkswirtschaft sind die Ausrüstungen so verschlissen, woraus sich ein überhöhter und ökonomisch uneffektiver Instandhaltungs- und Reparaturbedarf ergibt. […] Im Zeitraum seit [1971] wuchs insgesamt der Verbrauch schneller als die eigenen Leistungen. [Die Verschuldung im NSW erhöhte] sich von 2 Mrd. VM 1970 auf 49 Mrd. VM 1989. [Die] Sozialpolitik seit [1971 basierte] nicht in vollem Umfang auf eigenen Leistungen [und führte] zu einer wachsenden Verschuldung im NSW. […]

Die Spareinlagen einschließlich Versicherungssparen erhöhten sich von 136 Mrd. M 1985 auf 175 Mrd. M Ende 1989. […] Das Wachsen der Spareinlagen ist einerseits Ausdruck […] des Wunsches, mit wachsendem Lebensstandard über persönliche Reserven zu verfügen, hängt aber andererseits zum Teil mit nicht realisierbaren Kaufwünschen, besonders nach langlebigen und hochwertigen Konsumgütern, zusammen […].

Die Verbindlichkeiten des Staatshaushaltes gegenüber dem

[inländischen] Kreditsystem entwickelten sich aufgrund der höheren Ausgaben gegenüber den erreichten Einnahmen von rd. 12 Mrd. M 1970 auf [...] 123 Mrd. M 1988. In den Jahren 1989 und 1990 können die höheren Ausgaben des Staatshaushaltes gegenüber den Einnahmen nur durch zusätzliche Kreditaufnahme in Höhe von 20 Mrd. M erreicht werden, sodass die Gesamtverschuldung 1990 insgesamt 140 Mrd. M beträgt. [...] Die ungenügende Erhöhung der Effektivität im volkswirtschaftlichen Reproduktionsprozess, die Angleichung der Industrieabgabepreise an den im internationalen Vergleich zu hohen Aufwand sowie die wachsende Verschuldung des Staatshaushaltes hat zu einer Schwächung der Währung der DDR geführt. [...]
[In] den Jahren 1971–1980 wurden [Waren im Werte von] 21 Mrd. VM mehr [aus dem NSW] importiert als [dorthin DDR-Waren] exportiert. [Die daher notwendige Kreditaufnahme und die erforderlichen Zinszahlungen] sind die Hauptursache des heutigen außergewöhnlich hohen Schuldenberges. [...] Exportüberschüsse [in den Jahren 1981–1986] ermöglichen es, den [Schuldensaldo in diesen Jahren] etwa auf gleichem Niveau in Höhe von 28 Mrd. VM zu halten. [Eine] grundlegende Änderung der ökonomischen Situation in der DDR [trat ein, als die] Exportziele des Fünfjahrplanes 1986–1989 [...] aufgrund der fehlenden Leistung und ungenügenden Effektivität mit 14 Mrd. VM unterschritten und der Import mit rd. 15 Mrd. VM [darunter 6,9 Mrd. VM für Importe zur Leistungssteigerung in der metallverarbeitenden Industrie und der Mikroelektronik] überschritten [wurden. Anstelle] des geplanten [NSW-] Exportüberschusses von 23,1 Mrd. VM [trat] ein Importüberschuss im Zeitraum 1986–1989 von 6 Mrd. VM [ein]. [...] Die DDR hat, bezogen auf den NSW-Export, 1989 eine Schuldendienstrate von 150 %. Die Lage in der Zahlungsbilanz wird sich [...] 1990 weiter verschärfen. [Zur] Aufrechterhaltung der Zahlungsfähigkeit [der DDR müssten hohe] Exportüberschüsse erreicht werden. [...]
1. [...] Es ist eine grundsätzliche Änderung der Wirtschaftspolitik der DDR verbunden mit einer Wirtschaftsreform erforderlich. [...] 2. Durchführung einer Wirtschaftsreform: Abschaffung der zentralen Planung und Abrechnung der Tagesmeldungen sowie der zentralen Dekaden- und Monatsplanung. [...] Der Wahrheitsgehalt der Statistik und Information ist auf allen Gebieten zu gewährleisten. Insgesamt geht es um die Entwicklung einer an den Marktbedingungen orientierten Planwirtschaft. [...]
Allein das Stoppen der Verschuldung würde im Jahre 1990 eine Senkung des Lebensstandards um 25–30 % erfordern und die DDR unregierbar machen. [...] Aus diesem Grunde wird [...] vorgeschlagen: [...] ein konstruktives Konzept der Zusammenarbeit mit der BRD und mit anderen kapitalistischen Ländern [...] auszuarbeiten.

Zit. nach: Matthias Judt (Hg.), DDR-Geschichte in Dokumenten, Ch. Links, Berlin 1997, S. 145–147.

**M9** Der Historiker Hans-Ulrich Wehler über Krise und Niedergang der DDR, 2008

Wegen der Wirtschaftskrise in den frühen 70er-Jahren [...] kletterten auch die Schulden im Tempo einer galoppierenden Schwindsucht weiter in die Höhe, bis sie 1989 den Umfang von 49 Milliarden Mark erreichten. Zwei von dem CSU-Chef Strauß 1983/84 vermittelte Kredite von je einer Mrd. DM retteten die Kreditwürdigkeit der DDR, wirkten aber nur wie der Tropfen auf den heißen Stein. Im Inneren des Landes hatte die SED, die sich seit jeher mit der Verfechtung der wahren Volksinteressen gebrüstet hatte, in einem beispiellosen Maße von der Substanz gezehrt. Der Kern der Städte war bis zum Ende der 80er-Jahre verfallen, da die eingefrorenen Mieten den privaten Hausbesitzern keine angemessene Reparatur ermöglichten, während die staatlich beschlagnahmten Gebäude genauso wenig modernisiert wurden. Mehr als die Hälfte aller Straßen litt an schweren Schäden, 18 % dieses Verkehrsnetzes waren nach Expertenmeinung kaum mehr befahrbar. Im Hinblick auf Telefonanschlüsse rangierte die DDR auf der Welt an 65. Stelle; 62 % der Fernsprechanlagen waren erheblich älter als 30 Jahre. Diese Mängel der Infrastruktur verblassten aber vor den Dimensionen der immer schmerzhafter spürbaren Umweltkatastrophe. Die SED hatte durch ihre ungeschützte Industrialisierung und rücksichtslose Braunkohleverwendung, mit ihrer Vergiftung der Luft und der Gewässer den Ruin ganzer Landstriche, Dörfer und Städte herbeigeführt, vor allem aber die Gesundheit und das Alltagsleben von Millionen Menschen schwersten Belastungen ausgesetzt. Zahllose Krankheiten wurden durch die ökologischen Probleme verursacht, und während die durchschnittliche Lebenserwartung westlich der Elbe sprunghaft anwuchs, stagnierte sie in der DDR. Diesen menschenfeindlichen Folgen ihrer eigenen Politik wollte sich die Parteidiktatur aber nicht stellen, da die Alternative einer aktiven Umweltpolitik eine Kürzung der Finanzierung der inzwischen umfänglichen sozialpolitischen Leistungen bedeutet hätte, die für die Legitimierung des Regimes und seine verbissene Machtbehauptung als unabdingbar galten. Dieser Parteiegoismus lief im Kern auf eine unaufhaltsame Selbstzerstörung des Landes hinaus.

Hans-Ulrich Wehler, Deutsche Gesellschaftsgeschichte, Bd. 5, C. H. Beck, München 2008, S. 359 f.

1 Versetzen Sie sich in die Lage eines Referenten im Bundeswirtschaftsministerium: a) Verfassen Sie anhand von M 8 eine Beurteilung für die Bundesregierung. b) Erörtern Sie Maßnahmen, wie die Bundesregierung auf die Situation reagieren sollte.
2 Diskutieren Sie die Urteile Wehlers (M 9).
3 **Essay:** Diskutieren Sie ausgehend von der Schlussthese in M 8, Z. 95–99, ob und inwieweit das kommunistische System der DDR 1989 reformfähig war.

# 6.5 Die friedliche Revolution in der DDR: Wege und Ziele

**1989: Herausforderungen und friedliche Revolution\***

Der zunehmende Unmut der Bevölkerung, das wachsende Selbstbewusstsein der Opposition und der anhaltende Autoritätsverlust von Staat und Partei wurden erstmals bei den **Kommunalwahlen am 7. Mai 1989** offensichtlich. Bürgerrechtsgruppen gelang es, den Machthabern Fälschungen nachzuweisen. Außerdem konnten sie auf die Abweichungen des offiziellen (99 Prozent für den „gemeinsamen Wahlvorschlag der Nationalen Front") vom tatsächlichen Wahlergebnis (sie sollen teilweise bis zu 20 Prozent betragen haben) aufmerksam machen. Die schwelende politische Krise wurde verschärft durch die erneute **Massenflucht** aus der DDR im Sommer 1989 (s. S. 285). Um in den Westen zu gelangen, flüchteten Tausende Ostdeutsche in die bundesdeutschen Botschaften in Budapest, Warschau und Prag sowie in die Ständige Vertretung in Ostberlin. Am 2. Mai 1989 begann Ungarn mit dem Abbau seiner Grenzbefestigungen zu Österreich; am 10. September 1989 entschied die ungarische Regierung, dass Ostdeutsche das Land frei in Richtung Westen verlassen durften. Die Flüchtlingszahlen schwollen lawinenartig an. Am 30. September 1989 konnte Bundesaußenminister Hans-Dietrich Genscher den Flüchtlingen in den überfüllten BRD-Botschaften in Prag und Warschau verkünden, dass sie in den Westen ausreisen durften.

In der DDR meldeten sich **Bürgerrechtsgruppen** immer selbstbewusster zu Wort; sie und neue Parteien wie die am 7. Oktober 1989 gegründete Sozialdemokratische Partei (SDP, im Januar 1990 in SPD umbenannt) traten in Konkurrenz zur kommunistischen Staatspartei der DDR. Aber auch die Bürger selbst wiesen den umfassenden Regelungsanspruch der SED öffentlich zurück, indem sie öffentlich demonstrierten. Im Anschluss an ein Friedensgebet in der Nikolaikirche gingen in Leipzig Montag für Montag immer mehr Bürger auf die Straße. Obwohl Gerüchte über den Einsatz der Volksarmee gegen die Demonstranten umliefen, versammelten sich am **9. Oktober 1989** schließlich 70 000 Menschen zur **Leipziger Montagsdemonstration** (M 1). Als der befürchtete Eingriff der Sicherheitskräfte ausblieb, begriffen die Menschen, dass sie keine Angst mehr vor der Staatsmacht

**Friedliche Revolution**
Begriff zur Kennzeichnung der Ereignisse in der DDR 1989/90. In der Geschichtswissenschaft meint der Begriff „Revolution" Veränderungen, die einen radikalen Neuanfang markieren. Das heißt:
(1) Revolutionen werden bewusst angestrebt und zielen auf umfassenden politischen und gesellschaftlichen Wandel; (2) sie werden von dem Bewusstsein getragen, dass die Umgestaltung der Verhältnisse zu einem Fortschritt der Menschheit führt; (3) Auslöser sind häufig gewaltsame Aktionen gegen die bestehende Ordnung. Im Unterschied zu älteren Revolutionen (Französische Revolution 1789, Russische Oktoberrevolution 1917) verzichtete die DDR-Opposition aber auf Gewalt – daher die Bezeichnung „friedliche Revolution".

**M 1** Montagsdemonstration, Leipzig, 9. Oktober 1989, Fotografie

1 Erläutern Sie ausgehend von M 1 den Begriff der „friedlichen Revolution".

**M2** Grenzübergang Checkpoint Charlie in Berlin am Morgen nach der Maueröffnung, Fotografie, 10. November 1989

zu haben brauchten. Der Oppositionsbewegung war ein Durchbruch gelungen. Der Weg zur Demokratie war frei.

Zum friedlichen Verlauf hatte beigetragen, dass die Initiatoren der Friedensgebete und eine Gruppe um den Leipziger Gewandhauskapellmeister Kurt Masur zur Gewaltlosigkeit aufgerufen hatten. Außerdem gab es in der Leipziger SED-Bezirksleitung besonnene Kräfte, die den „Aufruf zum Dialog" unterstützten. Hinzu kam, dass in der herrschenden SED niemand bereit war, die Verantwortung für eine gewaltsame Unterdrückung der Demonstrationen zu übernehmen.

Am 9. November 1989 fiel die Mauer, wie sie am 13. August 1961 gekommen war: nachts und unerwartet. Am Abend des 9. November gab die SED-Führung eine im Fernsehen übertragene Pressekonferenz. In einem beiläufigen Ton kündigte SED-Politbüromitglied Günter Schabowski an, ein neues Reisegesetz ermögliche jedem DDR-Bürger, „sofort, unverzüglich" auszureisen – ein Satz, der innerhalb weniger Stunden zur faktischen Öffnung der DDR-Grenzen führte (M 2).

### Michail Gorbatschow (geb. 1931)
**1952** Eintritt in die Kommunistische Partei der Sowjetunion (KPdSU)
**1971–1991** Mitglied des Zentralkomitees (ZK) der KPdSU
**1980–1991** Mitglied des Politbüros der KPdSU
**1985–1991** Generalsekretär der KPdSU („Glasnost" und „Perestroika", Entspannungspolitik); Vorsitz im Nationalen Verteidigungsrat
**Febr. 1990** Zustimmung zu einer deutschen Wiedervereinigung
**Mai 1991** Umsturzversuch gegen Gorbatschow scheitert; Rücktritt

### Egon Krenz (geb. 1937)
**1953** Eintritt in die FDJ
**1964–1967** Besuch der Parteihochschule in Moskau
**1971–1990** Volkskammerabgeordneter
**1973–1989** Mitglied des Zentralkomitees (ZK) der SED
**1984–1989** SED-Politbüromitglied („zweiter" Mann hinter Honecker)
**Nov./Dez. 1989** Generalsekretär des ZK der SED (Nachfolger Honeckers)

### Hans Modrow (geb. 1928)
**1949** Eintritt in SED, FDJ, FDGB
**1952/53** Besuch der Parteihochschule in Moskau
**1958–1990** Volkskammerabgeordneter
**1967–1989** Mitglied des Zentralkomitees (ZK) der SED
**1971–1973** Leiter der Abteilung Agitation des ZK der SED
**1973–1989** Erster Sekretär der SED-Bezirksleitung Dresden
**Nov./Dez. 1989** SED-Politbüromitglied
**Nov. 1989–März 1990** Vorsitzender des DDR-Ministerrates

**Das SED-Regime im Jahre 1989**

Vor dem Hintergrund der oben beschriebenen Herausforderungen zeigten die Feierlichkeiten zum 40. Jahrestag der DDR-Gründung am 7. Oktober 1989, dass die Staats- und Parteiführung der DDR den Bezug zur Realität verloren hatte. Anstatt die tief greifende Krise (s. S. 302) zu erkennen, feierte die politische Prominenz den „Sieg des Sozialismus" im „Arbeiter- und Bauernstaat": In Ostberlin salutierte die Führungsgarde von Partei und Staat in Hut und Mantel wie eh und je den vorbeiziehenden Militärkolonnen. Dass der Osten nicht mehr das war, was die SED-Führungsriege glaubte bzw. glauben machen wollte, sprach sogar der bei den Jubiläumsfeierlichkeiten anwesende sowjetische Staats- und Parteichef Michail Gorbatschow* offen aus: Er ermahnte die Machthaber der DDR zu Reformen: „Gefahren warten nur auf jene, die nicht auf das Leben reagieren." Daraus entstand in der volkstümlichen Überlieferung das geflügelte Wort: „Wer zu spät kommt, den bestraft das Leben."

Überzeugt vom Fortbestand des Staates zu seinen Bedingungen, lehnte das SED-Regime eine grundlegende Umgestaltung ab. Zwar wollte die Partei ihre Reformfähigkeit und -willigkeit demonstrieren, als sie am 18. Oktober 1989 Erich Honecker zum Rücktritt zwang – im Dezember wurde er sogar aus der Partei ausgeschlossen. Aber sein Nachfolger Egon Krenz* war und blieb ein Mann des alten Systems, der die Schaffung einer parlamentarischen Demokratie ablehnte. Seine Ernennung löste daher in der Bevölkerung Proteste aus. Bereits am 13. November 1989 wählte die Volkskammer Hans Modrow* zum neuen Ministerpräsidenten der DDR. Der Reformkommunist handelte jedoch zaghaft und wollte keine grundlegende Reform der Wirtschaftsordnung anstreben. Auch die Eigenständigkeit der DDR sollte so lange wie möglich gewahrt bleiben.

Inzwischen hatten die neuen politischen Kräfte der Bürgerbewegung und die SPD zusammen mit Vertretern der Blockparteien* in Berlin nach polnischem Vorbild einen „Runden Tisch"* ins Leben gerufen (M 3). Wichtige Etappen auf dem Weg zur Demokratie waren die Streichung der „führenden Rolle" der SED aus der DDR-Verfassung am 1. Dezember 1989 sowie die Vereinbarung vom 28. Januar 1990, mit der Vertreter der Oppositionsgruppen in die Regierung Modrow eintraten. Der darin vorgesehene Termin für die Neuwahl der Volkskammer, der 6. Mai 1990, wurde allerdings auf den 18. März vorgezogen.

**Debatten über die Zukunft der DDR**

Der Weg zur Demokratie war seit dem 9. November 1989 frei. Aber wie sollte die neue demokratische Ordnung aussehen? Und mit welchen Mitteln sollte sie durchgesetzt werden? Darüber haben die Parteien und politisch-sozialen Gruppen 1989/90 intensiv diskutiert. Die Vertreter der alten SED, auch ihre reformbereiten Kräfte, wollten das kommunistische System nur geringfügig reformieren, um es und damit auch die DDR als zweiten deutschen Staat zu erhalten. Nach der organisatorischen und programmatischen Neuausrichtung der SED sowie ihrer Umbenennung in SED-PDS im Dezember 1989 – seit Februar 1990 nannte sich die Partei nur noch Partei des Demokratischen Sozialismus (PDS) – plädierte ihr neuer Vorsitzender Gregor Gysi für einen „dritten Weg jenseits von stalinistischem Sozialismus und Herrschaft transnationaler Monopole". Allerdings gab es innerhalb der PDS unterschiedliche Strömungen: Die Bandbreite reichte von den „Reformern", die politischen Pluralismus, Rechtsstaat und Marktwirtschaft prinzipiell akzeptierten, bis hin zu den unbelehrbaren Anhängern des alten stalinistischen Systems in der „Kommunistischen Plattform". Die PDS lehnte die Vereinigung mit der Bundesrepublik Deutschland ab, hielt jedoch langfristig einen Staatenbund für wünschenswert.

Die programmatischen Erklärungen innerhalb der Bürgerrechtsbewegung vom Sommer und Herbst 1989 verdeutlichen, dass auch für sie die Verbesserung des Sozialismus ein wesentliches Ziel blieb. Ihr Kampf für Menschenrechte und Demokratie war verbunden mit der Suche nach neuen Formen des Sozialismus. Ausdrücklich verwahrte sich das am 9./10. September 1989 gegründete Neue Forum in einer Erklärung zum 40. Jahrestag der DDR dagegen, als „sozialismusfeindlich" zu gelten. Es sei die SED, die sozialistische Ideale diskreditiere. Ähnlich bekannte sich die im Oktober 1989 ins Leben gerufene und im August 1990 der CDU beigetretene Bürgerrechtsvereinigung Demokratischer Aufbruch während ihrer Gründungsphase zum Sozialismus. In einer Erklärung vom 2. Oktober 1989 hieß es: „Wir wollen neu lernen, was Sozialismus für uns heißen kann." Dieses Denken prägte auch die Initiativgruppe Demokratie Jetzt, die sich 1989 konstituierte und seit Februar 1990 Teil der Listenverbindung und späteren Partei Bündnis 90 war. Einige ihrer Vertreter waren, wie der Physiker Hans-Jürgen Fischbeck erläuterte, überzeugt von der Notwendigkeit „einer sozialistischen Alternative zum westlichen Konsumkapitalismus". Anhänger der sozialistischen Plattform Vereinigte Linke (gegründet im September/Oktober 1989), behaupteten sogar, in der DDR werde darum gerungen, „die weltweite Perspektive des Kommunismus zu rehabilitieren". Das Bekenntnis all dieser Gruppen zum Sozialismus schloss die Annahme ein, dass es in Deutschland noch längere Zeit zwei Staaten geben müsse bzw. werde.

Dagegen setzten sich die Sozialdemokraten der DDR für staatliche Einheit und parlamentarische Demokratie ein. Unter der Parole „Freiheit und Wohlstand – nie wieder Sozialismus" trat die Allianz für Deutschland zur Volkskammerwahl im März 1990 an und forderte eine möglichst schnelle Vereinigung mit der Bundesrepublik. In diesem Wahlbündnis hatten sich zusammengeschlossen: die ehemalige Blockpartei CDU, die 1990 entstandene Deutsche Soziale Union (DSU), die christlich-konservativ und strikt marktwirtschaftlich orientiert war (wie ihre westliche Schwesterpartei CSU), sowie der Demokratische Aufbruch, der nun für die deutsche Einheit eintrat (M 4–M 6).

**Politik der DDR-Regierung 1990**

Den Wahlsieg bei der ersten freien Volkskammerwahl am 18. März 1990 trug die CDU-dominierte „Allianz für Deutschland" davon, die 48 Prozent der Stimmen erhielt. Ihr Erfolg war ein deutliches Votum für eine rasche Vereinigung der beiden deutschen Teilstaaten und die zügige Einführung der Sozialen Marktwirtschaft (M 7). Der Ostberliner Soziologe Heinz Kallabis beschrieb in seinem Tagebuch treffsicher die Wünsche der Mehrheit der DDR-Bürger: „Sie wollen keine neuen sozialen Experimente mehr. Sie wollen den Lebensstandard wie ihre Brüder und Schwestern in

**Blockparteien**
Die vier Parteien, die in der DDR neben der SED existierten, die aber der „SED-Linie" folgen mussten (Christlich Demokratische Union/CDU; Liberal Demokratische Partei/LDP bzw. LDPD; National Demokratische Partei/NDPD; Demokratische Bauernpartei Deutschlands/DBD). Seit 1950 bildeten sie gemeinsam mit SED und Massenorganisationen (s. S. 281) die Nationale Front (s. S. 283).

**M 3** Der „Runde Tisch" in der DDR 1989/90

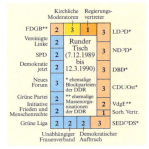

**„Runder Tisch"**
Vom Dezember 1989 bis zu den ersten freien Wahlen im März 1990 war das Gremium eine Art Ersatzparlament und Kontrollinstanz für die Regierung Modrow, das auch die freien Wahlen vorbereitete. Auf regionaler und lokaler Ebene entstanden ebenfalls „Runde Tische", deren Mitglieder die Verwaltung kontrollierten und die Demokratisierung vorantrieben.

**M 4** Transparent von einer Demonstration in der DDR, Fotografie, Anf. 1990

**Lothar de Maizière (geb. 1940)**
1956 Eintritt in die Ost-CDU; Musik- und Jura-Studium; seit 1976 in Ostberlin als Rechtsanwalt tätig; 1990 erster und zugleich letzter frei gewählter DDR-Ministerpräsident.

**Internettipp**
*www.chronik-der-wende.de*
Eine Dokumentation des RBB zur Wiedervereinigung.

der BRD. Sie wollen das heute und nicht erst morgen. Sie wollen nicht allein die ‚Karre aus dem Dreck ziehen'." Die Volkskammer wählte am 12. April 1990 den im November 1989 zum Vorsitzenden der Ost-CDU gewählten Rechtsanwalt **Lothar de Maizière\*** zum Ministerpräsidenten. Er bildete eine Koalitionsregierung aus CDU, SPD, DSU, DA und Liberalen. Bereits im Wahlkampf war die Wiedervereinigung Deutschlands das alles beherrschende Thema gewesen. Dieses Ziel bestimmte auch die Politik der neuen Regierung. In seiner Regierungserklärung bekannte sich de Maizière zur Herstellung der staatlichen Einheit Deutschlands. Diese solle mit „Tempo und Qualität" gestaltet werden, und die Ostdeutschen dürften nicht das Gefühl bekommen, „Bürger zweiter Klasse" zu sein.

1. Fassen Sie mithilfe der Darstellung die Ziele und das Vorgehen der Parteien und Gruppen während der friedlichen Revolution 1989/90 zusammen.
2. Erörtern Sie, wie realistisch Gegner und Befürworter der parlamentarischen Demokratie und Wiedervereinigung die Stimmung in der Bevölkerung einschätzten.

**M 5** Entwicklung der Aussagen von Parteien und politischen Gruppen in der DDR 1989/90

| Wahllisten für die Volkskammerwahl im März 1990 | Parteien und politische Gruppen | Aussagen zur Wirtschaft | Aussagen zur deutschen Einheit bzw. zum Verhältnis DDR–Bundesrepublik | Wahlkampf-hilfe aus der Bundesrepublik |
|---|---|---|---|---|
| Bündnis 90 | Neues Forum (NF) vor dem 9. Nov. 1989 | persönliche Initiative, aber keine „Ellenbogengesellschaft"; Verringerung der Umweltverschmutzung | reformierte DDR soll keine Kopie der BRD werden | |
| | Demokratie Jetzt (DJ) vor dem 9. Nov. 1989 | Marktwirtschaft, in der die staatliche Rahmenplanung die Umwelt- und Sozialverträglichkeit sichert | gleichberechtigte Nachbarschaft von DDR und BRD, die sich aufeinander zu entwickeln | |
| | NF, DJ, Initiative Frieden und Menschenrechte | soziale und ökologische Marktwirtschaft, staatliche Garantie für sozialen Mindeststandard | kein Anschluss an die BRD; Einheit nicht so schnell, sondern so schonend wie möglich | nein |
| Allianz für Deutschland | Demokratischer Aufbruch (DA) vor dem 9. Nov. 1989 | Marktwirtschaft mit demokratischen, sozialen und ökologischen Zügen | DDR soll Alternative zur BRD bilden | |
| | Christlich Demokratische Union (CDU) vor dem 9. Nov. 1989 | wie SED | | |
| | DA, CDU, DSU | soziale Marktwirtschaft; Sofortprogramm für die Umwelt | Einheit Deutschlands so schnell wie möglich | ja |
| SPD | Sozialdemokratische Partei (SDP) vor dem 9. Nov. 1989 | soziale und ökologische Marktwirtschaft | für Zweistaatlichkeit; für Veränderung im Rahmen einer europäischen Friedensordnung | |
| | SPD | wie oben | Einheit so schonend wie möglich | ja |
| Bund freier Demokraten | Deutsche Forumspartei (DFP) vor dem 9. Nov. 1989 | wie Neues Forum | wie Neues Forum | |
| | LDPD vor dem 9. Nov. 1989 | wie SED; Reformbereitschaft in Richtung Marktwirtschaft | wie SED | |
| | DFP, LDPD, FDP | soziale, ökologische Marktwirtschaft; Wirtschafts- und Währungsunion | schnelle Herstellung der deutschen Einheit | ja |
| PDS | SED vor dem 9. Nov. 1989 | Zentralverwaltungswirtschaft | Beibehaltung von zwei deutschen Staaten | |
| | PDS | soziale, ökologische Marktwirtschaft, öffentliche Kontrolle, Dominanz des gesellschaftlichen Eigentums | schrittweiser Übergang zu einem Staatenbund | nein |

## M6 Geschichte kontrovers: Debatte um Demokratie und Wiedervereinigung in der DDR 1989/90

### a) Künstlerappell, Berlin, 26. November 1989:

Entweder: können wir auf der Eigenständigkeit der DDR bestehen und versuchen, mit allen unseren Kräften und in Zusammenarbeit mit denjenigen Staaten und Interessengruppen, die dazu bereit sind, in unserem Land eine solidarische Gesellschaft zu entwickeln, in der Frieden und soziale Gerechtigkeit, Freiheit des Einzelnen, Freizügigkeit aller und die Bewahrung der Umwelt gewährleistet wird. Oder: wir müssen dulden, dass, veranlasst durch starke ökonomische Zwänge und durch unzumutbare Bedingungen, an die einflussreiche Kreise aus Wirtschaft und Politik in der Bundesrepublik ihre Hilfe für die DDR knüpfen, ein Ausverkauf unserer materiellen und moralischen Werte beginnt und über kurz oder lang die Deutsche Demokratische Republik durch die Bundesrepublik vereinnahmt wird. Lasst uns den ersten Weg gehen.

*Zit. nach: Charles Schüddekopf (Hg.), Wir sind das Volk!, Rowohlt, Reinbek 1990, S. 240.*

### b) „Allianz für Deutschland" zur Volkskammerwahl:

Wir streben die Einheit Deutschlands auf der Grundlage des Grundgesetzes an. Das Grundgesetz für die Bundesrepublik Deutschland hat sich in den 40 Jahren seines Bestehens bewährt. Es ist weltweit als vorbildliche demokratische Verfassung anerkannt und war die Grundlage der friedlichsten und freiheitlichsten politischen Ordnung, die es je auf deutschem Boden gab. Sie soll auch für die Menschen in der DDR Wirklichkeit werden. Dazu gehören insbesondere bindende Grund- und Menschenrechte, die Wiederherstellung der Länder und ihrer Rechte sowie die Gewährleistung der kommunalen Selbstverwaltung. Übergangsregelungen und Harmonisierungsbestimmungen müssen die besondere Rechtssituation der DDR berücksichtigen und ihrer Realität angepasst sein. Wir treten für die sofortige Einführung der D-Mark ein. [...] Wir setzen auf Privateigentum und uneingeschränkte Gewerbefreiheit. Mit einem Förderungsprogramm und deutlichen steuerlichen Entlastungen wollen wir Selbstständige besonders fördern und eine Gründerwelle für Klein- und Mittelbetriebe in Gang setzen. Die Staatsunternehmen müssen entflochten und Zug um Zug in Privathand überführt werden. Die Privatisierung des Volksvermögens in der DDR muss mit der Beteiligung der Arbeitnehmerschaft an diesen Unternehmen gekoppelt werden.

*Wahlaufruf der „Allianz für Deutschland", 1990.*

1 Arbeiten Sie aus M 6 a, b die Argumente der Befürworter und Gegner der Wiedervereinigung heraus.
2 Ordnen Sie die Positionen in M 6 a, b mithilfe von M 5 in das Meinungsspektrum der DDR 1989/90 ein.

## M7 Die Volkskammerwahl vom 18. März 1990

### a) Endergebnis der Volkskammerwahl (in %):

| | |
|---|---|
| Christlich Demokratische Union Deutschlands (CDU) | 40,6 |
| Sozialdemokratische Partei Deutschlands (SPD) | 21,8 |
| Partei des Demokratischen Sozialismus (PDS) | 16,3 |
| Deutsche Soziale Union (DSU) | 6,3 |
| Bund Freier Demokraten (Deutsche Forumspartei, Liberal-Demokratische Partei, Freie Demokratische Partei) | 5,3 |
| Bündnis 90 (Neues Forum, Demokratie Jetzt, Initiative Frieden und Menschenrechte) | 2,9 |
| Demokratische Bauernpartei Deutschlands (DBD) | 2,2 |
| Grüne-UFV (Grüne Partei, Unabhängiger Frauenverband) | 1,9 |
| Demokratischer Aufbruch (DA) | 0,9 |
| Sonstige | 1,3 |
| Wahlbeteiligung | 93,4 |

*Nach: Das Parlament, Nr. 14, 30. März 1990.*

### b) Analyse des Meinungsforschungsinstituts INFAS:

Auf der einen Seite standen die politischen Gruppierungen, die sich nach Bonner Muster formiert hatten: Sozialdemokraten, Liberale sowie die in der „Allianz für Deutschland" verbündeten drei Parteien (CDU, DSU und Demokratischer Aufbruch). Erklärtes Ziel dieser drei Parteien war der rasche Zusammenschluss der beiden Staaten. [...] Im anderen Lager waren jene Gruppen versammelt, die auf eine gewisse Eigenständigkeit der DDR beim Aushandeln der Modalitäten und Wahrung von Besitzständen Wert legten. Hier trafen sich die Kontrahenten von gestern: die PDS und „Bündnis 90", [...] ferner [...] Nationaldemokraten und Demokratische Bauernpartei [...]. Alle Befragungsergebnisse verweisen darauf, dass es bei dieser Wahl ein einziges Thema gab, [...] die rasche Einigung. [...] CDU und DSU versprachen glaubwürdiger als alle anderen den zügigsten Fahrplan. [...] Die SPD saß am Ende zwischen den Stühlen [...]. In der Kombination der Programmpunkte „Einheit" und „soziale Abfederung" schien sie unschlagbar zu sein – und wurde in der einen Frage rasch von der Allianz überholt, in der anderen von der PDS bedrängt.

*Frankfurter Rundschau, 19. März 1990.*

1 Erörtern Sie die Wünsche und Sehnsüchte der DDR-Bevölkerung Anfang 1990 mithilfe von M 7 a, b.
2 Bewerten Sie das Ergebnis bei der Volkskammerwahl vom 18. März 1990 (M 7 a). Untersuchen Sie dabei die Frage, inwieweit es legitim ist, die DDR als eine „deutsche Alternative" zu bezeichnen.
3 **Podiumsdiskussion:** Führen Sie unter der Frage „Das Ende der DDR – Revolution oder Zusammenbruch?" eine Podiumsdiskussion durch.

## 6.6 Die Vereinigung der beiden deutschen Staaten: „Beitritt" oder neue Verfassung?

**M 1** Bundeskanzler Kohl auf einer Wahlveranstaltung in Erfurt, 20. Febr. 1990, Fotografie

**Helmut Kohl (geb. 1930)**
**seit 1947** CDU-Mitglied
**1966–1973** CDU-Vorsitzender in Rheinland-Pfalz
**1969–1976** Ministerpräsident von Rheinland-Pfalz
**1973–1998** CDU-Vorsitzender
**1976–1982** Vorsitzender der CDU/CSU-Bundestagsfraktion
**1982–1998** Bundeskanzler
**Nov. 1989** „Zehn-Punkte-Programm" zur deutschen Einheit
**Febr. 1990** Treffen mit KPdSU-Chef Gorbatschow in der Sowjetunion; Vorgespräche zum deutsch-polnischen Vertrag in Polen

**Wirtschafts-, Währungs- und Sozialunion**
Staatsvertrag zwischen der DDR und der Bundesrepublik, mit dem die DDR zum 1. Juli 1990 große Teile der Wirtschafts- und Rechtsordnung der Bundesrepublik übernahm. Zahlungsmittel wurde in der DDR die D-Mark. Löhne, Gehälter, Renten, Mieten und andere „wiederkehrende Zahlungen" wurden 1:1 umgestellt. Beim Bargeldumtausch wurde unterschieden: Kinder unter 14 Jahren konnten 2000 DDR-Mark 1:1 umtauschen, 15–59-Jährige 4000, Ältere 6000 DDR-Mark; weitere Beträge wurden 2:1 umgestellt.

**Ein Bedürfnis nach nationaler Einheit?**

Mit dem Fall der Berliner Mauer am 9. November 1989 änderte sich von einem zum anderen Tag fast alles, auch für die Westdeutschen. Bis zum 9. November hatten sie die Ereignisse in der DDR fasziniert, aber in sicherer Entfernung am Fernsehschirm verfolgt. Die Ereignisse betrafen sie nun unmittelbar und sie ahnten, dass dieser Tag Deutschland verändern werde. „Jetzt wächst zusammen, was zusammengehört", mit diesem Worten drückte der ehemalige Bundeskanzler Willy Brandt am 10. November auf einer Kundgebung in Berlin aus, dass die nationale Einheit auf der politischen Tagesordnung stand.

Aber auch die Bürgerinnen und Bürger der DDR kämpften nicht nur für Freiheit und Demokratie in der DDR. Schon wenige Wochen nach dem 9. November ging es auch um die Vereinigung der beiden deutschen Staaten (M 1). Statt „Wir sind das Volk" hieß es auf den Demonstrationen bald „Wir sind ein Volk" (s. S. 309).
Der in beiden Teilstaaten zu vernehmende Wunsch nach Freiheit und Einheit zeigte eindrucksvoll, dass das nationale Zusammengehörigkeitsgefühl in den mehr als vierzig Jahren getrennter deutscher Geschichte erhalten geblieben war. Ein eigenständiger zweiter deutscher Staat besaß keine Legitimität mehr – die SED-Diktatur hatte diese Legitimität nie besessen.

**Die Reaktion der Bundesregierung**

Die Bundesregierung, die sich zunächst überrascht von den Ereignissen in der DDR zeigte, ergriff spätestens am 28. November 1989 die Initiative im Prozess der deutschen Vereinigung. An diesem Tag veröffentlichte sie das „Zehn-Punkte-Programm", das Bundeskanzler Helmut Kohl* mit seinem engsten Beraterkreis unter strenger Geheimhaltung im Bundeskanzleramt ausgearbeitet hatte. Der Plan sah ein schrittweises Vorgehen vor: Sofortigen humanitären und Wirtschaftshilfen für die DDR sollte langfristig eine bundesstaatliche Ordnung in einem vereinten Deutschland folgen. Angesichts des raschen Zerfalls der wirtschaftlichen und gesellschaftlichen Verhältnisse in der DDR schien ein Festhalten an der Idee einer Vertragsgemeinschaft und der Schaffung konföderativer Strukturen nicht länger möglich. Stattdessen setzte die Bundesregierung nun auf eine Beschleunigung des Vereinigungsprozesses. Ein wichtiger Schritt auf dem Weg zur deutschen Einheit war der Staatsvertrag zur Währungs-, Wirtschafts- und Sozialunion*, der am 1. Juli 1990 in Kraft trat. Er regelte die Einführung der DM in der DDR und schuf die Grundlagen für die Übernahme der Sozialen Marktwirtschaft und des westdeutschen Sozialsystems in Ostdeutschland. Schon im März 1990 hatte die Treuhandanstalt damit begonnen, die mehr als 4000 volkseigenen Betriebe und Kombinate der DDR zu privatisieren, zu sanieren oder stillzulegen.

**Die Reaktionen der Siegermächte**

Die Vereinigung setzte die Zustimmung der Siegermächte des Zweiten Weltkrieges voraus. Hatte der Beginn des Kalten Krieges zur deutschen Spaltung geführt, war das Ende des Ost-West-Konfliktes 1990 die Voraussetzung für die Vereinigung der beiden deutschen Staaten. Die außenpolitische Absicherung der deutschen Einheit gelang der Bundesregierung überraschend schnell, nachdem sich die CDU/CSU im Westen nach anfänglichem Zögern zur Anerkennung der Oder-Neiße-Grenze als deutsch-polnischer Grenze durchgerungen hatte. Die uneingeschränkte Unterstützung der USA unter Präsident George Bush sen. für den Vereinigungsprozess beseitigte

## Deutsche Demokratische Republik 6

**M 2** Demonstration in Westberlin am 9. Dezember 1989, Fotografie

**1** Ordnen Sie M 2 in den historischen Kontext ein und interpretieren Sie das Foto mithilfe der Arbeitsschritte auf der Methodenseite 290.

auch einige Zweifel bei der französischen Regierung unter Staatspräsident **François Mitterand** und der britischen Regierung unter Premierministerin **Margaret Thatcher**. Entscheidend war danach die Zustimmung der Sowjetunion unter Führung von **Michail Gorbatschow**. Würde sie die NATO-Mitgliedschaft eines vereinten Deutschlands und das Vorrücken des NATO-Gebietes bis an die Oder akzeptieren? Wie konnte die Bundesrepublik die legitimen Sicherheitsbedürfnisse der UdSSR befriedigen?

Die Einigung zwischen der deutschen und der sowjetischen Regierung Mitte Juli 1990 bestand darin, dass die Sowjetunion dem neuen Staat in der Frage der Bündniszugehörigkeit freie Hand ließ. Die Bundesrepublik ihrerseits garantierte die Abrüstung der gesamtdeutschen Bundeswehr auf 370 000 Mann und die Finanzierung des Rückzugs der sowjetischen Truppen aus der DDR mit 14 Mrd. DM (rd. 7,1 Mrd. Euro). Am 12. September 1990 unterzeichneten die Außenminister der Siegermächte und der beiden deutschen Staaten in Moskau den „Vertrag über die abschließende Regelung in Bezug auf Deutschland", den sogenannten **Zwei-plus-vier-Vertrag\***.

### Der Weg zur deutschen Einheit

Sowohl in der Bundesrepublik Deutschland als auch in der DDR gab es intensive und leidenschaftliche Diskussionen über die Art des Vereinigungsprozesses (M 2–M 4, M 6). **Artikel 146 Grundgesetz** sah die Ausarbeitung einer neuen Verfassung und deren Bestätigung durch eine Volksabstimmung in beiden Teilen Deutschlands vor. Dagegen ermöglichte **Artikel 23 Grundgesetz** einen sofortigen Beitritt der DDR zum Geltungsbereich des Grundgesetzes. Am 23. August 1990 entschied sich die Volkskammer der DDR für das Verfahren nach Artikel 23. Der Beschluss legte den 3. Oktober als Beitrittstermin fest. Von diesem Zeitpunkt an verabschiedete sich die DDR Schritt für Schritt von der politischen Bühne: Am 31. August 1990 unterzeichneten die Unterhändler **Wolfgang Schäuble** für die Bundesrepublik Deutschland und **Günter Krause** für die DDR den Einigungsvertrag (M 5). Er behandelte manches sehr detailliert, manches ungenau und ließ einige Fragen wie z. B. die

**Zwei-plus-vier-Vertrag**

*Verpflichtungen Deutschlands:*
- Das vereinte Deutschland umfasst die Bundesrepublik, die DDR und ganz Berlin.
- Bestehende Grenzen sind endgültig; keine Gebietsansprüche Deutschlands gegen andere Staaten; Bestätigung der Oder-Neiße-Grenze durch deutsch-polnischen Vertrag.
- Deutschland bekräftigt sein Bekenntnis zum Frieden und seinen Verzicht auf ABC-Waffen.
- Beschränkung der deutschen Streitkräfte auf 370 000 Mann.

*Verpflichtungen der Siegermächte:*
- Abzug der sowjetischen Truppen aus der DDR und Ostberlin bis Ende 1994. Danach dürfen deutsche Truppen, aber keine ausländischen Streitkräfte auf ostdeutschem Gebiet stationiert werden.
- Beendigung der Viermächterechte in Bezug auf Deutschland als Ganzes und Berlin.
- Volle Souveränität des vereinten Deutschland.

Regelung von Schwangerschaftsabbrüchen offen. Unklar blieben besonders Finanzfragen. Am 24. September verließ die DDR den Warschauer Pakt. Und am 2. Oktober 1990 löste sich die Volkskammer auf. Seit dem **3. Oktober 1990** ist Deutschland wieder ein Nationalstaat – der 3. Oktober ist seitdem als **Tag der Deutschen Einheit** Nationalfeiertag.

1 Erläutern Sie die Probleme, die nach dem Fall der Mauer auf dem Weg zur deutschen Einheit gelöst werden mussten (Darstellung).
2 Stellen Sie die Lösungen dar, die die deutschen Politiker bei der Vorbereitung und Durchführung der deutschen Einheit gewählt haben. Berücksichtigen Sie dabei auch das Verhalten der Siegermächte des Zweiten Weltkrieges.

**M3** **Geschichte kontrovers: Staatliche Vereinigung oder eine neue Verfassung durch das Volk?**

**a) Der „Runde Tisch", 1990:**
*Anlässlich der Einbringung eines Verfassungsentwurfes für den „Runden Tisch" in der DDR am 4. April 1990 führte Gerd Poppe, Vertreter der „Initiative Frieden und Menschenrechte" und seit dem 5. Februar 1990 „Minister der nationalen Verantwortung", aus (Tonbandmitschnitt):*
Niemand darf dem Volk, das in einer friedlichen Revolution seine Fesseln selbst gesprengt hat, dieses Recht bestreiten. Diejenigen, die die Voraussetzung für eine neue Ordnung geschaffen haben, dürfen ihres Rechts nicht beraubt werden. Deshalb legt der Runde Tisch als der legitime Sachwalter derjenigen Kräfte, die die Erneuerung bewirkten, einen Entwurf für eine neue Verfassung vor, über deren Annahme nach öffentlicher Diskussion ein Volksentscheid befinden soll. Dabei handelt es sich um eine Verfassung für die DDR, mit deren Annahme wir eine gegenüber der durch das Grundgesetz für die Bundesrepublik gegebenen gleichrangige und damit gleichberechtigte Ordnung schaffen. Mit diesem Entwurf einer neuen Verfassung tritt der Runde Tisch Bestrebungen entgegen, sich durch die Abgabe von Beitrittserklärungen einer anderen Verfassungsordnung, dem Grundgesetz der BRD, nach Artikel 23 zu unterwerfen. Wer auf einen solchen Weg der Einheit Deutschlands zustrebt, verletzt […] das Selbstwertgefühl und damit die Würde dieses Volkes.
Zit. nach: Uwe Thaysen, Der Runde Tisch, Westdeutscher Verlag, Opladen 1990, S. 146.

**b) Josef Isensee, Professor für Öffentliches Recht in der Bundesrepublik, 8. Juni 1990:**
Da sich […] in Ost und West keine ernsthafte Alternative zum Grundgesetz zeigt, beschränkt sich manche Forderung nach einem Verfassungsreferendum darauf, dieses solle das Grundgesetz nur bestätigen und ihm neue Legitimation zuführen. Die weit hergeholte Begründung für einen Legitimationsbedarf lautet dann: Das Grundgesetz sei im Jahre 1949 in Unfreiheit unter der Besatzungsmacht zustande gekommen. Doch was immer an anfänglicher Entscheidungsfreiheit gefehlt haben mag – das Grundgesetz hat in den vier Jahrzehnten seiner Geltung ein Maß an Zustimmung des Volkes erreicht wie keine deutsche Verfassung zuvor. […] Was dem Grundgesetz in vier Jahrzehnten an demokratischer Akzeptanz zugewachsen ist, lässt sich nicht mit einer Volksabstimmung aufwiegen, die nicht mehr ist als Momentaufnahme einer bestimmten politischen Stimmungslage. Ein Volksentscheid aber, der nichts entscheiden, sondern nur einlösen soll, was die führenden Kräfte im Lande vorgeben, kann nicht Integration fördern, wie manche Demokratietheoretiker erhoffen. Ein Volksentscheid, der nichts zu entscheiden hat, ist nicht Demokratie, sondern demokratisches Placebo. Die Deutschen der DDR, demnächst um ihrer demokratischen Integration willen zum gesamtdeutschen Volksentscheid vergattert, könnten böse erinnert werden an die Akklamationsprozedur des weiland real existierenden Sozialismus.

**c) Ernst Gottfried Mahrenholz, Vizepräsident des Bundesverfassungsgerichts, 8. Juni 1990:**
Das Wort „Wir sind das Volk", das so unbezähmbar schien, soll offenbar doch noch gezähmt werden. Seine Kraft hatte es aus der Idee der Volkssouveränität empfangen, es nahm den grotesken Begriff „Volksdemokratie" beim Wort. „Genug des Volkes" – so lässt sich die Diskussion darüber verstehen, ob eine Verfassung für das ganze deutsche Volk auch von diesem gebilligt werden muss. […] An den Fernsehern konnten die Bürger der Bundesrepublik noch einmal sehen, was es heißt, dass die Staatsgewalt vom Volke ausgeht. Gleichsam handgreiflich war, dass der Staat ein freiheitlicher Staat sein muss, wenn es der Staat des Volkes sein soll […]. Es gibt also eine notwendige Beziehung zwischen Volk und Verfassung. Sie hat mit freier Wahl, freier Meinungsäußerung und unabdingbarer Rechtsstaatlichkeit zu tun, mit der Absage an jede auch noch so verborgene Nische willkürlicher Herrschaft; sie betrifft die Gleichheit aller Menschen vor dem Gesetz, das freie Bekenntnis jeder Überzeugung, Respektierung des Elternrechts, Sozialstaat und einiges mehr. All dies hatte drüben gefehlt, all dies ist in genauem Sinne in dem Wort „Wir sind das Volk" enthalten. Hier scheint mir kein Ausweichen möglich. Entweder ist die

Verfassung die des Volkes (und nichts anderes besagt der Begriff der Volkssouveränität), dann muss das Volk zu ihr „Ja" gesagt haben; oder es ist die Verfassung seiner Vertreter, die gewiss trotz allen Streits nach bestem demokratischem Gemeinsinn entscheiden, aber doch nicht „wissen, was für das Volk gut ist". Denn dann wären sie das Volk der Verfassung. [...] Artikel 23 des Grundgesetzes steht im Abschnitt „Der Bund und die Länder". Der Artikel spricht vom Geltungsbereich des Grundgesetzes und niemand hat bei den Beratungen dieses Artikels darauf hingewiesen, dass hier die Alternative zum Artikel 146 formuliert werde. Das Grundgesetz kann also nicht – auch nicht nach einem Beitritt gemäß Artikel 23 – neue gesamtdeutsche Verfassung sein.

M 3 b und c zit. nach: Die Zeit, 8. Juni 1990.

**1** a) Stellen Sie die Argumente für die Beitritts- bzw. die Volksabstimmungslösung zusammen (M 3 a–c).
b) Erläutern Sie im Zusammenhang mit Aufgabe 1 a die Begriffe „Volkssouveränität" und „Volksentscheid".

### M 4 Wolfgang Schubert, Schlager des Jahres, 1990

**1** Interpretieren Sie M 4 im historischen Kontext.

### M 5 „Vertrag zwischen der Bundesrepublik Deutschland und der DDR über die Herstellung der Einheit Deutschlands", 31. August 1990 (Auszug)

Art. 3 Inkrafttreten des Grundgesetzes.
Mit dem Wirksamwerden des Beitritts tritt das Grundgesetz für die Bundesrepublik Deutschland [...] in den Ländern Brandenburg, Mecklenburg-Vorpommern, Sachsen, Sachsen-Anhalt und Thüringen sowie in dem Teil des Landes Berlin, in dem es bisher nicht galt, mit den sich aus Artikel 4 ergebenden Änderungen in Kraft, soweit in diesem Vertrag nichts anderes bestimmt ist. [...]
Art. 4 Absatz 6
Artikel 146 wird wie folgt gefasst:
„Artikel 146
Dieses Grundgesetz, das nach Vollendung der Einheit und Freiheit Deutschlands für das gesamte deutsche Volk gilt, verliert seine Gültigkeit an dem Tage, an dem eine Verfassung in Kraft tritt, die von dem deutschen Volke in freier Entscheidung beschlossen worden ist."
Art. 5 Künftige Verfassungsänderungen.
Die Regierungen der beiden Vertragsparteien empfehlen den gesetzgebenden Körperschaften des vereinten Deutschlands, sich innerhalb von zwei Jahren mit den im Zusammenhang mit der deutschen Einigung aufgeworfenen Fragen zur Änderung oder Ergänzung des Grundgesetzes zu befassen, insbesondere
in Bezug auf die Möglichkeit einer Neugliederung für den Raum Berlin-Brandenburg, abweichend von den Vorschriften des Artikels 29 des Grundgesetzes durch Vereinbarung der beteiligten Länder,
mit den Überlegungen zur Aufnahme von Staatszielbestimmungen in das Grundgesetz sowie
mit der Frage der Anwendung des Artikels 146 des Grundgesetzes und in deren Rahmen einer Volksabstimmung.

Zit. nach: Die Verträge zur Einheit Deutschlands, dtv, München 1990, S. 44 ff.

### M 6 Der Historiker Jürgen Kocka zur Einigung, 1995

Damit waren die Weichen für die innere Entwicklung im Grunde gestellt. Die Bundesregierung und die neue Ostberliner Regierung unter de Maizière, zwei sehr ungleiche Partner, [...] regelten die Vereinigung als Beitritt der DDR zur Bundesrepublik nach Art. 23 GG. Die vorangehenden Monate hatten zur Selbstaufgabe der DDR geführt, zugleich die Leistungskraft der Bundesrepublik bestätigt und ihr Selbstbewusstsein bekräftigt. Kein Wunder also, dass die Wiedervereinigung weitestgehend als Übertragung des fortbestehenden westdeutschen Systems auf die neuen Länder im Osten angelegt wurde. Die bisweilen auf der Linken favorisierte Alternative, in der neuen historischen Situation eine neue Verfassung für ganz Deutschland auszuhandeln und sie in einer Volksabstimmung legitimieren zu lassen, hatte keine Chance. Diese Lösung hätte das neue Deutschland weniger klar in der Tradition der alten Bundesrepublik verankert und vielleicht die Möglichkeit geboten, das „Erbe" der DDR in stärkerem Maß aufzubewahren. Eben deshalb lehnten viele diese nach Art. 146 GG durchaus mögliche Lösung ab, die lange Zeit benötigt, auch die außenpolitische Stellung Deutschlands neu zur Disposition gestellt und damit den recht unüberschaubaren Prozess der Wiedervereinigung noch riskanter gemacht hätte.

Jürgen Kocka, Vereinigungskrise, Vandenhoeck & Ruprecht, Göttingen 1995, S. 40.

**1** Erklären Sie die zentralen Inhalte von M 5.
**2 Recherche:** a) Informieren Sie sich über Stand und Ausgang der in M 5 vorgesehenen Grundgesetzänderungen. b) Beurteilen Sie anschließend jeweils das Verfahren der Änderung und die Lösung.
**3 Essay:** Erörtern Sie ausgehend von M 6 die Vor- und Nachteile der beiden Wege zur Vereinigung.

# 6.7 Die Auseinandersetzung mit der DDR-Vergangenheit: Erinnerungen und Debatten

**Gab es eine DDR-Identität?** In den Jahrzehnten der deutschen Teilung wollte die DDR bei ihren Bürgern Gefühle nationaler Zusammengehörigkeit unterdrücken, indem sie das Bewusstsein von einer gemeinsamen deutschen Geschichte auszulöschen suchte (M 1). Nach dem Willen der SED sollte die Bundesrepublik Deutschland als Erbe aller reaktionären Traditionen erscheinen. Die DDR galt dagegen als Staat des sozialistischen Fortschritts, der alle progressiven und humanistischen Ideale der Vergangenheit verwirkliche. Historische Forschung und Lehre an Universitäten und Schulen wurden konsequent zur Verbreitung dieses Geschichtsbildes genutzt. Forscher und Lehrer hatten die Geschichte nach den Richtlinien der SED, also „parteilich", darzustellen. Sie mussten die Ideologie des Marxismus-Leninismus und das auf ihm beruhende Selbstverständnis der SED bestätigen und so die kommunistische Diktatur historisch rechtfertigen (s. S. 282).

Die massenhafte Forderung nach staatlicher Einheit in Freiheit, die die DDR-Bürger während der friedlichen Revolution 1989/90 erhoben (s. S. 307 ff.), verdeutlichte das Scheitern aller Bemühungen, eine eigene **Identität\*** als DDR-Bürger durchzusetzen. „Erst als die DDR gestorben war", urteilt der Historiker Stefan Wolle, „entstand so etwas wie eine ‚DDR-Identität', jenes Gefühl der Zusammengehörigkeit, das die SED-Propaganda vergeblich zu erzeugen versucht hatte. Im Laufe der vergangenen Jahre wuchs das Gefühl einer Schicksalsgemeinschaft, deren Angehörige oftmals mit dem Beiwort ‚ehemalig' bezeichnet werden." Ein Grund für diese „Ost-Identität" liegt sicherlich in dem mit der Wiedervereinigung einsetzenden beschleunigten und revolutionären Wandel, der das Leben in allen Bereichen von Grund auf veränderte. Die Menschen im Osten Deutschlands mussten viele alte Gewohnheiten aufgeben und sich neu orientieren. Dieser Prozess rief in weiten Teilen der Bevölkerung Ängste hervor, da gewachsenes Vertrauen und Selbstsicherheiten erschüttert waren.

**Identität**
Das Bestimmte, Unverwechselbare und Individuelle von einer Person oder Sache. Menschen können sich über eine oder mehrere Identitäten definieren, z. B. als Angehörige eines Staates, als Frauen, als Angehörige einer Glaubensgemeinschaft, als Wissenschaftler, als Angehörige einer Berufsgruppe. Manche Identitäten können dominant sein. Nationale Identität meint die Selbstzuordnung einer Person zu einer Nation bzw. einem Staat.

**M 1** „Die nennen wir ab heute einfach Rotbuche", Karikatur von Klaus Pielert zur neuen DDR-Verfassung von 1974, Bundesrepublik, 1974

1 Erläutern Sie anhand der Karikatur M 1, welche Ziele das SED-Regime beim Umgang mit der Geschichte unter anderem verfolgte.

*„Ostalgie" oder Westorientierung?*

Die Ungewissheit, ob in der neuen demokratischen und marktwirtschaftlichen Gesellschaft Chancen oder Risiken überwiegen, machte die Menschen in Ostdeutschland unsicher. Ein Ausweg aus dieser Krise war der verklärende Blick auf die untergegangene DDR. So betrachten manche ehemaligen DDR-Bürger die Vereinigung als einen einseitigen Vorgang, bei dem ihnen das westdeutsche System übergestülpt worden sei. Denn sie mussten sich nach Regeln ändern, die sie nicht selbst geschaffen hatten. Bei einigen entstand das Gefühl von Abwertung der eigenen Biografie, von Abhängigkeit und zweitklassigem Status. Aber schließen „Ostalgie", d. h. das Festhalten an überkommenen Verhaltensmustern oder die Vorliebe für „Ost-Produkte" (M 2), den Wunsch nach der Wiederherstellung der kommunistischen SED-Diktatur ein?

Nicht alle Ostdeutschen pflegen eine romantische Verklärung der DDR. Viele Menschen wissen nach wie vor von den dunklen Seiten der Diktatur – von Überwachung und Unterdrückung, Verfolgung und Mangelwirtschaft. Mit ihren individuellen Erinnerungen, die sie im privaten Kreis weitererzählen oder in Büchern einer breiteren Öffentlichkeit zugänglich machen, entlarven sie nicht nur die Illusionen der „Ostalgiker", sondern tragen auch zum besseren Verständnis zwischen Ost- und Westdeutschen bei (M 3–M 7).

Vieles spricht dafür, dass die überwiegende Mehrheit der deutschen Bevölkerung die Wiedervereinigung und den 1990 gegründeten Nationalstaat nach wie vor befürwortet. Und es besteht in der Bundesrepublik Deutschland ein breiter Konsens über die Westorientierung dieses Nationalstaates.

**M 2** T-Shirts, in Berlin 2004 zum Verkauf angeboten, Fotografie

*Ein Denkmal für die deutsche Einheit?*

Welche Rolle soll die friedliche Revolution in der Erinnerung des vereinten Deutschland spielen? Und auf welche Weise sollte an die friedliche Wende in der DDR und die Einheit erinnert werden? Die Abgeordneten des Bundestages entschieden sich für ein **Denkmal\***. Entsprechend dem Parlamentsbeschluss vom 7. November 2007 soll das neu zu erbauende „Freiheits- und Einheitsdenkmal" jedoch nicht nur „an die friedliche Revolution im Herbst 1989 und an die Wiedergewinnung der staatlichen Einheit Deutschlands", sondern auch an „die freiheitlichen Bewegungen und die Einheitsbestrebungen der vergangenen Jahrhunderte" erinnern. Ostdeutsche Abgeordnete schlugen vor, ein „Denkmal-Paar" in Berlin und Leipzig zu errichten, um die Bedeutung der Montagsdemonstrationen in der sächsischen Stadt zu würdigen. Im Sommer 2008 verfehlte ein entsprechender parteiübergreifender Antrag im Bundestag aber knapp die Mehrheit. Trotzdem plant die Bundesregierung, „den Beitrag der Bürgerinnen und Bürger der Stadt Leipzig zu Freiheit und Einheit" zu würdigen (M 8, M 9).

In Berlin wurden zunächst mehrere Standorte für das Denkmal favorisiert. Der Kulturausschuss des Bundestages entschied sich letztlich für den Sockel des ehemaligen Kaiser-Wilhelm-Denkmals auf der „Schlossfreiheit" zwischen der Spree und der geplanten Rekonstruktion des Berliner Stadtschlosses in Mitte. Doch der Standort ist umstritten: Während die Bundesregierung ihn „unter Abwägung historischer, inhaltlicher und bautechnischer Aspekte" für „am besten geeignet" hält, beanstanden Kritiker diesen Standort, vor allem aufgrund seiner Bezüge zur Hohenzollern-Dynastie, deren Militarismus Deutschland in der Kaiserzeit (1871 bis 1918) stark geprägt hatte.

**Denkmal/Nationaldenkmal**
Denkmäler unterscheiden sich von anderen Objekten der bildenden Kunst durch
- ihren historischen Bezug, indem sie an bedeutende Ereignisse oder Persönlichkeiten erinnern (z. B. Bismarcktürme und -säulen);
- ihren publikumswirksamen Aufstellungsort, wie Anhöhen, zentrale Stadtplätze (z. B. Holocaust-Denkmal in Berlin);
- ihre ausdrucksvolle Symbolik, erzieherische Funktion und häufig politischen Auftraggeber (Monarchen, demokratische Regierungen, Kommunen, Vereine).

Die Idee eines deutschen Einheits- oder Nationaldenkmals geht zurück auf den Beginn der deutschen Einheitsbewegungen nach den napoleonischen Kriegen Anfang des 19. Jahrhunderts. Nach der Reichseinigung 1871 entstanden zahlreiche Nationaldenkmäler, z. B. die Siegessäule in Berlin (1873), das Kyffhäuser-Denkmal in Thüringen (1896) oder das Völkerschlacht-Denkmal in Leipzig (1913).

1 Erläutern Sie anhand der Darstellung die Begriffe „DDR-Identität" und „Ostalgie".
2 Erörtern Sie mithilfe der Darstellung die Bedeutung von Denkmälern für eine Nation bzw. einen Staat.

### M 3 Zur Beurteilung von Erinnerungen an die DDR – Kriterien und Probleme

**a) Die Historikerin Annette Leo schreibt 2003:**
Die Geschichte der SBZ/DDR ist ein schwieriges Feld für die Erinnerungsarbeit. Es ist eine Geschichte, die historisch noch frisch ist, die sehr fragmentiert erinnert und sehr kontrovers diskutiert wird. Für die Mehrheit der ehemaligen DDR-Bürger steht im Rückblick vor allem der eigene Alltag im Vordergrund. Der Geschichtsdiskurs in der Öffentlichkeit wird aber bestimmt vom Thema Machtstrukturen, Repression und Verfolgung. Von diesem Thema handeln die bisher eingeweihten Gedenkstätten, die aufgestellten Gedenktafeln und Denkmäler: das ehemalige Untersuchungsgefängnis der Staatssicherheit in Berlin-Hohenschönhausen, das Internierungslager und Zuchthaus Bautzen, das Mauermuseum oder das Denkmal für die Opfer des 17. Juni 1953. Es gibt in der vereinigten Bundesrepublik nur ein Museum der Alltagskultur der DDR und eigentlich keines, das sich allein mit der Geschichte der DDR beschäftigt (sieht man einmal vom Zeitgeschichtlichen Forum in Leipzig ab, bei dem die Opposition in der DDR im Mittelpunkt steht).

*Annette Leo, Keine gemeinsame Erinnerung, in: Aus Politik und Zeitgeschichte, Nr. 40/41, 2003.*

**b) Die Historiker Thomas Ahbe und Michael Hofmann, die mit ehemaligen DDR-Bürgern Interviews geführt haben, schreiben 2002:**
Alltagserinnerungen an goldene Jahre [d. h. Erinnerungen an Phasen, die Menschen im Rückblick als „gute Zeiten" beurteilen] erhellen die integrativen Potenziale bestimmter Gesellschaften. […]
In der DDR bildete seit den fünfziger Jahren der Kompromiss zwischen den Interessen des Staates und den traditionellen Arbeiterinteressen ein alltägliches Integrationsangebot, dessen Bindekraft erst in den achtziger Jahren nachließ. Bei den Kleingewerbetreibenden und Selbstständigen war es genau umgekehrt, sie konnten sich erst am Ende der DDR halbwegs integriert fühlen. Die Alltagserinnerungen von Verkäuferinnen und Angestellten zeigen wiederum vor allem die sechziger Jahre als goldene Jahre, während Angehörige der Intelligenz und Intellektuelle häufig von den siebziger Jahren als ihrer besten Zeit schwärmen. Auf der Alltagsebene erwies sich die DDR zu unterschiedlichen Zeiten für jeweils verschiedene Generationen und soziale Milieus als ein Land mit Integrationskraft. In den achtziger Jahren jedoch konnte die DDR kaum noch zeitgemäße Beteiligungs- und Integrationsangebote offerieren. Im Jahr 1989 sah so gut wie niemand mehr in der DDR eine Zukunft und eine persönliche Chance für sich.

*Thomas Ahbe/Michael Hofmann, „Eigentlich unsere beste Zeit". Erinnerungen an den DDR-Alltag in verschiedenen Milieus, in: Aus Politik und Zeitgeschichte, Nr. 17, 2002.*

### M 4 Erinnerungen von Herrn Z. an die DDR, ca. 1995

*Herr Z., der im Osten ein Häuschen geerbt und aus dem Westen übergesiedelt war, erinnert sich:*
Ich wollte ja was verdienen und habe mich mächtig ins Zeug gelegt. Nach sechs Wochen sagte der Baustellenleiter zu mir: „Karl, wenn du so arbeitest, kannst du bei uns was werden." Ich habe wirklich geschuftet. Mein Baustellenleiter, er war parteilos, kam eines Tages zu mir und sagte, wenn du meine Stelle haben willst, er wollte nämlich weg, dann wäre es besser, in die Partei einzutreten. Ich sagte: „Du bist doch auch nicht in der Partei." Aber er sagte: „Bei mir ist das was anderes, ich bin noch ein Alter." 1957 trat ich in die Partei ein, und tatsächlich, ein halbes Jahr später wurde ich Baustellenleiter. Da habe ich mich schnell eingefuchst. […]
Wir waren eine gute Truppe, und Politik spielte bei uns kaum eine Rolle. Ich war ja nun in der Partei, einer der hat das immer wieder erzählt und gerufen: „Die Kommunistenschweine haben meinen Vater erschossen." Ich sagte zu ihm: „Gerhard, ich möchte nicht, dass du das in meinem Beisein äußerst. Ich bin in der Partei, ich bin also auch so ein Kommunist. Wenn du dieser Meinung bist, dann bitte äußere sie woanders." Und dann ging das. Der war nämlich ein sehr guter Arbeiter. Wir spielten nach der Schicht oft miteinander Skat.

*Zit. nach: Thomas Ahbe/Michael Hofmann, „Eigentlich unsere beste Zeit". Erinnerungen an den DDR-Alltag in verschiedenen Milieus, in: Aus Politik und Zeitgeschichte, Nr. 17, 2002.*

**1** Beschreiben Sie anhand von M 3 a, b Probleme und Kriterien, die bei der Analyse und Beurteilung von Erinnerungen an die DDR zu berücksichtigen sind.
**2** Analysieren Sie die Quelle M 4 mithilfe von M 3 a, b.

### M 5 Der Kabarettist und Schriftsteller Peter Ensikat (geb. 1941), der in der DDR künstlerischer Leiter des Kabaretts „Die Distel" war, über die DDR, 2008

Die Behauptung, die DDR sei ein Arbeiter- und Bauernstaat, war kein Irrtum, sondern eine vorsätzliche Täuschung von Anfang an. Um sie als solche nicht von vornherein kenntlich werden zu lassen, rühmten sich die Parteioberen der DDR gern ihrer lange zurückliegenden proletarischen Herkunft. […] Aus dem proletarischen Stammbaum der Parteiführung suchte man die Rechtfertigung für ihren Führungsanspruch herzuleiten. So wie die Hohenzollern mit ihrer adligen Herkunft ihren Herrscheranspruch einst im Kaiserreich begründet hatten, so taten es die DDR-Fürsten nun mit ihren proletarischen Geburtsurkunden.
Nach diesen noch zu belegenden proletarischen Anfängen war aber in den folgenden Jahrzehnten eine Funktionärsgeneration herangewachsen, die ihre proletarischen Wurzeln allenfalls noch bei Groß- oder Urgroßeltern nachweisen konnte. Da auch die Logik im Arbeiter- und Bauernstaat auf Seiten der Partei stand, ernannten sich die Parteifunktionäre

kurzerhand parteilogisch zu Parteiarbeitern. Das hatte den Vorteil, dass auch die Kinder dieser Parteiarbeiter nun automatisch wieder zu Arbeiterkindern wurden. Arbeiterkind – das war in der Tat so etwas wie ein Adelstitel im feudalsozialistischen Staat DDR. Man war privilegiert, wurde bevorzugt zu Abitur und Studium zugelassen, erhielt mehr Stipendium als die Kinder derer, die nicht aus der „herrschenden Klasse" hervorgegangen waren. Natürlich waren die mit dem nachträglich proletarisierten Stammbaum dann auch dazu berufen, in diesem fiktiven Arbeiter- und Bauernstaat die führenden Rollen einzunehmen.

Und weil das so war, fürchtete die Partei der Arbeiterklasse nichts so sehr wie den Unwillen der an der Basis hängengebliebenen Arbeiter und Bauern. Weil nicht sein durfte, was nach Parteilogik nicht sein konnte, durften die Arbeiter auch nicht streiken. Denn sie hätten ja gegen sich selbst, gegen ihre Arbeiter- und Bauernmacht gestreikt. Die Vorstellung, dass es nach dem 17. Juni 1953 noch einmal zu ähnlichen Arbeiterunruhen kommen könnte, versetzte die Arbeiter- und Bauernfunktionäre in panische Angst. Mit den Intellektuellen wurde man leichter fertig. Denen konnte man mit Folgen für ihre Karriere drohen, wenn sie allzu sehr aufmuckten. Oder man bestach sie mit allerlei Privilegien. Womit sollte man aber einem Bauarbeiter drohen? Und womit hätte man ihn bestechen können? Wegen des Mangels an schöneren Autos oder besseren Wohnungen versuchte man es mit immer schöneren Worten und immer weniger Erfolg.

So kam es, dass die Arbeiter und Bauern der DDR, auch wenn sie den Staat nicht regierten, eine unsichtbare Macht ausübten, von der der einzelne Arbeiter oder Bauer gar nichts ahnte. Woher sollte er auch wissen, dass Partei- und Staatsführung ihn mehr fürchtete als den Klassenfeind? Den konnte man offen bekämpfen. Die Arbeiter, wenn sie aufmuckten, musste man beruhigen. Man musste Zugeständnisse machen, war sogar hier und da gezwungen, bereits beschlossene Norm- oder Preiserhöhungen wieder zurückzunehmen, wenn die Stimmung allzu schlecht wurde. Ja, man musste auch alle Augen zudrücken, wenn die heilige Arbeiterklasse die ebenso heiligen staatlichen Pläne nicht mehr erfüllte, weil das Material fehlte und der Maschinenpark hoffnungslos veraltet war.

Das zehrte an der Arbeitsmoral der angeblich herrschenden Klasse, die nach Feierabend lieber etwas für ihren privaten Wohlstand tat, als sich während der Arbeitszeit für das Wohl der sozialistischen Gesellschaft ein Bein auszureißen. [...]

So kam es denn, dass dieser Arbeiter- und Bauernstaat ausgerechnet von eben diesen Arbeitern und Bauern im brüderlichen Bündnis mit der Intelligenz und den anderen Schichten der Bevölkerung gestürzt wurde.

Peter Ensikat, Populäre DDR-Irrtümer. Ein Lexikon, edition q im be.bra verlag, Berlin 2008, S. 11–14.

**1** Erläutern Sie den Satz von Ensikat (M 5): „Die Behauptung, die DDR sei ein Arbeiter- und Bauernstaat, war kein Irrtum, sondern eine vorsätzliche Täuschung von Anfang an." im Kontext seiner DDR-Erinnerungen.

### M 6 Interview des „Focus" mit der CDU-Politikerin Dagmar Schipanski (geb. 1943), die in der DDR als Physikerin tätig war, 3. Oktober 2008

*FOCUS Online: Seit 19 Jahren ist die Mauer weg. Manche Schilderung der DDR klingt inzwischen, als wäre sie ein Schutzwall der Behaglichkeit gewesen.*

Schipanski: Für Ostalgie besteht nun wirklich kein Anlass. In der DDR hatte zwar jeder einen sicheren Arbeitsplatz mit langen Arbeitszeiten und zusätzlichen Kampagnen im Nationalen Aufbauwerk.

*Aber?*

Leider änderte dieser große persönliche Einsatz eines jeden nichts an der Mangelwirtschaft und am desolaten Gesamtzustand von Infrastruktur und Wohnungsbau. Wenn die Partei in der Planwirtschaft Produktionsziele vorgibt, wird eigene Kreativität unterbunden, wie beispielsweise viele nie verwirklichte Pläne zur Veränderung des „Trabant" zeigen. Mich erschüttert vor allem die Verdrängung dessen, was die DDR war. Das scheinen viele vergessen zu haben. Im persönlichen Leben ist Demenz eine schlimme Krankheit. Für eine Gesellschaft gilt dies in gleicher Weise. Unter dieser Demenz leiden nicht nur die Menschen im Osten, sondern in ganz Deutschland. Die geteilte Geschichte ist unsere gemeinsame Geschichte.

*Demenz? Verfall der geistigen Leistungsfähigkeit beim ganzen Volk?*

Mich erschüttert vor allem die Verdrängung dessen, was die DDR war. Im Schürer-Bericht zur wirtschaftlichen Lage der DDR, der 1989 fürs Politbüro erstellt wurde, finden sich alle wichtigen Fakten: Die DDR hätte neue Kredite aufnehmen müssen, um das Land überhaupt am Leben erhalten zu können. Die Städte waren verfallen, die Umwelt war kaputt. Schuld war nicht irgendeine anonyme Kraft, sondern die SED. [...]

*Haben Sie als Einheitsgewinnerin nicht ohnehin gut reden?*

Auch ich habe Enttäuschungen erlebt, und ich habe mich gerade deshalb immer bemüht, den Einigungsprozess effektiv zu gestalten und die Menschen dabei mitzunehmen.

*Welche Enttäuschungen?*

Ich habe zum Beispiel die Kraft der Selbstheilung der Sozialen Marktwirtschaft überschätzt. Alles hat länger gedauert, als ich erwartet hätte. Aber die „blühenden Landschaften", über die immer noch gerne gespottet wird, die gibt es jetzt. Manche Städte in den neuen Ländern sind wahre Juwele. [...]

*Was hat der Westen außer DDR-Ampelmännchen und grünem Abbiege-Pfeil vom Osten übernommen?*

Es wurde nicht immer ausdrücklich gewürdigt, aber es gibt

eine Menge Beispiele. Mit Verzögerung setzt sich im Westen das zwölfjährige Abi durch. Die Leistungsklassen in den Gymnasien und die Hinwendung zur Praxis in wirtschaftswissenschaftlichen Fächern sind von uns befördert worden. Eine bessere Verbindung von Hochschulen, Forschungsinstituten und Wirtschaft hat in den neuen Ländern zur verstärkten, erfolgreichen Gründung von Hightech-Unternehmen geführt. Und: Vergleichen Sie mal die Einhaltung der Regelstudienzeiten!

*Hat das Frauenbild im Osten die Mentalität insgesamt verändert?*

Ich glaube, dass man auch beim Selbstverständnis der Frauen von der DDR viel gelernt hat. Bei der Ganztagsbetreuung der Kleinsten bewegt sich ja nun ganz Deutschland. Wir in den neuen Ländern sind hier Vorreiter.

Zit. nach: www.focus.de/politik/deutschland/tid-12030/dagmar-schipanski-fuer-ostalgie-besteht-kein-anlass_aid_337721.html (8. September 2009).

**1** Vergleichen Sie die Erinnerungen an die DDR von Ensikat (M 5) und Schipanski (M 6) und erarbeiten Sie Gemeinsamkeiten und Unterschiede.

**2** Bewerten Sie beide Haltungen (M 5, M 6). Beziehen Sie dabei die Biografien der beiden Autoren mit ein.

**M 7** **Geschichte kontrovers:** Online-Leserkommentare zur ehemaligen DDR, anonym, Juli 2008

a) *Theo:* In der DDR gab es auch eine hohe Arbeitslosigkeit. Ich war in der Produktion tätig und kann mich an Zeiten erinnern, in denen wir Feste und andere Dinge organisiert haben, da nichts zu tun war. Wir lagen dabei dem Staat genauso auf der Tasche, der zwar kein ALG zahlen musste, aber nicht benötigte Arbeitsplätze subventionierte. Dies war auch eine Art von „Stütze".

b) *syntron-de:* Das angeblich bessere Sozialsystem in der DDR wurde erkauft durch Gleichmacherei auf niedrigstem Niveau und einen Stasi- und Spitzelstaat, der jeden Kritiker sofort ins Gefängnis schickte und viele Flüchtlinge an der Grenze erschoss. Auch die angeblich so gute Gesundheitsvorsorge war nicht so gut. Das finanziell ständig klamme System hatte kein Geld für gute Medikamente oder Untersuchungsgeräte aus dem Westen. Noch schlimmer waren die extremste Umweltverschmutzung und sehr schlechte Gesundheitsbedingungen an vielen Arbeitsplätzen. Beim Uranabbau in Wismut sind deswegen hunderte Menschen gestorben. Das einzige, was im Osten wirklich funktioniert hat, waren die Menschen, die mit Fleiß und Wissen trotz Sozialismus zumindest innerhalb des Ostblocks den höchsten Lebensstandard erreicht hatten.

c) *elvismoni:* Es schreien wieder mal die am lautesten, die nie dort gelebt haben. [...] Klar war der Alltag grau, aber man konnte trotzdem leben. Die große Mehrheit hatte keine Existenzängste. Werde nie die Worte der Kinderärztin unseres Sohnes vergessen. Leute schreien nach Bananen, die sollen lieber einen Apfel in die Hand nehmen. Der ist noch gesünder für die Zähne und Möhren tun es auch. Recht hatte sie. Ich möchte die DDR nicht unbedingt zurückhaben, obwohl ich da nie gelitten habe. Es stinkt mich nur an, dass alles schlechtgeredet wird. Sicherlich gab es viel Unrecht, aber das gibt es heute auch. Nur nennt sich das Kind heute anders.

d) *sbkmannie:* Viele der über die DDR Schreibenden kennen doch die DDR nur aus der Bildzeitung oder von im Fernsehen agierenden DDR-Vorzeigeobjekten, welche zur Wende gerade mal Kleinkinder waren und sich nur profilieren wollen und das zum besten geben, was sie aus den Medien haben. Die meisten, welche sich hier über die DDR auslassen, waren weder vor noch nach der Wende länger als ein oder zwei Tage in dem Gebiet der DDR. Fakt ist eins, in der DDR war das Leben lebenswerter als in der BRD und dort wurden auch kranke Menschen als Menschen behandelt, auch wenn der medizinische Standard tief unter dem jetzigen lag, welchen sowieso nur Privatpatienten genießen können. Weiterhin gab es nicht die Angst um Arbeit und man fiel nicht ab 40 in die Armut.

**1** Prüfen Sie mithilfe der Darstellung, welche der Positionen in M 7 a bis d Sie als „ostalgisch" bezeichnen würden. Begründen Sie Ihre Entscheidungen.

**2** Verfassen Sie zu einem der Kommentare in M 7 a bis d eine Gegenposition.

**M 8** **Erster Preis beim Gestaltungswettbewerb für ein Freiheits- und Einheitsdenkmal,** Entwurf: Bernadette Boebel, 2007, Fotomontagen

**M9** Geschichte kontrovers: **Ein Denkmal für die deutsche Einheit?**

**a) Der Theologe und Publizist Richard Schröder (geb. 1943 in Sachsen), 2006:**

Im Jahr 2000 wurden Franzosen nach den wichtigsten Ereignissen des 20. Jahrhunderts befragt. An erster Stelle nannten sie den Mondflug, an zweiter Stelle den Fall der Mauer. Zur selben Zeit wurden Deutsche nach dem prägenden Ereignis
5 der deutschen Geschichte des 20. Jahrhunderts gefragt. Westdeutsche nannten die Nazizeit, Ostdeutsche mehrheitlich die deutsche Teilung. […] Aber weder in Ost noch in West wurde der Fall der Mauer als prägendes Ereignis genannt. […] Wir haben diese Zeit [seit 1989] gemeinsam er-
10 lebt, aber noch nicht eine gemeinsam erzählbare Geschichte daraus gemacht, jedenfalls keine, die uns erfreut und ermuntert. Was wollen wir eigentlich unseren Kindern und Jugendlichen erzählen, die die Jahre 1989 und 1990 nicht erlebt haben? […]
15 Ein Denkmal für Freiheit und Einheit oder für die Einheit in Freiheit wäre auch der Art nach etwas Neues in Deutschland. Das Kaiserreich war sehr denkmalsfreudig und hat vor allem Siegerdenkmäler und Heldendenkmäler hinterlassen. Wenn es um Opfer ging, waren damit diejenigen gemeint,
20 die ihr Leben für das Vaterland geopfert haben, wie man sagte. Auch die Gedenkkultur der DDR war ausschließlich Heldengedenken. In der Bundesrepublik ist eine Gedenkkultur entstanden, die einer anderen Art von Opfern gilt, den Opfern von Staatsverbrechen. Mahnmale sind das, und das
25 ist so in Ordnung. Aber kein Mensch und kein Volk kann allein aus seinem Versagen Orientierung gewinnen und schon gar nicht Ermunterung. Deshalb könnte ein Denkmal für Freiheit und Einheit helfen. Nach zwei Kriegen und zwei deutschen Diktaturen hat uns das letzte Jahrzehnt des 20.
30 Jahrhunderts die Einheit in Freiheit geschenkt. Ein Denkmal für einen erfreulichen Anlass, das sind wir nicht gewöhnt. Wir können es aber gebrauchen. Wir sind zum Trübsinn nicht verpflichtet.

*Zit. nach: www.zeit.de/2006/48/Wir_sind_zum_Truebsinn_nicht_verpflichtet (8. September 2009).*

**b) Kommentar des Journalisten Michael Lühmann zum Denkmalsbeschluss, 2008:**

Die Erinnerung an die friedliche Revolution von 1989 soll ab 2009 auf preußischem Fundament thronen – mitten in Berlin. Mit der Umwidmung des Sockels, auf dem bis 1950 das Reiterstandbild von Kaiser Wilhelm I. stand, werde nun ein
5 zeitgemäßes Gedenken möglich. […] Natürlich besitzt ein Denkmal auf preußischem Fundament seinen Reiz, welches die Freiheit eines Volkes gegen seine antidemokratischen Herrscher feiern soll. Schließlich war es der preußische König Wilhelm IV., der die deutsche Kaiserkrone vom revolutio-
10 när gestimmten Volke nicht annehmen wollte. 160 Jahre nach 1848 beschließt nun der Urahn des Frankfurter Paulskirchen-Parlaments, der Deutsche Bundestag, dass das Volk mit der friedlichen Revolution von 1989 doch Recht hatte. Mithin besäße ein Denkmal für eine Revolution von unten
15 auf dem Sockel eines Denkmals für die preußische Revolution von oben seinen Reiz. Dieses Denkmal jedoch direkt gegenüber dem wiederzuerrichtenden Hohenzollern-Schloss aufzustellen, macht die ganze Entscheidung dann doch zur Farce. Verstehen muss man das alles nicht. Schließlich ha-
20 ben die Bürger der DDR nicht gegen das SED-Regime gemeutert, weil es 1950 das Reiterstandbild abtragen ließ oder weil sie die Revolutionäre von 1848 doch noch zu seinem Recht kommen lassen wollten. Überdies haben auch nicht die Berliner Bürger den SED-Staat auf dem Schlossplatz nie-
25 dergerungen, sondern zuvorderst die Leipziger am 9. Oktober 1989 rund um die Nikolaikirche und auf dem Stadtring. Doch ein Einheits- und Freiheitsdenkmal in Leipzig passte nicht ins zentralisierte Berliner Gedenkstättenkonzept. […] Doch der eigentliche Fehler am gesamten Konzept des Frei-
30 heits- und Einheitsdenkmals liegt in der Verkettung zweier Ereignisse, die eigentlich eine getrennte Würdigung finden müssten: Freiheit und Einheit. Denn am Anfang der Revolution stand der Ausspruch: „Wir sind das Volk" und nur der steht für Freiheit. Freiheit und Einheit sind mithin nicht ein
35 Geschwisterpaar, sondern Mutter und Tochter. Selbst Helmut Kohl, der die Einheit als sein Werk betrachtet, wirft die beiden Begriffe nicht in eins, sondern lässt dem Streben nach Freiheit den historischen Vortritt. Eben dies hätte auch im gesamten Denkmalsstreit passieren müssen. Dann hätte
40 das Freiheitsdenkmal in Leipzig und das Einheitsdenkmal in Berlin errichtet werden können und man hätte sowohl der historischen Realität als auch den unterschiedlichen Befindlichkeiten im historischen Streit zwischen Leipzig und Berlin Rechnung tragen können.

*Zit. nach: http://www.zeit.de/online/2008/12/denkmal-berlin-leipzig.pdf (8. September 2009).*

1 **Recherche:** Informieren Sie sich über die Intentionen der Bundesregierung für ein Einheitsdenkmal (*www.bundesregierung.de*; Stichwort: Einheitsdenkmal) und den aktuellen Stand der Planungen.
2 Arbeiten Sie aus den Texten von Schröder und Lühmann (M 9 a, b) die Positionen und die wesentlichen Argumente der beiden Autoren heraus.
3 **Debatte:** Ist ein Denkmal eine geeignete Form für die Erinnerung an die friedlichen Revolution von 1989? Falls ja, wie sollte dieses Denkmal aussehen? Beziehen Sie bei Ihren Positionen M 9 a, b sowie weitere Argumente aus der Geschichte mit ein; berücksichtigen Sie auch den Entwurf in M 8.
4 **Denkmalsentwurf/Präsentation:** Entwerfen Sie im Anschluss an Aufgabe 3 in arbeitsteiliger Gruppenarbeit ein Denkmal für die Deutsche Einheit.

## Zusammenfassung

# Die Deutsche Demokratische Republik – eine deutsche Alternative?

**Grundwissen** → S. 278 f.

**Begriffe Kapitel 6**
Blockparteien → S. 309
Denkmal/Nationaldenkmal → S. 317
Friedliche Revolution → S. 307
Identität → S. 316
Konsumgesellschaft → S. 303
KSZE-Schlussakte von Helsinki → S. 299
Mangelwirtschaft → S. 303
Massenorganisation → S. 281
„Partei neuen Typs" → S. 281
Planwirtschaft → S. 303
Hallstein-Doktrin → S. 292
„Runder Tisch" → S. 309
Staatliche Subventionen → S. 303
„Stasi" → S. 284
Volksdemokratie → S. 282
Wirtschafts-, Währungs- und Sozialunion → S. 312
Zwei-plus-vier-Vertrag → S. 313

**Personen Kapitel 6**
Bahr, Egon → S. 298
Brandt, Willy → S. 298
de Maizière, Lothar → S. 310
Gorbatschow, Michail → S. 308
Honecker, Erich → S. 302
Kohl, Helmut → S. 312
Krenz, Egon → S. 308
Modrow, Hans → S. 308
Ulbricht, Walter → S. 280

Das SED-Regime in der 1949 gegründeten DDR verstand sich von Anfang an als Alternative zur parlamentarischen Demokratie und Marktwirtschaft der Bundesrepublik Deutschland. Der kommunistische deutsche Teilstaat war nach seiner eigenen Propaganda die bessere demokratische Republik. Denn nicht die Wirtschaftsinteressen des Kapitals, sondern mit den Arbeitern und Bauern würden die Werktätigen, also die Bevölkerungsmehrheit, die Politik bestimmen. Wirtschafts- und sozialpolitisch suchte das Regime die Menschen durch hohe staatliche Subventionen für Nahrung, Wohnung und öffentliche Verkehrsmittel, ein kostenloses Gesundheitssystem sowie ein Recht auf Arbeit zu gewinnen.

In Wirklichkeit errichteten die ostdeutschen Kommunisten eine Einparteidiktatur. Diese war von der Sowjetunion als ehemaliger Siegermacht des Zweiten Weltkriegs abhängig bzw. wurde von ihr beherrscht. Die SED besaß das Macht- und Meinungsmonopol im Staate und regelte das gesamte gesellschaftliche Leben in der DDR. Die vom Ministerium für Staatssicherheit (Stasi) gesteuerte Geheimpolizei überwachte das öffentliche und private Leben der Bürger und sollte jede Opposition ausschalten. Der totale Herrschaftsanspruch erstreckte sich auch auf die Wirtschaft, die zentral vom Staat gelenkt wurde. Diese Planwirtschaft war die Hauptursache für die überall anzutreffende Mangelwirtschaft im Osten.

Nach 1949 beanspruchte die demokratisch organisierte Bundesrepublik den Alleinvertretungsanspruch für Gesamtdeutschland, der außenpolitisch untermauert wurde durch die Hallstein-Doktrin. Einen Wandel brachte der Grundlagenvertrag von 1972 zwischen beiden deutschen Staaten, in dem die Bundesrepublik die DDR als zweiten deutschen Staat akzeptierte, aber deren völkerrechtliche Anerkennung als Ausland vermied. Dieser Vertrag war eine wesentliche Voraussetzung dafür, dass die DDR ihre ersehnte internationale Anerkennung erreichte.

Seit den 1970er-Jahren erlebte die DDR einen Niedergang, der in den 1980er-Jahren in eine Systemkrise mündete. Die hohe Verschuldung der DDR im Westen verschärfte die Probleme der Planwirtschaft. Der mit einer Umweltkatastrophe verbundene wirtschaftliche Niedergang erschütterte die ohnehin geringe Glaubwürdigkeit der kommunistischen Elite. Hoffnungen auf Besserung schwanden. Die selbstbewusster auftretende Opposition wurde durch die Reformen Gorbatschows in der Sowjetunion ermutigt, von der SED Veränderungen zu fordern. Während der friedlichen Revolution in der DDR 1989/90 kämpften Teile der Opposition noch für einen besseren Sozialismus bzw. den Erhalt eines zweiten deutschen Teilstaates als Alternative zur Bundesrepublik. Doch scheiterten diese Kräfte innerhalb der Bürgerrechtsbewegung an dem Willen der Mehrheit, die keine sozialistischen Experimente mehr wollte. Nachdem die Menschen auf der Leipziger Montagsdemonstration vom 9. Oktober 1989 erkannten, dass sie vor der Staatsmacht keine Angst mehr zu haben brauchten, war der Weg zur Demokratie frei. Der sicherste Weg zu Demokratie und Wohlstand bestand für die meisten DDR-Bürger in der raschen Vereinigung mit der Bundesrepublik. Diese Möglichkeit des „Beitritts" der DDR eröffnete Artikel 23 des Grundgesetzes.

Nach der Wiedervereinigung (3. Oktober 1990) mussten sich besonders die Menschen in Ostdeutschland neu orientieren. Die Umstellung von der Plan- auf die Marktwirtschaft löste bei vielen Unsicherheiten aus. Ein Ausweg aus dieser Krise war für manche ein verklärender Blick auf die untergegangene DDR. Diese „Ostalgie" bestimmt jedoch nicht die Sicht der Bevölkerungsmehrheit, die den Gewinn an Freiheit und Wohlstand im vereinigten Deutschland schätzt.

## Deutsche Demokratische Republik 6

**M1** Das politische und gesellschaftliche System der DDR zur Zeit Honeckers (1970er-/1980er-Jahre)

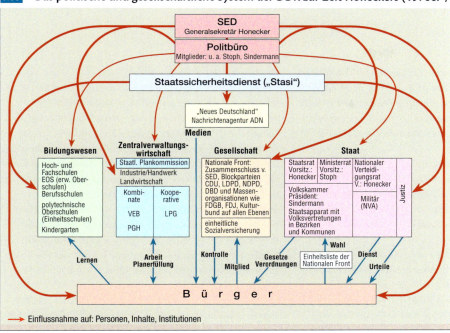

## Zeittafel

**1945** Bodenreform in der Sowjetischen Besatzungszone (SBZ)
**1946** Zwangsvereinigung von SPD und KPD zur Sozialistischen Einheitspartei Deutschlands (SED)
**Juni 1948** Währungsreform in der SBZ
**Okt. 1949** Gründung der DDR
**1949–1971** DDR-Führung unter Ulbricht
**1950** Gründung des Ministeriums für Staatssicherheit (Stasi); erster Fünfjahresplan; Beitritt der DDR zum Rat für Gegenseitige Wirtschaftshilfe (RGW)
**1952** Errichtung einer Sperrzone zur Bundesrepublik; „Planmäßiger Aufbau des Sozialismus"
**1952–1960** Zwangskollektivierung der Landwirtschaft
**17. Juni 1953** Volksaufstand
**1954** Einführung der Jugendweihe
**1955** Offizielle Souveränität; Beitritt der DDR zum Warschauer Pakt; Hallstein-Doktrin der BRD
**1961** Bau der Berliner Mauer

**1963** Wirtschaftsreform: „Neues System der ökonomischen Planung und Leitung"
**1968** Wirtschaftsreform: „Ökonomisches System des Sozialismus"; neue DDR-Verfassung
**1970** Moskauer Vertrag zwischen der Bundesrepublik und der UdSSR; Warschauer Vertrag zwischen der Bundesrepublik und Polen
**1971** Viermächteabkommen über Berlin
**1971–1989** DDR-Führung unter Honecker
**1972** Grundlagenvertrag zwischen der Bundesrepublik und der DDR
**1973** UN-Beitritt von DDR und BRD
**1973/74** Weltweite Ölkrise
**1974** Neue DDR-Verfassung
**1975** KSZE-Schlussakte von Helsinki
**1976** Ausbürgerung Wolf Biermanns
**1980** Erhöhung des Zwangsumtauschs für DDR-Besucher aus dem Westen
**1982** Erste Finanzkrise der DDR

**1983/84** Die DDR erhält von der Bundesrepublik Milliardenkredite.
**1985** SED-Führung lehnt Gorbatschows Reformpolitik ab.
**Mai 1989** Bürgerrechtsgruppen weisen Fälschungen bei den Kommunalwahlen nach. Ungarn baut Grenzbefestigungen zu Österreich ab.
**Sept.** Ungarn lässt DDR-Bürger frei in den Westen reisen; Gründung des „Neuen Forums"
**Okt.** Gründung der Sozialdemokratischen Partei (SDP) in der DDR; Leipziger Montagsdemonstrationen; Feier des DDR-Regimes zum 40. Jahrestag der DDR; Gründung des „Demokratischen Aufbruchs"; Rücktritt Honeckers, Nachfolger Krenz (bis Dez.)
**9. Nov.** Fall der Mauer
**Nov. 1989–März 1990** Modrow Vorsitzender des DDR-Ministerrats
**März 1990** Erste freie Volkskammerwahlen in der DDR
**Juli** Wirtschafts-, Währungs- und Sozialunion
**Sept.** Zwei-plus-vier-Vertrag
**3. Okt.** „Tag der Deutschen Einheit"

## Essay 11.2

# „Fünf Deutschland und ein Leben"

*Von Fritz Stern*

*In seinen 2007 erschienenen „Erinnerungen" betrachtet der 1926 in Breslau geborene und 1938 in die USA emigrierte Historiker Fritz Stern jene fünf Deutschland, die er selbst miterlebt hat: Weimar, das „Dritte Reich", die Bundesrepublik, die DDR und das vereinigte Deutschland.*

Am besten lernte ich Weimar kennen, als es zu Ende ging – und so sehen es auch die folgenden Generationen. Seit über einem halben Jahrhundert ist Weimar ein Synonym für politisches Scheitern; wenn eine Demokratie zerbricht oder ein politisches System in der Krise steckt, spricht man gleich von „Weimar" [...].
Oder man hat Weimar in Erinnerung als eine Zeit überschäumender Kreativität. [...] Aber gerade dieser Fortschritt, der in wenig mehr als einem Jahrzehnt unter den schweren Nachwirkungen von Krieg und Niederlage erreicht wurde, beunruhigte Millionen von Deutschen; sie empfanden die Moderne als eine Bedrohung. Sie lasen nicht Tucholsky und wahrscheinlich nicht einmal Thomas Mann; sie wurden nicht elektrisiert vom Jazz und von dem lästerlichen Text der *Dreigroschenoper,* sie staunten nicht über die flachen Dächer und die geniale Leichtigkeit des Bauhauses, noch grübelten sie über die verspielten Abstraktionen von Paul Klee. Viele sahen in der unverständlichen Relativitätstheorie, von der überall die Rede war, einen jüdischen Schwindel. Das ganze revolutionäre Experimentieren zerstörte in ihren Augen die herkömmlichen Bräuche, war das gottlose Werk fremder, kosmopolitischer und jüdischer gewinnsüchtiger Schurken. [...]
Durch den Zufall der Geburt und aufgrund familiärer Neigung bekam ich einen flüchtigen Eindruck von den mutigen politischen Verteidigern Weimars, von Männern und Frauen, die ihre Ambitionen in den Dienst der alten aufklärerischen Ideale stellten. Man darf nicht vergessen, durch welche schrecklichen, oft betäubenden Traumata dieses Deutschland sich der Reihe nach hindurchkämpfen musste: die Niederlage, das Pariadasein, die Hyperinflation, den Zusammenbruch des kapitalistischen Systems – und das alles hineingepresst in nur vierzehn kurze Jahre. Fast während dieser ganzen Zeit hat Deutschland am parlamentarischen System festgehalten, während Italien die Demokratie schon 1922 zugunsten des Faschismus aufgab und Osteuropa (mit Ausnahme der Tschechoslowakei Masaryks) autoritäre Regime einführte. Die Deutschen haben die Demokratie hartnäckig und oft auch einfallslos verteidigt gegen die brutale Opposition selbsternannter Patrioten und skrupelloser Vertreter materieller Interessen, die erstere unterstützten – aber verteidigt haben sie diese dennoch. [...]

*Die extreme Unmenschlichkeit*
Vor 1933 wusste ich gar nichts von meinen jüdischen Wurzeln. Doch dann, kurz nach Hitlers Machtübernahme, schleuderte ich bei einem Streit meiner Schwester ein antisemitisches Schimpfwort an den Kopf. [...] Die ganze Bedeutung dessen ging mir erst in den folgenden Wochen auf. Bis dahin hatte ich mich vor den Nazis nur deshalb gefürchtet, weil ich sie mit Gewalt und Macht in Verbindung brachte. Ein Kind konnte sich ja denken, dass praktisch jeder anständige Mensch dieser Gewalt zum Opfer fallen konnte – dazu musste man kein Jude sein. Jetzt sah ich es anders. Kaum sieben Jahre alt, begann ich zum Glück und zumindest teilweise aufgeklärt zu sein. Ich entwickelte eine gewisse Vorstellung davon, wer ich war – und allmählich, wer ich nicht war. [...]
Die Überfahrt von Rotterdam nach New York war ein seltsames, etwas beklemmendes Zwischenspiel, noch bezahlt mit dem letzten deutschen Geld, das wir hatten. [...] Ich erinnere mich an den unbeschreiblichen Reiz der Freiheit und an ihren Preis, die ungeheure Unsicherheit. [...]
Wir wussten von den deutschen Gräueltaten. Die Vernichtung des tschechischen Dorfes Lidice im Juni 1942, eine Vergeltungsmaßnahme für die Ermordung von Reinhard Heydrich, dem stellvertretenden Chef der Gestapo und Günstling Hitlers, wurde (ebenso wie das Blutbad in der französischen Stadt Oradour-sur-Glane im Juni 1944) zum bleibenden Symbol deutscher Brutalität. Und wir wussten von dem heldenhaften Aufstand des Warschauer Gettos 1943 und seiner entsetzlichen Liquidierung durch die Deutschen. [...] Heimlicher wurde das größte Verbrechen, die Vernichtung der Juden, begangen, „bei Nacht und Nebel". Natürlich sickerte manches darüber durch, beginnend mit dem Bericht Gerhart Riegners an den *World Jewish Council* vom August 1942 über Pläne der Nazis, alle Juden Europas zu vernichten, der den Alliierten genügte, um im Dezember 1942 eine Erklärung abzugeben, dass „aus allen besetzten Ländern Juden unter entsetzlich grausamen und brutalen Bedingungen nach Osteuropa transportiert werden. Von denen, die fortgebracht wurden, hat man nie wieder etwas gehört." Die Vorstellungskraft der meisten reichte jedoch nicht weiter, als aus dem bisher Geschehenen zu extrapolieren: Deportationen und Gettos. Die extreme Unmenschlichkeit der Konzentrationslager konnten wir uns vorstellen, nicht aber die satanischen Gaskammern. Wir in New York haben von Auschwitz oder den Massenvernichtungen „nichts gewusst", um die Wendung zu gebrauchen, die nach dem Krieg so oft von Deutschen zu hören war. Vielleicht wollten wir den Gerüchten auch keinen Glauben schenken;

vielleicht wollten wir nicht wissen. Wir mögen dazu geneigt haben, uns gegen das Schlimmste abzuschirmen, weil das, was wir wussten, was in Erfahrung zu bringen war, schon bitter und unheilvoll genug war. […]

*Ein neuer deutscher Staat*
Am 8. Mai 1945, dem Tag der bedingungslosen Kapitulation Deutschlands, hörte der deutsche Staat auf zu bestehen. […] In der Bundesrepublik [sah ich] damals eine kühne amerikanische Konstruktion, und ich hatte nach wie vor tiefe Zweifel an der politischen Reife und Verlässlichkeit der Deutschen. […] Man staunte allmählich über den wirtschaftlichen Fortschritt Westdeutschlands, der natürlich durch den Marshallplan unterstützt und durch den Zustrom von Millionen Flüchtlingen aus dem Osten weiter gefördert wurde. […] Und natürlich florierte auch die Demokratie bei wirtschaftlicher Hoffnung und Zufriedenheit, eine Verbindung, die der Weimarer Republik weitgehend versagt geblieben war. Noch mehr war ich beeindruckt von dem, was ich als ein politisches Wunder betrachtete. Die neue Bonner Republik hatte ein ungewöhnliches Glück mit ihrem neuen Führungspersonal, denn auf allen staatlichen Ebenen übernahmen anständige und tüchtige Bürger politische Verantwortung. Gewiss gab es neben ihnen auch Leute mit Nazivergangenheit und die unvermeidlichen Opportunisten, aber insgesamt erwarb die politische Klasse das Vertrauen des Auslands. Bonns erster Präsident war Theodor Heuss, ein umgänglicher, unprätentiöser Schwabe mit einem Hang zur Ironie, eine rare Tugend in der deutschen Politik. […] [Konrad Adenauer] hatte wenig Vertrauen zu seinem Volk und große, berechtigte Angst vor Ultranationalisten, besonders unter den Vertriebenen, von denen etliche sich auf dem rechten Flügel seiner Partei versammelten. […] Wichtiger vielleicht als die Paragrafen des Grundgesetzes oder die Vorzüge der Führung war, dass der Staat das hatte, was den meisten seiner Vorgänger gefehlt hatte, nämlich das, was die Alten *fortuna* nannten: das Glück, das ihm die historische Situation und die Weisheit seiner Schutzmächte bot. […] Die Vereinigten Staaten, das mächtigste Land des Westens, das zudem beruhigend weit von Deutschland entfernt war, verfolgte einen Kurs der wohlwollenden Ermutigung. […]

*Auf der anderen Seite der Mauer*
Ich wusste ein wenig über das Leben auf der anderen Seite dieser scheußlichen Mauer. […] Die DDR hatte den Reiz des Verbotenen und Vertrauten: verboten, weil sie ein kommunistischer Staat war, den westliche Länder bis in die frühen Siebzigerjahre nicht einmal anerkannten, und weil sie programmatisch antiamerikanisch war; vertraut, weil sie deutsch war, besonders vertraut, weil sie ein deutscher Polizeistaat war. Ich fühlte mich dort auf seltsame Weise zuhause, gerade weil ich es nicht war, erneut als ein Feind im

**M1** Berliner Reichstagsgebäude, Fotografie, 2006

Land meiner Sprache. Es erinnerte mich in vieler Hinsicht an die erste Diktatur, die ich als Kind erlebt hatte. Mit demselben Gepräge wurden Macht und Errungenschaften gepriesen, es gab dieselben unablässigen Beschwörungen hehrer Ideale (diesmal Frieden und Demokratie) und dieselbe unablässige Kampagne gegen einen dämonisierten Feind (diesmal die faschistisch-kapitalistisch-imperialistischen „Ausbeuter"). Und ich spürte dieselbe allgegenwärtige Atmosphäre der Furcht, in der die Partei, sichtbar und unsichtbar, allmächtig gegen ihre angeblich durch und durch rücksichtslosen Feinde vorging. Die Deutsche Demokratische Republik, oft und mit Recht die zweite deutsche Diktatur genannt, bestand fast viermal so lange wie das Dritte Reich. Aber es gab bedeutsame Unterschiede: Die Bürger der DDR konnten sich nie in einer freien Wahl entscheiden; die Rote Armee und ihre Lakaien zwangen dem Volk das Regime auf; und der Terror ihrer repressiven Tyrannei sowjetischen Typs wurde überwiegend im Inneren ausgeübt und richtete keine weltweite Zerstörung an. […] Die Wiedervereinigung [1990] […] stellte eine zweite Chance für Deutschland dar, ein seltenes Geschenk für Völker wie für Einzelne. Seine erste Chance hatte Deutschland vor 1914 gehabt, als es ganz nah daran war, zur herausragenden Macht Europas zu werden, aber der Ausbruch des Ersten Weltkriegs, der von den Mängeln der politischen Struktur Deutschlands und seinem wachsenden chauvinistischen Wahn nicht zu trennen war, hatte diese Chance zunichte gemacht. Seine zweite Chance bestand darin, auf dem Erfolg der Bundesrepublik aufzubauen – diesmal in Frieden und Vernunft.

Fritz Stern, Fünf Deutschland und ein Leben. Erinnerungen, Übers. Friedrich Greise, C. H. Beck, München 2007, S. 113–601.

**1** Diskutieren Sie die historisch-politischen Urteile, die Stern über die „fünf Deutschland" abgibt.
**2 Präsentation:** „Der Reichstag als ein Ort der Geschichte zwischen Demokratie und Diktatur" (M 1).
**3 Fächerverbindung Sozialkunde:** Begründen Sie, welche Voraussetzungen für das Funktionieren einer Demokratie notwendig sind (Essay, Kapitel 3–6).

# Methode

## Tipps zur Vorbereitung auf die Abiturthemen

### Übung 1: Inhalte der Lehrplanthemen wiederholen

Die großen historischen Zusammenhänge der beiden Halbjahresthemen werden im vorliegenden Schülerbuch in den Themenüberblicken S. 8–11 und 132–135 erläutert. Jedes Teilthema des Lehrplans ist in Form eines Kapitels aufbereitet. Jedes Kapitel wiederum ist in kleine Themeneinheiten unterteilt:

1 In jedem „Themenüberblick" und in jeder „Themeneinheit" finden Sie unter den Darstellungstexten Aufgaben. Bearbeiten Sie die Aufgaben. Durch „Querlesen" – das heißt durch das Lesen der Zwischenüberschriften und Fettdrucke – gelangen Sie rasch zu den Einzelabschnitten, die Sie für die Beantwortung von Teilaufgaben benötigen.
2 Arbeiten Sie an den Stellen, an denen es Ihnen sinnvoll erscheint, noch einmal die zugehörigen Materialien im Materialteil durch (Verweise in den Darstellungen).
3 Halten Sie Ihre Ergebnisse auf Karteikarten fest (s. unten).

### Übung 2: Wichtige Daten merken und anwenden

Auf den Zusammenfassungsseiten finden Sie immer eine Zeittafel. Auf drei Arten können Sie damit für das Abitur üben:

1 Geben Sie jeden Eintrag der Zeittafel mit eigenen Worten wieder.
2 Schreiben Sie auf die Vorderseite einer Karteikarte ein Ereignis, auf die Rückseite das Datum (s. unten).
3 Vertiefen Sie Ihre Kenntnisse über zentrale Daten, indem Sie noch einmal die zugehörigen Darstellungen und Materialien aus dem Kapitel durcharbeiten. Schreiben Sie auf Ihre Karteikarten, a) welche Ursachen zu einem Ereignis geführt haben, b) wie es abgelaufen ist, c) welche Folgen es gehabt hat.

### Übung 3: Zentrale Begriffe verstehen und erklären

Das Grundwissen zu jedem Kapitel finden Sie am Kapitelanfang. Die neuen Begriffe eines Kapitels sind auf den Zusammenfassungsseiten aufgelistet; Seitenverweise führen zu den entsprechenden Erläuterungen im Kapitel:

1 Lesen Sie zu jedem Begriff die Erläuterung.
2 Klären Sie Fremdwörter.
3 Erläutern Sie den Inhalt jedes Begriffs anhand von historischen Beispielen. Halten Sie Ihre Ergebnisse auf Karteikarten fest (s. unten).

### Ergebnisse sichern: Arbeitskartei anlegen

Halten Sie die Ergebnisse der Übungen 1 bis 3 auf Karteikarten fest:

1 Notieren Sie auf der Vorderseite eine Frage, einen Begriff oder ein Datum, schreiben Sie auf die Rückseite Ihre Erläuterungen.
2 Wiederholen Sie mithilfe Ihrer Arbeitskartei die Inhalte, Daten und Begriffe der Schwerpunktthemen – alleine, in Partnerarbeit oder in kleinen Gruppen.

## Übung 4: Methodentraining – Unterscheiden von Textmaterialien

Schriftliche Quellen und Sekundärtexte gehören zu den Materialien, die am häufigsten in Abiturklausuren vorkommen (weitere Materialarten können z. B. Statistiken, Gemälde, Fotografien sein). Damit Sie lernen, schriftliche Quellen und Sekundärtexte auf den ersten Blick voneinander zu unterscheiden, sollten Sie dies mithilfe Ihres Schülerbuches trainieren, z. B. in Partnerarbeit:

> **TEXTMATERIALIEN**
>
> Schriftliche Quellen — Sekundärtexte

1 Lesen Sie in den Materialteilen des Kapitels 4 die Überschriften, Einleitungen und Anfänge der Textmaterialien und bestimmen Sie jeweils, ob es sich um eine schriftliche Quelle (= Textquelle) oder einen Sekundärtext handelt.
2 Wiederholen Sie die Übung anhand der Textmaterialien eines anderen Kapitels.

## Übung 5: Methodentraining – Sekundärtexte auswerten

Wiederholen Sie mithilfe der folgenden „Checkliste" die Grundschritte bei der Auswertung von Sekundärtexten:

1 **Thema:** Mit welchem Thema bzw. welcher Frage beschäftigt sich der Autor/die Autorin? Was will er/sie erklären?
2 **Aussagen:** Welche zentralen Aussagen werden von dem Autor/der Autorin getroffen bzw. welche Thesen werden aufgestellt?
3 **Argumente:** Mit welchen Daten bzw. Argumenten belegt der Autor/die Autorin seine/ihre Aussagen und Thesen?
4 **Abgrenzung:** Will sich der Autor/die Autorin gegen eine andere Position absetzen? Wenn ja, gegen welche und aus welchen Gründen?
5 **Interessen:** Von welchen (Wert-)Maßstäben aus werden Ereignisse, Entwicklungen und das Handeln von Personen beurteilt?

## Übung 6: Methodentraining – Interpretation schriftlicher Quellen

Die Interpretation schriftlicher Quellen ist eine der zentralen Anforderungen im Abitur:

1 Prägen Sie sich die systematischen Arbeitsschritte zur Interpretation einer schriftlichen Quelle von S. 40 ein.
2 Merken Sie sich die „Faustregel" zur Analyse der formalen Merkmale schriftlicher Quellen und üben Sie die Beantwortung der „W-Fragen" anhand von fünf selbst ausgewählten schriftlichen Quellen des Schülerbuchs.

> „Faustregel" für die Analyse der formalen Merkmale schriftlicher Quellen:
> WER sagt WO, WANN, WAS, WARUM, zu WEM und WIE?

## Anforderungsbereiche und Operatoren in der Abiturprüfung

### Drei Anforderungsbereiche

Bei den Abituraufgaben werden gemäß den „Einheitlichen Prüfungsanforderungen (EPA)" der Kultusministerkonferenz im Fach Geschichte drei Anforderungsbereiche (AFB) unterschieden (die Beschreibungen unten folgen dem Wortlaut der EPA). Grundsätzlich gilt, dass Anforderungen aus allen drei Bereichen abverlangt werden, insbesondere auch aus dem Bereich III:

*Aufgabe verstanden?*

#### Anforderungsbereich I
Der AFB I umfasst das Wiedergeben von Sachverhalten aus einem abgegrenzten Gebiet und im gelernten Zusammenhang unter rein reproduktivem Benutzen eingeübter Arbeitstechniken. Dies erfordert vor allem **Reproduktionsleistungen**, insbesondere:
– Wiedergeben von grundlegendem historischem Fachwissen,
– Bestimmen der Quellenart,
– Unterscheiden zwischen Quellen und Darstellungen,
– Entnehmen von Informationen aus Quellen und Darstellungen,
– Bestimmen von Raum und Zeit historischer Sachverhalte.

#### Anforderungsbereich II
Der AFB II umfasst das selbstständige Erklären, Bearbeiten und Ordnen bekannter Inhalte und das angemessene Anwenden gelernter Inhalte und Methoden auf andere Sachverhalte. Dies erfordert vor allem **Reorganisations- und Transferleistungen**, insbesondere:
– Erklären kausaler, struktureller bzw. zeitlicher Zusammenhänge,
– sinnvolles Verknüpfen historischer Sachverhalte zu Verläufen und Strukturen,
– Analysieren von Quellen oder Darstellungen,
– Konkretisieren bzw. Abstrahieren von Aussagen der Quelle oder Darstellung.

#### Anforderungsbereich III
Der AFB III umfasst den reflexiven Umgang mit neuen Problemstellungen, den eingesetzten Methoden und gewonnenen Erkenntnissen, um zu eigenständigen Begründungen, Folgerungen, Deutungen und Wertungen zu gelangen. Dies erfordert vor allem Leistungen der **Reflexion und Problemlösung**, insbesondere:
– Entfalten einer strukturierten, multiperspektivischen und problembewussten historischen Argumentation,
– Diskutieren historischer Sachverhalte und Probleme,
– Überprüfen von Hypothesen zu historischen Fragestellungen,
– Entwickeln eigener Deutungen,
– Reflektieren der eigenen Urteilsbildung unter Beachtung historischer bzw. gegenwärtiger ethischer, moralischer und normativer Kategorien.

### Was sind Operatoren?

Operatoren sind Verben, die zeigen, welche Tätigkeiten beim Lösen von Prüfungsaufgaben erwartet werden. In der Regel sind sie den einzelnen Anforderungsbereichen zugeordnet. Einige Operatoren umfassen alle drei Anforderungsbereiche. Die Tabelle auf S. 329 folgt den „Einheitlichen Prüfungsanforderungen".

## Operatoren, die Leistungen im Anforderungsbereich I verlangen:

| | |
|---|---|
| *nennen, aufzählen* | zielgerichtet Informationen zusammentragen, ohne diese zu kommentieren |
| *bezeichnen, schildern, skizzieren* | historische Sachverhalte, Probleme oder Aussagen erkennen und zutreffend formulieren |
| *aufzeigen, beschreiben, zusammenfassen, wiedergeben* | historische Sachverhalte unter Beibehaltung des Sinnes auf Wesentliches reduzieren |

## Operatoren, die Leistungen im Anforderungsbereich II verlangen:

| | |
|---|---|
| *analysieren, untersuchen* | Materialien oder historische Sachverhalte kriterienorientiert bzw. aspektgeleitet erschließen |
| *begründen, nachweisen* | Aussagen (z. B. Urteil, These, Wertung) durch Argumente stützen, die auf historischen Beispielen und anderen Belegen gründen |
| *charakterisieren* | historische Sachverhalte in ihren Eigenarten beschreiben und diese dann unter einem bestimmten Gesichtspunkt zusammenfassen |
| *einordnen* | einen oder mehrere historische Sachverhalte in einen historischen Zusammenhang stellen |
| *erklären* | historische Sachverhalte durch Wissen und Einsichten in einen Zusammenhang (Theorie, Modell, Regel, Gesetz, Funktionszusammenhang) einordnen und begründen |
| *erläutern* | wie erklären, aber durch zusätzliche Informationen und Beispiele verdeutlichen |
| *herausarbeiten* | aus Materialien bestimmte historische Sachverhalte herausfinden, die nicht explizit genannt werden, und Zusammenhänge zwischen ihnen herstellen |
| *gegenüberstellen* | wie skizzieren, aber zusätzlich argumentierend gewichten |
| *widerlegen* | Argumente dafür anführen, dass eine Behauptung zu Unrecht aufgestellt wird |

## Operatoren, die Leistungen im Anforderungsbereich III verlangen:

| | |
|---|---|
| *beurteilen* | den Stellenwert historischer Sachverhalte in einem Zusammenhang bestimmen, um ohne persönlichen Wertebezug zu einem begründeten Sachurteil zu gelangen |
| *bewerten, Stellung nehmen* | wie Operator beurteilen, aber zusätzlich mit Offenlegen und Begründen eigener Wertmaßstäbe, die Pluralität einschließen und zu einem Werturteil führen, das auf den Wertvorstellungen des Grundgesetzes basiert |
| *entwickeln* | gewonnene Analyseergebnisse synthetisieren, um zu einer eigenen Deutung zu gelangen |
| *sich auseinandersetzen, diskutieren* | zu einer historischen Problemstellung oder These eine Argumentation entwickeln, die zu einer begründeten Bewertung führt |
| *prüfen, überprüfen* | Aussagen (Hypothesen, Behauptungen, Urteile) an historischen Sachverhalten auf ihre Angemessenheit hin untersuchen |
| *vergleichen* | auf der Grundlage von Kriterien historische Sachverhalte problembezogen gegenüberstellen, um Gemeinsamkeiten, Unterschiede, Teil-Identitäten, Ähnlichkeiten, Abweichungen oder Gegensätze zu beurteilen |

## Operatoren, die Leistungen in allen drei Anforderungsbereichen verlangen:

| | |
|---|---|
| *interpretieren* | Sinnzusammenhänge aus Quellen erschließen und eine begründete Stellungnahme abgeben, die auf einer Analyse, Erläuterung und Bewertung beruht |
| *erörtern* | Eine These oder Problemstellung durch eine Kette von Für-und-Wider- bzw. Sowohl-als-Auch-Argumenten auf ihren Wert und ihre Stichhaltigkeit hin abwägend prüfen und auf dieser Grundlage eine eigene Stellungnahme dazu entwickeln. Die Erörterung einer historischen Darstellung setzt deren Analyse voraus. |
| *darstellen* | historische Entwicklungszusammenhänge und Zustände mithilfe von Quellenkenntnissen und Deutungen beschreiben, erklären und beurteilen |

# Methode

# Checkliste zur Abfassung einer Abiturklausur

*Abfassung der Abiturklausur*

**1 Klausuraufgabe auswählen**
Lesen Sie zunächst alle Klausuraufgaben. Machen Sie sich klar, was die jeweilige Aufgabe von Ihnen verlangt. Sie sollten weniger nach spontanen Interessen oder Neugier entscheiden, sondern diejenige Aufgabe auswählen, bei der Sie sich fachlich am sichersten fühlen.

**2 Aufgabe verstehen**
Achten Sie auf den genauen Wortlaut der Aufgabe, besonders auf die Operatoren (z. B. „Benennen Sie ...", „Ordnen Sie ein ...", „Beurteilen Sie ..."; Erläuterungen zu den Operatoren: s. S. 328 f.).

**3 Materiallektüre und Randnotizen**
Lesen Sie das vorgelegte Material. Unterstreichen Sie dabei wichtige Inhalte, zentrale Begriffe usw. Notieren Sie Stichpunkte am Rand.

**4 Gliederung**
Entwerfen Sie eine kurze Gliederung. Ordnen Sie die Stichpunkte, die Sie bei der Lektüre notiert haben, Ihren Gliederungspunkten zu. Vervollständigen Sie Ihre Gliederung (historische Hintergrundinformationen, Beurteilungen, Beispiele/Argumente für/gegen eine These usw.).

**5 Zeitplan**
Schreiben Sie in Ihre Gliederung, wie viel Zeit Sie ungefähr für die Bearbeitung eines Arbeitsauftrags bzw. die Niederschrift der Ergebnisse benötigen. Planen Sie etwas Zeit für eine Schlusskorrektur ein.

**6 Niederschrift**
Schreiben Sie zunächst eine Einleitung. Belegen Sie Aussagen mit Zitaten aus der Quelle (An- und Abführungszeichen nicht vergessen). Veranschaulichen Sie Ihre Thesen durch Beispiele. Schreiben Sie sachlich. Beachten Sie Ihren Zeitplan.

**7 Schlusskorrektur**
Lesen Sie zweimal Korrektur: Achten Sie im ersten Durchgang auf sachliche Richtigkeit und die exakte Verwendung von Fachbegriffen. Korrigieren Sie beim zweiten Mal Satzbau, Rechtschreibung und Zeichensetzung.

# Probeklausur mit Lösungsvorschlägen

## Wie kann man mit der Probeklausur für das schriftliche Abitur üben?

Die Probeklausur vermittelt einen ersten ungefähren Eindruck von der Aufgabe in einer schriftlichen Abiturklausur. Genaue Informationen zu den Vorgaben und zum Ablauf der Abiturklausur erteilt die Lehrkraft.
Die folgende Übungsklausur kann auf zweifache Art genutzt werden:

„Bitte Ruhe!"

### Schreiben unter „Echtbedingungen"
Die Probeklausur wird unter „Echtbedingungen" geschrieben. Das heißt, die Beteiligten
- haben sich bereits mit dem Thema vertraut gemacht und beherrschen die Fachmethoden (s. S. 326 f.);
- kennen die drei Anforderungsbereiche einer Abiturprüfung und können die entsprechenden Operatoren (also die in der Prüfungspraxis verwendeten Arbeitsaufträge) richtig anwenden (s. S. 328 f.);
- wissen, wie sie arbeitstechnisch bei der Abfassung einer Abiturklausur vorgehen und was sie formal beachten sollten (s. S. 330);
- halten die vorgeschriebene Arbeitszeit ein.

### Die Probeklausur als Trainingseinheit
Die folgende Übung führt schrittweise zur Niederschrift einer Klausur, das heißt: Die oben genannten Voraussetzungen werden nach und nach erarbeitet. Das Schülerbuch und andere Hilfsmittel können hinzugezogen werden. Es gibt keine Begrenzung der Arbeitszeit, eine zeitliche Verteilung der Schritte ist sinnvoll:

| | |
|---|---|
| Schritt 1 | Nach der Lektüre der Arbeitsaufträge und Materialien sollte in der Klasse zunächst geklärt werden, welche Leistungserwartungen und Anforderungsniveaus sich mit welchem Operator verbinden (s. S. 328 f.). |
| Schritt 2 | Zur Festigung der Fachmethodenkompetenzen wird eine Wiederholung der Methodenseiten „Schriftliche Quellen" (S. 40 f.) und „Politische Reden" (S. 214 f.) empfohlen (s. Übungen S. 327). |
| Schritt 3 | Ausgehend von den Arbeitsaufträgen sollten Wissenslücken ermittelt und geschlossen werden (s. S. 326). Für den Erwerb der Sachkompetenzen s. Kapitel 4 (S. 176–229), Kapitel 6 (S. 276–323) und den Themenüberblick 11.2 (S. 132–135). |
| Schritt 4 | Anschließend machen sich die Schülerinnen und Schüler mit der Checkliste zur Abfassung einer Abiturklausur vertraut (S. 330). |
| Schritt 5 | Die Bearbeitung der Aufgaben beginnt mit dem Notieren von Stichpunkten zu jeder Aufgabe (Materialblatt, Extrablatt). |
| Schritt 6 | Dann sollten knappe, grobe Gliederungen erstellt werden. |
| Schritt 7 | Anschließend folgt die Niederschrift. Zu achten ist auf eine stimmige Gewichtung von Aspekten und Argumenten, richtige Chronologien und eine strukturierte Darstellung. |
| Schritt 8 | Die Übung endet mit einer Besprechung der Ergebnisse (in der Klasse, mit der Lehrkraft, mit Mitschülerinnen und Mitschülern; Hinzuziehen der Lösungsvorschläge S. 334 f.). |

## Methode

### Probeklausur

1 Arbeiten Sie aus M 1 und M 2 heraus, wie die unterschiedlichen Perspektiven und Absichten der Verfasser die jeweilige Darstellung von Vorgeschichte und Verlauf des Boykotts vom 1. April 1933 beeinflussen.

2 Geben Sie einen strukturierten Überblick über die weitere nationalsozialistische Politik der Judenverfolgung und Judenvernichtung.

3 a) Zeigen Sie auf, welches Bild von Ablauf und Charakter der „nationalen Revolution" in M 1 gezeichnet wird.
b) Überprüfen Sie diese Selbstdarstellung des NS-Regimes anhand der innenpolitischen Maßnahmen des Jahres 1933.

4 Wählen Sie eine der folgenden Aufgaben zur Bearbeitung aus:
a) Totalitäre bzw. diktatorische Regime vermitteln ihrer Bevölkerung durch staatliche Propaganda ein verzerrtes Bild der jeweiligen politischen, gesellschaftlichen und wirtschaftlichen Situation.
Diskutieren Sie die Merkmale und die Wirksamkeit der Propaganda am Beispiel des NS-Staates.
b) Totalitäre bzw. diktatorische Regime vermitteln ihrer Bevölkerung durch staatliche Propaganda ein verzerrtes Bild der jeweiligen politischen, gesellschaftlichen und wirtschaftlichen Situation.
Diskutieren Sie die Merkmale und die Wirksamkeit der Propaganda am Beispiel der DDR.

---

**M1** Auszug aus dem „Aufruf der Parteileitung der NSDAP an alle Parteiorganisationen" von der Titelseite des „Völkischen Beobachters" vom 29. März 1933

Nationalsozialisten! Parteigenossen! Parteigenossinnen! Nach vierzehnjähriger innerer Zerrissenheit hat das deutsche Volk, seine Stände, Klassen, Berufe und konfessionellen Spaltungen politisch überwindend, eine Erhebung durchge-
5 führt, die dem marxistisch-jüdischen Spuk blitzschnell ein Ende bereitete.
In den Wochen nach dem 30. Januar hat sich eine einzigartige nationale Revolution in Deutschland vollzogen.
Trotz schwerster Bedrückungen und Verfolgungen haben
10 die Millionen-Massen, die hinter der Regierung der nationalen Revolution stehen, in vollster Ruhe und Disziplin der neuen Reichsführung die legale Deckung gegeben zur Durchführung der Reform der deutschen Nation an Haupt und Gliedern. Am 5. März hat die weitaus überwiegende
15 Mehrzahl der wahlberechtigten Deutschen dem neuen Regiment das Vertrauen ausgesprochen. Die Vollendung der nationalen Revolution ist dadurch zur Forderung des Volkes geworden.
In jämmerlicher Feigheit haben die jüdisch-marxistischen
20 Bonzen ihre Machtstellungen geräumt. Trotz allem Geschrei wagte kein einziger ernstlichen Widerstand zu leisten. […]
Nur der beispiellosen Disziplin und Ruhe, mit der sich dieser Akt des Umsturzes vollzog, haben es die Urheber und Nutznießer unseres Unglücks zuzuschreiben, wenn sie fast aus-
25 nahmslos ungeschoren blieben.
Kaum ein Härchen wurde ihnen gekrümmt. […]
Nun, da die Feinde der Nation im Innern vom Volke selbst unschädlich gemacht worden sind, trifft das ein, was wir längst erwartet hatten. Die kommunistischen und marxisti-
30 schen Verbrecher und ihre jüdisch-intellektuellen Anstifter, die mit ihren Kapitalien rechtzeitig in das Ausland ausrückten, entfalten nun von dort aus eine gewissenlose landesverräterische Hetzkampagne gegen das deutsche Volk überhaupt. […]
35 Lügen und Verleumdungen von geradezu haarsträubender Perversität werden über Deutschland losgelassen. Greuelmärchen von zerstückelten Judenleichen, von ausgestochenen Augen und abgehackten Händen werden verbreitet zu dem Zweck, das deutsche Volk in der Welt zum zweitenmal
40 so zu verfemen, wie ihnen das im Jahre 1914 bereits gelungen war. […] Die deutschen Waren, die deutsche Arbeit sollen dem internationalen Boykott verfallen. Die Not in Deutschland ist ihnen also zu klein, sie muß noch größer werden! […]
45 Wollte man diesem wahnwitzigen Verbrechen länger zusehen, würde man sich zum Mitschuldigen machen. Die nationalsozialistische Partei wird daher nunmehr den Abwehrkampf gegen dieses Generalverbrechen mit den Mitteln aufnehmen, die geeignet sind, die Schuldigen zu treffen.
50 Denn die Schuldigen sind bei uns, sie leben unter uns und mißbrauchen Tag für Tag das Gastrecht, das ihnen das deutsche Volk gewährt hat. […]
Denn verantwortlich für diese Lügen und Verleumdungen sind die Juden unter uns. Von ihnen geht diese Kampagne
55 des Hasses und der Lügenhetze gegen Deutschland aus. In ihrer Hand läge es, die Lügner in der übrigen Welt zurechtzuweisen.
Da sie dies nicht wollen, werden wir dafür sorgen, daß dieser Haß- und Lügenfeldzug gegen Deutschland sich nicht ge-
60 gen das unschuldige deutsche Volk, sondern gegen die verantwortlichen Hetzer richtet.
Die Boykott- und Greuelhetze darf nicht und wird nicht das

deutsche Volk treffen, sondern in tausendfacher Schwere die Juden selbst.

Es ergeht daher an alle Parteidienststellen und Parteiorganisationen folgende Anordnung:

Punkt 1: Aktionskomitees zum Boykott gegen die Juden
In jeder Ortsgruppe und Organisationsgliederung der NSDAP sind sofort Aktionskomitees zu bilden zur praktischen planmäßigen Durchführung des Boykotts jüdischer Geschäfte, jüdischer Waren, jüdischer Ärzte und jüdischer Rechtsanwälte. [...]

Punkt 3: Boykott-Propaganda
Die Aktionskomitees haben sofort durch Propaganda und Aufklärung den Boykott zu popularisieren. [...]

Punkt 5: Zeitungs-Überwachung
Die Aktionskomitees überwachen auf das Schärfste die Zeitungen, inwieweit sie sich an dem Aufklärungsfeldzug des deutschen Volkes gegen die jüdische Greuelhetze im Ausland beteiligen. [...] Kein deutscher Mann und kein deutsches Geschäft soll in solchen Zeitungen noch Annoncen aufgeben. Sie müssen der öffentlichen Verachtung verfallen, geschrieben für die jüdischen Rassegenossen, aber nicht für das deutsche Volk. [...]

Punkt 8: Der Boykott beginnt am 1. April!
Der Boykott setzt nicht verzettelt ein, sondern schlagartig. In dem Sinne sind augenblicklich alle Vorarbeiten zu treffen. Es ergehen die Anordnungen an die SA und SS, um vom Augenblick des Boykotts ab durch Posten die Bevölkerung vor dem Betreten der jüdischen Geschäfte zu warnen. [...] Er wird fortgeführt solange, bis eine Anordnung der Parteileitung die Aufhebung befiehlt. [...]

Punkt 11: Ruhe, Disziplin und keine Gewalttätigkeiten!
Die Aktionskomitees sind dafür verantwortlich, daß sich dieser gesamte Kampf in vollster Ruhe und größter Disziplin vollzieht. Krümmt auch weiterhin keinem Juden auch nur ein Haar! [...]

Mehr als je zuvor ist es notwendig, daß die ganze Partei in blindem Gehorsam wie ein Mann hinter der Führung steht. [...]

Nationalsozialisten! Samstag, Schlag 10 Uhr, wird das Judentum wissen, wem es den Kampf angesagt hat.

Nationalsozialistische Deutsche Arbeiterpartei. Parteileitung

Zit. nach: Max Domarus, Hitler – Reden und Proklamationen 1932–1945, Bd. 1, Neustadt a. d. Aisch 1962, S. 248–251 (in alter Rechtschreibung).

**M2** Auszüge aus den Tagebüchern des jüdischen Deutschen Martin Hauser

*Unter dem Datum 10. März 1933 führt Hauser aus:*
Pogromstimmung! Man traut sich abends nicht auf die Straße; Tag für Tag Überfälle und Verschleppungen; Kinder werden überfallen, verschleppt und schwer mißhandelt. Man darf nichts sagen, nichts schreiben, nicht klagen, man findet nirgends Recht oder Hilfe, die Polizei ist nationalsozialistisch und wird überall von Hilfspolizei aus den Reihen der SA, SS und des „Stahlhelms" ergänzt.

Als Reaktion finden im Ausland ungeheure Demonstrationen und Protestversammlungen statt, und man beginnt, Deutschland zu boykottieren. Daraufhin ordnete die N.S.D.A.P. einen riesigen Boykott der deutschen Juden an, der am 1. April um 10 Uhr beginnen soll. Im Radio wird gehetzt, in Versammlungen, in der Presse, in Broschüren etc. wird Gift und Galle gegen das Judentum ins Volk gespritzt. Die jüdischen Ärzte werden aus den Krankenhäusern entfernt, den Rechtsanwälten der Zutritt zum Gericht verboten, Richter und Staatsanwälte abgesetzt, Hochschulen und Schulen geschlossen usw.

*Unter dem 4. April 1933 fasst Hauser die Ereignisse der letzten Tage zusammen:*
Mit mir war es so: Im Laboratorium arbeitete ich zusammen mit einem Kollegen, einem Nazi, mit dem ich schon einmal sehr scharf zusammengestoßen war. Am Donnerstag den 30. März hatte ich Prüfung vor der Prüfungskommission des Reichsverbandes deutscher Dentisten (die Mitglieder alle in Naziuniform). Meine Abwesenheit vom Laboratorium benutzte der Kollege, um bei den anderen Technikern Erkundigungen über mich einzuziehen, ob ich Greuelmärchen aufgetischt habe, und was ich erzählt hätte. Gewiß habe ich auch oft empört über die schamlosen Übergriffe auf jüdisches Leben und Eigentum, aber nie etwas von abgehackten Händen und ausgestochenen Augen erzählt. Der Hund raffte all das, was er gehört hatte, zusammen, dichtete 90 Prozent hinzu und ging zur SA, um mich zu verraten. Er war nun so dämlich, sich dessen gegenüber verschiedenen Kollegen noch zu brüsten. Diese berichteten mir das sofort am Freitag früh, als ich ahnungslos ins Geschäft kam. Verrat an die SA bedeutet Auflauern und die schlimmsten Schläge, wenn nicht noch mehr. [...]

Bis in die Nacht hinein packte ich, was ich konnte, in Koffer und Rucksack. Sonntagfrüh fuhr ich los, und jetzt bin ich hier in Wien.

Was sich um mich herum abspielte? Am Sonnabend dem ersten April früh um 8 Uhr zogen SA-Leute vor alle jüdischen Warenhäuser, Restaurants und dergleichen mit Plakaten, die vor Einkauf warnten; sie klebten auf die Fensterscheiben gelbe Zettel mit schwarzen Punkten (Mittelalter!), die die Aufschrift trugen: „Warnung! Einkauf bei Juden mit Lebensgefahr verbunden! Boykott Zentraler Aktionsausschuß." Sie beschmierten die Scheiben mit Worten wie „Dreckjude! – Saujude! – Getaufter Jude – Juden raus!" [...] Die persönlichen Überfälle häuften sich, trotzdem man wenig erfuhr, weil allen Tod durch Erschießen bei Verrat der Vorfälle angedroht worden war. – Die Hölle war los.

Zit. nach: Martin Hauser, Wege jüdischer Selbstbehauptung. Tagebuchaufzeichnungen 1929–1967, 3. Aufl., Bundeszentrale für politische Bildung, Bonn 1992, S. 48–52 (in alter Rechtschreibung).

## Lösungsvorschläge

*Die Lösungen sind nur Vorschläge. Sie verweisen lediglich auf den sachlichen Gehalt, die Art und das Niveau der Beantwortung. Sie sind nicht die einzig mögliche Lösung.*

### Aufgabe 1
*Perspektive und Absicht von M 1:*
- Perspektive der „Täter"; propagandistische Absicht, basierend auf ideologischer Voreingenommenheit (Rassenantisemitismus, Ausgrenzung der jüdischen Deutschen als „Fremde").

*Auswirkungen auf die Darstellung der Vorgeschichte:*
- Betonung des angeblich friedlichen und disziplinierten Ablaufs des Umsturzes;
- Darstellung der Juden als Anstifter aller Gegner des NS-Staates, die vom Ausland aus angeblich ohne Grund gegen NS-Deutschland „hetzen";
- Darstellung der Begründung für den Boykott als „Notwehr".

*Auswirkungen auf die Darstellung des Verlaufs:*
- Vermittlung des Eindrucks einer minutiösen Planung;
- Kombination von Unterdrückungsmaßnahmen (Zeitungsüberwachung, Behinderungen beim Betreten jüdischer Geschäfte) und Propagandamaßnahmen („Boykott-Propaganda");
- Betonung der Gewaltfreiheit und eines disziplinierten Ablaufs.

*Perspektive und Absicht von M 2:*
- Perspektive der „Opfer"; persönliche Erlebnisse, Eindrücke und Einschätzungen vom Ablauf und dem Verhalten nicht jüdischer Deutscher; teilweise Analyse der Situation.

*Auswirkungen auf die Darstellung der Vorgeschichte:*
- Kennzeichnung alltäglicher Übergriffe von Nationalsozialisten gegenüber jüdischen Deutschen als Realität; Hilflosigkeit;
- Berichterstattungen im Ausland und Boykottaufrufe aus dem Ausland als Anlass für das NS-Regime, die Judenverfolgung zu verstärken.

*Auswirkungen auf die Darstellung des Verlaufs:*
- Betonung des aggressiven Charakters der NS-Propaganda im Vorfeld des April-Boykotts;
- Nutzung des Boykotts als Anlass für persönliche Denunziation durch nicht jüdische Deutsche;
- Betonung des gewalttätigen Boykott-Verlaufs; massive Diffamierungen von Juden; Existenzbedrohung.

### Aufgabe 2
*Die Politik gegen die Juden könnte zeitlich strukturiert werden, drei Phasen unterscheiden und die Radikalisierung betonen:*
*1933 bis 1935: Diskriminierung und Ausgrenzung*
- propagandistische Ausgrenzung von Juden aus der „Volksgemeinschaft",
- zunehmende Einschränkung bei der Teilhabe am öffentlichen Leben,
- Entfernung von Juden aus dem Staatsdienst und Berufsverbote,
- „Nürnberger Gesetze": Juden wird der Status als Reichsbürger verwehrt.

*1936 bis 1939: Von der Entrechtung zur Vertreibung*
- Systematisierung der „Arisierungspolitik",
- Veranlassung zur Auswanderung,
- Stigmatisierung (Namenszusätze Israel, Sara; Eintrag „J" in Reisepässen),
- Novemberpogrom,
- Ausschluss aus Schulen und Hochschulen,
- Einzelmaßnahmen von Parteimitgliedern und Parteiorganisationen, insbesondere auch gegen jüdische Intellektuelle.

*1939 bis 1945: Völkermord im Kontext des Zweiten Weltkriegs*
- erste Deportationen seit Kriegsbeginn,
- Erschießungen in Polen und Russland,
- systematische Deportationen aus dem Reich seit 1941,
- Beginn der Massenvergasungen 1941/42 in Auschwitz und anderen Vernichtungslagern,
- Wannsee-Konferenz 1942: Koordination des Völkermords.

*Alternativ könnte die Strukturierung der antijüdischen Politik auch nach Bereichen erfolgen, z. B.:*
- propagandistische Maßnahmen,
- wirtschaftliche Maßnahmen,
- Maßnahmen zur Ausgrenzung aus der Gesellschaft,
- Angriffe auf Leib und Leben.

### Aufgabe 3a
*Folgende Aspekte zur „nationalen Revolution" sollten dem Text entnommen werden:*
- „Wiederherstellung" der politischen und gesellschaftlichen Einheit Deutschlands durch die „nationale Revolution";
- disziplinierter und friedlicher Verlauf;

- Unterstützung durch die Mehrheit des deutschen Volkes (Legitimität durch Wahl);
- kein ernsthafter Widerstand;
- Beseitigung der führenden Rolle „jüdisch-marxistischer Bonzen" im Staat;
- schlagartiger Zusammenbruch des bisherigen Systems.

### Aufgabe 3 b
*Folgende Fakten sollten als Basis der Überprüfung genannt werden:*
- Einschüchterungen durch gewalttätige Übergriffe der SA;
- Einschränkung der Pressefreiheit im Wahlkampf;
- Grundrechteaufhebung nach dem Reichstagsbrand und Errichtung erster Konzentrationslager;
- Mehrheit der NSDAP bei der Reichstagswahl nur mithilfe der DNVP;
- teilweise Aufhebung der Gewaltenteilung auf Reichsebene im „Ermächtigungsgesetz";
- Aufhebung der Gewaltenteilung zwischen Reich und Ländern durch Gleichschaltung der Länder;
- „Säuberung" des Beamtenapparats;
- Auflösung der Gewerkschaften;
- Verbot bzw. Selbstauflösung anderer Parteien.

Die Überprüfung wird zeigen, dass die „nationale Revolution" nicht friedlich erfolgte und das deutsche Volk keineswegs geschlossen hinter der NSDAP stand. Die „Machtübernahme" war ein Prozess, der durch Scheinlegalität, Repression und Gewalt geprägt war. Eine gewisse Berechtigung hat die Behauptung, dass wenig Widerstand geleistet worden sei.

### Aufgabe 4 a
*Merkmale der NS-Propaganda (Inhalte und Intentionen):*
- Aufbau eines Führermythos: Darstellung aller Erfolge als Werk des „Führers";
- „Volksgemeinschafts"-Ideologie als angebliche Integrationsideologie; Ziele: Schaffung eines neuen Selbstbewusstseins und Zusammengehörigkeitsgefühls, Kriegsvorbereitung („Schicksalsgemeinschaft"), sozialistische Ausrichtung (Überwindung von Klassengegensätzen), Verdeckung der massiven Ausgrenzung aller als nicht „arisch" angesehenen Menschen bis hin zur Vernichtung;
- Inszenierungen von „Gemeinschaftserlebnissen", insbesondere für die Jugend (HJ, BDM; gleichzeitig Militarisierung), bei der politischen Selbstdarstellung (Aufmärsche) und im Freizeitbereich („Kraft durch Freude");
- Dämonisierung von Gegnern und Feindbildpropaganda (gegen Kommunisten, Judentum, Intellektuelle);
- Friedensrhetorik (bis zum Kriegsbeginn) zur Verschleierung der Kriegsabsichten (z. B. Nutzen der Olympischen Spiele 1936);
- Verschleierung von Niederlagen (wirtschaftlich, politisch, militärisch, insbesondere während des Krieges);
- Einfordern von Opferbereitschaft in der Bevölkerung.

*Beurteilung der Wirksamkeit der NS-Propaganda:*
- bis Kriegsbeginn: hohe Zustimmung in der deutschen Bevölkerung, große Wirksamkeit der NS-Propaganda u. a. durch wirtschaftlichen Aufschwung, außenpolitische Erfolge und inszenierte Lebenswelten (KdF-Aktivitäten, Jugendlager der HJ und des BDM);
- nachlassende Zustimmung seit Kriegsbeginn trotz militärischer Erfolge bis zum Frankreichfeldzug;
- allmähliches Verblassen des Führermythos und der „Volksgemeinschafts"-Ideologie seit der Kriegswende (im Russlandfeldzug).

### Aufgabe 4 b
*Merkmale der DDR-Propaganda (Inhalte und Intentionen):*
- Selbstdarstellung der DDR und ihrer Staatsführung als friedliebend und demokratisch;
- Charakterisierung der Sowjetunion als wohlwollender „großer Bruder";
- Betonung der Überlegenheit des Sozialismus im „Systemvergleich", insbesondere im wirtschaftlichen (Planwirtschaft) und sozialen Bereich (umfassende soziale Absicherung);
- Schaffung von Freizeit- und Sportangeboten, insbesondere für die Jugend (FDJ), bei gleichzeitiger Militarisierung (Aufmärsche);
- Verschleierung von Problemen (Fluchtbewegung in den Westen und Mauerbau; ökonomischer Niedergang in den 1980er-Jahren).

*Beurteilung der Wirksamkeit der DDR-Propaganda:*
- Spannung zwischen der friedliebenden und demokratischen Selbstdarstellung einerseits und der starken Militarisierung im Staat (FDJ, Betriebskampfgruppen, Aufmärsche, Nationale Volksarmee), in der Politik (Zwangskollektivierung, Wahlen nach Einheitsliste) und in der Gesellschaft (Allgegenwart der Stasi) andererseits;
- Wahrnehmung der Sowjetunion als Besatzungsmacht (17. Juni 1953);
- Erkennen und Erleben der Ineffizienz des Wirtschaftssystems (Konsumverzicht, Mangelwirtschaft) und der Freiheitsbeschränkungen (Dissidentenverfolgung, Reisebeschränkungen);
- (begrenzte) Möglichkeiten einer Überprüfung der Propaganda durch Direktkontakte mit dem Westen und den teilweisen Empfang westlicher Medien;
- Fluchtbewegung, Mauerbau und friedliche Revolution als Hinweise auf eine nur begrenzt systemstabilisierende Wirkung der Propaganda.

# Wissenschaftspropädeutisches Arbeiten in der Oberstufe

## Ziel und Inhalte

Ziel eines wissenschaftspropädeutischen Seminars (W-Seminar) ist es, durch Hinführung zu wissenschaftlichen Arbeitsweisen in den Jahrgangsstufen 11 und 12 der Oberstufe Kompetenzanforderungen zu erwerben, die von der Hochschule gefordert werden (Propädeutik = Einführung in die Vorkenntnisse). Im Zentrum steht die Erstellung einer Seminararbeit (ca. 10–15 Textseiten ohne Anhang) zu einem Teilaspekt des Seminarkurses. In einer Abschlusspräsentation werden die Ergebnisse der Seminararbeit vorgestellt (zum W-Seminar s. auch: *Staatsinstitut für Schulqualität und Bildungsforschung [Hg.], Die Seminare in der gymnasialen Oberstufe, 2. Aufl., München 2008, S. 12ff.*; im Internet unter: *www.isb.bayern.de*).

*Schüler im Gespräch mit einer Zeitzeugin*

Wissenschaftspropädeutische Seminare orientieren sich in der Regel an folgendem Ablaufplan:

| Schulhalbjahr | Arbeiten |
|---|---|
| 11-1 | Input, Einführung in das wissenschaftliche Arbeiten, Themenfindung, erste Recherchen |
| 11-2 | Eigentätigkeit der Schüler, Vorlage von Zwischenergebnissen und Besprechungen in der Gruppe, Beratung durch die Lehrkraft |
| 12-1 | Anfang November: Abgabe der Seminararbeiten<br>November bis Januar: Präsentationen |

## Themenfindung

Die Findung eines Seminararbeitsthemas erfolgt in Absprache mit der Lehrkraft. Das Thema der Seminararbeit soll sich in das Rahmenthema einordnen und Ihren individuellen Interessen und Erfahrungen entsprechen. Für W-Seminare mit einem historischen Rahmenthema bieten sich folgende Zugänge zur Themenfindung an:

| Zugang | Themenbeispiele für Seminararbeiten |
|---|---|
| Ein allgemeines Thema der Geschichte aus der Perspektive der **Lokal- oder Regionalgeschiche** betrachten und an einem Beispiel erarbeiten | • Die Römer in der Gegend von ...: Das Beispiel ...<br>• Ein frühneuzeitlicher Hexenprozess in ...<br>• Die Entstehung von Arbeiterwohnvierteln im Raum ...: Das Beispiel ...<br>• Schule in der Kaiserzeit – im Spiegel der Jahresberichte des Gymnasiums ... in ...<br>• Widerstand gegen den Nationalsozialismus in Bayern: Das Beispiel der ... Kirche/der ... Partei in .../der Gruppe ... aus ...<br>• Bauernleben im Wandel der Jahrhunderte im Raum ...: Das Beispiel des Bauernhofes ...<br>• Glasmacherindustrie im Kurfürstentum Bayern: Die Geschichte der Hütte ... in ...<br>• Spuren jüdischen Lebens in Bayern in der Zeit ...: Das Beispiel ... in ...<br>• Die Beziehungen zwischen der DDR und der Bundesrepublik von ... bis ... in der Berichterstattung in der Zeitung ... |

| Zugang | Themenbeispiele für Seminararbeiten |
|---|---|
| Eine **Familiengeschichte** beispielhaft im Kontext eines allgemeinen Themas aus der Geschichte untersuchen | • Erfahrungen der Migration: Die Familie ... aus Süditalien und ihr Leben in Deutschland seit den 1960er-/70er-Jahren (eine Zeitzeugenbefragung)<br>• Frauenalltag im 19./20. Jahrhundert anhand der Briefe/Fotografien/Lebenserinnerungen/gegenständlichen Quellen der Frau ... aus ...<br>• Die Geschichte des (ehemaligen) Familienunternehmens ... in ... (z. B. Industrie, Gastgewerbe, Transportgewerbe) |
| Beispielhaft ein Thema mit einer besonderen historischen Dimension untersuchen, z. B. aus dem Bereich der **Mentalitätsgeschichte** oder der **Umweltgeschichte** | • Umgang mit Sterben und Tod: Begräbnisse und Begräbnisrituale von ... bis ... im Raum ... am Beispiel des Friedhofs von ...<br>• Der Naturschutzpark ... in ... und seine Geschichte<br>• Umweltverschmutzung und Umweltschutz am Beispiel des Flusses ... |
| Einem allgemeinen Thema der Geschichte am Beispiel eines „**Hobbys**" nachgehen | • Sport in der Zeit des Nationalsozialismus: Der Sport/Fußball/Handball/...-Verein ...<br>• Musik in der Weimarer Republik/in der Bundesrepublik der 1950er-Jahre/der 1960er-Jahre ... als Spiegel der Gesellschaft: Das Beispiel der musikalischen Veranstaltungen in .../im Raum ...<br>• Briefmarken als Träger politischer Botschaften: Marken aus ... von ... bis ... |
| Geschichtsdarstellungen in der populären **Geschichtskultur**, z. B. in historischen Spielfilmen, in Romanen, auf Internetseiten, in der Tourismuswerbung, in Computerspielen, in Comics | • Antikenbilder in historischen Spielfilmen am Beispiel von ...<br>• Mittelalterklischees in Computerspielen am Beispiel von ...<br>• Der Wandel der Industriegesellschaft im Roman: Das Beispiel ... von ... |
| Themen, die sich aus der Untersuchung eines ausgewählten **Bibliotheks-, Museums- oder Archivbestandes** ergeben | Beispiele für Bestände:<br>• Stadtarchive, Stadtbibliotheken<br>• Archive von Kirchen und jüdischen Einrichtungen<br>• Vereins- und Verbandsarchive<br>• Gegenständliche Quellen in einem Museum (Alltagsgegenstände, Malerei, Fotografien usw.)<br>• Bauten im öffentlichen Raum (Denkmäler, Rathäuser, Kirchen usw.)<br>• Unternehmensarchive<br>• Zeitungsarchive<br>• Archive von Sport- und Kultureinrichtungen<br>• Archive von Tourismuseinrichtungen |

## Einstieg in das Thema

Wenn Sie eine erste Formulierung für ein Thema gefunden haben, d. h. einen Arbeitstitel, sollten Sie sich mithilfe einer Mindmap einen ersten inhaltlichen und arbeitstechnischen Überblick verschaffen (s. S. 338). Die Mindmap ist an dieser Stelle als Brainstorming zu verstehen. Sie kann Ihnen dabei helfen, die „Machbarkeit" der Arbeit frühzeitig zu überprüfen. Das heißt z. B.: Ist mein Thema zu breit/zu umfangreich angelegt? Bekomme ich die Filme, die ich untersuchen möchte? Ist das Archiv in den Monaten meiner Recherche geöffnet? Benötige ich Hilfe bei der Auswahl und Untersuchung von Archivalien? Sind die möglichen Zeitzeugen zu Interviews bereit? Die Mindmap stellt in der unten dargestellten Form nur einen Vorschlag dar und sollte gegebenenfalls um weitere Aspekte ergänzt werden.

## Methode

**Mindmap zum Themeneinstieg**

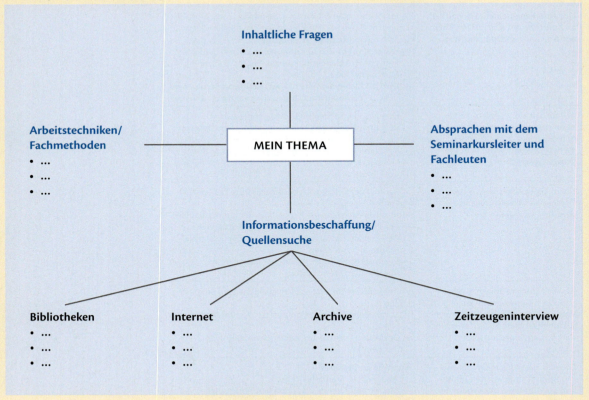

| | |
|---|---|
| **Inhaltliche Fragen** | – Was interessiert mich an dem Thema?<br>– Was weiß ich von/verbinde ich mit dem Thema (Aspekte, Einzelfragen, Begriffe)?<br>– Welche Probleme könnten auftreten/wären vorab zu klären? |
| **Arbeitstechniken/Fachmethoden** | – In welcher Form (Din-A4-Papier, Karteikarten, Computer) will ich meine Exzerpte in Archiven usw. anfertigen?<br>– Wie führe ich inhaltlich ein Zeitzeugeninterview durch? Stehen Aufnahmegeräte zur Verfügung?<br>– Welche Fragen will ich mithilfe welcher Quellenbestände beantworten? |
| **Absprachen mit dem Seminarkursleiter und Fachleuten** | – Welche Fragen/Schritte sollte ich zu welchem Zeitpunkt mit dem Seminarleiter absprechen?<br>– Möchte ich vorab externe Fachleute zurate ziehen? |
| **Informationsbeschaffung/ Quellensuche** | **Bibliotheken**<br>– Welche will ich nutzen?<br>– Nach welchen Büchern/CDs will ich suchen?<br>**Internet**<br>– Welche Portale (Lexika, solide Internetportale) will ich nutzen?<br>**Archive**<br>– Welche Archive möchte ich nutzen?<br>– Was erwarte ich dort? Wonach will ich suchen?<br>**Zeitzeugeninterviews**<br>– Welche Interviewpartner hätte ich gerne?<br>– Stehen diese zur Verfügung? |

## Arbeits- und Zeitplan

Zu Beginn des Seminars sollten Sie sich einen Arbeits- und Zeitplan für die gesamten eineinhalb Jahre erstellen. Sie nutzen hierfür am besten eine einfache Wordtabelle, die Sie je nach Projektstand ergänzen und verfeinern können. **Leistungsmessungen**, Termine von **Zwischenergebnissen**, den Abgabetermin der **Seminararbeit** und das Datum der **Präsentation** sollten Sie farbig markieren.

| Kalenderwoche | Themen/Arbeitsschritte/Ferien- und Feiertage/Leistungsmessungen/ Abgabetermine/Präsentationstermine | Anmerkungen (Termine, Räume, Technik, Personen) |
|---|---|---|
| 14.09.–19.09. | Vorbesprechung | |
| 21.09.–26.09. | Brainstorming zum Seminarthema | |
| 28.09.–03.10. | Feiertag 03.10. | |
| 05.10.–10.10. | Exkursion nach … | Freitag, 13–17 Uhr |
| … | … | … |

## Formale Vorgaben für die Seminararbeit

| | |
|---|---|
| Umfang | ca. 10–15 Textseiten (ohne Grafiken, Anhang u. Ä.) |
| Schriftsatz | Schriftgrad: 12<br>Zeilenabstand: 1,5-fach<br>Seitenränder (zum Beispiel): links 3,5 cm, rechts 2,5 cm, oben 2,5 cm, unten 2 cm |
| Seitennummerierung | Titelblatt: zählt als Seite 1, wird aber nicht nummeriert<br>Inhaltsverzeichnis: zählt als Seite 2, wird nicht nummeriert<br>folgende Textseiten: beginnen mit Seite 3 und werden alle bis zum letzten Blatt durchnummeriert |
| Heftung | Schnellhefter oder Klebebindung oder Spiralbindung |
| Teile der Seminararbeit | Titelblatt<br>Inhaltsverzeichnis<br>Einleitung<br>Hauptteil<br>Zusammenfassung<br>Anhang (Literatur- und Quellenverzeichnis, Abkürzungsverzeichnis, ggf. Grafiken und Tabellen, Selbstständigkeitserklärung) |
| Klassifikation der Seminararbeitsteile (Beispiel für eine Dezimalzählung) | 1     Einleitung<br>2     erstes Thema des Hauptteils<br>2.1   erstes Unterthema<br>2.2   zweites Unterthema<br>3     zweites Thema des Hauptteils<br>3.1   …<br>3.1.1 …<br>3.1.2 …<br>3.2   …<br>4     Zusammenfassung<br>5     Anhang<br>5.1   Literatur- und Quellenverzeichnis<br>5.2   ggf. Abkürzungsverzeichnis<br>5.3   ggf. Grafiken, Tabellen, Abbildungen u. a.<br>5.4   Selbstständigkeitserklärung |

# Methode

### Selbstständigkeitserklärung

Auf dem letzten Blatt Ihrer Seminararbeit müssen Sie eine Erklärung abgeben, in der Sie bestätigen, dass Sie die Arbeit selbstständig angefertigt haben:
*Ich erkläre, dass ich die Seminararbeit ohne fremde Hilfe angefertigt und nur die im Literaturverzeichnis angeführten Quellen und Hilfsmittel benutzt habe.*
*Ort und Datum, Unterschrift*

### Zitate und Literaturangaben

#### Regeln des Zitierens
Alle wörtlichen Zitate (Absätze, Sätze, Halbsätze, zentrale Begriffe und Formulierungen usw.), die Sie in einer Seminararbeit aus anderen Fundstellen übernehmen, sind als solche mit An- und Abführungszeichen zu kennzeichnen und mit dem Fundort zu versehen. Auslassungen aus längeren Zitaten sind mit einer Klammer und drei Punkten zu kennzeichnen, d. h. mit (...).
Vermeiden Sie zu häufiges Zitieren. In Ihrer Arbeit soll erkennbar sein, dass Sie einen eigenständigen Gedankengang verfolgen. Merken Sie bei Ihrer Niederschrift, dass Sie viele Zitate aneinanderreihen, sollten Sie Ihren Gedankengang prüfen.

#### Verkürzte Zitatnachweise
Im laufenden Text sollten Sie verkürzte Zitatnachweise verwenden:
– *Maier, 1995, S. 450f.*
Sie können die verkürzten Zitatnachweise entweder
– direkt im Anschluss an das Zitatende in den Text einfügen (mit Klammern) oder
– mit einer Fußnote unten auf die Seite setzen, in diesem Fall ohne Klammern.

#### Beispiele für Literaturangaben

| Ein Autor | *Behringer, Wolfgang, Hexenverfolgung in Bayern, München 1997.* |
|---|---|
| Mehr als drei Autoren | *Czysz, Wolfgang, u. a., Die Römer in Bayern, Hamburg 2005.* |
| Aufsätze in Sammelbänden | *Backes, Uwe, Staatsformen im 19. Jahrhundert, in: Gallus, Alexander/Jesse, Eckhard (Hg.), Staatsformen von der Antike bis zur Gegenwart, 2. Aufl., Köln u. a. 2007, S. 187–222.* |
| Zeitungsartikel | *Schrader, Christopher, Weltbild in Trümmern, in: Süddeutsche Zeitung vom 28./29. Juni 2008, S. 24.* |
| Artikel in wissenschaftlichen Fachzeitschriften | *Oelwein, Cornelia, Die Ferienreisen der Königlich Bayerischen Hofpagen von 1817 bis 1914. Ein Beitrag zur bayerischen Bildungsgeschichte des 19. Jahrhunderts, in: Zeitschrift für bayerische Landesgeschichte 67 (2004), S. 331–400.* |
| Internetnachweise (in Klammern: Tag der Abfrage) | *Der Hitler-Putsch, in: www.dhm.de/lemo/html/weimar/gewalt/hitler/index.html (3. Juli 2008).* |

## Präsentationen

### Wie baue ich eine Präsentation auf?
Im Anschluss an die Abgabe der Seminararbeit folgt die mündliche Präsentation. Neben der Vorstellung der Arbeitsergebnisse beinhaltet sie auch die Beantwortung von Fragen.

### Gliederung
Beim Aufbau der Präsentation empfielt sich eine Dreiteilung: Einleitung – Hauptteil – Schluss.
**Einleitung:** Begrüßen Sie Ihr Publikum, stellen Sie Ihr Thema und Ihre Frage/Problemstellung vor.
Im **Hauptteil** erläutern Sie u. a. die Fragestellung Ihrer Arbeit, die Ergebnisse und ggf. auch Probleme bei der Ergebnisfindung.
Im **Schlussteil** sollten Sie das Kernergebnis bündeln (Wiederanknüpfung an die in der Einleitung genannte Fragestellung), ggf. einen Ausblick geben, eine Danksagung aussprechen und zur Fragerunde überleiten.

### Redemanuskript
Sie sollten sich für Ihre Präsentation ein Redemanuskript erstellen und dabei u. a. auf Folgendes achten:
- Nutzen Sie Karteikarten, Papier raschelt.
- Nummerieren Sie Ihre Karteikarten.
- Beschriftung: einseitig, nur Stichworte, leserlich schreiben.
- Wenn Sie Grafiken einsetzen oder Schaubilder an der Tafel entwickeln wollen, notieren Sie sich diese auf einer Karteikarte.

### Medieneinsatz
- Nutzen Sie nur solche Medien, die Sie auch bedienen können.
- Prüfen Sie die Funktionstüchtigkeit der Geräte.
- Medien sollten sparsam verwendet werden.
- Der Einsatz sollte einfach sein.
- Üben Sie Ihre Präsentation. Den Ablauf sollten Sie auswendig kennen.

## Bewertungskriterien der Seminararbeit und der Präsentation

Seminararbeit und Präsentation werden beim Gesamturteil im Verhältnis 3:1 gewichtet.
Die Bewertungskriterien der Seminararbeit gliedern sich in die Bereiche Inhalt – Darstellung – Formalia und werden im Verhältnis 3:2:1 gewichtet. Die Qualität des Inhalts ist ausschlaggebend für die Bewertung der Seminararbeit. Es wird von einer Seminararbeit im Rahmen des W-Seminars nicht erwartet, dass Sie neue wissenschaftliche Erkenntnisse erarbeiten. Gute und sehr gute Seminararbeiten sollten aber durchaus einen eigenständigen Umgang mit den verwendeten Quellen und der Literatur erkennen lassen.
Die beiden Bewertungskriterien der Präsentation lauten Inhalt und Aufbau und Darbietung. Sie werden im Verhältnis 1:1 gewichtet.

# Methode

## Hilfsmittel für historische W-Seminare

### Nachschlagewerke und Internetportale zur allgemeinen Geschichte

*Müller, Helmut M., Schlaglichter der deutschen Geschichte, hg. von der Bundeszentrale für politische Bildung, 2. Aufl., Bonn 2003 (528 S.).*
Gut gegliederte und mit Abbildungen und Karten versehene Übersichtsdarstellung zur deutschen Geschichte vom 9. Jahrhundert bis zur Gegenwart.

*www.dhm.de/lemo*
Solides Internetportal zur allgemeinen deutschen Geschichte von der Reichsgründung im 19. Jahrhundert bis zur Gegenwart. Es eignet sich zum Nachschlagen und Recherchieren (Chroniken, Informationstexte, Biografien, Statistiken, Schaubilder, Text-, Film- und Tondokumente, Erinnerungen von Zeitgenossen).

*Der Große Ploetz, hg. vom Verlag Ploetz, 35. Aufl., Freiburg/Br. 2008 (2128 S.).*
Umfassendes solides Nachschlagewerk zu allen Themen, Ländern und Epochen der Weltgeschichte.

*dtv-Atlas Weltgeschichte, 2 Bände, 38. Aufl., München 2005 (662 S.).*
Solides Nachschlagewerk mit knappen Informationstexten und zahlreichen historischen Karten zu allen Themen, Ländern und Epochen der Weltgeschichte.

### Internetportale zur bayerischen Landesgeschichte

*www.hdbg.de*
Umfassendes Internetportal des Hauses der Bayerischen Geschichte, u.a. mit Bildmaterialien, Linklisten, die zu Klöstern, Burgen, historischen Karten und Gemeinden in Bayern führen. Unter der Rubrik „Projekte" verbirgt sich eine Linkliste mit einer Fülle von bekannten und unbekannten Seiten zur bayerischen Landesgeschichte (als Ideenbörse gut geeignet).

*www.bayerische-landesbibliothek-online.de*
Umfassendes Onlineportal der Bayerischen Landesbibliothek mit Quellensammlungen, Lexika (Historisches Lexikon Bayerns), wissenschaftlichen Zeitschriften, Literatur- und Linkhinweisen zur Geschichte Bayerns.

*www.uni-regensburg.de/Fakultaeten/phil_Fak_III/Geschichte/Bayern.html*
Älteres Onlineportal der „Virtual Library" zur Landesgeschichte Bayerns. Es bietet u.a. Quellensammlungen, Lexika, Zeitschriften, Literatur- und Linklisten.

*www.museen-in-bayern.de*
Führt über eine interaktive Karte zu allen Museen in Bayern.

*www.archive-in-bayern.de*
Die Seite führt zu allen Archiven in Bayern.

*www.informationskompetenz.de/regionen/bayern/kontakt-fuer-schulen/*
Diese „Bibliothekslandkarte" bietet zu jeder Stadt in Bayern Informationen über die nächstliegende wissenschaftliche Bibliothek.

## Bücher zur bayerischen Landesgeschichte – Gesamtdarstellungen

*Hartmann, Peter C., Bayerns Weg in die Gegenwart. Vom Stammesherzogtum zum Freistaat heute, 2. übera. und ergä. Aufl., Regensburg 2004 (720 S.).*

*Huber, Gerald, Kleine Geschichte Niederbayerns, Regensburg 2007 (200 S.).*

*Kraus, Andreas, Geschichte Bayerns. Von den Anfängen bis zur Gegenwart, 3. erw. Aufl., München 2004 (838 S.).*

*Nöhbauer, Hans F., Die Chronik Bayerns, 2. übera. Aufl., Dortmund 1987.*

*Spindler, Max, Handbuch der bayerischen Geschichte, 4 Bände in mehreren Teilbänden, 2. erw. Aufl., München 1981–2007 (jew. ca. 750 S.).*

*Störmer, Wilhelm, Die Baiuwaren. Von der Völkerwanderung bis Tassilo III., München 2002 (128 S.).*

*Volkert, Wilhelm, Geschichte Bayerns, 3. Aufl., München 2007 (128 S.).*

*Weithmann, Michael W., Kleine Geschichte Oberbayerns, Regensburg 2007 (200 S.).*

## Bücher zur bayerischen Landesgeschichte – Einzelthemen

*Behringer, Wolfgang, **Hexenverfolgung** in Bayern, München 1997 (556 S.).*

*Bohus, Julius, Geschichte des **Sports** in Bayern, hg. vom Haus der Bayerischen Geschichte, München 1997 (48 S.).*

*Broszat, Martin, u.a. (Hg.), Bayern in der **NS-Zeit**, mehrere Bände, München 1977ff.*

*Czysz, Wolfgang, u.a., Die **Römer** in Bayern, Hamburg 2005 (594 S.).*

*Götz, Maya/Weninger, Maria (Hg.), **Nachkriegskindheit** in Bayern. Eine Spurensuche: „Von Zigarettentausch und Kohlenklau – als Oma und Opa Nachkriegskinder waren", Gudensberg 2007 (128 S.).*

*Hamm, Margot, u.a., Good bye Bayern, Grüß Gott America. **Auswanderung** aus Bayern nach Amerika seit 1683, Darmstadt 2004 (320 S., Ausstellungskatalog).*

*Henker, Michael, u.a. (Hg.), **Bauern** in Bayern. Von der Römerzeit bis zur Gegenwart, hg. vom Haus der Bayerischen Geschichte, München 1992 (296 S., Ausstellungskatalog).*

*Krafft, Sybille, u.a., Geschichte der **Frauen** in Bayern: Von der Völkerwanderung bis zur Gegenwart, hg. vom Haus der Bayerischen Geschichte, München 1998 (200 S.).*

*Kraus, Werner (Hg.), Schauplätze der **Industriekultur** in Bayern, München 2006 (320 S.).*

*Lanzinner, Maximilian, Zwischen Sternenbanner und Bundesadler. Bayern im **Wiederaufbau** 1945–1958, Regensburg 2001 (440 S.).*

*Liedtke, Max, Handbuch der Geschichte des bayerischen **Bildungswesens**, 4 Bände, Bad Heilbrunn 1998–2001 (jew. ca. 1000 S.).*

*Treml, Manfred, u.a. (Hg.), Geschichte und Kultur der **Juden** in Bayern. Aufsätze, München 1988 (614 S.), Lebensläufe, München 1988 (328 S.).*

# Methode

## Projekt-Arbeit in der Oberstufe

### Ziel und Inhalte

*Archivrecherchen*

Ziel des Projekt-Seminars (P-Seminars) ist es, im Verlauf der Jahrgangsstufen 11 und 12 der Oberstufe Arbeitsweltkompetenzen (Projektmanagement) sowie Studien- und Berufswahlkompetenzen zu erwerben.

Inhaltlich umfasst das P-Seminar Selbsterkundungen und Präsentationen zur Studien- und Berufswahl. Im Zentrum steht die Durchführung eines Projektes im Team und in Zusammenarbeit mit außerschulischen Partnern. Jede Schülerin und jeder Schüler hat ein Portfolio anzufertigen, d. h. eine Dokumentation über die im Rahmen des *gesamten* Seminars geleisteten individuellen Beiträge. Am Ende des Projektes steht ein gemeinsames Produkt bzw. Ergebnis in Form einer Dienstleistung (siehe zum P-Seminar auch: *Staatsinstitut für Schulqualität und Bildungsforschung [Hg.], Die Seminare in der gymnasialen Oberstufe, 2. Aufl., München 2008, S. 33 ff.;* im Internet unter: *www.isb.bayern.de*).

P-Seminare orientieren sich in der Regel an folgendem grobem Ablaufplan:

| Schulhalbjahr | Arbeiten |
| --- | --- |
| 11-1 | allgemeine Studien- und Berufsorientierung |
| 11-2 und 12-1 | Projektarbeit |

### Beispiele für historische Projektthemen

| Projektthema | Produkt/Ergebnis | Berufsfeld |
| --- | --- | --- |
| Erstellung einer Rundfunksendung zum Jahrestag des Falls der Mauer am 9. November 1989 | Rundfunksendung | Journalismus |
| Unsere Stadt wird ... Jahre alt | Konzept für ein Stadtjubiläum | Tourismus, Kulturmanagement |
| ... Jahre Feuerwehr/Sportverein/Musikschule in ... – Konzeption und Durchführung einer Ausstellung | Ausstellung | Tourismus, Kulturmanagement |
| Historische Orte in unserer Umgebung – ein Führer für die Gäste eines Schüleraustauschs | Fremdsprachiger Reiseführer | Tourismus, Kulturmanagement, Verlagswesen |
| „Orte mit Geschichte" – eine Handreichung für Schulwandertage in unserer Region | Broschüre/Prospekt | Tourismus, Kulturmanagement, Verlagswesen |
| Das Wichtigste aus der Geschichte unserer Stadt/unserer Region – für ausländische Gäste | CD-ROM Internetseite | Tourismus, Kulturmanagement |
| Unser Heimatmuseum braucht eine Internetseite/einen neuen Internetauftritt | Internetseite | Kommunikationsdesign |
| Die mittelalterliche Stadt – Erarbeitung einer Exkursion für die 7. Klassen unserer Schule | Exkursion | Tourismus, Kulturmanagement |

## Kooperationspartner

Damit Sie Einblicke in die Berufswelt erhalten, sollten Sie Ihr Projekt in Zusammenarbeit mit einem oder mehreren externen Partnern durchführen. Externe Partner können als Sponsoren für finanzielle oder andere materielle Unterstützungen fungieren, als Berater und Referenten, als Arbeitgeber für Praktika, als Auftraggeber für die Erarbeitung eines Konzeptes, als Kooperationspartner usw. Folgende Einrichtungen kämen für Geschichtsprojekte als Partner in Frage (Internetadressen s. S. 342):

- kommunale, staatliche, kirchliche, private Archive
- Archive von Unternehmen, Verbänden, Vereinen
- Museen
- Bibliotheken
- Landesamt für Denkmalpflege
- örtliche Tourismusämter
- Ämter für Öffentlichkeitsarbeit
- historische Vereine, Vereine für Brauchtumspflege
- religiöse Einrichtungen
- regionale Verlage mit Veröffentlichungen zur Geschichte

## Ablaufplan für ein Projekt

Der Ablauf eines Projektes hängt vom jeweiligen Vorhaben ab. Als Vorlage für die Erstplanung bietet sich allerdings das folgende Ablaufschema an:

| | |
|---|---|
| **Projektdefinition und -planung** (ca. 12 h) | • Konkretisierung des Projektthemas<br>• Einarbeitung in die Methode Projektarbeit<br>• Einteilung der Arbeitsgruppen<br>• Zieldefinitionen durch die Arbeitsgruppen<br>• Klärung der Ressourcen in den Arbeitsgruppen/im Projektteam (Arbeitszeit der Teilnehmer/-innen, Geld, Partner)<br>• Planungen im Projektteam/in den Arbeitsgruppen für das Gesamtprojekt (Termine, „Meilensteine") |
| **Projektdurchführung** (ca. 36 h) | • innere Organisation der Arbeitsgruppen (Wer macht was und ist wofür verantwortlich?)<br>• Arbeits- und Ablaufplanung<br>• eigenständige Teamarbeit, gesteuert über Arbeitspläne, begleitet durch Lehrkraft und externe Partner<br>• regelmäßige Treffen der Arbeitsgruppen<br>• Präsentation und Austausch von Zwischenergebnissen im Gesamtteam (Soll-Ist-Analyse) |
| **Ergebnispräsentation und Auswertung** (ca. 12 h) | • Ergebnispräsentation vor schulischem und/oder externem Publikum<br>• Erstellung, Abgabe und Besprechung der individuellen P-Seminar-Portfolios<br>• Nachbereitung:<br>  – Prüfung der Zielerreichung durch Schülerinnen und Schüler, Lehrkraft, ggf. externe Partner<br>  – Analyse der förderlichen und hinderlichen Faktoren |

## Methode

## Recherchieren im Internet

**M1** Internetrecherche, Fotografie, ca. 2004

**Zum kritischen Umgang mit Internetseiten**
Im Vergleich zu Büchern ist das Internet ein unendliches Medium, in dem jede Person oder Einrichtung, die über die technischen Voraussetzungen verfügt, eine Homepage erstellen kann. Das ist ein Vorteil – und zugleich ein Problem. Denn im Unterschied zu gedruckten Materialien kann sich die Quellenkritik bei Texten schwierig gestalten, wenn Informationen über den Seitenanbieter fehlen. Auch ist die Zahl redaktionell gepflegter Angebote nicht sehr groß. Manche Links führen sogar auf Seiten, deren Verbreitung strafrechtlich verfolgt wird. Zwar gibt es inzwischen gute wissenschaftliche Portale von Universitäten und Museen. Aber jede Nutzung einer Internetseite erfordert eine *selbstständige* Bewertung.

**Das Beispiel Wikipedia – ein sichere „Quelle"?**
Das Internet bietet aufgrund seiner offenen Struktur für nahezu alle Themen eine gute Ausgangsbasis. Dies gilt auch für die viel genutzte Internetenzyklopädie *www.wikipedia.de*. Die meisten Texte dieser Seite gelten allerdings als wissenschaftlich nicht zuverlässig. Die Betreiber sind zwar bemüht, mit einem Markierungssystem den Qualitätsstatus allmählich transparent zu machen. Es gibt jedoch noch kaum Seiten, die als „geprüft" (grünes Symbol) eingestuft sind, d. h., dass sie nach Meinung eines fachkundigen Prüfers „keine sachlich falschen Aussagen oder verfälschenden Lücken" enthalten. Einige Seiten tragen inzwischen das Siegel „gesichtet" (gelbes Symbol). Aber damit wird nur bestätigt, dass die Seite „keine offensichtlichen mutwilligen Verunstaltungen (Vandalismus) enthält"; über die sachliche Richtigkeit sagt das Siegel nichts aus. Die meisten Artikel tragen einen grauen Button, der besagt: „weder gesichtet noch geprüft".

## Kriterien zur Beurteilung von Internetseiten

| | |
|---|---|
| **1. Anbieter** | – Wer ist der Anbieter der Seite (Urheber, Autor; Einzelperson, Organisation oder Institution)? |
| | – Weist sich der Anbieter aus, indem er Informationen über sich bereitstellt? |
| | – Ist der Anbieter seriös (Universität, anerkannte internationale politische Organisation, angesehene Tageszeitung, großes Museum)? |
| **2. Informationen** | – Sind die Informationen sachlich? Werden Quelle und Belege korrekt angegeben? |
| | – Gibt es Werbung? |
| | – Wird die Seite regelmäßig aktualisiert? Trägt die Seite eine Datumsangabe zum „Stand"? |
| | – Was wird angeboten (Texte, Bilder, Grafiken, Filme, Tonquellen, Animationen)? |
| **3. Anwendung** | – Bietet die Startseite eine gute Orientierung? |
| | – Ist die Navigation sinnvoll und nachvollziehbar? |
| | – Ist die Ladezeit von Einzelseiten angemessen? |
| **4. Interaktivität** | – Besteht die Möglichkeit der Kontaktaufnahme mit dem Anbieter (Adresse, E-Mail, Telefon)? |
| | – Kann man mit anderen Nutzern kommunizieren (Chats, Foren, Newsgroups)? |
| | – Werden andere interaktive Elemente (Spiele, Fragebogen, Tests usw.) angeboten? |
| **5. Verweise** | – Gibt es Hinweise auf andere Internetseiten, Literatur oder Materialien? |
| | – Sind die weiteren Hinweise korrekt benannt, kommentiert und aktuell? |

# Übungsaufgabe mit Lösungshinweisen

**M2** Internetseite der UNRIC (*www.uno.de*; Stand: 15. September 2008)

**1** Bewerten Sie die UNRIC-Seite mithilfe der genannten Arbeitsschritte.

**1. Anbieter**
– Anbieter der Internetseite: UNRIC (Regionales Informationszentrum der Vereinten Nationen für Westeuropa)
– Institution: Vereinte Nationen
– Informationen über den Anbieter: UNRIC mit Sitz in Brüssel wurde am 1. Januar 2004 eröffnet; für Deutschland wurde zusätzlich ein UNRIC-Verbindungsbüro in Bonn eingerichtet; UNRIC ist für Westeuropa zuständig, stellt Informationen und Dokumente zur Verfügung und arbeitet direkt mit Regierungen, Medien, Nichtregierungsorganisationen, Bildungseinrichtungen sowie lokalen Behörden zusammen
– Seriösität: ist gegeben, da es sich um eine Einrichtung der Vereinten Nationen handelt

**2. Informationsgehalt**
– Informationen: sachlich und transparent
– Werbung: nicht vorhanden
– Aktualisierung: Seite wird werktags täglich aktualisiert (z. B. Pressemitteilungen, s. M 2)
– Angaben bei Materialien wie Datum (Stand der Aktualisierung) und Quellenbeleg: vorhanden
– Einsatz unterschiedlicher Medien: Texte und Fotos

**3. Benutzerfreundlichkeit**
– Startseite: übersichtlich und logisch strukturiert, ermöglicht eine schnelle Orientierung, s. M 2
– Navigation: flache Anordnungshierarchien und nachvollziehbare Verlinkung der Informationen; jede Seite zeigt an, wo der User sich gerade befindet
– Ladezeit: angemessen; bei Downloads werden Datenmenge, Format und Ladezeiten angegeben

**4. Interaktiviät**
– Kontaktaufnahme mit dem Anbieter: Angabe der Adresse, Telefon- und Internetverbindung des „Verbindungsbüros in Deutschland" der UNRIC (s. *www.unric.org/index.php?option=com_content&task=view&id=3774&Itemid=254*)
– Kommunikation mit anderen Nutzern der Internetseite: zurzeit keine Möglichkeit
– Suchmöglichkeiten auf der Internetseite: existiert auf der Startseite (oben rechts)
– Weitere interaktive Elemente: ein UNO-Quiz (s. *www.unric.org/index.php?option=com_content&task=view&id=13324&Itemid=443*)

**5. Weiterführende Verweise**
Verweise betreffen primär Institutionen der UNO; u. a. folgende Rubriken:
– „UNRIC-Bibliothek" (s. *www.unric.org/index.php?option=com_content&task=view&id=15&Itemid=30*); Bibliothek bietet u. a. einen Auskunftsdienst per E-Mail unter info@unric.org an
– Liste mit Weblinks von Institutionen wie Europäische Union oder Auswärtiges Amt (s. *www.unric.org/index.php?option=com_weblinks&catid=104&Itemid=158*)
– Informationen zu „Arbeitsmöglichkeiten und Praktika" in der UNO auf der Homepage der Vereinten Nationen: *https://jobs.un.org/Galaxy!Release3/vacancy/vacancy.aspx*

# Begriffslexikon

**Ablass** (lateinisch = *Indulgentia*): In der katholischen Kirche seit dem 6. Jh. der Nachlass öffentlicher Kirchenbußen, seit dem 11. Jh. auch die Tilgung zeitlicher Sündenstrafen bei vorangehender Bußgesinnung des Sünders. Im Spätmittelalter trat an die Stelle einer nachgelassenen Bußstrafe oft eine Almosenspende, die dann von der Kirche als Geldquelle missbraucht und theologisch missdeutet wurde (Ablasshandel). Diese Missstände im Ablasswesen gaben Luther den äußeren Anlass zur Reformation.

**Adel:** In der Antike eine in der Gesellschaft hervorgehobene Gruppe, deren Macht und Einfluss sich auf Reichtum, Bildung und eigenen Lebensstil stützt. Man gehörte zum Adel durch Geburt – so in Griechenland und beim Patriziat in Rom. Seit um 300 v. Chr. wählten Zensoren in Rom die Mitglieder des Senats aus, in der Regel aus ehemaligen Magistraten. Innerhalb dieses Senatsadels bildete die Nobilität die Gruppe, aus deren Familien Mitglieder zum Konsulat gelangt sind. In der Kaiserzeit hatten die Kaiser maßgeblichen Einfluss auf die Zusammensetzung des Adels. Wenn der Adel in einem Staat die politische Macht ausübt, spricht man von einer Aristokratie. Im Mittelalter und der Frühen Neuzeit, also bis um 1800 und teilweise länger, war der Adel in Europa die mächtigste Führungsschicht mit erblichen Vorrechten, besonderen politischen und militärischen Pflichten, mit ausgeprägtem Standesbewusstsein und besonderen Lebensformen. Adel war in der Regel verbunden mit Grundbesitz und daraus begründeten Herrschafts- und Einkommensrechten (Grundherrschaft, Gutsherrschaft). Der Adel als Stand setzt sich zusammen aus dem Hofadel, dem Amtsadel und dem Landadel. Obwohl politisch und rechtlich zur sozialen Oberschicht gehörend, konnte insbesondere der Landadel wirtschaftlich zur Mittelschicht gehören. Der Absolutismus verminderte und die bürgerliche Gesellschaft beseitigte schrittweise die politische Macht des Adels; ein Teil seiner gesellschaftlichen Vorrangstellung bestand jedoch bis ins 20. Jh. weiter. S. auch S. 14.

**Agitation:** S. 163
**Almosenlisten:** S. 48
**Amerikanisierung:** S. 268

**Antifaschismus:** Der Begriff bezeichnet ursprünglich die Gegnerschaft zum Faschismus und Nationalsozialismus. Vor und nach 1945 benutzte die Sowjetunion und entsprechend die SED ihn als Integrationsideologie, um demokratische Gegner des Faschismus und Nationalsozialismus zu einem Bündnis unter kommunistischer Führung („Einheitsfront", „Demokratischer Block") zu bewegen. Während des Ost-West-Konflikts verschmolz der Begriff häufig mit dem des „Antiimperialismus" zu einem ideologischen Kampfbegriff, der die politisch-moralische Überlegenheit des Ostens zum Ausdruck bringen sollte.

**Anti-Hitler-Koalition:** Die Anti-Hitler-Koalition war ein informelles Zweckbündnis zwischen den USA, Großbritannien und der UdSSR mit dem einzigen Ziel, Hitler zu besiegen. Die USA bauten seit 1939 ihre Neutralitätsgesetzgebung ab, um Großbritannien und seine Verbündeten gegen Deutschland unterstützen zu können. Trotz der Spannungen zwischen Großbritannien und der UdSSR kam es ab 1941 zur Zusammenarbeit zwischen den „Großen Drei". Auf mehreren Konferenzen während des Krieges (Moskau und Teheran 1943; Dumbarton Oaks 1944; Jalta 1945) stimmten die drei Alliierten ihr militärisches Vorgehen ab und berieten darüber, wie Deutschland nach dem Krieg behandelt werden sollte.

**Antikommunismus:** S. 255
**Antisemitismus:** S. 178

**Appeasement** (engl. = Beschwichtigung, Beruhigung): Appeasement wird als Schlagwort gebraucht, um in abwertendem Sinne eine Politik des ständigen Nachgebens und sogar der Feigheit, besonders totalitären Staaten gegenüber, zu bezeichnen. Appeasement war ein polemischer Vorwurf an die britische Außenpolitik in den Jahren 1933–1939, insbesondere für den Versuch der Regierung Chamberlain seit 1937, durch Zugeständnisse an Deutschland und Italien den Frieden zu erhalten.

**Arbeiter:** In der kapitalistischen Industrieproduktion führt der Arbeiter persönlich frei und ohne Besitz von Produktionsmitteln in einem Vertragsverhältnis mit einem Unternehmer gegen Lohn fremdbestimmte Arbeit aus. Viele Arbeiter entwickelten das Bewusstsein, als Klasse zusammenzugehören. Sie verstanden sich als Proletariat, dessen Situation durch Reformen oder Revolution zu verbessern sei.

**Arbeiterbewegung:** S. 71, 152 f.
**Arisch:** S. 184
**Arisierung:** S. 203
**Artikel 48:** S. 145

**Aufklärung:** Eine viele Lebensbereiche umfassende Reformbewegung des 17./18. Jh. in Europa, die das „Licht der Vernunft" gegen klerikale, feudale und absolutistische Traditionen verbreiten wollte. Zentrale Forderungen waren unbeschränkte Öffentlichkeit, freie Meinungsäußerung und Toleranz gegenüber anderen Meinungen. Mittel zur Durchsetzung der Aufklärung waren vor allem Wissenschaft und Erziehung.

**Auschwitz:** Das Konzentrationslager Auschwitz-Birkenau war das größte deutsche Vernichtungslager während der Zeit des Nationalsozialismus. Hierher wurden insgesamt mehr als 1,3 Mio. Menschen aus ganz Europa deportiert, von ihnen wurden geschätzte 1,1 Mio. ermordet, eine Mio. davon Juden. Der Name „Auschwitz" ist zum Symbol für den Holocaust, den Völkermord an etwa sechs Mio. europäischen Juden und weiteren Opfern des Nationalsozialismus geworden.

**Außerparlamentarische Opposition (APO):** Bezeichnung für politische Oppositionsbewegungen der Linken in der Bundesrepublik Deutschland. Nach Meinung der APO war die Opposition im Bundestag während der „Großen Koalition" 1966–1969 fast ohne politische Bedeutung, weil der Regierung aus CDU/CSU und SPD nur die kleine FDP gegenüberstand.

**Autokratie** (griech. = Selbstherrschaft): Herrschaftsform, bei der die Staatsgewalt in den Händen eines Einzelnen liegt, der weder durch Einzelgesetze noch durch eine Verfassung in seiner Macht gebunden ist. Bsp.: der russische Zarismus und der Absolutismus.

am 30. Sept. 1938 unterzeichneter Vertrag zwischen dem Deutschen Reich, Großbritannien, Frankreich und Italien, der die Tschechoslowakei zwang, überwiegend von Deutschen bewohnte Gebiete Böhmens (Sudetenland) an Deutschland abzutreten (3,63 Mio. Einwohner = 25 Prozent der Bevölkerung), darüber hinaus aber eine Bestands- und Sicherheitsgarantie für die Tschechoslowakei enthielt, die von Hitler bereits im Frühjahr 1939 gebrochen wurde.

**Nation** (lat. *natio* = Geburt): Bezeichnung großer Gruppen von Menschen mit gewissen, ihnen bewussten Gemeinsamkeiten, z. B. gemeinsame Sprache, Geschichte, Verfassung sowie innere Bindungen und Kontakte (wirtschaftlich, politisch, kulturell). Diese Bindungen werden von den Angehörigen der Nation positiv bewertet. Nationen haben oder wollen eine gemeinsame staatliche Organisation (Nationalstaat) und grenzen sich von anderen Nationen ab.

**Nationalismus:** Der demokratische Nationalismus entstand in der Französischen Revolution und war verbunden mit den Ideen der Menschen- und Bürgerrechte, des Selbstbestimmungsrechts und der Volkssouveränität. Der aggressive Nationalismus entstand im letzten Drittel des 19. Jh. und setzte die Nation als absoluten, allem anderen übergeordneten Wert. Zur politischen Macht wurde er insbesondere in der Zeit zwischen Erstem und Zweitem Weltkrieg.

**Nationalsozialismus:** S. 178
**Nativität:** S. 63 f.
**NATO** (North Atlantic Treaty Organization): 1949 von Belgien, Dänemark, Frankreich, Großbritannien, Island, Italien, Kanada, Luxemburg, den Niederlanden, Norwegen, Portugal und den USA unterzeichnetes kollektives Verteidigungsbündnis. 1952 Beitritt Griechenlands und der Türkei, 1955 der Bundesrepublik Deutschland. 2004 hatte die NATO 26 Mitglieder, 2009 kommen Albanien und Kroatien hinzu. Das Bündnis wurde mit der Zielsetzung abgeschlossen, die freien Gesellschaften Westeuropas vor einer Ausdehnung des sowjetischen Einflusses zu schützen. Streitigkeiten zwischen den Mitgliedern dürfen nur friedlich beigelegt werden. Beim Angriff auf einen Mitgliedsstaat sind die anderen zum Beistand verpflichtet. Im Verteidigungsfall stehen die nationalen Streitkräfte unter einem gemeinsamen NATO-Oberkommando. Nach 1990 haben sich die Aufgaben der NATO in entscheidender Weise gewandelt und liegen heute im Bereich kollektiver Sicherheit.

**Neue Ostpolitik:** Bemühungen der sozialliberalen Regierung (seit 1969), im Rahmen der Entspannungspolitik das Verhältnis der Bundesrepublik Deutschland zu den kommunistischen Staaten Osteuropas zu entkrampfen und so weit wie möglich zu normalisieren.

**Neues Denken:** Der Ausdruck wurde von Michail Gorbatschow geprägt, der von 1985 bis 1990 Generalsekretär der KPdSU war. Er hatte erkannt, dass der Rüstungswettlauf mit den USA zum Ruin der UdSSR führen würde. Durch eine deutliche Deeskalation der Außenpolitik – die „friedliche Koexistenz" sollte weltweit gelten – sollten die Voraussetzungen geschaffen werden, um sein wirtschafts- und innenpolitisches Reformprogramm umzusetzen. Die Verständigung mit den USA führte nicht nur – wie bisher – zur Rüstungsbegrenzung, sondern zur tatsächlichen Abrüstung.

**Neuzeit:** S. 14
**New Deal:** S. 164
**Notstandsgesetze:** Bezeichnung für die Verfassungsbestimmungen und Gesetze, die das politisch-gesellschaftliche Leben für den äußeren Notstand (Spannungs- und Verteidigungsfall) sowie den inneren Notstand (Hilfe bei Naturkatastrophen und schweren Unfällen, Abwehr drohender Gefahren für die freiheitlich-demokratische Grundordnung) regeln. Nach heftigen Debatten am 30. Mai 1968 vom Bundestag beschlossen; damit wurden alliierte Vorbehaltsrechte aus dem Deutschlandvertrag abgelöst.

**Notverordnung:** Vom Reichspräsidenten in einer Krisensituation erlassene Verordnung nach Artikel 48 (s. o.) Weimarer Reichsverfassung.

**Novemberrevolution** (1918): S. 138, 141
**NSDAP:** S. 149 f.
**Nürnberger Gesetze:** S. 178
**Nürnberger Prozess:** S. 248 f.

**Öffnung der innerdeutschen Grenze** (9. November 1989): S. 279
**Ostverträge:** S. 279
**Ostverträge:** Sammelbezeichnung für den Moskauer Vertrag 1970, den Warschauer Vertrag 1970, das Berlinabkommen 1971 und den Grundlagenvertrag 1972, die die Bundesrepublik Deutschland mit der UdSSR, Polen und der DDR abgeschlossen hat.
**Ost-West-Gegensatz:** S. 235

**Paragraf 218:** S. 115
**Parlament:** S. 138
**Parlamentarischer Rat:** S. 242
**Parteien:** S. 138
**Partei neuen Typs:** S. 281
**Patrizier:** S. 14
**Pauperismus:** S. 80
**Personenverbandsstaat:** Eine mittelalterliche Herrschaftsordnung, die auf der rechtlichen Bindung zwischen Personen beruht. Das moderne Staatsverständnis geht von einem Gebiet aus, das von der durch Beamte ausgeübten Verwaltung einheitlich erfasst wird.
**Pest** („Schwarzer Tod"): S. 59
**Planwirtschaft:** S. 303
**Pogrom:** S. 202
**Pogromnacht** (9./10. November 1938): S. 179
**Politische Kultur:** S. 132
**Politische Polarisierung** (Weimarer Republik): S. 156
**Policeyordnungen:** S. 53 f.
**Polykratie:** Bedeutet wörtlich „Vielherrschaft". Mit Blick auf die NS-Herrschaft will der Begriff sagen, dass das NS-Herrschaftsgefüge grundsätzlich nicht mehr einen Staat im modernen Sinne darstellte, sondern eine Herrschaft der Gesetzlosigkeit. Soziologisch war die deutsche Gesellschaft nach dieser Vorstellung in vier festgefügten, zentralisierten Gruppen organisiert, deren Chefs jeweils einen Interessenkompromiss zum gegenseitigen Nutzen aushandelten: die NS-Bewegung, die hohe Bürokratie, die Wehrmacht und die Monopolwirtschaft.
**Potsdamer Konferenz:** S. 232
**Präsidialkabinett:** S. 166
**Programm der 14 Punkte:** S. 140
**Proletariat:** S. 80
**Propaganda:** S. 190 f.
**Protektionismus:** Schutz der einheimischen Produktion vor ausländischer Konkurrenz (z. B. durch Zölle).
**Protoindustrialisierung:** „Industrialisierung" vor der Industrialisierung. Gemeint ist die ausschließlich für den Markt

# Begriffslexikon

(also nicht für den Eigenverbrauch) und nach kommerziellen Gesichtspunkten, aber noch nicht mit Maschinen organisierte dezentrale Produktion von Gütern (vor allem Leinenstoffe); produziert wurde insbesondere in solchen Familien, die vom Ertrag ihrer „ersten" Arbeit nicht existieren konnten, z. B. Heuerlinge, Dorfhandwerker, -krämer oder -schankwirte. Der im 18. Jh. relativ gute Verdienst in Regionen mit ausgedehntem ländlichem Heimgewerbe führte zu einer tief greifenden Umgestaltung der dörflichen Lebenswelt: Das Heiratsalter sank, die Familiengrößen nahmen rasch zu, die Bedeutung der Landwirtschaft verringerte sich. Das Ende der Protoindustrialisierung kam mit der industriellen, d. h. mit Maschinen betriebenen Produktion von billigeren Baumwollstoffen. Die eigentliche Industrialisierung vollzog sich aber in der Regel an anderen als den Standorten der Protoindustrialisierung.

**Rassenlehre:** Bezeichnet die pseudo-wissenschaftliche Anwendung der biologischen Unterscheidung von menschlichen Gruppen ähnlicher erblicher Merkmale (z. B. der Hautfarbe) auf das gesellschaftlich-politische Leben; dabei wird die Höher- bzw. Minderwertigkeit verschiedener „Rassen" unterstellt. Der auf das 19. Jh. zurückgehende Rassismus (Sozialdarwinismus) erfuhr im nationalsozialistischen Antisemitismus mit der systematischen Verfolgung und Vernichtung der Juden seine bisher fürchterlichste Konsequenz.

**Rätesystem:** Eine Form der direkten Demokratie, bei der alle Menschen in den jeweiligen Basiseinheiten Räte als ihre Vertreter wählen, die ihnen direkt verantwortlich und jederzeit abwählbar sind. Im Gegensatz zum repräsentativen System, der parlamentarischen Demokratie, gibt es keine Gewaltenteilung, sodass die Räte gesetzgeberische, ausführende und rechtsprechende Kompetenzen besitzen. Die politische Theorie der Rätedemokratie geht auf das 19. Jh., vor allem auf Proudhon, Bakunin, Marx und Lenin, zurück; historisch bildeten sich Rätesysteme vor allem in den Russischen Revolutionen (hier: Räte = Sowjets) und der deutschen Novemberrevolution.

**Rationalisierung:** Meint im wirtschaftlichen Bereich eine möglichst zweckmäßige Gestaltung von Arbeitsabläufen mit dem Ziel, das Verhältnis von Aufwand und Nutzen zu optimieren, z. B. durch den effektiveren Einsatz von Arbeitskraft und Sachmitteln. Hierzu zählt auch der Ersatz von menschlicher Arbeitskraft durch technische Anlagen.

**Real existierender Sozialismus:** Sozialismus – der Begriff wird bis ins 20. Jh. synonym mit Kommunismus verwendet – bez. eine politische Theorie und Bewegung. Ursprüngliches Ziel war die Schaffung gesellschaftlicher Gleichheit und Gerechtigkeit durch die Aufhebung des Privateigentums an Produktionsmitteln, die Einführung einer Planwirtschaft und die Beseitigung der Klassenunterschiede. Von Anfang an umstritten war der Weg: Revolution oder Reformen. Der Marxismus-Leninismus verstand Sozialismus als Vorstufe zum Kommunismus. Der Begriff des „real existierenden Sozialismus" diente nach 1945 zur Abgrenzung der kommunistischen Parteidiktaturen (osteuropäische Länder und DDR) von demokratisch-freiheitlichen Sozialismusvorstellungen (wie sie seit der Spaltung der Arbeiterbewegung zu Beginn des 20. Jh. und im Ersten Weltkrieg von den sozialdemokratischen und den meisten sozialistischen Parteien der westlichen Demokratien vertreten wurden).

**Rechtsstaat:** Ein Staat, in dem die Staatsgewalt mit allen staatlichen Organen, die Grundrechte und die individuelle Rechtssicherheit durch die Verfassung und die unabhängige Rechtsordnung festgelegt, kontrolliert und garantiert werden. Grundlage eines Rechtsstaates ist die Überprüfbarkeit jeglicher Staatsgewalt durch die Gerichte (Verwaltungsgerichtsbarkeit) und die Bindung der Rechtsprechung an die Verfassung.

**Reform:** Neuordnung, Verbesserung und Umgestaltung von politischen und sozialen Verhältnissen im Rahmen der bestehenden Grundordnung; hierin, oft weniger in den Zielen, unterscheiden sich Reformen als politisches Mittel zur Durchsetzung von Veränderungen von Revolutionen.

**Reformation:** Zunächst als Reform der römischen Kirche gedachte religiöse und gesellschaftliche Erneuerung zu Beginn der Neuzeit, die zur Entstehung neuer, von Rom unabhängiger Kirchen führte (Luther, Zwingli, Calvin). Kernidee war der Glaube, dass das Heil des Menschen in seiner persönlichen Beziehung zu Gott liege.

**Reformpolitik in der UdSSR** (ab 1985): S. 279
**Reichssicherheitshauptamt** (RSHA): S. 208
**Reichsstadt:** S. 27
**Reichstag:** S. 27, 138

**Reparationen** (von lateinisch: *reparare* = wiederherstellen): Meint Geld-, Sach- und Dienstleistungen, die einem Besiegten nach einem verlorenen Krieg zur Wiedergutmachung der in den Siegerstaaten erlittenen Verluste auferlegt werden.

**Repräsentative Demokratie:** Im Gegensatz zu direkten Formen der Demokratie, wie z. B. dem Rätesystem, wird in der repräsentativen Demokratie die Herrschaft nicht direkt durch das Volk, sondern durch vom Volk gewählte Repräsentanten (Abgeordnete) ausgeübt. Ebenfalls im Gegensatz zum Rätesystem steht hier das Prinzip der Gewaltenteilung.

**Republik:** S. 138

**Restauration:** Wiederherstellung früherer Zustände, z. B. der monarchischen Ordnung eines Staates. Als Epochenbezeichnung für die Jahre 1815–1848 betont der Begriff, dass die staatliche Politik dieser Jahre alte Grundsätze der Zeit vor der Französischen Revolution wieder zur Geltung bringen wollte.

**Revolution:** Bezeichnung für eine grundlegende Umgestaltung der gesellschaftlichen Struktur, der politischen Organisation sowie der kulturellen Wertvorstellungen in einem bestimmten Gebiet bzw. Staat, meist verbunden mit einem Austausch von Führungsgruppen (Eliten).

**Ritter:** S. 14
**Runder Tisch:** S. 309

**Scholle:** Nutzbares Stück Ackerland.
**SED-Staat:** S. 283
**17. Juni 1953** (Aufstand gegen das DDR-Regime): S. 278

**Souveränität:** Der von Jean Bodin im 16. Jh. geprägte Begriff (lat. *superanus* = überlegen) bez. die höchste und unabhängige Staatsgewalt nach innen und außen (innere und äußere Souveränität). Im Absolutismus war alleiniger Souverän, d. h. Träger aller Staats- und damit Herrschaftsgewalt, der Fürst. Dagegen gilt in demokratischen Staaten das Prinzip der Volkssouveränität. Alle Gewalt geht vom Volke aus, das seinen Willen direkt oder indirekt durch Abgeordnete zur Geltung bringt. Die Idee der Volkssouveränität setzte sich zuerst in der Amerikanischen und Französischen Revolution durch. Sie wird nur durch die in der Verfassung festgeleg-

# Begriffslexikon

**Bauernbefreiung:** S. 87
**Beamte:** Personen, denen der Staat oder die Gemeinschaft für eine bestimmte Zeit oder für eine längere Dauer fest umschriebene Aufgaben zuweisen.
**Bedingungslose Kapitulation** (7./9. Mai 1945): S. 179
**Beginn des Zweiten Weltkrieges** (1. September 1939): S. 179
**Berlin-Blockade:** S. 237
**Besatzungszonen:** S. 232
**Bettelzeichen:** S. 47
**Bevölkerungswachstum:** Der Industrialisierung geht das Bevölkerungswachstum voraus und begleitet sie anfangs verstärkend. Gespeist wird es aus der sinkenden Sterblichkeitsrate (= Todesfälle pro 1000 Einwohner), einer zeitweise hohen Geburtenziffer (= Lebendgeburten pro 1000 Einwohner) und vor allem durch eine hohe Fruchtbarkeitsziffer bzw. Fertilität (= Lebendgeborene auf 1000 Frauen im Alter von 15 bis unter 45 Jahren). Im weiteren Verlauf der Industrialisierung nähern sich Sterbe- und Geburtenraten immer stärker an.
**Binnenwanderung:** Wechsel des Wohnsitzes innerhalb der Staats- oder Landesgrenze; Gegensatz: Ein- und Auswanderung.
**Bipolarität:** Bezeichnet eine Struktur des Staatensystems, bei dem sich zwei hegemoniale Machtzentren, wie die USA und die UdSSR von 1945 bis 1991, gegenüberstehen. Die Weltpolitik war in dieser Zeit nahezu vollständig diesem Gegensatz untergeordnet („Kalter Krieg"). Politische, wirtschaftliche und militärische Entscheidungen fielen überwiegend unter der Prämisse der ideologischen und machtpolitischen Parteinahme für je eine Führungsmacht.
**Bizone:** S. 236
**Blockfreie Staaten:** Die Konferenz von Bandung 1955 war der Beginn der Bewegung der blockfreien Staaten, die sich in der Zeit des Kalten Krieges weder dem Ostblock/UdSSR noch dem Westblock/USA anschließen wollten. Ziele ihrer Politik waren Neutralitätsprinzip, Antiimperialismus, Antikolonialismus und weltweite Abrüstung.
**Blockparteien:** S. 309
**Bolschewismus:** Im weiteren Sinne gleichbedeutend mit Kommunismus. Der Name leitet sich ab von „Bolschewiki" (= Mehrheitler), den radikalen sozialistischen Anhängern Lenins in Russland, die sich 1903 für Lenin und die von ihm begründete revolutionäre Taktik entschieden hatten. Nach Lenins Theorie braucht eine revolutionäre Partei eine Avantgarde, die einen politischen Führungsanspruch erhebt. Die Bolschewiki (und entsprechend später die kommunistischen Parteien) verstanden sich als Kaderpartei, d.h. als streng von oben nach unten gegliederte Organisation, die in allen gesellschaftlichen Gruppen (Gewerkschaften, Jugend-, Kulturverbänden usw.) leitende Funktionen übernimmt, um die Massen für den Sozialismus zu gewinnen bzw. zu erziehen.
**Brünings Wirtschafts- und Sozialpolitik:** S. 167
**Bund Deutscher Mädel (BDM):** S. 192
**Bundesstaat:** Aus Einzelstaaten zusammengesetzter Gesamtstaat, wobei die Einzelstaaten einen Teil ihrer souveränen Rechte in der Gesetzgebung und Verwaltung an den Gesamtstaat übertragen, z.B. Außen-, Verteidigungs- und Finanzpolitik, einen anderen Teil aber behalten, z.B. Schul- und Kulturpolitik. Man bezeichnet dieses Gestaltungsprinzip von Staaten als Föderalismus. Bsp.: USA, Bundesrepublik Deutschland, Schweiz.
**Bürger:** S. 14

**Bürgerliche Gesellschaft:** Die Gesellschaft, in der das Bürgertum, insbesondere die Bourgeoisie (also das Wirtschaftsbürgertum) zur führenden Schicht oder Klasse wird. Sie löste im 18. und 19. Jh. die alte Feudalgesellschaft ab, in der Adel und Klerus die bestimmenden Stände waren. Mit der Industriellen Revolution und dem nach und nach durchgesetzten Verfassungsstaat gewann das Bürgertum immer mehr Einfluss und Macht.
**Bürgertum:** S. 70

**Checks and Balances** (wörtl.: Kontrollen und Gegengewichte): Bezeichnet das US-amerikanische Verständnis vom System der Gewaltenteilung. Demnach werden Exekutive, Legislative und Jurisdiktion – d.h. Präsident/Regierung, Kongress (Senat und Repräsentantenhaus) und Oberster Gerichtshof – als voneinander unabhängige, aber nicht als absolut getrennte Bereiche betrachtet. Durch ein umfassendes System der Kontrollen und Gegengewichte beeinflussen sie sich wechselseitig.
**Christentum:** S. 14

**Dawes-Plan:** Der 1923/24 von einer unabhängigen Expertenkommission unter Leitung des amerikanischen Bankiers Charles G. Dawes erarbeitete Plan sah eine vorläufige Regelung der Reparationsfrage vor. Weder die Gesamtsumme der deutschen Leistungen noch ihre zeitliche Dauer wurde festgelegt. Für die ersten Jahre waren mäßige Zahlungen vorgesehen, was das wirtschaftlich schwer angeschlagene Deutschland entlastete, ab 1928/29 sollten dann jährlich 2,5 Milliarden Mark gezahlt werden. Zur Sicherung war eine internationale Kontrolle über Reichsbank und Reichsbahn geplant, und es war genau vorgeschrieben, aus welchen Quellen die Gelder genommen werden sollten. Der in Berlin amtierende „Reparationsagent" sollte bei dem Transfer außerdem auf die Stabilität der deutschen Währung achten. Nach der Zustimmung des Reichstages trat der Plan am 1. September 1924 in Kraft. Er wurde 1929 durch den Young-Plan (s. u.) abgelöst.
**Deflationspolitik:** „Deflation" – der Gegenbegriff ist „Inflation" – meint die Verminderung der Geldmenge, verbunden mit einem Sinken des Preisniveaus. Die Regierung Brüning versuchte durch ihre Deflationspolitik nicht nur eine Inflation zu vermeiden, sondern auch ihr eigentliches Ziel, die Streichung der Reparationen, zu erreichen. Zu den wichtigsten Maßnahmen gehörten die Sanierung der öffentlichen Haushalte durch eine drastische Kürzung von Staatsausgaben, die Senkung der Preise, Gehälter und Sozialleistungen, die Erhöhung von Steuern und Abgaben. Das Ziel, durch Senkung von Sozialabgaben und Löhnen auch das Kostenniveau der Unternehmen und somit die Preise der Waren zu senken, um auf dem Weltmarkt konkurrenzfähiger zu werden, wurde nicht erreicht, weil andere Länder zu ähnlichen Mitteln griffen. So wirkte die Deflationspolitik in Deutschland krisenverschärfend.
**Demokratie:** S. 132, 138
**Denkmal/Nationaldenkmal:** S. 317
**Deportation:** Das nationalsozialistische Deutschland und die stalinistische Sowjetunion deportierten aus machtpolitischen, aber auch aus ideologischen Gründen Millionen Menschen. Deportationen von Zivilpersonen in Kriegszeiten und Deportationen nationaler, ethnischer, rassischer oder religiöser Gruppen sind heute völkerrechtlich verboten und gelten als Verbrechen.

# Begriffslexikon

**Deutsche Arbeitsfront:** S. 185
**Deutsche Frage:** S. 278
**Deutscher Zollverein:** S. 95
**Diktatur:** S. 132
**Dolchstoßlegende:** S. 141
**Dreißigjähriger Krieg** (1618–1648): Der Begriff fasst die kriegerischen Auseinandersetzungen zwischen Prager Fenstersturz (1618) und Westfälischem Frieden (1648) zusammen. Was in Böhmen mit Auseinandersetzungen zwischen den katholischen Habsburgern und den evangelischen böhmischen Ständen begann, weitete sich immer mehr zu einem Religions- und Staatenkonflikt von gesamteuropäischer Dimension aus, der alle Großmächte einbezog und Deutschland verwüstete. Vor allem die Landbevölkerung hatte unter den Kriegshandlungen zu leiden.
**Drittes Reich:** S. 178
**Dynastie:** Herrschergeschlecht

**Ebert-Groener-Abkommen:** S. 153
**egalitär:** Auf politische oder soziale Gleichheit und Gerechtigkeit bedacht.
**Eheschließung und Geschlechterverhältnisse** 16. bis 20. Jh.: S. 43
**Eindämmung** (Containment): S. 237
**Einheitsfront:** S. 154
**131er-Gesetz:** S. 249
**Einigungsvertrag** (31.8.1990): Vertrag zwischen der Bundesrepublik Deutschland und der DDR über die Herstellung der Einheit Deutschlands, nach dem die DDR gemäß Artikel 23 GG der Bundesrepublik Deutschland beigetreten ist.
**elitär:** einer Elite angehörend, auserlesen.
**Emanzipation:** S. 72
**Emigration:** S. 204
**Entnazifizierung:** S. 232
**Entspannungspolitik:** S. 279
**Erbuntertänigkeit:** Abhängigkeitsverhältnis von Bauern zu ihren Grundherrn in der Frühen Neuzeit; ging teilweise so weit, dass Bauern von ihren Herren verkauft werden konnten.
**Erfurter Programm:** S. 116
**Ermächtigungsgesetz** (1933): S. 178
**Erster Weltkrieg** (1914–1918): S. 138
**Eugenik:** Die Lehre von der Erbgesundheit. Ziel eugenischer Maßnahmen ist es, mithilfe genetischer Erkenntnisse „günstige" Erbanlagen zu fördern und „ungünstige" einzuschränken. Eugenik war in den 1920er-Jahren ein Bestandteil sexual- und bevölkerungspolitischer Debatten in allen politischen Lagern. Nach 1933 führte die Umsetzung eugenischer Überzeugungen zu Zwangssterilisationen und zur „Euthanasiepolitik" der Nationalsozialisten, der etwa 200 000 Menschen zum Opfer fielen.
**Euthanasie:** S. 216
**Expansion:** Vergrößerung eines Staatsgebietes durch Krieg oder Schaffung von Einflusszonen.

**Familie:** S. 42
**Familie:** In der vorindustriellen Zeit Haus-, Schutz- und Herrschaftsverband, der neben den Blutsverwandten auch alle übrigen Arbeitenden des Hauses und der dazugehörigen Wirtschaft umfasste (Ganzes Haus). Dieser Familienverband wandelte sich zuerst bei Beamten und Gebildeten im 18. Jh., dann beschleunigt in fast allen Gruppen der Gesellschaft unter dem Einfluss der Industrialisierung. Das Ergebnis dieses Prozesses war die Familie als Verwandtschaftsfamilie, heute überwiegend die Kern- oder Kleinfamilie.
**Faschismus:** S. 149
**Flucht und Vertreibung:** S. 232
**Flüchtlinge/Heimatvertriebene:** S. 269
**Französische Revolution:** Auslösendes Moment war die Weigerung des Dritten Standes, in der Versammlung der Generalstände nach Ständen abzustimmen statt nach Köpfen, woraufhin sich der Dritte Stand am 17.6.1789 zur Nationalversammlung und am 20.6.1789 mit dem Ballhausschwur zur verfassunggebenden Versammlung erklärte. Mit der Erstürmung der Bastille am 14.7.1789 begann der offene Aufstand, es folgten die Abschaffung aller Feudalrechte, die Verkündigung der Menschen- und Bürgerrechte, ein neues Verwaltungssystem, das Kirchengut wurde eingezogen, Schulen verstaatlicht und die Zivilehe eingeführt. Die Verfassung von 1791 machte Frankreich zur konstitutionellen Monarchie. Ein Fluchtversuch Ludwigs XVI. und die Bedrohung von außen beschleunigten die Radikalisierung, es kam zum Bruch zwischen Girondisten und radikalen Jakobinern. Am 22.9.1792 rief der Nationalkonvent die Republik aus, am 21.1.1793 wurde Ludwig XVI. hingerichtet. Es folgte die Schreckensherrschaft (Terreur) der Jakobiner. Die Französische Revolution schuf die Voraussetzungen für die bürgerliche Gesellschaft des 19. Jh. und verhalf dem Gedanken des Nationalstaats zum Durchbruch.
**Friedliche Revolution:** S. 307
**Frühkapitalismus:** Die Epoche des Frühkapitalismus (15.–18. Jh.) ist dadurch gekennzeichnet, dass einzelne Unternehmer, Unternehmerfamilien und Handelsgesellschaften alle für Produktion und Handel erforderlichen Mittel besaßen, nämlich Geld, Gebäude und Arbeitsgeräte (Kapital). Sie versuchten häufig eine marktbeherrschende Stellung für bestimmte Waren durchzusetzen (Monopole).
**Frühmoderner Staat:** S. 53
**Führerkult:** S. 190
**Führerprinzip:** Im weiteren Sinne ist ein Führer jemand, der eine Gruppe von Menschen leitet. Im 20. Jh. ist die historische Bedeutung von Führer, Führerprinzip und Führerstaat untrennbar verbunden mit den Diktaturen des Faschismus, insbesondere des Nationalsozialismus und der Person Adolf Hitlers. Der Führer vereint in sich die oberste vollziehende, gesetzgebende und richterliche Gewalt und kennt keine Gewaltenteilung; er bedarf keiner Legitimation und verlangt unbedingten Gehorsam. Seine Person wird fast kultisch verehrt. Der Führerstaat funktioniert nach dem Führerprinzip: Autorität wird in der Staats- und Parteiorganisation von oben nach unten ausgeübt, Verantwortung von unten nach oben verlagert. Das Führerprinzip wird ergänzt durch die Ideologie der Volksgemeinschaft.
**Fünfprozentklausel:** S. 245

**Ganzes Haus:** S. 43
**Gesinde:** Arbeitskräfte, die (als Mägde, Knechte) die häuslichen oder landwirtschaftlichen Arbeiten gegen Lohn, Wohnung und Verpflegung verrichten und in Hausgemeinschaft mit der (bäuerlichen) Familie lebten. Die rechtlichen und sozialen Verhältnisse des landwirtschaftlichen Gesindes wurden im 19. Jh. durch Gesindeordnungen geregelt (in Deutschland bis 1918).
**Getto:** S. 15
**Gewanne/Allmende:** S. 22
**Gewerbefreiheit:** S. 88

# Begriffslexikon

**Glasnost und Perestroika:** S. 279
**Gleichschaltung:** S. 178
**Gottesgnadentum:** Nach mittelalterlicher Vorstellung war das Königtum ein von Gott verliehenes Amt, das zur Wahrung von Frieden und zur Verwirklichung göttlicher Ordnung auf Erden verpflichtete. Fürsten und Monarchen der Neuzeit legitimierten damit ihre Dynastien und weitreichenden Machtbefugnisse.
**Great Depression** (1929): S. 162
**Große Koalition** (1928–30): S. 166
**Gründerzeit:** Kulturgeschichtlicher Epochenbegriff für die Jahrzehnte zwischen Reichsgründung und Jahrhundertwende. Der Begriff hat seinen Ursprung in der kurzen Phase der Gründerjahre 1871–1873, in denen im Deutschen Reich, anknüpfend an den Optimismus der Reichsgründung, viele Unternehmen entstanden und die Produktion stark anstieg. Im Zuge der 1874 einsetzenden „Großen Depression" gab es zwar Einbrüche und nur geringe Wachstumsraten. Aber Mitte der 1890er-Jahre begann erneut eine lang anhaltende Hochkonjunkturphase, von der auch Arbeiter (kürzere Arbeitszeiten, wachsende Löhne) profitierten.
**Grundgesetz** (23. Mai 1949): S. 232, 242
**Grundherrschaft:** S. 14
**Grundlagenvertrag** (1972): S. 279, 298
**Grundrechte:** S. 146
**Gründung der beiden deutschen Staaten** (1949): S. 232

**Hallstein-Doktrin:** S. 292
**Harzburger Front:** S. 150
**Hegemonie:** Bezeichnet die Vormachtstellung eines Staates innerhalb einer Gruppe von Staaten. Sie stützt sich in der Regel auf militärische Überlegenheit, die eine politische Führungsrolle begründet. Sie kann sich aber auch nur auf das wirtschaftliche Gebiet beziehen.
**Heiliges Römisches Reich:** S. 27
**Heiliges Römisches Reich Deutscher Nation:** Das deutsche Kaiserreich erhob im Mittelalter den Anspruch, als Kaiserreich den Königreichen übergeordnet zu sein. Die Kaiser sahen sich als Nachfolger der römischen Kaiser; ihr Reich wurde daher „Heiliges Römisches Reich" genannt. Es ging über die heutigen Grenzen Deutschlands hinaus. Im 15. Jh. erhielt der Name den Zusatz „Deutscher Nation"; wurde im Zuge der Napoleonischen Kriege 1806 aufgelöst.
**Heimatvertriebene:** S. 269
**Hitler wird Reichskanzler** (30. Januar 1933): S. 178
**Hitlerjugend (HJ):** S. 192
**Hitlerputsch (1923):** S. 139
**Holocaust, Shoah:** S. 179
**Hospital:** S. 49

**Identität:** S. 316
**Immunität:** Unantastbarkeit; gesetzlicher Schutz vor Strafverfolgung für Abgeordnete und Diplomaten.
**Imperialismus:** S. 71
**Industrialisierung:** S. 72
**Industrielle Revolution:** S. 70
**Inflation:** S. 138
**Innovationen:** Neuerungen

**Januaraufstand 1919** (Spartakusaufstand): S. 153

**Kalter Krieg:** S. 233
**Kapitalismus:** Wirtschaftsordnung, in der sich das Produktivkapital in den Händen von Privatpersonen bzw. -personengruppen befindet, d. h. der Kapitalisten und Unternehmer. Diesen stehen die Lohnarbeiter gegenüber. Der erwirtschaftete Gewinn geht wieder an den Unternehmer und führt zur Vermehrung des Produktivkapitals. Die wichtigsten wirtschaftlichen Entscheidungen werden in den Unternehmen im Hinblick auf den Markt und die zu erwirtschaftenden Gewinne getroffen, nicht aber vom Staat.
**Kaufmannsgilde:** Genossenschaftlicher Zusammenschluss von Kaufleuten einer Stadt oder einer Gruppe fahrender Händler zum Schutz und zur Förderung gemeinsamer Interessen.
**Klassen:** Klassen sind gesellschaftliche Großgruppen (seit Ende des 18. Jh.), deren Angehörige durch Besitz bzw. Nichtbesitz von Produktionsmitteln und den sich daraus ergebenden gemeinsamen bzw. entgegengesetzten Interessen gekennzeichnet sind. Im 19. Jh. lief in den Industriestaaten ein Prozess der Klassenbildung zwischen Unternehmern (Bourgeoisie) und Arbeitern (Proletariat) ab. Wenn sich Klassenspannungen in einer Gesellschaft oder einem Staat deutlich ausprägen, spricht man von einer Klassengesellschaft oder einem Klassenstaat.
**Klassengegensatz:** S. 270
**Klerus:** Gesamtheit der Personen, die durch eine kirchliche Weihe in den Dienst der Kirche getreten sind (= Geistliche); besaßen bis ins 19. Jh. gesellschaftliche Vorrechte.
**Komintern** (Abk. für Kommunistische Internationale): 1919 auf Betreiben Lenins gegründeter internationaler Zusammenschluss vor allem kommunistischer Parteien. Ziel war die Weltrevolution zur Errichtung der Diktatur des Proletariats. Seit 1924 wurde die Komintern weitgehend den außenpolitischen Interessen der Sowjetunion unterworfen und der Führung der KPdSU unterstellt. 1943 im Interesse des Bündnisses der Sowjetunion mit den Westmächten aufgelöst.
**Kommunismus:** Bezeichnet einerseits die von Marx und Engels entwickelte politische Theorie einer klassenlosen Gesellschaft ohne Privatbesitz an Produktionsmitteln. Andererseits meint Kommunismus auch die weltweite politische Bewegung bzw. die seit der Oktoberrevolution 1917 in Russland an die Macht gekommene Herrschaftsform. Oft wird der Begriff auch fälschlich für Sozialismus verwendet. Nach der politischen Lehre des Kommunismus wird die Aufhebung der bürgerlich-kapitalistischen Ordnung mit einer Revolution eingeleitet und nach einer Übergangsphase der Diktatur des Proletariats vollendet. Nach 1917 trennte sich die kommunistische (Bolschewismus) von der sozialistisch-sozialdemokratischen Bewegung. Von da an prägte die Sowjetunion die kommunistischen Bewegungen.
**Konferenz von Potsdam** (17.7.–2.8.1945): Gipfelkonferenz der Alliierten (außer Frankreich) im Schloss Cecilienhof bei Potsdam unter Teilnahme der Regierungschefs H. S. Truman, J. W. Stalin und W. Churchill. Ergebnis war das Potsdamer Abkommen.
**Konfession:** Zugehörigkeit zu einer Glaubensgemeinschaft, dazu gehört die Zusammenstellung und verbindliche Formulierung des Glaubensinhalts in Bekenntnisschriften.
**Konjunktur:** Periodisch wiederkehrende Schwankungen einer Volkswirtschaft oder der Weltwirtschaft. Ein Konjunkturzyklus besteht in der Regel aus vier Phasen: 1. Aufschwung (Gewinne, Investitionen und Beschäftigung steigen);

# Begriffslexikon

2. Hochkonjunktur (hohe Gewinne und Vollbeschäftigung); 3. Abschwung (sinkende Gewinne und Investitionen, mehr Arbeitslose); 4. Konjunkturkrise oder Depression (wenig Investitionen, hohe Arbeitslosigkeit).
**konstitutionell:** Auf einer Verfassung beruhend.
**konstitutionelle Monarchie:** Staatsform, bei der ein regierender Monarch/eine Monarchin von Verfassung (Konstitution) und Volksvertretung kontrolliert wird; im Übergang von der Stände- zur Industriegesellschaft in Europa weit verbreitet.
**Konstruktives Misstrauensvotum:** S. 244
**Konsumgesellschaft:** S. 81
**Konzentrations- und Vernichtungslager:** S. 179
**Kraft durch Freude (KdF):** S. 192
**Kriegsverbrechen:** Handlungen von Angehörigen eines Krieg führenden Staates, die gegen Strafvorschriften des Staates oder internationale Strafbestimmungen verstoßen, z. B. Angriffskrieg, Mord, Grausamkeiten gegen die Zivilbevölkerung, systematischer Terror, Misshandlung und Tötung von Gefangenen, Zwangsarbeit fremder Staatsangehöriger und Völkermord (Genozid).
**KSZE-Schlussakte von Helsinki:** S. 299

**Landesfürsten/Landesherrschaft:** S. 27
**Landflucht:** Abwanderung von Teilen der ländlichen Bevölkerung in Städte (Verstädterung), verbunden mit Verschiebungen in der Erwerbsstruktur zugunsten des sekundären und tertiären Sektors, wie es für die Industrialisierungsphase typisch ist.
**Lastenausgleich:** S. 263
**Lebensraumpolitik:** Der aus der wissenschaftlichen Schule der „Geopolitik" stammende Begriff (1897) bezeichnet den Raum, den bestimmte Bevölkerungen angeblich „objektiv" zum Leben benötigen. In der Weimarer Republik entwickelte sich aus diesem wissenschaftlich umstrittenen Begriff das politische Schlagwort vom „Volk ohne Raum". In Hitlers Buch „Mein Kampf" und in seinem unveröffentlichten „Zweiten Buch" ist „Lebensraum" einer der Zentralbegriffe der NS-Ideologie und bez. die militärisch-gewaltsame Ausdehnung des deutschen Gebietes in den europäischen Osten unter Verdrängung, Versklavung und Ausrottung der dort lebenden slawischen Völker.
**Legalismus:** S. 154
**Leibeigenschaft:** S. 23
**Leitsektor:** S. 97
**Liberalismus:** S. 70

**Machteliten:** S. 156
**Machtergreifung:** S. 178
**Mangelwirtschaft:** S. 303
**Manufaktur:** S. 34 f.
**Markt:** Der Ort, an dem sich zu bestimmten Zeiten Verkäufer (Anbieter) und Käufer (Nachfrager) zusammenfinden. Das Verhältnis von Angebot und Nachfrage bestimmt den Preis, wenn es keine Eingriffe in die Konkurrenz gibt (etwa durch behördliche Preisfestsetzungen). In der industrialisierten Welt werden die wichtigen Geschäfte nicht mehr wie im Mittelalter oder in der Antike auf Marktplätzen abgewickelt. Trotzdem bez. man das gesamte Zusammenspiel von Angebot und Nachfrage abstrakt noch als Markt.
**Marshallplan:** S. 236
**Marxismus-Leninismus:** S. 282
**Massenkonsumgesellschaft:** Form der kapitalistischen Industrie- und Wohlstandsgesellschaft seit ca. 1900; zuerst in den USA. Merkmale: hohe Massenkaufkraft, Massenproduktion von Verbrauchs- und Gebrauchsgütern. Infolge der weitgehend gesicherten Befriedigung der Grundbedürfnisse (Lebensmittel) richtet sich das Prestige der Bürger z. T. nach dem Besitz oder Nichtbesitz von bestimmten Konsumgütern (z. B. Autos, Markenbekleidung).
**Massenorganisationen:** S. 281
**Mauerbau (1961):** S. 278
**Menschen- und Grundrechte:** S. 245
**Merkantilismus:** S. 15
**Milieu:** Bezeichnung in der Geschichtswissenschaft für eine Teilkultur in der deutschen Gesellschaft (katholisches M., sozialistisches M. etc.). Die Milieus entstanden im 19. Jh. vor allem in der Abgrenzung nach „außen" (Kulturkampf, Sozialistengesetze etc.) und zeichneten sich durch gemeinsame Milieuorganisationen (Vereine, Verbände, Parteien, Kirche) und gemeinsame Milieuwerte aus.
**Militarismus:** Bezeichnet das Vorherrschen militärischer Grundsätze und Wertvorstellungen im öffentlichen und privaten Leben (z. B. Autoritätsgläubigkeit, Untertanengeist, bedingungsloser Gehorsam).
**Minderheitsregierung:** S. 166
**Mittelalter:** S. 14
**Mobilität:** Ausdruck der Bevölkerungsstatistik für Bevölkerungsbewegungen. Horizontale Mobilität meint die Wanderung aus einem Gebiet in ein anderes, wobei zwei Formen zu unterscheiden sind: Binnenwanderung innerhalb eines Landes und Auswanderung von einem Land in ein anderes Land. Voraussetzung für horizontale Mobilität ist in der Regel ein ausgebautes Verkehrssystem. Soziale Mobilität meint den Auf- oder Abstieg von einer sozialen Schicht in eine andere. Dabei sind die intergenerationelle Mobilität (der Sohn oder die Tochter erreichen eine höhere soziale Schicht als die Eltern bzw. steigen ab) und die intragenerationelle Mobilität (Auf- und Abstieg innerhalb eines Lebensschicksals) zu unterscheiden.
**Moderne:** Westlicher Epochenbegriff der Weltgeschichte. Er bez. die Zeit seit den bürgerlichen Revolutionen in Amerika (1776) und Frankreich (1789) und der von England ausgehenden Industrialisierung (um 1770) bis heute.
**Modernisierung:** S. 8
**Monokratie:** Alleinherrschaft, Herrschaft einer/eines Einzelnen (Gegensatz: Polykratie; siehe unten).
**Montanindustrie:** S. 95
**Montanunion:** Bezeichnung für die 1951 gegründete Europäische Gemeinschaft für Kohle und Stahl; war die erste europäische supranationale Organisation mit eigenen Souveränitätsrechten.
**Morgenthau-Plan:** Im August 1944 verfasste US-Finanzminister Henry Morgenthau eine Denkschrift mit dem Titel „Programm, das verhindern soll, dass Deutschland einen dritten Weltkrieg anzettelt". Der Plan sah vor, Deutschland in drei Staaten zu gliedern, einen Nord- und einen Südstaat und eine Internationale Zone, bestehend aus dem Rheinland, Westfalen und einem Küstenstreifen. Kernpunkt des Programms war die vollständige Verwandlung Deutschlands in ein Agrarland. Der Plan fand kurzfristig die Zustimmung von US-Präsident Roosevelt, der ihn aber bereits nach wenigen Tagen wieder verwarf, da Außen- und Kriegsministerium protestiert hatten.
**Mortalität:** S. 63 f.
**Münchener Abkommen:** Am 29. Sept. abgeschlossener und

ten Menschenrechte beschränkt. Völkerrechtlich, d. h. nach außen, gilt ein Staat als souverän, der nicht von einer anderen Macht besetzt ist und unabhängig von anderen Staaten handeln kann.

**Sozialdisziplinierung:** S. 54
**Soziale Frage:** S. 71, 101
**Soziale Marktwirtschaft:** S. 261 f.
**Sozialfaschismus-Doktrin:** S. 154
**Sozialgesetzgebung:** S. 71
**Sozialismus:** S. 71
**Sozialistengesetz:** S. 71
**Sozialistische Räterepublik:** S. 152
**Sozialsystem Weimars:** S. 163
**SS-Staat:** Bezeichnung für die besondere Machtstellung der SS (Schutzstaffel) im nationalsozialistischen Staat. Die SS war während der NS-Herrschaft neben der Polizei und dem Militär die dritte waffentragende Organisation und verfügte über einen effizient organisierten Überwachungs- und Terrorapparat. Ihr wurden diejenigen Aufgaben übertragen, denen Hitler besondere Bedeutung zumaß: die Sicherung der Macht in Deutschland und während des Krieges in den besetzten Gebieten; die Verfolgung und Vernichtung der Juden und aller anderen zu Gegnern des NS-Systems erklärten Gruppen und Individuen. Die SS war daher die eigentliche Exekutive Hitlers.
**Staatenbund:** Zusammenschluss von Staaten, wobei die einzelnen Staaten ihre eigenständige Staatsgewalt vollständig behalten. Es gibt aber gemeinsame Einrichtungen, in denen eine gemeinschaftliche Politik für alle Mitgliedsstaaten verbindlich festgelegt wird. Diese zentralen Einrichtungen sind aber eher schwach im Vergleich zur Macht der Einzelstaaten oder auch zu einem Bundesstaat. Bsp.: die USA 1776–1787, die Schweiz vor 1848, der Deutsche Bund 1815–1866.
**Staatliche Subventionen:** S. 303
**Stalinismus:** Die unter der Herrschaft Stalins in den 1920er- und 1930er-Jahren in der UdSSR entstandene Staats- und Gesellschaftsordnung. Gestützt auf den zentralistischen Staats- und Parteiapparat war sie durch diktatorische Unterdrückung, Terror und Personenkult gekennzeichnet. Nach 1945 wurde sie auch auf die osteuropäischen Staaten übertragen. Nach Stalins Tod 1953 setzte eine vorsichtige Entstalinisierung ein, allerdings ohne die Grundprinzipien des Stalinismus aufzugeben. Erst die 1985 von Gorbatschow eingeleitete Reformpolitik führte zur Überwindung.
**Staatsstreich in Preußen** (1932): S. 167
**Städtetechnik:** S. 120
**Stadtrecht:** S. 14
**Stalin-Note:** S. 238
**Stand/Stände:** S. 16
**Ständegesellschaft:** S. 16
**Ständewesen:** S. 14
**Stasi:** S. 284
**Statistik:** S. 63
**Straßenkampforganisationen:** S. 157
**Studentenbewegung:** Politische Unruhen, die sich in den 1960er-Jahren an den Hochschulen der USA und anderer westlicher Länder ausbreiteten und sich zunächst v. a. gegen schlechte Studienbedingungen, bald aber gegen soziale und politische Verhältnisse (Vietnamkrieg) richteten. In der Bundesrepublik Deutschland wendeten sich die Proteste insbesondere gegen das Hochschulsystem und gegen die politischen Verhältnisse im eigenen Land. Ideologisch vertrat die Studentenbewegung weitgehend radikal-sozialistische Vorstellungen (siehe auch: außerparlamentarische Opposition).
**Subsistenzwirtschaft:** S. 34

**Tag der Deutschen Einheit** (3. Oktober 1990): S. 279
**Take-off:** Begriff des amerikanischen Wirtschaftshistorikers Walt W. Rostow zur Charakterisierung der Industriellen Revolution; wie beim Start eines Flugzeugs haben danach gewaltige Antriebskräfte die wirtschaftliche Entwicklung derart vorangetrieben, dass der Aufstieg von der weitgehend stagnierenden Agrarwirtschaft zur wachstumsorientierten Industriewirtschaft möglich geworden ist. Das anschließende Wirtschaftswachstum wird mehr oder weniger automatisch aufrechterhalten.
**Territorialstaat:** Entstanden im deutschen Reich seit dem 13. Jh. durch die Zusammenfassung wichtiger Herrschaftsrechte in der Hand der Landesherren. Als Kernstück der Landeshoheit galt in der Frühen Neuzeit die hohe Gerichtsbarkeit. In manchen Territorialstaaten kam es zum Konflikt zwischen den Herrschaftsansprüchen des Landesherrn und den Mitwirkungsrechten der Landstände im Steuer- und Rechtswesen. Typisch für den frühneuzeitlichen Territorialstaat ist der Aufbau einer zentralisierten Verwaltung und das Zurücktreten lehnsrechtlicher Bindungen.
**Tilsit, Friede von:** S. 91
**Tolerierungspolitik:** S. 167
**Totalitäre Herrschaft:** S. 242
**Truman-Doktrin:** S. 237

**Umbruch in Osteuropa** (1989): S. 279
**Umerziehung** (Reeducation): S. 248 f.
**Unehrliche Berufe/Unehrlichkeit:** S. 34
**Unternehmer:** Eine Person, die einen Gewerbebetrieb leitet, d. h. als wirtschaftliches „Unternehmen" führt. In der Industriellen Revolution kam den Leitern der entstehenden Industrieunternehmen immer größere Bedeutung zu. In dieser Phase waren Unternehmer und Kapitalist, d. h. der Eigentümer der Fabrik, der Maschinen usw., meist noch dieselbe Person. Sie entschied über Investitionen, Einstellung und Entlassung der Arbeiter. Später wurden die Rolle des Kapitalbesitzers und die des Unternehmers von verschiedenen Personen oder Personengruppen wahrgenommen, so in der Aktiengesellschaft, die von „Managern" geleitet wird.
**Urbanisierung:** Als umfassender Begriff meint Urbanisierung die Verbreitung städtischer Kultur und Lebensweise über ganze Regionen auch unter Einbeziehung des Landes. Sie ist ein typisches Phänomen der Moderne. Ihre zentralen Merkmale spiegeln sich in der Großstadt: z. B. Massenangebot und Massenkonsum, Geschwindigkeit, Mobilität und Anonymität. Im engeren Sinne meint Urbanisierung auch Verstädterung, bewirkt durch schnelleres Wachstum der Stadtbevölkerung gegenüber langsamerem Wachstum oder gar Stillstand/Rückgang der Landbevölkerung. Die Zusammenballung großer Menschenmassen auf relativ engem Raum förderte verstärkt gegen Ende des 19. Jh. die Entwicklung einer spezifischen städtischen Kultur und Lebensweise.

**Verfassung:** Grundgesetz eines Staates, in dem die Regeln der Herrschaftsausübung und die Rechte und Pflichten der Bürger festgelegt sind. Demokratische Verfassungen beruhen auf der Volkssouveränität und dementsprechend kommt die Verfassung in einem Akt der Verfassungsgebung zustan-

# Begriffslexikon

de, an der das Volk direkt oder durch von ihm gewählte Vertreter (Verfassungsversammlung) teilnimmt. Eine demokratische Verfassung wird in der Regel schriftlich festgehalten (zuerst in den USA 1787), garantiert die Menschenrechte, legt die Verteilung der staatlichen Gewalt (Gewaltenteilung) und das Mitbestimmungsrecht des Volkes (Wahlrecht, Parlament) bei der Gesetzgebung fest.

**Verhältniswahlrecht:** S. 145
**Verlagssystem:** S. 35
**Versailler Vertrag:** S. 138, 140
**Veto:** S. 146
**Vielvölkerstaat:** Bezeichnung für ein staatliches Gemeinwesen, in dem unterschiedliche Völker oder Nationen zusammenleben, die ihre ethnischen oder nationalen Identitäten bewahren. Bsp.: das Zarenreich und österreichisch-ungarische Doppelmonarchie im 19. Jh.
**Völkerbund:** 1919 im Wesentlichen auf Betreiben der USA im Rahmen der Pariser Friedenskonferenz entstandene überstaatliche Organisation zur Friedenswahrung und regulierten Konfliktaustragung. Da die USA aber dann doch nicht beitraten, die Sanktionsmöglichkeiten gegen Brüche des Völkerrechts gering waren und eine nationale Machtpolitik in den meisten Staaten an der Tagesordnung blieb, war der V. in dieser Hinsicht wenig erfolgreich, während er bei humanitären Problemen wichtige Arbeit leistete. Deutschland wurde 1926 aufgenommen und trat 1933 wieder aus.
**Völkermord** (Genozid): S. 208
**Völkisch:** S. 184
**Völkischer Beobachter:** S. 191
**Volksdemokratie:** S. 282
**Volksfrontregierung:** S. 164
**Volksgemeinschaft:** S. 184 ff.
**Volkssouveränität:** Grundprinzip der Legitimation demokratischer Herrschaft, nach dem alle Staatsgewalt vom Volke ausgeht. Entwickelte sich aus der frühneuzeitlichen Naturrechtslehre. Die Ausübung von Herrschaft ist an die Zustimmung des Volkes durch direkte Mitwirkung (Plebiszit) oder durch Wahlen gebunden; setzte sich in der Amerikanischen (1776) und Französischen Revolution (1789) als revolutionäres Prinzip gegen die absolute Monarchie durch. Die Volkssouveränität wird durch die Geltung der Menschen- und Bürgerrechte eingeschränkt.

**Währungsreform:** S. 232
**Wannsee-Konferenz:** S. 210
**Warschauer Vertrag:** S. 298
**Weimarer Koalition:** S. 149
**Weimarer Reichsverfassung:** S. 138, 144
**Weltwirtschaftskrise** (1929): S. 139
**Westbindung:** S. 237
**Westernisierung:** S. 268
**Westintegration:** S. 233
**Widerstand:** S. 204
**Wiederbewaffnung:** S. 255
**Wiedergutmachung:** S. 251
**Wirtschafts-, Währungs- und Sozialunion:** S. 312
**Wirtschaftsgeschichte der SBZ/DDR:** S. 302
**Wirtschaftswunder:** S. 260

**Young-Plan:** Im Mai 1929 legte eine unabhängige Expertenkommission unter Leitung des amerikanischen Finanzfachmanns Owen D. Young einen Plan zur abschließenden Regelung der Reparationsfrage vor. Er setzte die endgültige Reparationssumme mit 112 Milliarden Reichsmark, eine jährliche Durchschnittszahlung von rund 2 Milliarden und damit eine zeitliche Begrenzung auf 59 Jahre fest. Da die Zahlungen geringer ausfielen als nach dem Dawes-Plan, die ausländischen Kontrollen wegfielen und die Alliierten außerdem die vollständige Räumung des Rheinlandes bei Annahme des Plans in Aussicht stellten, war der Plan für Deutschland von Vorteil. Der Reichstag stimmte ihm daher auch mehrheitlich zu. Innenpolitisch aber wurde er von der nationalistischen Rechten (DNVP, Stahlhelm, NSDAP) zur massiven Propaganda gegen die Republik und die sie tragenden Parteien, vor allem in einem Volksbegehren und einem – scheiternden – Volksentscheid, genutzt.

**Zucht- und Arbeitshäuser:** S. 49
**Zunft:** S. 15
**Zusammenbruch der New Yorker Börse** (1929): S. 162
**Zwei-plus-vier-Vertrag:** S. 313
**Zweiter Weltkrieg** (1939–1945): S. 208

# Personenlexikon

Adenauer, Konrad  S. 232, 237
Augspurg, Anita (1857–1943), deutsche Frauenrechtlerin, begründete mit Lida Gustava Heymann 1903 den „Deutschen Verband für Frauenstimmrecht", Mitgründerin und Führerin der „Internationalen Frauenliga für Frieden und Freiheit", 1933 emigriert (siehe: Lida Gustava Heymann).

Bahr, Egon  S. 298
Bayly, Christopher A. (*1945), Professor für Imperial and Naval History an der Cambridge University in Großbritannien.
Bebel, August  S. 102
Beck, Ludwig (1880–1944), General, Widerstandskämpfer, Okt. 1938 wg. Kritik an Hitlers Kriegsvorbereitung Abschied aus dem Militär, von den Verschwörern des 20. Juli 1944 als Staatsoberhaupt vorgesehen.
Biermann, Wolf (*1936), deutscher Liedermacher und Lyriker.
Bismarck, Otto von  S. 103
Bohley, Bärbel (*1945), Bürgerrechtlerin und Malerin, Mitbegründerin des Neuen Forums in der DDR.
Bonhoeffer, Dietrich (1906–1945), ev. Theologe, Widerstandskämpfer, 1931 Studentenpfarrer in Berlin, 1940 Rede-, 1941 Schreibverbot, 1945 im KZ gehängt.
Brandt, Willy  S. 298
Brüning, Heinrich (1885–1970), Infanterieoffizier an der Westfront, Geschäftsführer der Vereinigung der christlichen Gewerkschaften und Referent des preußischen Wohlfahrtsministers Stegerwald, seit 1924 für das Zentrum im Reichstag, 1929 Fraktionsvorsitzender, 1930–1932 Reichskanzler, 1934 Emigration in die USA.
Byrnes, James F. (1879–1972), US-amerik. Politiker (Demokrat), 1945–1947 Außenminister.

Chamberlain, Arthur Neville (1869–1940), brit. Premierminister 1937–1940.
Churchill, Sir Winston (1874–1965), brit. Politiker (liberal, seit 1924 konservativ); 1910 Innenminister, 1917–1929 diverse Ministerämter, 1940–1945 Premier- und Verteidigungsminister; Rücktritt nach der verlorenen Unterhauswahl im Aug. 1945; inspirierte als Oppositionspolitiker die Gründung von NATO und Europarat; 1951–1955 Premierminister; 1953 Literaturnobelpreis, 1956 Karlspreis.

de Gaulle, Charles (1890–1970), frz. General, Politiker, 1940 Exil in London, 1943 Chef der frz. Exilregierung, 1945/46 provisorisches Staatsoberhaupt, 1958–1969 Präsident der Republik; begründete gemeinsam mit Adenauer die dt.-frz. Freundschaft.
de Maizière, Lothar  S. 310

Ebert, Friedrich  S. 145
Erhard, Ludwig  S. 261
Eichmann, Adolf (1906–1962), 1932 NSDAP- und SS-Mitglied, 1939 im Reichssicherheitshauptamt, 1941 Obersturmbannführer und zentraler Organisator der Deportation und Ermordung von 3 Mio. Juden, 1946 Flucht aus der US-Haft nach Argentinien, 1961 von Geheimagenten nach Israel entführt, dort zum Tode verurteilt.
Einstein, Albert  S. 181

Frick, Wilhelm (1877–1946), 1923 Teilnahme am Hitlerputsch, 1933 Reichsinnenminister, an antisemitischen Gesetzen beteiligt, durch Übertragung der Polizeihoheit von den Ländern auf das Reich Schaffung der Grundlage für die Allmacht der SS, 1943 Reichsprotektor in Böhmen und Mähren, 1946 in Nürnberg hingerichtet.
Fugger, Hans  S. 28
Fugger, Jakob  S. 28

Galen, Clemens August Graf von  S. 216
Goebbels, Joseph  S. 191
Gorbatschow, Michail  S. 308
Göring, Hermann  S. 203
Groener, Wilhelm (1867–1939), im Ersten Weltkrieg Leiter des Kriegsamts im Preußischen Kriegsministerium, 1917 gestürzt, im Oktober 1918 Nachfolger Ludendorffs als Erster Generalquartiermeister in der Obersten Heeresleitung, schuf mit Ebert den sog. „Ebert-Groener-Pakt", 1920–1923 Reichsverkehrsminister, parteilos, 1928 Reichswehrminister, 1931 zusätzlich Reichsinnenminister, wurde 1932 vor allem wegen seines SA-Verbots gestürzt.
Gysi, Gregor (*1948), 1990–1998 Vorsitzender der Bundestagsgruppe der PDS, 1998–2000 der PDS-Bundestagsfraktion, seit 2005 gemeinsam mit Oskar Lafontaine Fraktionsvorsitzender der Fraktion „Die Linke" im Bundestag.

Haber, Fritz  S. 180
Hardenberg, Karl August von  S. 91
Heuss, Theodor  S. 250
Heydrich, Reinhard  S. 208
Heymann, Lida Gustava (1868–1943), deutsche Frauenrechtlerin und Pazifistin. Zusammen mit Anita Augspurg gründete sie 1903 den „Deutschen Verein für Frauenstimmrecht", dessen Vorsitz sie bis 1912 innehatte. 1923 forderte sie die Ausweisung Adolf Hitlers aus Deutschland. Bei Hitlers Machtergreifung im Januar 1933 befanden sich Heymann und Augspurg auf einer Auslandsreise, von der sie nicht nach Deutschland zurückkehrten, sondern fortan im Schweizer Exil lebten und sich weiterhin gegen das NS-Regime engagierten.
Himmler, Heinrich  S. 210
Hindenburg, Paul von  S. 145
Hitler, Adolf  S. 190
Hochstetter, Augsburger Patriziergeschlecht, Ulrich v. Hochstetter (1422–1497), Ambrosius Hochstetter der Ältere (1463–1534).
Honecker, Erich  S. 302
Höß, Rudolf  S. 210
Humboldt, Wilhelm von (1767–1835), deutscher Gelehrter und Staatsmann, ab 1809 Leiter des Kultur- und Unterrichtswesens im preußischen Innenministerium, Begründer der Berliner Universität und des neuhumanistischen Gymnasiums in Preußen.

# Personenlexikon

**Jodl, Alfred** (1890–1946), engster militärischer Berater Hitlers, unterzeichnete die Kapitulation, in Nürnberg hingerichtet.

**Keitel, Wilhelm** (1882–1946), 1938 Chef des Oberkommandos der Wehrmacht (OKW), 1940 Generalfeldmarschall, in Nürnberg hingerichtet.

**Kiesinger, Kurt Georg** (1904–1988), 1966–1969 Bundeskanzler, 1967–1971 Bundesvorsitzender der CDU. Er war der erste deutsche Bundeskanzler, der mit einer Großen Koalition regierte, wegen seiner früheren NSDAP-Mitgliedschaft vor allem in linken Kreisen sehr umstritten.

**Kohl, Helmut** S. 312
**Krauß, Georg von** S. 97
**Krenz, Egon** S. 308

**Lassalle, Ferdinand** (1825–1864), Publizist, Politiker und Mitgründer der deutschen Sozialdemokratie, Mitarbeiter bei der „Neuen Rheinischen Zeitung", Lassalle wurde 1863 zum 1. Präsidenten des Allgemeinen Deutschen Arbeitervereins (ADAV) gewählt.

**Legien, Carl** (1861–1920), Gewerkschaftsführer und Politiker (SPD), 1919 Mitbegründer und Vorsitzender des Allgemeinen Deutschen Gewerkschaftsbundes, leitete die Zusammenarbeit zwischen Gewerkschaften und Unternehmern ein, organisierte 1920 den Generalstreik gegen den Kapp-Lüttwitz-Putsch.

**Lenin, Wladimir Iljitsch** (1870–1924), russischer Revolutionär und Politiker, Begründer der Sowjetunion.

**Liebig, Justus** S. 119

**Liebknecht, Karl** (1871–1919), Mitglied des Reichstags und des Preußischen Abgeordnetenhauses für die SPD, Gründer des Spartakusbundes, im Ersten Weltkrieg wegen Hochverrats zu vier Jahren Zuchthaus verurteilt, Ende Oktober 1918 amnestiert, proklamierte am 9. November 1918 die sozialistische Republik, Mitgründer der KPD, wurde am 15. Januar 1919 von Freikorpsangehörigen erschossen.

**Liebknecht, Wilhelm** (1826–1900), deutscher Politiker, Liebknecht gründete 1869 zusammen mit August Bebel die Sozialdemokratische Arbeiterpartei und war Herausgeber des „Vorwärts".

**Luther, Martin** (1483–1546), dt. Reformator, leitete durch seinen Bruch mit der römisch-katholischen Kirche die Reformation ein, die zur konfessionellen Spaltung Deutschlands und Europas führte. Luthers Schriften und vor allem seine Bibelübersetzungen hatten bedeutenden Einfluss auf die Entwicklung der neuhochdeutschen Schriftsprache.

**Luxemburg, Rosa** (1870–1919), SPD-Mitglied auf dem äußersten linken Flügel, 1916 Mitgründerin des Spartakusbundes, 1916 in „Schutzhaft", im November 1918 befreit, Mitgründerin der KPD, am 15. Januar 1919 von Freikorpsangehörigen erschossen.

**Maffei, Joseph Anton von** S. 97
**Malthus, Thomas Robert** S. 123
**Marx, Karl** S. 80
**Modrow, Hans** S. 308
**Montgelas, Joseph Graf von** S. 70

**Nadig, Friederike** (1897–1970), war eine SPD-Politikerin und eine der vier „Mütter des Grundgesetzes".

**Nicolai, Christoph Friedrich** (1733–1811), deutscher Publizist, Kritiker, Schriftsteller und Verleger, einer der wichtigsten Repräsentanten der deutschen Aufklärung in Berlin. Mit seiner publizistischen Tätigkeit als einflussreichster Buchhändler und Verleger verhalf er literaturkritischem Schriftgut der Aufklärung zur Verbreitung, er war ein Freund Lessings und Mendelssohns. Seine Satiren geißelten Werther-Kult oder Sturm-und-Drang-Vorstellungen.

**Otto-Peters, Luise** S. 114

**Papen, Franz von** (1879–1969), Offizier im Ersten Weltkrieg, 1921–1932 Mitglied des Preußischen Abgeordnetenhauses, stand im Zentrum auf dem rechten Flügel, 1932 Reichskanzler, bereitete Machtübernahme der Nationalsozialisten vor, 1933/34 Vizekanzler, dann im diplomatischen Dienst.

**Pettenkofer, Max von** (1818–1901), Begründer der naturwissenschaftlich-experimentellen Hygiene.

**Pieck, Friedrich Wilhelm Reinhold** (1876–1960), Mitbegründer der SED und 1949–1960 der erste und einzige Präsident der DDR.

**Raiffeisen, Friedrich Wilhelm** S. 103f.

**Roosevelt, Franklin Delano** (1882–1945), US-amerik. Jurist, Politiker (Demokrat); 1933–1945 US-Präs.: innenpolitisches Reformprogramm (New Deal), ab 1937 auch außenpolitische Orientierung; gab 1939 zugunsten der Westmächte die Neutralität der USA im Zweiten Weltkrieg auf; 1941: Rede „The Four Freedoms". Proklamierung einer demokratisch privatkapitalistischen Weltordnung in der Atlantik-Charta (1941).

**Roßhaupter, Albert** S. 75

**Salomon, Alice** S. 182

**Scheidemann, Philipp** (1865–1939), SPD, 1903 Mitglied des Reichstags, 1913 einer der drei Fraktionsvorsitzenden, herausragender, populärer Redner, Oktober 1918 Staatssekretär in der Regierung Max von Baden, Mitglied des Rats der Volksbeauftragten, 1919 Reichskanzler, Mitglied des Reichstags, 1919–1925 Oberbürgermeister von Kassel, 1933 Emigration.

**Schleicher, Kurt von** (1882–1934), Berufsoffizier, im Ersten Weltkrieg in der Obersten Heeresleitung, enger Vertrauter von Groener (s. o.), nach der Revolution politischer Referent im Reichswehrministerium, 1929 Leiter des Ministeramtes im Ministerium, zog hinter den Kulissen die Fäden bei den Regierungswechseln 1930 und 1932, 1932/33 kurzzeitig Reichskanzler, am 30.6.1934 im Zuge der „Säuberungen" nach dem sog. „Röhm-Putsch" erschossen.

**Schmid, Carlo** (1896–1979), Politiker (SPD) und Staatsrechtler, gehört zu den Vätern des Grundgesetzes und des Godesberger Programms der SPD, setzte sich für die deutsch-französische Aussöhnung ein. 1966–1969 Bundesminister für Angelegenheiten des Bundesrates und der Länder.

**Scholl, Hans** (1918–1943), Student, Widerstandskämpfer, hingerichtet.

**Scholl, Sophie** (1921–1943), Studentin, Widerstandskämpferin, hingerichtet.

**Schumacher, Kurt** (1895–1952), Politiker (SPD) und Volkswirtschaftler, 1930–1933 Mitglied des Reichstags, 1933–1945 mit kurzen Unterbrechungen in verschiedenen Konzentrationslagern inhaftiert; 1946 Vorsitzender der SPD; er wandte sich nach 1945 gegen die Vereinigung von SPD und KPD im Westen; Schumacher stand der Gründung eines deutschen

Teilstaates im Westen kritisch gegenüber, wirkte aber 1948/1949 im Parlamentarischen Rat maßgeblich an der Ausarbeitung des Grundgesetzes mit; 1949 unterlag er bei der Bundespräsidentenwahl Theodor Heuss, 1949–1952 Mitglied des Bundestages und SPD-Fraktionsvorsitzender.

**Selbert, Elisabeth** (1896–1986), Politikerin und Juristin, Mitglied der SPD seit 1918, eine der vier „Mütter des Grundgesetzes", trug maßgeblich dazu bei, dass Gleichberechtigungsbestimmungen ins Grundgesetz aufgenommen wurden.

**Smith, Adam** (1723–1790), brit. Nationalökonom und Philosoph, Begründer der klassischen Nationalökonomie, entwickelte ein einheitliches System der liberalen Wirtschaftslehre. Im Gegensatz zum Merkantilismus und Physiokratismus betrachtete er menschliche Arbeit und Arbeitsteilung als Quellen des Wohlstands. Voraussetzung für die Arbeitsteilung ist ein funktionierender Marktmechanismus, der über den Marktpreis Angebot und Nachfrage ausgleicht. Die treibende Kraft aller wirtschaftlichen Vorgänge sei der Eigennutz. Smith forderte Freihandel, Handels- und Gewerbefreiheit sowie weitgehende Zurückhaltung des Staates.

**Speer, Albert** (1905–1981), Architekt, Politiker, setzte Hitlers architektonische Herrschaftsvorstellungen um, 1942 Reichsminister für Bewaffnung und Munition, 1946 im Nürnberger Prozess zu 20 Jahren Haft verurteilt.

**Stalin, Josef** (1879–1953), sowj. Politiker, 1929–1953 auf Polizei und Terror gestützte kommunistische Parteidiktatur

**Stauffenberg, Claus Schenk Graf von** (1907–1944), Offizier, anfängliche Begeisterung für den Nationalsozialismus, Entsetzen über Polen- und Russlandfeldzüge, 1943 Chef des Stabes beim Allgemeinen Heeresamt, Bündelung des Widerstandes und Durchführung des Attentats vom 20. Juli 1944, noch am selben Tag standrechtlich erschossen.

**Stein, Karl Freiherr vom und zum** S. 91 f.

**Stresemann, Gustav** (1878–1929), dt. Politiker (Nationalliberaler), Gründer der Deutschen Volkspartei im Nov. 1918, Reichskanzler 1923, Außenminister 1923–1929; erhielt 1926 gemeinsam mit dem französischen Außenminister Aristide Briand den Friedensnobelpreis.

**Thaer, Albrecht Daniel** S. 119

**Thälmann, Ernst** (1886–1944) 1925–1933 Vorsitzender der KPD, 1925 und 1932 kommunistischer Reichspräsidentschaftskandidat; betrieb eine vollständige Unterordnung der KPD unter die sowjetische Politik; 1933–1944 im KZ; auf direkten Befehl Hitlers ermordet.

**Truman, Harry S.** (1884–1972), US-amerik. Politiker (Demokrat); US-Präs. 1945–1953; suchte seit 1947 der sowj. Expansion mit der Eindämmungspolitik (Containment) entgegenzutreten (Truman-Doktrin); veranlasste den Eintritt der USA in den Koreakrieg 1950.

**Ulbricht, Walter** S. 280

**Weber, Helene** (1881–1962), 1919/20 und 1924–1933 MdR (Zentrum); seit 1949 MdB (CDU), im Parlamentarischen Rat als eine der vier „Mütter des Grundgesetzes" Schriftführerin und Mitglied des Präsidiums. Gründerin und Vorsitzende des Berufsverbands katholischer Fürsorgerinnen; 1952 1. Vorsitzende des Müttergenesungswerks.

**Welser, Bartholomäus** (1484–1561), Augsburger Patrizier. Die Welser sind seit dem 13. Jh. in Augsburg urkundlich bezeugt und erlangten durch Handel und Bergbau Reichtum und internationale Geltung.

**Wessel, Helene** (1898–1969), seit 1915 aktives Mitglied des katholischen Zentrums, 1928–1933 im Preußischen Landtag, 1949–1951 Vorsitzende der Deutschen Zentrumspartei, damit die erste Frau an der Spitze einer Partei in Deutschland und die erste weibliche Fraktionsvorsitzende. Sie wurde in den Parlamentarischen Rat gewählt und ist damit eine der vier „Mütter des Grundgesetzes". 1952–1957 Vorstandsmitglied der Gesamtdeutschen Volkspartei, ab 1957 SPD-Mitglied.

**Westenrieder, Lorenz** S. 37

# Literaturhinweise

### Historische Handbücher und Nachschlagewerke
Siehe die Literaturhinweise zum W-Seminar im Anhang, S. 342.

### Bayerische Landesgeschichte
Siehe die Literaturhinweise zum W-Seminar im Anhang, S. 343.

### Kapitel 1:
### Ständegesellschaft
*Bauer, Richard,* Geschichte Münchens. Sonderausgabe: Vom Mittelalter bis zur Gegenwart, C. H. Beck, München 2008.
*Bauer, Richard u. Brenner, Michael (Hg.),* Jüdisches München. Vom Mittelalter bis zur Gegenwart, C. H. Beck, München 2006.
*Bauer, Richard u. Piper, Ernst,* Kleine Geschichte Münchens, dtv, München 2008.
*Dipper, Christoph,* Moderne deutsche Geschichte 1648–1789, Wissenschaftliche Buchgesellschaft, Darmstadt 1997.
*Duchhardt, Heinz,* Barock und Aufklärung. Das Zeitalter des Absolutismus, Oldenbourg, 4. Aufl., München 2007.
*Dülmen, Richard van,* Entstehung des frühneuzeitlichen Europa 1550–1648, Fischer, Frankfurt/Main 2003 (= Fischer Weltgeschichte Bd. 24).
*Dülmen, Richard van,* Kultur und Alltag in der Frühen Neuzeit, 3 Bde. C. H. Beck, München 2005.
*Geschichte der Stadt Würzburg,* 3 Bde., Theiss, Stuttgart 2001–2007.
*Goertz, Hans-Jürgen,* Deutschland 1500–1648. Eine zertrennte Welt, Schöningh, Paderborn 2004.
*Henning, Friedrich-Wilhelm,* Das vorindustrielle Deutschland 800 bis 1800. Wirtschafts- und Sozialgeschichte Schöningh, 5. Aufl., Paderborn 1995.
*Käppner, Joachim, Görl, Wolfgang u. Mayer, Christian (Hg.),* München. Die Geschichte der Stadt, Süddeutsche Zeitung, München 2008.
*Meuthen, Erich,* Das 15. Jahrhundert, Oldenbourg, 4. Aufl., München 2006.
*Münch, Paul,* Lebensformen in der Frühen Neuzeit, 1500–1800, Ullstein, Berlin 1998.
*Panzer, Marita u. Plößl, Elisabeth (Hg.),* Bavarias Töchter. Frauenportraits aus fünf Jahrhunderten, Friedrich Pustet, Regensburg 1997.
*Roeck, Bernd,* Geschichte Augsburgs, C. H. Beck, München 2005.
*Rosseaux,* Städte in der Frühen Neuzeit, Wissenschaftliche Buchgesellschaft, Darmstadt 2006.
*Sachße, Christoph u. Tennstedt, Florian,* Geschichte der Armenfürsorge in Deutschland, Bd. 1: Vom Spätmittelalter bis zum I. Weltkrieg, 2. Aufl., Kohlhammer, Stuttgart 1998.
*Schilling, Heinz,* Aufbruch und Krise. Deutschland 1517–1648, Goldmann, München 1998.
*Schulze, Winfried,* Einführung in die Neuere Geschichte, 4. Aufl., UTB, Stuttgart 2002.
*Stollberg-Rillinger, Barbara,* Europa im Jahrhundert der Aufklärung, Reclam, Stuttgart 2000.
*Völker-Rasor, Annette (Hg.),* Frühe Neuzeit. Oldenbourg Geschichte Lehrbuch, 2. Aufl., Oldenbourg, München 2006.
*Vovelle, Michel (Hg.),* Der Mensch der Aufklärung, Fischer, Frankfurt/Main 1998.
*Wunder, Heide,* „Er ist die Sonn, sie ist der Mond". Frauen in der frühen Neuzeit, C. H. Beck, München 1992.
*Zorn, Wolfgang,* Augsburg. Geschichte einer europäischen Stadt. Von den Anfängen bis zur Gegenwart, 4. Aufl., Wißner, Augsburg 2001.

### Kapitel 2:
### Industriegesellschaft
*Brüggemeier, Franz-Josef u. Toyka-Seid, Michael (Hg.),* Industrie – Natur. Lesebuch der Umwelt im 19. Jahrhundert, Campus, Frankfurt/Main 1995.
*Demel, Walter u. Kramer Ferdinand (Hg.),* Adel und Adelskultur in Bayern, C. H. Beck, München 2008.
*Eiber, Ludwig, Riepertinger, Rainhard u. Brockhoff, Evamaria (Hg.),* Acht Stunden sind kein Tag. Geschichte der Gewerkschaften in Bayern, Haus der Bayerischen Geschichte, Augsburg 1997.
*Hahn, Hans-Werner,* Die Industrielle Revolution in Deutschland, Oldenbourg, 2. Aufl., München 2005.
*Henning, Friedrich-Wilhelm,* Die Industrialisierung in Deutschland 1800–1914, UTB, 9. Aufl., Paderborn 1995.
*Hentschel, Volker,* Geschichte der deutschen Sozialpolitik 1880–1980, Suhrkamp, 4. Aufl., Frankfurt/Main 1991.
*Jeismann, Michael (Hg.),* Das 19. Jahrhundert. Aufbruch in die Moderne, C. H. Beck, München 2000.
*Kiesewetter, Hubert,* Industrielle Revolution in Deutschland 1815–1914, Suhrkamp, 3. Aufl., Frankfurt/Main 1996.
*Kocka, Jürgen,* Arbeitsverhältnisse und Arbeiterexistenzen. Grundlagen der Klassenbildung im 19. Jahrhundert, J. H. W. Dietz Nachf., Bonn 1990.

# Literaturhinweise

*Kraus, Werner (Hg.),* Schauplätze der Industriekultur in Bayern, Schnell und Steiner, Regensburg 2006.
*Nipperdey, Thomas,* Deutsche Geschichte 1800–1866. Bürgerwelt und starker Staat, C. H. Beck, München 1983.
*Nipperdey, Thomas,* Deutsche Geschichte 1866–1918, 2 Bde., C. H. Beck, München 1990 u. 1992.
*Pierenkemper, Toni,* Umstrittene Revolutionen. Die Industrialisierung im 19. Jahrhundert, Fischer, Frankfurt/Main 1996.
*Pohlmann, Friedrich,* Die europäische Industriegesellschaft, UTB, Opladen 1997.
*Reulecke, Jürgen,* Geschichte der Urbanisierung in Deutschland, Suhrkamp, 3. Aufl., Frankfurt/Main 1992.
*Ruppert, Wolfgang,* Die Fabrik. Geschichte von Arbeit und Industrialisierung in Deutschland, C. H. Beck, München 1983.
*Schulze, Hagen,* Phoenix Europa. Die Moderne. Von 1740 bis heute, Siedler, Berlin 1998.
*Siemann, Wolfram,* Vom Staatenbund zum Nationalstaat. Deutschland 1806–1871, C. H. Beck, München 1995.
*Ullrich, Volker,* Die nervöse Großmacht 1871–1918, C. H. Beck, München 1997.
*Wehler, Hans-Ulrich,* Deutsche Gesellschaftsgeschichte, Bde. 2 u. 3, C. H. Beck, München 1987 u. 1995.
*Zwehl, Konrad von u. a. (Hg.),* Aufbruch ins Industriezeitalter, Bd. 3: Quellen zur Wirtschafts- und Sozialgeschichte Bayerns vom ausgehenden 18. bis zur Mitte des 19. Jahrhunderts, Oldenbourg, München 1985.
*Siehe auch die Literaturhinweise zu Kapitel 1.*

## Kapitel 3:
### Weimarer Republik

*Kolb, Eberhard,* Der Frieden von Versailles, C. H. Beck, München 2005.
*Kolb, Eberhard,* Die Weimarer Republik, Oldenbourg, 6. Aufl., München 2002.
*Longerich, Peter,* Deutschland 1918–1933. Die Weimarer Republik, Fackelträger, Hannover 1995.
*Mommsen, Hans,* Aufstieg und Untergang der Republik von Weimar 1918–1933, Propyläen, Berlin 1998.
*Wehler, Hans-Ulrich,* Deutsche Gesellschaftsgeschichte, Bd. 4, C. H. Beck, München 2003.
*Winkler, Heinrich August,* Der lange Weg nach Westen, Bd. 1: Deutsche Geschichte vom Ende des Alten Reiches bis zum Untergang der Weimarer Republik, C. H. Beck, München 2000.
*Wirsching, Andreas,* Die Weimarer Republik. Politik und Gesellschaft (= Enzyklopädie deutscher Geschichte, Bd. 58), Oldenbourg, 2., erw. Aufl., München 2008.

*Wolfrum, Edgar (Hg.),* Die Deutschen im 20. Jahrhundert, Primus, Darmstadt 2004.

## Kapitel 4:
### Nationalsozialismus

*Aly, Götz (Hg.),* „Aktion T4" 1939–1945. Die „Euthanasie"-Zentrale in der Tiergartenstraße 4, Berlin 1987.
*Aly, Götz,* Hitlers Volksstaat. Raub, Rassenkrieg und nationaler Sozialismus, Fischer, 4. Aufl., Frankfurt/Main 2005.
*Bajohr, Frank u. Pohl, Dieter,* Der Holocaust als offenes Geheimnis. Die Deutschen, die NS-Führung und die Alliierten, C. H. Beck, München 2006.
*Bastian, Till,* Sinti und Roma im Dritten Reich. Geschichte einer Verfolgung, C. H. Beck, München 2001.
*Benz, Wolfgang,* Der Holocaust, C. H. Beck, München 1995.
*Dörner, Bernward,* Die Deutschen und der Holocaust. Was niemand wissen wollte, aber wissen konnte, Propyläen, Berlin 2007.
*Frei, Norbert,* Der Führerstaat. Nationalsozialistische Herrschaft 1933 bis 1945, dtv, 7. Aufl., München 2002.
*Frei, Norbert,* 1945 und Wir. Das Dritte Reich im Bewusstsein der Deutschen, C. H. Beck, München 2005, S. 107–128.
*Friedländer, Saul,* Das Dritte Reich und die Juden. Die Jahre der Verfolgung 1933–1939, dtv, München 2000.
*Friedländer, Saul,* Das Dritte Reich und die Juden. Die Jahre der Vernichtung 1939–1945, C. H. Beck, München 2006.
*Hehl, Ulrich von,* Nationalsozialistische Herrschaft, Oldenbourg, 2. Aufl., München 2001.
*Herbst, Ludolf,* Das nationalsozialistische Deutschland 1933–1945, Suhrkamp, Frankfurt/Main 1996.
*Hildebrand, Klaus,* Das Dritte Reich, Oldenbourg, 6. Aufl., München 2003.
*Kalter, Michael H.,* Hitler-Jugend, Darmstadt 2005.
*Kershaw, Ian,* Der Hitler-Mythos. Führerkult und Volksmeinung, dtv, München 2002.
*Kershaw, Ian,* Der NS-Staat. Geschichtsinterpretationen und Kontroversen im Überblick, Rowohlt, 4. Aufl., Reinbek bei Hamburg 2006.
*Klee, Ernst,* „Euthanasie" im NS-Staat. Die „Vernichtung lebensunwerten Lebens", Frankfurt am Main 1985.
*Lewy, Günter,* Rückkehr nicht erwünscht. Die Verfolgung der Zigeuner im Dritten Reich, Propyläen, Berlin 2001.
*Longerich, Peter,* „Davon haben wir nichts gewusst!" Die Deutschen und die Judenverfolgung 1933–1945, Siedler, München 2006.

# Literaturhinweise

*Longerich, Peter,* Politik der Vernichtung. Eine Gesamtdarstellung der nationalsozialistischen Judenverfolgung, Piper, München 1998.
*Mommsen, Hans,* Aufstieg und Untergang der Republik von Weimar 1918–1933, Propyläen, Berlin 1998.
*Müller-Kipp, Gisela,* „Der Führer braucht mich". Der Bund Deutscher Mädel (BDM), Weinheim 2007.
*Pohl, Dieter,* Verfolgung und Massenmord in der NS-Zeit 1933–1945, Wissenschaftliche Buchgesellschaft, Darmstadt 2003.
*Reinke, Andreas,* Geschichte der Juden in Deutschland 1781–1933, Wissenschaftliche Buchgesellschaft, Darmstadt 2007.
*Rosenthal, Jacob,* „Die Ehre des jüdischen Soldaten". Die Judenzählung im Ersten Weltkrieg und ihre Folgen, Campus, Franfurt/Main 2007.
*Steinbacher, Sybille,* Auschwitz. Geschichte und Nachgeschichte, C. H. Beck, München 2004.
*Süß, Dietmar (Hg.),* Das „Dritte Reich". Eine Einführung, Pantheon, München 2008.
*Wehler, Hans-Ulrich,* Deutsche Gesellschaftsgeschichte, Bd. 4, C. H. Beck, München 2003.
*Wendt, Bernd Jürgen,* Deutschland 1933–1945. Das „Dritte Reich", Fackelträger, Hannover 1995.
*Wildt, Michael,* Geschichte des Nationalsozialismus, Vandenhoeck & Ruprecht, Göttingen 2008.
*Wildt, Michael,* Volksgemeinschaft als Selbstermächtigung. Gewalt gegen Juden in der deutschen Provinz 1919 bis 1939, Hamburger Edition, Hamburg 2007.
*Winkler, Heinrich August,* Der lange Weg nach Westen, Bd. 1: Deutsche Geschichte vom Ende des Alten Reiches bis zum Untergang der Weimarer Republik, C. H. Beck, München 2000.
*Wolfrum, Edgar (Hg.),* Die Deutschen im 20. Jahrhundert, Primus, Darmstadt 2004.
*Zimmermann, Moshe,* Die deutschen Juden 1914–1945, Oldenbourg, München 1997.

## Kapitel 5 und 6:
### Bundesrepublik Deutschland und DDR

*Abelshauser, Werner,* Deutsche Wirtschaftsgeschichte seit 1945, Bundeszentrale für politische Bildung, Bonn 2004, S. 345.
*Bauerkämper, Arnd,* Gemeinsam getrennt. Deutschland 1945–1990, Wochenschau, Schwalbach/Ts. 2004.
*Doering-Manteuffel, Anselm,* Wie westlich sind die Deutschen? Amerikanisierung und Westernisierung im 20. Jahrhundert, Vandenhoeck & Ruprecht, Göttingen 1999.
*Geppert, Dominik,* Die Ära Adenauer, Wissenschaftliche Buchgesellschaft, 2. Aufl., Darmstadt 2007.
*Görtemaker, Manfred,* Kleine Geschichte der Bundesrepublik Deutschland, C. H. Beck, München 2002.
*Haftendorn, Helga,* Deutsche Außenpolitik zwischen Selbstbeschränkung und Selbstbehauptung 1945–2000, Deutsche Verlags-Anstalt, Stuttgart 2001.
*Jarausch, Konrad,* Die Umkehr. Deutsche Wandlungen 1945–1995, Deutsche Verlagsanstalt, München 2004.
*Kaminsky, Annette,* Wohlstand, Schönheit, Glück. Kleine Konsumgeschichte der DDR, C. H. Beck, München 2001.
*Kielmansegg, Peter Graf,* Das geteilte Land. Deutsche Geschichte 1945–1990, Pantheon, München 2007.
*Kleinschmidt, Christian,* Konsumgesellschaft, Vandenhoeck & Ruprecht, Göttingen 2008.
*Kleßmann, Christoph,* Die doppelte Staatsgründung. Deutsche Geschichte 1945–1955, Vandenhoeck und Ruprecht, 5. Aufl., Göttingen 1991.
*Kleßmann, Christoph,* Zwei Staaten, eine Nation. Deutsche Geschichte 1955–1970, Bundeszentrale für politische Bildung, 2. Aufl., Bonn 1997.
*Kossert, Andreas,* Kalte Heimat. Die Geschichte der deutschen Vertriebenen nach 1945, Siedler, München 2008.
*Lappenküper, Ulrich,* Die Außenpolitik der Bundesrepublik Deutschland 1949 bis 1990, Oldenbourg, München 2008.
*Ritter, Gerhard A.,* Über Deutschland. Die Bundesrepublik in der deutschen Geschichte, C. H. Beck, München 1998.
*Schildt, Axel,* Ankunft im Westen. Ein Essay zur Erfolgsgeschichte der Bundesrepublik, Fischer, Frankfurt/Main 1999.
*Schildt, Axel,* Die Sozialgeschichte der Bundesrepublik Deutschland bis 1989/90, Oldenbourg, München 2007.
*Schildt, Axel,* Sind die Westdeutschen amerikanisiert worden?, in: Aus Politik und Zeitgeschichte, Heft 50, 2000.
*Schöllgen, Gregor,* Die Außenpolitik der Bundesrepublik Deutschland. Von den Anfängen bis zur Gegenwart, C. H. Beck, München 1999.
*Schroeder, Klaus,* Der SED-Staat. Partei, Staat und Gesellschaft 1949–1990, Propyläen Taschenbuch, München 2000.
*Schroeder, Klaus,* Die veränderte Republik. Deutschland nach der Wiedervereinigung, Verlag Ernst Vögel, München 2006.
*Steiner, André,* Von Plan zu Plan. Eine Wirtschaftsgeschichte der DDR, Aufbau, Berlin 2007.
*Steininger, Rolf,* Deutsche Geschichte. Darstellung und Dokumente in vier Bänden, Fischer Taschenbuch Verlag, Frankfurt/Main 2002.
*Weber, Hermann,* Die DDR 1945–1990, Oldenbourg, 4. Aufl., München 2006.

*Wehler, Hans-Ulrich,* Deutsche Gesellschaftsgeschichte, Bd. 5: Von der Gründung der beiden deutschen Staaten bis zur Vereinigung 1949–1990, C. H. Beck, München 2008.

*Winkler, Heinrich August,* Der lange Weg nach Westen, Bd. 2: Deutsche Geschichte vom „Dritten Reich" bis zur Wiedervereinigung, C. H. Beck, 4. Aufl., München 2002.

*Wittenburg, Siegfried u. Wolle, Stefan,* Die sanfte Rebellion der Bilder. DDR-Alltag in Fotos und Geschichten, Wissenschaftliche Buchgesellschaft, Darmstadt 2008.

*Wolfrum, Edgar,* Die DDR. Eine Geschichte in Bildern, Wissenschaftliche Buchgesellschaft, Darmstadt 2008.

*Wolfrum, Edgar (Hg.),* Die Deutschen im 20. Jahrhundert, Primus, Darmstadt 2004.

*Wolfrum, Edgar,* Die geglückte Demokratie. Geschichte der Bundesrepublik von ihren Anfängen bis zur Gegenwart, Klett-Cotta, Stuttgart 2006.

*Wolfrum, Edgar,* Die 50er Jahre. Kalter Krieg und Wirtschaftswunder, Wissenschaftliche Buchgesellschaft, Darmstadt 2006.

*Wolfrum, Edgar,* Die 60er Jahre. Eine dynamische Gesellschaft, Wissenschaftliche Buchgesellschaft, Darmstadt 2006.

*Wolle, Stefan,* Die heile Welt der Diktatur. Alltag und Herrschaft in der DDR 1971–1989, Econ & List, München 1999.

## Lösungshinweise zur Methodenseite „Geschichtskarten interpretieren" (S. 78 f.)

**1. Formale Merkmale**
- Kartentitel: Die industrielle Entwicklung in Mitteleuropa 1830–1914
- Farbgebung: Hervorhebung der Industriegebiete 1830, 1850 und 1914 durch gelbe bzw. braune Flächenfarben; Städte ab 50 000 Einwohner rot
- Signaturen:
    - rote Linie: Grenze des Deutschen Bundes 1850 bzw. Grenze des Deutschen Reiches 1910
    - (rote) Kreise, Quadrate, Flächen markieren Städte und ihre Größe
    - blaue Jahreszahlen: Eröffnungsdatum eines Kanals
    - hellrote Signatur mit Jahreszahl: Arbeiteraufstände und Streiks („Flamme") bzw. Gründungen von Arbeiterparteien (Kreis mit Hammer)
    - verschiedene Signaturen für Bergbau und Industriebranchen: gkreuzter Hammer in Kreis: Kohleförderung; chemisches Zeichen für Eisen (Fe) bzw. Kupfer (Cu): Eisenerz- bzw. Kupfererzförderung; „Turm": Erdölförderung; „Fabrik": Hüttenindustrie; Zahnrad: Maschinenindustrie; Stoffbahn: Textilindustrie, „Tropfen": chemische Industrie

**2. Karteninhalt**
- Gegenstand: Industrialisierung Mitteleuropas, Struktur der Industrie, Urbanisierung, Entwicklung der Arbeiterbewegung
- Zeit: Zeitraum von 1850 bis 1914, d.h. Phase der Hochindustrialisierung; beide Karten enthalten eine Mischung aus dynamischen und statischen Elementen (obere Karte → dynamisch: Entwicklung der Industriegebiete, → statisch: Standorte der Bergbau- und Industriezentren 1850; untere Karte → dynamisch: Eröffnung von Kanälen und Gründung von Arbeiterparteien, → statisch: Industriegebiete 1914)
- Raum: Mitteleuropa (Ausschnitt) → Deutsches Reich und Nachbarländer
- Kartentyp: thematische Karte → Wirtschaftsgeschichte

**3. Interpretation**
- Entwicklung industrieller Zentren zwischen 1830 und 1914
- Konzentration der Industrie um Großstädte bzw. in Regionen mit Rohstoffvorkommen ab der zweiten Hälfte des 19. Jahrhunderts
- Spezialisierung von Industrieregionen auf die Herstellung bestimmter Güter, in Bayern: z.B. Maschinenindustrie in Augsburg, München, Nürnberg, Fürth
- Verstädterung der Industrieregionen
- Flüsse und Kanäle fördern industrielle Entwicklung
- Entwicklung der Arbeiterbewegung: mit der Ausweitung der Industrialisierung nehmen Parteigründungen, Arbeiteraufstände und Streiks zu

**4. Kartenkritik**
Fehlende zeitliche und räumliche Aspekte:
- Ansiedlung einzelner Industriebranchen in verschiedenen Regionen werden nicht durch Jahreszahlen ergänzt
- andere mitteleuropäische Länder sind nur in Teilen abgebildet, möglicherweise fehlen bedeutende Industriezentren (z.B. in Frankreich), ein Vergleich ist daher schwierig

**5. Fazit**
Die thematische Karte zeigt einen zeitlichen und räumlichen Ausschnitt der industriellen Entwicklung Mitteleuropas in der zweiten Hälfte des 19. Jahrhunderts. Große Unterschiede und Ungleichzeitigkeiten bei der Durchsetzung industrieller Wirtschaftsformen in Mitteleuropa werden deutlich. Bereits bestehende industrielle Zentren (Ruhrgebiet, Nordfrankreich und Belgien; sächsische Bergbauregion) mit unterschiedlichen Industriebranchen zeigen, dass sich Mitteleuropa nach 1850 in der Phase der Hochindustrialisierung befindet. Die Karte bietet neben wirtschaftsgeschichtlichen auch sozialgeschichtliche Informationen: Sie stellt einen Zusammenhang zwischen fortschreitender Industrialisierung und der Organisation der Arbeiter in Parteien her: Treten in der ersten Hälfte des 19. Jahrhunderts nur vereinzelt Arbeiteraufstände bzw. Streiks auf (v.a. in Gebieten mit Textilindustrie wie Schlesien und der Gegend um Reims), nimmt deren Häufigkeit in der zweiten Hälfte des 19. Jahrhunderts bzw. zu Anfang des 20. Jahrhunderts in den sich bildenden Industriegebieten zu. Diese Zunahme lässt zum einen auf schlechte Arbeitsbedingungen und große Unzufriedenheit sowie zum anderen auf ein wachsendes Selbstbewusstsein der Arbeiterschaft schließen.

# Register

## A
Abdankung 152
Abelshauser, Werner 231
Abhängigkeit, persönliche 91
Abrüstung, Rüstungskontrolle 313
Adel, Aristokratie 14, 17, 42f., 72, 74
Adenauer, Konrad 135, 232f., 237f., 243, 250, 268, 274, 292, 297
ADF (Allgemeiner Deutscher Frauenverein) 115
Agitation 141, 163
Agrargesellschaft, vormoderne 22
Agrarische Bevölkerungswelle 123
Agrarreform 87, 92
Alldeutscher Verband 181
Alleinvertretungsanspruch 292, 322
Allemand, Peter René 268
Allgemeiner Deutscher Arbeiterverein 102
Allgemeiner Deutscher Gewerkschaftsbund (ADGB) 154
Allianz für Deutschland 309
Alliierte 140ff., 162, 234, 242, 248, 250
Alliierter Kontrollrat 235
Allmende 22
Almosen 47f., 66
Amerikanisierung 268
Amnestie 249
Anerbenrecht 23
Antikommunismus, Antimarxismus 135, 255, 274
Antisemitismus 178, 180ff., 184ff., 197f., 228
– „Antisemitismus der Tat" 187
Antitotalitärer Geist 242
Anzeigepflicht 54
April-Boykott (1933) 197, 228
Arbeiter- und Bauernstaat 135, 282
Arbeiter, Arbeiterbewegung 10, 71ff., 77, 80, 82ff., 101ff., 126, 133, 146, 153f., 270
Arbeiterbildungsverein 103
Arbeitslosigkeit 80, 139, 153, 162ff.
Arendt, Hannah 252
Arisch 184
„Arierparagraf" (Gesetz zur Wiederherstellung des Berufsbeamtentums vom 7. April 1933) 197
Arisierungen 203, 228
Armenwesen, städtisches 47
Armut 47f.
Articles of Confederation
Artikel 48 145f., 166, 174, 244
Assimilation 73
Atlantik-Charta 236
Augsburg 27ff., 59, 66
Augspurg, Anita 115ff.
Auschwitz-Birkenau 208, 210
Ausreisewelle 285
Armenfürsorge 9, 48, 66
Auswanderung 72, 81
Auswanderungsverbot 210

## B
Bahr, Egon 297f., 300
Bahro, Rudolf 285
Bankenkrise 162
Bauern/bäuerliche Bevölkerung 18, 22, 34, 66, 72, 104, 126
Bauernbefreiung 87, 89, 92
Baumgart, Winfrid 140
Bausoldaten 285
Bayern 16, 34ff., 63, 73, 95ff., 126
BDF (Bund Deutscher Frauenvereine) 115
BDM (Bund Deutscher Mädel) 192
Beamte 18, 44, 149, 156f., 167, 245
Bebel, August 102, 116
Bedingungslose Kapitulation 179, 234, 274, 280
Bekenntnis zur deutschen Nation 294

Belzec 210
Berlin-Blockade 237, 242, 255
Berliner Mauer 135, 278, 284, 292f., 308, 312
Berliner Sektoren 235, 237
Besatzungsherrschaft/-macht 135, 234, 281
Besatzungszonen 232, 235
– östliche Besatzungszone 255
– Westzonen 235, 274
Bettelzeichen 47
Bettler 28, 47f., 66
Bevölkerungsentwicklung 11, 47, 63f., 66, 80, 82, 91, 123f., 126
Biermann, Wolf 285
Bildungswesen 114, 126, 132
Binnenwanderung 81
Bismarck, Otto von 103
Bizone 236
Blickle, Peter 53
Blockparteien 283, 294, 308f.
Bodenreform, DDR 280
Börsenkrise 162
Bosch, Carl 180
Bosl, Karl 95
Bourgeoisie 73
Brandt, Willy 292, 295, 297ff., 312
Bretton-Woods-System 262
Browning, Christopher 209
Brüning, Heinrich 151, 153, 166f.
Bundeshauptstadt 243
Bundeskanzler 244
Bundesländer/Länder 146
Bundespräsident 243
Bundesrepublik 132, 134f., 230–275
Bundesverfassungsgericht 245
Bundesversammlung 244
Bündnis 90 309
Bürger 14, 53
Bürgerliche Eigentümergesellschaft 72
Bürgerrecht 17
Bürgerrechtsbewegung 307, 309, 322
Bürgertum 8, 70, 73, 103, 115, 126, 157
Bürokratisierung 48
Bush, George (sen.) 313
BVP (BayerischeVolkspartei) 148f., 166f.
Byrnes, James F. 236, 240

## C
Calvinisten 56
CDU/CSU (Christlich Demokratische Union/Christlich-Soziale Union) 309
Centralverein deutscher Staatsbürger jüdischen Glaubens (CV) 182
Chelmno 210
Christentum 14
Christlich-liberale Koalition (1982–1998) 293
Churchill, Winston 234f.

## D
DAF (Deutsche Arbeitsfront) 185
DAP (Deutsche Arbeiterpartei) 149
DDP (Deutsche Demokratische Partei) 148f., 166
DDR 132, 135, 255, 276–323
DDR-Identität 316
Demokratie 132ff., 138, 140ff., 144f., 146, 148, 152, 156, 162ff., 166, 168, 170, 174, 180, 228, 282, 307
– „Demokratie ohne Demokraten" 132
– Parlamentarische Demokratie 138, 141, 146, 148f., 152f., 156f., 163, 174, 236, 322
– Moderne westliche Demokratie 249, 282, 292
– Streitbare, wehrhafte Demokratie 135, 242, 245, 274
Demokratie Jetzt 309
Demokratische Soziale Union 309
Demokratischer Aufbruch 309

Demokratischer Zentralismus 283
Denkmal 317
Deportation 184, 203, 208ff.
Deutsch-deutsche Beziehungen 293, 297, 299
Deutsche Bundesbank 262
Deutsche Einheit 310, 313, 317
Deutsche Frage 238, 278, 293
Deutsche Teilung 293, 300, 312ff.
Deutscher Bund 87
Deutscher Volksrat 281
Deutscher Zollverein 87, 95
Deutschlandpolitik 236, 274, 292, 297, 299
Deutschvölkischer Schutz- und Trutzbund 181
Dienstmädchen 114
Diktatur 132ff.
– Kommunistische 132, 282, 303, 316
– Nationalsozialistische Diktatur 162, 168, 170
– Sozialistische Diktatur 135
Diskriminierung 196ff., 204
Displaced persons 260
Dissidenten 284
DNVP (Deutschnationale Volkspartei) 148ff., 151, 157f., 166, 168
Dolchstoßlegende 141, 181
Dorfgemeinde 22, 48, 66
Dragoner 54
Dreißigjähriger Krieg (1618–48) 11, 23, 28, 53, 60, 63
Drittes Reich 178
Dualismus 146
Düring, Karl Eugen 187
DVP (Deutsche Volkspartei) 148f., 151, 166

## E
Ebert, Friedrich 144, 152f.
Ebert-Groener-Abkommen 152f.
EG (Europäische Gemeinschaft) 302
EGKS (Europäische Gemeinschaft für Kohle und Stahl) 238
Ehe 43
Eindämmungspolitik 237
„Eingliederung" Österreichs und des Sudetenlandes 192
Einheitsliste 281, 283
131er-Gesetz 249
Einparteienstaat 236, 322
Einstein, Albert 181
Eisenbahnbau 97, 126
Eisler, Kurt 181
Elektrifizierung 97
Emanzipation 104, 114
Emanzipationsedikt (1812) 92
Emigration 204
Engels, Friedrich 110f.
England 91, 95
Enteignungen 146, 156, 202f., 280
Entnazifizierung 134, 232, 248f., 274
Entproletarisierung 270
Entrechtung 202, 204
Entspannungspolitik 255, 279, 299f., 302
Erfüllungspolitik 142,
Erfurter Programm 116
Erhard, Ludwig 260
Ermächtigungsgesetz 178
Ernährungslage 11, 118f., 123f., 126
Erzberger, Matthias 142
Europäische Integration 263
Euthanasie 216
EWG (Europäische Wirtschaftsgemeinschaft) 238, 263
Ewigkeitsklausel 245
Exil 204

## F
Fabrik 9, 80, 112, 126
Familie 10, 42ff., 66, 110, 126

# Register

Faschismus 149, 154
Fest, Joachim 168
Fließband 81
Flucht und Vertreibung 232, 268 f.
Flüchtlinge und Vertriebene 260 f., 269 f., 274
Föderalismus 146, 242
Fotografien als historische Quellen 290
Frankfurter Dokumente 242
Frankreich 73, 234, 238, 274
Französische Revolution 72
Francke'sche Anstalten 49
Frauen 11, 110, 114 ff., 129, 144, 268
Frauenbewegung 11, 114 ff., 126
Frauenerwerbstätigkeit 110 f.
Frauenverbände 115
Frauenwahlrecht 132, 144 f.
Freiheitlich-demokratische Grundordnung 245
Freizügigkeit 87
Frieden/Friedenszeit 118
Friedensburg, Ferdinand 248
Friedländer, Saul 196
Friedliche Revolution (1989/90) 132, 135, 294 307, 322
Friedrich Wilhelm III. (Preußen) 91
Frühe Neuzeit 8–67
Frühkapitalismus 28
Frühmoderner Staat 53 f., 63
Fugger/Fuggerei 28, 49, 53, 66
Führerkult 190
Führerprinzip 190, 228
Fünfprozentklausel 245
Fürsorge, städtische 47, 66

## G

Galen, Clemens August Graf von 189, 216
Ganzes Haus 43, 66
GATT 263
Gaulle, Charles de 238
Gay, Peter 180
Geburtenrate 124
Geheimpolizei 284, 322
Geist von 1914 184
Geistlichkeit 72, 126
Gemeinschaftserziehung 191
Geminderte Industrialisierung 95
Generalstreik 154
Genossenschaft 10, 104, 126
Geschichtswissenschaft 32, 40, 73, 78, 108, 160, 162, 170, 214, 222, 258, 290
Geschlechterverhältnis 42 f., 67, 110 ff., 114 ff., 126
Gesellschaft 108 ff.
Gesetzgebung 144 ff., 166
Gesinde 42, 87
Getto 15, 208
Gewaltenteilung 144, 152
Gewaltlosigkeit 308
Gewanne 22
Gewerbefreiheit 9, 87, 89, 92, 126
Gewerbeordnung Bayerns (1868) 96
Gewerkschaften 102, 146, 156, 166, 126
Glasnost 279, 302
Glaubwürdigkeitskrise 302
Gleichberechtigung beider deutscher Staaten 292
Gleichheit, staatsbürgerlich 72 f., 126
Gleichschaltung 154, 178
Gleichstellung 73, 180, 182
Goebbels, Joseph 191, 250
Goldmann, Nahum 250
Gorbatschow, Michail 135, 302, 308, 313
Göring, Hermann 203, 248
Grafen 17
Great Depression 162
Groener, Wilhelm 153
Großagrarier und Großindustrie 156, 166
Großbritannien 234, 237, 274
Große Koalition 149, 166, 174, 292
Grosser, Alfred 255
Grotewohl, Otto 293

Grundgesetz 135, 146, 148, 232, 242 ff., 274, 313, 322
Grundherrschaft 14, 23, 66, 87
Grundlagenvertrag 279, 292 f., 298 f., 322
Grundrechte 144 ff.
Grundrechtekatalog 144, 146
Gründung der beiden deutschen Staaten (1949) 232
Gruppe Ulbricht 280
Gutsherrschaft 91
Gysi, Gregor 309

## H

Haber, Fritz 180
Habsburger 17
Haffner, Sebastian 201, 268
Haftendorn, Helga 234
Hakenkreuzschmierereien 248
Hallstein-Doktrin 292, 322
Handel 28, 47
Hardenberg, Karl August Fürst von 91 f.
Harkort, Friedrich 103
Harzburger Front 150 f.
Hausfrauenehe 269
Hausvater/Hausmutter 10, 43, 66, 110
Handwerker 18, 22, 34, 43, 66, 72, 92
Heiliges Römisches Reich Deutscher Nation 13, 27 f., 48, 56, 63, 87
Heimarbeit 43, 111
Heimatrecht 48
Heinsohn, Kirsten 182
Heiratsbeschränkungen 110, 124
Herzöge 17
Heß, Rudolf 248
Heuss, Theodor 250
Heydrich, Reinhard 204, 208
Heymann, Lida Gustava 117
Hierarchie 16, 66
Himmler, Heinrich 204, 210, 216
Hindenburg, Paul von 141, 156, 158, 166 ff., 243
Hitler, Adolf 139, 149 f., 152 ff., 168, 174, 184, 186 f., 190, 197, 228, 243
Hitlerputsch 139
HJ (Hitlerjugend) 192, 197
Hoheitsrechte 235
Hohenzollern 17
Holocaust/Shoah 134, 176 ff., 179, 208 ff.
Holocaust-Forschung 222
Honecker, Erich 302 f.
Honoratioren 28
Hospital 49
Höß, Rudolf 210
Humboldt, Wilhelm von 94
Hungersnot 59 f.
Hungerwinter 1946/47 260
Hygiene 11, 118 f.

## I

Identität 316
Ideologie 184, 186, 191 f., 196
IM (Inoffizieller Mitarbeiter der Stasi) 284
Imperialismus 71
Impfung 120
Individualisierung 101
Industrialisierung, Industrielle Revolution 8, 70, 72
Industriegesellschaft, moderne 13, 68–127, 158
Industrielle Zentren 97
Industrieproletariat 110
Inflation 138
Infrastruktur 82
Innerdeutsche Beziehungen 135
Innovationen 91
Integration 249, 269, 274
Interventionsrecht 297
Isolierung, außenpolitische 302
Israel 250
Italien 28

## J

Jalta, Konferenz von (1945) 236
Januaraufstand (1919) 153
Journalistenverordnung (1973) 299
Juden 9, 18, 22, 59, 73, 126
Judenemanzipation 73
Judenstern 210
Judenverfolgung 134, 202, 228
Judenvernichtung 134, 208 ff.
Judenzählung 180

## K

Kabinett der nationalen Konzentration 168
Kaiser 66
Kallabis, Heinz 309
Kalter Krieg 233 ff., 242, 274
Kapitalismus/kapitalistisch 35, 91, 110, 235, 280
Karikatur 258
Karte 78
Kartellgesetz (1957) 262
Katastrophenstimmung, allgemeine 163
Katholiken 28, 56
KdF (Kraft durch Freude) 192
Kennan, George F. 235
Ketteler, Freiherr von 103
Kiesinger, Kurt-Georg 292
Kindersterblichkeit 64, 66
Kirche 23, 56, 63, 66
Kirche im Sozialismus 285
Kirchheimer, Otto 146
Kirchspiel 22
Klassengegensatz 73, 270
Klassengesellschaft 72, 270
Klassenkampf 185, 282
Klassenlose Gesellschaft 282
Kleiderordnung 16
Kleidung 128 ff.
Klemperer, Victor 200, 287
Klerus/Geistlichkeit 17
Kohl, Helmut 293, 299, 312
Kolb, Eberhard 137, 146, 163, 170
Kolping, Adolph 103
Komintern 154
Kommunalisierung 48
Kommunikation 131
Kommunismus/kommunistisches System 180, 235 f., 255, 280, 282 f., 292 f., 300
Kommunistisches Manifest 73, 110
Komplexität, gesellschaftliche 131
Konfession 56
Konfessionalisierung 56
Konsensbildung 148
Konservatismus 255
Konstruktives Misstrauensvotum 244
Konsumgesellschaft 81, 303
Konzentrations- und Vernichtungslager 179
Korea-Boom 262
Koreakrieg 255, 262
KPD (Kommunistische Partei Deutschlands) 141, 149, 152 ff., 157 f., 167 f., 280 f.
KPdSU (Kommunistische Partei der Sowjetunion) 255
KPD-Verbot 255
Krause, Günter 313
Krauß, Georg von 97
Krenz, Egon 308
Kriegs- und Expansionspolitik 186
Kriegsbegeisterung 193
Kriegsschuldlegende 141
Kriegsschuldlüge 141
Kriegsschuldparagraf 140
KSZE (Konferenz über Sicherheit und Zusammenarbeit in Europa) 284, 299
Kubakrise 255
Kulturabkommen (1986) 299

## L

Landarbeiter 22
Landauer, Gustav 181
Landesfürstentum 27
Landesherrschaft 27, 56

365

# Register

Landflucht 9, 82
Landwirtschaftliche Produktion 119, 123
Lassalle, Ferdinand 102
Lastenausgleichsgesetz 263, 270
Lebenserwartung 118
Lebensraumpolitik 186, 208
Legalismus 154
Legien, Carl 102
Legitimationskrise 162 f., 164, 168
Lehnsherrschaft 53
Leibeigenschaft 23, 87
Leitsektor 97
Lette, Adolf 115
Lenin, Wladimir I. 282
Liberale/Liberalismus 70, 91, 102 f., 126, 182, 255
Liberalisierung 88, 92
Liebig, Justus 119
Liebknecht, Karl 152
Liebknecht, Wilhelm 102
Lohnarbeit 101, 110 ff.
Luftbrücke 237
Luther, Martin 47
Lutheraner 56
Luxemburg, Rosa 152, 181

## M
Macht- und Meinungsmonopol 283, 322
Machteliten 141, 156, 167 f., 174
Machtergreifung 133 f., 178, 190
Madagaskar-Plan 208
Maffai, Joseph Anton von 97 f.
Maizière, Lothar de 310
Majdanek 210
Malereien 32
Malthus, Thomas Robert 123
Mangelwirtschaft 284, 303, 322
Männergesellschaft 114
Manufaktur 9, 34 f., 66
Marcuse, Julian 106
Markt, Marktwirtschaft 66, 69, 87, 236, 255, 274, 322
Marshallplan 236, 261
Marx, Karl 73, 80 f., 110, 126, 282
Marxismus-Leninismus 282, 316
Maschinelle Produktionsweise 80
Massenarbeitslosigkeit 133
Massenflucht 284, 307
Massenkonsum 118
Massenorganisationen 281, 294
Masur, Kurt 308
Medizin 11, 59
Mehrheitsprinzip 148
Menschen- und Bürgerrechte 180, 196, 245
Mentalitäten 268
Merkantilismus 14, 35
Militärdienst 180
Militärgouverneur 242 f.
Milliardenkredit 299
Minderheitskabinett 149
Mitläufer 249
Mittelalter 14, 47
Mitterand, François 313
Mobilität 18, 91
Modernisierung 8, 72, 91 f., 95, 97, 126, 261, 270
Modrow, Hans 308
Monopol 92
Montagsdemonstrationen 307, 317, 322
Montan- und Schwerindustrie 95, 97, 110
Montanunion 263
Montgelas, Maximilian Joseph Graf von 70
Morgenthau-Plan 236
Mortalität 64
Moskauer Vertrag 297
MSDP (Mehrheitssozialdemokraten) 152
Müller-Armack, Alfred 261

## N
Nadig, Friederike 245
Napoleon 91
Nation, Nationalismus 295
Nationale Front 283
Nationalhymne/Nationale Symbole 294
Nationalsozialismus/Nationalsozialisten 132, 134, 142, 149 f., 153 f., 156, 170, 174, 176–229, 242
Nationalstaat 132
Nationalversammlung, Weimarer 140 f., 144 ff., 148 f., 153, 174
Nativität 64
NATO (North Atlantic Treaty Organization) 237, 313
NATO-Beitritt 237, 255
Naturkatastrophe 60, 66
Neue Ostpolitik 292, 297 f., 300
Neues Forum 285, 309
Neuzeit 14
New Deal 164
Nicolai, Christoph Friedrich 37
Nivellierte Mittelstandsgesellschaft 270
Notverordnungen 145, 166 f., 174
Novemberpogrom (1938) 202 ff., 228
Novemberrevolution (1918) 133, 138, 141, 144, 146, 152, 156, 174, 180
Novemberverbrecher 141
NSDAP (Nationalsozialistische deutsche Arbeiterpartei) 148 ff., 151, 153 f., 157 f., 167 f., 184, 197, 228
NS-Herrschaft 182
NS-Vergangenheit 248 ff.
Nürnberger Gesetze 178, 198, 204, 228
Nürnberger Prozesse 248

## O
Oberste Heeresleitung (OHL) 152 f.
Obrigkeit 53
Obrigkeitsstaat 133
Obrigkeitsstaatliches Denken 156
Oder-Neiße-Linie 297, 313
Öffnung der innerdeutschen Grenze (1989) 279
Oktoberedikt (1807) 92
Ölkrise, Ölschock 303
Olympische Spiele (1936) 190
Opposition 135, 283, 285, 299, 307 f., 322
Ostalgie 317, 322
Ostverträge 279
Ost-West-Gegensatz 235, 297
Otto-Peters, Louise 114 f.

## P
Pädagogisierung 48
Palästina 182
Papen, Franz von 154, 166 ff.
Paragraf 218 115
Parlament 138, 144 f., 146, 148, 152, 156, 166 f., 244
Parlamentarischer Rat 242 ff., 274
Parlamentarismus 138, 166
Parteien 102, 126, 138, 307
 – Bundesrepublik 244
 – Partei „neuen Typs" 281
 – Weimarer Republik 140 ff., 145 f., 148 ff., 152 ff., 156 ff., 160, 163, 166 f., 168, 174
Passau, Donatus von 16
Patriarchat 43
Patriotismus 180
Patrizier 14, 17
Paulskirchenverfassung 146
Pauperismus 80 f., 126
PDS (Partei des demokratischen Sozialismus) 309
Perestroika 279, 302
Pest („Schwarzer Tod") 59, 63
Pettenkofer, Max von 120
Peukert, Detlev 158
Pfarrersfamilien 44
Pieck, Wilhelm 277
Plakat, politisches 191
Planwirtschaft 135, 236, 283, 303, 322
Plebiszit 244
Pluralistisch-freiheitliche Gesellschaft 236
Pogrom 59, 179, 202, 228
Polen 298
Policeyordnungen 53 f., 66
Politbüro 283 f.
Politische Kultur 132
Politische Polarisierung 141, 156, 158, 174
Poppe, Gerd 314
Potsdam, Konferenz von (1945) 232
Präsidialdiktatur 157
Präsidialkabinett 166, 182, 244
Präsidialregime 153, 162
Präsidialsystem 146
Presse- und Meinungsfreiheit 245
Preußen 91 ff., 140, 153 f., 167
Primor, Avi 254
Privilegien 17, 72, 92, 126
Proletariat 73, 80, 101, 126, 282
Propaganda 133, 135, 140 f., 149 f., 163, 180 f., 186, 190 ff., 197, 211, 277, 294, 322
Propagandaministerium 191
Protestanten/Protestantismus 28, 47
Putschversuch 149 f., 174

## R
Raiffeisen, Friedrich Wilhelm 104
Raiffeisenbewegung 104
Rassenantisemitismus 187, 228
„Rassenhygiene" 186
Rassenideologie (Nationalsozialismus) 134, 184 ff., 216, 228
„Rassenschande" 198
Rassismus 185
Rat der Volksbeauftragten 141, 152 f., 156
Räterepublik, sozialistische 141, 149, 152 f.
Rathenau, Walter 142, 181
Rationalisierung 48, 80
Realteilung 23
Rechtlosigkeit 101
Rechts- und Verfassungsstaat 182
Rechtsradikalismus 149
Rede, politische 214 f.
Reeducation 249
Reform 87, 91 f., 124
Reformation 47, 53
Reformpolitik in der UdSSR 279, 302
Regulierungsedikt (1811) 92
Reichsgründung (1871) 73, 95
Reichskanzler 145, 149, 166, 168, 174
„Reichskristallnacht" siehe Novemberpogrom
Reichsminister 145
Reichsparteitag (Nürnberg) 190 f.
Reichspräsident 144 ff., 156, 158, 166
Reichsrat 146
Reichssicherheitshauptamt (RSHA) 208
Reichstag 27, 138, 144 f., 148 ff., 152, 166 ff., 174
Reichswehr 145, 156 f., 166
Rentenreform (1957) 263
Reparationen 140, 142, 162, 167, 250
Republik 138, 140 f., 144, 148 f., 152, 156 ff., 162 f., 166, 168, 170, 174
 – Parlamentarische Republik 149, 174
 – Republik ohne Republikaner 156, 174
Republikflucht 287
Reserve-Polizeibataillon 209
Revolution (1848/49) 114 f.
Rheinbund 91
Ribbentrop, Joachim von 248
Riehl, Heinrich 110
Ritter 14
Rollenverständnis, bürgerliches 114
Roßhaupter, Albert 75
Rothfels, Hans 250
Rückzug ins Private 268
Ruinen 260
Rumänien 209
Runder Tisch 308 f.

## S
SA (Sturmabteilung) 151, 154, 157, 197
Salomon, Alice 182
SBZ (Sowjetische Besatzungszone) 280
Schabowski, Günter 308

Schacht, Hjalmar 151
Schäuble, Wolfgang 313
Scheidemann, Philipp 152
Schicht/Bevölkerungsschicht 28
Schleicher, Kurt von 166 f.
Schmid, Carlo 243, 245
Schmidt, Friedrich 188
Schmidt, Helmut 293, 297
Scholle 87, 91
Schönhoven, Klaus 162
Schulze, Hagen 170
Schumacher, Kurt 238
Schwarzmarkt 260
SDAP (Sozialdemokratische Arbeiterpartei) 102
Schulze-Delitzsch, Hermann 103
Schutzbrief 18, 23
SED (Sozialistische Einheitspartei Deutschlands) 135, 255, 281 ff., 292 f., 295, 308, 322
SED-Staat/SED-Regime 283, 308, 322
Seeckt, Hans von 151, 159
Selbert, Elisabeth 245
Seligmann, Aaron Elias 76
Seuche und Krankheit 11, 59, 66, 119, 126
Siebenjähriger Krieg (1756–63) 60
Siegermächte 134, 138, 140, 274, 312
Sinti und Roma 216
SMAD (Sowjetische Militäradministration in Deutschland) 237, 280 f.
Smith, Adam 91 f.
Sobibor 210
Souveränität 255
Sowjetische Expansion 255
Sowjetischer Machtbereich 236
Sowjetunion/UdSSR 135, 208 f., 234 f., 237, 255, 280, 283, 292, 297, 302 f., 313, 322
Sozialarbeit, christliche 103
Sozialdisziplinierung 54
Soziale Frage 10, 71, 101 ff., 126
Soziale Marktwirtschaft 134 f., 260, 262, 312
Soziale Sicherungssysteme 82
Sozialfaschismus-Doktrin 154
Sozialgesetzgebung 10, 71, 102 f., 107, 126
Sozialismus 71
Sozialismus in einem Land 280
Sozialistengesetz 102
Sozialistengesetz 71
Sozialistische Arbeiterpartei 102
Sozial-liberale Koalition (1969–1974) 292, 297
Sozial-liberale Koalition (1974–1982) 293, 297
Sozialmilieus 148, 158
Sozialpolitik 263
Sozialstaat 103, 132
Sozialstruktur 270
Sozialsystem Weimars 163
Spartakusaufstand/-bund 141, 152 f.
SPD/Sozialdemokratie 116, 126, 133, 144, 148 f., 152 ff., 157, 164, 166 ff., 185, 255, 280 f., 309
Speer, Albert 248
Spruchkammer 249
SS (Schutzstaffel) 157, 208 ff.
Staatskrise 154, 163, 166 f., 174
Staatsverschuldung 302 f.
Stadt 17, 27 ff., 34, 47, 66, 82
 – Legstadt 27
 – Freie Reichsstadt 27, 66
 – Residenzstadt 27
Städtetechnik 120
Stadtrecht 14
Stahlhelm 151, 154, 157
Stalin, Josef W. 234 f.
Stalingrad 193
Stalin-Note 238
Stand/Stände 8, 13, 16, 66
Ständegesellschaft 8–67, 72
Ständewesen 14
Ständige Vertretung 293, 307
Stasi (Ministerium für Staatssicherheit, MfS) 284, 287, 322
Statistik 63, 108, 110 f.
Stauffenberg, Claus Graf von 250

Stein, Karl Freiherr vom und zum 91 f.
Stern, Fritz 318 f.
Stiftung 49
Storch, Anton 265
Straffreiheitsgesetz 249
Straßenkampf/-schlacht 153 f., 157 f., 167 f.
Streik 102
Stresemann, Gustav 142
Subsistenzwirtschaft 9, 34, 66
Subventionen 303, 322
Supermacht 235
Systemkonkurrenz 277
Systemkrise 302, 322
Systemwechsel 162, 166

**T**
Tag der Deutschen Einheit (3. 10. 1990) 279, 313
Teheran, Konferenz von (1943) 236
Territorialstaat 27, 87
Terror 283
Thaer, Albrecht Daniel 119
Thatcher, Margaret 313
Tilsit, Friede von (1806) 91
Tolerierungspolitik 149, 167
Totalitäres System 242
Treblinka 210
Treuhandanstalt 312
Truman, Harry S. 234 f.
Truman-Doktrin 237
Tschechoslowakei 209, 242

**U**
Überfall auf die UdSSR 208
Überwachungsstaat 284
Ulbricht, Walter 280, 293
Umbruch in Osteuropa 279
Umerziehung 248
Umweltgefährdung 302 f., 322
Unehrliche Berufe 34
Ungarn 255, 307
Uniformität 128
UNO (United Nations Organization) 293
Unternehmer 72, 80, 91, 101, 126
Unterschicht 92
Untertanengeist 157
Untertanengesellschaft 54
Urbanisierung 82, 126
USA (Vereinigte Staaten von Amerika) 162, 234 f., 237, 274, 297
USPD (Unabhängige Sozialdemokratische Partei Deutschlands) 141, 148 f., 152 f.
Utopie 282

**V**
Vaterländische Verbände 151
Vereinigte Linke 309
Vereinswesen 92, 115
Verfassung der DDR 281, 283, 296
Verfassungen, moderne 242 ff.
Verfassungsgerichtsbarkeit 146
Verhältniswahl 245
Verlagssystem 9, 35, 66
Versailler Vertrag 133, 138, 140 ff., 149, 156, 192
 – Schmachfriede von Versailles 141 f., 156
 – Schandfriede von Versailles 149
Verfolgung und Vernichtung (NS-Zeit) 134, 202–216, 228
Verstädterung siehe Urbanisierung
Verständigungspolitik 142, 297
Vertreibung 202, 204
Veto 146
Vierter Stand 110
14 Punkte 140
Völkermord, nationalsozialistischer 132, 208 ff.
Völkisch 184
Völkischer Beobachter 191
Volksabstimmung 313
Volksaufstand 17. Juni (1953) 135, 255, 278, 284

Volksdemokratie 282
Volksentscheid 144, 154
Volksfrontregierung 164
Volksgemeinschaft 134, 184 f., 190 ff., 196, 216, 228
Volkskammerwahl 309
Volkskongressbewegung 281
Volksnation 184
Volkssouveränität 144, 157
Vorindustrielle Gesellschaft 42 ff., 72, 101
Vorländer, Hans 242

**W**
Wahlen
 – Parlamentswahlen 144
 – Reichstagswahl 167
 – Wahlen zur Nationalversammlung 149, 153
Wahlplakat 160
Wahlrecht 148, 180
 – Mehrheitswahlrecht 138, 145
 – Verhältniswahlrecht 138, 145
Wahlsystem, repräsentatives 144
Währungsreform 232, 237, 261
Waisenhäuser 49
Waldhufendorf 22
Wandel durch Annäherung 297
Wandel, gesellschaftlicher 128 ff.
Wannsee-Konferenz 210
Warschauer Pakt 313
Warschauer Vertrag 298
Weber, Helene 245
Weber, Max 73
Weiler 22
Weimarer Koalition 140, 148 f., 153
Weimarer Republik 103, 132 f., 136–175, 180 f., 184, 228
Weimarer System 148 ff.
Weimarer Verfassung 132, 138, 144, 146, 148 f., 166, 170, 174, 180
Weißrussland 209
Welser 28
Weltjudenrat 250
Weltkrieg
 – Erster (1914–1918) 132, 138, 140 f., 146, 149 f., 156, 158, 162, 174, 180, 184
 – Zweiter (1939–1945) 132, 179, 208 ff., 228, 234, 298
Weltwirtschaftskrise (1929/30) 132, 139, 149, 153, 158, 162 ff., 166, 168, 174
Welzer, Harald 197
Wessel, Helene 245
Westalliierte/-mächte 236 f., 242
Westenrieder, Lorenz 37
Westernisierung 268
Westintegration/-bindung 135, 233 f., 237 f., 255, 274, 297
Wichern, Johann Hinrich 103
Widerstand, Nationalsozialismus 204, 228, 250
Wiederbewaffnung 237, 255
Wiedergutmachung 250 f., 274
Wiedergutmachungsabkommen (1952) 250
Wiedervereinigung 237 f., 292, 294, 300, 310, 312 ff., 322
Wildt, Michael 187
Wilhelm I. (dt. Kaiser) 103
Wilhelm II. (dt. Kaiser) 184
Wilson, Woodrow 140
Winkler, Heinrich August 137, 140 f., 156, 237
„Wir sind das Volk" 309, 312
Wirth, Joseph 142
Wirtschafts-, Währungs- und Sozialunion 312
Wirtschaftsgeschichte der SBZ/DDR 302
Wirtschaftskrise 80, 302 f.
Wirtschaftswachstum 101
Wittelsbacher 17
Wirtschaftswunder 134, 260, 270, 274
Wohlstand 260
Wolfrum, Edgar 231
Wolle, Stefan 316

## Register/Quellen

### Z
Zehn-Punkte-Programm 312
20. Juli 1944 250
Zentralismus 146
Zentrumspartei 103, 148 f., 166 f.
Zionismus 182

Zionistische Vereinigung für Deutschland 182
Zollschranken 126
Zorn, Wolfgang 97
Zucht- und Arbeitshäuser 49
Zunft 14, 34, 49, 88 f., 101
– Landzunft 49

Zusammenbruch der New Yorker Börse 162
Zwangsarisierung jüdischen Besitzes 203, 228
Zwangsumtausch 299
Zwangsvereinigung 281
Zwei-plus-vier-Vertrag 313
Zwischenkriegszeit 164

## Bildquellen

ACSP der Hanns-Seidel-Stiftung, München: 270; Agentur Focus: 249 (Foto: Henri Cartier-Bresson), 309; akg-images: Titelbild, 3 u., 4 M., 28, 48, 49, 51, 59, 70, 80, 81, 91, 110 (© VG Bild-Kunst, Bonn 2009), 114, 123/M1, 135/M3, 136 (© VG Bild-Kunst, Bonn 2009), 143/M5b, 162, 170/M1 (© VG Bild-Kunst, Bonn 2009), 173 (© VG Bild-Kunst, Bonn 2009), 176, 179, 181/M2, M3, 191, 193/M4, M5, 222 (Florian Profitlich), 235/M2, 257/M7, 262/M5, M6, 302; Archiv der sozialen Demokratie der Friedrich-Ebert-Stiftung, Bonn: 139, 146; Archiv der Stadtpfarramts St. Peter, München: 62; argus: 331; Army Center of Military History, Washington D.C.: 187; Bayerisches Hauptstaatsarchiv: 40 (Reichskammergericht 349, Quadrangel 30, fol.34), 55 (Bibliothek); Bayerische Staatsbibliothek, München: 273; aus: Helmut Berding, Moderner Antisemitismus in Deutschland, Klett 1988: 182/M5; Bildarchiv des Bayerischen Landesamts für Denkmalpflege, Foto: Franz Paul: 88; Bildstelle Hanau: 134; Bistum Regensburg, Bischöfliches Zentralarchiv: 36; Blaumeiser/CCC,www.c5.net: 299; bpk: 4 o. (© VG Bild-Kunst, Bonn 2009), 8 (Lutz Braun), 73 (Bayerische Staatsbibliothek), 74 (Bayerische Staatsbibliothek/Bildarchiv Heinrich Hoffmann), 87/M1, 92, 102, 103, 111/M2, 120, 123/M2, 143/M4, 154 (Bayerische Staatsbibliothek/Archiv Heinrich Hoffmann), 155, 156 (© VG Bild-Kunst, Bonn 2009), 159 (Foto: Dietmar Katz), 186/M4, 195/M9a, b, 235/M2, 261, 284/M3; Peter Brokemper, Köln: 344; Bundesarchiv, Reichsjustizministerium, R 3001/24209: 217; Bundesarchiv Koblenz: 142/M2, 186/M3; Bundesministerium für Gesamtdeutsche Fragen: 257/M4; Bundespressestelle: 238/M6; Central Museum Utrecht: 3 o.; Christoph & Friends/Das Fotoarchiv: 304; Frank Darchinger: 230; Deutsches Historisches Museum, Berlin: 10/M3, 142/M3, 158, 163/M2, 185/M1, M2, 219, 243/M3, 244/M5, 245/M7 (© VG Bild-Kunst, Bonn 2009), 281, 282, 296; Die Bundesbeauftragte für die Unterlagen des Staatssicherheitsdienstes der ehemaligen Deutschen Demokratischen Republik: 284/M4, 285/M5, 288; Dokumentationszentrum Prora: 192; Ehrenwirth Verlag, München: 17; Friedrich-Ebert-Stiftung e.V./Foto: Jupp Darchinger: 298; Germanisches Nationalmuseum Nürnberg: 12; aus: Nachum Gidal, Die Juden in Deutschland, Könemann: 183; aus: Hubert Glaser, Um Glauben und Reich. Kurfürst Maximilian I., Hirmer Verlag, München 1980: 57; Grafiksammlung, Foto: Wolfgang Pulfer: 268/M1; Grafische Sammlung München: 60; Hauptamt für Hochbauwesen der Stadt Nürnberg: 86/M9a, b; Haus der Bayerischen Geschichte, Augsburg: 44/M3; Haus der Geschichte, Bonn: 4 u., 248/M1, 266, 287, 293/M3 (Foto Axel Thünker), 316; Herzog-Anton-Ulrich-Museum, Braunschweig, Kunstmuseum des Landes Niedersachsen: 42/M1; Herzog-August-Bibliothek, Wolffenbüttel: 78; Hessisches Landesmuseum Darmstadt: 141; Hubert K. Hilsdorf, München: 112; Historisches Museum, Frankfurt am Main: 9; Hans-Joachim Jordan: 303; Jüdisches Museum, Berlin: 336; Jüdisches Museum der Schweiz: 22/M1; Jüdisches Museum, Frankfurt am Main: 220; aus: Katalog Wolfgang Jahn, Margot Hamm, Evamaria Brockhoff, Adel in Bayern. Ritter, Grafen, Industriebarone, Haus der Bayerischen Geschichte, Augsburg 2008: 38/39; Katong Antique House, Singapur: 129; Keystone Pressedienst: 260/M1; H. E. Köhler, Boppard: 292; Konrad-Adenauer-Stiftung, Bonn: 244/M4, 257/M5; Krauss-Maffai AG, München: 98; Landesgewerbeanstalt Bayern, Nürnberg: 68; Langewiesche-Brandt, Ebenhausen: 149/3, M4, 150, 152/M2, 236; Liebermann/CCC,www.c5.net: 108; Maximilian Museum, Augsburg: 33; Monacensia. Literaturarchiv und Bibliothek München/Signatur: Oskar Maria Graf: 113/M8; Münchner Stadtmuseum: 18/M5, 57, 95, 206 (Foto: Wolfgang Pulfer), 232 (Foto: Wolfgang Pulfer), 257/M6; Mussil/CCC,www.c5.net: 259; National Archives, College Park: 248/M2; Nordico, Museum der Stadt Linz: 10/M4; aus: Otto Nübel, Die Fuggerei, Pröll-Druck und Verlag, Augsburg 2001: 52; Österreichisches Staatsarchiv, Wien/Kriegsarchiv: 26; picture-alliance/akg-images: 113/M7, 117, 118, 145, 152/M1, 163/M3, 190, 250/M4; picture-alliance/Bildagentur Huber: 32; picture-alliance/dpa/© dpa: 5 u., 135/M4, 293/M2, 312, 320, 328; picture-alliance/dpa/© dpa-Bildarchiv: 5 o., 291/M2; picture-alliance/dpa/© dpa-Fotoreport: 308; picture-alliance/dpa/© dpa-Report: 11, 291/M3, 325; picture-alliance/dpa/dpaweb: 330; Punctum Fotografie: 315; Rheinisches Bildarchiv, Köln: 197/M3; aus: Bernd Roeck, Geschichte Augsburgs, C. H. Beck Verlag, München 2005: 35; aus: R. Roße, Der nationalsozialistische Völkermord an den Sinti und Roma, Wunderhorn 1999: 221; aus: Christoph Sachße, Florian Tennstedt, Bettler, Gauner und Proleten. Armut und Armenfürsorge in der deutschen Geschichte, Fachhochschulverlag, Frankfurt am Main 1998: 47; Sammlung Udo Achten, Wuppertal: 107; aus: Michael Sauer, Bilder im Geschichtsunterricht, Kallmeyersche Verlagsbuchhandlung, Seelze-Velber: 168; Stadtarchiv Butzbach: 196/M2; Stadtarchiv Eisenach: 210; Stadtarchiv Nürnberg: 198 (Signatur: E39 Nr. 1125/20); Stadtarchiv Mittweida: 197/M4; Stadtarchiv München: 111/M3, 202, 203, 216; Stadtarchiv Oberhausen: 224; Stadt Augsburg/Städtische Kunstsammlungen: 44/M2; Stadtbibliothek Nürnberg: 15, 16/M2, 18/M4; Stadtgeschichtliches Museum Nürnberg: 23; Stadtmuseum München: 255; Stadt- und Universitätsbibliothek, Frankfurt am Main: 169; Städtisches Museum, Mühlheim/Ruhr: 204 (© VG Bild-Kunst, Bonn 2009); Karl Stehle, München: 82; Stiftung Bundespräsident-Theodor-Heuss-Haus, Stuttgart: 242; Süddeutsche Zeitung Photo: 115 (Scherl), 133 (Scherl), 160, 161, 200, 223, 243/M2, 268/M2, 269/M3, M4, 294, 297 (Sven Simon); Technikmuseum, Berlin: 87/M2; The Bridgeman Art Library: 128, 130; © The Heartfield Community of Heirs/VG Bild-Kunst, Bonn 2009: 170/M2; Thüringisches Staatsarchiv Altenburg, Bildersammlung, Nr. 5111 und 5114: 189; ullstein bild: 85, 178, 180, 182/M4, 196/M1, 240 (Granger Collection), 244, 245/M8, 250/M5 (BPA), 278, 285/M7, 290, 300, 313; USHMM United States Holocaust Memorial Museum, Washington D.C.: 209/M1, M2, © VG Bild-Kunst, Bonn 2009: 157; Viewimages: 214; aus: Wikipedia: 317; Peter Wirtz, Dormagen: 346; Wittelsbacher Ausgleichsfond, München: 16/M1; Foto: Siegfried Wittenburg: 276; „Ziegelschlager"-Partie aus Schaching bei Deggendorf. Um 1885. Fotografie: München, Deutsches Museum: 101

Nicht in allen Fällen war es uns möglich, die Rechteinhaber der Abbildungen ausfindig zu machen. Für eventuell entstandene Fehler oder Auslassungen bitten wir um Verständnis. Berechtigte Ansprüche werden selbstverständlich im Rahmen der üblichen Vereinbarungen abgegolten.